NOBILIAIRE

DE

NORMANDIE

PARIS

IMPRIMERIE DE AD. R. LAINÉ ET J. HAVARD

RUE DES SAINTS-PÈRES, 19

NOBILIAIRE

DE

NORMANDIE

PUBLIÉ PAR

UNE SOCIÉTÉ DE GÉNÉALOGISTES

AVEC LE CONCOURS

DES PRINCIPALES FAMILLES NOBLES DE LA PROVINCE

SOUS LA DIRECTION

DE

E. DE MAGNY

—

TOME SECOND

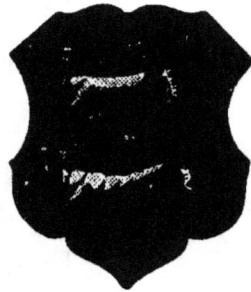

PARIS

CHEZ L'AUTEUR, 35, *RUE DE LILLE*

A LA LIBRAIRIE HÉRALDIQUE D'AUGUSTE AUBRY

RUE DAUPHINE, 16

1864

DEUXIEME PARTIE

(SUITE)

TABLETTES GÉNÉALOGIQUES

ABOT DES CHAMPS

ARMES : *Écartelé : aux 1 et 4, d'azur, à une coquille d'argent; aux 2 et 3, d'argent, à une branche de fougère de sinople, posée en pal.*

ierre-René ABOT DES CHAMPS, Écuyer, né le 29 mai 1718, fut reçu Page du Roi en sa petite écurie, le 16 août 1734. Il descendait d'une famille originaire du Perche, diocèse de Séez, élection de Mortagne, dont le premier auteur connu est :

Jean ABOT, Écuyer, seigneur de Mellay, vivant en 1399.

Guillaume ABOT, seigneur de la Chaise, fut Conseiller ordinaire du Roi en la Cour des Grands jours du Comté du Perche, en 1526, puis Président de l'Échiquier et Chancelier d'Alençon.

ACRES (DES)

ARMES : *D'argent, à trois aigles de sable, 2 et 1.*

ivers auteurs prétendent que ce nom a été donné à un seigneur de cette très-ancienne famille, qui était à la suite de Godefroi de Bouillon et se distingua à la prise de Saint-Jean d'Acre. Nous croyons cependant que le nom DES ACRES est propre à cette maison, et qu'il vient de la terre des Acres, située à deux lieues de Châteauneuf en Thimerais.

Le premier auteur où commence la filiation est Jean DES ACRES, vivant vers 1250, d'où descendait :

Louis-Gabriel DES ACRES, Marquis DE LAIGLE, Lieutenant général en 1748, marié à demoiselle Françoise LOCQUET DE GRANVILLE, dont un fils, né le 27 mars 1758.

1.

AGIS DE SAINT-DENIS

ARMES : *De gueules, à trois besants d'argent, au lambel du même.*

Très-ancienne famille, connue avant l'année 1400 et originaire de l'élection de Bernay, où elle fut maintenue dans sa noblesse par jugement du 11 avril 1666.

Le titre de BARON qu'elle a porté dans les actes et brevets, depuis longues années, a été confirmé au Chef de cette maison par Lettres patentes du 28 février 1810.

ALBON (D')

ARMES : *De sable, à la croix d'or.*

Cette maison, dont l'origine remonte au IX° siècle, est originaire du Lyonnais.

Sa généalogie commence d'une manière authentique à :

Guigues D'ALBON, dont le petit-fils épousa Mathilde de Flandres, veuve de Guillaume le Conquérant.

Ses descendants ont formé plusieurs branches, dont une s'est fixée en Normandie.

Les Comtes D'ALBON, devenus propriétaires de la seigneurie d'Yvetot, se qualifiaient de Princes d'Yvetot. — Cette seigneurie entra au XVI° siècle dans la maison du Bellay, puis elle devint la propriété des D'ALBON, Marquis DE SAINT-FORGEUX.

Le Chef actuel de la famille est : Jean-Guigues-Marie-Alexis, Marquis D'ALBON, qui habite l'arrondissement d'Argentan.

ALLEAUME (D')

Famille du bailliage d'Alençon, qui a possédé les fiefs de Tréforest, de Passy, de Grand-Pré, etc.

La Roque, dans son Traité du ban et arrière-ban, mentionne Jean ALLEAUME comme figurant dans la Monstre de l'année 1470, faite en la Vicomté d'Arques.

Barthélemy D'ALLEAUME, Chevalier, seigneur de Tréforest et autres lieux, Avocat général en la Cour des comptes, aides et finances de Normandie, a épousé, le 7 octobre 1744, demoiselle Anne-Marie-Thérèse-Françoise DU MESNIEL, Marquise DE SOMMERY, dont il eut quatre fils et deux filles.

M. DE TRÉFOREST, Chef actuel de la famille, ancien magistrat, habite le château de Tréforest, et n'a que deux filles.

AMPHERNET

Très-ancienne famille dont les armes figurent au Musée des Croisades, à Versailles.

Le nom de cette maison est écrit indistinctement dans les chartes : ANFERNET, ENFERNET et AMPHERNET.

Jourdain D'ANFERNET, Chevalier normand, souscrivit avec Henri DE HANNEVILLE et Guillaume DES ROTOURS un emprunt contracté en juin 1191, au camp devant Saint-Jean d'Acre.

Guillaume d'ANFERNET était Trésorier des guerres en 1383.

Jean D'ANFERNET, Chevalier, Baron DE MONCHAUVET, seigneur de Pontbellanger, fut maintenu dans sa noblesse en 1666.

Cette maison a pour représentants :

M. Michel D'ANFERNET, Comte DE PONTBELLANGER, qui habite l'arrondissement de Lisieux ;

Et le Vicomte D'AMPHERNET, qui habite Saint-Brieuc.

ANCEL DE QUINEVILLE (D')

ARMES : *D'or, à une fasce d'azur, accompagnée en chef d'un lion de gueules naissant, et en pointe de trois trèfles de sinople, posés 2 et 1.*

Cette maison, originaire du diocèse de Coutances, élection de Valognes, eut pour premier auteur :

Gilles D'ANCEL, Écuyer, seigneur de Quineville, vivant en 1574.

Son descendant N. . . . D'ANCEL DE QUINEVILLE fut reçu Page du Roi en sa petite Écurie, en 1751.

ANDRIEU DE LA HOUSSAIE

ARMES : *D'argent, à une fasce chargée de trois molettes d'or, et accompagnée en pointe de trois foudres de sable et un chef de gueules.*

Premier auteur : Guillaume ANDRIEU, Écuyer, seigneur de Guitrancourt, vivant en 1529, d'où descendait :

Marguerite D'ANDRIEU DE LA HOUSSAIE, reçue en la maison royale de Saint-Cyr, le 22 juillet 1722.

ANFRIE DE CHAULIEU

ARMES : *D'azur, à trois triangles d'or, posés 2 et 1 ; au chef de gueules, chargé de trois têtes de licornes d'or, accostées de deux croisettes du même.*

Le premier auteur connu de cette maison, originaire de l'élection de Vire, est :

Guillaume ANFRIE, seigneur de Chaulieu, Conseiller au Parlement de Rouen en 1592.

Jacques-Paul ANFRIE DE CHAULIEU, reçu Page du Roi dans sa grande écurie, en 1676, fut nommé Mestre de camp de cavalerie au mois de mai 1693.

Son fils Jean ANFRIE, Comte DE CHAULIEU, seigneur de Beauregard et autres lieux, a épousé, le 23 avril 1743, demoiselle Claude-Madeleine COUSTIN DE TAUQUEUX, dont sont issus deux fils : 1° Jacques-Pierre-Louis, né le 23 août 1752, et 2° Louis-Abraham, né le 14 juillet 1757.

ANNEVILLE (D')

ARMES : *D'hermine, à une fasce de gueules.*

Cette ancienne maison, originaire de l'élection de Valognes, a été maintenue dans sa noblesse en 1666. Sa filiation commence à :

Guillaume D'ANNEVILLE, Écuyer, seigneur de Chifrevast, de Tamerville, etc., qui a épousé, en 1536, demoiselle Louise DE LONGAUNAY. Il rendit hommage au Roi en sa Chambre des comptes de Paris, le 6 mars 1547.

Guillaume-René D'ANNEVILLE, son descendant direct, fut reçu Page du Roi dans sa grande écurie, le 17 janvier 1729.

ARCLAIS (D')

ARMES : *De gueules, à trois molettes d'éperon d'argent, 2 et 1, et au franc-quartier d'or, chargé d'une bande d'azur, surchargée de deux molettes d'argent.*

Cette famille, dont on voit apparaître le nom dans les chartes de la fin du XI° siècle, a formé quatre branches principales, entre autres celles : de Monboscq, de Beaupigny, de Montamy, etc.

La filiation suivie ne commence cependant qu'à :

Jean D'ARCLAIS, Écuyer, vivant en 1386, qui eut pour descendant direct :

Gabriel-Jean-Louis D'ARCLAIS, Chevalier, seigneur de Monboscq, baptisé en l'église de Saint-Étienne de Caen, le 23 août 1766. Chevau-léger de la Garde ordinaire du Roi en 1789.

ASSELIN

ARMES : *D'azur, au chevron d'argent, accompagné en chef de deux étoiles d'or, et en pointe d'un croissant du même.*

Famille de la généralité de Rouen, à laquelle appartenait Jean ASSELIN, Écuyer, seigneur de Frévolles, Capitaine en la compagnie des Gendarmes du Roi, en 1696.

Elle a pour Chef actuel :

François-Oscar ASSELIN DE VILLEQUIER, qui a épousé en 1845, 1° mademoiselle Louise-Marie-Berthe DE BELBEUF, fille du marquis de Belbeuf, ancien Pair de France, et Sénateur; et en 2° noces, mademoiselle Éliane DE BEAUCOURT, dont postérité.

AUBRY DE LA NOË

ARMES : *De gueules, à trois pals d'or.*

René AUBRY, Écuyer, seigneur de la Barrière, Conseiller secrétaire du Roi, par provisions du 30 janvier 1676, eut entre autres enfants : Philippe AUBRY, seigneur de la Noë, marié en 1662.

Son petit-fils : Joseph-Michel-Antoine, Chevalier de Saint-Louis, Chef de division des Armées Royales et Catholiques dans l'Ouest, en 1790, a épousé mademoiselle Marie-Anne-Angélique DU PREY, dont trois fils : 1° Jean-Baptiste-Joseph, né en 1784; 2° Antoine-Olivier-Ferdinand, né en 1789; et 3° Antoine Hippolyte AUBRY DE LA NOË, né en 1792, ancien officier de la Marine royale.

AVANNES (D')

ARMES : *D'argent, à quatre fasces de sable, la seconde chargée de cinq besants d'or.*

Ancienne famille de l'Élection d'Arques, maintenue en 1666. — Elle s'est divisée en deux branches principales ; l'aînée a pour Chef actuel : Louis D'AVANNES, marié à mademoiselle Laure D'ORNAY.

La seconde a pour Chef : Théophile D'AVANNES, auteur des Esquisses sur la Navarre, ancien Président du tribunal d'Évreux, qui a épousé, en 1816, mademoiselle Félicité DE VIELH, dont une fille et deux fils :

1° Auguste-Théophile-Joseph; 2° Adrien-Charles-Joseph D'AVANNES.

D'ANTHENAISE

a maison D'ANTHENAISE a pris son nom d'une terre considérable, située dans la Baronnie de Laval, au Maine. Le château, le bourg et l'église d'Anthenaise furent fondés par ses auteurs dans les Xe et XIe siècles. — Leurs possessions, qui s'étendaient dans un rayon de plus de six lieues, de Montortier à Beaulieu et Ruillé-le-Gravelais, vers la frontière de Bretagne, et du même point à Bazougers et à Bouère, non loin de la frontière d'Anjou, en faisaient une des familles les plus puissantes après les sires de Laval, de Mayenne, de Craon, de Château-Gonthier, et les vicomtes de Beaumont.

Les seigneurs D'ANTHENAISE donnèrent les églises d'Anthenaise et de Bazougers au monastère de Saint-Vincent du Mans, et accordèrent de grands biens et priviléges dans leurs domaines à ceux de Marmoutiers, de Tours et de la Couture, ainsi qu'au chapitre du Mans.

Les sires D'ANTHENAISE étaient Chevaliers bannerets ; ils prirent part aux Croisades sous Louis le Jeune et Philippe-Auguste, après avoir contribué, vers la fin du règne de Philippe Ier, à la guerre qui affranchit le Maine de la domination des Normands.

Henri et Raoul D'ANTHENAISE sont compris dans le rôle des seigneurs qui se croisèrent en 1158 avec Geoffroi IV, seigneur de Mayenne. (*Histoire de Sablé*, p. 179; Lepaige, *Dictionnaire topographique du Maine*.)

Robert III, Baron de Sablé, fils d'Hersende D'ANTHENAISE, se croisa en 1190, et fut élu Grand Maître de l'Ordre du Temple.

Hamelin D'ANTHENAISE, son parent, l'accompagna en terre sainte et se trouva à la prise d'Acre au mois de juillet 1191.

Geoffroi D'ANTHENAISE prit part à la croisade de Philippe-Auguste en 1190. Ces deux derniers chevaliers figurent à la salle des Croisades, au Musée de Versailles.

La maison D'ANTHENAISE a formé de nombreuses branches; l'aînée, qui avait réuni les domaines des deux familles de Bazougers et de Bouère, s'éteignit vers 1260.

La maison DE CHAMAILLART en recueillit tous les biens, qu'elle porta, avec la Vicomté de Beaumont en 1371, par un mariage, dans la branche des Comtes d'Alençon, issus du sang de France, et de celle-ci ils passèrent à la branche de Bourbon en 1513.

Les autres branches sorties de cette maison sont :

1° Celle du Plessis, apanagée vers 1200 de la terre d'Anthenaise, et éteinte en 1642;

2° Celle de Villeray, de Pouilly et de la Pitellerie, dont les membres furent maintenus dans leur noblesse par jugement des Commissaires députés en la généralité d'Alençon du 27 mars 1641;

Le dernier représentant mâle de ces branches est mort en 1802.

3° Celle du Port-Joulain, éteinte en 1750, dans la personne de Marquise-Marie D'ANTHENAISE, héritière de cette branche aînée, dont elle porta les biens dans la famille DE BARIN;

4° Et enfin celle de Saint-Philbert, issue de celle du Port-Joulain, seule existante de nos jours.

Le Chef actuel de cette ancienne maison est :

Victor, Comte D'ANTHENAISE, né le 30 novembre 1809, qui a épousé, le 6 février 1837, mademoiselle Marie-Charlotte-Geneviève DE ROUGÉ. De ce mariage sont issus les quatre enfants ci-après :

1° Pierre D'ANTHENAISE, né à Paris le 29 janvier 1838, volontaire pontifical au corps des Guides du général de la Moricière, a épousé, en 1863, mademoiselle Camille-Gabrielle BERNOU DE ROCHETAILLÉE;

2° Geneviève D'ANTHENAISE;

3° Simonne D'ANTHENAISE;

4° Charles D'ANTHENAISE, né le 21 décembre 1844.

D'AUXÀIS

ARMES : *De sable, à trois besants d'argent.* — Couronne : *De Comte.* — Supports : *Deux lions.*

e tout temps la maison D'AUXAIS a tenu un rang distingué parmi la noblesse de Normandie ; elle figure aux recherches de Montfaut, de Roissy, d'Aligre et de Chamillart ; dans cette dernière, seize membres y sont maintenus comme d'ancienne noblesse.

Au nombre des seigneuries de cette famille, nous citerons : Auxais, érigée en Comté en 1610, le Mesnilveneron, le Dézert, le Mesnil-Vigot, Montfarville, le Perron, le Châtel, Auverville, etc.

Elle a contracté ses alliances avec les principales maisons de la province, parmi lesquelles nous citerons celles : de Bray, de Carbonnel, de Thère, de Breully, de Sainte-Marie, de Brébœuf, du Mesnildot, de Franquetot de Coigny, de la Gonnivière, de Percy, de Martigny, de Monchaton, de la Bretonnière, de Bordes, Davy du Perron, etc., etc.

Le plus ancien personnage connu de cette famille est :

Thomas D'AUXAIS, Écuyer, seigneur du lieu ; il vivait en 1150.

Guillaume D'AUXAIS, vivant en 1330, épousa noble damoiselle Jeanne DE BREULLY.

En 1418, parmi les seigneurs restés fidèles au roi de France, se trouve Pierre D'AUXAIS ; il fut traité de rebelle et ses biens furent confisqués par les Anglais.

En 1423, le seigneur d'Auxais figure au nombre des 119 défenseurs du Mont-Saint-Michel (1).

De 1429 à 1461, Briant D'AUXAIS se distingua parmi les meilleurs capitaines de Charles VII.

Le 30 octobre 1520, Jean et Robert D'AUXAIS rendent l'aveu de la seigneurie d'Auxais.

---

(1) Dans la liste que nous avons donnée (tome Ier, page 7), le nom est écrit D'AUSSAIS ; c'est D'AUXAIS qu'il faut lire.

Cette famille a fourni, de plus, un grand nombre d'officiers de tous grades au service de nos rois.

Le comte D'AUXAIS DE MONTFARVILLE, Président de l'Élection de Saint-Lô, assista, en cette qualité, à l'assemblée provinciale tenue à Caen en novembre 178?.

Le chevalier Léonor D'AUXAIS fit toutes les campagnes de l'armée de Condé, et fut tué au combat du lac de Constance. Son frère, François-Alexis-René, Comte D'AUXAIS, a fait toutes les campagnes de l'armée des Princes et celle de Quiberon. Il épousa, en 1816, mademoiselle Gabrielle DANCEL, et de ce mariage sont nés trois enfants :

1° Émile-Joseph-Alexis, qui suit ;

2° Jules-Charles-François-Alexis D'AUXAIS, né le 10 juillet 1818, marié, le 27 mai 1845, à mademoiselle Louise GIGAULT DE BELLEFONT, fille de Bernardin-Louis Gigault, Marquis de Bellefont, et de madame Caroline D'ÉMIÉVILLE d'où sont issues :

A. Gabrielle-Caroline D'AUXAIS, le 22 décembre 1846 ;

B. Marie-Adèle-Bernardine D'AUXAIS, le 15 mai 1848 ;

3° Paul-Léonor D'AUXAIS, né le 9 janvier 1820, marié, le 22 janvier 1856, à mademoiselle Marie-Louise-Thérèse LABBEY DE LA ROQUE, fille de Léopold Vicomte Labbey de la Roque, et de madame Marie d'HÉRICY, d'où :

A. Maurice-Émile D'AUXAIS, né le 13 janvier 1857 ;

B. Béatrix-Juliette-Ambroisine D'AUXAIS, née le 23 mai 1859.

Émile-Joseph-Alexis D'AUXAIS, Chef actuel de la famille, né le 1er janvier 1817, a épousé le 17 juin 1838, mademoiselle Adèle DANCEL, fille de M. Dancel et de madame DANCEL DE PIERREVILLE. De ce mariage sont nés les quatre enfants ci-après, savoir :

1° Alexis D'AUXAIS, le 26 décembre 1841, mort en 1855 ;

2° Louise D'AUXAIS, le 16 mars 1839 ;

3° Roger D'AUXAIS, le 18 juillet 1847 ;

4° Henri D'AUXAIS, le 14 août 1855.

L'ESTOURMY

ARMES : *D'azur, à une fontaine d'argent, surmontée d'un renard couché, du même.* — *L'écu timbré d'un casque orné de ses lambrequins.* — Supports : *Deux bassets.* — Devise : *Ardent et fidèle.*

 a famille L'ETOURMY, autrefois L'ESTOURMY, a tenu dans les temps les plus reculés un rang distingué dans la haute noblesse de la province. Richard L'ESTOURMI et son fils Raoul accompagnèrent le Duc Guillaume à la conquête d'Angleterre, en 1066 (1).

Du reste, tous les historiens de cette époque reculée mentionnent le courage et la valeur de ces deux Chevaliers. Ils figurent dans le *Domesday-Book*, comme possédant de grands biens dans divers Comtés, et notamment dans celui de Norfolk.

Richard et Raoul L'ESTOURMI, en partant pour la conquête d'Angleterre, laissèrent à Valognes un frère qui continua la descendance venue jusqu'à nos jours.

Jean DE L'ESTOURMY fut tué au siége de Valognes, en 1573.

Nicolas DE L'ESTOURMY, son neveu, Avocat, Conseiller du Roi en 1610, eut deux fils :

1° Nicolas, qui suit ;

2° Charles DE L'ESTOURMY, Écuyer, seigneur de Saint-Privat, marié à noble

---

(1) Voir la Liste que nous avons donnée, tome 1er.

demoiselle Jacqueline LE HÉRISSIER, qui l'a rendu père de deux enfants, savoir :

    A. Marie-Anne DE L'ESTOURMY DE SAINT-PRIVAT ;

    B. François-Félix DE L'ESTOURMY DE SAINT-PRIVAT, né à Valognes le 4 mars 1699, gouverneur de la ville et du château de Valognes; mort sans postérité.

Nicolas DE L'ESTOURMY, Écuyer, seigneur du Plessis, Officier de la maison de Monsieur le Duc d'Orléans, eut deux fils :

    1° Charles, qui suit ;

    2° François-Hyacinthe DE L'ESTOURMY, écuyer, seigneur de Joinville, marié à noble demoiselle Marie-Françoise DE MALY. Il est mort laisant trois enfants, morts tous sans postérité :

        A. Marie-Françoise-Charlotte DE L'ESTOURMY DE JOINVILLE, née à Valognes le 17 mai 1721 ;

        B. Charles-François-Nicolas DE L'ESTOURMY, Écuyer, seigneur de Joinville, né en 1722 ;

        C. Anne-Agnès DE L'ESTOURMY DE JOINVILLE, né en 1725.

Charles DE L'ESTOURMY, Écuyer, seigneur du Plessis, de la Fontaine et autres lieux, fit diverses acquisitions par contrats passés devant Me Leval, notaire royal à Valognes, et y est décédé le 17 septembre 1724. Il eut pour fils unique :

François-Hyacinthe DE L'ESTOURMY, qui eut pour parrain messire François-Hyacinthe LE FÈVRE, Chevalier, seigneur Marquis DE MONTAIGU, et pour marraine madame D'AMONVILLE. Il figure dans divers contrats de vente, notamment dans un du 1er août 1723. Il eut pour fils unique :

Jacques-François-Hyacinthe DE L'ESTOURMY, Conseiller du Roi à Caen, lequel épousa noble demoiselle Perrine-Bernardine QUEDRUE DES PRÉAUX, fille de noble Jean de Quedrue, Conseiller secrétaire du Roi, Receveur général de ses finances. Il est mort le 14 septembre 1782, et de cette alliance est né :

Pierre-Hyacinthe DE L'ETOURMY, qui fit plusieurs campagnes sous la République et le premier Empire. Rentré dans la vie civile, il mourut peu de temps après, ne laissant qu'un fils unique :

Charles-Georges DE L'ETOURMY, Chef de nom et d'armes de cette antique maison, marié le 11 juillet 1828 à mademoiselle Marie-Zélie DE VOISVENEL. De ce mariage est né un fils :

Georges-Victor DE L'ETOURMY, actuellement avocat près la cour d'appel de Caen.

QUENTIN DE COUPIGNY

ARMES : *D'azur, à trois pals d'or.* — Couronne : *De Comte.* — Supports : *Deux lions.*

Originaire de la province de Bretagne, la maison QUENTIN y était connue depuis très-longtemps comme de bonne noblesse. Les troubles qui désolèrent cette province, au temps de la Duchesse Anne, forcèrent plusieurs de ses membres à s'expatrier, et l'un d'eux, Roger QUENTIN, Écuyer, vint s'établir en la paroisse de Morigny (Élection de Coutances) vers 1450. Parmi ses descendants, les uns suivirent la carrière des armes, et les autres occupèrent des charges dans la Magistrature.

Cette famille comptait autrefois plusieurs branches qui toutes sont éteintes; il ne reste que celle de Coupigny.

Nous allons citer, le plus brièvement possible, quelques personnages dont l'existence incontestable prouve surabondamment que cette famille a toujours tenu un rang distingué parmi les gentilshommes de la province.

Perrin QUENTIN vivait en 1451 en la paroisse de Plaintel, en Bretagne; Roger Quentin, son fils, fut reconnu d'ancienne noblesse d'après les recherches de Goy, envoyées par Pierre, Duc de Bretagne; deux arrêts, l'un de la Cour des Aides de Rouen, du 13 décembre 1605, et un autre du Conseil d'État, en date du 15 juillet 1665, ont maintenu ses descendants dans leur ancienne noblesse.

Son petit-fils, Guillaume QUENTIN, Écuyer, seigneur de Rouge-Palu, a épousé, le 23 mai 1553, damoiselle Gervaise ROUAULT, dame de Coupigny;

c'est à partir de cette époque que le franc-fief de Coupigny est devenu la propriété de la famille QUENTIN, qui depuis en a toujours porté le nom.

François QUENTIN, Écuyer, seigneur de Coupigny, servait dans les Gens d'armes de la Compagnie des Ordonnances du Roi (1587).

Éliachim QUENTIN, Écuyer, seigneur de Coupigny, reçut du Roi Henri IV une lettre très-flatteuse, qui attestait les services que Rolland Quentin, son père, avait rendus « au Roi. » (Cette lettre, signée de la main du roi, est datée du 25 septembre 1597.)

Autre François QUENTIN, Écuyer, servit en qualité d'Archer morte-paie au mont Saint-Michel, dans la compagnie des Gentilshommes qui y tenait garnison pour le service du Roi, sous le commandement du Marquis de la Luzerne, Gouverneur de la forteresse du mont Saint-Michel.

Guillaume QUENTIN DE COUPIGNY, Conseiller du Roi, Lieutenant haut-justicier de Landelles, de Bény, etc.

Jacques QUENTIN, Écuyer, seigneur et patron de Coupigny, Mesnil-Caussais et autres lieux, Conseiller secrétaire du Roi, a épousé en 1693 noble demoiselle Renée LE TESTARD DE ROUSSILLON, dont il eut :

Guillaume QUENTIN DE COUPIGNY, Écuyer, Conseiller du Roi, marié en 1745 à demoiselle Alphonsine DES ROTOURS DE LA ROQUE, dont :

Jean-Charles QUENTIN DE COUPIGNY, Écuyer, seigneur de Coupigny, de Mesnil-Caussais et autres lieux, Lieutenant des Maréchaux de France en la Duché-pairie d'Harcourt, greffier du point d'honneur en le même duché, dispensé de l'âge exigé pour cette charge par Lettres signées du Roi le 24 juillet 1775. Il a épousé en 1794 mademoiselle Anna D'ANNE, qui l'a rendu père de :

1° Louis-Félix-Alphonse QUENTIN DE COUPIGNY, mort en 1847, laissant trois enfants : Édouard, Albert et Alexandrine;

2° Philippe, qui suit :

Philippe QUENTIN DE COUPIGNY, Chef de nom et d'armes de sa famille, a épousé, le 22 octobre 1822, mademoiselle Marie-Césarine-Olympe DE LA CORNILLIÈRE, qui l'a rendu père de :

1° Étienne-Léon QUENTIN DE COUPIGNY, marié le 25 juin 1850 à mademoiselle Marie-Antoinette DU ROSEL DE SAINT-GERMAIN, dont :

A. Fernand-Marie QUENTIN DE COUPIGNY, né le 10 août 1851;

B. Georges-Augustin QUENTIN DE COUPIGNY, né le 14 janvier 1854.

FERRÉ DES FERRIS

ARMES : *De gueules, à trois annelets d'or.* — Couronne : *De Comte.* — Supports : *Deux lions.*

insi que l'attestent des documents authentiques, la famille FERRÉ DES FERRIS jouissait déjà, vers le XIIIᵉ siècle, des titres et prérogatives réservés à la noblesse *d'extraction chevaleresque;* elle peut donc être considérée comme une des anciennes maisons de la basse Normandie.

En 1265, Robert FERRÉ, Écuyer, fils de Raoul ou Rodolphe FERRÉ, confirma à Pierre DE LA MASURE le don que son père lui avait fait, de plusieurs terres situées à Torchamps, commune comprise aujourd'hui dans le canton de Passais, arrondissement de Domfront. La charte originale constatant cette confirmation est déposée dans les archives de Saint-Lô. En voici la copie textuelle et le sceau :

« Notum sit omnibus tam futuris quam presentibus quod ego Robertus
« Ferratus armiger concessi et presenti carta confirmavi Petro dicto de Ma-
« sura omnia que Radulfus pater meus idem Petro pro servicio suo dedit
« et concessit sicut in carta quam inde Petrus habet determinatur, et ut
« hoc ratum sit et stabile permaneat presens scriptum sigilli mei muni-

2

« mine roboravi. Actum est hoc anno Domini M°. CC°. sexagesimo quinto
« in plena parrochia de Forto Campo. »

Ce sceau, très-bien conservé, porte le fond uni, sur lequel se voient *trois
fers à cheval*, posés 2 et 1. (Anciennes Armoiries de la famille.)

Un membre de cette famille, engagé dans la guerre des Albigeois, fonda,
er. Italie, une branche qui changea les Armoiries primordiales et portait :
trois annelets au lieu *de trois fers à cheval*.

Benoît FERRÉ, appartenant à cette branche italienne, suivit, en 1442,
René, Roi de Naples, qui, chassé de ses États par Alphonse, Roi d'Aragon,
vint s'établir dans son Comté de Provence; Nicolas DE FERRÉ petit-fils de
Benoît, ayant accompagné en Normandie Marguerite, petite-fille de René,
lorsqu'elle épousa, en 1488, René de France, Duc d'Alençon, revint ainsi
au berceau de sa famille.

A l'une des branches restées en France appartenait Jean FERRÉ, Écuyer,
maintenulors de la recherche de sa noblesse, faite par Monfaut en 1463.

François FERRÉ, Écuyer, possédait en 1586, entre autres seigneuries,
celles de Saint-Georges et de Rouellé, près Domfront; à la même époque on
la trouve alliée aux familles : Achard, de Couppel de Saint-Laurent, du
Vauborel, du Désert, etc.

La plupart de ses membres avaient leur sépulture dans l'église de Passais, où l'on voit encore le nom de FERRÉ et le titre d'Écuyer, gravés sur
une pierre sépulcrale datée de 1556.

Une des branches de cette famille, de la souche des FERRI ou FERRY (1), pour

---

(I) Un des descendants de Benoît FERRÉ, issu de la souche normande, s'est établi en Dauphiné
et y a formé une branche qui a actuellement pour Chef :

François-Hippolyte DE FERRY-FONTNOUVELLE, ancien colonel de cavalerie, commandeur de la
Légion d'honneur, chevalier de Saint-Louis et de Saint-Ferdinand d'Espagne; il a pour fils :
Charles DE FERRY-FONTNOUVELLE, capitaine d'infanterie, marié à mademoiselle Petrita DE FERRY,
sœur du représentant actuel d'un autre rameau.

Cette branche porte aussi pour armes : *De gueules, à trois annelets d'or.*

se distinguer des autres, donna à une de ses propriétés, située aux environs de Passais, le nom italien de FERRIS que ses ancêtres avaient adopté, et de-is lors cette branche s'appella FERRÉ DES FERRIS.

Elle est représentée aujourd'hui par :

Alphonse-Guillaume-Ambroise DE FERRÉ DES FERRIS, Chevalier des Ordres de la Légion d'honneur et de Saint-Grégoire le Grand, né à Passais, le 30 décembre 1805, fils d'un ancien Conseiller du Roi, ancien Colonel de la garde Nationale de cette ville sous Louis XVI, décédé maire de Passais, en 1828, et de dame Adélaïde-Louise COUSIN DES LOUVELLIÈRES (1).

Reçu Avocat au barreau de Paris, en 1829, M. DE FERRÉ DES FERRIS allait entrer comme Auditeur au Conseil d'État, lorsque la révolution de 1830 changea ses dispositions. Il fut successivement maire de la commune de Teilleul, membre du Conseil Général du département de la Manche, etc., enfin, représentant à l'Assemblée législative. Il a épousé, en 1832, mademoiselle Aglaé LE LUBOIS DE MARSILLY (2), fille de M. Le Lubois de Marsilly, Officier supérieur, Directeur de l'artillerie de la marine à Cherbourg, Chevalier de Saint-Louis, de la Légion d'honneur, etc., et de dame Aglaé DE GUÉROUST DE BOISCLAIREAU (3).

De ce mariage sont issues deux filles :

1° Mathilde-Aglaé-Louise DE FERRÉ DES FERRIS, mariée, le 14 septembre 1853, à Louis-Armand DE ROUSSEL DE PRÉVILLE (4), dont :

A. Christian-Louis DE ROUSSEL DE PRÉVILLE, né en 1854;
B. Maurice-Louis-Joseph DE ROUSSEL DE PRÉVILLE;
2° Marie-Berthe DE FERRÉ DES FERRIS.

---

(1) La famille COUSIN DES LOUVELLIÈRES porte pour armes : *D'azur, à trois molettes d'éperon d'or.* (Voyez sa notice, page 396.)

(2) Les armes de la maison LE LUBOIS DE MARSILLY sont : *D'azur, au chevron d'or, surmonté d'un croissant d'argent, et accompagné de trois fers de lance de même, 2 et 1.*

(3) Les armes de la famille DE GUÉROUST sont : *D'argent, au chevron de gueules, accompagné de trois glands tigés et feuillés de sinople, ceux en chef affrontés.*

(4) La famille ROUSSEL DE PRÉVILLE porte pour armes : *D'argent, à un lion de sable, armé, lampassé et allumé de gueules, et couronné d'or.*

DE FLAMBART

ARMES : *D'azur, à la fasce de cinq flammes [d'or, surmontée de deux étoiles du même. L'Écu timbré d'un casque orné de ses lambrequins.*

u nombre des familles les plus anciennes de la province, il faut compter celle DE FLAMBART, dont le nom est écrit indistinctement par un T ou par un D dans les chartes des XIe et XIIe siècles.

Nous citerons, parmi les seigneuries que cette maison a possédées, celles de Villers-en-Ouche, de l'Éprevier, de Folleville, de la Buissonnière, de la Chapelle, de Guitot, de la Noë, de la Perroterie, etc.

Renouf, *aliàs* Ranulf FLAMBART, fut l'un des compagnons de Guillaume le Conquérant en 1066. (Voyez *le Domesday-Book, les Archives de l'Abbaye de la Bataille* et la liste que nous avons donnée dans le tome 1er.)

Orderic Vital nous apprend qu'il était Évêque de Durham en 1099, et l'un des favoris de Guillaume le Roux, qui l'éleva au-dessus de tous les grands du Royaume en le nommant Grand-trésorier et Grand-justicier.

Il fut le principal instigateur de la révolte des grands seigneurs de Normandie, qui prirent parti pour le Roi d'Angleterre et résolurent de lui transmettre le Duché. Jeté en prison à la mort de son protecteur par le nouveau Roi Henri 1er, il parvint à s'esquiver et rentra en Normandie, où il fut bien accueilli par le Duc Robert, qui le mit à la tête des affaires de la province.

Son frère Foulcher FLAMBART fut nommé, au mois de juin de l'année 1100,

Évêque de Lisieux, siége qu'il n'occupa que sept mois. A sa mort, Renouf Flambart obtint cet évêché pour son fils Thomas; encore enfant, et gouverna ce diocèse pendant quelque temps.

F. FLAMBART était un des cent dix-neuf gentilshommes qui défendirent si vaillamment le Mont-Saint-Michel en 1423. (Voir la liste que nous avons donnée dans le tome Ier.)

La noblesse d'*ancienne extraction* de cette famille a été confirmée par différents jugements :

1° Par Raymond de Montfaut en 1463 ; dans le jugement de ce commissaire, la filiation est établie depuis Guillaume FLAMBART, Chevalier vivant en 1409.

2° Jacques DE FLAMBART, Écuyer, seigneur de la Chapelle, demeurant en la paroisse de Villers-en-Ouche, Élection de Lisieux, et François DE FLAMBART, Écuyer, sieur de la Noë et de la Perroterie, son frère, demeurant à la Chapelle-Viel, Élection de Verneuil, comparurent le 18 février 1641 devant messire Robert de Blanchouin, conseiller du Roi, trésorier-général de France à Alençon, commissaire député par Sa Majesté en ladite généralité pour l'exécution de son édit du mois de novembre précédent, portant révocation des priviléges et exemptions des tailles. Tous deux furent reconnus *nobles d'ancienne extraction*, et comme tels exempts de tailles et de toutes autres impositions ; après avoir représenté les pièces et titres mentionnés dans l'inventaire, conformément auxquels titres et enseignements et ouï le Procureur du roi, ledit sieur de Blanchouin ordonna que lesdits sieurs DE FLAMBART demeureraient compris dans les Rôles des paroisses de Villers et de la Chapelle, aux chapitres des nobles exempts, dont acte leur fut délivré.

3° Par jugement du 10 avril 1668, rendu par M. de Chamillart, commissaire départi par le Roi en la généralité de Caen. (Voyez : tome Ier, page 64, la liste des maintenues.)

Et enfin, par Ordonnance rendue le 23 août 1697 par Messieurs les commissaires généraux députés sur le fait des Armoiries ; celles de Louis DE FLAMBART, Écuyer, et de Jean DE FLAMBART, Écuyer, seigneur de la Noë, ont été enregistrées à l'Armorial général établi par l'édit du Roi du 4 novembre 1696. (Bibliothèque impériale. — Section des manuscrits. — Généralité d'Alençon, reg. 19, folios : 225 et 297.)

Louis DE FLAMBART, Écuyer, seigneur de Villers-en-Ouche, dénommé plus haut et fils de François de Flambart, maintenu en 1641, servit en qualité d'Officier au régiment de Lorge (cavalerie), et fut blessé d'un coup de feu en 1691. Il a épousé sa cousine, demoiselle Gabrielle DE FLAMBART, qui l'a rendu père de plusieurs enfants, entre autres :

Laurent-Alexis DE FLAMBART, Chevalier, qui épousa par contrat du 27 novembre 1732 demoiselle Judith DE FERMANEL (1).

De ce mariage est né un fils :

Gabriel-Laurent DE FLAMBART, né à Villers-en-Ouche le 9 novembre 1734. Il servit d'abord au régiment de Béarn (compagnie du Chevalier des Haulles), puis au régiment de cavalerie de Rangrave (compagnie de M. de la Houssaye.) — Deux certificats, l'un du Chevalier des Haulles, du 31 octobre 1773, l'autre du sieur de la Houssaye, en date du 7 décembre de la même année, attestent qu'il assista à plusieurs batailles et que, pendant vingt ans, il servit avec courage et distinction.

Jean-Baptiste DE FLAMBART, son fils, né le 4 avril 1765, servit en qualité de Gendarme des compagnies d'Ordonnance de la maison du Roi (compagnie des Bourguignons), ayant rang de Sous-Lieutenant. Il y resta du 31 janvier 1782 au 18 mars 1788, ainsi que le constate un certificat de monseigneur le Duc de Castries, Brigadier des Armées du Roi.

Un autre certificat délivré à Caen, le 18 janvier 1783, par le Chevalier D'ANCTOVILLE, ancien Capitaine au régiment du Berry et Lieutenant de MM. les Maréchaux de France, signé également par le Chevalier DE SAINT-MACLOU, Major commandant les villes et châteaux de Caen, par le Marquis D'HAUTEFEUILLE, par le Chevalier de MONTAIGNE, etc., atteste que Jean-Baptiste DE FLAMBART est gentilhomme de Race.

Ce fut lui qui comparut à l'Assemblée des Gentilshommes convoqués pour l'élection des Députés aux États-Généraux en 1789. (Voyez tome Ier, p. 172 de la première partie.)

Il eut pour fils :

Louis-François-Adolphe DE FLAMBART, Chevalier, lequel a épousé, en 1813, mademoiselle Adélaïde-Esther LE HARIVEL DE FLAGY (2).

De ce mariage est issu le fils qui suit :

Albert-Gabriel DE FLAMBART, Chef de nom et d'armes de cette ancienne maison, né en 1830. Il a épousé, le 25 novembre 1856, mademoiselle Caroline-Félicité SORIN DE LÉPESSE (3). De ce mariage est issu :

Gabriel-Henri DE FLAMBART, né le 29 octobre 1858.

(1) Les armes de la famille DE FERMANEL sont : *D'azur, à trois fers de lance d'argent posés en pal.*

(2) Les armes de la maison LE HARIVEL sont : *De gueules, à trois roses d'or, 2 et 1.*

(3) Les armes de la maison SORIN DE LÉPESSE sont : *D'argent, à trois perroquets de sinople.*

GROSSIN DE BOUVILLE

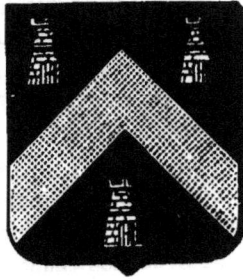

ARMES : *De sable, à un chevron d'or, accompagné de trois tours d'argent.* — Couronne : *De Comte.* — Supports : *Deux aigles.* — Devise : *Fidus et Fidens.*

Cette famille, d'une noblesse ancienne, est originaire de Normandie, où elle a rempli les fonctions les plus élevées de la magistrature; on trouve son nom et son existence dans de vieux actes, quoique l'incendie des Archives de l'ancien Châtelet, en 1792, en ait détruit le plus grand nombre.

Les armoiries décrites et représentées ci-dessus ont été enregistrées à l'Armorial général établi par édit du Roi, en 1696, à la requête de noble François GROSSIN, seigneur du Breuil (*Généralité de Rouen, Registre 20, Bibliothèque impériale, section des Manuscrits*).

Louis GROSSIN, Chevalier, seigneur de Saint-Thurien, son fils, était, en 1720, Conseiller du Roi en ses conseils, et Président en la Cour des comptes, aides et finances de Rouen, ainsi que le constatent deux titres originaux, lesquels indiquent ledit Louis Grossin de Saint-Thurien, comme fils unique à cette époque (car il avait eu un frère aîné mort sans enfant), et seul héritier de M. François GROSSIN, Écuyer, seigneur du Breuil, conseiller du Roi au parlement de Normandie.

Louis GROSSIN DE SAINT-THURIEN eut pour fils :

Jean GROSSIN DE BOUVILLE, Conseiller au parlement de Rouen, qui épousa demoiselle Marie DE MERVAL. De ce mariage naquit :

Pierre-Jean GROSSIN DE BOUVILLE, Président au Parlement de Rouen, lequel fut exilé nominativement à Bouville, lors de l'exil des parlements sous Louis XV, à cause de la grande influence qu'il exerçait par ses vertus, son savoir et son indépendance. Il est mort en 1772 ou 1773, et il avait épousé demoiselle Marie BULTEAU DE FRANQUEVILLE, fille de N... Bulteau de Franqueville, Conseiller au parlement de Rouen, et de dame Jeanne DUQUESNE DE BRETHONNE. Il eut de ce mariage les deux enfants ci-après :

    1° Louis-Jacques, qui suit ;
    2° Et une fille, née en 1760, qui épousa le Comte DAUGER au château de Menneval.

Louis-Jacques GROSSIN, Comte DE BOUVILLE, né le 22 septembre 1759 ; reçu au parlement de Rouen en 1777, titré COMTE en 1783, par brevet signé de S. M. Louis XVI, et contre-signé Montmorin, fut député de la noblesse du Bailliage de Caux, en 1789, puis Secrétaire des États-généraux. Il émigra en 1791, fit la campagne de 1792, et se retira en Suisse. A la rentrée des Bourbons, il fut élu Membre et Vice-Président de la chambre des Députés, de 1815 à 1827 ; il est mort à Paris, le 13 février 1838.

Il avait épousé, à Manheim, en 1807, mademoiselle Antoinette-Catherine-Monique-Henriette JURGY DE LA VARENNE, fille de M. le Comte de la Varenne, Officier général, cordon rouge, commandant à Metz avant la révolution de 1789, mort en émigration en 1803. De ce mariage sont issus deux fils :

    1° Louis-Alexandre-Henri, qui suit ;
    2° Louis-Auguste-Julien, rapporté après son frère.

Louis-Alexandre-Henri GROSSIN, Comte DE BOUVILLE, né à Bouville le 12 octobre 1814, a épousé, en 1839, demoiselle Éloïse-Louise-Marie DAUGER, fille du Vicomte Dauger ; de ce mariage sont nés deux enfants, savoir :

    1° Alexandre-Henri-Ludovic GROSSIN DE BOUVILLE, né le 23 décembre 1839 ;
    2° Étienne-Georges-Louis-Marie GROSSIN DE BOUVILLE, né le 5 février 1842.

Louis-Auguste-Julien GROSSIN, Vicomte DE BOUVILLE, né à Rouen le 20 juin 1816, a épousé, en 1843, mademoiselle Mina DE VIVEFAY-WYAT, dont il a quatre enfants, savoir :

    1° Louis-François-René GROSSIN DE BOUVILLE, né le 4 décembre 1849 ;
    2° Emmanuel-Louis-Alexandre-Henri, né le 15 janvier 1850 ;
    3° Et deux filles, Marguerite et Louise.

HOUËL

Armes : *Palé d'or et d'azur de six pièces.* — Couronne : *De Baron.*

e nom de HOUËL ou HOËL est d'origine bretonne. C'é-
tait d'abord une dénomination individuelle, comme *Conan,*
Mériadec, et autres du même genre.

Pendant le règne des fils de Rollon, de grands rapports
s'établirent entre la Bretagne et la Normandie. Un certain
nombre de cadets bretons entrèrent dans les armées normandes, et acquirent des fiefs et des seigneuries, principalement dans les
contrées limitrophes de la Bretagne. Les diverses branches de la famille
Houël, dont le berceau se trouve dans la paroisse du Tourneur, près la ville
de Vire, ont eu probablement pour auteur commun un de ces émigrés bretons,
qui vint s'établir dans ce fief, et dont les premiers descendants portèrent le
nom. En effet, on trouve dans quelques listes de la conquête le nom de Houël
remplacé dans d'autres par celui du *sire du Tourneur :* E li Sire de Vaacie,
Del Torneor, e de Praeres, E William de Columbieres (*Robert Vace*); de la
Huse et Houelle, Synes et Grivelle (*Liste du British Museum*). Ce qui con-
firme cette présomption, c'est que l'ancienne généalogie de la maison, sur
parchemin, en date de 1596, constate que les Houël sont descendus de la
race et *estres* des sieurs du Tourneur.

Depuis l'époque normande jusqu'à la fin du XIII⁰ siècle on n'a aucun in-
dice certain de cette famille ; on sait seulement que Laurent Houël paya
100 livres en 1302 pour sa contribution à l'armée du Roi (*Traité de la no-*
blesse par La Roque).

Il existe dans les chartriers de Normandie diverses chartes de la famille.
Nous citerons entre autres une charte de 1390, par laquelle Charles Houël
concède aux moines de l'Abbaye de Saint-Lô trois boisseaux de froment
(chartrier de Saint-Lô). Une autre de Thomas Hoël, qui vend à Godefroid
de Saint-Planchés un pré et quelques terres arables, en 1216; le sceau représente *une étoile à huit pointes* et autour : « Sigillum Thomæ Hoel. » Enfin
une autre, probablement du même Thomas Hoël, qui accorde à l'Abbaye du

Mont-Saint-Michel tous les poissons gras (pisces alardum), qui se trouveront sur son domaine (chartrier du Mont-Saint-Michel).

Les Houël du Tourneur se partagèrent en plusieurs branches, dont l'une, la branche aînée, resta au manoir paternel ; elle existait encore en 1635, époque à laquelle Barnabe Houël, sieur du Fieullet, et Christophe Houël, sieur du Castel, justifièrent devant d'Aligre.

Une autre branche se dirigea sous le règne de Philippe le Bel vers Évreux, et s'établit sur le fief de la Houblonnière, près de Dives. En 1345, Simon Houël acheta la terre de la Pommeraie, vicomté de Pont-Audemer. Guillaume Houël ayant épousé Yvonne de Dreux, fille de François de Dreux et de Jeanne de Montsoreau, devint, du chef de sa femme, seigneur et patron de Morainville. Cette seigneurie fut érigée en *Baronnie* en faveur de Charles Houël, en 1655, dont l'enregistrement eut lieu, en 1657, en la chambre des comptes de Normandie.

Cette branche a donné le jour à plusieurs guerriers célèbres et a eu des alliances considérables, entre autres avec la famille de Dreux, qui descendait par les femmes du roi Louis le Gros, avec les Tonnetot, les Tournebu, les Grosourdi de Saint-Pierre, etc. Antoine Houël fut reçu chevalier de Malte en 1642, et François Houël fut page de la grande écurie et exempt des Gardes du Roi. M. Houël de la Pommeraie, qui émigra en 1792, fut le dernier représentant mâle de cette famille, laquelle a de nombreux représentants par les femmes dans le Calvados et l'Eure.

Enfin une troisième branche, la seule qui existe encore aujourd'hui, s'établit au manoir du Breuil, paroisse de Rouxeville, diocèse de Bayeux. Le premier connu est Guillaume Houël, qui vivait en 1320, et qui commence la généalogie. Cette branche a fourni plusieurs personnages distingués, entre autres Thomas Houël, un des 119 chevaliers qui défendaient le Mont-Saint-Michel, en 1423; Nicole Houël, curé de Cormolain, chantre de plain-chant à la chapelle des rois François Ier et Henri II, Rault Houël, avocat au parlement de Rouen, Dom Louis Houël, abbé de Longres, et N... Houël qui devint seigneur et patron de Rouxeville, à cause de son mariage avec Guillemette de Cussy. Cette seigneurie subsista dans la famille pendant trois générations, jusqu'en 1550, époque à laquelle Jacques Houël vendit ce fief au sieur de la Bigne-Maillard.

Charles Houël devint Juge-garde de la monnaie de Caen, et s'établit ensuite à Saint-Lô, où sa descendance est restée jusqu'à ce jour.

Les trois branches de la maison Houël portaient les mêmes armes que ci-dessus ; *Palé d'or et d'azur de six pièces.*

I. — Guillaume HOUËL, sieur DU BREUIL, paroisse de Rouxeville, diocèse de Bayeux, vivait en 1320; il était descendu *de la race et estres* des HOUËL du Tourneur. Il eut six fils, entre autres Martin, qui suit.

II. — Martin HOUËL eut trois fils :

    1° Guillaume mourut jeune;
    2° Perrin épousa Guillemette DE CUSSY, qui lui apporta le fief de Rouxeville;
    3° Jehan HOUËL, qui suit.

III. — Jehan HOUËL eut cinq enfants :

    Raoul, Richard, Perrin, André et Thomas HOUËL, qui suit :

IV. — Thomas HOUËL épousa Guillemette HOUËL, sa cousine; il n'eut qu'un fils, nommé Jehan, ou, du moins, il n'est pas fait mention des autres.

V. — Jehan HOUËL. Le nom de sa femme est inconnu. Il eut un fils, nommé Nicolas, qui suit.

VI. — Nicolas HOUËL épousa Jeanne DE MARÉCHAUX, fille de Thomas Thiebout, sieur de Maréchaux, de Saint-Lô, un des associés du traité du Canada. Il eut, entre autres enfants, un fils, nommé Jean, qui suit.

VII. — Jean HOUËL épousa Jeanne DURAND, fille de Jean Durand, sieur de la Fontaine, monnoyer à Saint-Lô; il eut, entre autres enfants, Gilles, qui suit.

VIII. — Gilles HOUËL, avocat au bailliage de Torigny, épousa Jeanne POTIER. Il eut, entre autres enfants, Charles, qui suit.

IX. — Charles HOUËL, Conseiller du Roi, Juge-garde de la monnaie de Caen, fut confirmé dans sa noblesse en 1701. Il avait épousé, en 1678, Françoise HERVIEU, de la paroisse de Moyon, fille de Théodore Hervieu, sieur de la Fouctière. Il eut plusieurs enfants, entre autres :

    1° Pierre HOUËL, marié à demoiselle DE LA COULDRE DE LA BRETONNIÈRE, de la paroisse de Marchézieux. Son fils, Louis-Pierre HOUËL, était gendarme rouge de la garde du Roi;
    2° Michel HOUËL épousa demoiselle DE LA MUSE, veuve du sieur de l'Hermitte;
    3° Charles HOUËL, gendarme de la garde ordinaire du Roi, chevalier de Saint-Louis, épousa demoiselle MICHELLE DE MARCHÉZIEUX. Son fils, Jean HOUËL, était capitaine au régiment de Montmorin et chevalier de Saint-Louis;
    4° François HOUËL, mousquetaire gris de la garde du Roi, chevalier de Saint-Louis, fut blessé à Fontenoy;
    5° Jean HOUËL, qui suit;
    6° Madeleine HOUËL épousa le sieur LE MENUET DE CHAMPAUX.

X. — Jean HOUËL, sieur DU HAMEL, Conseiller du Roi à Saint-Lô, épousa Anne-Louise-Élisabeth LE MÉNICIER, fille de Jean le Ménicier, Bailli de

Beaudemont, et de Madeleine Courtin, sœur d'Antoine Courtin, Ambassadeur
du Roi près la cour de Suède. Il eut trois fils et trois filles :

1° Charles-Laurent Houël du Hamel fut prêtre et décéda en 1771 ;
2° Michel-Archange Houël mourut jeune ;
3° Jean-Baptiste, qui suit :

X. — Jean-Baptiste Houël, sieur du Hamel, Conseiller du Roi à Saint-
Lô, épousa Adrienne Foucher de la Goubedière, fille du sieur Foucher de la
Goubedière, et nièce de l'abbé Foucher, principal du Collége de Navarre et
vicaire général de l'archevêque de Paris. Il eut six enfants :

1° Charles Houël, officier de la Légion d'honneur, chef de division au ministère
de la guerre, né le 18 février 1769, mort sans lignée ;
2° Jean-Baptiste Houël, officier dans la marine royale, né le 12 mai 1770, mort
à Saint-Domingue, sans lignée ;
3° Nicolas Houël, d'abord officier dans la marine royale, puis général de
brigade à l'armée du Rhin et chef de l'état-major de Moreau, né le
27 septembre 1772, tué au passage du Lech, en 1796 ;
4° Gabriel Houël, né en 1783, qui suit :

XII. — Gabriel Houël du Hamel, ancien Officier de dragons, fut blessé à
Austerlitz et entra dans l'administration civile ; après avoir fondé, en 1810,
le Haras d'Annecy, en Savoie, il fut appelé à la direction du Haras d'Angers.
Il avait épousé, en 1806, demoiselle Adélaïde Cauchard de Fresneville, fille
de M. Cauchard de Fresneville, Écuyer, Avocat au bailliage de Torigny et
Bailli de Couvains. De ce mariage sont nés trois enfants :

1° Ephrem Houël, né en 1807, qui continue la descendance ;
2° Euthyme Houël, né en 1809, mort garçon, en 1834 ;
3° Caroline-Elphége Houël, née en 1816.

XIII. — Ephrem Houël du Hamel(1), Inspecteur général des Haras, marié,
en 1839, à demoiselle Françoise de Tréourret de Kerstrat, fille de Joseph
de Tréourret, Baron de Kerstrat, premier Page de Louis XV, Aide de camp
du marquis de Tinteniac, son cousin germain, pendant les guerres de
Bretagne, et de demoiselle Julienne Mahé de Berdouaré. De ce mariage il a
trois enfants :

1° Euthyme-Gabriel-Joseph Houël du Hamel, né en 1841 ;
2° Adélaïde-Marie-Julienne Houël du Hamel ;
3° Caroline-Elphége-Louise Houël du Hamel.

(1) M. Houël est en instance pour relever le titre de Baron, concédé en 1655 à la branche de
Morainville, maintenant éteinte, en faveur de Charles Houël, fils de Guillaume Houël et d'Yvonne
de Dreux.

LE VAILLANT

DU DOUËT, DE LA FIEFFE, ETC.

ARMES : *D'azur, au dextrochère mouvant d'une nuée d'argent, paré de gueules, tenant une épée en pal, aussi d'argent, garnie d'or* (1). — Couronne : *De Baron.*

a maison LE VAILLANT, très-ancienne dans la province, est une des cinq familles de Gentilshommes Verriers aux-quelles divers Édits royaux ont accordé tant de priviléges, principalement celui de *non-dérogeance*; ces priviléges leur ont été accordés non-seulement par les Rois de France, mais encore par les Ducs de Normandie.

L'un des descendants de cette maison, Monsieur LE VAILLANT DE LA FIEFFE, prépare un travail fort long et très-détaillé sur l'origine de ces cinq familles, savoir celles : DE BONGARS, DE BOUIC, DE BROSSARD, DE CAQUERAY et LE VAILLANT ; ce travail, qui sera imprimé cette année, nous dispense de nous étendre sur l'origine de la noblesse de ces maisons ; nous nous bornerons donc à donner la filiation suivie et non interrompue de celle qui nous occupe, établie sur les actes et contrats faisant partie des Archives de la famille.

La maison LE VAILLANT a possédé un grand nombre de fiefs nobles qui ont donné leurs noms à diverses branches, parmi lesquelles nous citerons :

---

(1) Les armes de la famille LE VAILLANT se voyaient, dès le commencement du XIIIᵉ siècle, sur la clef de voûte de la chapelle de Saint-Nicolas, en l'église de Beauvoir-en-Lions.

La baronnie de Rebais, les seigneuries de Saint-André, de la Lande, du Clos, du Hazai, du Douët, de Folleville, de Florival, des Routhieux, de Charny, du Buisson, de la Fieffe, Durenval, de Catigny, de Monchy, de Valcour, de la Panne, d'Aubigny, de la Haye, de Telle, de la Boissière, de Glatigny, de Plémont, de Valdollé, de Grandpré, etc., etc.

FILIATION.

Le premier personnage mentionné dans les actes est :

I. — Jean LE VAILLANT, Écuyer, sieur du Haîstre-Allain, qui épousa par contrat du 15 mars ou mai 1516, Jeanne, fille de Richard BOUJU, Écuyer, dont il eut :

II. — Charles LE VAILLANT, Écuyer, sieur de la Lande, marié par contrat du 18 octobre 1559, à demoiselle Jeanne DE BEAUQUESNE, veuve d'Anicet LE MOINE, dont :

III. — Damien LE VAILLANT, Écuyer, seigneur du Clos, marié à demoiselle Suzanne DU BUISSON, qui le rendit père de :

1° Henri, qui suit ;
2° David LE VAILLANT, Écuyer, sieur des Routhieux, auteur de la branche de ce nom, éteinte ;
3° Jean LE VAILLANT, Écuyer, sieur du Buisson, auteur de la branche rapportée plus loin.

IV. — Henri LE VAILLANT, Écuyer, seigneur du Hazai, lequel épousa par contrat du 24 septembre 1628, demoiselle Claude DU Bosc, qui l'a rendu père de :

V. — Charles LE VAILLANT, Écuyer, seigneur du Clos, marié, par contrat du 9 juillet 1662, à noble demoiselle Marie LE BEAUBE, fille de Guillaume le Beaube, Conseiller avocat du Roi au siége du bailliage Vicomté, Eaux et Forêts de Lions, procureur du roi au bailliage de Charleval, Capitaine du Château dudit lieu et Bailli-Vicomtal de la haute-justice de Bacqueville. De ce mariage est issu :

VI. — Damien LE VAILLANT, Écuyer, seigneur du Hazai, qui épousa en premières noces, par contrat du 3 décembre 1693, demoiselle AUBÉ DE BRACQUEMONT, et en secondes noces, le 2 février 1698, demoiselle Marie-Madeleine DAN. De l'une de ces deux alliances est issu :

VII. — Louis-Damien LE VAILLANT, Écuyer, sieur du Hazai , qui épousa 1.° par contrat du 21 février 1730, demoiselle Jeanne-Perrine DE CHERBON-NIER, fille de feu Pierre de Cherbonnier, Conseiller du Roi et Lieutenant en l'Élection de Baugé (en Anjou); et 2° le 13 août 1746 , demoiselle Marie-Anne Suzanne DE LA BERQUERIE, fille de Nicolas, sieur du Tronquoy, et de dame Marie DU CAUROY. Il eut de cette dernière union :

VIII. — Louis-Laurent-Jean-Baptiste LE VAILLANT, Chevalier, seigneur du Hazai et du Douët, né le 14 novembre 1752, reçu sur preuves de noblesse dans les Chevau-légers de la Garde du Roi, le 12 juillet 1769. Il a épousé, le 8 janvier 1776, demoiselle Françoise-Marcelle DE BROSSARD, fille de Charles-Amédée, Marquis de Brossard, Chevalier, seigneur de Saint-Martin, de Folny et autres lieux, Major de Dragons dans la compagnie de Soubise, et de dame Angélique DE BOURBEL. De cette alliance sont issus :

1° Louis-Eugène, qui suit;

2° Jules-Amédée LE VAILLANT DU DOUËT, né le 16 janvier 1792, lequel a épousé, au mois de juillet 1842, mademoiselle Marie-Antoinette-Alexandrine Guillaine DE TRÉCESSON, fille du Marquis de Trécesson et de dame DE ROMANCE DE MESMON. Il est mort en 1858, à Courboissy (Yonne), ne laissant que deux filles, savoir :

A. Marie-Mathilde-Joséphine LE VAILLANT DU DOUËT, née le 12 janvier 1846;

B. Marie-Thérèse-Clotilde-Alix LE VAILLANT DU DOUËT, née le 2 juillet 1851.

IX. — Louis-Eugène LE VAILLANT DU DOUËT, né le 1ᵉʳ janvier 1786, épousa en premières noces demoiselle Adélaïde LE MAZURIER DU REDAN, morte sans postérité en 1827 ; et en deuxièmes noces, le 20 avril 1830, mademoiselle Louise-Caroline-Esther MALET DE GRAVILLE (1), fille de Louis-Georges-Adrien Malet, Comte de Graville, et de dame Caroline-Joséphine ALEXANDRE DE MONTLAMBERT. — Il est mort à Paris, le 23 avril 1853; de son second mariage sont issus les deux enfants ci-après :

1° Louis-Jules-Henri, qui suit;

2° Louise-Gabrielle LE VAILLANT DU DOUËT, née le 15 avril 1833, morte à Rome le 23 mai 1854.

X. — Louis-Jules-Henri LE VAILLANT DU DOUËT, Chef de nom et d'armes de sa famille, né le 27 février 1831, a épousé, le 12 décembre 1855, mademoi-

___

(1) Voyez la notice de cette famille, tome Iᵉʳ, p. 214.

selle Marie-Laure PRÉVERAUD DE LA BOUTRESSE, fille de Jean-Nicolas Préveraud de la Boutresse, et de feu dame Esther DE CHABROL-CHAMÉANE. De cette union sont nés trois enfants :

1° Marie-Jeanne-Louise-Gabrielle, née le 6 septembre 1857 ;
2° Henri-Léopold-Gérard, né le 16 octobre 1860 ;
3° Charles-Robert, né le 7 août 1862.

BRANCHE CADETTE.

Cette branche, qui a eu pour auteur Jean LE VAILLANT, Écuyer, sieur du Buisson, de la Fieffe, etc., troisième fils de Damien, rapporté plus haut au IIIe degré, a pour Chef actuel :
Onésime-Jean LE VAILLANT DE LA FIEFFE, né en 1802 ; il a plusieurs enfants.

LARTOIS DE SAINT-LUC

Pour la notice historique et les armes, *Voyez* le tome Ier, page 322.

e dernier descendant de cette famille a épousé, en 1822, mademoiselle Adélaïde-Léonie DE LA FONS DES ESSARTS, fille de Louis-Emmanuel de la Fons des Essarts, et de dame Rosalie-Christine DE PONTEVÈS. De ce mariage sont issus quatre enfants, savoir :

1° Charles-Alfred LARTOIS DE SAINT-LUC, né en 1833, mort en 1854.
2° Charlotte-Pauline-Christine LARTOIS DE SAINT-LUC.
3° Caroline-Berthe LARTOIS DE SAINT-LUC, mariée en 1859 à Louis-Joseph-Marie URVOY DE PORTZAMPARC.
4° Charlotte-Adrienne LARTOIS DE SAINT-LUC.

DE TAILLEPIED

ARMES : *D'azur, à trois croissants d'or, 2 et 1, et un chef cousu de gueules, chargé de trois molettes d'or.* — Couronne : *De Marquis.* — Cimier : *Une aigle.* — Supports : *Deux aigles contournées.* — Devise : *Aspera non terrent* (1).

a maison DE TAILLEPIED, d'origine chevaleresque, est l'une des plus anciennes du Cotentin. Elle y apparaît dès le commencement du XI° siècle, et des documents nombreux lui donnent une communauté d'origine avec les TAISSON ou TESSON, puissants seigneurs féodaux de cette province, issus, d'après plusieurs généalogistes, de la

---

(1) Les armoiries dont nous donnons le dessin en tête de cette notice sont telles que nous les avons prises sur un sceau de Jean DE TAILLEPIED, appendu à une charte originale en parchemin de l'année 1486, déposée aux Archives de Coutances.

3

première maison d'Anjou. (*La Roque*, Histoire de la maison d'Harcourt.)

Le château seigneurial de la maison DE TAILLEPIED existe encore près de Valognes, dans une paroisse portant le même nom. Il est situé près de l'antique abbaye de Saint-Sauveur le Vicomte, que les TAILLEPIED enrichirent bien souvent par leurs pieuses donations et dont ils se montrèrent, pendant près d'un siècle, les protecteurs héréditaires.

Ils y avaient ainsi droit de sépulture, comme l'indique la tombe de l'un d'eux qui a été conservée dans le chœur de l'église.

On trouve dans le Vexin et en Beauce, près de Châteaudun, des terres et des manoirs du nom DE TAILLEPIED. Les chroniques de *Froissart*, les histoires de *Dom Morice* et de *Dom Lobineau*, ainsi que beaucoup de Chartes originales, mentionnent souvent des membres de cette famille qui semblent être issus de ces deux provinces et de Bretagne. Les uns appartenaient à des branches diverses qui, presqu'à l'origine de cette maison, se formèrent dans ces pays; d'autres n'étaient que des membres isolés de la souche commune, qui momentanément se trouvaient éloignés du lieu de leur naissance par suite des services militaires qu'exigeait la féodalité. Il n'y a donc pas de doute que le vrai berceau de cette ancienne maison est le Cotentin, et qu'elle a pris son nom du fief de *Taillepied*, sis près Valognes, dont nous avons parlé plus haut.

Les biens territoriaux que possédaient les TAILLEPIED en Normandie, furent aliénés pour des causes diverses, et acquis successivement par la famille PERRIN L'ENFANT, en 1505, par Vercingetorix MOURISSE, en 1528, et enfin par la famille de Poirié ou du Poirier qui prit souvent dans ses actes le nom *de Taillepied,* et dont la dernière héritière, Rose DE POIRIER, dame de Taillepied, apporta en mariage cette belle seigneurie à Guillaume D'HARCOURT vers 1700. Quant aux autres fiefs possédés par les DE TAILLEPIED dans le Vexin, ils étaient, en 1557, au pouvoir de Guillaume DE MERVILLIERS, Gentilhomme de la chambre du Roi.

FILIATION.

La filiation authentique a été établie par nous sur des copies certifiées de Chartes originales existant aux Archives du département de la Manche. Elle commence à :

Radulphe ou Raoul, Chambellan de Néel, Vicomte de Coutances, en 1047, premier auteur connu de la maison DE TAILLEPIED. Le Vicomte Néel entraîna avec lui RADULPHE dans la rébellion des seigneurs normands qui protestèrent contre l'avénement de Guillaume au duché de Normandie. Vaincu avec ses alliés à la bataille du Val des Dunes (en 1047), Néel, en expiation de sa révolte, fut condamné à se retirer dans l'île de Guernesey où Radulphe l'accompagna. Dans le Cartulaire de Marmoutiers (*Bibliothèque impériale*, n° 5441, *ancien fond latin*), on trouve trois Chartes du Vicomte Néel qui sont des donations à des moines de Guernesey. Radulphe y paraît souvent comme témoin, et, dans l'une d'elles, ce seigneur, en reconnaissance du dévouement de Radulphe, lui concéda plusieurs fiefs et la survivance de sa charge de Chambellan pour son fils Roger.

Roger DE TAILLEPIED, appelé aussi *Roger le Camérier* (1090), figure constamment dans les actes passés par le dernier des Vicomtes du nom de Néel et ses deux frères Eudes et Roger. Il fut, de plus, l'un des premiers bienfaiteurs de l'abbaye de Saint-Sauveur à laquelle il donna cinq cents ver·gées de terre dans les paroisses de la Colombe et de Saint-Sauveur, où Néel avait le siége de ses deux baronnies les plus étendues ; ces donations furent confirmées plus tard par Henri, Roi d'Angleterre, Duc de Normandie, et Comte d'Anjou, et par Jourdain TESSON et Létitia sa femme agissant comme dame de Saint-Sauveur. La Charte relative à ces derniers est un titre original en date de l'année 1150, dans lequel on voit que Jourdain Taisson et dame Létitia, confirmèrent à l'abbaye fondée par leurs prédécesseurs les donations de Roger le Camérier, de son fils Mathieu DE TAILLEPIED, et de Guillaume Ier, fils de celui-ci, à savoir : la terre d'une charrue dans la paroisse de Saint-Sauveur, et dans celle de Colombe, la même quantité de terre avec deux bourgs, toute la dîme de la paroisse de Saint-Jean du Bosquet, celle des moulins de Neuville et une vavassorie appartenant à Herbert DE BLAQUETOT.

Mathieu DE TAILLEPIED eut pour fils :

Guillaume DE TAILLEPIED, Ier du nom, vivant en 1183, ainsi qu'il appert d'une Charte signée par la dame de Saint-Sauveur, en faveur de l'abbaye, par laquelle elle déclare libres, dans leurs personnes et leurs biens, un nommé Radulphe du Parc et ses héritiers. Dans cette Charte il signe comme témoin. D'une alliance dont le nom ne nous est pas parvenu, il eut deux fils :

1° Richard, Ier du nom, Chevalier, dont un des fils, Thomas DE TAILLEPIED, accompagna le Roi saint Louis à la croisade de 1248, et fut un des chevaliers qui frétèrent en commun le navire *la Pénitence*, pour se rendre à la terre sainte. Son nom et ses armoiries sont placés à la salle des Croisades, au musée de Versailles ;

2° Geoffroy, qui suit :

Geoffroy DE TAILLEPIED, chevalier, épousa amoiselle Mathilde N....

Il était déjà mort en l'année 1226, ainsi qu'il appert d'une charte originale par laquelle Mathilde, sa veuve, reconnaît, aux moines de l'abbaye de Cérisy, un droit revendiqué par eux dans le patronat de l'église de Haya.

Philippe :TAILLEPIED, Chevalier, confirma en 1261, à Pierre DE FURNE, pour service et hommage, tous les biens que son père lui avait autrefois octroyés. Le sceau en cire verte de Philippe, appendu à cet acte, offre cette particularité assez rare que les armoiries de la maison *de Taillepied* y sont déjà constituées telles qu'elle les a toujours portées depuis cette époque jusqu'à nos jours. [Ce sceau représente *un écu droit avec trois croissants posés 2 et 1, au chef chargé de trois molettes à cinq pointes* (1)].

Guillaume DE TAILLEPIED, III° du nom, intervint dans un débat entre l'Évêque de Coutances et le Procureur du Roi au bailliage du Cotentin, au sujet du patronage de l'église de Neuville, auquel prétendait aussi Guillaume de Taillepied.

Robinet DE TAILLEPIED fut attaché à la personne de Louis de Navarre, Comte de Beaumont-le-Roger, Lieutenant du Roi de Navarre, son frère, ès parties de France, de Normandie et de Bourgogne. Ce prince, par un acte du 23 mars 1364, daté de Bertonville et adressé au Vicomte de Pont-Audemer ou à son Lieutenant, leur mande qu'il a donné, par grâce spéciale, à son féal et amé Écuyer et Échanson, Robinet de Taillepied, vingt-quatre francs d'or, pour l'aider à acheter un cheval, et les charge de lui payer cette somme.

Colin DE TAILLEPIED servit comme Chevalier Banneret dans le corps d'armée commandé par les Maréchaux Mathieu de Trie et Robert Bertrand, sire de Briquebec, qu'on envoya en Flandre pour dégager la ville

---

(1) La différence des deux croissants qui se remarque entre les armoiries de Philippe et celles de Thomas TAILLEPIED, Chevalier, croisé en 1248, qui ne portait qu'*un croissant en abime, avec deux molettes en chef et une en pointe*, indiquerait que l'annexion des deux autres croissants a eu lieu dans l'intervalle de 1250 à peu près à 1261. Nous donnons le fac-simile des armoiries telles qu'elles sont sur un sceau appendu à une Charte de 1252, déposée aux Archives de Saint-Lô et telles qu'elles sont peintes à la salle des Croisades, au musée de Versailles.

de Cambray menacée par Édouard III. Dans les comptes de Barthelemy de Drac, Trésorier de ces guerres, on lit : « Que du 3 jusqu'au 26 juin 1339, « il fut donné quatre livres dix sols par jour à Colin TAILLEPIED pour lui et « onze Écuyers montés. Pour la venue à Cambray dudit Banneret et de ses « gens dessus dits, du pays de Bessin près du Cotentin et retour de Cambray « en leur pays, pour dix-huit jours, sept livres dix sols par jour. »

Jehan DE TAILLEPIED, Chevalier, le 6 septembre 1388, commandait une compagnie d'hommes d'armes contre les Anglais. La monstre originale de cette compagnie a été conservée ainsi que l'ordre de payement et la quittance donnée, le 6 octobre de la même année, par Jehan de Taillepied à Guillaume de Bouligny, Vicomte de Bayeux, Receveur général des bailliages de Caen et du Cotentin.

Jehan DE TAILLEPIED, Écuyer, confessa par un acte du 7 mars 1406, qu'il avait vendu aux religieux et à l'abbé du couvent de Saint-Nicolas de Blanchelande, quarante sols tournois de rente annuelle, à recevoir chaque année au terme de la Saint-Michel, de lui et de ses héritiers.

Le 19 mars 1433, Guillaume d'Ingouville et Jehan Leblanc, ayant comparu devant le Tabellion de la vicomté de Valognes, affirmèrent sous serment que certaine acquisition d'héritage faite par Laurent de la Lande était des fiefs de M. le Baron de Saint-Sauveur et des fieux et seigneurie de noble homme Jehan DE TAILLEPIED, Écuyer, seigneur dudit lieu de Taillepied.

Le 29 du même mois et de la même année, Collin LE ROSSEY et Collin DE LA BARBE, en présence de Philippot Leblanc, Tabellion pour le Roi, jurèrent qu'il était à leur connaissance qu'un bien d'héritage acquis par Jehan DE LABARRE, l'aîné, de Thomas ODOARD, et de Perrette sa femme, était de la seigneurie et franc fief de Jehan de Taillepied, à qui le treizième en appartenait.

Ledit Jehan DE TAILLEPIED fut compris au nombre des nobles d'extraction de la sergenterie de Beaumont, élection de Valognes, qui furent maintenus lors de la recherche de Raymond de Monfault en 1463.

Un autre Jehan DE TAILLEPIED, Écuyer, seigneur de Taillepied, servait en 1475 dans les compagnies de gens d'armes qui s'opposèrent à la descente des Anglais en Normandie. Une déclaration faite par lui, le 16 juin de ladite année, nous apprend qu'il avait reçu de Noël le Barge, Trésorier des guerres, la somme de vingt-sept livres tournois, comme don du Roi, pour harnais pour le service ou fait de la guerre (1). Un aveu du 22 septembre 1491, relatif au domaine de Saint-Sauveur, et un acte de 1498 établissent que, dans ces années, il était encore en possession du vieux fief patrimonial de sa famille et du château de Taillepied.

Gallien DE TAILLEPIED, Écuyer, était possesseur de nombreux fiefs, pour lesquels il rendit hommage en 1506, aux seigneuries de Courtemanche et d'Évesquemont.

Jacques DE TAILLEPIED, Écuyer, épousa en 1472 noble damoiselle Agnès DARET (2).

Robert DE TAILLEPIED, Écuyer, rendit le 27 février 1554, les mêmes aveux de foi et hommage que Gallien DE TAILLEPIED, pour les fiefs et seigneuries dont il avait hérité.

Richard DE TAILLEPIED, fut père de Nicolas DE TAILLEPIED, Écuyer, seigneur de la Taste, près de Mantes, qui mourut après 1572 laissant le fils qui suit :

Jacques DE TAILLEPIED, Écuyer, né en 1563, lequel se distingua dans les guerres de la Ligue parmi les plus fidèles partisans de Henri IV et donna au Roi une preuve de son dévouement en contribuant, avec son beau-père, à lui conserver la ville de Mantes, assiégée par le Duc Mayenne. Il épousa noble damoiselle Françoise DE BONNAULT et mourut au commencement du XVIIe siècle, comme l'indique son testament daté du 11 mai 1614. Il fut père de :

Robert DE TAILLEPIED, qualifié noble homme et Écuyer, marié par contrat du 11 mai 1629 à damoiselle Antoinette DE CHERVISE (3), morte le 26 novembre 1647.
Il fonda, conjointement avec sa cousine la Duchesse de Damville, une messe annuelle qui devait être dite au couvent des Franciscains de Meulan pour le repos des âmes de sa femme et de dame Marie LE CLERC DE LESSEVILLE,

---

(1) Acte original déposé aux Archives de la famille, comme ceux sus-mentionnés.
(2) La famille DARET porte pour armes : *D'azur, à un sénestrochère de carnation, vêtu d'argent, sortant d'une nuée et tenant un bouquet de deux œillets de gueules tigés de sinople.*
(3) Les armes de la famille DE CHERVISE sont : *D'azur, à trois croissants d'or, 2 et 1.*

mère de la Duchesse. Robert de Taillepied mourut le 24 novembre 1677 laissant six enfants, entre autres :

Jacques DE TAILLEPIED, Écuyer, qui obtint une dispense, le 16 janvier 1671, pour épouser sa cousine germaine, damoiselle Marie DE GARS (1), fille de feu noble homme Jean de Gars et de dame Marie DE CHERVISE. Il fut maintenu dans sa noblesse en 1666 et fit enregistrer ses armoiries à l'Armorial général. Le 22 juin 1710 il assista au mariage d'une de ses filles, mademoiselle Louise-Henriette, avec messire Jean-Baptiste-Léonor DE BILLEHEUST, Chevalier, seigneur d'Argenton, de Saint-Georges et de la Forterie, Capitaine dans le régiment de Carl. Il mourut le 7 mars 1720, laissant un grand nombre d'enfants, entre autres :

1° Jacques DE TAILLEPIED, Officier dans les troupes de la république de Venise ;
2° Robert-Jean-Baptiste, qui suit ;
3° Antoine DE TAILLEPIED DE PLÉMONT, qui servait en 1710 dans la deuxième compagnie des Mousquetaires du Roi ;
4° Louise-Henriette DE TAILLEPIED, mariée en 1710 à messire DE BILLEHEUST, cité plus haut ;
5° Marie-Thérèse DE TAILLEPIED, filleule de la Reine, Infante d'Espagne, femme de Louis XIV, mariée à Louis DE BOUGAINVILLE DE NERVILLE.

Robert-Jean-Baptiste DE TAILLEPIED, Comte d'Autrey, par lettres patentes du 9 juillet 1757, seigneur d'Échalange, de Bondy, de la Garenne, de Leuilly, de Laferté, de Lamotte et autres lieux, est né le 10 septembre 1689. Il épousa, le 3 janvier 1724, demoiselle Geneviève-Marie LE MERCIER DE SENLIS (2), fille de défunt Antoine Le Mercier de Senlis et de dame Geneviève Marie CHASTELLIER. Il mourut le 28 avril 1766, laissant les deux fils ci-après :

1° Jean-Baptiste-Marie-Adéodat, qui suit ;
2° Charles-Claude-Alexandre, auteur de la branche DE LA GARENNE rapportée ci-dessous.

Jean-Baptiste-Marie-Adéodat DE TAILLEPIED, Comte d'Autrey, seigneur

---

(1) La maison DE GARS porte pour armes : *D'argent, à trois bandes de gueules ; au chef de sinople chargé de trois coquilles renversées d'or.*
(2) La famille LE MERCIER DE SENLIS porte pour armes : *D'argent, au chevron d'azur, accompagné de trois molettes de gueules, 2 et 1.*

de Bondy et autres lieux, né à Paris le 30 avril 1741, épousa, le 21 novembre 1763, demoiselle Marie-Catherine DE FOÏSSI (1). Il fut convoqué à l'assemblée du corps de la noblesse de Paris (*extrà-muros*), pour l'élection des députés aux États-Généraux en 1789. Il est mort le 2 septembre 1822, et de son mariage sont nés les cinq enfants ci-après :

1° Marguerite-Barbe-Élisabeth DE TAILLEPIED, mariée au Marquis DE PAROY, Colonel de cavalerie, Chevalier de Saint-Louis ;

2° Pierre-Marie, auteur de la branche aînée de Bondy rapportée plus loin ;

3° Charles-Claude, auteur d'un second rameau dont l'article viendra ;

4° Adélaïde-Marie DE TAILLEPIED, mariée au Vicomte D'ARS, Capitaine au régiment de Penthièvre (dragons) ;

5° Aglaé-Marie DE TAILLEPIED, mariée au Comte DE SELVE, ancien Officier supérieur et Chevalier de Saint-Louis.

BRANCHE DE LA GARENNE.

Charles-Claude-Alexandre, Vicomte DE TAILLEPIED, seigneur de la Garenne et autres lieux, Conseiller du Roi en tous ses conseils et Introducteur des Ambassadeurs en 1785, avait épousé demoiselle Agathe-Marie MASSON (2), par contrat du 22 mars 1776 auquel signèrent S. A. R. Monsieur, frère du Roi, et son épouse. De cette alliance sont issus deux fils :

1° Charles-François-Hyacinthe-Alexandre DE TAILLEPIED DE LA GARENNE, Officier supérieur au corps Royal d'état-major et Officier de la Légion d'honneur, marié à mademoiselle Charlotte-Claudine-Célinie ROUILLÉ D'ORFEUIL. Il est mort sans postérité ;

2° Amédée-Louis-Thérèse, qui suit :

---

(1) La maison DE FOÏSSI (en Champagne) porte pour armes : *D'azur, au cygne d'argent, becqué et membré d'or.* Cette ancienne maison a fourni un grand nombre de personnages marquants, parmi lesquels nous citerons : Guillaume DE FOÏSSI, Chambellan de Jean Sens-Peur, duc de Bourgogne ; Gaucher et Jacques DE FOÏSSI, Chevaliers de l'Ordre du Roi, en 1573 ; Philippe, Gentilhomme de la chambre du Duc de Guise, en 1577 ; Charles et Claude DE FOÏSSI, Lieutenants dans le régiment de la Couronne, tués à la bataille de Cassel en 1677 ; Gaspard, reçu Chevalier de Malte à l'âge de dix-sept ans, en 1562 ; Philibert DE FOÏSSI, Grand-Prieur de Champagne, mort en 1619 ; Nicolas, tué sur les galères de l'Ordre, le 5 juillet 1625. Cette famille s'est alliée avec les d'Esporves, d'Andelot, Saint-Moris, de Bérulle, d'Aligni, de Brochant, etc.

(2) La famille MASSON porte pour armes : *D'azur, au chevron d'or, accompagné en chef de deux quintefeuilles d'argent, et en pointe d'une canette du même.* — Par cette alliance la maison de Taillepied a été apparentée avec les : de Montesquiou d'Artagnan, de la Roche-Lambert, Talon, etc. — Madame DE LA GARENNE a épousé en secondes noces le Baron DE LA LIVE DE JUILLY.

Amédée-Louis-Thérèse, Vicomte DE TAILLEPIED DE LA GARENNE, ex-Intro-
ducteur des Ambassadeurs, après son père; seul représentant mâle de sa
branche, marié à mademoiselle DE CHAUMONT DE RIVERAY.

BRANCHE DE BONDY.

(PREMIER RAMEAU.)

Pierre-Marie DE TAILLEPIED, Comte DE BONDY, fils aîné de Jean-Baptiste-Adéodat et de dame Catherine de Foissi, naquit en 1766. Il fut
successivement Chambellan de l'Empereur Napoléon Ier, Préfet de Lyon
puis de Paris pendant les Cent jours, et en 1831, conseiller d'État, Pair de
France, Intendant de la Liste civile, Grand-Officier de l'Ordre de la
Légion d'honneur, Grand-Croix de Saint-Hubert de Bavière, etc. Il a épousé
mademoiselle Sophie HAMELIN (1), et est mort en 1847, laissant de son
mariage les deux fils ci-après :

    1° Adolphe-Charles DE TAILLEPIED DE BONDY, Attaché d'ambassade, né en 1795,
        mort sans postérité en 1821 ;
    2° François-Marie, qui suit :

François-Marie DE TAILLEPIED, Comte DE BONDY, chef actuel de cette
ancienne maison, ancien Pair de France et conseiller d'État, Officier de
la Légion d'honneur, etc., a épousé mademoiselle Esther-Louise-Félicité
SEILLIÈRE, fille du baron Seillière. De ce mariage sont issus :

    1° Rupert-Anne-François DE TAILLEPIED DE BONDY, né en 1835, mort en 1849;
    2° Lionel-Pierre-Marie, Vicomte DE BONDY, marié à mademoiselle LE VAVASSEUR ;
    3° Olivier-Achille-Gabriel DE BONDY.

---

(1) Les armes de la famille HAMELIN sont : *D'argent, à la bande de sable, accompagnée de*
trois roses de gueules, 2 en chef et 1 en pointe.

(SECOND RAMEAU.)

Charles-Claude, Comte DE TAILLEPIED DE BONDY, Chevalier de justice de l'Ordre souverain de Saint-Jean de Jérusalem, second fils de Jean-Baptiste-Adéodat et de dame Catherine de Foissi rapportés plus haut, né le 15 septembre 1767, fut condamné à mort et forcé d'émigrer par suite de son dévouement à la cause royale qui le fit se mettre à la tête d'une des sections de Paris soulevées contre la Convention en vendémiaire 1795. Il avait épousé mademoiselle Joséphine ROUSSEAU DE LA BROSSE (1), veuve du général Baron de Cazals, et est mort le 18 janvier 1843. De son mariage sont nés quatre enfants :

> 1° Charles-Pierre-Suzanne DE TAILLEPIED DE BONDY, né en 1817, adjoint dans l'inspection des finances, mort en 1837 ;
>
> 2° Anne-Aglaé-Charlotte-Joséphine DE TAILLEPIED DE BONDY, mariée au Marquis DE VALORI D'ESTILLY ;
>
> 3° Jules-Louis-Émile-Robert, qui suit ;
>
> 4° Alice-Georgina-Joséphine DE TAILLEPIED DE BONDY, mariée à Fernand FROTTIER, Marquis DE LA COSTE.

Jules-Louis-Émile-Robert, Comte DE TAILLEPIED DE BONDY, chef actuel de sa branche, Secrétaire d'Ambassade de 1re classe, Officier de la Légion d'honneur, Commandeur des Ordres des Saints-Maurice et Lazare, du nombre extraordinaire de Charles III et d'Isabelle la Catholique, de Pie IX, Officier de l'Ordre d'Albert le Valeureux de Saxe, Chevalier de Justice de l'Ordre de Malte, du Dannebrog de Danemark, de Saint-Sylvestre et de Grégoire le Grand, etc., a épousé le 19 mars 1855 mademoiselle

---

(1) Les armes de la famille ROUSSEAU DE LA BROSSE sont : *D'or, au lion d'azur, couronné, armé et lampassé de gueules.*

(2) Madame la Comtesse DE TAILLEPIED DE BONDY est fille d'Isabella LOCKHART et d'Antoine, Marquis de Riario-Sforza, ancien Ministre plénipotentiaire du Roi de Naples près de S. M. C. la Reine d'Espagne et de S. M. Très-Fidèle.
La maison RIARIO-SFORZA, l'une des plus anciennes et des plus puissantes de l'Italie, porte les titres de Princes d'Imola et de Forli, Duc Riario-Sforza, Marquis de Corletto, etc. Elle représente seule aujourd'hui avec les Bourbons, par sa descendance féminine, la Race souveraine des Ducs de Milan ; et elle a donné un grand nombre de Princes de l'Église. — Le Duc Raphaël RIARIO-SFORZA a eu l'honneur de s'allier avec une fille de la maison Royale de Saxe. — Les RIARIO portent pour armes : *Écartelé : au 1, d'azur, à une rose d'or, coupé d'or,* qui est de RIARIO ; *au 2, d'or, à l'aigle à deux têtes éployée de sable* (armes concédées par l'Empire) ; *au 3, de gueules, à une épée d'or, chargée au milieu de deux clefs adossées et passées en sautoir, et soutenant une tiare, le tout du même,* qui est de LA ROVÈRE ; *au 4, d'argent, à la givre d'azur, couronnée d'or, halissante de carnation,* qui est de MILAN.

Giovanna-Isabella-Maria RIARIO-SFORZA (2), dame du très-haut et noble chapitre de Thérèse de Bavière. De cette alliance sont nés deux fils :

1° Isabel-Francisco-Raphaël-Antoine-Josep-Thomas-Richard DE TAILLEPIED DE BONDY, né le 21 mars 1856, tenu sur les fonts du baptême par LL. MM. la Reine et le Roi d'Espagne ;

2° Radulphe-Roger-Pierre-Guillaume| DE TAILLEPIED DE BONDY, mort en 1858.

Les principales alliances de la maison DE TAILLEPIED sont avec celles : de Corbigny, Daret, de Bonnault, de Chervise, Camus de Jambeville, Bazannière de Flens, Mayart d'Auteuil, de Gars, Chambeau, de Corsembleult, Chanlatte, Cardevacque d'Havrincourt, de Billeheust, de Bougainville, Le Mercier de Senlis, de Garnier d'Ars, de Selve, Le Gentil de Paroy, de Chaumont de Riveray, Rouillé d'Orfeuil, Hamelin, Rousseau de la Brosse, de Valori d'Estilly, Frottier de la Coste, Riario-Sforza, etc., etc.

NOTES SUR LES AUTRES BRANCHES DE LA FAMILLE.

Plusieurs branches de la maison DE TAILLEPIED ont habité la Bretagne, la Beauce, l'île de France, etc. Nous allons citer quelques-uns des personnages les plus marquants de ces divers rameaux issus tous de la souche commune.

Geoffroy DE TAILLEPIED, Chevalier, et Isabelle sa femme, concédèrent, en 1209, à l'Ordre de Saint-Jean de Jérusalem, toutes les terres qu'ils possédaient à Ableville, à la charge par les frères hospitaliers de fonder une chapelle et d'y entretenir un chapelain.

Parmi les TAILLEPIED que l'on voit figurer en Bretagne se trouve Ausgier DE TAILLEPIED, témoin en 1055, d'une donation faite à l'abbaye de Saint-Florent, d'un droit de sépulture dans l'église de Hercé, au territoire de Redon.

En 1488, le sieur DE TAILLE-PIÉ (sic) commandait pour le Duc de Bretagne la place de Marcillé. (Histoire de Bretagne par dom Morice.)

En Beauce nous citerons Hughes, seigneur d'un fief de Taillepied, en 1232; Geoffroy DE TAILLEPIED, Chevalier, et Guillaume, Écuyer, son frère, qui transigeaient en 1248 avec l'abbé de Bonneval touchant certains droits de son abbaye.

Johannet et Philippe DE TAILLEPIED, Écuyers, sont mentionnés dans un compte de l'année 1327, au sujet de la poursuite des droits féodaux pour le Comte de Blois.

Jehannot DE TAILLEPIED était l'un des Écuyers de la compagnie commandée par Godefroy et Pierre DE PATAY, qui combattaient en Bretagne pour Charles de Blois, contre Jean de Montfort, ainsi qu'il appert du rôle de la monstre et revue de ladite compagnie, en date du 1er juillet 1341.

Perrot TAILLEPIED, Écuyer, servit successivement en 1379 et 1380 dans les compagnies de Galéhaut DE SAINT-SIMON, de Jean DE PRUNELÉ et de Guillaume DE SAINT-MARTIN.

PIERRE DE TAILLEPIED, est mentionné d'abord, dans la monstre de Hallart D'HESTOUVENENT en 1370, ensuite comme Chevalier-Bachelier, dans celle de Pierre DE MORNAY, Sénéchal du Périgord, datée d'Orléans, le 6 août 1380.

On le retrouve plus tard en 1385, dans les comptes de Jean d'Arras, où il est qualifié *Chevalier*, pour une somme à prendre par lui sur les biens confisqués au meurtrier de son valet. En 1386, il servait sous Hélyon DE NEILHAC, et enfin en 1388, il défendit la place de la Rochelle contre les Anglais. Ayant appris leur débarquement, il surprit leur camp et leur fit essuyer une grande perte. L'historien *Froissart* dit à ce sujet : « Au retour « de cette sortie, il fut en grand aventure d'être mort ou pris en faisant « armes, car l'assemblée étoit plus sur lui que sur nul autre des autres « pourtant qu'on veoit bien que lui et Pierre DE JOY étoient les maîtres. Dont « il advint que messire Pierre TAILLEPIED fut féru d'un glaive tout outre la « cuisse, et d'une flèche en son bassinet ; et vint mourir le cheval sur quoi « il séoit, dedans la porte à ses pieds. »

Gallien DE TAILLEPIED est inscrit dans un compte des cens et fétages du bailliage de Dunois et Freteval (en Beauce), daté du 26 juin 1392.

Les héritiers de messire Guy DE TAILLEPIED sont rappelés dans un acte du 26 mars 1400, comme tenant les arrière-fiefs de Rouroy, dans le dénombrement qui en fut donné par Marguerite DE SALIGNY, dame de Blot.

Enfin Pierre DE TAILLEPIED, Chevalier, fut Maître de l'Hôtel du Connétable d'Albret, comme il ressort d'une attestation délivrée par lui, le 1er novembre 1403 ; ce document est revêtu de son sceau, qui présente les mêmes pièces que celles composant aujourd'hui les armoiries portées par la famille.

DE MARGUERYE

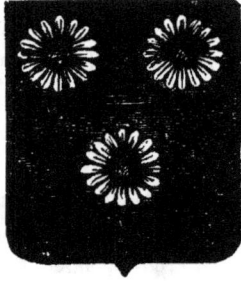

Peu de familles ont fait des preuves plus anciennes que la maison DE MARGUERYE ou MARGUERIE, originaire du diocèse de Bayeux et connue en Normandie dès le commencement du XIe siècle.

Jean MARGUERYE, Chevalier, seigneur et patron de la Motte d'Airel, de Livry, de Colleville, de Varaville, de Saint-Sauveur, etc., était Chambellan de Richard II, Duc de Normandie, en 1004. Outre ces divers fiefs il en possédait plusieurs auxquels il a donné son nom.

L'histoire de Normandie par *Masseville* (tome II, page 340) et celle de *du Moulin*, mentionnent, 1° un seigneur du nom de MARGUERIE, qui passa en Calabre avec les fils de Tancrède de Hauteville, et 2° Bérenger DE MARGUERIE, qui se signala en 1188, devant la ville de Tyr, assiégée par Saladin, Soudan d'Égypte. La branche de Calabre est passée en Espagne où elle a fondé la maison des MARGARIT, Marquis D'AGUILAR, éteinte tout récemment. Cette branche illustre a donné des Gouverneurs de Catalogne et des grands dignitaires à l'Église, entre autres, Jean MARGUERIE DE CARACÈNE, Évêque de Girone, fait Cardinal par le Pape Sixte IV, en 1481.

La noblesse d'*extraction chevaleresque* de la maison DE MARGUERYE a été confirmée par Raymond de Montfaut en 1463, par Gui de Chamillard en 1666, par M. de Clairembault, généalogiste des Ordres du Roi, 1730, et enfin par Chérin pour les preuves de Cour faites par le Marquis et le Comte de Marguerie en 1781 et 1784, lorsqu'ils eurent l'honneur de monter dans les Carrosses du Roi.

Une généalogie manuscrite dressée par Pierre d'Hozier en 1634, le P. Anselme, La Chesnaye des Bois et d'autres historiens non moins estimés sont d'accord avec les titres et documents originaux pour établir la filiation authentique et non interrompue de cette ancienne famille, à partir de :

Jean MARGUERYE, vivant en 1004 et cité plus haut, dont les descendants ont formé plusieurs branches :

1° Celle des seigneurs d'Etresham et de Colleville, Barons puis Marquis de Vassy, éteinte;

2° Celle de Colleville, issue de la précédente et divisée en deux rameaux ;

3° Celle de Vierville éteinte, vers 1830; le dernier Comte DE MARGUERYE DE VIERVILLE a laissé une petite fille, mariée à M. SORIN DE LÉPESSE, qui habite actuellement la terre de Vierville ;

4° Celle de Montfort, qui est allée s'établir en Lorraine ;

5° Celle de Bretteville et de Sorteval ;

6° Enfin celle de Neuville d'Argence, omise dans *La Chesnaye des Bois*, mais rapportée dans les preuves de Cour faites devant Chérin.

Les alliances principales de ces diverses branches ont été contractées avec les maisons : de Malherbe, de Percy, de Grente, d'Harcourt, d'Olliamson, de Clinchamps, de Cussy, de Baillehache, de Mallard, d'Anfray, de la Marre, de Marbeuf, de Fréval, de Laillier, de Héron, de Montéclair, de Séran, du Buat, de Quarré, Moisson de Vaux, Bacon de Saint-Manvieux, Bonnet de Montgommery.

La généalogie complète de la maison DE MARGUERIE est rapportée dans le Dictionnaire de la noblesse de *La Chesnaye des Bois* (tome IX, page 528), nous reprenons seulement la filiation à l'époque où ce généalogiste s'est arrêté.

BRANCHE DE VASSY.

A cette branche appartenait : Henry-Charles-Antoine DE MARGUERYE, Chevalier seigneur Marquis DE VASSY, ancien Mestre-de-Camp de cavalerie, Chevalier de Saint-Louis, mort à Caen le 24 novembre 1782, sans postérité. Elle s'est éteinte en 1795 en la personne de : Léonor - Charles - Hyacinthe DE MARGUERIE, Comte DE COLLEVILLE, Brigadier des armées du Roi, Commandant des forts de la Hougue, etc., qui a figuré aux États-Généraux de 1789. (Voyez le tome Ier, pages 165 et 172.)

BRANCHE DE COLLEVILLE.

(PREMIER RAMEAU.)

Henry-Bon-Claude-Louis-Réné DE MARGUERIE, Chevalier, Marquis DE COLLEVILLE, Capitaine au régiment d'Auvergne, puis Capitaine-Général des Gardes-côtes de Barfleur, Maire de Valognes à vie, etc., marié en 1751 à demoiselle Marie-Madeleine DE HÉRON, dame de Belloy, eut deux fils :

    1° Henry-Bon-Marie, qui suit ;
    2° Charles-Léonor-Louis, auteur du second rameau, rapporté plus loin.

Henry-Bon-Marie, Marquis DE MARGUERIE et de COLLEVILLE, né le 20 septembre 1754, Lieutenant au régiment de Commissaire-Général (cavalerie), épousa à Paris, en 1782, mademoiselle Henriette-Angélique DE SÉRAN D'ANDRIEU. Son contrat de mariage fut signé par le Roi et la famille Royale. Il fit ses preuves de Cour pour monter dans les Carrosses et assista à l'assemblée des États-Généraux en 1789, au bailliage de Valognes. (Tome Ier, page 165.)
De son mariage est issu le fils unique qui suit :

Henri-Jean-Baptiste, Marquis DE MARGUERIE, né le 19 décembre 1783, Maréchal de Camp, Chevalier de Saint-Louis, Commandeur des Ordres de la Légion d'honneur et Grand-Croix de l'Ordre de Saint-Ferdinand d'Espagne, en disponibilité depuis 1830, et mort le 21 mai 1840. Il avait épousé, en 1820, mademoiselle Françoise-Apolline DU BUAT, dont il eut six enfants, savoir :

    1° Antoine-Bon-Henri-Gustave, qui suit ;
    2° Évrard-Henri, Comte DE MARGUERIE, né à Metz le 7 août 1830;
    3° Maurice-Henri, Vicomte DE MARGUERIE, né au château de Saint-Epvre (Meurthe), le 18 juillet 1833, Officier au 10° régiment de chasseurs;
    4° Alice-Marie DE MARGUERIE, mariée à Aimé-Georges DE LEMUD ;
    5° Julienne-Apolline DE MARGUERIE, mariée au Baron Henri DE BENOIST;
    6° Camille DE MARGUERIE, religieuse au Sacré-Cœur.

Antoine-Bon-Henri-Gustave, Marquis DE MARGUERIE, Chef de nom et d'armes de cette ancienne maison, est né à Metz le 17 janvier 1821 ; il n'est pas encore marié.

(SECOND RAMEAU.)

Charles-Léonor-Louis, Comte DE MARGUERYE DE COLLEVILLE, né à Valognes le 18 juin 1758, fut successivement Capitaine au régiment d'Auvergne, Officier supérieur des Gardes-du-Corps de S. A. R. le Comte d'Artois, premier Lieutenant aux Gardes de MONSIEUR, Chevalier de Saint-Louis, Officier de la Légion d'honneur et enfin Maréchal de Camp.

Il fit ses preuves devant Chérin et fut admis à monter dans les Carrosses du Roi. Par contrat passé en 1785, il a épousé mademoiselle Anne-Marie-Marthe-Élisabeth DUPERRIER DU MOURIEZ, et à ce contrat ont signé le Roi et la famille Royale. Il est mort à Bayeux en 1840, laissant le fils unique qui suit :

Charles-Louis, Comte DE MARGUERYE, né le 15 avril 1786, Chef d'escadnro de cavalerie, Sous-Lieutenant des Gardes-du-Corps de MONSIEUR, marié en 1817 à mademoiselle Louise DE QUARRÉ (le contrat de mariage a été signé par S. A. R. le Comte d'Artois). Il est mort à Bayeux en 1855, laissant de son mariage le fils unique qui suit :

Arthur-Charles-Louis, Comte DE MARGUERYE, né à Colleville, le 16 mai 1818, marié au mois d'avril 1847 avec mademoiselle Delphine-Blanche MOISSON DE VAUX.

BRANCHE DE SORTEVAL.

Laurent-Gabriel DE MARGUERYE, né le 10 août 1754, Chevau-léger de la Garde du Roi, Major du génie et Chevalier de Saint-Louis, a épousé, le 21 novembre 1799, mademoiselle Adélaïde-Catherine BONNET DE MONTGOMMERY, et est mort en 1840, laissant deux fils :

1° Frédéric-Gabriel DE MARGUERYE, né le 17 ventôse an X, actuellement Évêque d'Autun ;

2° Gabriel-César, qui suit :

Gabriel-César DE MARGUERYE, né le 27 messidor, an XIII, à la Gravelle (Orne), actuellement Sous-Préfet à Gourdon (Lot), a épousé mademoiselle Ernestine-Henriette LE MAISTRE DE VAUVERT. De ce mariage sont nés quatre enfants, savoir :

1° Henri-François-Gabriel DE MARGUERYE, né à Bernay en 1830, Officier de cuirassiers ;

2° Richard-Ferdinand-Gabriel DE MARGUERYE, né le 13 mai 1836 ;

3° Olivier-Charles-Gabriel DE MARGUERYE, né le 20 juin 1837, Enseigne de vaisseau ;

4° Gabrielle-Ernestine DE MARGUERYE, non encore mariée.

BRANCHE DE MONTFORT.

Cette branche passée en Lorraine à la fin du XVII° siècle, a pour chef : Monsieur DE MARGUERYE, actuellement Conseiller à Gorée (Sénégal).

BRANCHE DE NEUVILLE D'ARGENCES.

Henry-Louis DE MARGUERYE, Chevalier, Baron d'Etresham, seigneur de Neuville, du Mesnil, d'Argences et autres lieux, second fils de Bernardin de Marguerie, Baron d'Estrehan, Gentilhomme ordinaire du Roi, et de dame Esther LE VERRIER, dernière héritière de Claude Le Verrier, Baron de Vassy et autres lieux, a épousé noble demoiselle Marie PIQUOD, dont :

Jacques-Louis DE MARGUERYE, Chevalier, seigneur de Neuville, etc., marié par contrat du 18 février 1690 à demoiselle Rénée D'OLLIAMSON, qui l'a rendu père de :

Henry-Louis DE MARGUERYE, Chevalier, seigneur d'Argences, marié en 1730 à noble demoiselle Marie-Charlotte-Jeanne DE MOULT. De ce mariage sont issus plusieurs enfants, entre autres :

Louis-Charles DE MARGUERYE, né en 1736, Capitaine de dragons, mort en 1785, lequel avait épousé mademoiselle Marie-Thérèse-Madeleine COURCOUL DES ACRES, dont il eut pour fils unique :

Louis-François DE MARGUERYE, né en 1772, qui épousa en 1797 mademoi-selle Élisabeth-Constance BACON DE SAINT-MANVIEU. Il est mort en 1827 , laissant deux fils :

1° Louis-Ernest DE MARGUERYE, Marquis de Vassy (par le décès sans enfants mâles du chef de cette branche en 1782), né à Caën le 23 juin 1798, a épousé, le 8 août 1826, mademoiselle Marie-Louise PARIS DE LA MOTHE D'ARTHET, et est mort en 1862, laissant deux filles :

A. Louise-Ernestine DE MARGUERYE, mariée au Vicomte Edgard LE REBOURS ;

B. Louise-Bathilde DE MARGUERYE, mariée au Vicomte Edmond DE VIRIEU;

2° Alphonse-Godefroy, qui continue la descendance.

Alphonse-Godefroy DE MARGUERYE, Comte de Vassy, né le 18 mars 1800, a épousé en 1832, mademoiselle Gabrielle MARTIN DE VAUXMORET. Il est mort à Montpellier le 28 août 1838, laissant le fils unique qui suit :

Arthur-Louis-Gustave, Comte DE MARGUERYE DE VASSY, né à Paris le 30 juin 1833, non encore marié.

DE MANNEVILLE

ARMES : *De gueules, à l'aigle à deux têtes d'argent, becquée et membrée d'or.*

Guillaume DE MANNEVILLE, fut chargé avec le Sénéchal de Normandie par le Roi Henri II d'Angleterre, de la garde de la ville du Mans, en l'année 1118.

Luce DE MANNEVILLE, sa sœur, a épousé en 1136, messire Robert DE MATHAN.

Guillaume et Philippe DE MANNEVILLE, furent reconnus nobles par Montfaut lors de la recherche de 1463.

Charles-Louis DE MANNEVILLE, Chevalier, seigneur de Beuzeville, leur descendant direct, a épousé en 1732, demoiselle Charlotte-Françoise AUBER, dont il eut cinq enfants ; l'un d'eux :

Charles-Jean DE MANNEVILLE, fut reçu chevalier de Malte en 1759.

MANGON

ARMES : *D'or, au chevron de gueules, accompagné de trois gonds de sable; au chef d'azur, chargé d'une main sénestre en pal, issante d'une nuée d'or, accostée de deux étoiles du même. — L'écu timbré d'un casque orné de ses lambrequins.*

M aison distinguée par ses nombreux services dans la robe et dans l'armée, originaire du Val de Saire, élection de Valognes, et anoblie par Lettres patentes du mois d'octobre 1576.

La famille MANGON, qui a possédé plusieurs seigneuries importantes parmi lesquelles nous citerons celles : de Bourral, d'Anneville, du Houguet, de Louguemare, de la Lande, etc., a été maintenue dans sa noblesse en 1666, par jugement de M. de Chamillart intendant de la généralité de Caen. Sa filiation, établie sur actes authentiques, commence à :

Robert MANGON, sieur du Bourral, qui a épousé noble damoiselle Jacquette D'ANNEVILLE, dont il eut trois enfants :

1° Enguerrand, qui suit;
2° Jeanne MANGON, mariée à Hélie OGIER, Lieutenant du bailli du Cotentin;
3° Michèle MANGON, mariée à Nicolas LE POITEVIN.

. II. — Enguerrand MANGON, sieur d'Anneville, fief qu'il tenait du chef de sa mère, a eu d'une alliance dont le nom nous est inconnu, le fils qui suit :

III. — Michel MANGON, Écuyer, sieur d'Anneville et de Brix, né en 1550, anobli par Lettres patentes du mois d'octobre 1576, mort en 1596, a eu quatre enfants :

1° Pierre, qui suit;

2° Thomas MANGON, marié en 1613 à demoiselle Isabeau CADOT, dont un fils :

A. Michel MANGON, Écuyer, sieur de la Ronde-Fontaine;

3° Robert MANGON, Écuyer, sieur d'Émery;

4° Guillaume MANGON, mort sans postérité.

IV. — Noble homme Pierre MANGON D'ANNEVILLE, Écuyer, a épousé 1° demoiselle Catherine LE LOUEY, et 2°, en 1587, noble demoiselle Judith D'AIGREMONT. De ce second mariage est né le fils qui suit :

V. — Jean MANGON, Écuyer, seigneur d'Anneville, marié en 1595 à noble demoiselle Marie DURSUS, dont il eut :

VI. — Jean MANGON, II° du nom, Écuyer, sieur du Houguet, né en 1596, qui a épousé en 1630, demoiselle Marie PLUTIN. Il est mort à Valognes de 1661 à 1662, laissant un fils unique :

VII. — Pierre MANGON, Écuyer, sieur de Longuemare et du Houguet, né en 1631, Conseiller secrétaire du Roi, a été, pendant plus de 38 ans, Vicomte de Valognes, Sénéchal Royal, et Juge politique de la ville, Vicomté et Élection. Érudit historiographe du Cotentin, et le plus ancien archéologue du pays, il a laissé plus de 30 volumes manuscrits, dont un, ayant pour titre : *Nobiliaire de la Vicomté de Valognes*, est déposé à la Bibliothèque Sainte-Geneviève, à Paris ; il mourut à Valognes, le 16 novembre 1705. Il avait épousé, le 18 septembre 1657, demoiselle Charlotte LE ROUX; de ce mariage sont issus sept enfants :

1° Jean-René MANGON, né à Valognes le 24 juillet 1662, mort jeune;

2° Jean-Pierre MANGON, né à Valognes le 26 décembre 1663, entré dans les ordres;

3° Marie-Charlotte MANGON, née le 3 décembre 1665. On voit, dans un acte du 20 mai 1685, qu'elle était à cette date veuve de N..., seigneur DU MONT;

4° Françoise-Thérèse MANGON, né à Valognes le 15 octobre 1668, mariée le 13 septembre 1698 à Julien DOUVILLE, Écuyer, sieur de la Motte et de Coursy;

5° Julien, qui suit;

6° Anne-Jeanne MANGON, née à Valognes le 27 mars 1672;

7° Suzanne-Élisabeth MANGON, née à Valognes le 17 avril 1675.

VII. — Julien MANGON, Écuyer, seigneur de Longuemare, du Houguet et de la Lande, a épousé demoiselle N..... (son contrat de mariage n'a pu être retrouvé.) Il est mort à Valognes le 27 janvier 1709, laissant un fils :

IX. — Louis MANGON DE LA LANDE, Écuyer, né en 1693. Entré fort jeune, comme Cadet, au service militaire, il y est devenu Capitaine de cavalerie, a quitté la carrière des armes pour se marier, et a épousé vers 1730 demoiselle Charlotte-Angélique DE BOSCHER. De ce mariage sont issus trois fils :

> 1º Jacques MANGON, Écuyer, seigneur de la Lande et de la Ferrière, né à Saint-André-d'Échauffour (généralité d'Alençon) en 1731. Entré dans les ordres, il devint Curé de Saint-Gauburge-sur-Rille, Prieur commendataire de Saint-Christophe des Bruyères, même généralité, et Chanoine de Versailles, où il est décédé le 23 octobre 1809 ;
>
> 2º Louis-Jacques, qui suit ;
>
> 3º Charles-Vincent MANGON, né à Saint-André-d'Échauffour, entré dans l'ordre de Prémontré, mort jeune à l'abbaye d'Ardennes, près Caen.

X. — Louis-Jacques MANGON DE LA LANDE, Écuyer, né à Saint-André-d'Échauffour, le 1er mai 1733. Entré dans la maison militaire du Roi (compagnie des Gendarmes du Dauphin), il fit la guerre de Hanovre, et fut grièvement blessé à la bataille de Minden, en 1757. — Sa carrière militaire se trouvant brisée par suite de cette grave blessure qui s'est plusieurs fois rouverte, et dont il est mort 35 ans après, on lui octroya, à titre de récompense et de retraite, la charge de Receveur des domaines du Roi, à Roye, en Picardie. — Il y épousa, 1º demoiselle Marie-Madeleine-Florence BELLOT DE ROUGEVILLE, morte peu après, sans enfants, et 2º, le 3 avril 1769, demoiselle Marie-Antoinette HANNICQUE, fille de Pierre-Florent Hannicque, Écuyer, Valet de chambre ordinaire du Roi, subdélégué de l'Intendance de Picardie. Il se démit de sa charge, en 1791, en faveur de son fils, et est décédé à Roye (Somme) le 19 février 1794. De ce mariage sont issus deux enfants :

> 1º Charles-Florent-Jacques, qui suit ;
>
> 2º Anne-Charlotte-Philippine MANGON DE LA LANDE, née en 1772, mariée à Louis-Alexandre LEFEBVRE D'HÉDANCOURT, ancien maire et juge de paix de la ville de Roye, décédée le 7 octobre 1832.

XI. — Charles-Florent-Jacques MANGON DE LA LANDE, Écuyer, né à Roye (Picardie) le 1er février 1770, a succédé à son père comme Receveur de l'enregistrement et des domaines ; il y a épousé, le 4 mai 1791, mademoiselle Adrienne-Françoise-Charlotte DE BAZON DE MONTBÉRAUT, fille de François-Honoré de Bazon, Baron de Montbéraut et de Palaminy, Lieutenant-colonel d'artillerie, Chevalier de Saint-Louis, et de dame Marie-Charlotte DE FIENNES.

Archéologue distingué, il est auteur de nombreux mémoires sur les antiquités des départements de la Seine-Inférieure, de la Haute-Loire, du Loiret,
de l'Aisne, du Calvados, de la Creuse et de la Vienne, où ses fonctions l'ont
successivement appelé à résider, et de celui de la Manche où il s'était d'a-
bord retiré, et où il avait été nommé Inspecteur des monuments historiques. — Membre d'un grand nombre de Sociétés savantes de France et de
l'étranger. Il est mort à Paris, Directeur des domaines en retraite et Chevalier de la Légion d'honneur, le 10 juin 1847. Sa veuve est également décédée
à Paris, le 1er mai 1862. De cette alliance sont nés les deux enfants ci-
après :

    1° Amédée-Charles-Louis, qui suit ;

    2° Alphonse-Louis-Charles Mangon de la Lande, né à Roye (Somme) le 24 dé-
        cembre 1795. Garde d'honneur au 1er régiment en 1813, a fait les cam-
        pagnes de 1813 et 1814 en Allemagne. Sous-lieutenant au 20e régiment
        de dragons en 1815, Garde du corps du Roi en 1824, démissionnaire en
        1828. Chef de bataillon de la garde nationale d'Avranches en 1852. Il a
        épousé, le 8 juillet 1829, mademoiselle Fanny-Félicité Lambert, et de ce
        mariage sont nés deux fils :

        A. Albert-Charles Mangon de la Lande, né le 22 janvier 1833 ;

        B. Émile Mangon de la Lande, né le 9 avril 1834, marié le 18 jan-
            vier 1858 à mademoiselle Ténobie-Benoîte Gouttenoire, fille
            d'un membre du conseil général du département de la Loire.

XII. —Amédée-Charles-Louis Mangon de la Lande, Chef de nom et d'armes de
la famille, naquit à Roye le 2 juillet 1793. — Entré au service comme engagé
volontaire au 20e régiment de Dragons, le 18 janvier 1811 ; Sous-Lieutenant
le 14 novembre 1813 ; admis, dans ce grade, au Corps Royal d'État-major
lors de sa création en 1819, Lieutenant le 16 août 1820 ; Capitaine le 11 mai
1828 ; Chef d'escadron le 2 novembre 1839 ; Lieutenant-colonel, Sous-Chef
d'État-major de la 1re division militaire, le 27 avril 1846, Colonel le 10 juillet 1848 ; Chef d'État-major de la 1re division militaire, le 28 octobre 1850 ;
Sous-Chef d'État-major général de l'armée de Paris et de la 1re division
militaire, le 4 janvier 1853 ; Chef d'État-major général de l'armée de Paris
et de la 1re division militaire, le 17 janvier 1853 ; promu au grade de Général de Brigade et maintenu dans ses fonctions de Chef d'État-major général,
le 7 mars 1853 ; admis dans la 2e section (réserve) de l'État-major général,
le 4 juillet 1855. Il a fait les campagnes de 1811 et 1812 en Espagne —
1813 et 1814 en Allemagne — 1823 en Espagne — 1851 à Paris, et fut
nommé Chevalier de l'Ordre de la Légion d'honneur le 24 juillet 1823, Officier, le 26 août 1841 et Commandeur le 10 décembre 1851. Il a épousé à
Caen, le 4 mai 1825, mademoiselle Henriette-Hermine-Sophie Lecair, fille

de feu Gabriel-Édouard Legrip, Conseiller et Secrétaire général de la préfecture du Calvados, Chevalier de la Légion d'honneur, et de dame Marie-Charlotte-Catherine DE CROISILLES. De ce mariage sont nés deux fils :

1° Charles MANGON DE LA LANDE, né à Carpiquet, près Caen, le 1er mars 1826, attaché à l'administration centrale de la Guerre, marié : 1° le 25 octobre 1853 à mademoiselle Émilie-Agathe DUPONT, fille d'un sous-intendant militaire de première classe, Officier de la Légion d'honneur, morte le 29 août 1857 ; et en secondes noces, le 14 avril 1863, à mademoiselle Gabrielle DE NAYLIES, fille de Joseph-Jacques, Vicomte de Naylies, colonel et Commandeur de la Légion d'honneur, et de dame Charlotte-Joséphine LUCET. De son premier mariage il a eu un fils :

A. Charles-Marie-Albert MANGON DE LA LANDE, né le 28 mars 1855 ;

2° Jules MANGON DE LA LANDE, né à Caen, le 30 juin 1831, Capitaine au corps d'État-Major, marié à Évreux, le 22 mai 1860, à mademoiselle Marie-Emma DUVAL.

DE MONTFORT

ARMES : *Ecartelé : aux 1 et 4, d'argent, à trois trèfles de gueules posés 2 et 1 ; aux 2 et 3, de gueules à une croix d'hermine givrée d'or.*

Cette famille dont le nom primordial était MARIE, est originaire de l'Élection de Falaise. Elle a remonté sa généalogie sur preuves authentiques jusqu'à Denis MARIE, Écuyer, seigneur du fief de Saint-Julien, dénommé dans le contrat de mariage de son fils, qui a épousé à Falaise, le pénultième jour de mai 1456, demoiselle Catherine DE LA HAYE.

Jean DE MONTFORT, Écuyer, fut maintenu dans sa noblesse par jugement en date du 11 juillet 1667.

La maison DE MONTFORT est divisée actuellement en plusieurs branches, dont l'une est établie en Champagne.

(Nous n'avons reçu aucun mémoire du chef actuel de la branche Normande.)

DAUGER

Armes : *D'azur, à une fasce d'or.* — Couronne : *De Marquis.* — Supports : *Deux lions.*

Originaire de la province de Guyenne, où elle figurait parmi la plus haute noblesse dès le XIIe siècle, la maison DAUGER s'est répandue en Auvergne, en Champagne et en Normandie.

Dans le cours du XVIe siècle, cette famille prit une part active aux guerres de religion dans les rangs du parti calviniste. Ses membres furent attachés à la personne et à la fortune du Prince de Condé, et plus tard, à celle du Duc de Rohan, lorsque celui-ci se mit à la tête du parti Hugenot.

Par suite de ces guerres, la famille DAUGER alla s'établir en Champagne, et y acquit les Baronnies de Neuvisy et de Belestre dans le Rèthelois ; à ces deux fiefs, était attachée la prérogative d'être Chevalier *Porte-Dais* de la Sainte Ampoule, lors du sacre des Rois de France.

La maison DAUGER fut maintenue dans sa noblesse en 1670, par jugement de M. de Caumartin, intendant de la province de Champagne.

Par suite des guerres relatées plus haut, les papiers et actes de cette ancienne maison ont été pillés et détruits ; or, la filiation n'a pu être établie qu'à partir de :

Jean DAUGER, Écuyer, seigneur de Marimont, vivant en 1650, lequel a épousé noble demoiselle Marie DE VEYNE, qui l'a rendu père de plusieurs fils.

Parmi ses descendants nous citerons, deux Lieutenants généraux, trois Maréchaux de camp, un Brigardier des armées du Roi et beaucoup d'autres officiers de tous grades, dont plusieurs furent tués sur les champs de bataille.

Cette ancienne maison est représentée de nos jours par :

1° Pierre-Alexandre-Amédée, Comte DAUGER, Chef de nom et d'armes, marié en 1842, à mademoiselle Xavérine-Léopoldine-Louise LE VICONTE DE BLANGY, dont il a quatre enfants.

2° Par Camille-Joseph-Rémy, Vicomte DAUGER, marié à mademoiselle Henriette DU ROSEL.

3° Par Alexandre-George-Gustave, Baron DAUGER, marié en deuxièmes noces, en 1862, à mademoiselle ACHARD DE BONVOULOIR.

DU QUESNE

Armes : *D'azur, au chevron d'or, accompagné de trois glands du même , 2 en chef et 1 en pointe. — L'Ecu timbré d'un Casque de Chevalier, orné de ses lambrequins.*

armi les maisons les plus anciennes de la Normandie, il faut compter la famille **DU QUESNE**, qui nous occupe, originaire de la Généralité de Caen (Election de Coutances) ; cependant il ne faut pas la confondre avec celle du fameux marin qui a illustré le règne de Louis XIV (1).

Dans les rôles normands et français par *Bréquigny*, nous voyons un Nicolas DU QUESNE, écuyer, comparant à une monstre d'hommes d'armes en 1421.

La famille DU QUESNE, dont nous donnons en entier la généalogie, s'est divisée en plusieurs branches, qui elles-mêmes ont fourni beaucoup de rameaux ;

---

(1) Quelques auteurs prétendent que la souche est la même, mais nous ne sommes pas de cet avis ; la famille du fameux DUQUESNE (lequel est né à Dieppe en 1610), originaire de la Généralité de Rouen, est aussi fort ancienne ; elle fut maintenue dans sa noblesse par M. de La Galissonnière, le 27 juillet 1666. Des manuscrits, trouvés dans l'abbaye du Mont Sainte-Catherine, font connaître que Jeuffrin DU QUESNE, écuyer, seigneur de Brothone, vivait en 1440. Il fut aussi l'auteur de beaucoup de branches, dont deux passèrent à la Martinique, où leurs titres ont été enregistrés au Conseil souverain de cette île, le 5 juillet 1719. Ses descendants portent encore le titre de *Marquis*, et subsistent à Paris. Leurs armes sont : *D'argent au lion de sable, armé et lampassé de gueules.*

5.

une de ces branches est allée se fixer à Valenciennes, et depuis en Hollande, où elle a encore des représentants.

L'ancienneté de sa noblesse fut reconnue à diverses époques, notamment par Montfaut en 1463, et par Chamillart en 1666.

Les diverses branches de Normandie se sont alliées aux familles : de Cussy, de Savigny, de Campion, Le Vallois, d'Auvray, de Balleroy, de Neuville, de Godard, Payen de la Garanderie, Jolis de Villiers, de Géraldin, Miette de Laubrie, etc. Les alliances de la branche résidant actuellement en Hollande ne laissent non plus rien à désirer sous le rapport de la noblesse, car elles ont été prises également parmi les familles les plus nobles et patriciennes des anciennes Flandres ; nous citerons parmi elles celles : de Crombroeucq, Hope, de Henne, de la Fault, de la Marlier, de Blanclieu, de Recqbois de Rentre, de Lillers *(en Angleterre)*, de Geyten, Bert, Aux-Brebis, de Queins, de Gruyter, Valckenier (1), Schoock, Haack, etc., etc.

FILIATION.

La filiation authentique et non interrompue de cette famille a été établie à partir de :

I. — Antoine DU QUESNE, écuyer, vivant en 1450, qui eut d'une alliance dont le nom ne nous est pas connu plusieurs enfants, entre autres :

II. — Gabriel DU QUESNE, écuyer, seigneur de Courcy, de Gonneville et du Mesnil-Normand, vivant de 1480 à 1501. Il se maria en 1473 et eut plusieurs enfants, dont l'aîné fut :

III. — Jean DU QUESNE, écuyer, marié en 1505 à noble demoiselle Catherine DE QUATREPUITS, de la ville de Falaise. De ce mariage sont issus deux enfants :

    1° Adrien, dont l'article suit ;
    2° Guillemette DU QUESNE, non mariée.

IV. — Adrien DU QUESNE, écuyer, seigneur du Mesnil-Normand, marié en 1534 à demoiselle Julienne DE CUSSY. De ce mariage sont nés plusieurs enfants, entre autres :

    1° François-Jacques, qui suit ;
    2° Jean DU QUESNE, auteur d'une branche rapportée plus loin.

(1) Celle-ci est issue des FALCONIERI, en Italie.

V. — François-Jacques du Quesne, écuyer, seigneur du Mesnil-Normand, marié en 1560 à demoiselle Marguerite Le Maitre de Savigny, dont :

VI. — Gilles du Quesne, écuyer, seigneur du Mesnil-Normand, marié, le 20 janvier 1692, à demoiselle Françoise Pichard, dont :

VII. — Jean du Quesne, écuyer, seigneur du Mesnil-Normand, marié, le 3 janvier 1614, à demoiselle de Campion. De ce mariage est issu :

VIII. — Jacques du Quesne, écuyer, seigneur du Mesnil-Normand, marié, en 1645, à demoiselle Elisabeth Le Vallois, dont :

IX. — Louis du Quesne, écuyer, seigneur du Mesnil-Normand, du Vimier, de la Perrerie, lequel fut maintenu dans sa noblesse lors de la recherche de M. de Chamillart, Intendant de la Généralité de Caen, en 1666. Il a épousé demoiselle Esther d'Auvray, dont il eut :

X. — Bénédic du Quesne, sieur du Vimier, né à Saint-Romphaire le 15 avril 1666, fit enregistrer ses armoiries à l'Armorial Général établi par édit du Roi en 1696 (Généralité de Caen, Registre 20, folio 103. — *Bibliothèque impériale, Section des Manuscrits*). Il se maria, en janvier 1692, avec noble demoiselle Louise Le Bas, dont il eut :

1° Philippe Léonard, qui suit ;
2° Louise du Quesne, religieuse.

XI. — Philippe Léonard du Quesne, écuyer, seigneur de Vimier, de la Mare, etc., né à Saint-Romphaire le 4 mai 1695, licencié en droit civil et canon, a épousé, le 7 janvier 1718, demoiselle Jeanne de Balleroy, dont il eut trois enfants :

1° Luc Léonard du Quesne, chevalier, fut représenté par son frère à l'assemblée des Etats-Généraux en 1789 (Voyez Tome 1er, page 187). Il a épousé en premières noces demoiselle N...... de Neuville, dont trois filles :
 A. Marie du Quesne, mariée à N...... de Magny ;
 B. Aline du Quesne a épousé N..... de Goucy ;
 C. Jacqueline du Quesne épousa M. Godard de Coudeville, seigneur de Coudeville, de Donville et de la Mardraquire.
2° Catherine du Quesne, sans postérité ;
3° Jacques-Léonard, qui suit :

XII. — Jacques-Léonard du Quesne, né à Saint-Romphaire le 26 novembre 1727, fut capitaine de grenadiers au régiment de Ponthieu, et chevalier de Saint-Louis. Il a épousé, en 1779, demoiselle Françoise-Louise-Rénée Le

Vallois, fille de feu Claude Le Vallois, capitaine de cavalerie, chevalier de Saint-Louis, et de dame Louise d'Ouesy. Il a comparu à l'Assemblée de la noblesse convoquée pour l'élection des députés en 1789. De son mariage sont issus :

> 1° Luc-Louis, dont l'article suit;
> 2° Nathalie du Quesne, morte sans avoir été mariée.

XIII. — Luc-Louis du Quesne, né à Saint-Romphaire le 7 février 1781, marié, le 4 octobre 1812, à demoiselle Rosalie Le Jolis de Villiers, fille de François-Alexandre-Léonard Le Jolis de Villiers, ancien officier dans le régiment de Vermandois, ancien député, ancien maire de Saint-Lô, ancien conseiller de Préfecture, et de dame Marie-Anne-Perrine de Géraldin (1), fille restée seule héritière d'Antoine, marquis de Géraldin. De ce mariage sont nés :

> 1° Aglaé du Quesne, mariée sans enfants ;
> 2° Hortense du Quesne, mariée à Alexandre Payen de la Garanderie, dont deux enfants ;
> 3° Léon Abraham, qui suit ;
> 4° Elisa du Quesne;
> 5° Léa du Quesne, mariée à Georges Miette de Laubrie, dont postérité ;
> 6° Louise du Quesne, mariée à Louis Payen de la Garanderie.

XIV. Léon-Abraham du Quesne, chef de nom et d'armes de cette ancienne famille, habite actuellement l'arrondissement de Saint-Lô. Il est marié et n'a pas d'enfants.

DEUXIÈME BRANCHE

(établie actuellement en Hollande).

V. — Jean du Quesne, écuyer, second fils de noble homme Adrien du Quesne, seigneur du Mesnil-Normand, et de dame Julienne de Cussy, né vers 1536, passa au service de l'empereur Charles-Quint et s'est établi dans l'ancien comté de Valenciennes (2). Il se maria, vers 1570-75, à demoiselle Béatrix de Crombroeucq. Ils étaient morts tous deux avant le 25 octobre 1624, ainsi qu'il appert d'un acte de séparation passé à Valenciennes en ladite année (3). De ce mariage sont nés six enfants, l'aîné :

---

(1) Issue de la maison anglaise de Fitz-Gérald, une des plus anciennes du Royaume-Uni.

(2) Cette importante seigneurie comprenait, au XVIe siècle, la prévôté de Valenciennes, l'Ostervant et le Brabant; elle fut ensuite réunie au Hainaut.

(3) Louis XIV s'étant emparé de cette ville en 1677, elle fut pillée par les troupes, et les Archives presque toutes détruites. C'est ce qui fait qu'il nous a été impossible de nous procurer copie de cet acte.

VI.—Jean DU QUESNE, II° du nom, né vers 1575, se maria en premières noces à demoiselle Marguerite DE HENNE, le 8 mai 1601; et en deuxièmes noces, à demoiselle Marie DE BLANCLIEU. Il passa en Angleterre à la suite de Guillaume II de Nassau, prince d'Orange, lequel avait épousé Henriette-Marie STUART, et mourut à Cantorbury le 25 novembre 1646. Du premier lit sont issus sept enfants, dont l'aîné mourut jeune. Le second continue la descendance.

VII. — Jean DU QUESNE, III° du nom, né à Valenciennes le 28 octobre 1606, se maria à Tournai, le 8 novembre 1634, avec demoiselle Gabrielle BERT, fille de Denis BERT et de dame Esther VAN LIERDT. Il resta quelque temps à Valenciennes, se rendit ensuite à Gand, et mourut à Amsterdam le 25 novembre 1666, laissant de son mariage onze enfants, entre autres :

1° Jean DU QUESNE, né à Valenciennes le 16 février 1639, qui épousa, à Amsterdam, le 17 février 1671, demoiselle Anne-Marie AUX-BREBIS, née le 10 juin 1648. Il mourut le 4 octobre 1681, laissant trois enfants, entre autres :

A. Jean DU QUESNE, né à Amsterdam le 21 novembre 1676, se maria à demoiselle Judith DE BIE le 8 juin 1703. Il est mort le 23 juillet 1742, et avait eu cinq enfants, entre autres :

AA. Jean-Corneille DU QUESNE, né le 5 juillet 1705, et marié à Christina-Jacoba CRUSE, mourut le 17 septembre 1781, à Utrecht, sans postérité ;

BB. Anne-Marie DU QUESNE, née le 9 septembre 1707, mariée à Utrecht, en 1739, à Robert MAKREEL.

B. Pierre DU QUESNE, né le 28 septembre 1678, marié à demoiselle Marie-Audilia DE GRUYTER, se remaria à demoiselle N........ COUCK ; sans postérité ;

2° Philippe, qui suit:

VIII. — Philippe DU QUESNE, huitième enfant des précédents, né le 22 septembre 1651, à Valenciennes, épousa le 10 août 1694, à Amsterdam, demoiselle Anne AUX-BREBIS. Il mourut le 8 février 1734 dans la dite ville, et il laissa quatre enfants, dont un seul se maria.

IX. — Jean-Philippe DU QUESNE, naquit à Amsterdam le 9 novembre 1698, et se maria, le 29 juin 1745, avec demoiselle Anne-Marie VALCKENIER. Il mourut le 13 septembre 1747, et sa femme le 5 décembre 1789. De ce mariage sont nés deux fils, dont un seul eut postérité ;

X. — Gilles DU QUESNE, Echevin et conseiller de la ville d'Amsterdam, seigneur de Bruchem et de Cillaarshoek, né à Amsterdam le 10 juillet 1747, épousa en premières noces, le 7 juin 1772, demoiselle Clara-Margaretha

S cⁱⁱoocĸ , et en secondes noces, le 5 avril 1796, demoiselle Johanna-Adriana Haacĸ. Il mourut le 17 février 1820. De ces deux alliances sont nés :

1° Anne-Marie du Quesne, mariée à Gerbrand Elias, dont postérité ;
2° Jean-Philippe, qui suit :

XI. — Jean-Philippe du Quesne, seigneur de Bruchem et de Cillaarshoek, chef de la branche protestante passée en Hainaut et en Hollande, est né le 9 novembre 1801 à Altona (duché de Holstein). Il s'est marié, le 24 mai 1833, à demoiselle Jeannette Haacĸ, qui l'a rendu père de neuf enfants ; quatre seulement existent encore :

1° Marie-Catherine-Jeanne-Adrienne du Quesne, née le 27 juillet 1834 ;
2° Jean-Philippe-Théodore du Quesne, né le 24 août 1840 ;
3° Jeanne-Adrienne du Quesne, née le 3 décembre 1844 ;
4° Gilles-Adolphe du Quesne, né le 18 janvier 1847.

JUGLET DE LORMAYE

Armes : *De gueules, au chevron d'or, accompagné en pointe d'une rose d'argent.* — Couronne : *De Comte.* — Supports : *Deux lévriers.*

ès le commencement du XIVe siècle, cette maison a commencé à figurer dans les documents historiques, mais les guerres religieuses et autres qui ont bouleversé la province depuis cette époque n'ont pas permis à ses descendants de conserver sans lacune des titres établissant leur filiation suivie depuis ces temps reculés. Néanmoins, l'ancienneté de leur origine a été reconnue à différentes époques, notamment par le jugement de maintenue de noblesse de M. de la Galissonnière, en l'année 1668.

A l'aide des documents qui nous ont été produits par le représentant actuel de la maison JUGLET DE LORMAYE, nous allons en citer les personnages les plus importants.

Un acte original en parchemin, en date de l'année 1358, le lundi devant la fête de Sainte-Luce, qui fait mention de noble Guillaume JUGLET, escuier, résidant au lieu de la Houssaye, à qui Geoffroy Danoys, bailli de Gisors, accorde au nom du roi la faveur de posséder garenne (*Archives de la famille*).

Jehan JUGLET, sergent-d'armes (1), fut commis, par ordonnance du roi Louis XI donnée à Tours le 18 décembre 1461, avec dix-huit autres gentilshommes, à la garde de l'abbaye de Thiron, sise au diocèse de Chartres.

1520. — Le 21 juillet, les trésoriers de France établis en la province de Normandie, vu les lettres patentes du roi, qui confèrent à Jehan JUGLET, escuyer, l'office de capitaine de la ville de Verneuil, le reçoivent dans cette charge et lui confèrent tous les honneurs et privilèges y attachés (*Archives de la famille*).

---

(1) Du CANGE rapporte dans son ouvrage que des sergents d'armes accompagnaient le corps du Roi, dont ils avaient la garde. On connaît la richesse de leur costume : leur armure était damasquinée d'or et d'argent, et ils portaient une masse, signe distinctif de leurs fonctions.

1643. — Le 20 Juin, Louis DE JUGLET, baron de la Boissière, fut nommé écuyer de son altesse royale Madame la duchesse d'Orléans, tante du roi. Nous donnons en entier le texte de ces lettres patentes, qui nous ont été représentées :

« De par Monseigneur, fils de France, oncle du roi, duc d'Orléans, etc., à
» vous trésoriers de sa maison, salut. Savoir faisons, que voulant témoigner
» au sieur Louis de JUGLET, baron de la Boissière, l'estime particulière que
» nous avons de son mérite, nous consentons à lui donner l'effet de ce que
» nous lui avions ci-devant fait espérer, à icelui, pour ces causes et autres,
» nommons, donnons et octroyons par ces présentes signées de notre main la
» charge *d'Escuyer ordinaire* de notre chère épouse, pour icelle avoir tenir et
» dorénavant exercer, en jouir et user par le dit baron DE LA BOISSIÈRE,
» aux honneurs, autorités et prérogatives, privilèges et émoluments y appar-
» tenant, et aux gages et droits qui sont attribués par l'estat des officiers de
» notre chère épouse, etc., etc. »

· » En témoing de quoi, nous avons fait mettre le placard de nos armes à ces
» présentes. »

Données à Paris le 20ᵉ jour de juin 1643.

Signé : GASTON.

Et plus bas :

(LS)   *De par Monseigneur,*

Signé : TOULAS.

1660. — Le 23 janvier, le Roi étant à Aix, désirant traiter honorablement le sieur de JUGLET, gentilhomme du pays de Normandie, Sa Majesté a permis audit sieur de porter des armes à feu et de chasser au gibier non prohibé, etc.

Signé : LOUIS.

Contresigné : LE TELLIER.

La maison de LORMAYE est fort ancienne dans la province et remonte au XIIIᵉ siècle : dans les Chartes du temps, son nom est écrit de différentes manières : LORMAILLE, LORMOYE, LORMAIS et enfin LORMAYE; nous avons conservé cette dernière orthographe, qui est celle que la famille a depuis longtemps adoptée.

Damoiselle Marie DE LORMAYE épousa en 1240 Guillaume DE GRENTE.

François DE LORMAYE était archer de la garde du roi Henri III, en 1575.

1641. — Le 26 mars, devant les commissaires-généraux députés par le

Roi pour l'exécution de son édit du mois de novembre précédent, en la Généralité d'Alençon, sont comparus : Louis DE LORMAYE, écuyer, sieur de la Haye, François DE LORMAYE, sieur de Saint-Gervais, et Joseph DE LORMAYE, écuyer, sieur de la Pierre, à l'effet de déclarer qu'ils sont nobles et exempts de tailles, ce qui a été reconnu *(Acte original aux archives de la famille)*.

François DE LORMAYE, fils de Jean et de noble dame Marie DE BRETIGNIÈRES, a été baptisé en la paroisse de Saint-Jean de Verneuil le 18 janvier 1668. Il eut pour parrain messire François DE BRETIGNIÈRES, lieutenant du roi à Verneuil, et pour marraine dame Agnès-Charlotte GEBELIN, femme du sieur de Fouilleuse.

1710. — Le 10 juin fut baptisé François DE LORMAYE, fils de François, écuyer, et de dame Jeanne-Florence DE BONNEGENT.

1720. — Mariage de Marie-Jeanne DE LORMAYE avec Jean-Philippe VALLÉE, avocat au Parlement, ancien maire électif de la ville de Verneuil, bailli et maître des Eaux-et-Forêts du comté de la Ferté-Vidame, et subdélégué de l'intendance d'Alençon.

1740. — 25 octobre. Acte de mariage passé en la commune de Saint-Denis-des-Ifs, réunie à celle d'Aubry-le-Panthou (Canton de Vimoutiers), entre le sieur François DE LORMAYE, II⁰ du nom, conseiller du roi en l'élection de Verneuil, au Perche et Châteauneuf-en-Thimerais, fils de François DE LORMAYE, écuyer, premier échevin de la ville de Verneuil, et de dame Florence DE BONNEGENT, d'une part; et demoiselle Élisabeth LE LASSEUR, fille de Guillaume LE LASSEUR, écuyer, seigneur de Chantelou, et de feu noble dame Louise LE CORNU. Au contrat ont signé comme témoins et parents : Guillaume LE LASSEUR, écuyer, seigneur de Chantelou ; Marie-Madeleine DE FAUTEREAU, Charles et Pierre DE VANEMBRAS; madame du Lombos; le sieur de la Baudrière, seigneur de Beaureins; monsieur Lambert DE MAUFILASTRE, avocat au Parlement ; François DE GAUTIEL, écuyer, sieur de la Rozière ; François LE LASSEUR, sieur de Champozon ; dame Louise LE LASSEUR, veuve du sieur DE MORANT, sous-brigadier des Gardes-du-Corps; Élisabeth DE BILLARD; Agnès DE JANYS ; Marguerite DE VILLADE, etc., etc.

De cette alliance sont issus deux fils :

> 1° François-Guillaume DE LORMAYE, baptisé en la paroisse de Sainte-Madeleine, à Verneuil, le 26 janvier 1744;
>
> 2° François-Denis DE LORMAYE, baptisé en la même paroisse, le 31 juillet 1745. Il fut Gendarme de la compagnie de Monsieur, et est mort au service le 6 avril 1775, à Moussey (Vosges), sans avoir été marié.

L'aîné, François-Guillaume, fut gendarme de la garde du Roi. Il a épousé, le 22 novembre 1778, demoiselle Marie-Anne-Françoise DE REBEILLARD, et est mort à Verneuil le premier février 1815, ne laissant de son mariage que deux filles, dont l'une, Marie-Louise-Elisabeth-Désirée DE LORMAYE, née le 13 août 1781 a épousé en 1803, Nicolas-Just JUGLET. De cette alliance est né un fils unique:

Just-Ernest JUGLET DE LORMAYE, marié le 8 février 1831 à mademoiselle Julie-Marie-Henriette VARNIER DE LA GIRONDE DES CONTRÉES (1), fille de Jean François de la Gironde des Contrées, Garde-du-Corps du roi, fourrier-major à la compagnie de Noailles, puis chef d'escadron de cavalerie, chevalier de l'ordre royal et militaire de Saint-Louis et de la Légion d'honneur, etc., et de dame Marie-Charlotte DE JACQUET.

Cette famille a pour représentant actuel :

Charles-Just-Anatole JUGLET DE LORMAYE, fils unique des précédents, né à Paris le 12 août 1834. Par décret impérial du premier août 1860, il fut confirmé dans la possession du nom DE LORMAYE, que sa famille a toujours porté depuis le mariage contracté en 1803 avec la dernière héritière de cette ancienne maison. Il n'est pas encore marié.

---

(1) La maison VARNIER DE LA GIRONDE porte pour armes : *De sinople, à la montagne d'argent, chargée d'un Mercure de gueules, couché adextré de son caducée du même, à la devise d'or, et au chef d'azur chargé de neuf fleurs de lys aussi d'or, posées 4 et 5.* — Cette maison offre cette rare particularité, c'est qu'elle a compté dans les rangs de l'armée tant de terre que de mer, depuis le grade de sous-lieutenant jusqu'à celui de maréchal de France (le maréchal de Beurnonville), jusqu'à cent deux officiers, dont quarante furent chevaliers de l'ordre royal et militaire de Saint-Louis.

GUYON

DE FONTENAY, DE VAUGUYON, DE VAULOGER, ETC.

ARMES : *D'argent, au cep de vigne de sable, chargé de trois grappes de raisin de gueules.*

ette famille, dont le nom s'est écrit GUION, et de nos jours GUYON, est originaire de l'Election d'Argentan et remonte à une époque fort reculée. Dès le mois de janvier 1461, Gervais GUION était qualifié du titre d'écuyer. Le 28 avril 1523, un arrêt de la cour des Aydes de Normandie maintenait Nicolas GUYON en possession de son ancienne noblesse. Le 27 août 1666, Bernard Hector de Marle, commissaire député en la Genéralité d'Alençon, confirmait les titres de cette antique maison, que deux de ses membres reproduisaient en 1784 pour entrer à l'école militaire.

La maison de GUYON s'est divisée en plusieurs branches : nous ne donnons ici la filiation que de l'une d'elles, les autres ne nous ayant pas communiqué leurs documents. Cette filiation commence à :

I. — Gervais GUYON, escuyer, sieur des Buats, marié à Jeanne DE SAINTE-MARIE, dont il eut :

    1° Robert, qui suit ;
    2° Jeanne GUYON, mariée à Jean MALVOISIN, sieur du Coudrey.

II. — Robert GUYON, escuyer, sieur des Buats, épousa, le 13 janvier 1484, damoiselle Alix TERRÉE, fille de noble homme Pierre de la Terrée. Il comparut devant le seigneur de Chasteauneuf avec les autres nobles en état de servir le roi, et comme tel fut retenu pour la garde et *tuisson* du château de Falaise. De son mariage il eut six enfants, dont le second continue la descendance.

III. — Robert GUYON, II° du nom, escuyer, sieur des Buats, obtint en 1523 l'arrêt mentionné plus haut. Il fut marié en premières noces à demoiselle

Jacqueline JEAN, fille de N.... Jean, escuyer, sieur de Versainville, et en secondes noces à demoiselle Jeanne DE BESNARD. Du premier lit sont issus :

1° Jonnard Guyon, sieur de Fontenay, tige des seigneurs de Saussays;
2° Olivier Guyon, auteur de la branche DES ISLES et des Dignes;

et du deuxième lit :

3° Robert, dont l'article suit :

IV. —Robert GUYON, III° du nom, escuyer, sieur de Villers et de Hautebellière, a épousé, le 2 décembre 1591, demoiselle Claude de PUTECOSTE, fille de feu François Louis de PUTECOSTE, écuyer, dont il eut :

1° Jean GUYON, Écuyer, sieur de Villers, d'où postérité ;
2° Jacques, qui continue la descendance.

V. — Jacques GUYON, écuyer, sieur de Sausseaux, épousa, le 13 janvier 1626, demoiselle Marguerite LE CHEVALIER, fille de Barthélemy Le Chevalier, écuyer, sieur de Venon. Il en eut deux fils :

1° Claude, qui suit ;
2° François GUYON, auteur de la branche DE LA VAUGUYON.

VI. — Claude GUYON, escuyer, sieur de Sausseaux, produisit avec son frère et ses cousins ses titres de noblesse devant Monsieur de Marle, en 1666. L'expédition du jugement de maintenue , signée Clérembault, généalogiste des Ordres du Roi, existe à la Bibliothèque Impériale. Il épousa, le 13 septembre 1657, demoiselle Péronne DE BIARD, fille de Jacques DE BIARD, écuyer, sieur de Saint-Georges, et en eut :

1° Gilles, auteur de la branche de VAULOGER ;
2° Charles GUYON, Écuyer ;
3° Jacques GUYON, Écuyer.

VII. — Gilles GUYON, écuyer, sieur de Vauloger, épousa demoiselle MALET DE GRAVILLE, qui l'a rendu père de :

1° Philippe GUYON, sieur du Buat, mort sans enfants ;
2° François-Charles GUYON, Curé de Saint-Brie ;
3° Charles François, dont l'article suit ;
4° N....... GUYON, morte religieuse bénédictine.

VIII. —Charles-François GUYON, écuyer, sieur de Vauloger, se maria avec mademoiselle Michelle-Madeleine MENJOT, qui le rendit père des cinq enfants ci-après :

1° François-Charles Guyon, II° du nom, mort célibataire ;

2° Charles, qui continue la descendance;

3° Louis Guyon, né le 25 août 1769, fit ses preuves de noblesse le 10 novembre 1784 pour servir dans un régiment; la croix de Saint-Louis le récompensa d'éclatants services militaires. Il a épousé mademoiselle Louise-Julie Gouhier de Saint-Cenery, dont deux filles :

> A. Marie-Clémentine Guyon de Vauloger, mariée à Nicolas-Hippolyte Jolivet, Chevalier de Colomby (Voir le 1er volume de cet ouvrage, page 73).
>
> B. Louise-Aline Guyon de Vauloger, mariée à Louis-Gustave Révérend du Mesnil (Leurs enfants sont rappelés à la page 296 du même volume, art. Révérend).

4° N........ Guyon de Vauloger, mariée à monsieur de Brossard, d'où postérité;

5° N........ Guyon de Vauloger, épouse de monsieur Ardesoif de Gronas, morte sans enfants.

IX. — Charles Guyon de Vauloger, né le 10 mai 1765, fit ses preuves de noblesse le premier mai 1784 pour entrer à l'École Militaire (*Saint-Allais* et *d'Hozier*), fut officier distingué et chevalier de Saint-Louis. Il a épousé, le 6 frimaire an V, mademoiselle Gaspardine-Françoise-Félix de Robillard Bréveaux, d'une des plus illustres familles de la province. De cette alliance sont nés plusieurs enfants, entre autres :

X. — Charles-Alfred Guyon de Vauloger, né le 23 brumaire an IX, ancien maire de la ville d'Argentan, décédé le 12 décembre 1856, laissant de son mariage avec mademoiselle Sophie-Louise de Lamondière, fille de Charles-Pierre-Boniface de Lamondière et de dame Sophie-Marguerite du Mesnil de Biseuil, les quatre enfants ci-après :

1° Francisque-Xavier Guyon de Vauloger, né le 27 février 1835 ;

2° Gustave-Irène Guyon de Vauloger, né le 26 février 1836, décédé ;

3° Marie-Réné-Alfred Guyon de Vauloger, né le 12 juin 1838;

4° Marie-Louise-Angèle Guyon de Vauloger, née le 7 août 1842.

D'AMONVILLE

ARMES : *Coupé de sable et d'argent, à la licorne de l'un en l'autre.* — Couronne : *De Comte.* — Supports: *Deux lions.*

ette maison, connue en la généralité de Rouen depuis trois ou quatre siècles, y a possédé des fiefs et seigneuries importants, et y a fourni presque constamment des Baillis à la ville de Vernon. Un des membres de cette honorable maison ayant eu tous ses titres et parchemins détruits par suite des guerres de religion qui désolèrent la Normandie, fut obligé de demander des lettres de noblesse, confirmatives au besoin. Dans lesdites lettres, accordées, au mois de décembre 1655, à François D'AMONVILLE, lieutenant-général du bailli de Gisors à Vernon, et enregistrées à la Cour des Aides le 19 février 1664, on lui donne à tort de nouvelles armoiries, qui sont celles que nous avons décrites en tête de cette notice, tandis que les armes primordiales de la famille étaient: *D'azur, au chevron d'argent, accompagné de trois tours du même, maçonnées de sable.*

La filiation que nous donnons ci-dessous a été établie sur les preuves faites devant Chérin par Louis-Adjutor D'AMONVILLE, reçu lieutenant des maréchaux de France (L'original en est déposé au cabinet des titres de la Bibliothèque Impériale).

I. — Noble homme Nicolas D'AMONVILLE, lieutenant civil et criminel au siége de Vernon, a épousé, par contrat de l'année 1565, passé devant les notaires royaux de la Rocheguyon, noble demoiselle Jeanne DE VAUDICHON. Par un acte de partage du 6 mai 1617, on voit qu'il eut un frère, Archer des gardes du corps du roi, marié à demoiselle Marie LE TELLIER. De son alliance sont nés deux enfants, savoir:

1° Nicolas, qui suit ;

2° Philippe D'AMONVILLE, vicomte d'Evreux.

II. — Nicolas D'AMONVILLE, Ecuyer, seigneur de Limay, lieutenant-général du bailli de Gisors, à Vernon, a épousé noble demoiselle Catherine L'ADVENANT, qui l'a rendu père de deux enfants :

1° François, qui continue la descendance ;

2° Geneviève D'AMONVILLE, mariée à Pierre DE BORDEAUX, Ecuyer, seigneur de Marville, vicomte de Vernon.

III. — François D'AMONVILLE, Ecuyer, seigneur de Limay et de Boinville, Conseiller secrétaire du roi, lieutenant particulier ancien civil et général criminel au baillage de Gisors, a épousé, le 1er mars 1628, demoiselle Marie DE LAVOIZIER, fille de Pierre, conseiller au baillage et siége présidial de Mantes. De ce mariage sont nés plusieurs enfants, entre autres :

1° Nicolas, qui suit ;

2° Marie D'AMONVILLE, mariée à François DE ROUSSEL, Ecuyer, seigneur DE LA BASTRE.

IV. — Nicolas D'AMONVILLE, IIIe du nom, Ecuyer, seigneur de Limay, de Boinville, etc., lieutenant-général du baillage des Gisors, puis conseiller secrétaire du Roi, maison couronne de France et de ses finances, a épousé, le 25 novembre 1669, demoiselle Louise LE COUSTURIER, dont :

1° Nicolas-Louis, qui suit ;

2° Louis-François D'AMONVILLE, prêtre, bachelier en théologie, supérieur du séminaire de Bourges, puis vicaire-général de Monseigneur l'Archevêque de la Rochefoucauld, mort à Bourges le 28 mars 1756 ;

3° Marie-Louise D'AMONVILLE, mariée à Messire Louis DE MORDANT, Ecuyer, conseiller du roi, lieutenant-général du baillage de Gisors.

V. — Nicolas-Louis D'AMONVILLE, Ecuyer, seigneur des Nots, marié le 18 avril 1710, à Rouen, à demoiselle Marie-Barbe DE MANNEVILLE, eut deux fils :

1° Jacques-Raoul D'AMONVILLE, lequel a épousé, le 22 avril 1751, demoiselle Catherine Françoise LE MOYNE DE BELLISLE, dont :

A. Nicolas-Raoult D'AMONVILLE, capitaine au régiment de Chartres (dragons) et chevalier de Saint-Louis, marié, à Senlis, à mademoiselle SEROUX DE BIENVILLE dont il n'eut que deux filles ;

2° Jacques-Charles-Nicolas, qui suit :

VI. — Jacques-Charles-Nicolas D'AMONVILLE, Ecuyer, seigneur des Nots, de la Heaumière, etc., premier Gentilhomme de Son Eminence Monseigneur le Cardinal de la Rochefoucauld, ambassadeur de France à Rome en 1748, a épousé, par contrat du 5 mai 1749 passé au Grand-Andelys, demoiselle Louise-

Françoise-Elisabeth DE CROIXMARE. De cette alliance sont nés douze enfants, entre autres :

1° Frédéric-Jérôme, qui suit ;
2° Louis-Adjutor D'AMONVILLE, né le 24 avril 1751, capitaine d'infanterie, puis lieutenant des maréchaux de France aux Andelys, et chevalier de Saint-Louis, mort sans postérité ;
3° Charles-Marin D'AMONVILLE, chanoine d'Amiens ;
4° Nicolas-Joachim D'AMONVILLE, officier dans le régiment de Viennois, mort en 1787;
5° Catherine-Elisabeth D'AMONVILLE, mariée, le 20 mai 1781, à Jacques-Mathieu DE LA COUR DU MILLERET, auditeur en la chambre des comptes, aides et finances de Normandie.

VII. — Frédéric-Jérôme D'AMONVILLE DES NOTS, né en 1750, officier dans le régiment de Piémont (infanterie), comparut à l'assemblée des gentilshommes du bailage des Gisors pour les Etats-Généraux en 1789 ; il a épousé, par contrat du 25 mai 1750, demoiselle Thérèse-Euphrasie LE FORESTIER DE LA HAYE-LE-COMTE, fille d'Henri-François, garde-du-corps du roi et chevalier de Saint-Louis, et laissa de ce mariage plusieurs enfants, entre autres :

1° Frédéric-Henri D'AMONVILLE DES NOTS, mort sans postérité ;
2° Benjamin, qui suit:

VIII. — Benjamin D'AMONVILLE DES NOTS, né le 4 janvier 1789, ancien officier de cavalerie, chevalier de la Légion d'honneur, a épousé mademoiselle Gabrielle-Madeleine-Josèphe LE FLAMENG D'ELBOUVILLE, qui l'a rendu père de :

1° Ernest-Raoul, qui continue la descendance;
2° Gabrielle-Euphrasie D'AMONVILLE, mariée à Alfred MAC-GUIER, Comte DE CRUX.

IX. — Ernest-Raoult D'AMONVILLE DES NOTS, chef de nom et d'armes et seul représentant mâle de cette honorable et ancienne maison, né le 19 septembre 1821, est actuellement capitaine d'artillerie et chevalier de la Légion d'honneur. Il a épousé, le 7 mai 1851, mademoiselle Marie-Henriette-Marthe DE SALVERT. De ce mariage sont nés:

1° Marie-Benjamin-Louise D'AMONVILLE DES NOTS ;
2° Marie-François-Joseph-Raoul D'AMONVILLE DES NOTS.

D'ARGOUGES

Armes : *Ecartelé : d'or et d'azur, à trois quintefeuilles de gueules, 2 et 1, celle en pointe brochante sur les deux quartiers.* — Couronne : *de Marquis.* — Supports : *Deux sauvages.*

u nombre des anciennes familles de la province nous pouvons citer, sans crainte d'être contredit, la maison D'ARGOUGES, dont l'origine se perd dans la nuit des temps; si l'on en croyait même l'histoire du Mont-Saint-Michel par l'abbé *Desroches*, elle aurait une origine légendaire. Sans vouloir remonter si haut, nous pouvons dire qu'elle a pour premier auteur un des compagnons de Rollon, qui reçut en partage un gros lot de la terre conquise et donna son nom à ce fief (1).

— Vers la fin du Xe siècle, Pierre D'ARGOUGES fonda l'église d'Argouges, et ses descendants sont souvent cités dans les rôles d'hommes d'armes de l'époque.

— Raoul D'ARGOUGES fut un des compagnons de Guillaume à la conquête d'Angleterre, en 1066.

— Dans le catalogue des seigneurs normands qui furent à la conquête de Jérusalem sous Robert-Courte-Heuze, duc de Normandie *(Du Moulin, page 565)*, on trouve cité, parmi les chevaliers bannerets, Raoul D'ARGOUGES.

— Robert D'ARGOUGES se distingua au siège de Bayeux, lorsque cette ville fut attaquée par Henri 1er, roi d'Angleterre, en 1105 (2). Il tua même, en combat singulier, un nommé BRUN, d'origine danoise, et par crainte de la colère du roi, il se retira dans la Pouille, où il fut bien reçu par BOHÉMOND, prince

---

(1) Cette opinion est fondée sur l'histoire de la conquête par *A. Thierry*, et sur les mémoires de la Généralité de Caen, par *M. Foucault de Magny*, Intendant en 1697, qui disent : les D'Argouges sont d'auprès de Bayeux, et une de leurs branches a possédé la paroisse d'Argouges, dans l'Avranchin, et lui a donné son nom.

(2) Les historiens ne sont pas d'accord sur l'époque de ce siège que quelques-uns rejettent à l'année 1106, entre autres *Orderic Vidal*. Nous renverrons pour cela à l'excellent ouvrage de Monsieur le Vicomte DE TOUSTAIN, étayé de tous les documents à l'appui, et qui fixe d'une manière irréfutable la date de ce fait important.

G.

d'Antioche, fils de Robert Guiscard (*La Roque, Histoire de la maison d'Har-court, Tome 1er, page 304*). Un autre Robert D'ARGOUGES, vivant en 1155, est cité dans les annales du pays d'Avranches (page 202).

— Rodolphe D'ARGOUGES figure dans l'Echiquier tenu à Falaise en 1209.

— En 1223, on voit figurer Raoul D'ARGOUGES aux assises d'Avranches.

— Ne pouvant pas citer tous les personnages importants de cette antique maison dont la noblesse de race fut reconnue à différentes époques, notamment par Raymond de Montfaut en 1463, par Chamillard en 1666, et par Chérin, généalogiste des Ordres du roi, lorsque Monsieur et Madame D'ARGOUGES furent admis aux honneurs de la Cour en 1765, nous dirons qu'elle est d'origine essentiellement militaire, bien que plusieurs de ses membres se soient aussi illustrés dans l'église et la magistrature.

La maison D'ARGOUGES a fourni des lieutenants-généraux, des mestres-de-camp et brigadiers des armées du roi, des commandeurs et chevaliers de l'ordre de Malte, des gouverneurs de villes, des officiers de tous grades aux gardes françaises et chevau-légers de la garde du roi, plusieurs chevaliers de Saint-Louis, des évêques, un grand-maître des eaux et forêts, des conseillers et maîtres des requêtes de l'hôtel du roi, un lieutenant civil de la Prévôté de Paris, etc., etc.

Parmi les maisons avec lesquelles elle a contracté ses alliances, nous trouvons les premières familles de la noblesse de France; nous citerons entre autres celles : de la Trémoille, de Carbonnel, de Grastot, de Croville, de Sémilly, de Clamorgan, de la Champagne, de Chanteloup, d'Orglande, de Sieurain, de Beaumont, de Syresme, de Pigache, de Loucelles, Kadot de Sebbeville, du Poërier de Franqueville, Payen de la Garanderie, Farcy de Pontfarcy, Aux Epaules, de Pontbellanger, Clausse, de Cauvigny, de Beautru, de Bec-de-Lièvre de Cany, d'Autemare, de Briqueville, de Creil, de Courtarvel, de Benoist, de Guéroult, etc.

Les bornes de cette notice ne nous permettant pas de donner tout au long la filiation de cette famille, ainsi que celle des différentes branches qu'elle a formées, nous renvoyons pour cela à l'*Histoire de la maison d'Harcourt* par Gilles de la Roque, et au dictionnaire de la noblesse par *La Chesnaye des Bois*, etc., qui commencent la filiation à Guillaume D'ARGOUGES, fils de Robert, qui épousa noble damoiselle Jeanne DE GRASTOT; il vivait encore en 1251. Ces généalogistes ayant commis une grave erreur, nous sommes forcé de la relever ici, et cela nous a été facile par la communication des titres, contrats et partages de famille que nous a faite le chef actuel de cette maison, monsieur le Comte E. D'ARGOUGES; cette erreur a du reste été reconnue en 1762 par d'Hozier, lors des preuves de noblesse faites pour l'admission de mademoiselle N...... D'ARGOUGES à la maison royale de Saint-Cyr. Nous disons donc que plusieurs auteurs se sont trompés en prenant Pierre D'ARGOUGES comme héritier aîné de Jean et de dame Charlotte DE CARBONNEL, qu'il épousa en 1430, tandis qu'il n'était que leur quatrième fils ; il suffit, pour le prouver, de lire le contrat de mariage de Jean D'ARGOUGES avec damoiselle Jeanne L'ABBÉ, en 1462, et les partages entre les quatre fils de Jean D'ARGOUGES et de Charlotte DE CARBONNEL.

Dans l'Histoire d'Harcourt, par Laroque (*Tome II, Livre II, page 1525 et suivantes*), on suit la branche aînée jusqu'à Gabriel D'ARGOUGES, fils de Joachim D'ARGOUGES et de Louise DE SYRESME, mariés le 12 mai 1594 ; ceci est très-juste ; mais *La Roque* fait une erreur en faisant épouser à Jean D'ARGOUGES, vivant en 1420, demoiselle Jeanne l'Abbé, tandis qu'il épousa Charlotte Carbonnel ; il était fils aîné de Philippe D'ARGOUGES et de Marguerite DE LA CHAMPAGNE, et ce fut Jean D'ARGOUGES, fils aîné de Jean D'ARGOUGES et de de Charlotte Carbonnel, qui épousa, le 18 octobre 1462, Jeanne L'Abbé, fille de noble homme Louis L'Abbé, Seigneur de Boussigny. De plus, Laroque, en parlant des divers Echiquiers tenus à Falaise en 1459, 1463, 1474, 1484 et 1497, parle de Jean D'ARGOUGES, Ecuyer, fils de Jean D'ARGOUGES, Seigneur D'ARGOUGES, son père.

Il y eut donc deux personnes du nom de JEAN, le père et le fils; en effet, le contrat de mariage de Jean D'ARGOUGES et de Jeanne L'Abbé (*Archives de la famille*) dit : JEAN, fils aîné de JEAN, Seigneur D'ARGOUGES et de Grastot.

Par suite de cette erreur, les généalogistes ont laissé de côté la branche aînée, dont ils ignoraient l'existence, pour ne s'occuper que des branches de *Rasnes* et de *Fleury*, et cependant, d'après les papiers de famille, c'est cette branche aînée qui a donné naissance à toutes les autres, puisque celles de Rasnes et de Fleury ont eu pour premier auteur : Pierre D'ARGOUGES, Seigneur de Grastot, vivant en 1471, quatrième fils de Jean et de Charlotte de Carbonnel.

Chamillart donne la généalogie de la famille depuis Guillaume D'ARGOUGES, qui épousa Jeanne de Grastot, jusqu'à Jean, marié à Charlotte de Carbonnel, puis il donne la filiation de Pierre D'ARGOUGES, Seigneur de Grastot, leur quatrième fils. *La Chesnaye des Bois*, qui l'a suivi, n'en a pas non plus donné d'autre. Les papiers de famille, au contraire, nous prouvent par les contrats de mariage, la filiation remontant à l'année 1402, et ces papiers ont été visés en 1762 par *d'Hozier*, ainsi qu'il est dit plus haut pour les preuves de réception à Saint-Cyr.

Sans nous occuper des rameaux collatéraux, nous avons donc la preuve que quatre branches principales ont existé :

1° la branche aînée, qui se perpétue jusqu'à nos jours ;

2° la branche de RANNES, éteinte à la fin du XVIIIᵉ siècle ;

3° celle des Seigneurs de GRASTOT, éteinte également ;

4° et enfin celle des Seigneurs de FLEURY, éteinte en la personne de Henriette-Louise-Françoise D'ARGOUGES, mariée le 23 janvier 1785, à Antoine-Philippe DE LA TRÉMOILLE, prince de Talmont, fils de Charles-Godefroy de la Trémoille, duc de Thouars, pair de France, prince de Tarente, prince de Talmont, comte de Laval, de Montfort en Bretagne, baron de Vitré, premier baron et président de la noblesse de Bretagne, et de Marie-Maximilienne-Louise-Françoise-Sophie DE SALM-KIRBOURG.

FILIATION.

Cette filiation, établie sur preuves authentiques, commence à :

I. — Robert D'ARGOUGES, Chevalier, qui eut pour fils :

II. — Guillaume D'ARGOUGES, marié à Jeanne DE GRASTOT.

III. — Raoul, leur fils aîné, a épousé Jeanne DE CROVILLE.

IV. — Raoul D'ARGOUGES, Seigneur de Grastot, marié à Edme DE BEAUFOU, eut pour fils :

V. — Raoul D'ARGOUGES, IIIᵉ du nom, vivant en 1333, lequel a épousé Jeanne DE SEMILLY, dont il a eu :

VI. — Raoul D'ARGOUGES, IVᵉ du nom, marié à Thomasse DE BEAUMONT, qui l'a rendu père de :

VII. — Guillaume D'ARGOUGES, marié à Jeanne de CLAMORGAN, dont deux fils, entre autres :

VIII. — Le cadet, Philippe D'ARGOUGES, Seigneur D'ARGOUGES, de Beaumont et autres lieux, épousa, par contrat du 25 janvier 1402, noble demoiselle Marguerite DE LA CHAMPAGNE, qui l'a rendu père de :

IX. Jean D'ARGOUGES, marié à Charlotte DE CARBONNEL, dame de Cérences. De ce mariage sont issus cinq enfants, entre autres :

1° Jean, qui suit ;
2° Enguerrand, 3° Raoul et 4° Robert furent prêtres.
5° Pierre, auteur de la deuxième branche rapportée plus loin.

X. — Jean D'ARGOUGES, IIᵉ du nom, épousa, par contrat passé devant Mᵉˢ Thomas Féron et Jean Bonneau, tabellions royaux en la sénéchaussée d'Argentan, le 18 octobre 1462, noble demoiselle Jeanne L'ABBÉ, fille de noble Louis, Écuyer, Seigneur de Boussigny. De cette alliance sont nés cinq enfants :

XI. — Jacques, l'aîné, a épousé, le 8 septembre 1526, demoiselle Isabeau D'ORGLANDE. Ce Jacques D'ARGOUGES découvrit au Roi de France la conspiration du Connétable de Bourbon, et en reçut pour récompense la châtellenie de Gavray.

XII. — Jean D'ARGOUGES, IIIe du nom, Chevalier, Seigneur de Valbadon, épousa le 20 mai 1565, à Bayeux, noble demoiselle Anne de SIEURAIN, dont est issu :

XIII. — Joachim D'ARGOUGES, lequel a épousé, par contrat du 12 mai 1594, demoiselle Louise DE SYRESME, dont trois fils :

XIV. — Gabriel, l'aîné, a épousé, le 11 octobre 1634, noble demoiselle Catherine BENOIST, qui l'a rendu père de deux fils :

    1° Jacques, qui suit ;
    2° François D'ARGOUGES, marié à mademoiselle Marie DE GUÉROULT, tige d'un rameau éteint

XV. — Jacques D'ARGOUGES, IIe du nom, a épousé, le 18 août 1662, demoiselle Magdeleine LE BACHELET.

XVI. — Joachim D'ARGOUGES, leur second fils, a épousé, par contrat du 30 novembre 1694, passé par-devant le Notaire Royal de la vicomté de Thorigny, noble demoiselle Anne de PIGACHE. De ce mariage sont nés quatre fils : l'aîné fut prêtre, le second est mort sans postérité, et le troisième fut :

XVII. — Olivier D'ARGOUGES, Seigneur du Taillis, marié le 15 juillet 1744, à demoiselle Catherine DE CHANTELOUP, qui l'a rendu père du fils qui suit, et d'une fille mariée à Léon DE GUERNON.

XVIII. — Hervé-Olivier D'ARGOUGES, Chevalier, Seigneur de Baudre, du Taillis et autres lieux, a épousé, le 8 mars 1774, mademoiselle Marie-Anne DE LONCELLES. De ce mariage est né un fils unique :

XIX. — Olivier, Comte D'ARGOUGES, né le 14 juin 1775, émigra en 1792 et fit toutes les campagnes de l'armée des Princes au régiment des Chevaliers de la Couronne, ainsi que le prouvent les certificats les plus honorables de Monsieur le duc de Berry, de Monsieur le duc d'Angoulème et de Monsieur le Prince de Condé. Il s'est retiré au licenciement, avec le grade de Capitaine de Cavalerie et la croix de Chevalier de Saint-Louis. Par contrat du 7 octobre 1813, il a épousé mademoiselle Hélène CADOT DE SERBEVILLE, fille du Marquis de SERBEVILLE, et est mort à Litteau en 1829. De son mariage sont nés huit enfants, entre autres :

1° Charles-Olivier, mort le 1er mai 1824 ;

2° Edouard-Léonard, qui suit ;

3° Achille-Jacques, Vicomte d'Argouges, chevalier des ordres de la Légion d'honneur et du Medjidié, ancien lieutenant de vaisseau, démissionnaire en 1859, qui a épousé, le 3 août 1857, mademoiselle Hermine-Marie du Poirier de Franqueville ;

4° Hélène-Marie d'Argouges, mariée, le 17 février 1852, à Paul Payen de la Garanderie ;

5° Lodois-Henri-Joseph d'Argouges, marié, le 16 décembre 1850, à mademoiselle Camille Farcy de Pontfarcy, dont il a cinq enfants ;

6° Léontine-Julienne-Marie d'Argouges ;

7° Aurélie-Louise-Léopoldine ;

8° Olive-Nathalie-Gabrielle, morte en 1829.

XX. — Edouard-Léonard Comte d'Argouges, chef de nom et d'armes de cette ancienne maison, né le 5 février 1816, entra comme Cadet au service de Sa Majesté l'Empereur d'Autriche, fut nommé officier au 1er régiment des hussards hongrois, et donna sa démission le 31 octobre 1842. Par contrat du 14 mars 1847, il a épousé mademoiselle Marie de Pontfarcy, fille de Monsieur Farcy, Comte de Pontfarcy, ancien officier, Chevalier de la Légion d'Honneur. De ce mariage sont issus :

1° Henri-François d'Argouges, né le 4 janvier 1848 ;

2° Raoul d'Argouges, né le 4 juin 1851.

LE CHEVALLIER

DU COUDRAY, DE GRÈGES, DE BOUELLE, ETC.

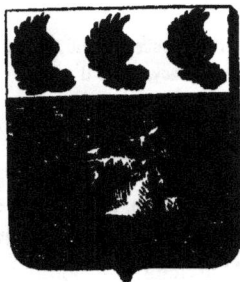

ARMES : *D'azur, à la tête de licorne d'argent ; au chef d'argent, chargé de trois demi-vols de sable.* — COURONNE : *de Marquis.* — SUPPORTS : *Deux sauvages* — CIMIER : *Une licorne.* — DEVISE : *In concilio celeritare exequendo robur.*

n grand nombre de familles nobles du nom de CHEVALIER ou LE CHEVALLIER ont eu pour berceau la Normandie ; en effet, lors de la recherche de noblesse de 1666, nous en voyons dix qui ont été maintenues.

La maison dont nous allons donner la filiation suivie et authentique, établie d'après les titres originaux qui nous ont été communiqués, s'est divisée en un nombre infini de branches dont les principales sont allées faire souche en l'Ile-de-France, dans le Poitou, dans le Berry, en Flandres, en Champagne, etc. De toutes ces branches, l'aînée portait pour armes : *d'azur, à trois chaudrons de sable* (suivant *La Chesnaye des Bois*) ; mais c'est une erreur grave que cet auteur s'empresse de rectifier dans un volume supplémentaire où il cite celles que nous donnons en tête de cet article.

La maison LE CHEVALLIER DE BOUELLE s'est alliée aux principales familles de France, parmi lesquelles nous citerons celles de : Potier de Gèvres, Lempereur de Guerny, de Brévédent, du Tot du Varneville, de Graindorge, de Béthune-Charost, de Villefeu, Lucas d'Infreville, de Mesnage, de Postel des Minières, du Four de Longrüe, etc.

Parmi les fiefs nobles que cette maison a possédés, nous mentionnerons ceux : de la Rivière, de Tibermont, du Plessis, du Coudray, de Bretigny, de Meuville, de Machonville, de Bouelle, de Cornimesnil, de Nesle en Bray, etc.

Si l'on croit les anciennes traditions rapportées par le *Père Anselme* et divers autres écrivains, la maison CHEVALIER ou LE CHEVALLIER a eu pour premier auteur :

Gerbert CHEVALIER, Ecuyer, Commissaire du Roi sur le fait des finances en la Généralité d'Alençon, en 1334. Son petit-fils :

Pierre LE CHEVALLIER, Chevalier, Seigneur de Donnay, fut Ecuyer de la maison du Roi Charles V, en 1373, ainsi qu'il appert d'un compte du Trésorier de la Couronne (Histoire de Charles VII par dom Godefroy); mais nous n'assurons la filiation qu'à partir du XVe siècle ; elle commence d'une manière suivie et authentique à :

I. — Etienne LE CHEVALLIER, Ecuyer, né en 1420, Contrôleur général des finances, Maître des comptes, Trésorier général de France en 1450, puis Ambassadeur en Angleterre et en Italie, qui a épousé noble damoiselle Marie LE PICART, dont il a eu deux fils :

1° Pierre LE CHEVALLIER, Evêque de Senlis et confesseur du Roi Louis XI;
2° Jacques qui suit :

II. — Jacques LE CHEVALLIER, Ecuyer, Contrôleur général des finances et Maître des comptes en 1520, est mort en 1565. Il avait épousé demoiselle Jeanne LE PICART (issue de la même famille que celle de sa mère) (1). De cette alliance sont nés les deux enfants ci-après :

1° Nicolas, qui continue la descendance;
2° Marie LE CHEVALLIER, mariée à Nicolas POTIER, Duc de Gesvres.

III. — Nicolas LE CHEVALLIER, Ecuyer, Conseiller au Parlement de Paris, mort en 1633, Doyen de la Grand-Chambre et enterré en l'Eglise de Saint-Barthélemy. Il avait épousé noble demoiselle Jacqueline GAUDART, qui l'a rendu père de onze enfants, entre autres :

1° Jacques, qui suit ;
2° Nicolas LE CHEVALLIER, Conseiller au Parlement de Paris ;
3° Jean LE CHEVALLIER, Ecuyer, qui acheta avec son frère aîné la terre et seigneurie de la Rivière. Il a épousé demoiselle Marie LEMPEREUR, issue d'une des plus anciennes maisons de la province, de laquelle est descendu Jean LEMPEREUR, Marquis de GUERNY, Ecuyer du Roi Louis XVI.

---

(1) La maison LE PICART, une des plus anciennes de Normandie, a fourni plusieurs chevaliers de l'ordre de Malte, entre autres : Henry en 1500, Guy en 1577, et Charles LE PICART en 1586.

4º Marie Le Chevallier, née en 1594, mariée à Messire Pierre le Daim, Chevalier, Seigneur d'Esteville et de Touffreville (1).

5º Antoine Le Chevalier, Contrôleur général des guerres et de la Cavalerie, mort le 10 septembre 1645. Il avait épousé, le 9 octobre 1625, noble demoiselle Marie de Fraguier, dont il eut plusieurs enfants. Il est l'auteur d'une branche restée en l'Ile-de-France, où elle possédait les seigneuries du Plessis et du Coudray, et dont plusieurs membres ont contracté des alliances avec les maisons : de Cremeaux, marquis d'Entragues, de la Porte, de Béthune-Charost, de Villefeu de Gordon (d'Ecosse), Le Camus, etc. Cette branche a produit un Ecuyer du Roi, plusieurs officiers de tous grades, un Lieutenant du Roi en la ville de Dannemarie, un Page de la Chambre du Roi, etc.; elle avait encore des représentants à l'époque de la Révolution de 1789, mais nous ignorons leur destinée.

IV. — Jacques Le Chevallier, IIº du nom, Ecuyer, Seigneur de la Rivière, Conseiller au Parlement, a épousé en 1640 noble demoiselle Catherine Lucas de Boscourcelles, sœur de messire Lucas d'Infreville, gentilhomme de la chambre de Madame la Dauphine, maintenu dans sa noblesse en 1669. De ce mariage sont issus trois enfants, dont l'aîné :

V. — Guillaume Le Chevallier, Ecuyer, Seigneur de la Rivière, de Tibermont, etc., né en 1644, fut Conseiller en la cour des Comptes, aides et finances de Normandie. Il a épousé, en 1673, noble demoiselle Madeleine Lhermette, petite fille de madame Esther Bigot, sœur d'Alexandre Bigot, Baron de Monville, premier président au Parlement de Rouen. De cette alliance sont issus trois enfants, savoir :

1º Marie-Anne Le Chevallier, morte sans alliance;
2º Madeleine-Cécile Le Chevallier, mariée, en 1718, à Antoine de Leignet, Ecuyer, Seigneur de La Jubinière;
Guillaume-Pierre, qui suit :

VI. — Guillaume-Pierre Le Chevallier, Ecuyer, Seigneur de Tibermont, Conseiller en la Cour des Comptes, aides et finances de Normandie, a épousé, par contrat du 29 juillet 1721, demoiselle Madeleine Blondet, fille de Pierre Blondet, Maire de la ville de Dieppe (2). De ce mariage est issu :

VII. — Messire Guillaume-Robert Le Chevallier, Chevalier, Seigneur de Grèges, de Tibermont, de Bretigny, de Bouelle, de Neuville, de Machonville, de Saint-Pierre de Manneville, etc. Conseiller du Roi en tous ses conseils, Conseiller en la Grand-Chambre du Parlement de Rouen, Président en la cour

---

(1) Six autres filles, sœurs de mademoiselle Marie Le Chevallier, se sont alliées aux maisons : de Merest, de Richebourg, Le Cavelier, Le Barbier de Grainville, Guyon d'Amfreville, Du Four de Longrue et de Brévedent, et par leurs descendances elles ont été apparentées aux du Tot de Varneville, de Graindorge, de la Haye du Puis, etc.

(2) La famille Blondet n'était pas noble, mais Pierre Blondet, Maire de Dieppe en 1694,

des comptes, aides et finances de Normandie, né le 20 mai 1722, a épousé, par contrat du 22 janvier 1757, noble demoiselle Marie-Louise DE MESNAGE(1). Il a eu de cette alliance quatre enfants, savoir :

1° Alexis-Guillaume, qui continue la descendance ;

2° Marie-Louise LE CHEVALLIER, mariée, le 10 juillet 1776, à haut et puissant seigneur Jacques-Georges LE COURTOIS DE MINUT, Marquis du Castéra, dont une fille :
  A. Georgette DE MINUT, mariée, le 31 janvier 1801, à Louis de BRETI-GNIÈRES, Chevalier, Seigneur de Courteilles ;

3° François-Robert LE CHEVALLIER, appelé le Chevalier DE BOUELLE, Capitaine d'Infanterie.

4° Guillaume-Louis LE CHEVALLIER DE MACHONVILLE, né en 1772.

VIII. — Alexis-Guillaume LE CHEVALLIER, Chevalier, Seigneur de Bouelle, de Cornimesnils, et du quart du fief noble de Nesles (en Bray), né en 1760, servit comme capitaine au bataillon des Chasseurs-Cantabres, devenu cinquième régiment d'infanterie légère. Il a épousé, en 1786, mademoiselle Elisabeth-Joséphine DE POSTEL DES MINIÈRES (2), qui l'a rendu père de deux enfants, savoir :

1° Auguste-Guillaume-Léopold-Ernest, qui suit ;

2° Armandine-Joséphine-Louise LE CHEVALLIER DE BOUELLE, née à Rouen le 5 mars 1800, mariée, en 1822, à Adolphe, Comte DE SAINT-GILLES, dont une fille :
  A. Aliette DE SAINT-GILLES, mariée à M. le Marquis Alexandre DE VERDUN DE CRENNE.

IX. — Auguste-Guillaume-Léopold-Ernest LE CHEVALLIER DE BOUELLE, né le 17 février 1791, et baptisé en l'église de Sainte-Madeleine de Verneuil, a épousé, par contrat du 18 mai 1812, mademoiselle Perpétue DU FOUR DE LONGRUE. De ce mariage est issu le fils unique, qui suit :

X. — Guillaume-Jules LE CHEVALLIER, Comte de BOUELLE, chef du nom et d'armes de cette ancienne famille, né en 1823, marié, le 7 juillet 1847, à mademoiselle Marguerite-Elisabeth DE BEURGES (issue d'une des plus anciennes familles de Flandre, passée en Lorraine avec le Roi René).

---

défendit la ville contre les Anglais avec tant de courage, et fit une si grande dépense sur sa fortune, que le roi lui offrit des lettres patentes de noblesse, qu'il refusa, préférant être le premier bourgeois de sa ville que le dernier noble.

(1) Cette alliance l'a apparenté aux maisons : Le Mercier de Senlis, de Taillepied de Bondy, Richard d'Aubigny, Gaspard d'Odun, Mesnage de Pressigny et de Benouville, de Foissi, de Paroy, de Broglio de Revel, de Barberio, de Courteille de Saint Contest, etc., etc.

(2) L'ancienneté de la maison de POSTEL remonte à 1231, année où la terre des Minières fut inféodée à Jean de Postel, par Robert de Courtenay, Comte de Conches, issu du sang royal de France.

CHEVALIER D'ALMONT

ARMES : *D'azur, à une fasce d'or, chargée d'une molette de gueules à huit rais, et accompagnée de trois roses d'argent boutonnées d'or, 2 en chef et 1 en pointe.* — Supports : *Deux Lions.* — Couronne : *De Comte.* — Cimier : *Un buste de Chevalier, le casque en tête, tenant de la main droite une épée antique d'argent garnie d'or.* — Devise : *Honor et Fides.*

ous allons nous occuper d'une autre famille CHEVALIER que l'on suppose originaire de Bretagne, et connue très-anciennement au Perche et au Maine, laquelle a formé plusieurs branches qui se sont répandues dans les provinces de l'Orléanais, de l'Ile-de-France, de Champagne, etc.

Cette maison CHEVALIER ou LE CHEVALIER, qui fut maintenue dans sa noblesse en 1666, par jugement de Monsieur de Chamillart, Intendant de la Généralité de Caën, portait pour armes: *D'azur, à trois chevaliers ou hérons d'argent, membrés et becqués de gueules.* Ces armoiries sont les mêmes que celles données par le chanoine Hubert (*historien de l'Orléanais*) à la maison CHEVALIER D'ALMONT, dont le nom s'est écrit, indistinctement, ALLEMONT, HALMONT, HAULMONT, et même ANNEMONT (en Orléanais); mais elles ont été changées depuis, puisque d'Hozier, dans l'Armorial général établi en 1696, (*Généralité d'Orléans et de Champagne*), dit que cette famille porte: *D'or à la fasce d'azur chargée d'une molette de gueules, et accompagnée de trois roses d'argent.* D'après les traditions de la famille, *les roses ont remplacé les trois chevaliers.*

La maison CHEVALIER D'ALMONT descendrait, d'après un ancien manuscrit de : Raoul ou Rolland CHEVALIER, qui se croisa en 1248.

Il aurait eu pour petit-fils : Gerbert CHEVALIER, Ecuyer, Seigneur de Donnay, en la Généralité d'Alençon, Commissaire du Roi et Député sur les finances et acquits faits en francs-fiefs, en la comté du Maine, selon lettres patentes du Roi Philippe VI, expédiées à Fromont, près Corbeil, au mois de mai 1334 (*Waroquier*, Tome VI, *page 30*).

Il eut pour fils: Mathieu CHEVALIER, Prévôt de Bourges en 1335 (*La Thommassière*, *page 53*) et Pierre CHEVALIER, Seigneur de Donnay, Ecuyer de la chambre du Roi Charles V, en 1373, d'après un compte du changeur du Trésor (*Histoire de Charles VII, par Denis Godefroy*).

Il eut pour fils : 1° Etienne CHEVALIER, Prêtre, maître et administrateur de la maladrerie de Melun, en 1416 , et 2° Jean CHEVALIER, Seigneur de Donnay, du Vignau et d'Allemont, en Beauce, Procureur-Général du Duc d'Orléans en 1422, et Secrétaire de Charles VII en 1427 (*Manuscrits du Chanoine Hubert*, Tome V, page 89).

Ce dernier eut pour fils: Etienne CHEVALIER ou LE CHEVALIER, Ecuyer (1), Seigneur du Vignau, etc., Secrétaire des commandements des Rois Charles VII et Louis XI, Maître des comptes, Contrôleur général des finances, Trésorier de France en 1450, puis Ambassadeur en Angleterre et en Italie, exécuteur testamentaire d'Agnès Sorel et du Roi Charles VII (Voyez une chronique du Roi Louis XI ; Denis Godefroy et de Courcelles, Tome III, article de Budé); il contribua beaucoup à chasser les Anglais de France (*Raynal, histoire du Berry*, Tome III, page 39).

Il fut le chef des branches du Vignau et de Saint-Hilaire, Marquis de Claire en Normandie, et de Chevry en Champagne, Courtavant et de la Montagne, Barons de Crissé et d'Anfresnel (*Le Père Anselme*, Tome VI, pages 532 et 587 ; et *La Chesnaye des Bois*, Tome IV).

Cette maison, divisée en plusieurs branches, a donné : quatre Maîtres des comptes, six Trésoriers généraux, un Président au bailliage de Vermandois, deux Présidents et quatre Conseillers au Parlement de Paris, deux Gentilshommes de la maison du Roi, et chevaliers de son ordre, un Commissaire-général des vivres des Camps et Armées de Sa Majesté, deux Maîtres des requêtes de l'hôtel du Roi, deux Maréchaux des camps et armées du Roi, deux Capitaines aux Gardes-Françaises, deux Lieutenants du Roi, deux Baillis et gouverneurs et beaucoup d'autres officiers de tous grades, dont plusieurs furent Chevaliers de Saint-Louis, deux Ecuyers de l'écurie du Roi, un grand-maître des eaux et forêts, un Evêque de Senlis, une dame d'honneur de la Reine Anne d'Autriche et une chanoinesse du chapitre noble de Remiremont, et enfin Pierre CHEVALIER, Baron DE CRISSÉ, d'abord Page d'Henri IV et Commandant d'une compagnie de chevau-légers; il était aux côtés du Roi lors de son entrée à Paris, le 22 Mars 1594; plus tard il fut nommé surintendant des Finances, Colonel de Paris, Chevalier de Saint-Michel, Ambassadeur en Angleterre, etc.; il fut de plus un savant célèbre.

La Branche qui nous occupe a pour premier auteur :

---

(1) Il est l'auteur commun de la famille LE CHEVALIER qui précède, et a épousé en premières noces demoiselle Catherine DE RUDÉ, et en secondes noces demoiselle N... PICART.

Pierre Chevalier, Ecuyer, Seigneur de Donnay et d'Allemont, Lieutenant-Général au gouvernement et duché d'Orléans (*Chanoine Hubert et antiquités d'Orléans*, par Lemaire, pages 392, 397, 398.)

Il est le chef des deux rameaux d'Almont, qui étaient Vicomtes de Saint-Just et d'Almont, Barons de Douai. Cette branche a donné deux Secrétaires du Roi, un Procureur-Général, deux Officiers de la garde du Roi, un Commissaire des guerres, un Lieutenant-Général et un Lieutenant particulier au duché d'Orléans, le dernier auditeur des comptes de la Duchesse d'Orléans, deux Capitaines commandant des compagnies d'arquebusiers à cheval, un Capitaine d'infanterie, commandant le Château-Royal de Mehun-sur-Yièvre en 1592 (Voyez tous les historiens du Berry), un Capitaine de cinquante hommes d'armes et Lieutenant du Maréchal Louis de la Châtre, un Lieutenant du Grand-Maître de l'Artillerie, un commissaire provincial d'artillerie (rang de Lieutenant-Colonel), une Chanoinesse Comtesse de Remiremont, et plusieurs autres Capitaines et Officiers.

Le chef actuel de la famille est :

Louis-Théodore Chevalier, Vicomte d'Almont, ancien garde d'honneur, fils de Charles Chevalier, Vicomte d'Almont, garde de la porte du Roi et Chevalier de Saint-Louis, et de dame Marguerite de Foucault de Saint-Just, fille du Colonel Vicomte de Saint-Just et de Suzanne de Claveau de Relaitre. Il épousa, en 1813, Mademoiselle Emilie Berton de Monnot, qui l'a rendu père de plusieurs enfants.

DE GOURMONT

Armes : *D'argent, au croissant de sable, au chef de gueules chargé de trois roses d'or.* — Couronne : *De Marquis.*

ncienne famille de l'Election de Carentan, et connue dans la province depuis le commencement du XVe siècle, ainsi qu'il appert des preuves faites par Charles DE GOURMONT, Ecuyer, Seigneur de Giel, reçu Chevalier de l'Ordre de Malte le 19 octobre 1622. La noblesse d'extraction de cette maison a été reconnue par jugement de M. de Chamillart en date du 22 mars 1666, et par d'Hozier de Sérigny, juge d'armes de France en 1782, lors de la réception de Louis-Auguste Marquis DE GOURMONT, au nombre des Gentilshommes élevés par le Roi à l'Ecole Militaire (1).

Par suite de la destruction des papiers de cette ancienne et honorable maison, dont il est fait mention dans l'histoire de la maison d'Harcourt par La Roque (4 Vol. in-folio), nous n'avons pu établir la filiation qu'à partir de :

I. — Jacques DE GOURMONT, Ecuyer, Seigneur des Marets et d'Estaville, vivant en 1589, qui eut d'une alliance, dont le nom nous est inconnu, trois fils :

> 1° Pierre DE GOURMONT, Ecuyer, Seigneur des Marets, né en 1601, marié à noble demoiselle Suzanne BAZAN DE FLAMANVILLE, qui l'a rendu père de :
>> A. Guillaume DE GOURMONT, Ecuyer, Seigneur de Courcy, marié, en 1650, à demoiselle Louise DE THIEUVILLE ; ,
>> B. Richard DE GOURMONT, Ecuyer, Seigneur des Marets, marié à demoiselle Marie DE TOUSTAIN, dont il n'eut que deux filles, l'une mariée au marquis DE MONTAIGU LA BRISETTE, et l'autre au marquis DE THIEUVILLE ;
>> C. Suzanne DE GOURMONT, mariée à Antoine DE SAINT-GILLES, Ecuyer, Seigneur du Mesnil-la-Meauffle ;

---

(1) Les preuves faites à l'occasion de cette réception sont déposées au Cabinet des Titres de la Bibliothèque Impériale (Section des Manuscrits).

2° Thomas, dont l'article suit ;

3° Charles DE GOURMONT, Ecuyer, Seigneur de Giel, reçu chevalier de Malte le 19 octobre 1622.

II. — Thomas DE GOURMONT, Ecuyer, Seigneur d'Estaville, de Giel, des Marets, du Mesnil et autres lieux, né en 1602, eut deux fils :

1° Claude DE GOURMONT, Chevalier, Baron de Giel et de Mesnil-Courfay, demeurant en la paroisse de Saint-Germain-de-Vareville, Sergenterie de Sainte-Mère-Eglise, Election de Carentan, maintenu dans sa noblesse d'*ancienne extraction*, par jugement du 22 mars 1666.

2° Nicolas, qui continue la descendance.

III. — Nicolas DE GOURMONT, Ecuyer, Seigneur de l'Espine, a épousé, en 1659, noble demoiselle Elisabeth LE HARTEL, qui l'a rendu père de :

1° Pierre, qui suit ;

2° Jacques-François DE GOURMONT, Ecuyer, Seigneur de Courcy, reçu Chevalier de Malte en 1678 (*Histoire de l'Ordre*, par l'abbé de Vertot).

IV. — Pierre DE GOURMONT, Ecuyer, Seigneur du lieu, de l'Espine, etc., baptisé en la paroisse de Foucarville le 6 octobre 1661, a épousé, par contrat passé devant Maître David, Notaire Royal de la Vicomté de Saint-Sauveur-le-Vicomte, le 3 avril 1687, noble demoiselle Scolastique DAVY. De cette alliance sont nés plusieurs enfants, entre autres :

V. — Messire' François, Marquis DE GOURMONT, Chevalier, Seigneur du Mesnil, de l'Espine, etc., lequel a épousé, par contrat du 7 septembre 1718, demoiselle Claire DU MESNIL-ADELÉE, fille de Jean-Baptiste du Mesnil-Adelée, Ecuyer, Seigneur et Patron de Draqueville, et de dame Suzanne-Françoise DAVY DE VIRVILLE. De cette alliance est issu :

VI. — Pierre-Charles, Marquis DE GOURMONT, Chevalier, né le 19 juillet 1723, baptisé le 22 dudit mois en la paroisse de Foucarville, Baillage de Carentan, fut capitaine de grenadiers au régiment de Lorraine, avec brevet de Lieutenant-Colonel, et Chevalier de Saint-Louis. Il a épousé, le 1er février 1771, étant en garnison à Landau, mademoiselle Henriette-Louise-Julie HÉLIE DE BEAUMANOIR, fille de Messire Joseph-Daniel-Esprit Hélie, Chevalier, Seigneur de Beaumanoir, Lieutenant du Roi, Commandant la ville de Landau et de dame Jeanne THIBAUT DU BOIS. De ce mariage sont nés deux fils :

1° Charles-Esprit, marquis DE GOURMONT, né en 1772, mort sans postérité masculine en 1845;

2° Louis-Auguste, qui suit :

VII. — Louis-Auguste, Marquis de GOURMONT, né le 17 juillet 1773, fut baptisé le même jour en l'Eglise collégiale et paroissiale de Notre-Dame-aux-Echelles, en la ville de Landau, diocèse de Spire (Basse-Alsace). Il fit ses preuves devant d'Hozier, juge d'armes de France, et fut reçu, le 11 septembre 1782, au nombre des Gentilshommes que Sa Majesté faisait élever dans les Ecoles Militaires. Il a épousé, le 18 mai 1809, mademoiselle Monique-Françoise LE PIGEON DE BOISVAL, qui l'a rendu père de deux fils :

    1° Louis-Marie-Hervé, qui suit ;
    2° Auguste-Marie, Vicomte DE GOURMONT, né en 1829, marié à Mademoiselle Mathilde DE MONTFORT, dont une fille et un fils '
        A. Rémy DE GOURMONT.

VIII. — Louis-Marie-Hervé, Marquis de GOURMONT, Chef de nom et d'armes de cette ancienne famille, naquit en 1823. Il a épousé, le 12 septembre 1853, mademoiselle Marie-Berthe DU BISSON, dont il a trois enfants, deux filles et un fils :

    Olivier DE GOURMONT, né le ......

DAVY

DU PERRON, D'AMFRÉVILLE, DE VIRVILLE, ETC.

ARMES : *D'azur, au chevron d'or, accompagné de trois harpes du même 2 et 1, celles du chef adossées.* — Couronne : *De Marquis.* — Supports : *Deux Lions.*

L'ancienneté de l'origine de la maison **DAVY** et ses droits à tous les priviléges attachés à la noblesse d'ancienne extraction, ont été reconnus à diverses époques et, en dernier lieu, en 1666, par jugement de M. de Chamillart, Intendant de la Généralité de Caen. Cette maison a eu d'ailleurs diverses fois l'occasion de renouveler ses preuves lors de l'admission de plusieurs de ses membres dans l'ordre de Malte.

Le nom DU PERRON, que l'illustre cardinal Jacques DAVY DU PERRON a rendu si célèbre dans les Lettres, n'est pas moins recommandable dans les annales de l'armée, de la diplomatie et de la magistrature, car la famille DAVY a produit plusieurs Conseillers au Parlement de Normandie, des gentilshommes de la maison du Roi, un Cardinal, deux Archevêques, un Evêque, un Lieutenant-Général des armées navales, plusieurs officiers généraux de terre et de mer, et beaucoup d'autres officiers de tous grades.

Ses alliances ont été prises à toutes les époques parmi les maisons les plus nobles de la province; nous citerons notamment celles qu'elle a formées directement avec les familles: de Montagu, de Pierrepont, du Châtelet, Gigault de

7.

Bellefont (1), Avice de Fermanville, d'Auxais, de Courcy, Ferrand de la Conté, le Noël de Groucy, Michel de Vesly, de Thère, de Pierres, etc., etc.

Outre l'ancien fief noble DU PERRON, appartenant à la famille depuis plus de quatre siècles, elle possédait encore les Seigneuries de Cretteville, de Longueville, de Bois-Davy, de Fortasville, d'Amfréville, de Virville, etc., etc.

Le premier personnage connu de cette ancienne famille est :

Henry DAVY, Ecuyer, qui figure au rang des principaux capitaines avec lesquels, en 1330, Du Guesclin chassa les Anglais de la Basse-Normandie; en 1336, il le suivit aussi en Espagne.

Cependant, la filiation suivie et authentique, établie sur titres originaux ne commence qu'à :

FILIATION.

I. Jean DAVY, Ecuyer, Seigneur du Perron et de Virville, qui a épousé : 1° noble damoiselle Loyse DE THÈRE, et, en secondes noces, en 1405, noble damoiselle DES MOULINS. De ce mariage naquit le fils qui suit :

II. — Jean DAVY, Ecuyer, Seigneur du Perron, de Guéhébert, Bailli de Saint-Sauveur-Lendelin, lequel a épousé damoiselle Jeanne LE PELLIOT ; il vivait encore en 1450, et de son alliance sont nés trois enfants :

> 1° Jean, qui suit ;
> 2° Nicolas DAVY, Chanoine de Bayeux, archidiacre du Cotentin ;
> 3° Simon DAVY, Ecuyer, Seigneur des Boys, auteur de la branche de Virville, rapportée plus loin.

III. — Jean DAVY, IIIe du nom, Ecuyer, Seigneur du Perron, vivait en 1465; il eut d'une alliance inconnue le fils ci-après :

IV. — Jean DAVY, IVme du nom, Ecuyer, Seigneur du Perron et du Mesnil, a épousé noble damoiselle ADDE, dame de la Champagne; il est mort en 1536, laissant quatre enfants :

> 1° Jean DAVY, Ecuyer, Seigneur du Perron et de la Champagne, mort sans postérité;
> 2° Jacques, qui suit ;
> 3° Enguerrand DAVY, auteur de la branche d'Amfréville, rapportée ci-dessous ;
> 4° Julien DAVY, auteur d'un second rameau, aussi rapportée plus loin.

---

(1) Par cette alliance la maison DAVY était apparentée avec la Maison Royale de France, car Bernardin DE BELLEFONT, son aïeul direct, gouverneur de Caen et de Valognes, avait épousé Jeanne AUX-EPAULES, petite-fille de Georges AUX-EPAULES, et de Madeleine de Dreux, princesse du sang royal.

V. — Jacques Davy, Ecuyer, Seigneur du Perron et de la Champagne, vivant en 1500, fut marié à noble demoiselle Jeanne Hinay.

Le 24 Juillet 1534, il rendit hommage pour la Seigneurie du Perron, et fit ses preuves de noblesse en 1540. Il est mort vers 1554, laissant pour fils :

VI. — Bernard Davy, Ecuyer, Seigneur du Perron et de la Champagne, lequel vivait encore en 1585, et eut entre autres enfants :

VII. — Bernard Davy, IIme du nom, Ecuyer, Seigneur du Perron, de la Champagne et de Quetreville, lequel rendit hommage au Roi pour les fiefs du Perron et de la Champagne, le 22 Janvier 1607 ; mais, le 16 Juillet 1608, il vendit à son cousin, Messire Jean Davy, Seigneur de la Guette, les fiefs et seigneuries du Perron et de la Champagne. Il est mort sans postérité.

SECOND RAMEAU.

V. — Julien Davy, Ecuyer, Seigneur du Perron, a épousé noble demoiselle Ursine Le Cointe, fille de Jean Le Cointe, Ecuyer, Seigneur de Herenguerville, et de noble dame de Languerville. De cette alliance sont nés les quatre enfants ci-après :

1° Jacques Davy du Perron, né à Saint-Lô le 26 novembre 1556, mort à Paris à l'hôtel de Sens, le 5 septembre 1618. Il fut Evêque d'Evreux, Archevêque de Sens, Grand-Aumônier de France, Primat des Gaules et de Germanie, nommé Cardinal le 9 juin 1604, Ambassadeur, Chevalier du Saint-Esprit en 1606, Commandeur des Ordres du Roi, etc. Dans toutes les biographies, on trouve la vie de ce célèbre Cardinal qui eut l'honneur de convertir à la religion catholique le Roi Henry IV ;

2° Jean Davy, Seigneur du Perron et de la Guette, Conseiller au Conseil privé du Roi, qui fut nommé Archevêque de Sens après la mort de son frère, et mourut à Montauban à la suite de la Cour, le 24 octobre 1621. Il était aussi très-remarquable par son grand esprit et son savoir. Il racheta de son cousin Bernard Davy, cité plus haut, les seigneuries du Perron et de la Champagne, le 16 juillet 1608 ;

3° Marie Davy, mariée à Messire Tardif, Ecuyer, Seigneur de la Rochelle ;

4° Autre Marie Davy, mariée deux fois : 1° à Messire Jean de la Rivière, et en secondes noces à Robert Le Noel, Seigneur de Groucy. Du premier mariage est issu une fille :

    A. Ursine de la Rivière, qui épousa d'abord Louis de Bosmares, puis Jacques Davy, Seigneur de Feugères ;

Du second mariage est issu :

    B. Jacques Le Noel du Perron, Evêque d'Angoulême en 1636, de la ville d'Evreux en 1646, puis Grand-Aumônier de la Reine d'Angleterre, mort le 14 février 1649 ;

C. Jeanne Le Noel, mariée, le 22 janvier 1622, à Messire Jacques Le
Mennicier de Martigny, Conseiller du Roi, dont la petite-fille,
Madeleine Le Mennicier, épousa Jean-Philippe d'Auxais. Par
suite de ce mariage, la seigneurie du Perron est passée dans
cette maison.

BRANCHE D'AMFRÉVILLE

(Éteinte.)

VII. — Pierre Davy, Chevalier, Seigneur de Sorthosville, Marquis d'Amfréville, petit-fils d'Enguerrand Davy, Ecuyer, Seigneur de Guéhébert, a
épousé, le 1er Juillet 1629, noble demoiselle Jeanne Gigault de Bellefont.
De ce mariage sont nés les deux enfants ci-après :

1° Charles, qui suit ;
2° Jacques Davy, dit le Chevalier Davy, Capitaine des vaisseaux du Roi, commandait le Fougueux, lorsque ce navire, malgré l'inégalité du nombre, se défendit longtemps contre quatre vaisseaux anglais et fut coulé le 11 décembre
1697. Ce combat célèbre a été rappelé comme un exemple donné par l'ancienne monarchie au combat non moins célèbre du vaisseau républicain le
Vengeur (Voir Quincy, tome III, page 393).

VIII. — Charles Davy, Marquis d'Amfréville, Commandeur de l'Ordre de
Malte, Lieutenant-Général des armées navales, commandait l'avant-garde de
la flotte à la célèbre bataille de la Hougue. Il avait épousé, le 11 Janvier 1691,
demoiselle Jeanne-Suzanne Gigault de Bellefont, l'une des filles du Maréchal. Il mourut le 2 décembre 1692, et sa femme le 17 mars 1698 ; ils furent
enterrés l'un et l'autre sous le chœur de la Sainte-Chapelle du Château Royal
de Vincennes. De cette alliance est né un fils : le Marquis d'Amfréville,
Commandeur de Malte, mort en 1780, sans avoir été marié (1).

BRANCHE DE VIRVILLE.

III. — Simon Davy, Ecuyer, Seigneur des Bois, troisième fils de Jean,
Seigneur du Perron et noble dame Jeanne Le Pelliot, eut d'une alliance, dont
le nom ne nous est pas parvenu, un fils :

---

(1) En 1723, Anne-Madeleine Davy d'Amfréville, sa sœur, a épousé Jacques-Richard Avice
de Tourville, ce qui fit entrer dans cette dernière famille, en 1780, la terre de Fermanville,
sous le nom de laquelle était connu Jacques-Marie-Avice de Fermanville, Président du Conseil
des Princes, à l'armée Royale de Basse-Normandie. — Madame la Marquise Hue de Caligny
était une demoiselle Avice de Fermanville.

IV.—Nicolas Davy, Ecuyer, Seigneur d'Angnoville et de Virville, lequel a épousé, le 23 Janvier 1565, noble demoiselle Philippine d'Auxais, qui l'a rendu père de plusieurs enfants, entre autres :

V. — Regnault Davy, Ecuyer, Seigneur de Virville, marié à noble demoise lleMadeleine Dupré, dont :

VI. — Pierre Davy, Seigneur de Virville, Bailli de Saint-Sauveur-Lendelin, lequel épouse demoiselle Louise de Courcy, et meurt en 1694.

VII. — Toussaint Davy, Ecuyer, Seigneur de Virville, de St-Martin d'Aubigny, de St-Christophe de Marchésieux, de Feugères, etc., leur fils, a épousé par contrat du 24 octobre 1695, noble demoiselle Françoise de Cour. Il est mort le 26 janvier 1730, laissant pour fils unique :

VIII. — Pierre-Joseph Davy, Ecuyer, Seigneur de Virville, de St-Martin d'Aubigny, etc., né le 6 Décembre 1699, marié, le 26 Septembre 1741, à noble demoiselle Françoise Cochart de la Rochelle. De cette alliance sont issus plusieurs enfants; l'aîné :

IX. — Pierre-François-Joseph Davy de Virville et du Perron, Chevalier, Seigneur de St-Martin d'Aubigny, de la Rochelle et autres lieux, né le 4 Septembre 1755, a épousé Mademoiselle Louise-Françoise-Geneviève Ferrand de la Conté, fille de Pierre-Anne-Georges Ferrand, Seigneur des Marres et d'Yseran, et de noble Dame Jeanne-Françoise d'Ezilles. Il a figuré à l'Assemblée des Gentilshommes convoqués pour l'élection des Députés aux Etats-Généraux de 1789 (Baillage de St-Sauveur Lendelin, séant à Périers.— Voyez tome I, page 102). Il est mort le 8 Septembre 1823, et de son mariage sont nés les cinq enfants ci-après :

1° Louise-Anne-Françoise Davy de Virville, née en 1788;
2° François-Joseph Davy de Virville, né le 14 août 1789, Lieutenant de vaisseau, retiré du service en 1833, Chevalier de la Légion d'honneur, marié le 24 septembre 1840 à Mademoiselle Adèle de Pierres, fille d'Albert de Pierres. Ecuyer, et de dame Marie Lefébure ;
3° Rosalie-Geneviève Davy de Virville, née le 29 janvier 1793, mariée, le 24 septembre 1824, à Pierre Martin de Bouillon, Chevalier de St-Louis, dont postérité;
4° Marie-Françoise Davy de Virville, née le 8 septembre 1795 ;
5° Pierre-Louis-Amédée, qui continue la descendance.

X. — Pierre-Louis-Amédée Davy de Virville, chef actuel de la famille, né le 2 Janvier 1802, a épousé, le 1er Décembre 1827, Mademoiselle Zoé Adélaïde Corbel, fille de Thomas-Etienne et de Dame Marie-Anne de Briouze. De ce mariage sont issus :

1° Stéphanie-Anne-Geneviève Davy de Virville, mariée le 18 septembre 1855 à Jean-Charles-Edouard Pays, fils de Jean-François et de dame Jeanne Guibourt ;

2° Adrien-Louis-Thomas Davy de Virville, né le 21 avril 1830, officier au 3e régiment de chasseurs d'Afrique, Chevalier de la Légion d'honneur ; a fait la campagne d'Italie ;

3° Alexandre-Louis-Joseph Davy de Virville, né le 11 mars 1832, Chevalier de la Légion d'honneur, fut blessé à l'assaut de Sébastopol, le 8 septembre 1855, et a été forcé d'abandonner la carrière militaire ; il a épousé, le 3 septembre 1861, Mademoiselle Louise de Boctez, fille de Louis-Léopold et de dame Adrienne Guerrier-Desfontaines ;

4° Marie-Adèle-Rosalie Davy de Virville, Religieuse Carmélite ;

5° Léon-Louis-Etienne Davy de Virville, né le 8 juillet 1836 ;

6° Hervé-Louis-Marie Davy de Virville, né le 29 mai 1838, officier de marine ;

7° Thérèse-Louise-Philomène Davy de Virville.

COUSIN

DE LA MASURE, DES LOUVELLIÈRES, ETC.

ARMES : *D'azur, à un chevron d'argent, accompagné de trois molettes d'or.*

ncienne famille de l'Election de Mortain, qui a possédé les fiefs nobles de la Masure, des Champs, de la Haie, de la Rivière, des Louvellières, etc.

Parmi les personnages les plus importants que cette maison a fournis aux armées ou à l'église, nous citerons :

Dom Charles et Henry COUSIN, qui furent Prieurs de l'abbaye de Savigny.

Michel COUSIN, Ecuyer, Sieur de la Masure, était Garde-du-Corps du Roi sous le commandement de Louis de Béthune, Comte de Charost, ainsi qu'il appert d'un certificat de service à lui délivré à Paris, le dernier jour de juin 1643.

Autre Michel COUSIN, Ecuyer, Sieur des Louvellières, était Garde-du-Corps de Monsieur, frère du Roi, et fit la campagne des Flandres (certificat original de Monsieur le Vicomte de Turenne, Maréchal-Général des camps et armées du Roi en date du 18 décembre 1667).

Charles COUSIN, Ecuyer, fit enregistrer ses armoiries, telles que nous les avons décrites plus haut, à l'Armorial Général établi d'après l'édit du Roi du 20 novembre 1696 (*Bibliothèque Impériale, section des Manuscrits*).

Ambroise COUSIN, Ecuyer, Sieur des Champs, Garde-du-Corps du Roi et Chevalier de Saint-Louis, obtint, par ordonnance du Roi, les droits seigneuriaux de chasse, de pêche et de colombier, ainsi qu'il est dit dans un acte faisant partie des archives de la famille. Il eut pour fils :

Michel Cousin, Sieur des Louvellières, né en 1720, lequel fut officier de Madame la Dauphine ; il a épousé, au mois de novembre 1742, Mademoiselle Couppel de la Servenière, dont il eut trois fils :

1° Jean-Baptiste, qui suit ;
2° N......Cousin de la Haie, Garde-du-Corps du Roi, mort sans postérité ;
3° Pierre Cousin de la Haie, qui a épousé mademoiselle Marie de Boudé, est mort en 1819, ne laissant qu'une fille :
      A. Adélaïde-Louise, mariée à monsieur Guillaume-Siméon Ferré des Ferris, Conseiller du Roi, décédé maire de Passais en 1828.

Jean-Baptiste Cousin des Louvellières, né en 1747, a épousé, le 28 octobre 1780, mademoiselle Thérèse de Boudé, et est mort en 1793, ne laissant qu'un fils :

Arsène-Jean-Baptiste Cousin des Louvellières, chef de sa famille, né le 31 mars 1788, qui a épousé le 10 août 1822, mademoiselle Adèle-Modeste-Clémentine de la Croix Saint-Michel, dont est issu un fils unique :

Henri-Jean-Baptiste Cousin des Louvellières, né à Honfleur le 27 août 1836.

DE FONTAINES

lusieurs familles de ce nom ont existé dans la province, et, parmi elles, trois furent maintenues dans leur noblesse en 1666. La maison DE FONTAINES qui nous occupe compte parmi les plus anciennes et est originaire de la Généralité d'Alençon, où elle a possédé un grand nombre de fiefs nobles, parmi lesquels nous citerons ceux : de la Poudrière, de Beauvais, de la Bigotière, de Bois-Maillard, de Saint-Léger de Goulard, du Mousel, etc. Elle fut maintenue dans sa noblesse d'ancienne extraction par jugement de Raymond de Montfault, Commissaire député par le Roi, en 1463, et par jugement de Monsieur de Marle, en 1666.

Cette famille, dont les titres furent presque entièrement détruits lors de la Révolution, possède néanmoins trois actes qui établissent sa position d'une manière bien précise. Ce sont : 1° le procès-verbal d'un conseil de famille tenu le 3 décembre 1577, fait en présence de François MALLART, Chevalier des Ordres du Roi, de Jacques de Nétumières, de Jean de Fontaines, Seigneur de la Pouldrière, de Messire de Puisaye, Chevaliers, etc. Dans cet acte le Seigneur DE FONTAINES est nommé Curateur;

2° Dans un contrat de mariage du 20 octobre 1603, passé en présence de Claude DE FONTAINES, Ecuyer, seigneur de la Poudrière, Commissaire du Roi, Bailli et Garde des Sceaux aux obligations du bailliage de Villedieu (Manche);

3º Et dans une sentence rendue aux assises de la ville d'Essay, le 22 septembre 1609, par Pierre Le Rouillé, Conseiller assesseur et Vicomte de Rouillé, suivant conseil de Claude DE FONTAINES, Seigneur de la Pouldrière, Lieutenant de longue robe, Prévôt-Général de Normandie.

Samson DE FONTAINES, son petit-fils, Ecuyer, Seigneur et patron de Saint-Léger de Goulard, né vers 1680, fut Gendarme de la garde ordinaire du Roi. Il est mort le 4 avril 1755, ainsi qu'il appert de son acte de décès extrait des registres de l'Etat-Civil de la paroisse de Saint-Martin d'Ecubley (canton de Laigle, arrondissement de Mortagne), et eut pour fils :

Narcisse-Samson DE FONTAINES, Ecuyer, Seigneur de Saint-Léger de Goulard, mousquetaire noir de la Garde du Roi (2º compagnie), né en 1751, lequel possédait en outre la terre du Monsel, sise en la commune de Ferrières, qu'il tenait de Messire Adrien-Nicolas DE FERRIÈRES, Prêtre Chanoine d'honneur en l'Eglise Cathédrale de Séez. Il a figuré à l'assemblée de la noblesse pour l'élection des députés aux Etats-Généraux en 1789 (Bailliage d'Evreux) (1), et est mort au mois de février 1830, en son château du Mesnil, commune de Saint-Martin d'Ecubley (Orne). De son mariage avec mademoiselle N...... DU SAUSSAY, il eut un fils :

Augustin-Alexandre-Narcisse DE FONTAINES, né en 1789, Garde-du-Corps du Roi et Chevalier de la Légion d'honneur, qui a épousé en 1820, à Caen, mademoiselle Henriette-Louise-Bernardine de SERAN D'AUDRIEU. Il est mort le 29 avril 1838, laissant de son mariage les quatre enfants ci-après :

1º Charles-Auguste-Xavier, qui suit ;
2º Marie DE FONTAINES, mariée en 1841 au Marquis ORCEAU DE FONTÊTRE, dont postérité;
3º Caroline DE FONTAINES, mariée au Vicomte LE DOULCET DE MÉRÉ, dont postérité ;
4º Thérèse DE FONTAINES, mariée à Charles SAILLARD, Receveur des Finances, dont :

Charles-Auguste-Xavier DE FONTAINES, chef de nom et d'armes de sa famille, né le 19 mars 1821, a épousé, par contrat du 9 décembre 1847, mademoiselle Marie-Claire DE JOUSSELIN, qui l'a rendu père des trois enfants ci-après :

1º René DE FONTAINES, né au mois de novembre 1849;
2º Mathilde DE FONTAINES, née le 24 décembre 1850;
3º Gaston DE FONTAINES, né le 29 septembre 1853.

(1) Voyez tome 1er, page 188.

DE GUENET

ARMES : *D'azur, au chevron d'or, accompagné de trois dauphins d'argent.* —
Couronne : *De Marquis.* — Supports : *Deux Licornes.*

a famille DE GUENET a habité pendant plusieurs siècles le pays Chartrain et la Généralité d'Alençon, où elle fut maintenue dans sa noblesse en 1666.

Ainsi que beaucoup d'autres maisons, elle a eu tous ses titres détruits pendant la Révolution, dans le chartrier du château d'Argeronne, ainsi que le prouve un certificat de l'archiviste du district de Louviers, daté du 22 Brumaire an III de la République, signé : *Du Bois.*

Cette maison, qui a possédé plusieurs fiefs importants, a figuré honorablement au Parlement de Normandie, dans l'Eglise et dans l'Armée ; elle a produit un évêque du diocèse de St-Pons, plusieurs Conseillers au Parlement, des officiers de tous grades, dont beaucoup furent Chevaliers de l'Ordre Royal et Militaire de St-Louis.

Parmi les familles avec lesquelles la maison DE GUENET a contracté ses alliances, nous citerons celles : de Liberge des Prandes et de Grandchain, Le Vélain du Ronceray et de la Palaisière, de la Fosse, de Foucques du Mesnil, Rouxel d'Origny, de Boschenry de Plainville, Duvant de Lilletôt, de Péricard, Le Cordier du Troncq, de Varaville, de Bigards et de la Londe, d'Irlande d'Abenon, du Houley, de Mahiel de St-Clair, Le Vaillant de Rébais, Baudot de Senneville, de Benouville, Roussel de Freulleville, des Moulins de Lisle, de Tilly-Blaru, d'Hallot, de Marest, de Piperay de Marolles, Richier de Cérisy, des Hayes, du Clozet de l'Epinay, du Plessis, de Verchères, de Mesnage de Cagny, de la Porte de Riantz, de Chesnard de Boussey, de Brekwelt de la Haye, etc., etc.

Elle fut alliée de plus aux maisons : d'Aché, de Morant, Morin de Montcanisy, de Rouën de Bermonville, de Rossent, et beaucoup d'autres.

Par suite de la destruction du chartrier de la famille que nous avons mentionnée plus haut, la filiation suivie n'a pu être établie qu'à partir de :

Noble homme François-Gabriel Guenet, Écuyer, Sieur de la Pérelle, Conseiller du Roi. Il était fils de Jean et petit-fils de Jean-Alexandre Guenet, lequel vivait en 1450 et est cité dans plusieurs actes de ladite année. Il a épousé, en 1580, noble damoiselle Jeanne de Libergé, fille d'Henry de Liberge, Ecuyer, Sieur des Prandes, Vicomte de Planes. De cette alliance sont nés plusieurs enfants, entre autres :

1° Jean-François, qui suit ;
2° François de Guenet, auteur de la branche cadette rapportée plus loin ;
3° Nicolas de Guenet, abbé.

IV. — Jean-François de Guenet, Ecuyer, sieur de la Blardière, Conseiller du Roi, a épousé, en 1628, noble demoiselle Le Vélain du Ronceray, fille de François Le Vélain, Ecuyer, Seigneur du Ronceray. De ce mariage sont issus six enfants, savoir :

1° François de Guenet, Ecuyer, Seigneur de la Factière, Vicomte de Beaumont-le-Roger, lequel a épousé noble demoiselle Marie du Houley, dont il a eu :
   A. André de Guenet, sieur de Bourg-le-Comte, marié à N....de Mahiel;
   B. Marie de Guenet, mariée : 1° à Jean de Mahiel, Ecuyer, Sieur de St-Clair, et, en secondes noces, à N..... Le Vaillant de Rébais ;
   C. Anne-Marie de Guenet, mariée au sieur de Baudot de Senneville ;
2° N...... de Guenet, mariée au sieur de Foucques-du-Mesnil ;
3° N...... de Guenet, mariée à Pierre Rouxel d'Origny ;
4° N...... de Guenet, mariée à Jean de Boschenry de Plainville, Seigneur et Baron de Drocouet ;
5° André, qui continue la descendance ;
6° N...... de Guenet, mariée au sieur d'Irlande d'Abenon.

V. — Messire André de Guenet, Chevalier, Seigneur de St-Just, de la Factière, etc., Conseiller du Roi, Lieutenant-Général civil et criminel en la Vicomté d'Orbec, a épousé : 1° en 1679, noble demoiselle Catherine Duvant, fille de Jean Duvant, Ecuyer, Seigneur de Lilletôt, Conseiller du Roi, Trésorier de France en la Généralité de Caen, et, en secondes noces, le 8 mars 1682, demoiselle Marie-Renée Le Cordier de Varaville, fille de feu Messire Le Cordier du Troncq, Chevalier, Marquis de Varaville, et de dame Renée

DE PÉRICARD (1), veuve de Messire d'ACHÉ DE CERQUIGNY. De cette deuxième alliance·sont nés :

> 1º Jacques-André, qui suit ;
> 2º Marie DE GUENET, mariée à Messire Charles DE PIPERAY, Ecuyer, Seigneur de Marolles.

VI. — Messire Jacques-André DE GUENET, Chevalier, Seigneur de St-Just, de la Factière, de la Pille, d'Aubricot et autres lieux, Conseiller du Roi en la grande chambre du Parlement de Normandie (2), a épousé, par contrat du 3 juillet 1717, noble demoiselle Marie DU MAREST, fille d'André du Marest, Conseiller du Roi en la Chambre des Comptes, aides et finances, et de noble dame Marie PAISNEL. De cette alliance sont nés deux enfants :

> 1º Marie DE GUENET, qui a épousé, le 31 août 1744, le Marquis RICHIER DE CERISY ;
> 2º Jean-Jacques-Pierre, qui suit :

VII. — Jean-Jacques-Pierre DE GUENET DE ST-JUST, Chevalier, Baron de St-Désir (3), Seigneur de Factières, d'Aubricot, de la Pille, d'Argeronne et de St-Didier, Conseiller du Roi en la grande chambre du Parlement de Normandie, a épousé , en 1760, demoiselle Marie DES HAYES, qui l'a rendu père des trois enfants ci-après :

> 1º Jean-Jacques-Pierre DE GUENET DE ST-JUST, Baron de St-Désir, Officier au Régiment de Boufflers, Dragons (Voyez l'*Annuaire militaire de* 1785), lequel a épousé demoiselle Marie DU CLOZET, dont :
>> A. Jules-César-Alexandre DE GUENET DE ST-JUST, Baron de St-Désir. Entré de bonne heure au service militaire, il fut d'abord Vélite de la Garde Impériale en 1809, et fit les campagnes de 1810 et 1811 en Espagne. Nommé Lieutenant au 14º Dragons en 1812,

---

(1) La maison DE PÉRICARD, une des plus anciennes de la province, porte pour armes : *D'or, au chevron d'azur, accompagné en pointe d'une ancre de sable ; au chef d'azur, chargé de trois étoiles d'or.*
Cette famille s'est alliée aux MONTMORENCY, et a fourni quatre Evêques : un à Angoulême, deux à Evreux, et un à la ville d'Avranches.

(2) On lit dans l'*Histoire du Parlement de Normandie* que, plusieurs membres ayant été envoyés à Versailles, le 30 juillet 1760, pour représenter au Roi les nouvelles charges qui pesaient sur la province, ils furent mal accueillis par Louis XV, qui leur intima la défense, écrite de sa propre main, de ne plus délibérer sur ces matières.
Cette députation était composée du Président HALLÉ DE ROUVILLE, des Conseillers DE GUENET DE SAINT-JUST, Doyen de la Cour, DE GERMONT DE VIGNEROL, DE PIPERAY DE MAROLLES, DE PELLETOT, LE COULTEUX, DE RANVILLE, Thomas DU FOSSÉ, et enfin du Premier Président DE MIROMÉNIL.

(3) Toutes les anciennes Baronnies ayant été changées en Marquisats par le Roi Louis XV (ce que l'on appelait alors *titre de Courtoisie*), les descendants du Baron de Saint-Désir ont droit depuis longtemps au titre de MARQUIS qu'ils portent actuellement.

et Chevalier de la Légion d'honneur en 1813, il fit avec ce régiment toutes les dernières campagnes de l'Empire. Rentré au service en 1817, il a terminé sa carrière comme Colonel de cavalerie et Officier de la Légion d'honneur. Il avait épousé, en premières noces , mademoiselle N...... Cugnot de l'Épinay, et, en secondes noces, sa cousine Marie-Estelle de Guenet, veuve de Monsieur le Comte de la Porte.

2° Louis-Alexandre-Clovis, qui continue la descendance ;
3° Camille de Guenet de St-Just.

VIII. — Louis-Alexandre-Clovis, Marquis de Guenet de St-Just, Capitaine au Régiment de la Reine (Dragons), puis officier de l'armée des Princes pendant l'émigration, et Chevalier de l'Ordre Royal et Militaire de St-Louis, a épousé, le 18 juillet 1801, mademoiselle Joséphine-Marie de Mesnage de Cagny (1), fille de Louis-Auguste-Eléonore de Mesnage, Chevalier, Seigneur de Cagny, ancien Capitaine au Régiment, Mestre de Camp (Dragons), puis Lieutenant aux gardes à pied du Roi Louis XVI, Chevalier de St-Louis, etc.. et de dame N... de Castro-y-Lémos. De ce mariage sont nés les trois enfants ci-après :

1° Marie-Estelle de Guenet, mariée, en premières noces, à Monsieur le Comte Charles Théodore de la Porte (1), Garde-du-Corps de Son Altesse Royale Monsieur, Comte d'Artois, en 1814, puis Lieutenant au 1er Régiment de Cuirassiers ; et, en secondes noces, à son cousin germain Jules de Guenet, Baron de St-Désir, dénommé plus haut ;
2° Arthur, qui suit ;
3° Mathilde de Guenet, mariée à Jacques-Louis de Chesnard, Comte de Boussey, Officier de la maison du Roi en 1814, puis Officier au 2e Régiment de Cuirassiers.

IX. — Arthur, Marquis de Guenet, chef de nom et d'armes de sa famille, est né en 1804, et n'est pas encore marié.

BRANCHE CADETTE.

IV. — François-Alexandre de Guenet, Ecuyer, second fils de François-

(1) La maison de Mesnage de Cagny est une des anciennes de la province ; mademoiselle Joséphine de Cagny descend en ligne directe de Jacques Mesnage de Cagny, Ambassadeur du Roi François Ier à la Cour de Charles-Quint, et de demoiselle Marie de Croixmare.
(2) Il était issu de la famille des Comtes de La Porte, de Vaux, de Riantz et d'Yssertieux, descendants du Baron de Viscouy, Comte de Castelour, ainsi qu'il appert des Chartes de l'Abbaye de Salerne de l'an 950. Cette illustre maison, originaire du Berry, porte pour armes : D'or, à la bande d'azur, et s'est alliée aux premières familles de France, entre autres aux Montmorency, aux de Pisseleu, aux de Castrics, aux de Trasignies, aux d'Hesèques, etc.

Gabriel et de dame Jeanne DE LIBERGE, a épousé demoiselle Anne de LAFOSSE, qui l'a rendu père de :

V. Messire Alexandre DE GUENET, Chevalier, Seigneur de Louye, de la Rivière-le-Bois et autres lieux, Conseiller du Roi en la grande chambre du Parlement de Normandie, marié : 1° en 1677, à demoiselle Anne ROUSSEL DE FREULLEVILLE ; et, en secondes noces, à noble demoiselle Françoise DES MOULINS, fille de feu Messire François des Moulins, Chevalier, Seigneur de Lisle, Maréchal des Camps et Armées du Roi, gouverneur de la ville et citadelle de Marseille, et de très-noble dame Marie DE LA MARCK. A son contrat étaient présents : Messire Adrien Poirier d'Amfreville, Chevalier, Conseiller du Roi en tous ses Conseils, et Président à mortier en son Parlement de Normandie ; Jean Terrier, prêtre habitué de la paroisse de St-Maclou de Rouen ; et François CHARLET, Ecuyer. Du second lit sont issus :

1° François-Alexandre, qui suit ;
2° Louise-Elisabeth DE GUENET, née le 28 mai 1681; elle fut baptisée à Rouen le 7 juin suivant, eut pour marraine Son Altesse Royale Isabelle d'ORLÉANS, Petite-Fille de France, Duchesse d'Alençon, de Guise et d'Angoulême, Comtesse de Ponthieu, etc., et pour parrain Messire Adrien POIRIER D'AMFREVILLE, son grand-père maternel ;
3° Paul-Alexandre DE GUENET, Evêque de Saint-Pons;
4° Louis-Adrien Antoine DE GUENET, né le 3 juillet 1691, qui eut pour parrain, ainsi qu'il appert de son acte de baptême, Messire Marc-Antoine-Samson RAIGNON, Conseiller du Roi en son Parlement de Normandie, et pour marraine noble dame Cécile DAMBRAY, femme de Messire Adrien Poirier d'Amfreville, Chevalier, Conseiller du Roi en tous ses Conseils, Président à mortier au même parlement. Il devint Lieutenant-Colonel au Régiment de la Fère (Infanterie) et Chevalier de St-Louis. De son mariage avec mademoiselle Isabelle-Julia BRECKVELT DE LA HAYE sont nés quatre enfants morts jeunes.

VI. — Messire Paul-Alexandre DE GUENET DE LOUYE, Chevalier, Seigneur Châtelain de Louye, de Musy, de la Rivière-le-Bois et autres lieux, Conseiller du Roi en sa grande chambre du Parlement de Normandie, a épousé en 1734 demoiselle Marie-Elisabeth DE TILLY (1), fille de haut et puissant Seigneur,

(1) Le dit mariage a été célébré en la chapelle du Château d'Acon, par Messire Paul-Alexandre DE GUENET, Evêque de St-Pons, frère dudit époux, en présence de Messire Gilles Potin, Chevalier, Seigneur des Minières, Capitaine au régiment de Beauffremont, de dame Charlotte de Girard des Minières, de dame Françoise de la Grange, baronne de Goulet, de Messire Charles de Karmel, Marquis de Merey, Maréchal des Camps et Armées du Roi, de dame Elisabeth Talon, Marquise de Merey, de dame Antoinette Gaspard de Baignard, de Madame la Marquise de St-Remy, de Messire Jacques Hersant des Touches, de Messire Louis de Karmel, Capitaine de Dragons, Gentilhomme de Son Altesse Royale le Duc d'Orléans, et de Messire Henry de Baignard, Chevalier, Seigneur du Jarrier, Arnauld, etc.

Messire Henry de Tilly, Marquis de Blaru, ancien Officier au Régiment de Grignan (Cavalerie), Chambellan de Son Altesse Royale Monseigneur le duc d'Orléans, Régent du Royaume, et de dame Marie-Elisabeth Le Bel de la Boissière. De cette alliance sont nés deux enfants :

1° Henry-François-Adjutor, qui suit ;
2° Marie-Françoise-Henriette-Madeleine de Guenet, qui a épousé Ambroise, Comte de Hallot, Chevalier, Seigneur de Goussonville, Lieutenant aux Gardes-Françaises.

VII. — Henry-François-Adjutor, marquis de Guenet, Chevalier, Seigneur de Louye, de Musy, Seigneur haut-justicier de Cocherel, d'Acon, etc., Officier au Régiment des Gardes-Françaises et Chevalier de St-Louis, a deux filles et le fils qui suit :

VIII. — François-Henry de Guenet, Chef de Bataillon d'Infanterie en 1825, dont nous ignorons la descendance.

GILLEBERT

DE LA JAMINIÈRE, D'HALEINE, ETC.

ARMES : *D'azur, à une croix engrelée d'argent, cantonnée de quatre croissans d'or.*
— Couronne : *De Marquis.* — Supports : *Deux lions.*

 tablie de temps immémorial dans la Vicomté de Dom-front, cette famille, dont le nom se trouve indifféremment écrit dans plusieurs anciens titres : GILEBERT, GIL-BERT, mais plus souvent GILLEBERT, y a constamment joui des prérogatives de la noblesse, et elle y a été maintenue en dernier lieu en 1666, par jugement de Monsieur de Marle, intendant de la Généralité d'Alen-lençon (Election de Domfront).

D'après un extrait d'un ancien manuscrit de l'Eglise Collégiale de Mortain, délivré le 24 novembre 1706, signé et scellé du sceau du chapitre, vivait en 1090 un Vicomte de Mortain du nom de GILEBERT (1), personnage important du XIe siècle, dont, par tradition conservée dans cette maison, elle se dit

---

(1) Il vivait de 1088 à 1105 (*Histoire de Mortain*, page 265, par Hippolyte Sauvage). On lit aussi, page 107 du même ouvrage, que Robert, Comte de Mortain, et Mathilde, sa femme, donnè-rent en 1082, à titre d'indemnité au fils de GILLEBERT, pour concession faite aux religieux du prieuré du rocher de Mortain, cent sous de monnaie du Mans. « *prætereà centum solidos monetæ cenom-manensis dedi filio Gisleberti, ut concederit sepedictis monachis unum facere molendinum intra terram ipsius*, etc. — »

8.

descendue ; or, il résulte d'un certificat du Marquis de la Brizóllière, seigneur honoraire de Domfront, Grand Bailli du duché d'Alençon, commandant général de la noblesse de la Basse-Normandie, en date du 19 décem' e 1711.....
— « Que jamais dans le bailliage de Domfront, faisant partie du duché d'Alen-
» çon, ni dans ledit duché et lieux circonvoisins, il n'y a eu d'autre famille
» noble portant les mêmes armes qu'elle a présentement, que celle de Fran-
» çois GILLEBERT, Ecuyer, Seigneur d'Haleine, et que, d'après recherches
» faites sur les anciennes convocations, titres, mémoires et manuscrits en
» notre possession, c'est la seule famille noble et de distinction qui ait d'an-
» tiquité porté dans ledit pays le nom de GILLEBERT. »

Aussi, malgré la perte de son chartrier durant les guerres de la Ligue, la famille DE GILLEBERT était tellement reconnue noble d'ancienne extraction, qu'en 1654 (1) un de ses membres, Henri GILLEBERT, Ecuyer, aïeul dudit François, ayant obtenu en tant que de besoin des lettres de mainteune de noblesse pour lui et les siens (à l'exemple de plusieurs familles anciennes qui comme lui avaient pris une part active aux guerres du temps, et payé de leur fortune l'honneur d'avoir constamment servi le parti du roi), elles ne furent enterinées qu'après des informations authentiques du consentement unanime des habitants de Domfront, lesquels, d'un commun accord, les présents se faisant forts pour les absents, déclarèrent consentir à la vérification d'icelles, et renoncèrent à demander aucune indemnité (qui autrement leur aurait appartenue), les GILLEBERT, avant lesdites lettres, n'ayant jamais été imposés aux tailles, mais au contraire ayant toujours été reconnus nobles.

Ainsi qu'il résulte de la déclaration des habitants de Domfront, déposée par le sieur Pierre le Prevôt, leur procureur syndic, devant les tabellions dudit lieu, le 9 avril 1655, et de l'arrêt du Conseil d'Etat du 13 mai 1698, le Roi accorda à la famille des lettres doublement confirmatives, signées à Marly au mois de mai 1706, où il est dit : «....... Vu la déclaration des habitants de
» Domfront, reconnaissant que lesdits GILLEBERT avaient toujours été recon-
» nus nobles, et n'avaient jamais été imposés aux tailles......., vu la décision
» du Sieur de Marle, etc., etc......, avons confirmé et confirmons, etc ...., et
» les autorisons à continuer de porter leurs anciennes armoiries. »

La maison DE GILLEBERT est aussi distinguée par ses services militaires que par les alliances qu'elle a contractées avec les meilleures familles de la Basse-Normandie, du Maine, etc., parmi lesquelles nous citerons celles : de Cour-

(1) D'HOZIER, dans son Armorial général, Registre IV, a commis de nombreuses omissions dans la généalogie de cette famille, omissions qui ont été reproduites par *La Chesnaye des Bois* ; les titres et contrats originaux nous ayant été produits, nous rectifions plus loin la filiation.

teuvre, de Couppel, Cilleur de Lyonnière, des Landes de Boisjosselin, de Breget (1) de Pernot, de Ponthaud, de Pontavice, de Boisseret, de Cyresme du Manoir, de Merville, Le Silleur de Sougé, de Ruan, Gallery de la Tremblaye, de Boisroussel, de Formigny de la Londe, etc.

On voit des membres de cette maison servir successivement dans les Chevau-Légers de la Garde du Roi, depuis l'institution de ce corps en 1593 jusqu'en 1815; ils y ont occupé divers grades; quelques-uns furent tués sur le champ de bataille, et plusieurs furent pensionnés du Roi et Chevaliers de Saint-Louis.

Outre la vavassorie noble du Belhestre et des terres en dépendant, cette maison a possédé les fiefs et seigneuries de la Jaminière, de la Guyardière, de la Besnardais, d'Haleine, de Coulonche (Normandie et Maine), d'Herblay-sur-Seine, avec haute, moyenne, basse justice et extension sur les paroisses et terres d'Eraigny, St-Ouen-l'Aumône, Pierrelaye, Franconville-la Garenne, Aubervilliers en partie (en l'Ile-de-France), de Ste-Marie aussi en partie (à l'Ile de la Guadeloupe); ces dernières terres, érigées en MARQUISAT en l'année 1661, en faveur de la famille DE BOISSERET, sont passées, tant par acquisition en 1711, que par héritage de Charles de Boisseret, Marquis de Sainte-Marie et d'Herblay, décédé en 1714, dans la famille GILLEBERT D'HALEINE, ainsi qu'il sera expliqué ci-après.

FILIATION.

La filiation suivie et authentique de cette maison, d'après les anciens titres qu'elle possède encore, commence à:

I. — Noble Perrin (aliàs Pierre) GILLEBERT, homme d'armes, vivant le 24 mai 1481, lequel eut, d'une alliance dont le nom ne nous est pas parvenu:

1° Julien GILLEBERT, qui transigea le 2 juillet 1539 avec Guillaume LÉDIN DE LA CHALERIE, au sujet d'un maison située à Domfront; décédé sans postérité;
2° Jehan, qui suit.

II. — Noble Jehan GILLEBERT, Ecuyer, Sieur de la Guyardière et du Perray, faisant profession des armes, rendit aveu au roi, à cause de son domaine de Domfront, le 5 novembre 1551 (2), pour plusieurs terres qu'il possédait en

(1) Par les DE BREGET, elle a été apparentée avec les comtes de QUINCÉ, dont elle a hérité en partie du côté maternel, à cause de Gabrielle de Breget, mère du comte Louis de Quincé, gouverneur de la ville et du château de Domfront, décédé en 1708.

(2) Aveu mentionné dans l'inventaire des papiers trouvés après le décès de Jean-Baptiste GILLEBERT, dressé par François Belin, notaire Royal à Domfront, le 4 mai 1682.

la paroisse de la Haute-Chapelle (Vicomté de Domfront), et d'après un contrat d'acquêt du 1er mai 1554, on voit qu'il avait épousé demoiselle Françoise COUPPEL, dont il eut le fils qui suit :

III.—Sébastien GILLEBERT, Ecuyer, sieur du Perray, lequel rendit aveu (1) à François de Valois, duc d'Alençon, frère du roi, pour les mêmes terres ou vavassorie noble de la mouvance de l'ancien plein fief de *Haubert* d'Avelines le Maignen, le 13 février 1579, a servi longtemps dans les guerres de la Ligue, et en dernier lieu, sous le règne de Henri III, dans les cent hommes d'armes du Baron de Troyes (Information du mois d'avril 1655 par un des commissaires de la Cour des Aydes de Normandie). Il a épousé noble demoiselle Marguerite de VILETTE, dont il n'eut pas d'enfants, et en secondes noces demoiselle Françoise POTTIER DE BOISVESIN (2), dont il eut les trois enfants ci-après :

1° Henri, qui continue la descendance ;

2° Michel GILLEBERT, Ecuyer, Sieur de la Jaminière, chevau-léger de la garde du Roi, décédé en 1590, étant au service (information du 8 avril 1655) ;

3° Mathieu GILLEBERT, Ecuyer, Seigneur du fief noble de la Besnardais, à cause de demoiselle Jeanne Couppel, sa femme, laquelle vivait encore en 1653 ; cette branche s'est éteinte en 1704, en la personne d'André DE GILLEBERT, Seigneur de la Besnardais.

IV. —Henri GILLEBERT, Ecuyer, Seigneur de la Guyardière, a servi dès son plus jeune âge dans les armées avec son frère Michel, tant dans les Chevau-Légers du Roi que dans les cent hommes d'armes du Maréchal de Matignon, Gouverneur et Lieutenant-Général de la province de Normandie, et a assisté à plusieurs sièges et autres engagements, ainsi qu'il appert d'un certificat délivré au château de Lonray, le 31 mars 1596, à Henri GILLEBERT, Ecuyer, Seigneur de la Guyardière, lequel atteste les services qu'il rendit pendant les guerres de la Ligue, dans plusieurs sièges, batailles et autres rencontres, et les blessures qu'il y avait reçues particulièrement à la bataille d'Ivry (1590), où, se trouvant auprès du Comte de Thorigny, fils aîné du Maréchal de Matignon, il donna les plus grandes marques de courage et de fidélité, et fut blessé de deux coups d'arquebuse à la cuisse et à l'épaule (*D'Hozier, Registre IV*).

---

(1) Acte de présentation en forme d'aveu rendu par feu Sébastien GILLEBERT, Ecuyer, Sieur du Perray, le 13 février 1579, en l'assise de Domfront, tenue le 20 juin 1664, par Monsieur le Lieutenant ancien civil et criminel de Monsieur le Bailli d'Alençon ; pour copie, signé Husson.

(2) De la famille POTTIER, Seigneur de Fresnay et de Boisvesin ; un membre de cette famille, Jacques de BOISVESIN, était Garde du corps du Roi en 1694 ; un autre, Henri POTTIER, Ecuyer, Seigneur de Boisvesin, avait épousé Anne de GUILLERMÉ, fille de Jean-Guillaume de Guillermé, Ecuyer, Seigneur du Fay (*Archives de la famille*).

Monsieur le Comte de Quincé, gouverneur des châteaux de Guise et de Domfront, dans un certificat du 1er mars 1643, affirme que « Henry GILLEBERT, » Ecuyer, Seigneur de la Guyardière, et Jean-Baptiste GILLEBERT, Ecuyer, » Seigneur de la Jaminière, son fils, ont toujours bien servi le roi en toutes » occasions, et particulièrement dans plusieurs troubles et séditions dans la » Vicomté de Domfront et autres lieux circonvoisins, où ils ont librement » exposé leur vie pour le maintien de l'Etat sous la conduite dudit Comte de » Quincé » (d'Hozier). Et de même, en 1644, lorsqu'éclata la révolte dite des Nus-pieds, qui obligea le gouvernement d'envoyer le maréchal de Gassion en Normandie, Henri GILLÉBERT fut choisi par Monsieur du Boulay-Favier, Intendant de la Généralité d'Alençon, pour réprimer la sédition sous ses ordres et ceux du Comte de Quincé, où lui et son fils Jean-Baptiste montrè-rent leur valeur accoutumée (Certificat de Monsieur du Boulay-Favier).

Il avait épousé, par contrat du 15 juin 1604, passé devant Me Christophe Triquet, au château de Courteuvre (à Vilaine-Juhel, au pays du Maine), noble demoiselle Urbanne VASSE, fille de Pierre Vasse, Ecuyer, Seigneur de Cour-teuvre, et de dame Urbanne CRENIER, et mourut au mois d'avril 1660, après avoir servi pendant plus de cinquante ans. De cette alliance sont nés trois enfants :

1° Jean-Baptiste, qui suit ;

2° Henry GILLEBERT, curé de Couterne, vice-gérant de l'officialité de Domfront, con-seiller, aumônier ordinaire du Roi, reçut en cette qualité les appointements de service montant à la somme de 300 livres, ainsi que le constate un mandat signé du roi en date du 3 mars 1659, payable par maître Jean Cadran, tréso-rier de la maison du Roi (Titre original et information du 8 avril 1635).

3° Barbe GILLEBERT, mariée le 22 mars 1646 à Sébastien LE SILLEUR, Ecuyer, Seigneur de Lyonnière ; et en secondes noces, le 19 décembre 1602, à Michel DE MAILLOT, Ecuyer, Seigneur de la Roussière. Elle est morte le 9 juin 1693, laissant de son premier mariage une fille, Françoise LE CILLEUR, mariée, le 27 novembre 1680, à Julien PITARD, Ecuyer, Seigneur et patron de St-Jean du Corail, près Mortain.

V. — Jean-Baptiste GILLEBERT, Ecuyer, Seigneur de la Jaminière, servit, comme nous l'avons déjà vu, avec son père, dans la compagnie des Chevau-Légers, où comme lui il se distingua par sa fidélité au Roi. Il est compris dans les lettres confirmatives de noblesse accordées à son père, au mois de mai 1654, lettres dans lesquelles ses services militaires et ceux de ceux de ses ancêtres sont mentionnés, et fut maintenu en 1666 par jugement de M. de Marle, Intendant de la Généralité d'Alençon. Le 12 janvier 1664, il reçut de Monseigneur Hotman, procureur général du Roi, en sa chambre de justice, commission et substitution, pour conclure, requérir et faire tout ce qui serait nécessaire pour le bien et service de Sa Majesté, dans l'étendue des bailliages d'Alençon, Argentan, Domfront, Mortain, Châteauneuf-en-Thimerais, Sécz, Verneuil, Breteuil, etc., pour l'exécution des édits et déclarations du Roi, en date des mois de novembre et décembre 1631. Il avait épousé, le 21 novembre 1649, par contrat passé devant Denis Husson et Thomas Le Rhées, tabellions royaux en la ville et vicomté de Domfront, demoiselle Françoise DES LANDES, fille de Jean des Landes, Ecuyer, sieur do Boisjosselin, etc. (1), et de noble dame Claude LE HÉRICÉ, en présence de Guillaume ACHARD, Ecuyer, Seigneur du Pas de la Vente; René DES LANDES, Ecuyer, Sieur de Surlandes; Henry de JUMILLY, Seigneur du lieu; de noble dame Gabrielle DE BREGET, épouse de haut et puissant Seigneur Messire Joachim, Comte DE QUINCÉ, etc. ; il est mort le 3 mai 1682, laissant pour enfants :

1° François, qui continue la descendance ;

2° Guillaume GILLEBERT, Chevalier, Seigneur du Belhestre, dit le Comte du Belhestre (2), né en novembre 1665, a servi d'abord dans l'arrière ban (certificat du Marquis de la Brizollière du 23 août 1689), ensuite dans la compagnie des Chevau-Légers de la Garde du Roi, où il fit une partie des campagnes du temps de Louis XIV; au combat de Leuze, entr'autres, ayant poursuivi l'ennemi jusque dans sa seconde ligne, il fut fait prisonnier et entièrement dépouillé (Certificat de Charles-Honoré d'Albert de Luynes, Lieutenant de ladite compagnie en date du 6 novembre 1691), fait prisonnier aussi à Steinkerque (certificat du même, 16 octobre 1697); chevalier de St-Louis le 26 avril 1712; brigadier des Chevau-Légers en 1713 ; Maréchal-des-Logis de ladite compagnie, 7 juillet 1718 ; Mestre-de-camp de cavalerie le 16 mai 1721; se retira après cinquante-deux ans, avec une pension de deux mille livres. Il avait épousé : 1° en 1698, noble dame Françoise DE LA MOTTE-PONTHAULD (3), veuve de Brice Couppel, Ecuyer, Seigneur de Bellée, Lieutenant-Général à Domfront, et 2°, le 31 juillet 1718 à Rouen, demoiselle Françoise BONNEL, fille de Pierre Bonnel, Ecuyer, Secrétaire du Roi, maison et couronne de France. Il est mort sans postérité le 28 avril 1743, et fut inhumé dans la chapelle des douze apôtres de l'église de Notre-Dame-sur l'Eau, à Domfront.

3° Jean-Jacques GILLEBERT, Chevalier de la Jaminière, né le 10 novembre 1672, a servi avec son frère Guillaume dans la compagnie des Chevau-Légers, fit les campagnes de Flandre, et comme lui se distingua aux batailles de Tongres,

---

(1) Ledit Jean DES LANDES était fils de Robert des Landes, Ecuyer, Seigneur du lieu et de Surlandes, et de noble dame Jeanne Achard, fille de Guy Achard, Ecuyer, Seigneur du Pas de la Vente (La généalogie de la maison ACHARD se trouve tome 1er, page 201).

(2) Il est ainsi dénommé dans son contrat de mariage daté du 31 juillet 1718, dans les lettres du Roi du 2 juillet 1735, et autres procédures et dans plusieurs lettres à lui écrites dans le temps portant pour suscription : à Monsieur le Comte du Belhestre, titre qu'il devait sans doute à son grade dans la maison du Roi.

(3) Les armoiries de Françoise DE PONTHAULD, sa première femme, unie à celle des Gillebert, sont enregistrées à l'Armorial général, registre de la Généralité d'Alençon, folios 65 et 66 (Bibliothèque impériale, section des Manuscrits).

Nerwinde, Leuze et autres (certificat du duc de Luynes, daté de Fontainebleau le 12 octobre 1697). Il fut ensuite capitaine de dragons dans le régiment d'Asfeld, puis au régiment de Bouville. Par contrat du 2 juin 1711, il a épousé à Herblay-sur-Seine, demoiselle Olive DE BREGET, fille de Messire Olivier de Breget, Ecuyer, Seigneur de Villeneuve, et de dame Louise MORISSON; il est décédé le 6 septembre 1719 et inhumé dans l'église de la Haute-Chapelle, près Domfront, laissant pour enfants :

A. Jacques-François GILLEBERT DE LA JAMINIÈRE, Chevau-Léger, tué à l'affaire d'Ettingen (27 juin 1748);

B. Louise-Guillemine GILLEBERT DE LA JAMINIÈRE, née le 16 juin 1717, mariée le 23 juillet 1743 à Guillaume-François DE ROUSSEL DE BOISROUSSEL (1).

VI. — François GILLEBERT DE LA JAMINIÈRE, Chevalier, Seigneur et patron d'Haleine, Coulouche et autres lieux (2), servit avec ses frères dans la compagnie des Chevau-Légers de la Garde du Roi (ainsi qu'il résulte de certificats émanant du duc de Chevreuse du 21 novembre 1697, et de Louis-Auguste d'Albert d'Ailly, Vidame d'Amiens, Capitaine-Lieutenant du 28 avril 1707). Il reçut, le 1er juin 1703, des lettres de provisions pour les offices de maître particulier des Eaux et Forêts et de Capitaine des chasses du duché de Chevreuse, Montfort, Houdan et autres dépendances de ce duché.

Par contrat du 2 octobre 1684, il a épousé demoiselle Marie DE PERNOT, fille de Nicolas de Pernot, Ecuyer, commissaire des guerres, et de dame Marie ARUYER, et il est mort au mois de juillet 1720, ayant eu les enfants ci-après :

1° Brice-François GILLEBERT DE LA JAMINIÈRE, Chevalier, Seigneur et patron d'Haleine et d'Herblay-sur-Seine, capitaine des chasses de Montfort-l'Amaury, servit pendant 15 ans dans les Chevau-Légers de la Garde du Roi, ainsi qu'il appert d'un certificat qui lui fut délivré par M. le duc de Chaulnes, capitaine-lieutenant de ladite compagnie. On voit par ce certificat qu'il fut grièvement blessé d'un coup de feu à la cuisse, à la bataille de Malplaquet, époque où il se retira du service. Par contrat du 2 septembre 1711, auquel signèrent Monseigneur le duc de Chevreuse et M. de Callière, secrétaire du cabinet du Roi et plénipotentiaire à la paix de Rissenick, il a épousé demoiselle Marie-Anne DE MERVILLE, et mourut le 10 juillet 1743, sans laisser d'enfants. Par son testament, il fit abandon de la moitié de la terre d'Herblay, qu'il avait acquise de son beau-frère le 24 juin 1711, à sa sœur, Madame la marquise de BOISSERET,

(1) Guillaume-François DE ROUSSEL, Conseiller Procureur du Roi ; Charles-François, Sieur de la Reinfrère, Garde du Corps (compagnie d'Harcourt); et Jacques DE ROSNY, gendarme de la Garde du Roi, Ecuyers, tous trois frères, étaient fils de Jean-Baptiste de Boisroussel et de noble dame Anne DE CHENNEVIÈRE (Acte de partage du 16 juin 1750, Archives de la famille).

(2) Il est ainsi dénommé dans les contrats de mariage de Brice et de Guillaume, ses fils. De la Seigneurie d'Haleine, relevaient douze fiefs, d'après le dénombrement fait le 8 août 1680 : les seigneurs d'Haleine étaient autrefois qualifiés BARONS dudit lieu. En 1783, le Sénéchal du Maine écrivait au seigneur Baron d'Haleine pour affaire qui le concernait.

qui était déjà en possession de l'autre partie, et réunit ainsi entre ses mains la totalité de cette seigneurie (Sentence du Châtelet de Paris, pour dame Gabrielle GILLEBERT, marquise D'HERBLAY, du 21 août 1743).

2° Guillaume-François, qui continue la descendance;

3° Marc-Antoine GILLEBERT, Seigneur de Coulonche, qui succéda à son oncle, Dom Michel-François DE PERNOT, prêtre, Prieur commandataire de St-Martin de Langres, en Champagne, mort en décembre 1731;

4° François GILLEBERT, Ecuyer, Seigneur de la Jaminière, né le 21 mai 1698, a servi pendant 15 ans, tant dans la Compagnie des deux cents Chevau-Légers, que dans le régiment de Champagne, avec le grade de capitaine, et a épousé, en novembre 1744, demoiselle Anne-Césarine GALLERY DE LA TREMBLAYE, fille de Charles Gallery, Ecuyer, seigneur de La Tremblaye, et de noble dame Jeanne DE HERCEY. Il est mort sans postérité en 1784;

5° Marie-Gabrielle DE GILLEBERT, née le 25 Octobre 1691, a épousé, le 29 janvier 1710, Monfort-l'Amaury, Messire Charles DE BOISSERET, Chevalier, Marquis de Sainte-Marie et d'Herblay, ancien gouverneur et lieutenant-général pour le Roi en l'île de la Guadeloupe et autres îles d'Amérique, Capitaine des Gardes de la Porte de feu Monseigneur le duc d'Orléans. Son mari mourut en 1714, en l'instituant légataire de tous ses biens (1), et elle est décédée le 26 juillet 1777, ayant institué par acte passé devant Mᵉ Angot, notaire à Paris, le 27 novembre 1776, pour son légataire universel et seul héritier desdites terres, qui aux termes des lettres d'Erection, donnaient à leur Seigneur le titre DE MARQUIS (2), son neveu Guillaume-François DE GILLEBERT, Seigneur d'Haleine, lequel fut qualifié dans les actes et connu dans le monde sous le nom de Marquis d'Herblay, titre porté par son oncle et sa tante;

6° Françoise-Angélique DE GILLEBERT, mariée le 31 juillet 1745 à Jean-Jacques DE CYRESME, Ecuyer, Seigneur du Manoir;

7° Marie-Françoise DE GILLEBERT, mariée le 27 août 1731 à Messire-Anne-Charles DE PONTAVICE, fils de Messire Gilles-François de Pontavice, et de dame Charlotte DE FRANCIER, dont :

    A. Françoise DE PONTAVICE, mariée le 15 novembre 1751, à Mortain, à

(1) Comme telle elle fut envoyée en possession des biens situés à la Guadeloupe, par sentence du Châtelet de Paris du 24 mai 1721, et généralement de tous les autres biens dudit Seigneur de Boisseret, par autre sentence du Châtelet du 16 novembre 1746, collationnée, signée de Beauvais, où, entr'autres considérants énoncés, le Juge grand-prévôt de Paris termine ainsi : « En » conséquence de la donation portée au contrat de mariage de l'année 1710, et du décès du » Sieur DE BOISSERET fils, disons qu'il appartiendra à ladite dame D'HERBLAY la pleine propriété » de tous les biens dudit sieur Marquis d'Herblay, son deffunt mary, tant de son chef que comme » héritière des meubles acquets et propres paternels dudit deffunt sieur son fils. »
Ce fils était né d'un premier mariage de M. Charles de Boisseret et de demoiselle Jacqueline MALET DE GRAVILLE, marquise d'Herblay, ainsi dénommée dans un certificat d'enregistrement d'armoiries du 2 avril 1697, signée pour contrôle Laisné; ledit Charles-François d'Herblay étant décédé avant son père, le 22 avril 1710, sans enfants de son mariage avec mademoiselle Louise LE MAITRE.

(2) Pour en jouir : Eux, leurs successeurs, ayant cause, légataires et descendants en légitime mariage, ainsi qu'il est exposé plus au long dans les lettres d'érection du mois d'avril 1661 (Archives de la famille de Boisseret, possédées actuellement par la maison DE GILLEBERT).

Messire-Bernard-Jean-Maximilien Hérault, Chevalier, Seigneur
de Pigache, de Belleville, etc.;

8° Marie-Françoise DE GILLEBERT, mariée à Jean-Baptiste DE RUAN, Ecuyer;

9° Marie-Geneviève DE GILLEBERT, mariée à N..... Ledin.

VII. — Guillaume-François GILLEBERT, Chevalier, Seigneur et patron
d'Haleine, de Coulonche et autres lieux, né le 24 juillet 1687, a servi pendant
six ans comme officier dans le régiment de la vieille marine, puis vingt-huit
ans dans la compagnie des Chevau-Légers de la Garde du Roi, et fut nommé
chevalier de l'Ordre royal et militaire de St-Louis en 1731. Il prit sa retraite
en 1732, à cause des blessures qu'il reçut à la bataille de Malplaquet, et il a
épousé, par contrat du 30 novembre 1743, demoiselle Louise-Françoise LE
SILLEUR, fille d'Antoine Le Silleur, Ecuyer, Seigneur de la Tégrinière, capitaine dans le régiment de St-Germain-Beaupré, et de noble dame Renée LE
BIGOT (1). Ce contrat fut passé en présence de Guillaume-René-François DU
BOUCHET, Chevalier, Seigneur de la Forterie; de dame Renée LE SILLEUR,
veuve de Nicolas-François DE PANNARD, Chevalier, Seigneur de Chantepie;
de Jacques-Emmanuel LE SILLEUR, Chevalier, Seigneur de Sougé, Corbuzain,
Mebzon, etc. Il est mort le 19 août 1749, laissant de son mariage :

1° Louis-François DE GILLEBERT, mort en bas âge ;
2° Guillaume-François, qui suit;
3° François-Guillaume-Anne DE GILLEBERT, Chevalier d'HALEINE, qui assista à l'as-
    semblée de la noblesse du bailliage d'Alençon en 1789 (2), décédé le 8 Nivôse
    an XIII.

VIII. — Guillaume-François DE GILLEBERT, Chevalier, Seigneur et patron
d'Haleine, Coulonche et autres lieux, puis seigneur Haut-Justicier, Marquis
d'Herblay, par héritage de son oncle et de sa tante, ainsi que nous l'avons dit
plus haut, est né le 4 janvier 1747. Il a servi avec distinction dans la Compagnie des Chevau-Légers de la Garde du Roi, d'où il se retira le 1er septembre
1773 (ainsi qu'il résulte du certificat en date du 12 juillet 1777 à lui délivré
par le duc d'Aiguillon, Capitaine-Lieutenant de ladite compagnie). Il a épousé,
par contrat du 22 août 1772, Mademoiselle Louise-Françoise DE BOISROUSSEL,
sa cousine, dont il eut :

1° Charles-Louis DE GILLEBERT, mort sans avoir été marié ;

---

(1) Renée LE BIGOT était fille de Messire René Le Bigot, Ecuyer, Seigneur de Cherbou, et
de dame Françoise DE JUPILLES.

(2) *Etats du Maine*, par *Th. Chauvin*, où le nom de famille est écrit DE GILLEBERT (Bailliage
d'Alençon, page 79).

2° Louis-Guillaume DE GILLEBERT, mort jeune ;
3° Hubert-Louis-François, qui suit :

IX. — Hubert-Louis-François DE GILLEBERT D'HALEINE, Marquis d'Herblay (mais plus connu sous le nom de marquis d'Haleine), entra le 6 juillet 1814 dans la compagnie des Chevau-Légers de la Garde du Roi, et y resta jusqu'au 20 mars 1815 (1), époque où elle fut licenciée ; de plus il reçut, le 21 novembre 1815, plusieurs autres certificats des plus honorables du duc de Crussol, du comte de Lussac et du comte de la Tour d'Auvergne-Lauraguais, officiers supérieurs de la compagnie. Il a épousé, le 4 septembre 1809, mademoiselle Françoise GUILLÈS, et est mort le 22 août 1853, ayant eu de son mariage les trois enfants qui suivent :

1° Louis-Amédée DE GILLEBERT D'HALEINE, mort le 13 septembre 1834;
2° Antoine-François-Enguerrand, qui suit ;
3° Marie DE GILLEBERT D'HALEINE, mariée, le 22 octobre 1832, à Monsieur Louis-Francois DE FRILEUZE, fils de Jean-Nicolas de Frileuze, ancien colonel d'infanterie, Chevalier de St-Louis, dont postérité.

X. — Antoine-François-Enguerrand, Marquis DE GILLEBERT D'HALEINE, chef de nom et d'armes de sa maison, baptisé le 26 septembre 1821, eut pour parrain Monsieur Antoine-Louis-Hector Vicomte DE MONTESSON, Lieutenant-Général des armées du Roi, Chevalier de St-Louis, son cousin, et pour marraine Madame Françoise-Julienne-Modeste DE BARBERÉ DE SAINT-BOMER, née du Bouchet de la Forterie, sa cousine. Il a épousé le 15 avril 1844, à Caen, Mademoiselle Marie-Léonide DE FORMIGNY DE LA LONDE, et de ce mariage sont nés deux enfants :

1° Marie-Françoise-Isabelle DE GILLEBERT D'HALEINE, née le 14 septembre 1845;
2° Louis-Henri-Arthur DE GILLEBERT D'HALEINE, né le 26 juin 1855.

(1) Certificat du Comte de Damas, Capitaine-Lieutenant de ladite Compagnie, délivré le 31 octobre 1815 au marquis DE GILLEBERT (Hubert-Louis-François D'HALEINE), Lieutenant de Cavalerie.

DES MOUTIS

a famille DES MOUTIS tire son nom d'un ancien fief sis en la paroisse de Courtomer, passé par suite de vente en la maison des Barons, puis Marquis de Saint-Simon de Courtomer.

Dès le XIe siècle, on la voit figurer dans la province, et sa noblesse d'extraction chevaleresque est attestée par les procès-verbaux des recherches de 1463, 1561 et enfin par jugement du 4 avril 1666.

La maison DES MOUTIS, suivant les contrats originaux qui nous ont été représentés, s'est alliée directement depuis l'année 1360, et par ordre chronologique, aux familles : de la Mothe, de Saint-Aignan, de La Rozière, de Moinet, de Burs, de Vieuxpont de Challoué, de Tascher, de Bardoul d'Angerville, Blanchart de Boishubert, Le Vasseur de Torrey, de Villereau de Saint-Hilaire, de Barville, d'Estelle de la Guyonnière, de Saint-Aignan de la Grimonière, Le Cornu de la Forêt, de Madre de Norguet, Boudin de la Nuguy de Tromelin. De plus, ses alliances collatérales ont été avec les d'Erard, de Lomosne, de la Haye, Sauvage, de Toustain de Richebourg, Gigaud de Bellefond, de Fromental, Le Tor des Chênes, d'Avesgo de Coulonges, de Fontaines, de la Hay d'Hommoy, etc., etc.

Parmi les fiefs nobles que la famille DES MOUTIS a possédés, nous citerons ceux : des Moutils, de la Morandière (1), de Tillières, de Lonchamps, du Verger, de Mesnilguyon , du Plessis, de Boishubert de Boistertre, de Bois-gauthier, de Frène, de Vingt-Hanaps, etc.

Les bornes de cette notice ne nous permettant pas de donner la filiation complète des nombreuses branches de cette ancienne famille, nous citerons seulement les personnages les plus marquants qu'elle a produits :

Guillaume DES MOUTIS, Chevalier, Seigneur dudit lieu, fut un des gentils-hommes qui combattaient avec le Comte de Montfort, à Terraube, en 1124.

Robert DES MOUTIS vivait en 1188, ainsi qu'il appert des preuves faites devant *Chérin*, généalogiste des Ordres du Roi, pour la réception de Pierre-Jacques-Philippe DES MOUTIS DE BOISGAUTIER, aux Chevau-Légers de la garde du Roi en 1780. Hugues, un de ses fils, Prieur des Bénédictins de l'Abbaye de St-Martin de Séez, Seigneur et patron de Ste-Marie de Vingt-Hanaps, est mentionné dans une charte du *Livre-Rouge*, de ladite abbaye (Folio 19).

Jean DES MOUTIS, Chevalier, reçut en 1294 un sauf conduit d'Edouard 1er, Roi d'Angleterre.

Jean DES MOUTIS assista, en l'année 1302, à l'assemblée des nobles du Comté d'Alençon (*Archives d'Alençon*).

Guillaume DES MOUTIS, Ecuyer, Seigneur dudit lieu, de la Morandière et du Mesnilguyon, vivait en 1364 (c'est à partir de lui que commence la filiation directe jusqu'à nos jours).

Jacques DES MOUTIS, Seigneur de la Morandière, Lieutenant de cinquante hommes d'armes et second du Baron de Médavy, Gouverneur du Perche pour la Ligue, attaque Mortagne dans la nuit du 12 au 13 juillet 1593 avec 150 hommes d'armes et 250 hommes de pied, prend la ville et échoue devant le fort Toussaint. Plus tard il fut nommé Gentilhomme de la Chambre du Roi et prêta serment entre les mains de M. de Bellegarde, premier Gentilhomme et Grand-Ecuyer de France, le 12 juin 1596.

Claude DES MOUTIS reçut du Roi Henri IV, en 1594, commission de lever une compagnie de Chevau-Légers pour son service.

Adrien DES MOUTIS, Chevalier, Seigneur de la Morandière, prit le parti de la Ligue et combattit longtemps avec les MONTGOMMERY, les MÉDAVY, etc. (2)

(1) La chapelle de la Morandière fut consacrée le 8 octobre 1606, par Jean de Vieuxpont, Evêque de Meaux, beau-frère de Messire Jacques DES MOUTIS.

(2) Voici textuellement la lettre qu'il a reçue du Maréchal de Fervaques, authographe que ses descendants gardent précieusement.

Paris, le 26 juin 1574.

« Monsieur de la Morandière, je vous prie de ne pas vous mal contenter que j'ai pourvu à mon » état de Maréchal-des-Logis le Sieur de la Guyardière, et vous assurer que ça n'a esté pas

Enfin, Pierre-Jacques-Philippe DES MOUTIS DE BOISGAUTIER, Chevau-Léger de la Garde ordinaire du Roi, en 1780, qui, de son mariage avec mademoiselle LE CORNU DE LA FORÊT, eut deux fils :

1º François-Ambroise, qui suit ;
2º Jacques-François-Joseph DES MOUTIS DE BOISTERTRE, marié en 1821 à mademoiselle Aglaé DE FONTAINES, qui l'a rendu père de deux filles ;
    A. Camille-Adelaïde DES MOUTIS, mariée en 1845 à Erasme DE MALLEVOUE ;
    B. Octavie-Angélique DES MOUTIS, mariée en 1850 au Baron Arthur DILLON.

François-Ambroise DES MOUTIS DE BOISGAUTIER, ancien officier supérieur de la Garde Royale, Chevalier de St-Louis et de la Légion d'honneur, chef actuel de cette ancienne maison, a épousé, le 27 juillet 1819, mademoiselle Camille-Justine DE MADRE, dont il a le fils unique qui suit :

1º Raoul-Charles-Philippe-Joseph DES MOUTIS DE BOISGAUTIER, né en 1820, marié à Versailles, le 27 octobre 1842, à mademoiselle Marie-Suzanne-Célestine BOUDIN DE LA NUGUY DE TROMELIN, dont il n'a que deux filles.

Plusieurs autres rameaux existent encore de nos jours ; ils ont pour représentants actuels :

1º Les DES MOUTIS DE LA CHEVALERIE, DE COURTEILLE, etc. :
    M. Henri DES MOUTIS, marié à mademoiselle DE CHÉGOIN, dont postérité.
2º Les DES MOUTIS DE MÉRÉ,
    M. Charles DES MOUTIS DE MÉRÉ, marié à mademoiselle FAULCON DE FALCONNER.
3º Les DES MOUTIS D'ESMES ;
    M. N.... DES MOUTIS,
    M. N.... DES MOUTIS. } célibataires.

» faute de vous en sentir aussi digne que Gentilhomme serait, mais par une promesse et réso-
» lution que j'en avais faite longtems avant, vous assurant que par récompense je ferai chose
» qui vous contentera, et ne se passera pas occasion que je ne vous fasse paraître que je vous
» aime et estime. Monsieur de Médavy, qui vous est affectionné ami, pourra vous dire le sur-
» plus qui ne tardera vous faire cette plus longue, sy non pour me recommander à toutes vos
» bonnes grâces, et prie Dieu de vous donner en bonne santé, longue et heureuse vie. — Je
» vous prie nous annoncer le Sieur DE CLAPION, votre compagnon, et l'assurer qu'il sera le bien
» venu en votre recommandation.

    « Votre entièrement bon compagnon et vray ami,
        igné : FERVAQUES.

DE GUÉROULT

ARMES : *De gueules, à trois lionceaux d'argent, posés 2 et 1*. — Couronne : *De Marquis*. — Supports : *Deux lions*.

lusieurs historiens parmi lesquels il faut citer en première ligne *Orderic Vital, André Duchesne, G. du Moulin* et *Toustain de Richebourg*, nous apprennent que le nom de GUÉROULT apparaît dans les Chartes dès le commencement du XIe siècle. Un Geroldus (*Dapifer*) vivait en 1064, suivant la collection des historiens normands et la chronique d'*Orderic Vital* (Tome III, page 491).

Le nom de GUÉROULT, du reste, est fréquemment cité par cet historien ; dans divers passages de son ouvrage nous trouvons : Geraldus Gastinellus (GUÉROULT dit Gastinelle, Livré V, page 576) ; un autre dit : Forte Coste, Geroldus cognomine Costatus, beau-frère de Grimoult (1), et Johannes Geroldus de Ebremou (Guéroult de Ebremou), fait prisonnier devant Gisors (2).

Dans la liste des grands Sénéchaux de Normandie, par M. *Toustain de Richebourg* (Tome II, page 342), un GUÉROULT est mentionné.

On trouve encore le nom de GUÉROULT dans d'autres chartes de cette époque, notamment dans la liste des Seigneurs qui ont accompagné Guillaume, Duc de

---

(1) *Orderic Vital*, livro V, page 594.
(2)   ibid.   livre X, page 766.

Normandie, à la conquête d'Angleterre en 1066, publiée par *André Duchesne* et tirée du *Domesday-Book*; Robert fils de Guéroult (1), y figure.

Enfin, dans une charte de donation faite par Jean-sans-Terre, roi d'Angleterre, en 1213, on voit figurer comme témoin Warinus, fils de Guéroult (*Du Moulin*, Histoire de Normandie, page 543).

Diverses familles du nom de Guéroult, issues sans aucun doute de ces précédents personnages, ont existé en Normandie. Celle qui nous occupe, Guéroult de Labigne, a fait ses preuves de noblesse à diverses époques, et ses preuves ont toujours été basées sur une possession d'état immémoriale et bien antérieure à l'année 1400.

En 1463, cette maison avait formé deux branches principales, dont une habitait Mortain, et l'autre la paroisse de Montmartin en Graignes.

La branche de Mortain avait pour chef: Guillaume Guéroult, Ecuyer, lequel fut reconnu d'ancienne noblesse, lors de la recherche de Montfault, en 1463. Il était fils de noble homme Girard Guéroult, Ecuyer, et a épousé damoiselle Catherine du Bois, fille de Hervé du Bois, Ecuyer, ainsi qu'il appert d'un acte d'échange passé le 3 mars 1453 entre le beau-père et le gendre.

La branche de Montmartin fut reconnue également noble d'ancienne extraction par arrêt de la cour des Aydes de Normandie, du 10 mai 1482.

Lors de la recherche de Chamillart, en 1666, nous trouvons sept familles du nom de Guéroult maintenues dans leur noblesse; parmi elles figure en première ligne la maison qui nous occupe : les de Guéroult, seigneurs de la Vallée, des Jardins, de Riquesne, de Montmartin, de Labigne, etc.

Jean Guéroult, fils de Guillaume, mentionné plus haut, vint s'établir par suite d'héritage dans la paroisse de Livry, Sergenterie de Briquesard, Élection de Bayeux, vers l'année 1470.

Il eut plusieurs fils, entre autres :

Christophe Guéroult, Ecuyer, qui fut l'auteur de la branche du Mesnil-Rinfray, éteinte depuis longtemps ;

Et Gilles Guéroult, qui continua à habiter Livry.

Depuis, ses descendants restèrent toujours dans cette paroisse; leur noblesse fut reconnue par arrêt de la Cour des Aides de Normandie, en date du 31 janvier 1665, et par arrêt du Conseil du Roi, daté de l'année 1670. Dans ces deux arrêts, il y est prouvé qu'ils descendent en ligne directe de noble Guillaume Guéroult, de Mortain, reconnu noble par Montfaut en 1463.

---

(1) Dans la liste que nous avons donnée page 4, Tome 1er, nous avons porté à tort Géroun, il faut lire Guéroult (Guéroldus)

Parmi les maisons dans lesquelles la famille GUÉROULT DE LABIGNE a contracté ses alliances, nous citerons celles : d'Osbert, du Grippel, de la Luzerne, de Séran, de Gouville, de Bretteville, de Sainte-Marie, de Clinchamps, de Léonard, de Launay, etc., etc.

Elle a fourni beaucoup d'Officiers de tous grades à l'armée, des Mousquetaires, des Gardes-du-Corps, des Officiers de la maison du Roi, etc.

Enfin, lors de la convocation des Assemblées de la noblesse pour l'élection des Députés aux Etats-Généraux de 1789, il existait encore deux branches de cette famille, l'une avait pour chef : M. DE GUÉROULT DE LAUNAY, vivant dans le Bailliage de Bayeux (Voyez Tome Ier, page 173) ; sa descendance mâle est éteinte.

L'autre avait pour chef :

Jean-Baptiste DE GUÉROULT, Sieur de Prémont, Seigneur du fief de Labigne, situé à Cormollain (ainsi dénommé dans l'assignation qui lui a été faite par Jean Deschamps, huissier au Bailliage de Thorigny, le 26 février 1789).

Il a laissé, pour descendance masculine, son fils :

Jean-Baptiste-Grégoire DE GUÉROULT DE LABIGNE, Chevalier, né en 1760, entré dans les Gardes-du-Corps du Roi et retiré du service en 1787, mort en 1838; et son petit fils, François de GUÉROULT DE LABIGNE, né en en 1801, dernier représentant mâle de cette ancienne maison.

DU HAYS

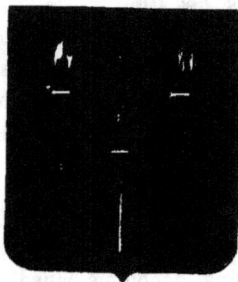

Armes : *De sable, à trois épieux d'argent.*—Couronne : *de Comte.*—Supports : *Deux lions.* — Devise : *Plus deuil que joye.*

lusieurs familles nobles du nom de **DU HAYS** ou **DES HAYS** ont existé en Normandie ; celle qui nous occupe et dont les descendants existent encore dans la province et en Artois, est une branche de celle de Hay, en Ecosse, qui porte : *d'argent, à trois écussons de gueules.*

La différence des armoiries, en se reportant à l'époque reculée où les deux maisons ont dû se séparer, ne saurait être le signe d'une diversité d'origine, et l'adjonction de l'S à la fin du nom patronymique peut n'être que le résultat d'un ancien usage, car dans les diverses Chartes nous trouvons le nom écrit de différentes façons : Hays, du Hais, des Hais, des Hayes, etc.

Quelques historiens donnent à cette maison une origine très-reculée remontant en Ecosse à l'année 980 ; cependant nous croyons qu'elle est plutôt une des familles normandes qui passèrent en Angleterre avec Guillaume le Conquérant.

Le premier du nom que l'on trouve inscrit dans les registres de l'Ecosse est : Guillaume de Haya, qui s'établit au pays Lothian vers la fin du XIIe siècle, sous Malcolm IV et Guillaume le Lion ; il avait la charge d'Echanson Royal, et mourut en 1170, après avoir épousé la fille de Ranulphe de Soulis,

9

Seigneur de Liddesdale, dont il eut : 1° Guillaume, ancêtre des Comtes d'Errol et de Kinnoul ; 2° Robert, ancêtre des Marquis de Tweedale (1).

Si l'on admet avec nous que les deux maisons Écossaise et Normande sortent de la même souche, leur séparation remonterait au commencement du XIIIᵉ siècle, mais une époque aussi reculée ne permet pas de donner une preuve authentique de cette identité d'origine.

Dans une liste alphabétique des Seigneurs de Normandie depuis la conquête jusqu'en 1200, se trouve compris Roger du Hays et Guillaume Hay ; dans un catalogue du ban et arrière-ban des années 1214-1319, Gilbertus de Haia (mâles) et Hugo de Haia (1272) ; dans un autre catalogue des plus anciennes familles illustres de Normandie, on trouve Guillaume Hays, Écuyer, Sieur de Mandré ; enfin, dans la liste alphabétique des grands seigneurs de Normandie qui accompagnèrent le Duc Guillaume dans la conquête de l'Angleterre, se trouve le Seigneur de Sassy (2).

Dans la recherche de la noblesse de la Généralité d'Alençon, faite par M. de Marle en 1666, sont classés parmi les anciens nobles : Jacques Hays, Seigneur de Sacy ; Jean Hays, Seigneur de Beaulieu ; Charles Hays, Seigneur du Bourg ; et Gilles Hays, Seigneur de Lozier, mentionnés ci-après.

Les titres qui sont conservés au cabinet des Manuscrits de la Bibliothèque impériale et ceux que possède encore la famille ne donnent la filiation suivie et non interrompue de la maison du Hays que depuis :

Messire Guillaume Hays, Chevalier, Seigneur de Sacy, de Saint-Christophe, du Plessis, etc., qui fit un acte de vente à Philippe Bertrand, dame de Roncheville, fille du Baron de Bricquebecq, Maréchal de France, et veuve de Gérard Chabot, baron de Retz, le Vendredi 1ᵉʳ mai 1387.

Les bornes de cette notice ne nous permettant pas de donner en entier la filiation de cette nombreuse famille qui a formé six branches, nous renvoyons pour cela au volumineux dossier de preuves déposé au cabinet des titres, au

_____

(1) Ces deux familles existent encore de nos jours: Elisabeth Hay, fille de Georges, Marquis de Tweedale, a épousé, le 11 avril 1839, Arthur Welle-ley, fils du duc de Wellington.

En 1820, Thomas-Robert Haye Drummond, Xᵉ Comte de Kinnoul, était Roi d'armes dans le nord de l'Angleterre. Il avait pour héritier présomptif Edouard-Guillaume Hay, officier supérieur dans l'armée anglaise.

(2) Il est à remarquer que le terre de Sacy ou Sassy, situé entre Argentan et Séez, resta pendant plusieurs siècles dans la maison du Hays, qui fait l'objet de cette notice. Quoique les titres les plus anciens attestent que le chef de la famille prenait, dès le XIVᵉ siècle, la qualification de Seigneur de Sacy, n'ayant pas la preuve matérielle que cette possession remontait jusqu'à Guillaume le Conquérant, nous ne pouvons donner ce fait que comme probable.

dictionnaire des Pairs de France (par *de Courcelles*), aux esquisses généalogiques (1) et autres ouvrages.

La maison DU HAYS, dont la noblesse *d'extraction chevalesque* fut reconnue à différentes époques, notamment par une sentence des élus d'Alençon en date du 24 novembre 1540 (2), a contracté des alliances directes avec les familles du Barquet, de Bennes, de Bonnet de Villereau, de Brossard, du Buat, de Chazot, de Coulibœuf, de Courseulle, de Foucauld, de Guéroult, de Launay, de Louverval, de Maurey, de St-Aiguan, Le Veneur de Carrouges, Grant du Souchey, etc.

De toutes les branches que cette maison a formées, et parmi lesquelles on compte un grand nombre d'officiers de tous grades et beaucoup de Chevaliers de Saint-Louis, il ne reste plus que les suivantes, qui sortent toutes trois de : Gilles HAYS, Seigneur de Lozier, petit-fils de Jean, Seigneur de Sacy, reconnu ancien noble par jugement de M. de Marle, Intendant de la Généralité d'Alençon, en date du 6 avril 1666.

C'est de cette famille que nous avons parlé dans notre premier volume (page 83, maintenues de noblesse, et 178-179, Assemblée des Etats-Généraux, et que nous avons écrite à tort DES HAYS).

BRANCHE DU MESNIL

(en Normandie)

Elle a pour chef actuel : Charles-Gilles-Joseph DU HAYS, né le 26 mai 1797, et marié le 14 décembre 1817 à mademoiselle Aimée NEVEU, dont un fils unique :

Jean-Charles-Aimé DU HAYS, né le 22 septembre 1818, qui épousa, le 7 octobre 1845, mademoiselle Marie-Flavie DE LA TOUCHE, dont une fille :

Marie DU HAYS, née le 28 mai 1848.

---

(1) Ouvrage de M. Charles J.-J.-M. DU HAYS, dont l'impression a été achevée après sa mort, donnant la généalogie complète de cette famille et de la plupart de celles qui lui sont alliées (*Dumoulin, libraire à Paris*).

(2) On lit dans cette sentence : « .... tous lesquels père, aïeul, bisaïeul de Simon HAYS, » Ecuyer, Seigneur de Sacy et de St-Christophe et lui aussi ont toujours vécu noblement, sans » aucunement déroger, et ostó au service du Roi, notre Sire, les cas offrans et en tous sont » connus comme personnes nobles et conjoints par mariage avec filles de nobles maisons, por- » tant de tout temps et d'ancienneté pour leurs armoiries : *Trois espieulx d'argent en ung champ* » *de sable, etc.* »

BRANCHE DU PLESSIS

(en Normandis.)

Cette branche a pour chef actuel : Jacques-Sylvain DU HAYS DES TOUCHES, né le 25 novembre 1780, marié, en premières noces, à mademoiselle Victoire-Marie-Adélaïde DE SAINT-AIGNAN DE VIEUXPONT, dont un fils :

Eugène-Marie DU HAYS, né le 13 novembre 1819, marié en avril 1832 avec mademoiselle Charlotte-Pauline-Léontine LE VENEUR DE CARROUGES, née en 1809, morte le 7 août 1851, sans laisser de postérité.

BRANCHE DE LA PLESSE

(en Artois.)

Cette Branche eut pour premier auteur :

Jacques-Guillaume HAYS, Seigneur de la Plesse, de la Sauvagère et autres lieux, né en la paroisse de Fay, au diocèse de Séez, le 5 septembre 1711. Entré au service comme lieutenant au régiment de Luxembourg en 1733, il fut nommé, en 1753, Aide-Major des ville et château de Béthune, et créé Chevalier de Saint-Louis en 1759. Une sentence de la noblesse de l'élection d'Artois, en date du 2 août 1755, fut rendue en sa faveur, et son fils, par acte du 24 décembre 1786, acquit du Comte MALET DE COUPIGNY la terre de Sallan et fit ses preuves pour être admis dans le corps de la noblesse des Etats-d'Artois.

Elle est représentée par les quatre enfants de Charles-Jacques-Joseph-Marie DU HAYS, mort à Paris le 5 novembre 1860, et de Maximilienne-Elisabeth-Guislaine-Emmanuelle DE LOUVERVAL (1), morte aussi à Paris le 10 avril 1862, savoir :

1º Geoffroy-Marie-Alphonse-Auguste DU HAYS, né le 2 juillet 1817, marié, le 19 juillet 1842, à Mademoiselle Marie-Charlotte-Josèphe DE FOUCAULD, sa cousine germaine, fille du Vicomte de Foucauld, dont :

---

(1) Elle était sœur de : Hippolyte-Guislain-Michel, Marquis DE LOUVERVAL, décédé au château de Villers-au-Flos (Pas-de-Calais) le 7 juin 1862; en lui s'éteignit la famille de ce nom, rapportée dans le grand nobiliaire de Picardie par *Villers de Rousseville.*

    A. Charles-Marie-Valentin-Guislain DU HAYS, né le 7 août 1846

    B. Marie-Maximilienne-Charlotte DU HAYS, née le 8 mai 1843.

2° Yves-Maurice-Charles-Sylvain DU HAYS, né le 23 décembre 1820, marié, le 11 mai 1846, à Mademoiselle Alexandrine-Josèphe-Marie VAN DER CRUISSE DE WAZIERS, dont :

    A. Isabelle-Sophie-Josèphe-Marie DU HAYS, née le 28 avril 1847.

3° Emmanuel-Thérèse-César-Venant DU HAYS, né le 18 mai 1825, marié à Mademoiselle Marie-Albertine MALET DE COUPIGNY;

4° Marguerite-Louise-Géronime DU HAYS, mariée, le 21 octobre 1817, à Alexandre-Casimir-Abel TOURNOIS DE BONNEVALLET, dont postérité.

DES HAYS DE LA RADIÈRE

ARMES : *De gueules, à un lion d'or rampant et armé d'une épée d'argent.*

Famille établie près d'Orbec, anoblie, en 1769, en la personne de : Louis-Jean DES HAYS DE LA RADIÈRE, Ecuyer, Seigneur de Bailleul, du Luat, de Haveu, etc., Maréchal-des-Logis dans la deuxième compagnie de la Garde ordinaire du Roi. Il devint Mestre-de-Camp de cavalerie et Chevalier de St-Louis. De son mariage avec Anne-Marie DE ROCH, il eut un fils :

Louis-Guillaume Servais DES HAYS DE LA RADIÈRE, Gendarme de la Garde du Roi en 1759, puis Ingénieur ordinaire du Roi en 1766.

Cette famille a figuré à l'Assemblée de la noblesse pour les Etats Généraux en 1789 (Balliage d'Orbec. — Voyez tome 1er, page 191).

DES HAYES

DE FORVAL, DE GASSART, ETC.

ARMES : *D'azur, à trois fasces d'argent.* — Couronne : *De Comte.* — La branche DE GASSART porte : *D'azur, à trois haies d'argent mises en face.*

utre famille de la Généralité de Caen, très-ancienne parmi la noblesse, et dont l'origine remonte à un Comte Roger DES HAIS, lequel fut un des Gentilshommes qui accompagnèrent le roi Philippe - Auguste lorsqu'il s'empara de la Normandie en 1200. Guillaume DES HAYS, Chevalier, vivant en 1321, figure dans une transaction passée entre la Comtesse de Dreux et le Comte Bouchard de Montmorency.

Cette famille, maintenue dans sa noblesse en 1598 et le 15 avril 1666, s'est divisée en deux branches principales :

1° Celle de Forval, à laquelle appartenait : Léonor-Jacques DES HAYS, Chevalier, Baron DE FORVAL, issu au XIIIᵉ degré de Guillaume, mentionné plus haut, lequel a épousé, en 1742, demoiselle Marie-Antoinette LE PAULMIER DE GIBERVILLE, dont postérité.

Elle est représentée de nos jours par le baron Albéric DE FORVAL, marié à mademoiselle Marie D'ENNEVILLE, et par son frère William DE FORVAL, marié à.....

_____

La branche de Gassart, séparée de la précédente vers 1556, a pour chef actuel : Jules DES HAYES, Comte DE GASSART, marié à mademoiselle Louise DE GRIMOULT, dont il a trois enfants :

1° Raymond-Jules DE GASSART, marié, en 1860, à Mademoiselle Berthe DE CHAMPS DE SAINT-LÉGER;

2° Didier DES HAYES DE GASSART ;

3° Jeanne DES HAYES DE GASSART.

_____

TITAIRE DE GLATIGNY

ARMES : *D'or, au chevron d'azur, chargé de cinq annelets du champ, et accompagné de trois molettes d'éperon de sable , posées 2 et 1.* —Couronne : *De Comte.* — Supports : *Deux levrettes colletées de gueules.* — Cimier : *Une levrette issant de la couronne.*

n lit dans le *Nobiliaire Généalogique* des familles d'Angleterre, d'Ecosse et d'Irlande (par *Joseph-Adam de Wilberforce*, — édition de 1730, — sur la maison DE TITAIRE, en anglais TITEYRRE) : « Les Seigneurs » de ce nom descendent des seigneurs de Titaire, » d'une des plus anciennes maisons de la Nor_ » mandie , qui , sous le règne de Guillaume le » Conquérant, duc de Normandie, passèrent avec » lui en Angleterre et lui aidèrent à conquérir ce pays. Dès que » Guillaume fut assis sur le trône, il songea à récompenser ceux qui étaient » venus avec lui pour cette affaire, et il leur distribua tous les biens des An- » glo-Saxons. Les TITAIRE, qui étaient tous venus à l'expédition, eurent beau- » coup de Seigneuries, Fiefs ou Manoirs dans les Comtés de Fling, de Daubigh » et dans la Principauté de Galles. L'aîné de cette maison retourna dans ses » domaines en Normandie, en abandonnant sa part à ses frères, sous la con- » dition expresse qu'ils ne feraient aucune réclamation, eux, ni leurs descen- » dants, pour les biens qu'ils auraient à recevoir en Normandie, et de son » côté il leur accord a la réciproque. »

Nous ne nous occuperons pas de la branche anglaise, représentée en 1730, par Edouard Lord TITEYRE, Comte de Goring, qui, de son mariage avec Joséphine-Elisabeth MOYRA, fille unique de Lord Moyra, Comte de Cambell, avait deux fils et trois filles.

La branche aînée restée en France ne peut établir sa généalogie jusqu'à Auguste TITAIRE, Seigneur normand qui participa à la conquête d'Angleterre, ses papiers ayant été brûlés ou perdus; mais elle possède une lettre d'Henri IV, Roi de France, qui remplace les titres perdus et affirme que la maison de Titaire est noble de race.

La filiation de cette maison, dont presque tous les membres ont servi le Roi aux armées, commence à Henri TITAIRE, Ecuyer, reconnu noble d'ancienne extraction en 1463, par Raymond de Montfaut, commissaire délégué par le Roi pour la recherche des francs-fiefs, et a été établie par nous sur un extrait des Registres de la noblesse de la Généralité de Rouen, faite par M. de la Galissonnière, Intendant et Commissaire départi par le Roi en ladite Généralité.

FILIATION.

I. — Henri TITAIRE, Ecuyer, Archer de la Garde du Roi, maintenu dans sa noblesse en 1463, acheta, le 25 mars 1499, une partie de la terre de Saint-Wandrille; le nom de sa femme ne nous est pas parvenu, mais nous savons qu'il eut pour fils :

II — Martin TITAIRE, Ecuyer, dit *le Grand*, Archer de la Garde du Roi, figure dans différents contrats des 23 septembre 1482, avril 1483, 21 février 1490 et 14 avril 1501. Il eut plusieurs enfants, l'aîné :

III. — Martin TITAIRE, IIᵉ du nom, Ecuyer, Seigneur de Glatigny, du Ruffay et autres lieux, Archer de la Garde-du-Corps du Roi, a épousé noble demoiselle Jeanne DU MESNIL, et acheta, le 18 mars 1513, une autre partie de la terre de Saint-Wandrille. Il figure encore dans plusieurs contrats des 28 décembre 1527 et juin 1538. De son mariage sont issus quatre enfants, savoir :

1° Olivier, qui suit ;
2° Louis TITAIRE, Ecuyer ;
3° Marie TITAIRE ;
4° Thoannette TITAIRE.

IV. — Olivier TITAIRE, Ecuyer, Seigneur de Glatigny et du Ruffay, Lieutenant du Prévôt-Général de la Maréchaussée en Normandie, est dénommé dans divers actes du 20 octobre 1544, où il acheta des terres sises à Sainte-Marguerite-sur-Duclair, des 30 février 1550 et 20 janvier 1551. En 1552 il fut compris au rôle des nobles tenant fiefs, au bailliage de Caux, et, comme tel, devait le service au ban et à l'arrière-ban. Il épousa, par contrat du 18 février 1543, noble demoiselle Laurence Busquet, fille de noble homme Pierre Busquet, Seigneur de Puvreval, dont il eut :

V. — Robert Titaire, Ecuyer, Seigneur de Glatigny, du Ruffay et autres lieux, homme d'armes de la Compagnie du Prince de Condé, Capitaine au régiment de Malleville en 1578. Il obtint, le 3 juillet 1596, une lettre du Roi Henri IV, qui le reconnaît noble de race à défaut de ses titres qui ont été brûlés, lettre enregistrée à la Cour des Aides le 26 octobre 1602. En 1606 il rendit aveu pour la Seigneurie du Trait et de Sainte-Marguerite entre les mains de M. Georges de la Porte. Il avait épousé, par contrat du 14 février 1574, noble demoiselle Marguerite de Praissart, fille de Jehan de Praissart, et de dame Marguerite de la Pérouse, dont il eut sept enfants :

1° Martin Titaire, Ecuyer, Seigneur de Glatigny, qui comparut avec son frère à l'assemblée en armes de la noblesse de Normandie, le 1er août 1635 ;
2° Robert, qui suit ;
3° N..... Titaire, Ecuyer, mort à l'armée ;
4° Marguerite Titaire, mariée, le 19 juillet 1665, à Josias Le Bailly, Ecuyer Seigneur de Bellembre ;
5° Catherine Titaire,
6° Madeleine Titaire, } citées dans un acte de partage de biens du 17 août 1623.
7° Anne Titaire,

VI. — Robert Titaire, Ecuyer, Seigneur du Ruffay et de Glatigny après la mort de son frère aîné, fit aveu, le 27 janvier 1627, de la Seigneurie d'Erménonville entre les mains de Jehan-Raoul de Bures. Il avait épousé, par contrat de mariage du 11 février 1631, noble demoiselle Marthe d'Isménil, fille aînée de François d'Isménil, Ecuyer, et de dame Marie de Pelletot. De cette alliance est né le fils unique qui suit :

VII. — Louis Titaire, Ecuyer, Seigneur de Glatigny, du Ruffay, du Trait et autres lieux, né le 8 février 1636, eut pour parrain Messire Louis de Mony, Seigneur de la Meilleraye, et pour marraine la Comtesse de Maulévrier. Il fut nommé Lieutenant dans le régiment d'Infanterie du Marquis d'Herbouville, le 25 janvier 1657. Par contrat du 18 mars 1661, passé devant Me Jean Le Preux, Notaire Royal à Rouen, il a épousé noble demoiselle Françoise du Touppin, fille de feu François du Touppin, Ecuyer, Seigneur de Bolleville,

d'Orival le Bocage, etc., et de dame Marie Drouisse, dont il eut deux enfants ;
et en secondes noces, le 20 mars 1727, noble demoiselle Barbe Bruchant. De
ces deux alliances sont nés :

1° Robert Louis, qui suit ;

2° Marthe Titaire, non mariée;

3° François Titaire, Ecuyer, Seigneur de la Martinière, qui épousa demoiselle Charlotte Gohon, fille de Marin Gohon, Sieur de Corval, et de dame Anne Thibaut ;
il est mort sans postérité.

VIII. — Robert Louis Titaire, Ecuyer, Seigneur de Glatigny, du Ruffay,
du Trait et autres lieux, Lieutenant au régiment d'Infanterie de la Reine par
commission du 4 octobre 1698, a épousé, par contrat passé le 20 juillet 1703
devant Antoine Le Marchand, Notaire Royal à Rouen, noble demoiselle Catherine Le Balleur de Froberville, fille de Nicolas Le Balleur de Froberville
et de dame Marthe Frémont. Il en eut cinq enfants :

1° Bruno-Robert, qui suit ;

2° Pierre-Louis Titaire, Seigneur de Glatigny, nommé Garde-du-Corps du Roi par
brevet signé Versailles le 1er janvier 1744, assista à la bataille de Fontenoy
et y fut tué ;

3° Robert-Olivier Titaire, dit *Le Chevalier du Ruffay*, Commissaire extraordinaire de
l'Artillerie à la Fère, par brevet signé le 5 février 1741, par Louis Charles de
de Bourbon, Grand-Maître et Capitaine-Général de l'Artillerie française, est
mort sans postérité ;

4° Anne-Joachim Titaire ;

5° Marie-Jeanne Titaire.

IX. — Bruno Robert Titaire, Chevalier, Seigneur de Glatigny, né le
3 mars 1711, épousa, par contrat du 5 décembre 1754, noble demoiselle
Marie-Anne-Charlotte-Françoise Dyel de Perdeville, fille d'Adrien-François
Dyel, Ecuyer, Seigneur de Perdeville, et de dame Marie-Anne-Charlotte de
Romé. Il est mort en 1805, laissant de son mariage le fils unique qui suit :

X. — Adrien-Bruno Titaire de Glatigny, Chevalier, Seigneur dudit lieu,
de Gonneville, etc., lequel est né à Rouen le 29 décembre 1756. Entré au
service dans la compagnie des Chevau-Légers de la Garde ordinaire du Roi
en 1774, il fut nommé Capitaine à la suite, en 1778, et titulaire au régiment
du Berry le 1er juillet 1780. Emigré en septembre 1791, il servit à l'Armée
des Princes dans le régiment de Vintimille, fit toutes les campagnes de cette
époque et fut nommé, à sa rentrée en France, Brigadier des Chevau-Légers,
puis, le 24 août 1814, Major de cavalerie et Chevalier de Saint-ouis. Il avait

épousé, en 1789, mademoiselle Marie-Sophie DE LA RUE DE RUCQUEVILLE, fille d'un ancien Mousquetaire du Roi. De ce mariage sont nés deux fils :

1º Victor TITAIRE DE GLATIGNY, Chevau-Léger de la garde du Roi, mort en 1818, non marié ;

2º Edouard, qui suit :

XI. — Edouard TITAIRE DE GLATIGNY, chef de nom et d'armes de sa famille, a épousé, le 27 septembre 1837, mademoiselle Marie-Antoinette DE LA GOUPILLIÈRE DE DOLLON, dont il a deux filles :

1º Marie TITAIRE DE GLATIGNY, mariée, en 1861, à M. Edmond DE BLAVETTE ;

2º Jeanne-Valérie TITAIRE DE GLATIGNY.

LE SENS

DE MORSAN, DE FOLLEVILLE, ETC.

ARMES : *De gueules, au chevron d'or, accompagné de trois encensoirs d'argent.* — Couronne : *De Marquis.* — Supports : *Deux Aigles.*

e rang élevé que la famille LE SENS a occupé pendant plus de cinq siècles dans la province, les hautes fonctions qu'un grand nombre de ses membres ont exercées, l'importance des fiefs et seigneuries qu'elle a possédés, et l'illustration de ses principales alliances, démontrent avec évidence sa noblesse d'ancienne extraction, attestée d'ailleurs de la manière la plus authentique par les titres originaux composant les archives de la famille.

Cette ancienne maison a fourni un lieutenant-général et plusieurs brigadiers des armées du Roi, des gouverneurs de villes et places fortes, plusieurs gentilshommes de la chambre du Roi, des chevaliers de Saint-Michel, de Malte, de Saint-Louis, etc.

Raoul DE SENS, officier d'armée en Bretagne, servit contre Henri Ier, duc de Normandie, en 1274 (Du Moulin, *Histoire de Normandie*).

Robert DE SENS, ou LE SENS, était archidiacre du Vexin normand en 1257 (*Histoire de Rouen*).

Etienne LE SENS était archidiacre du Grand Caux, de l'égilse de Rouen en 1260 (*Idem*).

Il résulte des titres conservés aux archives du Calvados, qu'en 1273, Guillaume LE SENS et Jean, son frère, sont dénommés dans une transaction faite avec Robert DE BRETTEVILLE; en 1286, Maurice LE SENS cède divers biens au chapitre de Bayeux; enfin, en 1313, Jean LE SENS, chevalier, fait donation, à l'abbaye de Saint-Pierre-sur-Dives, d'une rente pour servir à la décoration du maître-autel de ce monastère (1) (*Léchaudé d'Anisy*, 1835, Tome 1er, pages 202, 257 et suivantes).

En 1400, Regnault LE SENS était conseiller de Louis, duc d'Orléans, frère du roi Charles VI.

En 1476, Jean LE SENS fut investi des pouvoirs de Marie, duchesse d'Orléans, comtesse de Blois, pour mettre l'université de Caen en possession d'une maison sise à Saint-Sauveur, que cette princesse avait donnée pour la fondation des grandes écoles (*Extrait des Chartes et Archives du Calvados*).

La maison LE SENS a formé en Normandie cinq branches principales dont quelques-unes se sont subdivisées elles-mêmes en plusieurs rameaux. Elles sont connues sous le nom de :

1° Branche de Morsan, l'aînée ;
2° Branche de Reviers, de Ruqueville et de Launay ;
3° Branche de Folleville ;
4° Branche des seigneurs de l'Espinay et de Boisroussel ;
5° Branche des seigneurs de Villodon, de Coqueville, etc.

Ces diverses branches ont toutes été maintenues dans les prérogatives de la noblesse, suivant jugements des années 1598, 1666, 1671 et 1706.

Parmi les alliances que cette maison a contractées, nous citerons en première ligne celle de Jeanne D'ACHÉ, au XVIe siècle, par laquelle elle a l'honneur de se rattacher à la maison de Dreux, issue du sang royal, puis à celles de Vieuxpont, de Pierrepont, de Loubert, de Fresnoy, de Malherbe, de Beaurepaire, de Louvagny, de Tracy, de Cairon, de Mellissent, d'Aussy, Le Gendre de la Cour, d'Osmond, de Sarcilly, de la Luzerne, de Grossourdy, de Nollent, Daniel de Bois-d'Annemetz, Godard de Belbeuf, de Bouquetot, de Bernières, Amyot d'Inville, Georges de Mithoys, Le Conte des Graviers, etc.

La filiation, établie sur titres authentiques, commence à :

Pierre LE SENS, chevalier, baron de Ferrières, vivant en 1272, marié à l'héritière de la maison de Tracy, qui lui apporta en dot les seigneuries de Tracy, Reviers, Changoubert, situées au bailliage de Caen.

---

(1) Un fait assez curieux à signaler, c'est que cette rente a été remboursée en 1847, par le chef actuel de la famille, et par acte passé chez Me Simon, notaire à Bernay.

De lui est issu au V⁰ degré :

Isaac Le Sens, chevalier, seigneur de Tracy, de Reviers de Launay, etc., lequel a épousé damoiselle Mariette de Vieuxpont. Il vivait encore en 1482, comme on le voit par une charte des francs-fiefs. — De ce mariage sont issus quatre enfants.

> 1° Jean, auteur de la branche de Reviers, de Reuqueville, etc. ;
> 2° Jacques, tige des deux branches de Morsan et de Folleville ;
> 3° Guillaume, auteur de la branche de l'Espinay, de Bois-Roussel, etc ;
> 4° Noël, duquel sont issus les seigneurs de Villodon, des Becquets, de Cocqueville, etc.

La première branche s'est éteinte en la personne de Jean Le Sens, mort le 22 septembre 1616, ne laissant que deux filles :

BRANCHE DES SEIGNEURS DE L'ESPINAY, DE BOIS-ROUSSEL, etc.

Elle eut pour auteur :

Guillaume Le Sens, seigneur de l'Espinay, troisième fils d'Isaac Le Sens, seigneur de Tracy, et de Mariette de Vieuxpont.

Pierre Le Sens, seigneur de Bois-Roussel, de Suhomme, issu de lui au X⁰ degré, a épousé, le 14 avril 1632, demoiselle Marie de Sarcilly. Une ordonnance, rendue le 22 juin 1666, par M. de Chamillart, intendant de la généralité de Caen, le maintint dans les prérogatives de la noblesse. De son mariage sont nés deux filles et deux fils :

> 1° Jacques Le Sens, chevalier, colonel de dragons, mort sans alliance ;
> 2° Pierre Le Sens, tué au siège de Maëstricht, en 1673.

BRANCHE DE VILLODON, DES BECQUETS, etc.

Cette branche, qui eut pour auteur Noël Le Sens, quatrième fils d'Isaac Le Sens, chevalier, seigneur de Tracy, et de Mariette de Vieuxpont, s'est éteinte en la personne de Charles Le Sens, chevalier, seigneur de Villodon, né le 30 octobre 1653, marié, le 21 avril 1678, à demoiselle Françoise de Grossourdy, dont une fille reçue à la maison royale de Saint-Cyr sur preuves de noblesse, le 12 juillet 1692.

BRANCHE DE MORSAN ET DE FOLLEVILLE.

V.—Jacques Le Sens, chevalier, seigneur de Tracy, du Coudray, de Morsan, de Folleville et autres lieux, deuxième fils d'Isaac et de dame Mariette de Vieuxpont, eut pour fils :

VI. — Isaac LE SENS, chevalier, seigneur de Tracy, du Coudray, de Folleville, etc., lequel rendit hommage de la seigneurie du Coudray à messire Louis de Brezé, le 24 février 1503.

Il a épousé noble demoiselle Jeanne DE PIERREPONT, dont il eut plusieurs enfants, entre autres :

> 1° Jean, qui suit ;
> 2° Isaac LE SENS, tige des marquis Folleville, dont l'article suivra.

VII.—Jean LE SENS, chevalier, seigneur de Morsan, de l'Espinay, du Coudray, etc., a épousé, le 31 mars 1513, demoiselle Jacqueline DU FRESNOY, dont trois filles et le fils qui suit :

VIII.—Jean LE SENS, chevalier, seigneur de Morsan, de l'Espinay, du Coudray, etc., fit au roi aveu et dénombrement des seigneuries de Morsan et du Coudray, à cause du comté d'Orbec, le 19 mai 1555. Il avait épousé, en 1552, demoiselle Claude DE BOUQUETOT, qui le rendit père de plusieurs enfants, entre autres :

IX.—Philémon LE SENS, chevalier, baron de Morsan, seigneur du Coudray, gentilhomme de la chambre du roi Henri IV et gouverneur de Bernay en 1611, marié, en 1588, à demoiselle Louise DE NOLLENT. De ce mariage sont issus onze enfants, l'aîné :

X.—François LE SENS, chevalier, baron de Morsan, seigneur du Coudray, capitaine de cent hommes de pied, gouverneur de Fontainebleau en 1628, a épousé demoiselle Jeanne DU FRESNOY en présence de S. M. Anne d'Autriche, femme de Louis XIII. Il eut pour fils :

XI. — Jean-François LE SENS, chevalier, marquis de Morsan, seigneur de l'Espinay, etc., d'abord aide des camps et armées du roi en 1654, sous le duc de Guise, et capitaine des Chevau-Légers, lequel a épousé demoiselle Angélique-Louise LYBAULT, dont il eut :

XII. — François LE SENS, chevalier, marquis de Morsan, seigneur de l'Espinay, conseiller au grand-conseil, né en 1664; il reçut du Roi, le 18 avril 1736, des lettres d'office en considération de ses longs services. De son mariage avec noble demoiselle Geneviève AMYOT sont nés plusieurs enfants, entre autres :

XIII. — Jean-Marie-Louis LE SENS, chevalier, marquis de Morsan, seigneur de l'Espinay, Ecuyer ordinaire du roi, colonel du régiment de Villemu, mort en 1724. Il avait épousé, en 1721, demoiselle Marie-Madeleine-Georges DE MITHOYS, qui l'a rendu père de :

XIV. — Abdon-Thomas-François LE SENS, chevalier, marquis DE MORSAN, né en 1724, d'abord Page du Roi, puis capitaine aux Gardes-Françaises, ensuite maréchal de camp, se retira avec le grade de Lieutenant-Général et le Cordon rouge, et est mort à Paris en 1800. Par contrat du 22 juillet 1765, il avait épousé demoiselle Antoinette-Eléonore AMYOT, fille du receveur général des rentes de l'Hôtel-de-Ville de Paris. De ce mariage sont nés deux fils :

1º Abdon-Antoine, marquis DE MORSAN, né en 1770, Lieutenant-Colonel à l'armée de Condé, chevalier de Saint-Louis, mort sans alliance ;
2º Achille-Joseph, qui suit :

XV. — Achille-Joseph-Abdon LE SENS, marquis DE MORSAN par la mort de son frère aîné, chevalier de Malte, garde du corps du Roi, a épousé, le 13 février 1813, mademoiselle Eléonore LE CONTE DES GRAVIERS, dont :

1º Abdon-Rémond LE SENS, marquis DE MORSAN, né en 1813, mort en 1845 sans avoir été marié ;
2º Joseph-Marie-Philémon, qui suit :

XVI. — Joseph-Marie-Philémon LE SENS, marquis DE MORSAN, né le 13 juillet 1817, chef actuel de cette ancienne maison, a épousé, le 22 juin 1852, mademoiselle Eugénie ROBIN DE LA DROITIÈRE, dont il a deux fils :

1º Edmond LE SENS DE MORSAN, né le 16 avril 1853 ;
2º Gaston LE SENS DE MORSAN, né le 25 juin 1854.

BRANCHE DE FOLLEVILLE.

Cette branche eut pour auteur :

Isaac LE SENS, chevalier, seigneur de Folleville, de Launay, de Neuville, etc., second fils d'Isaac, Iᵉʳ du nom, et de dame Louise DE BREZÉ. Après la mort de son frère, il eut en partage ces trois seigneuries, et il a épousé, le 28 août 1624, demoiselle Jeanne D'ACHÉ, fille de Jean D'ACHÉ et de Louise DE DREUX (de la maison royale de France).

Elle s'est divisée en plusieurs rameaux ; le premier s'est éteint en la personne de Robert-François-René LE SENS, chevalier, marquis DE FOLLEVILLE, procureur en la cour des Comptes, Aides et Finances de Normandie, qui n'eut que deux filles.

L'autre rameau était représenté dernièrement par le chevalier DE FOLLEVILLE, qui hérita du titre DE MARQUIS à l'extinction de la branche aînée, et a laissé deux fils.

LE HARIVEL

DE MAIZET, DE GONNEVILLE, ETC.

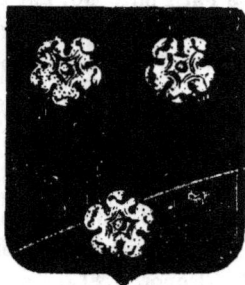

ARMES : *De gueules, à trois roses d'or, 2 en chef et 1 en pointe* — Couronne : *de Comte.* — Supports : *deux Lions.*

u nombre des anciennes familles de la Basse-Normandie, nous placerons la maison LE HARIVEL qui y est connue depuis la fin du XIIIe siècle et y a possédé plusieurs fiefs importants, parmi lesquels nous citerons ceux : du Teil, du Verger, des Brières, de Sourdeval, de Beaumanoir, de Sainte-Honorine, de Maizet, de Gonneville, de Flagy, de Mondreville, etc.

Cette famille fut maintenue dans sa noblesse en 1463, par Raymond de Montfault; en 1598, par Roissy, et enfin en 1671, le 4 mars, par jugement de M. Guy Chamillart (1), conseiller du Roi en tous ses conseils, Intendant de justice, police et finances, commissaire départi par le Roi pour la recherche des usurpateurs de noblesse.

Parmi les alliances de la maison LE HARIVEL, nous citerons celles qu'elle a

---

(1) Dans ce jugement original qui nous a été communiqué, nous lisons que : « Nicolas LE » HARIVEL, Escuier, fils de Richard, demeurant en la paroisse de Maizet (Sergenterie des » Préaux), élection de Caen, a produit les titres justificatifs de sa noblesse par lesquels il a été » bien et dûment prouvé *estre noble par charte des francs-fiefs.* »

contractées directement avec les familles : d'Anfernet, de la Lande, de la Rivière, Laisné de Torchamps, de Marguerye, de Vassy, de Beaulard, de Malfilastre, de Guéroult, de Chanteloup, de Saint-Germain, Turpin de Cailloué, de La Tour de Grainville, de Piédoue, Faucillon de la Frette, Frigoult de Liesville, de Lannoy de Méricourt, Fourier de Bacourt, de Malherbe, de Flambart, de Riquetti de Mirabeau, etc., etc.

La maison LE HARIVEL s'est divisée en plusieurs branches, savoir : celles des Brières, du Bocage, de Maizet, de Gonneville et de Flagy ; deux seulement subsistent encore actuellement.

La filiation authentique et non interrompue de ces diverses branches a été établie par nous sur une collection de titres originaux ou copies certifiées (1) qui nous ont été représentés. Elle commence à :

I. — Robert LE HARIVEL, Ecuyer, Seigneur de Saint-Flexel, vivant encore en 1319, et qui eut pour fils :

II. — Guillaume LE HARIVEL, Ecuyer, Seigneur du Teil, père de :

III. — Colin LE HARIVEL, Ecuyer, Seigneur du Teil ou du Theil, Vavassorie franche et assez ancienne pour que la charte de la Reine de Navarre (2) en fasse mention. Il y est dit : « Colin HARIVEL tient de nous une franche Vavas-« sorie appelée le Theil, dont le chef est assis en la paroisse de Saint-Pierre-« du-Regard et s'étend en la paroisse de Saint-Martin-de-Condé et nous faict « hommage de vingt sols tournois, de l'aide au Vicomte, deux setiers « d'avoine et autres services et redevances. »

D'une alliance dont le nom ne nous est pas parvenu, il eut trois fils : Nicolas, Huet, morts sans posétérité, et Macé qui continue la descendance :

IV. — Macé LE HARIVEL, Ecuyer, Seigneur du Theil et du Verger, a épousé Collette DU GRIPPEL, qui l'a rendu père de :

V. — Jean LE HARIVEL, Ecuyer, Seigneur du Theil et du Verger, maintenu dans sa noblesse par Montfault en 1463, a épousé noble damoiselle Perrette DU CHESNE ; il vivait encore en 1496 et laissa deux fils :

1º Roger, qui suit ;
2º Michel LE HARIVEL, Écuyer, homme d'armes dans la compagnie du sieur Jean du Merle, sire de Messei, en 1475.

---

(1) Entre autres un inventaire de titres, du 27 mars 1641, signé du Tillot.

(2) Cette charte, de l'année 1388, est rendue par Blanche de Navarre, veuve de Philippe de Valois, et dame de Condé-sur-Noireau (*Histoire du canton d'Athis*, par M. le comte de la Ferrière-Percy.)

VI. — Roger le Harivel, Écuyer, Seigneur du Theil, a épousé demoiselle Rogère de La Lande, dont un fils unique :

VII. — Jean-François Le Harivel, Écuyer, Seigneur du Theil, de Sour-deval et de Beaumanoir, lequel figure dans un contrat passé le 9 juillet 1549, devant Hateville et Madelaine, tabellions royaux, a épousé damoiselle Magdeleine de La Rivière, dont sont issus trois fils :

    1° Jacques Le Harivel, mort sans postérité;

    2° Jean-François, qui suit ;

    3° Jean Le Harivel, Écuyer, Seigneur du Bocage, marié, en 1556, à demoiselle Jeanne Le Lièvre; il est l'auteur d'une branche éteinte à la fin du XVII° siècle.

VIII. — Jean-François Le Harivel , Écuyer, Seigneur du Theil et de Beaumanoir, dont l'existence est prouvée par une procuration du 26 mars 1579, faite au profit de son fils Richard, devant Jacques de Montbray, notaire royal, a épousé noble demoiselle Isabeau de Marguerye, qui l'a rendu père de plusieurs enfants, entre autres :

    1° Richard, dont l'article suit ;

    2° Jean Le Harivel, Écuyer, sieur des Brières, marié, en 1623, à noble demoiselle Marie de Vassy, dont :

        A. Pierre Le Harivel, Écuyer, Seigneur des Brières, en 1696 (1), marié à Marguerite d'Anfernet (branche éteinte).

IX. — Richard Le Harivel, Écuyer, Seigneur de Sourdeval et de Beau-manoir, figure avec ses frères dans un acte de partage de la succession de leur père, fait le 10 mai 1591, reconnu le 14 avril 1592 et signé : de Saint-Marc, juge. — Il a épousé : 1° demoiselle Roberte de Guyenne, et 2° demoi-selle Louise Laisné de Torchamps. De cette seconde alliance sont nés trois fils :

    1° Nicolas, qui continue la descendance ;

    2° Jacques Le Harivel, Écuyer ;

    3° Mathieu, Seigneur de Saint-Denis et des Iles, mentionné dans un acte de partage fait avec ses frères.

X. — Nicolas Le Harivel, Écuyer, Seigneur de Beaumanoir, de Maizet

---

(1) Le fief des Brières, sis en la commune de Saint-Pierre-du-Regard, est passé dans la famille de Prépetit au siècle dernier, par suite du mariage de Marie-Éléonore-Jacqueline Le Harivel, dernière héritière de sa branche, avec Alexandre de Prépetit.

et autres lieux, était, en 1636, Lieutenant de l'escadron des Gentilshommes de la Généralité de Caen. Il avait épousé, par contrat du 12 juin 1629, noble demoiselle Catherine DE BEAULARD, dont il eut plusieurs enfants, entre autres :

1° Gabriel LE HARIVEL, Ecuyer, Seigneur de Maizet, marié à demoiselle Louise RUAULT, dont :

    A. Charles-Antoine LE HARIVEL, marié à Claude DE VILLETTE (postérité éteinte).

2° François LE HARIVEL, Ecuyer, Seigneur de Saint-Victor, marié à demoiselle Florence LE TOUZEY, dont un fils :

    A. Jacques-François LE HARIVEL, mort sans postérité.

3° Nicolas, dont l'article suit ;

4° Guy LE HARIVEL, prêtre et curé de Maizet.

XI. — Nicolas LE HARIVEL, Ecuyer, Seigneur de Maizet et de Beaumanoir, fut, comme son père, Lieutenant de l'escadron des Gentilhommes de l'arrière ban dont le capitaine était M. de Tilly, charge qu'il a occupée jusque l'année 1691. Par un acte du 10 septembre 1672, passé devant Barthélemy Cailly et Robert Maillet, notaires Royaux en la vicomté de Vire et Vassy, lui et son frère Guy, curé de Maizet, échangent avec Jean DU ROZEL, Ecuyer, Seigneur de Caigny, le fief de Beaumanoir contre le fief et seigneurie de Maizet que ledit du Rozel avaient acquis de Gabriel LE HARIVEL, leur frère aîné. Il a épousé noble demoiselle Françoise DE CHANTELOUP, dont il eut deux fils :

1° Guy-Louis, qui suit ;

2° Georges LE HARIVEL, auteur de la branche de Sainte-Honorine et de Gonneville, rapportée plus loin.

XII. — Guy-Louis LE HARIVEL, Ecuyer, Seigneur de Maizet, a épousé noble demoiselle Eléonore DE SAINT-GERMAIN, qui l'a rendu père de :

XIII. — Pierre-Guy LE HARIVEL DE MAIZET, marié à demoiselle Françoise-Elisabeth DE MARGUERYE. De ce mariage sont nés plusieurs enfants, entre autres :

XIV. — Jacques-François-Edouard LE HARIVEL DE MAIZET, né en 1785, et mort en 1862. Il avait épousé mademoiselle Justine DE VENDES, dont il a eu les trois enfants ci-après :

1° François-Amédée, qui suit ;

2° Aspasie LE HARIVEL DE MAIZET, mariée à M. DURAND DE LA BORDERIE ;

3° Anaïs LE HARIVEL DE MAIZET, mariée : 1° à M. HOUEL, et en secondes noces à M. le Baron MUSNIER DE MAUROY.

XV. — François-Amédée Le Harivel de Maizet, chef de nom et d'armes de la famille, né en 1809, a épousé, en 1844, mademoiselle Sophie Le Sueur. De ce mariage il n'a que des filles :

1° Sophie Le Harivel de Maizet ;
2° Marie Le Harivel de Maizet ;
3° Noémie Le Harivel de Maizet;
4° Joséphine Le Harivel de Maizet ;
5° Anaïs Le Harivel de Maizet.

BRANCHE DE SAINTE-HONORINE ET DE GONNEVILLE.

Cette branche a eu pour auteur :

XII. — Georges Le Harivel, Ecuyer, Seigneur de Sainte-Honorine, second fils de Nicolas, II° du nom, et de dame Françoise de Chanteloup. Il a épousé, en 1729, noble demoiselle Françoise de Guéroult, dont :

1° Léonor, qui suit ;
2° Pierre-Louis-Augustin Le Harivel, Seigneur de Mondreville, prêtre, abbé de Sainte-Honorine, qui fut compris dans le procès-verbal de l'Assemblée de la Noblesse en 1789 pour l'élection des Députés aux Etats-Généraux (Bailliage de Caen). Il y fut représenté par son neveu, Rolland-Hubert Le Harivel de Flagy (Voyez tome 1er, page 170, où figurent aussi Messieurs de Gonneville et de Maizet).

XIII. — Léonor Le Harivel, Ecuyer, Seigneur de Sainte-Honorine, de Gonneville, de Grainville et autres lieux, fut marié deux fois : 1° en 1750, à mademoiselle Françoise-Gabrielle Turpin de Cailloué, et, en deuxièmes noces, à mademoiselle Catherine-Françoise de la Cour de Grainville. De ces deux alliances sont issus plusieurs enfants, savoir :

1° Gabriel-Léonor Aymar, qui suit ;
2° Rolland-Hubert Le Harivel de Flagy, né en 1752, Chevalier de Saint-Louis, lequel a épousé Mademoiselle N... de Cordon. Il est mort en 1837, ne laissant que deux filles :

    A. Louise Le Harivel de Flagy, mariée à François-Auguste de Malherbe d'Allemagne ;
    B. Adélaïde-Esther Le Harivel de Flagy, mariée, en 1813, a Louis-François-Adolphe de Flambart (1).

(1) Voyez la généalogie de cette maison, page 362.

3° Guillaume-Joseph Le Harivel de Sainte-Honorine, Seigneur de Cossesseville et du Bô, Chevalier de Saint-Louis, marié à Mademoiselle Louise-Félicité-Nicole Faucillon de La Frette, et mort sans postérité en 1837;

4° Michel-Léonor Le Harivel de Grainville, mort sans postérité.

XIV. — Gabriel-Léonor-Aymar Le Harivel de Gonneville, Chevalier de Saint-Louis, né le 19 décembre 1750, a épousé : 1° mademoiselle N....... de Piédoue, et 2° mademoiselle Marie-Juliette Le Pailleur de Langle. Il est mort en 1821, laissant de ces deux alliances les trois fils ci-après :

1° Charles-Louis-Rolland Le Harivel de Gonneville, né en 1779, marié à Mademoiselle de Lannoy de Méricourt, et mort en 1850. De ce mariage est née une fille :

A. Alina-Louise-Joséphine Le Harivel de Gonneville, mariée, le 17 janvier 1824, à M. Alphonse Frigoult de Liesville.

2° Aymar-Olivier Le Harivel de Gonneville, né en 1783, ancien Colonel de cavalerie, Officier de la Légion d'honneur et Chevalier de Saint-Louis, qui a épousé Mademoiselle Antoinette-Françoise-Sophie Fourier de Bacourt, dont il a :

A. Marie Le Harivel de Gonneville, mariée à Joseph-Arundel de Riquetti, comte de Mirabeau.

3° Félix, dont l'article suit :

XV. — Félix Le Harivel de Gonneville, ancien capitaine d'Etat-Major, mort en 1852, avait épousé, le 22 mars 1816, mademoiselle Marie-Sophie-Josèphe Fourier de Bacourt, qui l'a rendu père du fils unique qui suit :

XVI. — Aymar Le Harivel de Gonneville, né le 5 janvier 1817, a épousé, le 22 juillet 1844, mademoiselle Constance-Marie-Mathilde Batelot (famille originaire de la Lorraine). Il en a eu six enfants :

1° Marie-Marguerite Le Harivel de Gonneville, née en 1847;

2° Marie-Geneniève Le Harivel de Gonneville, néo en 1850;

3° Marie-Hélène Le Harivel de Gonneville, née en 1852, morte le 14 avril 1862;

4° Félix-Adolphe-Marie-Pierre-Fourier Le Harivel de Gonneville, né en 1853;

5° Aymar-Henry-Marie-Félix Le Harivel de Gonneville, né en 1855;

6° Charles-Guillaume-Marie-Aymar Le Harivel de Gonneville, né en 1859.

Nous ne savons pas de quelle branche de la famille était issu :

Jacques-Louis-François Le Harivel, Baron de Fresne, Seigneur de Beauchesne, Mesnil-About, Moiré, etc., en son vivant Conseiller du Roi, Maître des

Eaux-et-Forêts du comté de Mortain, marié à demoiselle Marie-Charlotte-Françoise Le Lasseur de Champosout, dont il eut deux enfants :

1º Jacques-Louis Le Harivel, Baron de Fresne, mort à Londres pendant l'émigration, sans laisser de postérité ;

2º Jacqueline-Suzanne Le Harivel, mariée, par contrat du 8 janvier 1766, à Messire Gilles-François de Vauxfleury de Saint-Patrice, Ecuyer, demeurant à Mortain.

A la même branche appartenait aussi Marie-Rénée Le Harivel de Fresne, mariée à Mathieu de La Chambre de Vauborel (Voir la notice de cette famille, tome Ier, page 290).

HERBELINE DE RUBERCY

Armes : *D'azur, au chevron d'or, accompagné de trois haches d'armes d'argent, 2 et 1, les deux du chef affrontées.*

Originaire de la ville de Bayeux, cette famille fut anoblie par charte donnée à Paris en février 1611, enregistrée à la Cour des aides de Rouen, le 31 juillet 1612, en faveur de François Herbeline, Seigneur de Longuefosse et de Mandeville.

Cette famille forme deux branches, dont une s'éteignit presque aussitôt, et se fondit dans la famille de Robbes ; la cadette quitta sa province et alla s'établir en Bretagne. L'auteur de cette branche prit le nom de Rubercy, de celui d'une terre dont François Herbeline était seigneur en 1620.

Jacques-Joachim d'Herbeline de Rubercy, son arrière petit-fils, transporta sa demeure à Bellisle-en-Terre, près Guingamp, et y épousa Mademoiselle Louise-Martine Gaigneron de Chaillou, dont il n'eut que des filles : l'une d'elles :

Marie-Françoise de Rubercy, a épousé Yves Jégou, ancien Inspecteur de l'Université, à Nantes. Il en a quatre enfants.

DU MESNILADELÉE

ARMES : *D'argent, à trois chevrons de gueules.* — Couronne : *de Comte.*

a maison DU **MESNILADELÉE** est une des plus anciennes de la province. Suivant *d'Hozier*, les Seigneurs de ce nom se sont rendus célèbres par leurs exploits ; cependant tous les auteurs héraldiques ne sont point d'accord sur l'origine de cette famille, que quelques-uns font descendre d'un des compagnons et lieutenant de Rollon, premier duc de Normandie. Ce qu'il y a cependant de bien certain, et à cet égard on peut consulter les ouvrages de *La Chesnaye des Bois, le père Anselme, Saint-Allais, Warocquier, le Dictionnaire de la noblesse normande*, par M. de la Ferté, etc., c'est que les seigneurs DU MESNILADELÉE, qui ont donné leurs noms à une paroisse sise au canton de Juvigny-le-Tertre, dans l'arrondissement de Mortain, se sont trouvés à la conquête d'Angleterre, à plusieurs Croisades, et, enfin, à la conquête du royaume de Naples, où ils étaient les compagnons inséparables de Tancrède DE HAUTEVILLE et autres chefs normands qui remplirent l'univers de leurs brillants faits d'armes.

Lors de la conquête de l'Angleterre, en 1066, le Duc Guillaume récompensa magnifiquement les membres de cette famille, en leur donnant de vastes domaines, ce qui en engagea plusieurs à s'y fixer.

Au milieu du siècle dernier, Lord EVERY, Pair d'Angleterre, se faisait gloire de descendre de la famille DU MESNIL ; il avait les mêmes armoiries, le *champ* était d'*or*, au lieu d'être d'*argent*.

Une autre preuve de la puissance de cette maison aux XIe et XIIe siècles, c'est que nous trouvons plusieurs de ses membres mentionnés dans différentes Chartes passées par les plus grands seigneurs du Cotentin; dans ces Chartes, ils figurent comme témoins ou comme donataires de biens importants aux monastères et autres confréries religieuses.

Sa noblesse d'ancienne extraction fut reconnue à différentes époques, notamment en 1463, par Montfaut ; en 1598, par de Roissy, et enfin en 1666, par Monsieur de Chamillart.

Parmi les personnages de cette ancienne maison que nous avons retrouvés dans les anciennes chartes, nous citerons :

Anne DU MESNILADELÉE, dont la mère était Marie DE PAISNEL, famille puissante au XIe siècle, a épousé, en 1100, Messire François DE SAINTE-MARIE (1).

Gillebert DU MESNILADELÉE, qui figure comme témoin dans une charte de donation de l'année 1158, faite par Guillaume DE LA BASOGE (2) en présence de Raoul son frère, et de Sylvain DE CLINCHAMPS (*Annales d'Avranches* par l'abbé Desroches).

Guy DU MESNILADELÉE et son frère Raoul figurent dans un acte de l'année 1160, et s'obligent à payer à Guillaume SERVAIN, Chevalier et seigneur de Malherbe, deux deniers tournois de monnaie courante.

Raoul DU MESNILADELÉE figure comme témoin dans une Charte faite en 1240 en faveur de l'abbaye de Lonlay (arrondissement de Domfront).

Guy DU MESNILADELÉE, Chevalier, fit partie de l'Ost de la fin de l'année 1271, et comparut à Tours en 1272.

Geoffroy DU MESNILADELÉE, Chevalier, s'obligea, en 1289, à payer à l'abbé du Mont-Saint-Michel quinze livres tournois pour fin de relief à l'acquit de Robert AVENEL DES BIARDS (*Archives d'Avranches*).

En l'année 1376, Agnès DU MESNILADÉE épousa Richard DE CARBONNEL,

---

(1) Il fut l'un des ancêtres de Monsieur le Marquis DE SAINTE-MARIE D'AGNEAUX, dont nous avons publié la notice dans le Tome Ier, page 37.

(2) Le fief de la Basoge, très-considérable à cette époque, est situé aussi dans le canton de Juvigny.

et lui apporta en dot le fief du Mesniladelée, qui plus tard échut à la famille des POILVILLAIN.

Guillaume DU MESNILADELÉE, Ecuyer, fit hommage lige au Roi Charles VI du fief appelé le Bois-Hébert, le 14 février 1393.

Ce fut dans le cours du XV⁰ siècle, en 1463, que Guillaume DU MESNILADELÉE, ascendant direct du chef actuel de la famille, vint s'établir à Coutances et fut maintenu dans sa noblesse d'ancienne extraction par Raymond de Montfaut, Commissaire du Roi Louis XI. Il eut pour fils :

Jean DU MESNILADELÉE, père de Gilles, père de Christophe DU MESNILADELÉE, Sieur des Forges, lequel épousa, en 1570, noble demoiselle Françoise DE JUVIGNY, et eut pour fils :

Guillaume DU MESNILADELÉE, Ecuyer, Sieur des Forges, maintenu dans sa noblesse en 1598, par M. de Roissy. Il a épousé noble demoiselle Georgine D'ANJOU.

François DU MESNILADELÉE, Ecuyer, Sieur des Forges, épousa demoiselle Catherine LE VANNIER, fille de noble Jacques Le Vannier, Ecuyer, Sieur de la Patience, et de dame Louise DE CLINCHAMPS. De cette alliance est né :

Jean DU MESNILADELÉE, Ecuyer, Seigneur de Saint-Maur, de la Prévôtière et de Dragueville, qui fut maintenu dans sa noblesse en 1666; il a épousé noble demoiselle Marie DE PIGOUSSE, fille de N........ de Pigousse, Seigneur de Saint-Denis-le-Vêtu, et de dame Françoise DE CAMPROND. Ils eurent plusieurs enfants, entre autres :

Jean-Baptiste DU MESNILADELÉE, Ecuyer, Seigneur de l'Aune et de Dragueville, lequel épousa, le 9 septembre 1683, noble demoiselle Suzanne-Françoise DAVY DU PERRON, fille d'Adrien Davy, Ecuyer, Seigneur de Maneville et de dame Suzanne Thomas de Causseville.

Adrien-François DU MESNILADELÉE, un de leurs petits-enfants, né le 26 avril 1750, comparut à l'Assemblée de Messieurs de la noblesse, tenue en 1789 (Bailliage de Coutances) pour l'élection des Députés aux Etats-Généraux. (Voyez tome Iᵉʳ, page 153, où est aussi mentionné Hippolyte DU MESNILADELÉE, son frère). Il a épousé demoiselle Victoire-Suzanne HELLOUIN DE MONTCUIT, et de ce mariage sont issus trois enfants, savoir :

1° Bon Amédée DU MESNILADELÉE, Officier de l'arme du génie, Chevalier des ordres de la Légion d'honneur et de Charles III d'Espagne, mort sans postérité ;

2° Jules Maurice, qui suit ;

3° Adrien Gustave DU MESNILADELÉE, né le 20 mai 1797.

Jules-Maurice DU MESNILADELÉE a épousé, le 22 mai 1832, mademoiselle Sophie-Monique Antoinette EBREMOND-PINEL. Il est mort en laissant six enfants :

1° Julien-Marie-Casimir, qui suit ;
2° Charles-Bon-Marie DU MESNILADELÉE ; *prêtre*
3° Adrien-Hervé-Marie DU MESNILADELÉE ; *a épousé Th. Louise Thiébaut dont + prise...*
4° Clémence-Antoinette-Marie DU MESNILADELÉE ;
5° Alice-Bonne-Marie DU MESNILADELÉE ;
6° Marthe-Sophie-Marie DU MESNILADELÉE.

Julien-Marie-Casimir DU MESNILADELÉE, chef de cette ancienne maison, est né le 19 avril 1833. Il a épousé, le 12 mai 1862, mademoiselle Marie-Mathilde-Céline LÉVY, dont il a une fille :

Thérèse-Mathilde-Charlotte-Marie DU MESNILADELÉE, née le 6 mai 1863.

... postérité est nombreuse en 1883 à Eu (Seine Inférieure)

DE MANNOURY

ARMES : *D'argent, à trois mouchetures d'hermine de sable, 2 et 1.*

Cette ancienne famille, qui a été maintenue dans sa noblesse en 1595, 1611, 1641, et en dernier lieu par M. de Marle, Intendant de la généralité d'Alençon, en 1666, a formé plusieurs branches.

Le premier auteur connu est Étienne DE MANNOURY, *dit* le Chevalier du Trembray, vivant en 1395, Seigneur du Mont-la-Vigne, de Monteil, de Fribois, etc. Il a épousé, en 1417, haute et puissante damoiselle Austreberte DE DREUX, de la maison Royale de France.

A la branche des seigneurs de Magny-les-Bailleul, d'Ectot, de la Brunetière, etc., appartenait Guillaume-Léonor de Mannoury, Chevalier, né en 1774, qni fut Page de S. A. R. la comtesse d'Artois.

La Branche DE CROISILLES avait pour chef, en l'année 1778, Charles-Guillaume de Mannoury, Seigneur des Croisilles, qui assista à l'Assemblée de la Noblesse pour les États-Généraux, en 1789, d'après le procès-verbal du grand bailliage d'Alençon, en date du 17 mars de ladite année.

Nous n'avons reçu aucun document pour cette famille, mais nous savons qu'un de ses représentants est aujourd'hui Maire de la ville d'Argentan.

DE MÉSENGE

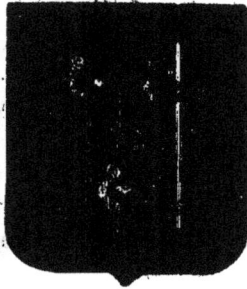

ARMES : *De gueules, à trois merlettes d'or, à la bordure de sable.* — Couronne :
de Marquis.

ncienne maison de la Généralité d'Alençon, maintenue dans sa noblesse par jugement du 24 juin 1667, et dont les armoiries ont été enregistrées à l'Armorial Général, en 1696 (*Bibliothèque Impériale, Généralité d'Alençon, folio* 49).

Elle a possédé dans cette province plusieurs terres considérables, et, dès le XV⁰ siècle, elle réunit, ainsi qu'en font foi les titres déposés à la Bibliothèque Impériale, les seigneuries de Saint-André de Messey, Martel, le Chardonné, Boëssey, Beauval, les Ventes, Saint-Gervais, le Quesnay, Cranterie, Lessart, Monthéard, etc.

Depuis, elle y a ajouté encore celles de Nocey, de Corboyer, de Ville-Pelée, de Pluviers, de Courgeoust, de la Grossinière, d'Aulnay, de Bures, de Saint-Aignan, etc., etc.

Ses principales alliances ont été formées avec les maisons : de Lisle, de Saint-Aignan, de Guerpel, de Brossard, d'Épinay, de Puysaie, le Paulmier, le Rouillé, de Barville-de-Nocey, de Loisel, de Knérbout et de Bonnet de Bellou.

La famille DE MÉSENGE s'est divisée en plusieurs branches qui se sont successivement éteintes : l'une d'elles, celle de Monthéard, en s'alliant avec la maison principale ; les autres, dans les plus honorables maisons de la province.

En 1758, il n'existait plus que deux rameaux, dont l'un vint se fixer à Alençon par le mariage de Messire Claude-Louis DE MÉSENGE, Seigneur de Martel, fils aîné, avec mademoiselle LE ROUILLÉ DES LOGES ; l'autre s'établit dans le Perche par le mariage de Messire Louis-François DE MÉSENGE, fils cadet, seigneur du Chardonné, contracté, le 13 janvier 1759, avec Mademoiselle Marie-Marguerite DE BARVILLE DE NOCEY, fille de Messire Pierre de Barville, Chevalier, Seigneur de Corboyer, Nocey, etc., et de Mademoiselle Marguerite DES FAVERITZ.

Le rameau aîné s'est éteint à son tour, et il ne reste plus aujourd'hui, pour représenter le second, que les deux enfants de feu Monsieur Réné-François-Louis DE MÉSENGE et de Mademoiselle Marie-Elisabeth-Ernestine DE KAERBOUT, savoir :

Louis-Ernest et Marie-Charlotte DE MÉSENGE.

MASSIF DES CARREAUX

ARMES : *D'azur, à une muraille crénelée de quatre pièces d'argent, maçonnée de sable.*

Le premier auteur connu de cette famille est Louis MASSIF, vivant en 1560, marié à damoiselle Suzanne DE DAMPIERRE.

Thomas MASSIF DES CARREAUX fut reçu, en 1737, Conseiller du Roi, auditeur eu la Cour des comptes, aides et finances de Rouen.

Elle a pour représentants actuels :

1o Michel MASSIF DES CARREAUX, né en 1820 ;
2o Jules MASSIF DES CARREAUX ;
3o Fanny MASSIF DES CARREAUX, mariée en 1844 à Jules COURSAUX D'HATTENTOT.

DE REGNOUF

ette famille, dont le nom est fort ancien, est originaire du Cotentin, où elle possédait, en 1400, la terre de Neuville-au-Plain, qu'elle possède encore aujourd'hui. Depuis cette époque, la maison REGNOUF s'est toujours alliée aux meilleures familles de la province, parmi lesquelles nous citerons celles : de Cuerquebuc, Couillard-de-Hautmesnil, de la Lande, le Rouge, des Hues, d'Arragon, Pitatvin de la Côte, de la Gonivière, du Mesnildot, Payen de Chavoy, Godard d'Isigny, Le Provost de Saint-Jean, etc., etc.

La filiation suivie de cette maison n'a pu être établie sur titres et contrats originaux qu'à partir de :

I. — Pierre REGNOUF, Ecuyer, tué à la guerre sous le règne de Louis XIII. Le nom de sa femme ne nous est pas parvenu, mais nous savons qu'il eut pour fils :

II. — Gilles REGNOUF, Ecuyer, lequel était officier de la maison du prince de Condé en 1685.

III. — Gabriel REGNOUF, Ecuyer, sieur du Hutrel, son fils aîné, fut Conseiller du Roi et Président de l'élection de Carentan. De son mariage avec noble demoiselle Marie-Jeanne Le Fauconnier de Bellisle, il eut deux fils :

1° Jean-Antoine, qui suit ;
2° Eustache-Gabriel Regnouf, Sieur de Breins, dont la descendance mâle est éteinte.

IV. — Jean-Antoine Regnouf, Ecuyer, sieur de Hutrel, Conseiller-Secrétaire du Roi, fut aussi Président de l'Election du Carentan. Il épousa noble demoiselle Marie-Anne-Françoise Le Fèvre, et eut le fils qui suit :

V. — Jacques-Antoine-Gabriel de Regnouf, Ecuyer, Gendarme de la Garde ordinaire du Roi, Capitaine d'infanterie, Chevalier de l'Ordre Royal et militaire de Saint-Louis, lequel a épousé noble demoiselle Clotilde-Anne-Philippine de la Corbière. Il servit à l'armée des Princes, et fit avec distinction, comme Capitaine de cavalerie, toutes les campagnes depuis 1791 ; parmi les nombreux certificats qui l'attestent, et qui nous ont été montrés, nous citons un des plus honorables :

« Nous, Louis-Joseph de Bourbon, Prince de Condé, Prince du sang. Pair et
» Grand-Maître de France, Colonel-Général de l'infanterie française et étran-
» gère, Duc de Guise, etc., etc., Commandant en chef, par les ordres du Roi,
» une division de la noblesse et de l'armée française, certifions : -
» Que M. Jacques-Antoine-Gabriel de Regnouf, Gentilhomme français de
» la province de Normandie, Chevalier de l'Ordre militaire de Saint-Louis,
» ancien Gendarme de la Garde ordinaire du roi, avec commission de Capi-
» taine de cavalerie, a émigré au mois de novembre 1791, a fait la campagne
» de 1792 à l'armée des Princes, frères de Louis XVI, en qualité d'Aide-
» Major dans la compagnie noble d'ordonnance, qu'il nous a joints à la fin
» de 1795 et a fait sous nos ordres les campagnes de 1796 et de 1797, jus-
» qu'à ce jour, dans le premier régiment de la Cavalerie noble, compagnie de
» Villers-Lafaye, qu'il s'est trouvé à toutes les affaires de la campagne de
» 1796, où la cavalerie a été employée, qu'il s'est conduit avec honneur, se
» distinguant par son zèle, son courage, sa bonne volonté. En foi de quoi
» nous lui avons expédié le présent certificat, signé de notre main, contre-si-
» gné par le Secrétaire de nos commandements, et auquel nous avons fait ap-
» poser le sceau de nos armes.

» Fait au Quartier-Général d'Uberlingen, le 29 septembre 1797.

» Signé : *Louis-Joseph* DE BOURBON.

» Pour S. A. S. Monseigneur,

» DROUIN. »

De son alliance sont nés plusieurs enfants, entre autres :

VI. — Marc-Valentin REGNOUF DE VAINS, né le 4 octobre 1776, fut Sous-Préfet d'Avranches, Député de 1815 à 1830 et Chevalier de l'Ordre Royal de la Légion d'honneur. Il ajouta à son nom celui DE VAINS, en vertu de la dona-tion de cette seigneurie, qui avait été faite à son père, le 17 juin 1781, par Jean DE LA BELLIÈRE, seigneur de Vains, son parent, et avait épousé en 1803 mademoiselle Marie-Jeanne-Hortense-Angélique PAYEN DE CHAVOY. Il mourut en 1843, laissant de son mariage les quatre enfants ci-après :

1° Amédée REGNOUF DE VAINS, mort prêtre ;

2° Alban-Hugues-Marie, qui suit ;

3° Edouard REGNOUF DE VAINS, qui épousa Mademoiselle GODARD D'ISIGNY, dont un fils :

A. Alexandre-Valentin REGNOUF DE VAINS, mort sans postérité.

4° Clarence REGNOUF DE VAINS, Religieuse de l'ordre de Sainte-Clotilde.

VII. — Alban-Hugues-Marie REGNOUF DE VAINS, né le 15 avril 1806, an-cien Officier de marine, démissionnaire, a épousé, le 1er septembre 1835, ma-demoiselle Constance-Marie-Elisabeth LE PROVOST DE SAINT-JEAN, et est mort le 10 août 1858. De son mariage sont issus :

1° Eudoxe REGNOUF DE VAINS ;

2° Max REGNOUF DE VAINS ;

3° Ladislas REGNOUF DE VAINS ;

4° Alban REGNOUF DE VAINS ;

5° Henri REGNOUF DE VAINS ;

6° Clarence REGNOUF DE VAINS ;

7° Mathilde REGNOUF DE VAINS.

OUTREQUIN

DE SAINT-LÉGER, DE MONTARCY, ETC.

ARMES : *D'argent, à cinq loutres de sable, posées 2, 2 et 1.* — L'Ecu *timbré d'un casque orné de ses lambrequins.*

ette famille, d'ancienne bourgeoisie de la province de Normandie, a été anoblie par lettres patentes du mois de mai 1761, accordées à Pierre OUTREQUIN, directeur général des plans et embellissements de Paris, par le Roi Louis XV, qui le décora de plus du cordon de l'Ordre de Saint-Michel. Lesdites lettres ont été enregistrées à la Cour des Comptes, Aides et Finances, les 4 juin, 8 et 21 juillet 1761, et 8 mai 1764.

Voici un Extrait de ces lettres de noblesse (1) :

« Louis, par la grâce de Dieu, etc.., dans les principes que nous nous sommes
» imposés pour la distribution des grâces, nous avons toujours réservé celle
» de l'anoblissement, pour être la récompense ou des services importants ren-
» dus à l'Etat ou des talents distingués auxquels la patrie est redevable de
» découvertes dont l'utilité est reconnue. C'est par des talents de cette espèce
» que notre cher et bien-aimé, le sieur Pierre OUTREQUIN, s'est rendu recom-

---

(1) Archives impériales, Section administrative, Registre des Chartes de la chambre des Comptes, pag. 2890, folio 28.

» mandable à nos yeux par les différents projets et plans qu'il nous a proposés
» tendant à l'embellissement de la capitale de notre royaume, qui lui ont mérité,
» de la part du corps de notre bonne ville de Paris, le titre de Directeur général
» de tous les projets relatifs à l'agrandissement, commodité et décoration de
»notre capitale. . . . . . Occupé seulement de l'avantage qui devait résulter
» de ces différents projets dont la réussite fait l'agrément des citoyens et l'ad-
» miration des étrangers, son désintéressement ne pouvait lui laisser désirer
» de récompenses que celles qui sont uniquement honorifiques, et la pureté
» de ses sentiments nous a paru d'autant plus digne de recevoir un prix de
» cette espèce que nous avons d'ailleurs été informé qu'il sort d'une famille
» de Normandie depuis longtemps honorée et distinguée dans cette province.
» A ces causes et autres à ce nous mouvant, de notre grâce spéciale, pleine
» puissance et autorité royale, nous avons, par ces présentes signées de notre
» main, anobli et anoblissons ledit sieur Pierre OUTREQUIN, et du titre et
» qualité de noble et gentilhomme décoré et décorons ; voulons et nous plaît
» qu'il soit tenu censé et réputé pour tel, ensemble ses enfants et postérité
» tant mâles que femelles, nés et à naître, en légitime mariage tant et ainsi
» que s'ils étaient issus de noble et ancienne race. . . . . . . sans que, pour
» raison du présent anoblissement, ledit Sieur OUTREQUIN et ses descendants
» soient tenus de nous payer ni à nos successeurs Rois aucune finance ni
» indemnité, dont, à quelque somme qu'elle puisse monter, nous leur avons
» fait et faisons don par ces présentes, à la charge toutefois de vivre noblement
» et sans déroger. . . . .
» Données à Versailles, au moys de may l'an de grâce mil sept cent soixante
» et un, et de notre règne le quarante-sixième.

» Signé : LOUIS. »

Pierre OUTREQUIN avait épousé noble demoiselle Marie-Louise-Victoire LE
GRAY, dont il eut deux fils :

1° Jean, qui suit :
2° Jean-Baptiste-Augustin, auteur de la branche DE MONTARCY rapportée plus loin.

II. — Jean OUTREQUIN, Ecuyer, né le 17 mars 1741, reçu Conseiller Secré-
taire du Roi et Greffier en chef civil et criminel et gardé des Archives de la
Cour des Aides, le 30 janvier 1765, a épousé 1° : le 20 mai 1763, Marie-Agnès-
Adélaïde BINET, fille de noble Claude BINET (1), Ecuyer, Conseiller du Roi, et

(1) La famille BINET, originaire de l'Île-de-France, porte pour armes : *d'azur, à la barre d'argent, chargée de trois tourteaux de sable.*

d'Anne Roger ; et, en secondes noces, Marie-Louise Harwood. Il est mort en 1799, ayant eu de ces deux alliances les six enfants ci-après :

Du premier lit :

1° Claude-Jean-Louis Outrequin, Chevau-Léger de la garde du Roi Louis XVI, en 1787, marié à Esther-Jeanne Chacherau, et mort sans postérité ;

2° Adélaïde-Anne-Augustine Outrequin, mariée à M. de Carouge, morte sans enfants ;

3° Alexandre-Philippe-Prosper, qui suit ;

4° Antoine-Paul-Louis Outrequin de la Martinière, mort sans alliance ;

5° Nicolas-Denis Outrequin de Montesson, mort sans alliance ;

Et du deuxième lit :

6° Louise-Victoire Outrequin, mariée à Charles-Louis de Maupas (1), mort le 25 mai 1850, d'où sont issus :

A. Virginie de Maupas, mariée à son cousin, Rose-Memmie de Maupas, mort en 1861, Député, membre du Conseil Général de l'Aube, et Chevalier de la Légion d'honneur, dont un fils :

AA. Charlemagne-Emile de Maupas, Sénateur Grand-Officier de la Légion d'honneur, Grand-croix des Ordres de Saint-Janvier et de Constantinien de Saint-Georges, de Naples, et de Pie IX, Grand-Officier des Ordres des Saints Maurice et Lazare, etc., etc., ancien ministre de la police générale, envoyé extraordinaire et ministre plénipotentiaire de France près le Roi des Deux-Siciles, actuellement Administrateur du département des Bouches-du-Rhône, marié à demoiselle Irène Guillemot, dont deux filles :

AAA. Marguerite et Gabrielle de Maupas.

B. Charles-Eugène de Maupas, mort en 1853, receveur particulier des finances, marié à Elisabeth Lafont, dont :

BB. Jacques-Maurice de Maupas, né le 22 juillet 1848 ;

CC. Marie-Marthe de Maupas.

C. Jean-Baptiste-Edmond de Maupas, ancien magistrat, non marié ;

D. Prosper-Paul-Emile de Maupas, Maître des requêtes de 1re classe au Conseil d'Etat, Chevalier de la Légion d'honneur, marié à demoiselle Marie-Berthe Fauquès de la Noue, dont deux filles :

DD. Laure-Marie-Thérèse de Maupas ;

EE. Charlotte-Marie-Elisabeth de Maupas.

III. — Alexandre-Philippe-Prosper Outrequin de Saint-Léger, Receveur-Général des provinces Illyriennes, puis des départements des Pyrénées-Orien-

---

(1) D'une des plus anciennes familles de Champagne, portant pour armes : *d'azur, à la herse d'or ; au chef d'argent, chargé d'une aigle éployée de sable.*

tales et de la Loire, mort en 1832. Il avait épousé Hyacinthe DE LA RIVIÈRE DU PRÉDAUGE (1), fille du Marquis de la Rivière et de dame Hyacinthe DE COURCY (2). De ce mariage sont nées deux filles :

1° Adona OUTREQUIN DE SAINT-LÉGER, mariée à Hippolyte DE VOUGNY, Comte DE BOQUESTANT (3), morte sans enfants ;

2° Hyacinthe-Esther OUTREQUIN DE SAINT-LÉGER, mariée à Gaspard-Antoine-Samuel RICHARD, Comte DE SOULTRAIT (4), ancien Officier supérieur d'infanterie, Officier de la Légion d'honneur, Commandeur de Saint-Grégoire le Grand, décoré de la médaille de Sainte-Hélène, Receveur Général des finances du département du Rhône, mort en 1858. Elle a pour enfants :

A. Jacques-Hyacinthe-Georges RICHARD, Comte DE SOULTRAIT, Chevalier de la Légion d'honneur et des Ordres de Wasa de Suède, d'Isabelle-la-Catholique d'Espagne et de Saint-Grégoire, ancien membre du Conseil Général de la Nièvre, marié à Désirée LE JEANS, fille du Colonel Vicomte Le Jeans, petite-nièce et filleule de la feue Reine douairière de Suède et Norwége, dont il a deux fils et trois filles ;

B. Adona RICHARD DE SOULTRAIT, mariée à Adolphe BRAC DE LA PERRIÈRE ;

C. Alix RICHARD DE SOULTRAIT, mariée au Vicomte Roger DE THOISY, dont trois enfants ;

D. Lucie RICHARD DE SOULTRAIT, mariée au Vicomte Victor DE MATHAREL, morte en 1862, laissant un fils.

BRANCHE DE MONTARCY.

II. — Jean-Baptiste-Augustin OUTREQUIN DE MONTARCY, second fils de Pierre, et de dame Louise-Victoire Le Guay, fut nommé Commissaire des Guerres par lettres de provision du 13 juin 1774, et a épousé mademoiselle Anne-Julie GAGNON LE GRAND ; il est mort en 1817, laissant le fils qui suit :

III. — Louis-Joseph OUTREQUIN DE MONTARCY, chef actuel de sa branche, marié à Mademoiselle Aimée TRUEL, dont il a un fils unique :

Louis-Augustin OUTREQUIN DE MONTARCY.

---

(1) Issue de l'une des plus anciennes familles de Normandie, dont les armes sont : *De gueules, à deux bars d'or adossés en pal, entravaillés dans deux fasces ondées d'azur.* —

(2) De la famille des Barons DE COURCY, admise aux honneurs de la Cour, et qui porte pour armes : *D'azur, fretté d'or.*

(3) DE VOUGNY DE BOQUESTANT, famille noble originaire du Languedoc, établie en Beauce et à Paris, dont les armes sont : *D'azur, à l'agneau pascal d'or, au chef cousu de gueules, chargé de trois étoiles d'argent.*

(4) RICHARD DE SOULTRAIT, famille noble connue dans le Comtat Venaissin depuis la première moitié du XVe siècle, établie en Nivernais au commencement du XVIIe siècle, dont les armes sont : *D'argent, à deux palmes de sinople adossées, accompagnées en pointe d'une grenade de gueules tigée et feuillée du second émail.*

DOYARD

DE BLANCOURT, DE LAMOTTE, ETC.

ARMES : *De gueules, à la fasce d'argent, accompagnée de trois merlettes de même, deux en chef et une en pointe. — L'Ecu sommé d'un casque de chevalier orné de ses lambrequins.*

a famille DOYARD, originaire de l'Election de Valognes, a été reconnue, par Chamillart, comme issue d'une des plus anciennes maisons de la province. Dans le jugement de maintenue, rendu le 12 octobre 1666, nous voyons que la filiation remonte à :

Antoine DOYARD, Ecuyer, Seigneur de Blancourt, vivant en 1520. Il eut pour fils aîné :

Lucas DOYARD, Ecuyer, né en 1540, hommes d'armes dans la compagnie de cinquante lances des ordonnances du Roi, ainsi qu'il appert de la monstre et revue de ladite compagnie, faite à Paris le 27 avril 1569. De son alliance, dont le nom ne nous est pas parvenu, il eut plusieurs enfants, entre autres :

Robert DOYARD, Ecuyer, Seigneur de Blancourt et autres lieux, né en 1578, qui eut pour fils aîné :

Robert DOYARD, II° du nom, Ecuyer, Seigneur de Blancourt, demeurant en la paroisse d'Octeville-La-Venelle (Sergenterie de Valognes), maintenu dans sa noblesse, d'*ancienne extraction*, en 1606, par jugement de M. de Chamillart, Intendant de la Généralité de Caen. Il a épousé, en 1647, noble demoiselle Anne POTIER DU QUESNAY. De ce mariage est issu :

Antoine DOYARD, Ecuyer, Seigneur de Blancourt, de Lamotte, etc..., qui épousa, vers 1690, noble demoiselle Suzanne L'ENFANT. Il fit enregistrer ses armoiries à l'Armorial général établi par l'édit du Roi du 20 novembre 1696, (Registre de la Généralité de Caen, folio 126, Bibliothèque Impériale, Section des Manuscrits). De son mariage sont nés les trois enfants ci-après :

> 1° Antoine DOYARD, Ecuyer, né en 1693, mort jeune;
> 2° Guillaume DOYARD, né le 9 février 1695;
> 3° Jacques, qui suit :

Jacques DOYARD, Ecuyer, Seigneur de Lamotte, né le 12 décembre 1700, a épousé, le 25 mars 1750, noble demoiselle Catherine-Roberte LE GARDEUR DE CROISILLES, qui l'a rendu père des deux enfants ci-après :

> 1° Jacques-Robert, qui suit;
> 2° Marc-François-Adrien DOYARD, né le 26 avril 1759, mort jeune.

Jacques-Robert DOYARD, Ecuyer, Sieur de Lamotte, né le 2 mars 1756, fut capitaine du régiment du Dauphin ; il a épousé, par contrat du 26 septembre 1785, mademoiselle Laurence DE LA MACHE DE FONTENAY, qui l'a rendu père du fils unique qui suit :

Jacques-François-Hippolyte DOYARD DE LAMOTTE, né le 4 janvier 1788, lequel a épousé, le 27 novembre 1806, mademoiselle Aimée-Bonne-Judith-Honorine DE PIERREPONT (1). De ce mariage sont nés les neuf enfants ci-après :

> 1° Jacques-Auguste-Vincent, qui suit ;
> 2° Florentin-Laurent DOYARD DE LAMOTTE ;
> 3° Félix-Valentin DOYARD DE LAMOTTE ;
> 4° Casimir-Louis-Alexandre DOYARD DE LAMOTTE ;
> 5° Laurent DOYARD DE LAMOTTE ;
> 6° Thimothée-Céleste DOYARD DE LAMOTTE ;
> 7° Eléonore-Vincent DOYARD DE LAMOTTE ;

---

(1) La famille DE PIERREPONT, une des plus anciennes de la province, a pris son nom d'une terre érigée en plein fief de *Haubert*, et située près de Caen dans la paroisse d'Amblie. — Robert DE PIERREPONT accompagna le Duc Guillaume à la conquête d'Angleterre, et son petit-fils Robert prit part à la Croisade de 1190. Cette famille, éteinte dans les mâles, portait pour armes : *De gueules, au chef denché d'or*, et ses membres étaient titrés Marquis.

8° Pélagie DOYARD DE LAMOTTE ;

9° Désiré-Victor DOYARD DE LAMOTTE, né à Octeville-La-Venelle le 7 mars 1825, actuellement Capitaine Adjudant-Major au 57e régiment d'infanterie, Chevalier de la Légion d'honneur, et décoré de la médaille de Crimée. Entré au service en 1843, comme engagé volontaire, il passa successivement par tous les grades, fit les campagnes de 1854, 1855 et 1856 en Crimée, et fut blessé par un éclat de bombe au siége de Sébastopol; par contrat du 11 mai 1862, il a épousé mademoiselle Marie-Eulalie-Clotilde DESPRÉS DE LA PALAISERIE, dont il a :

A. Robert-Georges-Marie DOYARD DE LAMOTTE, né le 18 février 1863.

Jacques-Auguste-Vincent DOYARD DE LAMOTTE, chef actuel de la famille, né à Octeville-La-Venelle le 22 janvier 1808, a épousé, le 26 janvier 1846, Mademoiselle Félicité RAULT, dont une fille :

Pauline DOYARD DE LAMOTTE, née le 22 juin 1845.

DUVAL DE LESCAUDE

Nous n'avons reçu aucun document pour cette famille, mais nous trouvons trace de Charles DUVAL, qui fut Député de la noblesse en 1624 pour assister aux États tenus à Rouen le 26 août de ladite année.

En 1638, Guy DUVAL, Sieur de Lescaude, était conseiller au Parlement de Normandie.

Jacques DUVAL, Sieur de Lescaude, était conseiller aux requêtes en 1644 et mourut en 1678 (*Farin, Histoire de Rouen*).

Charles-Thomas DUVAL, Chevalier, Seigneur et patron de Lescaude, a épousé damoiselle Marie-Françoise MAGNET, dame et patronne de Hodeng (canton d'Argueil) ; elle était veuve en 1745, et ils eurent pour fils :

Léon-Thomas-Charles DUVAL, chevalier, Seigneur et patron de Lescaude, Seigneur de Creuil, de Grandouet, de Saint-Crespin et autres lieux.

Cette maison a encore des représentants; aujourd'hui, ils habitent le château d'Ouville, près Yvetot.

DES CROIX

ARMES : *D'argent, à un lion de sable armé et lampassé de gueules, chargé d'un lambel du même à trois pendants, chaque pendant chargé de trois besants d'or.* — L'Ecu *timbré d'un casque de Chevalier orné de ses lambrequins.* — Cri : — *Des Croix à l'Etendard.*

lusieurs familles du nom de **DES CROIX** ont existé en France; nous en trouvons en effet en Provence, en Poitou, en Bourgogne, en Normandie, en Artois, etc.

Celle qui nous occupe eut pour berceau le pays d'Albigeois, et de là s'étendit en Anjou, en Touraine et en Normandie.

Le plus ancien personnage de cette maison qui soit connu d'une manière certaine par les documents historiques, est : N... DES CROIX, Ecuyer, Seigneur des Croix, de Roquesserières, en Albigeois et duché de Castres, qui vivait vers 1290.

Un de ses fils, dont l'existence nous est prouvée par une généalogie manuscrite, dressée par *d'Hozier*, juge d'armes de France, est allé s'habituer en Italie et y a laissé postérité.

Lucas DES CROIX, son neveu, fit le voyage de Sicile avec Réné d'Anjou, et depuis s'habitua dans cette province.

Guillaume, son fils, Chevalier, Seigneur des Milliards, Conseiller du Roi de Sicile, épousa, en 1430, damoiselle Olive ALLY, dame de Saint-Anthoine-du-Rocher, en Touraine, et depuis sa postérité habita cette province. — C'est un des rameaux de cette branche qui vint en Normandie.

Dès le XVe siècle, on trouve la famille DES CROIX divisée en plusieurs branches qui ont possédé les Seigneuries de Saint-Anthoine-du-Rocher, qui avait droit de haute, basse et moyenne justice, de Pouillé, de la Pilletière, de Saint-Libert, du Grand Mail, de Poncilly, etc., etc..., et se sont alliées avec les maisons : de la Trémouille, des Fourgerais, du Pontavice, de Chambray, de Coutances, de Baigneux, de Rochefort, d'Espoix, du Puy-du-Fou, d'Imbleval, etc.

Plusieurs membres de la famille furent Capitaines de la ville de Chateau-Renault qui relevait directement du Roi.

N'ayant point à nous occuper de la filiation des différentes branches de cette maison, nous nous contenterons de citer les principaux personnages que nous avons retrouvés, soit dans les divers auteurs héraldiques, soit dans les titres originaux qui nous ont été communiqués à la Bibliothèque Impériale, aux Archives de l'Empire, et à celles de la province.

Jean DES CROIX, armé d'un harnois complet et accompagné d'un page portant sa lance, comparut à la monstre du ban de la noblesse de la Châstelenie de Gisors, pour Charlot DES CROIX, son père, en 1470 (*La Roque, Traité du ban et de l'arrière-ban*, page 127). Dans cette monstre, extraite du Cabinet de M. de Clairambault, nous le voyons en compagnie des premiers Gentilshommes du pays : Pierre DE FOURS, Hutin DE CANTIER, Gaston DE CHEF-D'HHOTEL, Michel DE BRÉANT, Jehan DE SAINT-POL, Laurent D'ARRAS, Robert DE CAILLY, Jean DE MORCHAMP, etc....

1407. — Marie de Bourbon, dame de Brétencourt, par donation de sa mère, était veuve de Jean DES CROIX, Chevalier du pays d'Albigeois (*Père Anselme, Histoire des grands officiers de la Couronne*).

— Michel, Jean et Thibaut DES CROIX (frères) vivaient aussi en 1407.

— Mory DES CROIX, Chevalier de l'ordre de Malte, mourut à Blaye, en 1425.

— Jean DES CROIX, IVe du nom, Seigneur des Croix, Chevalier, mourut à Montagu en Combirailles, en 1436.

— Jean DES CROIX, Ve du nom, Chevalier, Seigneur des Croix, vivait en 1461 (*Titre original à la Bibliothèque Impériale*).

— Antoine DES CROIX, Conseiller et Argentier de Réné, duc d'Anjou et Roi de Sicile, vivait de 1479 à 1510.

— Nicolas DES CROIX, son fils, Ecuyer, Seigneur de Saint-Anthoine-du-Rocher, épousa demoiselle Antoinette BOUJU, fille d'Antoine, Chevalier, Seigneur des Patis. Sa femme et lui figurent dans divers chartes et contrats des années 1475-1490-1497-1510-1518-1521 et 1529.

1535. — Sentence rendue, en la Cour Saint-Anthoine-du-Rocher, par noble homme Pierre DES CROIX, Ecuyer, Seigneur dudit lieu (Belle Charte ornée de son sceau : *Lion de sable chargé d'un lambel à trois pendants*).

1549. — Jean DES CROIX, Seigneur, haut justicier de Saint-Anthoine-du Rocher (près Tours), épousa Anne DE LA TREMOÏLLE; celle-ci étant morte, il épousa en secondes noces Léonore DES FOURGERAIS, veuve de haut et puissant Seigneur, Jean DE CHAMBRAY (*Histoire des grands officiers de la Couronne, par le Père Anselme*).

1554. — Jean DES CROIX, Ecuyer, fils et héritier de Charles DES CROIX, figure dans un Extrait des registres des Requêtes du parlement de Tours.

1557. — Charte originale, rendue par Henri II, Roi de France et de Navarre, en faveur de Jehan DES CROIX, Escuyer, et Marie DE ROCHEFORT, son épouse (*Titre original en parchemin*).

1563. — Charte originale en parchemin, relative à un acquet de rente fait par Jacques DES CROIX, Ecuyer, Seigneur de Poncilly, et dame Marguerite DE BAIGNEUX, sa femme.

1567. — Contrat de vente dans lequel figurent les mêmes, et qui prouve qu'ils eurent pour fils Paul DES CROIX.

1593. — Partage des biens de Georges DES CROIX, Ecuyer, Seigneur de Saint-Anthoine-du-Rocher (*Titre original en parchemin*).

1602. — Bénigne DES CROIX, veuve de Messire Jacques DE BUEIL, Seigneur de Baugé, a épousé en secondes noces Messire Réné DE COUTANCES (1), Chevalier de l'Ordre du Roi, Seigneur de Baillou.

Dans les Archives d'Evreux, bailliage duquel faisait partie la Chastellenie de Gisors, nous trouvons noble homme Guillaume DES CROIX, Ecuyer, vivant en 1600.

Enfin Joachim DES CROIX, Ecuyer, né en 1663, fit enregistrer ses Armoiries à l'Armorial Général, établi par l'édit du Roi du 20 novembre 1696. Il est mort à Saint-Saturnin (diocèse de Rouen), en 1731.

N'ayant reçu aucun mémoire généalogique, nous n'avons pu donner la filiation suivie des diverses branches de cette ancienne maison; mais nous savons que l'une d'elles existe encore de nos jours en l'arrondissement de Neufchâtel. Elle a pour chef actuel :

Pierre-Nicolas DES CROIX, marié à Mademoiselle Marie-Adélaïde D'IMBLEVAL, dont il a un fils unique.

---

(1) Cette famille, d'origine Bretonne, a fourni plusieurs Chevaliers de Malte.

DE SAINT-SAUVEUR

ARMES : *D'argent, au chevron d'azur, accompagné de deux étoiles de gueules en chef et d'une rose de même en pointe.* — Couronne : *de Baron.* — Supports : *deux Lions.*

e nom primordial de cette ancienne famille était DE GRÉSILLE; Jacob DE GRÉSILLE, premier Gendarme de la Compagnie du Maréchal de Fervaques, obtint par lettres patentes du mois de mars 1644, l'autorisation de changer son nom en celui de SAINT-SAUVEUR ; de plus, il réunit en un seul plein fief de *Haubert* les Seigneuries de Sainte-Honorine, du Coisel, de l'Epinouze, du Rocher, de Saint-Sauveur et dépendances, et le tout fut érigé en BARONNIE par Charte royale en date du 20 août 1644, enregistrée en la Chambre des Comptes, Aides et Finances de Normandie, le 5 janvier 1646.

Cette famille, une des plus anciennes de la province, a fourni à l'armée un grand nombre d'officiers de tous grades, dont plusieurs ont trouvé une mort glorieuse sur le champ de bataille au service de nos Rois.

Sa noblesse de race a été reconnue à différentes époques, notamment en 1463 par Montfaut, en 1591 par M. de Roissy, et en 1666 par de Marle, Intendant de la Généralité d'Alençon.

Ses alliances ont été prises parmi les premières maisons de la province, parmi lesquelles nous citerons celles : du Chastellier, de Corday, de Sainte-Croix, de Vassy, de Châteaubriand, de Trousseauville, du Chesnay, des Buats, de

Claire, de Valembert, Borel de Bouttemont, de Gosset, de Morchesne, de Mathan, Mesnage de Cagny, de Baudre, de Cousin, Le Vayer, du Houssay, de Fresnel, de Gosselin, d'Harnois, du Cantel, de Brucourt, de Varin, de Morell d'Aubigny, de Montécot, de Guerpel, etc., etc.

Les bornes de cette notice nous empêchent de donner en entier la filiation suivie et authentique de l'ancienne maison DE GRÉSILLES, nous renvoyons aux différents auteurs qui l'ont établie avant nous ; de plus, tout récemment, M. le Comte de la Ferrière-Percy, dans un remarquable ouvrage sur le canton d'Athis, a fait ressortir les faits historiques les plus saillants ayant trait à cette famille. Le Chartier du Château de Saint-Sauveur ayant été mis à sa disposition, nous allons nous servir des notes qu'il a prises et de celles que nous avons rassemblées, pour établir succinctement sa filiation.

Le premier personnage connu de cette maison est :

Nicolas DE GRÉSILLE, Vicomte de Rouen, qui épousa, le 15 avril 1220, noble damoiselle Marie DU CHATELLIER. Nicolas, leur fils, Gouverneur de la ville de Condé-sur-Noireau, accompagna le Roi Saint-Louis à la Croisade, partagea la glorieuse captivité de ce monarque, et obtint, en récompense de ses services, un fief-ferme, auquel il donna son nom, et qui était situé dans la forêt de Moulineaux.

Nicolas mourut le 15 mai 1300, et Jean DE GRÉSILLE, son petit fils, lui succéda comme Vicomte de Rouen.

De ce dernier est issu, entre autres enfants : Raoul DE GRÉSILLE, marié à Cécile DE VASSY, dont le fils aîné, Jean DE GRÉSILLE, IIe du nom (1), ajouta à l'illustration de sa maison, en s'alliant à damoiselle Anne DE CHATEAUBRIAND.

Fidèle à la cause du Roi Charles VII, pour laquelle son frère cadet Aimeri était mort, il leva de ses deniers une compagnie de gens de pied pour guerroyer contre les Anglais. Il mourut à l'âge de 81 ans, en 1452, après avoir acquis, en 1448, la terre d'Ouilly, et laissant trois fils, dont deux furent religieux.

L'aîné, Nicolas, Chevalier, Seigneur d'Ouilly, de Saint-Sauveur, de Ste-Honorine et autres lieux, épousa demoiselle Marguerite DU CHESNEY, dont il eut un fils unique :

Marguerin DE GRÉSILLE, Seigneur d'Ouilly, du Rocher, d'Epinouze, etc., lequel épousa, à 22 ans, demoiselle Jeanne DES BUATS. Il mourut le 18 mars

---

(1) Thomas DE GRÉSILLE, son autre fils, a formé la branche des Grésille de la Tremblée, établie près d'Angers.

1521, empoisonné à Falaise, où il occupait plusieurs charges importantes, et cette mort inattendue (il n'avait que 43 ans) fut une cause de ruine pour les siens; il laissa sept enfants en bas âge.

Jean, son second fils, vendit en 1522 la terre de Sainte-Honorine à Jacques PAYEN, Seigneur de la Poupelière (1), pour payer les dettes de sa famille; il n'eut que des filles de deux alliances qu'il contracta.

Nicolas, troisième fils de Marguerin et de Jeanne des Buats, fut Prévot général de Normandie ; il a épousé en premières noces, le 9 mars 1537, demoiselle Catherine BOREL, fille de Jean Borel, Ecuyer, Seigneur de Bouttemont et d'Orbigny, dont il eut un fils et deux filles; et, en secondes noces, demoiselle Benoîte DE GOSSET, qui ne lui donna pas d'enfants.

Louis DE GRÉSILLE, Ecuyer, Seigneur de Saint-Sauveur, de Ste-Honorine, d'Epinouze, etc..., fils unique du premier lit, épousa, en 1564, une noble et riche héritière, Madeleine DE MESNAGE, fille de Jacques, Seigneur de Cagny, qui fut maître des requêtes de l'hôtel du Roi François 1er, Ambassadeur en Suisse, puis auprès de l'Empereur Charles-Quint.

La dot de sa femme lui permit de racheter le fief de Ste-Honorine, mais comme il était resté fidèle à la religion de ses pères, son château fut pillé par les protestants, ayant le fameux Guillaume de la Poupelière à leur tête, et il fut emmené prisonnier à Avranches pendant neuf mois. A peine en liberté, il entama un procès qui ne se termina qu'en 1580, bien après sa mort.

De son mariage étaient issus trois filles et quatre fils ; le troisième, Jacob, survécut seul.

Il a épousé, le 1er février 1595, demoiselle Suzanne DE COUSIN DE SARCILLY, qui lui apporta en dot la terre du Saucey, dans la Vicomté d'Orbec. Après avoir servi longtemps en qualité de premier Gendarme dans la Compagnie du Maréchal de Fervaques, il obtint, en 1644, l'autorisation de changer son nom, ainsi qu'il est dit plus haut. En secondes noces, il épousa en 1620 demoiselle Judith LE VAYER, dont il n'eut pas d'enfants.

Nicolas DE SAINT-SAUVEUR, second fils du premier lit (son frère aîné étant mort jeune), embrassa de bonne heure la carrière des armes, servit en Hollande, en Allemagne et en Italie, et fut Gentilhomme ordinaire de la Chambre du Roi. Il a épousé: 1° le 29 janvier 1636, demoiselle Catherine DE FRESNEL, et, en secondes noces, demoiselle Suzanne DE GOSSELIN. De ces deux alliances sont issus onze enfants, entre autres :

---

(1) Voyez la généalogie de cette famille, page 525.

Guillaume, Baron DE SAINT-SAUVEUR, marié, en 1662, à demoiselle Suzanne D'HARNOIS, qui l'a rendu père de quatre filles et du fils unique qui suit :

Nicolas, Baron DE SAINT-SAUVEUR, Chevalier, Seigneur dudit lieu, de Ste-Honorine, du Rocher, etc., lequel épousa, par contrat du 14 septembre 1695, noble demoiselle Marie-Marguerite DE CANTEL, d'où est issu :

Claude-Nicolas, Baron DE SAINT-SAUVEUR, Seigneur et patron dudit lieu, seul héritier des biens de sa famille par la mort de son frère aîné, épousa, le 20 janvier 1753, demoiselle Marie-Anne DE VARIN. Il fit la guerre de Bohême en qualité de Lieutenant dans le régiment d'Harcourt, et mourut laissant une fille et deux fils : l'un, né en 1757, fut reçu à l'Ecole militaire où il mourut ; l'autre a continué la descendance.

Claude-Nicolas-Michel, Baron DE SAINT-SAUVEUR, Chevalier, Seigneur et patron de Sainte-Honorine, né le 21 avril 1755, lieutenant au régiment de Bourbon (cavalerie), épousa, à 25 ans, mademoiselle Aglaé-Antoinette DE MORELL D'AUBIGNY. Parti en émigration, il combattit vaillamment à l'armée des Princes, et est mort à Verviers, au pays de Liége, le 17 novembre 1793. De ce mariage sont nés deux fils :

> 1° Henri-Constantin, qui suit ;
> 2° Félix DE SAINT-SAUVEUR, officier aux Lanciers de la Garde Royale, Chevalier de la Légion d'honneur, mort en 1838 ; il avait épousé Mademoiselle Rosine DE MONTÉCOT, dont il a eu une fille et un fils :
>> A. Roger DE SAINT-SAUVEUR, marié à Mademoiselle N.... DE PONT, et ayant des enfants.

Henri-Constantin, Baron DE SAINT-SAUVEUR, épousa, le 19 mai 1799, mademoiselle Henriette DE GUERPEL. Fidèle aux anciennes traditions de sa famille, il passa en Vendée sous les ordres du Comte d'Andigné, et fut tué en 1815, à côté de Louis de la Rochejacquelin. De ce mariage n'est issu qu'un fils :

Henri-Sosthène, Baron DE SAINT-SAUVEUR, chef de nom et d'armes de cette ancienne maison, descendant direct, au XVIII° degré, de Nicolas DE GRÉSILLE, Vicomte de Rouen en 1220, fut reçu aux Gardes du Corps du Roi en 1818, où il resta jusqu'en janvier 1828. Il a épousé, le 7 juillet 1827, mademoiselle Mathilde-Suzanne LOVELAY (issue d'une famille anglaise) ; il n'a pas d'enfants.

DE FOUGASSE

Armes : *De gueules, au chef d'argent, chargé de trois roses de gueules boutonnées d'or.* — Couronne : *de Marquis.*

ette famille, originaire du Piémont, puis établie au Comtat-Venaissin et en Bas-Languedoc, est une des plus anciennes de la noblesse de France. Suivant *Pithon-Curt* (Nobiliaire du Comtat-Venaissin); Pierre FOUGASSE (Focassia) fut donné en otage à l'Evêque de Nice par le Comte de Vintimille, en 1164. — Les membres de cette famille prirent une part active aux longues querelles des Guelfes et des Gibelins, et l'un d'eux, Michel FOUGASSE, ayant été obligé de quitter le Piémont par suite des révolutions qui désolèrent l'Italie, vint se fixer à Avignon où ses descendants occupèrent les emplois les plus élevés à la Cour des Papes.

La Maison DE FOUGASSE a formé plusieurs branches principales et divers rameaux ; toutes ces branches sont éteintes, sauf une seule dont nous citons plus bas les représentants actuels. Pour la filiation complète, nous renvoyons au Nobiliaire de *Pithon-Curt.*

Nous dirons seulement que cette maison a fourni :

Cinq Chevaliers de l'Ordre du Roi, neuf Chevaliers, Baillis et Commandeurs de l'Ordre de Malte, plusieurs Ambassadeurs de la ville d'Avignon près des Papes, des Gentilshommes de la Chambre du Roi, des Gouverneurs de villes et châteaux forts, plusieurs Evêques et autres prélats distingués, etc.

Ses membres ont été titrés *Barons de Sampson, Marquis de la Royère et de la Bastie;* leurs alliances ont été prises parmi les plus nobles maisons de la noblesse française, parmi lesquelles nous citerons celles : de Poitiers, de Berton-Crillon, des Isnards, de Merle, d'Alleman, de Gast, de la Baume, de Vintimille, de Brancas, de Cambis, de Papet (1), etc.

Gaspard DE FOUGASSE DE LA BASTIE, docteur en théologie de la faculté de Paris, prêtre du diosèse d'Avignon, grand-archidiacre de l'Eglise de Chartres, était abbé commandataire de l'Abbaye de Notre-Dame-d'Ardennes, près Caen, en 1709. — Il est mort à Chartres, en 1739, à l'âge de 65 ans, et était le frère puîné de :

Pierre DE FOUGASSE, Seigneur, Marquis de la Bastie, ci-devant envoyé extraordinaire du Roi à Florence, qui a épousé demoiselle Anne-Thérèse DE BRANCAS, sœur de l'Evêque de Lisieux. De ce mariage sont nés plusieurs enfants, entre autres :

> 1° Louis-Henri DE FOUGASSE DE LA BASTIE, prêtre chanoine et haut Doyen de l'église cathédrale de Lisieux, en 1739 (*La Chesnaye des Bois, Tome VI, page* 440).

Ainsi que nous l'avons dit plus haut, il n'existe plus qu'une seule branche de cette ancienne famille , celle établie à Connaux, en Bas-Languedoc; elle est représentée de nos jours par les deux fils de Benoit-Privat FOUGASSE et de dame Marie DE PAPET :

> 1° Jean-Benoit FOUGASSE, l'ainé, Chevalier de l'Ordre de la Légion d'honneur, est né le 18 février 1791, et a eu deux fils:
>> A. Privat-Paul-Emile FOUGASSE, marié à Mademoiselle Charlotte-Valérie GRANJON DE SAINT-CHAMOND, dont il a quatre enfants :
>>> AA. Emilie FOUGASSE ;
>>> BB. Marie FOUGASSE ;
>>> CC. Marguerite FOUGASSE ;
>>> DD. Jean-Emmanuel-Charles FOUGASSE, né en 1860.
>> B. Marius FOUGASSE, né en 1823, mort en 1843.
> 2° Pascal-Scipion-Privat FOUGASSE, homme de lettres, né à Lyon le 19 Germinal an VI, marié à mademoiselle Adélaïde REYNOARD, petite-fille du Chevalier Cannobi (de Milan), Membre de la Chambre Aul'que de l'Empereur Joseph II. De ce mariage il a une fille:
>> A. Henriette FOUGASSE, née à Naples.

---

(1) Par cette alliance, la maison DE FOUGASSE est alliée à celle de BONAPARTE ; en effet, Madame GRIMAUD DE VERNEUIL, née DE PAPET, grand'mère de Madame la Princesse de Canino, veuve de Lucien Bonaparte, était la grand'tante de mademoiselle Marie DE PAPET, mère des deux représentants actuels de la famille.

LAMBERT

DE CHAMEROLLES, DES CHAMPS DE MOREL, ETC.

ARMES : *De gueules, au chevron d'or, accompagné en chef de deux croissants d'argent, et en pointe d'un chêne arraché d'or.* — Couronne : *De Marquis.* — Supports : *Deux licornes.*

riginaire de l'Ile-de-France, la maison DE LAMBERT est très-ancienne et s'est distinguée dans la carrière des armes et dans la haute magistrature. Il résulte d'une enquête faite judiciairement en 1573, qu'elle est venue se fixer en Basse-Normandie vers le milieu du XV° siècle, et qu'elle y a possédé plusieurs fiefs importants, parmi lesquels nous citerons ceux : de Rouville, de Tourlaville, de Fresne, de Digoville, etc... Elle fut maintenue dans sa noblesse en 1666 (Election de Bayeux), et ses membres ont porté depuis les titres de COMTE D'AUVERSE, BARONS DE CHAMEROLLES, Seigneurs de Chilleurs et des Mesliers (près Mantes).

La Maison DE LAMBERT a fourni plusieurs Conseillers et Maîtres des Requêtes au Parlement de Paris, un Conseiller d'Etat, devenu plus tard Contrôleur Général des Finances (Ministre), des Chevaliers des Malte, des officiers de tous grades dont quelques-uns furent décorés de l'ordre Royal et Militaire de Saint-Louis, et enfin, de nos jours, un Préfet et cinq Chevaliers de la Légion d'honneur.

Elle a pris ses alliances dans les familles les plus distinguées de la noblesse de France, parmi lesquelles nous citerons celles : de Brossard, d'Erard, de Lafarre, d'Esclignac, des Rotours, de Montchal, de Bonchamp, de Pisani, du Pré de Saint-Maur, de Bourmont, de Méry, de Lesseville, de Thièvres, de Saint-Céran, de Villers de la Noue, etc.

La filiation authentique de la maison DE LAMBERT a été établie par nous sur titres originaux à partir de :

I. — Thomas LAMBERT, Ecuyer, vivant en 1422, lequel acquit, le 21 décembre de ladite année, le fief de Tourlaville. En 1445 il servait dans la compagnie de Messire Hoo. Il eut pour fils :

II. — Robin LAMBERT, Ecuyer, Seigneur des Mesliers (près Mantes), de Digoville (près Cherbourg), et Voyeur de Tourlaville (1). D'une alliance dont le nom nous est inconnu, il eut plusieurs enfants, entre autres :

III. — Thomas LAMBERT, II° du nom, Ecuyer, Seigneur des Mesliers, de Digoville, et Voyeur de Tourlaville, qui se distingua dans les guerres du règne des Rois Charles VIII et François 1er. Il eut pour fils aîné :

IV. — Ancel LAMBERT, Ecuyer, Seigneur de Rouville, de Digoville, etc..., Voyeur de Tourlaville comme son père et son aïeul, servit dans la compagnie commandée par M. du Biez. Il mourut en 1553, laissant trois fils, dont l'aîné :

V. — Gratien LAMBERT, · Ecuyer, Seigneur des Mesliers et de Digoville, et Voyeur de Tourlaville, a servi dans la compagnie de Monsieur de Saint-Simon. Il mourut en 1559, laissant deux fils :

1° Guillaume LAMBERT, Ecuyer, Voyeur de Tourlaville et Gouverneur du Château de Saint-Sauveur-le-Vicomte, près Valognes, lequel n'eut que des filles;

2° Jean, dont l'article suit :

VI. — Jean LAMBERT, Ecuyer, Seigneur du Fresne (près Bayeux), vint s'établir à Paris et y acquit, en 1587, la charge de Procureur du Roi au siége de l'Amirauté de France, sans cesser pour cela d'avoir des fiefs nobles en Normandie, ainsi qu'il appert d'une quittance du Receveur des Tailles de l'Election de Bayeux, de l'année 1580. En 1590, il suivit Henri IV à Tours, et mourut en 1620, laissant neuf enfants, dont le huitième a continué la descendance.

---

(1) La charge de *Voyeur* que cette famille possédait en fief, et qui se transmit pendant de longues années, avait de très-beaux priviléges.

VII. — Guillaume Lambert, Ecuyer, Seigneur du Fresne, de Rouville, de Tourlaville, etc., né le 28 juin 1603, fut reçu Correcteur à la Chambre des Comptes de Paris en 1632, puis Maître des Comptes le 15 juillet 1655, et fut maintenu dans sa noblesse dans l'Election de Bayeux en 1666. Il avait épousé, en 1638, noble demoiselle Marie de Montchal, et il mourut le 25 mai 1684, laissant de ce mariage quatre enfants, dont un fut Docteur en Sorbonne et auteur d'ouvrages très-estimés. L'aîné, qui suit, a continué la descendance.

VIII. —Jean-Pierre Lambert, Ecuyer, Seigneur des Mesliers, du Fresne et autres lieux, né le 14 février 1642, fut reçu Conseiller-Correcteur en la Chambre des Comptes de Paris, le 8 avril 1683, et mourut le 18 févrie 1728, laissant deux fils :

> 1° Claude-Guillaume, qui suit ;
> 2° Jean-Baptiste-Pierre Lambert, Correcteur en la Chambre des Comptes, auteur de la branche cadette connue sous le nom de Lambert des Champs de Morel, et rapportée plus loin.

IX. — Claude-Guillaume Lambert, Ecuyer, Seigneur du Fresne, né le 9 novembre 1694, fut reçu Conseiller au Grand Conseil le 29 janvier 1718. Il en était le doyen en 1771. Il mourut le 29 novembre 1774, laissant deux fils :

> 1° Claude-Guillaume, qui suit ;
> 2° Jean-Pierre Lambert de Saint-Omer, Conseiller au Parlement de Paris, mort sans postérité en 1795.

X. — Claude-Guillaume Lambert, II° du nom, Baron de Chambrolles, Comte d'Auverse, Seigneur du Fresne, de Chilleurs et autres lieux, naquit le 9 août 1726. Il fut reçu Conseiller au Parlement de Paris en 1748, et n'avait pas encore 23 ans, lorsque la Compagnie, frappée de la maturité de son jugement, arrêta, Chambres assemblées, que le Roi serait supplié de lui accorder voix délibérative, sans attendre l'âge obligé de 25 ans. Devenu Maître des Requêtes, puis Conseiller d'Etat, il fut un des quatre membres de ce Conseil choisis pour siéger à l'Assemblée des Notables en 1787 et 1788. Appelé alors à remplir le poste difficile de Contrôleur Général des Finances, son ministère ne dura que quelques mois, mais il y fut nommé de nouveau en 1789 jusqu'à la fin de 1790. Inscrit bientôt sur la liste des émigrés, il fut arrêté à Cahors où il s'était retiré ; conduit à Paris, il y périt sur l'échafaud révolutionnaire le 27 juin 1794. Il avait épousé, en 1756, demoiselle Marie-Magdeleine Bessier de Pisani, et de ce mariage sont issus quatre enfants, savoir :

1° Augustin-Charles-Pascal LAMBERT, Baron DE CHAMEROLLES, né en 1761, Conseiller au Parlement de Paris en 1782, maître des requêtes en 1788. Il émigra en 1791 en Angleterre, et fut choisi comme un des hommes les plus capables parmi les membres de l'ancien Parlement de Paris pour remplir les fonctions de Président du Conseil de Justice à Saint-Domingue, pendant l'occupation anglaise. Il revint en France en 1814 avec le Roi Louis XVIII, qui le nomma Conseiller d'État et Chevalier de la Légion d'honneur. Obligé de retourner en Angleterre en 1815, il y mourut, en 1833, sans enfants, de ses deux mariages avec Mademoiselle DU PRÉ DE SAINT-MAUR et Mademoiselle de BOUR-MONT, sœur du Maréchal;

2° Paul-Augustin-Joseph, dont l'article suit;

3° Claude-Guillaume LAMBERT, Baron DE CHAMEROLLES, né en 1768, était Capitaine de cavalerie lors de l'émigration; il suivit comme aide-de-camp le Maréchal de Broglie à l'armée des Princes, et fit partie de l'expédition de Quiberon. Rentré en France, il fut nommé Chevalier de Saint-Louis à la Restauration, et mourut à Compiègne au mois de mai 1840, sans postérité.

4° Augustin-Louis LAMBERT, Comte D'AUVERSE, né en 1769, enseigne dans les Gardes-Françaises, Chevalier des Ordres de Malte et de Saint-Louis, mourut en émigration sans postérité.

XI. — Paul-Auguste-Joseph, Baron LAMBERT DU FRESNE, né le 8 août 1764, Conseiller au Parlement de Paris en 1784, fit en 1789 le voyage de Malte, où il fut reçu Chevalier de cet ordre. Il ne quitta pas son père pendant la terreur révolutionnaire, le suivit dans sa prison et en sortit à la chute de Robespierre. Nommé Sous-Préfet de la ville de Pithiviers en 1800, il passa en 1806 à la Préfecture d'Indre-et-Loire, et reçut en 1809 la croix de la Légion d'honneur et le titre de BARON de l'Empire. Au retour des Bourbons, il fut compris comme Maître des Requêtes dans la formation du Conseil d'État, et mourut à Paris le 5 mai 1817.

Il avait épousé, en mars 1798, mademoiselle Aglaé-Louise-Etiennette DE BROSSARD, fille du Comte de ce nom, issue d'une très-ancienne famille de la province, qui possédait depuis un temps immémorial la terre des Ils-Bardel (près Falaise). De ce mariage sont nés quatre enfants, savoir :

1° Edouard-Louis-Etienne, dont l'article suit;

2° Joseph-Anatole LAMBERT DE CHAMEROLLES, né le 18 août 1803, marié en premières noces à Mademoiselle DE LAPARRE, et, en secondes noces, à Mademoiselle Caroline D'ESCLIGNAC, sans postérité;

3° Stéphanie-Constance LAMBERT DE CHAMEROLLES, mariée, en 1822, à Guillaume DE BONCHAMPS;

4° Louise-Emma-Pauline LAMBERT DE CHAMEROLLES, mariée, en 1825, à Gustave-Edmond, Comte DE BROSSARD, dont un fils, et en secondes noces, en 1831, à Hugues-Antoine DES ROTOURS, Baron de CHARLIEU. De ce second mariage est née une fille, mariée en 1858 à Amédée DE CAIX.

XII. — Edouard-Louis-Etienne LAMBERT, Baron de CHAMEROLLES, chef de nom et d'armes de cette ancienne maison, né le 8 février 1800, exerça pendant sa jeunesse les fonctions d'Inspecteur des finances, et fut nommé, le 29 décembre 1836, Chevalier de la Légion d'honneur. Par décret Impérial du 29 décembre 1860, il fut confirmé dans la possession du titre de BARON de Chamerolles. Il a épousé, le 19 mars 1828, mademoiselle Aimée-Marie-Désirée D'ERARD (1), dont une fille :

> Antoinette-Louise-Augustine LAMBERT DE CHAMEROLLES, mariée. le 7 avril 1853, au Comte DE BROSSARD, son cousin-germain, héritier de la terre des Ils-Bardel.

BRANCHE CADETTE.

IX. — Jean-Baptiste-Pierre LAMBERT, Ecuyer, second fils de Jean-Pierre, Seigneur des Mesliers, du Fresne, etc., né le 27 décembre 1696, fut reçu Correcteur en la Chambre des Comptes de Paris, le 17 novembre 1718, et épousa, le 20 février 1725, demoiselle Marie-Geneviève LESCHASSIER DES CHAMPS DE MOREL, fille de Christophe, Seigneur de Maricourt, Conseiller à la Cour des Aides de Paris, et de dame Charlotte SOUFFLOT. Il est mort en 1763, laissant trois fils qui joignirent le nom de leur mère au leur :

> 1° Jean-Baptiste-Louis LAMBERT DES CHAMPS DE MOREL, né le 26 janvier 1734, Conseiller à la Cour des Aides en 1757, puis Conseiller au Parlement en 1763. Il a épousé au mois de mai de ladite année, demoiselle Marie MASSON, fille de Pierre Masson, Chevalier, Seigneur de Vernon, et de dame Marie VILLERAY. De ce mariage est né :
>
>> A. Jean-Baptiste-Antoine LAMBERT DES CHAMPS DE MOREL, né le 25 juin 1770, qui épousa, au mois d'août 1797, Mademoiselle Annette BROCHANT DE SAINT-FÉLIX, et mourut en 1831, après avoir marié sa fille unique, Anne-Camille, à M. Amador DES CHAPELLES.
>
> 2° Jacques-Etienne, qui suit;
>
> 3° Auguste-Louis, auteur du second rameau, dont l'article viendra plus loin.

---

(1) Madame la Baronne DE CHAMEROLLES est fille de Monsieur Alexandre-Augustin-Désiré, Comte D'ERARD, descendant d'un des compagnons de Guillaume-le-Conquérant, et de Madame Marie-Caroline DE RUFFO, issue des Comtes DE LA RIC, famille originaire du royaume de Naples. (Voyez la notice que nous avons publiée tome 1er, page 302.)

X — Jacques-Etienne Lambert des Champs de Morel, né le 23 février 1738, fut reçu Conseiller auditeur en la Chambre des Comptes de Paris en 1761. Il épousa, le 29 janvier 1771, Henriette-Madeleine Leschassier de Méry, fille de Robert Leschassier, Marquis de Méry, Conseiller en la Cour des Aides de Paris, et de dame Henriette de Thoré. Ont signé au contrat de mariage comme parents : dame Madeleine Leschassier, veuve de Jacques-Louis Héricart, Comte de Thury, Conseiller du Roi, tante maternelle du futur, et cousine maternelle de la future ; haut et puissant Seigneur Alexandre d'Argouges, Chevalier, Conseiller d'Etat, et dame Marguerite Lefebvre de la Faluère, son épouse ; haut et puissant Seigneur Michel, Comte d'Argouges, Maréchal des camps et armées du Roi, cousin paternel, et dame Marie de Courtarvel son épouse ; très-haut et très-puissant Seigneur Charles de Barentin-Montchal, Chevalier, Conseiller d'Etat, Avocat-Général de S. M. en sa Cour du Parlement, et dame Anne Meslay, son épouse ; haut et puissant Seigneur Armand Bignon, Conseiller d'Etat, Prévôt des marchands à Paris, cousin paternel ; dame Marie de Noyseau, épouse de très-haut et très-puissant Seigneur Louis Lefebvre d'Ormesson, Président au parlement de Paris ; Anne-François de Paris, Chevalier, Seigneur de la Brosse, Marquis du Ponceau, Conseiller du Roi en ses Conseils, Président de la Chambre des Comptes, cousin maternel ; Charles de Lescalopier, ancien capitaine au régiment Royal-Cravattes, Chevalier de St-Louis, et dame Marie-Anne de Paris de la Brosse, son épouse ; Antoine Bièvre de la Mouche, Conseiller auditeur en la Chambre des Comptes, et dame Madeleine Thoré, son épouse ; Jacques-Paul Cadeau, Ecuyer, Conseiller du Roi, etc., etc.

Il est mort en 1799, ayant eu six enfants de son mariage, entre autres :

1° Auguste-Louis Lambert des Champs de Morel, né en 1781, Chevalier de Malte, mort aux Cayes (Saint-Domingue) en 1800, sans avoir été marié;
2° Alphonse-Etienne, qui continue la descendance;
3° Charles-François, né en 1792, mousquetaire gris en 1815, puis Lieutenant de cavalerie, démissionnaire après avoir épousé Mlle de Gourgas, et mort sans postérité en 1862 ;
4° Aimée-Marie, mariée en 1809 à M. le Chevalier des Aubiers, ancien Capitaine de cavalerie, et morte en 1853.

XI. — Alphonse-Etienne de Lambert des Champs de Morel, né au château de Méry, le 16 septembre 1789, entra en 1814 dans la compagnie écossaise des Gardes du Corps du Roi; fut, de 1816 à 1818, aide-de-camp du général Baron de Montbrun, puis nommé capitaine au Corps Royal d'Etat-major et créé Baron, en 1817, par lettres patentes du Roi, qui le dispensent de *Majorat;* de 1818 à 1830, aide-de-camp de S. S. le duc de Montmorency-Luxembourg, lieutenant-général, capitaine des Gardes du Corps ; Chevalier de la Légion d'honneur en 1827; chef d'escadron d'Etat-Major, démissionnaire. pour refus de serment, en 1830. Il a épousé, le 14 juin 1827, mademoiselle Julie DE SAINT-CÉRAN, fille de Jacques Roux de St-Céran, Chevalier de Saint-Louis, ancien colonel de la Légion du Rhône, et de dame Agathe DE CHARPIEUX. De son mariage sont issus les trois enfants ci-après :

1° Valérie-Agathe-Stéphanie DE LAMBERT DES CHAMPS DE MOREL, mariée, le 6 octobre 1849, à Albéric HOUDOUART, comte DE THIÉVRES, dont postérité ;

2° Arnold-Hippolyte-Etienne, Baron DE LAMBERT DES CHAMPS DE MOREL, né le 14 décembre 1829, entré à l'école de Saint-Cyr en 1848, et officier démissionnaire après avoir épousé, en 1861, Mademoiselle Noémi CARTIER DE RÉGINEL-BARRÊME;

3° Théobald-Etienne-Léonard DE LAMBERT DES CHAMPS DE MOREL, né le 26 novembre 1831, Chevalier de l'ordre de St-Jean de Jérusalem.

SECOND RAMEAU.

X. — Il a eu pour auteur : Auguste-Louis LAMBERT DES CHAMPS DE MOREL, né en 1739, Conseiller auditeur en la Chambre des Comptes de Paris, marié en 1771 à Catherine-Marguerite DE VILLERS DE LA NOUE, dont il a eu trois enfants.

XI. — Augustin-Claude, l'aîné, officier en 1786, a épousé, en 1806, mademoiselle N..... LE CLERC DE LESSEVILLE, qui l'a rendu père de quatre filles et du fils unique qui suit :

XII. — Louis LAMBERT DES CHAMPS DE MOREL, actuellement capitaine-adjudant-major à l'Hôtel Impérial des invalides, et chevalier de la Légion d'honneur.

DE LANGLE

ARMES : *D'azur, à la fasce d'or, accompagnée en chef de deux glands, et en pointe d'une rose; le tout du même.*

amille ancienne, originaire d'Arras, qui est venue s'établir dans le bailliage d'Evreux où nous trouvons Guillaume DE LANGLE, Avocat et Conseiller du Roi, en 1283. — Son petit-fils épousa Isabeau DE SAINT-AMAND. — Malgré cela, de nouvelles lettres de noblesse furent accordées à l'un de ses membres, au commencement du XVIIe siècle, et son fils fut maintenu en 1667.

La maison DE LANGLE a formé diverses branches dont presque tous les membres ont exercé des charges de judicature au bailliage et siége présidial d'Evreux ; cependant quelques-uns ont servi dans les armées du Roi.

Parmi les fiefs nobles qu'elle a possédés en Normandie, nous trouvons ceux de Conches, de Launay, de Mauny, d'Ardez de la Ronce du Plessis, etc......

Pierre DE LANGLE, Evêque de Boulogne, mort en 1724, fut précepteur de S. A. le Comte de Toulouse ; c'est son influence qui a déterminé la transplantation, en Bretagne, de la branche DE CARY ; en effet, au commencement du XVIIIe siècle, il fit nommer son parent, Guillaume DE LANGLE, Ecuyer, à une charge qui le plaçait à la tête de l'Administration de la marine du port de Brest. Guillaume était Seigneur de Cary, de Poullarvillain, du Coudrais, de la Potinerie, etc....

Louis-Guillaume DE LANGLE DE CARY, son fils, lui succéda dans la charge d'administrateur du port de Brest, et eut pour fils :

Pierre-Louis DE LANGLE DE CARY, qui était Lieutenant de Vaisseau, lorsqu'éclata la révolution, et mourut à la fin de 1792, laissant pour fils :

Louis DE LANGLE DE CARY, incarcéré pendant la terreur. Il n'a jamais exercé que des fonctions honorifiques, et a eu, de son mariage les deux fils ci-après avec Mademoiselle DE FLOYD DE LA SALLE :

1° N...... DE LANGLE DE CARY, Officier supérieur d'état-major en retraite ;

2° Louis DE LANGLE DE CARY, Capitaine de vaisseau.

DE BELLEYME

ARMES : *D'argent à trois chevrons de gueules* (1).—

a tradition, divers titres et documents anciens, et enfin l'identité de nom et d'armes, semblent établir que les DE BELLEYME, *aliàs* DE BELLESME, établis au Périgord au XVIe siècle, sont issus d'un cadet de l'illustre maison de Bellesme, qui a donné des Comtes du Perche, d'Alençon, de Bellesme, etc.

Selon le *Père Anselme* (*Histoire des Grands Officiers de la Couronne*), la filiation des Comtes DE BELLESME remonte à YVES, Chevalier, Seigneur de la ville et château de Bellesme, dont fait mention le chroniqueur Guillaume de Jumièges.

Les nombreuses recherches que nous avons faites dans les archives de la province, nous ont cependant permis de faire remonter la filiation un peu plus haut, et parmi les ouvrages à consulter, nous citerons : *L'art de vérifier les dates* ; — *Le Dictionnaire de Moréri* ; — *l'Histoire des Grands Officiers de la Couronne* ; — *l'Histoire du Perche* par Bry de la Clergerie ; — *Généalogies et preuves* (*Manuscrit*), par M. Toustain de Richebourg, etc.

Un fait essentiel à remarquer, c'est qu'à partir du commencement du XIIIe siècle, cette puissante maison, ainsi que beaucoup d'autres de Normandie semblent déchoir du haut rang qu'elle avait toujours tenu, et cela, sans doute, par suite des guerres qui ruinaient certains Seigneurs féodaux (2). En effet, les historiens et les titres originaux conservés aux diverses archives de la province nous montrent les descendants de cette famille ne portant plus que la qualification de *Chevalier* et d'*Écuyer* à cette époque. Il n'est donc pas impossible de retrouver un Cadet de cette ancienne maison établi en Périgord, où il est allé rejoindre les gens de la religion soi-disant réformée, dont les chefs tenaient une grande partie des places fortes du Rouergue, du Quercy et autres pays circonvoisins.

---

(1) Les comtes du Perche portaient *deux chevrons*, et les comtes d'Alençon en portaient *trois*.
(2) Le comté du Perche fut réuni à la Couronne de France en 1226.

Sans nous occuper des principales alliances de la famille au temps de sa puissance, nous citerons celles que ses membres ont contractées depuis le XIIIe siècle, et nous voyons les maisons : de Tournebut, d'Argouges, de Crèvecœur, d'Almenèche, de Boquencey, de Coulibœuf, de Courseulles, de Courcy, de Vauquelin, de Nancey, de Larchant-Grimonville, de Malherbe, de Carbonnel, etc.

Dans la branche du Périgord, dont les descendants sont actuellement installés à Paris, nous trouvons quelques gens de Robe et d'Epée, des Officiers du Génie, et, enfin, la magistrature parisienne rendait, il y a un an à peine, les derniers devoirs à M. le Président de Belleyme, qui avait tenu une grande place dans son sein.

La filiation commence à :

Angombert ou Albert, premier Comte du Perche, vivant dans le IXe siècle sous Louis le Débonnaire.

Yves DE BELLESME (son petit-fils), premier Comte d'Alençon, possédait une partie du Perche (940).

Guillaume, son fils aîné, fut Comte de Bellesme et d'Alençon, et rendit de grands services au roi Hugues Capet. Ce fut lui qui fonda l'Eglise de Saint-Léonard de Bellesme. Le nom de sa femme fut MATHILDE, qui le rendit père de plusieurs enfants :

Rotrou, Ier du nom, petit-fils de Guérin DE BELLESME, Seigneur de Domfront, Vicomte de Châteaudun, etc., forme le VIIIe degré de la filiation ; il fut Comte de Mortagne et vivait en 1050 ; le nom de sa femme ne nous est pas parvenu, mais nous savons qu'il eut cinq fils, savoir :

1° Geoffroy, IIe du nom, qui continue la descendance des Comtes du Perche et de Mortagne, et dont nous ne nous occupons pas;
2° Hugues, tige des Seigneurs de Châteaudun ;
3° Rotrou, Seigneur de Montfort, dans le Maine ;
4° Fulcois, qui suit ;
5° Elis DE BELLESMES, Chevalier, dont on ignore l'alliance.

BRANCHE CADETTE.

Nous allons donner très-brièvement la filiation de cette branche :

IX. — FULCOIS ou FULCARD DE BELLESMES, Chevalier, vivant en 1080, fit la guerre sous la bannière de son frère aîné, qui lui donna en apanage divers fiefs dans le diocèse de Séez.

X. — Geoffroy DE BELLESMES, Ecuyer, vivait en 1140.

XI. — Hubert DE BELLESMES, Ecuyer vivait en 1180.

XII. — Robert DE BELLESMES, Chevalier, vivait au commencement du treizième siècle.

XIII. — Philippon DE BELLESMES, Escuyer, vivant en 1220, épousa damoiselle Rogère D'ARGOUGES.

XIV. — Archambault DE BELLESMES, Escuyer, son fils aîné, épousa damoiselle Mahaud D'YVRY, Cadette du Perche.

XV. — Tristan DE BELLEYMES, aussi Escuyer, épousa damoiselle Huguette DE CRÈVECŒUR.

XVI. — Hugues DE BELLEYMES, Escuyer, se maria, en 1298, à damoiselle Renée D'ALMENÈCHE.

XVII. — Taurin DE BELLEYMES, Escuyer, épousa, en 1323, damoiselle Yolandé DE TOURNEBUT.

XVIII. — Jean DE BELLEYMES, Escuyer, épousa, en 1350, damoiselle Anne DE BOQUENCEY.

XIX. — Robert DE BELLEYMES, Escuyer, épousa, en 1380, damoiselle Marie DE COULIBŒUF.

XX. — Jacques DE BELLEYMES, épousa, en 1409, noble damoiselle Marthe DE COURSEULLES, dame de Gonneville.

XXI.—Jean DE BELLEYMES, Escuyer, marié, en 1471, à damoiselle Charlette DE COURCY.

XXII. — Guillaume DE BELLEYME, marié, en 1502, à demoiselle Roberte DE VAUQUELIN, dame de Méhédin.

XXIII. — François DE BELLEYME, Escuyer, épousa, en 1531, demoiselle Marguerite DE NANCEY.

XXIV. — Robert DE BELLEYME, Escuyer, épousa, en 1572, demoiselle Claire DE LARCHANT DE GUIMONVILLE. De ce mariage sont nés trois filles et deux fils :

> 1° Louis DE BELLEYME, Escuyer, marié en 1599, à demoiselle Antoinette DE MAL-HERBE, qui l'a rendu père de :
>
> > A. Charles-Roger DE BELLEYME, Ecuyer, marié, en 1630, à demoiselle Odette DE CARBONNEL-CHAPPEDELAINE. Nous ignorons sa postérité.
>
> 2° Antoine, auteur du rameau établi en Périgord et en Quercy, dont l'article suit.

SECOND RAMEAU

Antoine DE BELLEYME, Ecuyer, ayant embrassé la religion protestante, alla rejoindre ses coreligionnaires qui se battaient dans le midi de la France pour défendre leur foi. Il y a épousé, en 1610, demoiselle N......, dame de la Grange-Perrière.

Jean DE BELLEYME, Ecuyer (son fils ou son petit-fils), vivait de 1650 à 1700, ainsi qu'il appert des différents actes et titres originaux que nous avons retrouvés soit aux Archives, soit à la Bibliothèque Impériale. Lesdits actes nous prouvent qu'il eut pour fils :

Moyse DE BELLEYME, né le 15 septembre 1669, mort le 21 juillet 1749.

Pierre DE BELLEYME, son fils, né le 12 février 1702, mourut le 28 février 1762.

Pierre DE BELLEYME, né le 14 mars 1747, fut officier distingué du Génie, et, en qualité de chef de la division topographique aux Archives Nationales, il traça la première carte de la France divisée en départements. Il est mort le 29 août 1819, laissant pour fils unique :

Louis-Marie DE BELLEYME, né à Paris le 16 janvier 1787, qui fut d'abord destiné à l'Ecole Polytechnique ; mais quelque temps après, son père lui fit embrasser la carrière du barreau, dans laquelle son intelligence si active et si pratique lui fit bientôt obtenir les plus brillants emplois. Il fut successivement Procureur du Roi, Préfet de Police sous Charles X, Vice-Président de la Chambre des députés, Président du Tribunal de la Seine, Commandeur de l'ordre de la Légion d'honneur, Officier de l'Aigle de Prusse, etc. Il est mort, le 25 février 1862, laissant de son mariage deux fils, qui sont tous deux mariés.

DE LA MARIOUZE

ARMES : *D'azur, à la fasce ondée d'argent, accostée de trois losanges d'or, 2 et 1.* — Couronne : *De Marquis.* — Supports : *Deux Lions.* — Devise : *Deo semper et virtuti.*

ous croyons cette famille d'origine roumaine (1), et le premier du nom qui vint s'établir en Normandie le fit un peu avant 1400; depuis cette époque la filiation se produit nette, précise et sans lacune. Du reste elle fut maintenue dans sa noblesse à différentes époques, notamment en l'élection de Carentan, par jugement du 31 mai 1672.

Jean DE LA MARIOUZE, Seigneur de Bellengreville et de Gonneville, était Elu (2) de la ville de Caen, en 1431, ainsi qu'il appert de quatre contrats de l'époque. Il a épousé Jeanne LE CLOUSTIER, et son fils Jean, également un des Elus de Caen, épousa haute et puissante damoiselle Catherine DE BRÉZÉ.

La maison DE LA MARIOUZE, qui s'est divisée en plusieurs branches, contracta de hautes alliances, et quelques-uns de ses membres remplirent des fonctions de robe, mais le plus grand nombre servit à l'armée.

Charles DE LA MARIOUZE, en 1642, était Gouverneur de la ville et château de Saint-Lô; plus tard, il devint premier Ecuyer de S. A. la princesse de Condé.

Jean DE LA MARIOUZE, Chevalier, Seigneur et Baron de Montbray, sous

---

(1) Voici sur quoi nous appuyons notre opinion : M. *Alexandri*, boyard et poète des provinces danubiennes, cite cette famille dans son recueil des anciennes chansons populaires Moldo-Valaques, traduit en français par M. *Voineno*; l'une de ces chansons, intitulée *Horæ*, rappelle le nom DE LA MARIOUZE plusieurs fois et sans variante. Il est donc probable que le fils cadet d'un BAN (*marquis*) de ce nom est venu en France avec le père de *Ronsard* pour prendre part, comme le dit celui-ci, aux guerres de Philippe-de-Valois contre Edouard III, roi d'Angleterre. On sait que la noblesse de ces temps-là était aussi aventureuse que chevaleresque.

(2) Cette qualification d'Elu est fort ancienne en Normandie, et cet office d'Elu devint assez vite transmissible, car il est donné en dot à Robert DE LA MARIOUZE, dans son contrat de mariage avec demoiselle Anne DE LA MASURE, passé le 5 octobre 1541.

Louis XIV, a épousé Christine DE LAROQUE DU MÉNILLET. Il eut deux fils : Charles-Jean et Charles, qui furent les auteurs de deux branches principales.

Le dernier descendant mâle de Charles-Jean DE LA MARIOUZE (l'aîné), est mort sans postérité le 12 novembre 1856.

Le dernier descendant du second fils Charles, est :

Louis-Charles DE LA MARIOUZE, Directeur des domaines, Chevalier de la Légion d'honneur, qui a épousé Mademoiselle Félicie DAVEZIÈS DE PONTÈS. De cette alliance il a deux filles :

1° Emma DE LA MARIOUZE, mariée au Vicomte Léon DE LA BARRE, Receveur des finances ;

2° Louise DE LA MARIOUZE, qui a épousé Ernest BOCHET, Capitaine de frégate, Officier de la Légion d'honneur.

Une branche cadette existe encore aussi de nos jours, et elle a pour chef :

Roland DE LA MARIOUZE, Chef de bataillon d'Infanterie, Officier de la Légion d'honneur, non encore marié.

MARTIN DE VILLERS

ARMES : *De gueules, au mouton d'argent posé sur un tertre de sinople, la tête contournée, tenant dans la patte sénestre un guidon, la hampe de sable et la flamme d'or, et à la pointe de l'écu, un croissant d'argent; au chef d'azur, chargé de trois étoiles d'or.* — Couronne : *de Baron.*

amille anoblie par lettres patentes du 18 février 1650, en la personne de Pierre MARTIN, premier Conseiller et premier Echevin de la ville de Dieppe, pour avoir puissamment contribué à maintenir, sous l'obéissance du Roi, ladite cité, dont Madame la duchesse de Longueville, maîtresse du château, voulait s'emparer.

Jean MARTIN, Ecuyer, son fils, a exercé l'office de Président en l'élection d'Arques, pendant plus de vingt ans; il eut pour fils :

Pierre MARTIN, IIe du nom, Ecuyer, lequel fut Avocat du Roi au bailliage de Caux, puis président de l'élection d'Arques pendant pendant vingt-huit ans. Il eut plusieurs enfants, entre autres :

Charles-Antoine MARTIN, Ecuyer, Président de l'élection d'Arques, puis de celle d'Eu, marié, le 30 juillet 1736, à noble demoiselle N..... DE VILDOR, fille de messire François de Vildor, Ecuyer, Baron de Villers, ancien Gendarme de la Garde du Roi. Mademoiselle de Vildor lui apporta en dot la Baronie de Villers qui, depuis ce temps, est dans la famille. De cette alliance est né un fils :

Nicolas-François-Charles-Laurent MARTIN, Baron DE VILLERS, Seigneur et patron du Mesnil-David, mousquetaire dans la première compagnie en 1763, capitaine au régiment Dauphin, Major au régiment de Ségur (Dragons), premier Aide-Major de la brigade de Monsieur en 1792, sous-aide Major de la première compagnie des mousquetaires en 1815, puis Colonel, Chevalier de Saint-Louis, Officier de la Légion d'honneur, décédé le 2 avril 1832. Il avait épousé, le 21 septembre 1779, mademoiselle Françoise-Angélique LÉGER DE BEAUFORT, fille de N..... Léger de Beaufort, ancien capitaine au régiment de la Tour-du-Pin. De ce mariage sont nés deux fils :

1° Henri-Louis MARTIN, Baron DE VILLERS, successivement Maire de la ville de Neuf-châtel, membre du Conseil Général du département de la Seine-Inférieure, Député en 1849, etc., etc..... Il avait épousé Mademoiselle DE SAINT-OUEN, fille de Monsieur de Saint-Ouen de Beauval, Chevalier de Saint-Louis, et de demoiselle DE BÉZUEL, son épouse Il est décédé sans postérité en novembre 1855;

2° Amédé, qui suit :

Amédé MARTIN, Baron de VILLERS, chef actuel de la famille, fut Mousquetaire de la première compagnie en 1814, sous-lieutenant dans le premier régiment des cuirassiers de la Garde, lieutenant dans le cinquième régiment des cuirassiers d'Orléans, Chevalier de la Légion d'honneur et de l'Ordre de Saint-Ferdinand d'Espagne. Il a épousé mademoiselle Marie-Adélaïde DARY DE SÉNARPONT, fille de Monsieur le Comte Dary, Marquis de Sénarpont, Chevalier de Saint-Louis, et de dame N..... DE FAUTEREAU. De ce mariage sont nés :

1° Marie-Mélite MARTIN DE VILLERS, religieuse aux Dames hospitalières, à Eu;

2° Pierre-Auguste MARTIN DE VILLERS, né le 20 septembre 1833.

PAYEN

DE LA GARANDERIE, DE NOYANT, DE CHAVOY, ETC.

ARMES : *D'argent, à trois tourteaux de sable* (1) *posés 2 et 1, le premier, à dextre, chargé d'une rose d'or.* — Couronne : *de Comte.* — Supports : *deux Sauvages.* — Devise : *In arduis fortior.*

ette noble maison est une des plus anciennes et des plus illustres de la Basse-Normandie; les Chartes des anciens temps sont pleines de preuves de la puissance et de la position élevée de ses auteurs.

Thibault PAYEN, Comte de Gisors, vivait en l'an 1012, et, dans le XIᵉ siècle, il fut à la conquête de la Terre-Sainte.

Hugues PAYEN et plusieurs autres gentilshommes, vers l'an 1118, allèrent offrir leurs services au Patriarche de Jérusalem, logèrent dans le palais de Baudoin et furent reçus Chevaliers du Temple.

PAYEN DE MONTMUSE commandait l'armée de Richard, roi d'Angleterre, duc de Normandie, en 1190.

Geoffroi PAYEN, Chevalier, fut un des Seigneurs qui se réunirent à Chinon, le lendemain des octaves de Pâques de l'an 1242, pour combattre le Comte de la Marche.

---

(1) Quelques cachets anciens portent *trois besants.* — Il y a tant de similitude entre le tourteaux et le besant, qu'on a pu faire confusion.

13

Guillaume PAYEN, Chevalier du Bailliage de Coutances, comparut en cette qualité dans une montre faite à Tours, dans la quinzaine de Pâques de l'an 1272.

Jean PAYEN, Chevalier, était en 1280 au service du Roi (*Gallia christania*, f° 509 — art. Doyens d'Avranches).

Dans la chapelle du trésor du Mont-Saint-Michel, on voit inscrits le nom et les armoiries de N... PAYEN, qui, en 1400, aida à conserver cette place contre les Anglais.

Guillaume PAYEN, Seigneur de la Chauffraye, alla s'établir à Paris en 1420. De lui est descendu Guillaume Payen, qui fit bâtir les maisons de la *rue Payenne*, à laquelle il donna son nom.

Louis PAYEN, capitaine de cent hommes d'armes, vivait au milieu du XV° siècle. Il fut l'auteur d'une branche d'où sont sortis les fondateurs de la chapelle *aux Payen*, dans le château de Vire.

Selon La Roque, dans son *Histoire de la Maison d'Harcourt*, la famille PAYEN est une des branches de la maison DE VASSY. Lors de la recherche faite, en 1463, par Raymond de Montfault, commissaire départi par le roi Louis XI, Jean PAYEN, Seigneur de Campagnolles, et Jean PAYEN, Seigneur de la Garanderie, son frère, prouvèrent, conjointement avec Olivier de Vassy, Seigneur de la Forest-Auvray, et Richard Mahéas, Seigneur de Carville, être tous descendants de Guillaume Mahéas, frère puîné de Messire Richard MAHÉAS, Chevalier, Seigneur et Baron DE VASSY.

Nous n'avons pu remonter la filiation jusqu'à la souche commune, ni prouver la jonction des diverses branches des Maisons PAYEN, MAHÉAS ou VASSY; mais ce qu'il y a de certain, c'est que Jean PAYEN, Seigneur de Campagnolles, n'a laissé aucune trace de sa descendance, et tout doit faire conclure qu'elle s'est éteinte presqu'à son origine: de sorte que Jean PAYEN, Seigneur de la Garanderie, son frère, dont la descendence est parfaitement établie sur titres originaux, est devenu le chef unique de cette famille, qui s'est divisée plus tard en plusieurs branches, savoir : celles de la Garanderie, du Plantis, de Montchouet, de la Poupelière ou de Saint-Sauveur (1), de Beaulinge, de Chavoy, de Noyant, du Poncel, de Mézières, de la Mitaudière, etc.

Pour établir la généalogie de cette ancienne Maison, nous avons consulté plusieurs ouvrages sur la noblesse, entr'autres le dictionnaire *de la Chesnayedes-Bois* ; cependant, nous avons fait à la filiation qu'il a donnée quelques

---

(1) A cette branche appartenait Guillaume DE LA POUPELIÈRE, fameux chef des protestants sous le comte de Montgommery ; il descendait de Johan Payon, qui épousa Catherine DE BRISCEY, en 1292, laquelle lui apporta en dot la terre de la Poupelière.

corrections et additions, d'après les documents originaux qui nous ont été produits par les représentants actuels de la famille.

De toutes les branches citées plus haut, qui elles-mêmes se sont divisées en plusieurs rameaux, nous ne nous occuperons que de celles qui existent de nos jours, dont la filiation commune remonte à :

BRANCHE AINÉE.

(De la Garanderie.)

I. — Jean PAYEN, Ecuyer, Seigneur de la Garanderie, de la Pichonnière, du Plantis et autres lieux, qui fit ses preuves de noblesse, en 1463, devant Montfault, avec Jean, son frère, Seigneur de Campagnolles, avait épousé damoiselle Gillone DE LA BROISE, dont il eut :

1° Pierre, Seigneur du Plantis, qui n'a eu qu'une fille unique, Jeanne PAYEN, mariée à N... DE TAILLEFER;
2° Michel, marié à Jeanne DU HOMME, sans postérité ;
3° Guyon, qui continue la descendance ;
4° Guillaume, prêtre ;
5° François, auteur de la branche de la Mitaudière, éteinte à la fin du XVIIe siècle en l'élection de Mortain.

II. — Guyon PAYEN, Ecuyer, héritier du droit d'aînesse , puisque la branche de Pierre se perd dans la maison de Taillefer, et que Michel ne laisse point de postérité, avait épousé Cécile LE FOULON et eut pour enfants :

1° Jacques, qui suit ;
2° Gilles PAYEN, auteur de la branche des seigneurs de Beaulinge, de Chavoy, de Noyant, rapportée plus loin.

III. — Jacques PAYEN, Ecuyer, tige des Seigneurs de Montchouet et de Saint-Sauveur, épousa en premières noces Colasse DE ROUSSEL, et en secondes noces demoiselle N... DE MEURDRAC. Du premier lit vinrent :

1° François, mort sans postérité ;
2° Gilles, religieux bénédictin ;
3° Martin, mort sans postérité ;

Et du deuxième lit :

4° Réné PAYEN, Ecuyer, qui épousa demoiselle Rénée DE LA HAUTONNIÈRE, mais dont la postérité s'éteignit comme suit : son fils unique Réné, IIe du nom, s'allia à demoiselle Antoinette FORTIN, dont il eut Réné, IIIe du nom, qui, de son mariage avec demoiselle Jeanne TROCHON, eut deux enfants :

A. Réné PAYEN, IV° du nom, qui n'eut qu'une fille unique, morte religieuse ;

B. Esther PAYEN, mariée à Julien LEGRAND DE SAINT-TRRY.

5° Jean, dont l'article suit ;

6° Jacques PAYEN, mort sans postérité.

IV. — Jean PAYEN, Ecuyer, épousa demoiselle Anne DE LA HAUTONNIÈRE et laissa un fils unique :

V. — Jacques PAYEN, Ecuyer, Seigneur de la Garanderie, Conseiller au Parlement de Rouen, marié à demoiselle N... BAUDRY, de laquelle vinrent :

1° Charles PAYEN, Ecuyer, Seigneur de Saint-Sauveur, branche éteinte;

2° Nicolas PAYEN, Ecuyer, Seigneur de la Garanderie et autres lieux, Abbé de Saint-Vimer, lequel, par acte authentique (1672) conservé aux archives de la famille, fit passer son fief de la Garanderie, avec tous les droits seigneuriaux y attachés, à Jean, son frère cadet, qui continue la descendance;

3° Jacques, Ecuyer, postérité inconnue ou éteinte;

4° Pierre, auteur de la branche du Poncel, éteinte ;

5° Jean, qui suit ;

6° Jacques, dont la postérité se répandit en plusieurs provinces et est inconnue ou éteinte.

VI. — Jean PAYEN, Ecuyer, Seigneur de la Garanderie, par suite de la cession que lui a faite l'Abbé de Saint-Vimer, son frère, mentionné ci-dessus, épousa Mademoiselle Louise DE GAALON DE DORIÈRE et eut pour fils unique :

VII. — Charles-Siméon PAYEN, Seigneur de la Garanderie, Ecuyer, marié à demoiselle Jeanne-Aimée DE VAUFLEURY, dont il eut quatre enfants :

1° François, qui suit ;

2° Nicolas et Jean, morts sans postérité ;

4° Jacques-François PAYEN, marié à Anne-Antoinette DE GAALON, dont un fils décédé sans enfants.

VIII. — François PAYEN, Seigneur de la Garanderie et de la Fraynaie ou Fresnaye, Ecuyer, épousa demoiselle Marie-Rénée TAURIN DE BRETTEVILLE, et eut de cette alliance :

1° Pierre-Remi, décédé sans postérité ;

2° Jean-Patient, qui suit ;

3° Charles-Antoine PAYEN, marié à demoiselle N... LE QUERU DE SEY (postérité éteinte);

4° Et deux filles : Marie et Jeanne PAYEN.

IX. — Jean-Patient PAYEN DE LA GARANDERIE, Écuyer, né en 1730, a épousé, en 1773, demoiselle Jeanne-Olive BOUDIER DE LA VALLEINERIE. Il est mort à Trelly le 2 mars 1785, laissant quatre enfants :

1° Jeanne-Olive, mariée à Jacques-Ambroise GAULTIER DU BRIEF, dont un des descendants, Léopold, a épousé à Saint-Romphaire, Mademoiselle Amélie DU QUESNE;

2° Marie-Elisabeth, mariée à Maximin LE CONTE DE MONTMARTIN, dont une fille, Caroline, a épousé Pierre-André-Marie-Godefroid ACHARD DE LE LUARDIÈRE (Voyez l'article *Achard de le Luardière*, tome I, page 205) ;

3° Désiré-Jean-Ambroise, qui suit ;

4° Charles-Auguste, prêtre, ancien missionnaire.

X. — Désiré-Jean-Ambroise PAYEN DE LA GARANDERIE, Ecuyer, né à Quettreville en 1784, est mort à Coutances le 26 octobre 1850. Il avait épousé, en 1813, Mademoiselle Marie-Aimée LE PIGEON DE BOISVAL, dont il eut cinq enfants :

1° Alexandre-Désiré-François, qui suit ;

2° Monique-Augustine-Marie PAYEN DE LA GARANDERIE , religieuse aux Augustines de Coutances, morte en 1842;

3° Paul-François-Jacques PAYEN DE LA GARANDERIE, né à Quettreville le 15 novembre 1818, a épousé, en 1852, à Saint-Brieuc, Mademoiselle Hélène-Marie D'ARGOUGES, issue de l'ancienne maison de ce nom (Voyez son art. page 412). De ce mariage sont issus :

    A. Marie-Pauline PAYEN DE LA GARANDERIE;

    B. Hugues-Achille-Marie PAYEN DE LA GARANDERIE;

    C. René-Alexandre-Marie PAYEN DE LA GARANDERIE;

    D. Léopold-Marie PAYEN DE LA GARANDERIE.

4° Hervé-Marc-Antoine-Aimé PAYEN DE LA GARANDERIE, né à Quettreville le 18 octobre 1820 ,

5° Louis-Marie-Désir PAYEN DE LA GARANDERIE, né à Quettreville le 11 août 1824. Il a épousé au Mesnil-Opac, près Saint-Romphaire, Mademoiselle Louise-Marie-Hortense DU QUESNE, dont il a une fille :

    A. Marguerite-Aglaé-Alexandrine.

Conformément à la loi nouvelle sur la noblesse, tous les descendants de cette branche, *aînés* ou *cadets*, portent le nom de PAYEN DE LA GARANDERIE.

XI. — Alexandre-Désiré-François PAYEN DE LA GARANDERIE, chef actuel de cette ancienne famille, est né à Quettreville le 24 octobre 1814. Il a épousé, le 11 juillet 1843, à Saint-Romphaire, mademoiselle Hortense-Céleste DU QUESNE, issue d'une très-ancienne maison de la province (Voyez son article page 400.)

De ce mariage sont nés les deux enfants ci-après :

1° Ernest-Marie-Désiré PAYEN DE LA GARANDERIE;

2° Charles-Aimé-Marie-Louis PAYEN DE LA GARANDERIE.

BRANCHE DE NOYANT.

III. — Gilles Payen, Ecuyer, Seigneur de Beaulinge, de Chavoy, de Noyant, etc., second fils de Guyon, et de dame Cécile Le Foulou (mentionnés plus haut), est l'auteur de cette branche et de celle de Chavoy qui viendra plus loin. Léonard, son petit-fils, qui a épousé, en 1603, demoiselle Marguerite DE LA BROISE, eut deux fils :

Jean, l'aîné, a produit un rameau qui est éteint actuellement ; Pierre, le cadet, Ecuyer, Seigneur de Réfuvielle, de Noyant, de Chavoy, etc., a épousé noble demoiselle Hélène VIVIEN DE LA CHAMPAGNE. De cette alliance est né un fils unique :

VII. — Bruno Pierre Payen, Ecuyer, Seigneur de Noyant et de Chavoy, Capitaine des vaisseaux du roi et Chevalier de Saint-Louis, épousa, en premières noces, demoiselle Catherine Jeanne Le Moine, et, en deuxièmes noces, Louise Duval. Du premier lit sont sortis, entre autres :

    1° Gilles-Augustin, qui continue la descendance ;
    2° Esther-Rolland, auteur de la branche de Chavoy, rapportée ci-dessous.

VIII. — Gilles-Augustin PAYEN DE NOYANT, dit *le Chevalier de Noyant*, Chevalier de Saint-Louis et Lieutenant du Roi à la Louisiane, a épousé demoiselle Jeanne DU MANOIR, dont il a eu quatre enfants, entre autres :

IX. — Jean-Baptiste PAYEN DE NOYANT, Capitaine de cavalerie, réformé à la paix de 1762, marié, en 1766, à demoiselle Catherine DE LA FRÉNIÈRE. Le chef actuel de cette branche est son petit-fils :

XI. — Emmanuel-Pierre-François-Roland PAYEN DE NOYANT, ancien Colonel, marié, le 24 avril 1833, à mademoiselle Constance-Josèphe MOREAU DE BELLAING, issue d'une famille de Picardie.

BRANCHE DE CHAVOY.

Ainsi qu'il est dit plus haut, cette branche a eu pour auteur :

VIII. — Esther-Rolland PAYEN, Ecuyer, Seigneur de Chavoy, deuxième fils de Bruno-Pierre et de Catherine-Jeanne LE MOINE. Il fut Capitaine de vaisseau, puis Capitaine d'artillerie, et enfin Commissaire ordinaire de cette arme. Il avait épousé demoiselle Anne-Françoise ARTHUR DE VILLARMOIS, et est mort en 1769, laissant les trois enfants ci-après :

1° Gabriel-Jean-Baptiste-Victor, dont l'article suit ;
2° Réné-Jean-Baptiste-Julien, mort en bas âge;
3° Pierre-Alexandre-Jean-Baptiste, Lieutenant-Colonel d'infanterie, Chevalier de Saint-Louis, mort prêtre.

IX. — Gabriel-Jean-Baptiste-Victor PAYEN, Ecuyer, Seigneur de Chavoy, épousa demoiselle Jeanne-Magdeleine-Jacqueline DE VERDUN, qui l'a rendu père de :

1° Hugues-Jean-Baptiste-Rolland, qui suit ;
2° Raoul-Gustave-Martial PAYEN DE CHAVOY, mort à Quiberon ;
3° Marie-Anne-Esther, mariée à Gabriel DE LANCKSSEUR;
4° Hortense-Jeanne-Angélique, mariée à Valentin REGNOUF DE VAINS.

X. — Hugues-Jean-Baptiste-Rolland PAYEN DE CHAVOY, Lieutenant-Colonel d'infanterie, Chevalier de Saint-Louis, a épousé, en 1805, Mademoiselle Françoise-Dominique-Aimée DE CORDAY DU RENOUARD, dont il a eu quatre enfants :

1° Edouard-Philippe-Gabriel, qui suit ;
2° Hugues-Marie-Gabriel-Victor PAYEN DE CHAVOY, Colonel du 8° régiment de Hussards, Officier de la Légion d'honneur, marié à Mademoiselle Antoinette-Blanche-Pauline DE MARY DE LONGUEVILLE, dont il a une fille :
A. Angèle-Jeanne-Marie PAYEN DE CHAVOY ;
3° Adrien-Auguste-Esther PAYEN DE CHAVOY, marié : 1° à Mademoiselle Thaïs DES ROTOURS DE CHAULIEU, et 2° à Mademoiselle GAUDIN DE VILLAINE ;
4° Anne-Hortense-Césarine, mariée, le 22 Janvier 1831, à Camille-Joseph DE PRACOMTAL.

XI. — Edouard-Philippe-Gabriel PAYEN DE CHAVOY, chef actuel de sa branche, membre du Conseil général de l'Orne, etc., a épousé demoiselle Sophie DE CLINCHAMP.

GUÉRIN D'AGON

ARMES : *D'azur, à trois molettes d'éperon l'or, posées 2 et 1; au chef du même, chargé d'un lion naissant de gueules. — L'Écu timbré d'un casque orné de ses lambrequins.*

Des lettres patentes d'anoblissement, en forme de charte, furent données, au mois de février 1653, à Gilles GUÉRIN, sieur de la Contrie et d'Agon, Conseiller du Roi, Lieutenant-général criminel au Bailliage et siége présidial du Cotentin, et Maître des requêtes de la Reine - Mère, en récompense des services que lui et Jacques GUÉRIN, sieur de la Contrie et d'Agon, son père, avaient rendus aux rois Henri IV et Louis XIII, notamment au siège de la Rochelle, en 1627, où Jacques GUÉRIN fut fait prisonnier, et contribua à la soumission des Rochelois.

Bien longtemps avant l'année 1653, la terre ou fief d'Agon était possédée par la famille, ce qui dénote que probablement elle pouvait fournir des preuves d'une noblesse ancienne, à l'époque où elle obtint des lettres d'anoblissement, que nous croyons plutôt de confirmation. Du reste, les membres de cette famille se montrèrent bien dignes de la faveur royale, car, des sept fils qu'a eus Gilles GUÉRIN, six furent tués sur les champs de bataille.

Le seul survivant, Michel GUÉRIN DE DIGNEVILLE, Lieutenant au régiment des Dragons de la Reine, fut blessé à la bataille de Steinkerque d'une balle qui le frappa entre les deux yeux, et qui lui resta dans la tête jusqu'à l'époque de sa mort, arrivée en 1733, dans son château d'Agon.

La famille est représentée de nos jours par :

Auguste-Emmanuel GUÉRIN D'AGON, Chef d'escadron de la gendarmerie de la Garde Royale, Chevalier de l'Ordre Royal et Militaire de Saint-Louis et de la Légion d'honneur, marié, en **1832**, à mademoiselle Marie-Adélaïde DE MOREL DE COURCY. De ce mariage sont issus les quatre enfants ci-après :

1º Gustave-Emmanuel GUÉRIN D'AGON, né le 22 janvier 1833, officier au 5e régiment de chasseurs ;

2º Arthur-Henri GUÉRIN D'AGON, né le 9 août 1838 ;

3º Mathilde-Marie GUÉRIN D'AGON;

4º Gabrielle-Augustine GUÉRIN D'AGON.

DE GRENTE

ous avons publié dans le tome premier (page 171) la notice de cette maison, qui n'a rien de commun avec celle des GRANT *aliàs* LE GRANT, dont nous donnons l'historique à la page suivante ; en effet, les DE GRENTE sont d'origine normande et sont allés à la conquête d'Angleterre en 1066, tandis que les GRANT, dont l'origine remonte au VIIIe siècle, sont venus d'Ecosse en France en 1359.

Seulement, plusieurs historiens (*G. du Moulin, entre autres*) ayant écrit le nom de GRENTE indistinctement par un A ou par un E, nous avons attribué à cette famille un fait qui concerne l'autre, nous voulons parler de la nomination de Guillaume GRANT, Vicomte de Caen en 1372. L'erreur était bien permise, car nous prouverons que, dans une foule de titres et contrats que nous avons consultés ou qui nous ont été produits, le nom de GRENTE est écrit souvent DE GRANTE.

Nous avons oublié de dire, dans la notice publiée tome Ier, à propos des de Grente ou de Grante de Grécourt et de Sahurs, que, le 18 avril 1773, a été déposé devant Robert Lesourd, garde-notes au bailliage de Pont-Audemer, par Louis-Anne DE GRENTE, Comte de Grécourt, Seigneur et patron de Montfort, Thierville, Ponthautou, Fontainecourt et autres lieux, premier avocat du Roi au parlement de Normandie, un extrait de généalogie des Grante ou Grente de Villerville et de Saint-Pierre-Azifs, avec lesquels les Grente ou Grante de Grécourt et de Sahurs prétendent avoir une origine commune.

Mademoiselle Marie-Edith DE GRENTE, Comtesse DE LA ROCHETULON, est morte le 6 mai 1863 ; par un billet de faire part que nous avons reçu, nous voyons qu'elle était alliée aux maisons : de Lorge, de Durfort, du Lau d'Allemans, de Colbert-Maulévrier, de Bonvouloir, du Hauvel, d'Estampes, de Guébriant, de Croy, de Chabot, de Guerry, etc.

GRANT

ARMES : *Ecartelé : aux 1 et 4, de gueules, à trois couronnes antiques d'or ; aux 2 et 3, d'hermines, au chevron de gueules, chargé de trois molettes d'or ; et sur le tout, d'argent, à la fasce d'azur, accompagnée de trois coqs de gueules 1 et 2, celui du chef tenant dans sa patte une branche au naturel.* — Couronne : *de Comte.* — Cri : *Stand sure.* — Supports : *deux Sauvages.* — Devise : *Qui nich bas Alpin.*

eaucoup d'historiens s'accordent à dire que cette famille a pour auteur ALPIN, roi d'Ecosse en 830, et que le nom de GRANT fut une épithète honorable accordée à l'un des descendants de cette maison.

Sir John GRANT, Chevalier, premier de sa branche, fils de Jean Grant de Grant (1) vivant en 1270, et grand-père de Tassin *aliàs* Toussaint, auteur de la branche normande rapportée plus loin, était un Chevalier de la plus grande valeur et se couvrit de gloire avec son frère Alan, au siège de Berwick en 1333. Il assista à un conseil tenu par Philippe de Valois, Roi de France en 1334 (*Archives de la Cour des comptes*).

Son fils, Sir Jean Grant, Chevalier, homme d'un grand mérite, fut envoyé en 1359, avec Robert Erskine, comme ambassadeur extraordinaire à la Cour de France ; il était accompagné, comme nous le verrons plus loin, par ses deux cousins Tassain et Guillaume.

Sir Ludovic GRANT DE GRANT, Baronnet, issu de lui au XIVe degré, a épousé Lady Marguerite O'GILVIE, fille de Jacques, Comte de Seafield, et de Lady Elisabeth HAY. Il fut l'aïeul de :

Sir Georges-Macpherson GRANT, chef actuel de cette antique maison, Baron du Royaume-Uni, Comte de Grant et de Seafield, lequel est né en 1839, à Castle-Grant, sur la rivière de Spey (Inverness-Shire), a succédé à son père en 1850.

---

(1) GRANT DE GRANT signifie ici : *du lieu de Grant* ; en effet, le manoir féodal actuel où réside le chef de la famille s'appelle Castle-Grant, et a été bâti par son ancêtre Gregory GRANT, en l'année 1214.

BRANCHE NORMANDE.

GRANT ou LE GRANT

DE VAUX, DU SOUCHEY, ETC.

Cette branche porte pour armes : *d'hermines, au chevron de gueules, chargé de trois molettes d'or*.

Tassain GRANT, Chevalier, son premier auteur, petit-fils de Sir John Grant, dénommé en tête de cette notice, accompagna avec son frère Guillaume, en 1359, le Chevalier Jean de Grant, son cousin germain, Ambassadeur d'Ecosse en France; ils restèrent tous deux au service du Roi Jean II. — Guillaume fut fait Vicomte de Caen, en 1372, pour ses bons et loyaux services, et ses descendants possédèrent longtemps cette dignité; l'un d'eux fut tué au siège de cette ville, en 1417, dans une tour nommée depuis *la Tour du massacre*. Il y avait à Caen un hôtel considérable nommé *l'hôtel du grand manoir*, qui était l'hôtel des GRANT, lorsqu'ils étaient Vicomtes de Caen, et il y existe encore une tour appelée *la Tour le Grant*, du nom de cette famille.

Les GRANT ont été aux bans et arrière-bans de 1470, et ont été maintenus dans leur noblesse par Montfaut, La Galissonnière, Chamillart, etc.; la filiation de cette famille se trouve en entier ou en partie dans divers auteurs héraldiques, entr'autres : *La Chesnaye-des-Bois, d'Hozier, St-Allais, de Courcelles*, etc.; nous y renvoyons donc et nous dirons seulement que :

Tassain GRANT épousa, en 1363, damoiselle Jorette DE QUETTEVILLE, qui lui apporta en dot la seigneurie de Quetteville, restée dans la famille jusqu'à la fin du XVIIe siècle.

Gilles GRANT, Sieur de Quetteville et du Souchey, son descendant au VIme degré, eut de sa femme, Marguerite DE BAILLEUL, trois enfants :

1º Olivier, auteur de la branche de Vaux;
2º Georges GRANT, mort sans postérité;
3º Nicolas, tige de la branche du Souchey.

La branche de Vaux a eu pour dernier représentant :

Charles-Romain GRANT, Comte DE VAUX, né le 22 décembre 1772 ; élevé au collége de la noblesse écossaise, il embrassa de bonne heure la carrière des armes et devint Général de division. Il a épousé, le 14 mai 1811, mademoiselle SCHOEREN; son contrat de mariage fut signé par LL. MM. le roi Louis XVIII et la Reine. De cette alliance est né, en 1813, un fils unique dont nous ignorons la destinée.

———

La branche du Souchey a pour chef actuel :

Urbain LE GRANT DU SOUCHEY, descendant direct de Guillaume GRANT, Vicomte de Caen en 1372; il est né en 1796, et a épousé, le 24 février 1824, mademoiselle Marie-Armande DE PIERRES. De cette alliance est issu un fils unique :

Charles-Victor-Armand LE GRANT DU SOUCHEY, né le 21 mai 1826, marié, le 1er août 1853, à mademoiselle Marie DE BARVILLE, dont il a :
A. Henry-Marie LE GRANT DU SOUCHEY, né le 27 mars 1856 ;
B. Charles-Marie LE GRANT DU SOUCHEY, né le 16 novembre 1863.

———

DE FALLAGUE

ARMES : *Coupé au 1, d'or au chevron de sable, au 2, fascé d'argent et de gueules de quatre pièces.*

Réné DE FALLAGUE, Ecuyer, Médecin très-célèbre, vivait en 1476, et fut inhumé dans l'église de Saint-Jacques de Dieppe où son tombeau se voyait encore en 1789. — Son fils, Jacques, fut médecin du roi Charles VIII ; il était Chevalier, Seigneur de Criqueville en Caux, en 1540, et il a épousé demoiselle Josine DE PARDIEU.

Bernard DE FALLAGUE, auteur d'une seconde branche de la famille, qui subsiste seule aujourd'hui, accompagna Samuel de Boulainvilliers dans son ambassade d'Angleterre; il avait épousé Jeanne DE BRAQUE.

Pierre-Henri, son fils, fut Capitaine général et Receveur des fermes du Roi.

Le chef actuel de cette famille est Henri-Eugène DE FALLAGUE, fils de Pierre-Henri, ancien Receveur des douanes à Roscoff, et de dame Emilie BELLOIR DE LA CHAPELLE.

PARENT

D'OFFRANVILLE, DE LANNOY, ETC.

ARMES : *De gueules, à deux bâtons d'or écotés passés en sautoir, accompagnés d'un croissant d'argent en chef et de trois étoiles d'or, posées 2 en flanc et 1 en pointe.* — Supports : *deux Levrettes.*

Cette maison est originaire d'Auvergne ; une branche passa en Italie avec Charles VI de 1380 à 1422, et une autre vint se fixer en Normandie au commencement du XVe siècle. Elle fut maintenue dans sa noblesse en 1666, et a produit un Bailli de Dieppe, un échanson du Roi en 1437, plusieurs officiers de tous grades, un Brigadier des Gardes du Corps et des Chevaliers de Saint-Louis.

Parmi ses alliances, nous citerons entre autres celles qu'elle a contractées avec les familles : de Favet, de Bailleul, d'Héric d'Ecaquelon, Duval du Sortoir, de Tourneroche, du Caron des Mesnils, Oursel des Marettes, d'Anjou, Hébert de Morville, Le Moyne d'Aubermesnil, Martin d'Auvilliers, Arnois de Saint-Philbert, de Gallye, etc. Plusieurs de ses membres ont figuré aux assemblées de la noblesse pour l'élection des députés aux Etats-Généraux en 1789, et sa filiation suivie, établie sur titres authentiques, commence à :

I. — Noble homme Robert PARENT, Ecuyer, Echanson du Roi et Bailli de Dieppe en 1537, a épousé demoiselle Perrette MICHON, dont il eut :

II. — Jacques PARENT, Ecuyer, Lieutenant particulier du Duché de Longueville, marié, par contrat du **21 décembre 1552**, passé devant les notaires
royaux au Châtelet de Paris, à demoiselle Marthe LE PRESTRE. De ce mariage
sont issus quatre enfants, entre autres :

III. — Jacques PARENT, IIe du nom, Ecuyer, Seigneur de Gruchet et de
Lannoy, Grenetier au magasin à sel de Dieppe, marié 1°, le 30 mai 1609, à
demoiselle Marie DE FAVET, et en secondes, le 31 août 1620, à Catherine
DE GALLYE. Du premier lit est issu :

> 1° François PARENT, Ecuyer, Seigneur de Gruchet, marié en 1637, qui eut pour
> fils unique :
>> A. Louis PARENT, Ecuyer, Seigneur du Gruchet, lequel figure avec
>> deux de ses cousins dans le jugement de maintenue de
>> noblesse du 11 août 1697; il est l'auteur de la branche des
>> Seigneurs de St-Ouen, dont un membre a figuré à l'Assem-
>> blée des Etats-Généraux en 1789, au bailliage d'Arques. —
>> (Voyez tome Ier, page 19);

Du deuxième lit sont issus :

> 2° Heury, qui continue la descendance :
> 3° Philippe PARENT, Ecuyer, Seigneur de Vastrival, marié, en 1664, à Marguerite
> DE L'ESPERON, dont un fils ;
>> A. Philippe, Seigneur de Gruchet, qui n'eut que des filles.

IV. — Henry PARENT, Ecuyer, Seigneur de Lannoy, a épousé, par contrat
du 25 juillet 1652, demoiselle Marie ALLAIN, dont il eut le fils unique qui suit :

V. — François PARENT, IIe du nom, Ecuyer, Seigneur de Lannoy, maintenu
dans sa noblesse par jugement de Monsieur de la Bourdonnaye, en date du 11
août 1697; dans cette pièce sont relatés les quatre degrés de la généalogie
ci-dessus. Nous allons donner un extrait de ce jugement, dont l'original en
parchemin a été visé par *d'Hozier de Sérigny*, Juge d'armes de France, en
1756, à propos des preuves faites pour entrer dans la petite écurie du Roi.

« Nous, Marie de la Bourdonnaye, Chevalier, Conseiller du Roi en ses
» conseils, Maître des requêtes ordinaire de son hôtel, Commissaire départi
» par Sa Majesté pour l'exécution de ses ordres en la généralité de Rouen,
» Vu l'assignation donnée le 20 avril dernier, à la requête de Charles de la
» Cour de Beauval, chargé par Sa Majesté de rechercher les usurpateurs du
» titre de noblesse, en exécution de la déclaration du Roi, du 4 septembre
» 1696, à Philippe PARENT, Escuyer, Seigneur de Vastrival et de Gruchet,

» à Louis et François PARENT, de produire les titres en vertu desquels ils
» prétendent jouir de la qualité d'Ecuyer, etc., etc...;

» Vu la généalogie et armes desdits sieurs PARENT, la charge exercée au
» bailliage de Dieppe en 1437, dans laquelle Robert PARENT, est qualifié
» *noble homme et Escuyer*, le mandement expédié au même, pour la charge
» d'Echanson du Roi et Bailli de Dieppe en 1438 ; la sentence rendue par
» Jacques PARENT, Escuyer, lieutenant particulier du Duché de Longueville
» en 1552; le contrat de mariage du 30 mai 1609, de noble homme Jacques
» PARENT, IIe du nom, Grenetier au magasin à sel de Dieppe, avec demoiselle
» Marie de Favet; l'aveu rendu au Roi en sa chambre des Comptes, le 12
» octobre 1678, par Philippe PARENT, Escuyer, pour les fiefs du Gruchet et
» de Lannoy ; le contrat de mariage sous-seing privé du 22 juillet 1688,
» entre François PARENT, Ecuyer, Sieur de Lannoy, et demoiselle Françoise
» Le Fournier, etc., etc., etc.;

» Nous avons déchargé lesdits Philippe, Louis et François PARENT de la
» dite assignation, et, en conséquence, les avons maintenus et gardés, leur
» postérité née et à naître en légitime mariage, en la qualité de *noble* et d'*E-*
» *cuyer*, ordonnons qu'ils seront inscrits et employés dans le catalogue des
» nobles de la généralité de Rouen.

» Fait à Rouen, le 11me jour d'août 1697.

» *Signé :* DE LA BOURDONNAYE. »

François PARENT, de son mariage avec demoiselle Françoise LE FOURNIER,
contracté le 22 juillet 1688 et reçu par les notaires royaux de Dieppe, le 28
mars 1690, n'eut qu'un fils unique :

VI. — Jean-Henry PARENT, Ecuyer, Seigneur d'Alençon, marié, le 15 avril
1719, à demoiselle Marie SAULNIER, dont il eut les trois enfants ci-après :

   1° Thomas-Henry-Alexandre, qui suit ;
   2° Jean PARENT, Ecuyer, Seigneur d'Alençon, dénommé page 195, du tome Ier, aux
       Etats-Généraux de l'Election d'Arques, mort sans postérité ;
   3° François PARENT, Ecuyer, marié en 1749, mort aussi sans postérité.

VII. — Thomas-Henry-Alexandre PARENT DE LANNOY, Ecuyer, Seigneur
d'Offranville, Brigadier des Gardes du Corps et Chevalier de Saint-Louis,
épousa, par contrat du 28 novembre 1764, Mademoiselle Anne-Françoise-
Thérèse LE FOURNIER (1), dame d'Offranville, terre qu'elle lui apporta en dot

(1) Issue d'une ancienne famille de l'Election d'Arques, maintenue par jugement du 17
février 1668, et qui porte pour armes : *d'azur au sautoir d'argent, accompagné en chef d'une étoile*
de même et de trois roses aussi d'argent, posées 2 en flanc et 1 en pointe.

et qui est encore habitée par la famille. De ce mariage sont issus les quatre enfants ci-après :

1° Marie-Anne-Geneviève Parent de Lannoy , née le 30 juin 1766 , mariée à M. Oursel des Marettes ;

2° Jacques-Alexandre, qui suit;

3° Françoise Suzanne, née en 1768, mariée à Frédéric Oursel, officier de marine ;

4° Jean-Thomas-Henry, né le 3 février 1770, sans postérité.

VIII. — Jacques-Alexandre Parent de Lannoy, né le 17 août 1767, a épousé Félix-Alexandrine du Caron des Mesnils, dont il eut quatre enfants :

1° Louis-Félix, qui suit ;

2° Antoinette-Clémentine de Lannoy, mariée, en 1818, à Hippolyte Baudory de Bellengreville ;

3° Gustave-Adolphe Parent de Lannoy, né le 16 août 1802, marié, le 11 mars 1839, à mademoiselle Esther Martin d'Auvilliers, d'où sont issus :

    A. Mathilde Parent de Lannoy, née le 27 septembre 1841;

    B. Raoul-Adolphe, né le 16 février 1844 ;

    C. Emma-Antoinette, née le 31 juillet 1847 ;

    D. Edouard-Hyacinthe, né le 7 mars 1855.

IX. — Louis-Félix Parent de Lannoy, Chef de nom et d'armes de sa famille, né le 8 janvier 1798, a servi dans les Gardes du Corps jusqu'en 1830. Il a épousé, le 25 octobre 1842, mademoiselle Louise-Marie-Félicité Hébert de Morville. De ce mariage sont issus :

1° Louis-Léonce Parent de Lannoy, né le 18 juillet 1843 ;

2° Clotilde-Félicité Parent de Lannoy, née en 1844, morte au château d'Offranville en 1857 ;

3° Jacques-Raymond Parent de Lannoy, né le 28 novembre 1846.

D'OZOUVILLE

ARMES : *De gueules, à une pile d'argent accostée de six losanges de même.*

e nom de cette ancienne famille se trouve écrit dans les anciens titres indifféremment OZOUVILLE , OSOUVILLE, OSEVILLE; on trouve aussi quelquefois OUSEVILLE et même AUZEVILLE (1).

Le premier personnage connu authentiquement est :

Samson D'OZOUVILLE, cité comme donateur dans l'acte de fondation d'un prieuré dépendant de l'abbaye de Montebourg , à Neville , du 26 Janvier 1163 (*Cartulaire de l'abbaye de Montebourg*).

II. — Richard d'Ozouville, Ecuyer, Seigneur d'Oseville , témoin d'une donation faite à l'Abbaye de Notre-Dame-du-Vœu, à Cherbourg, par Philippe de Croilet, Comte de Glocester, en 1187, est cité également au Cartulaire de l'Abbaye de Montebourg, en 1196. Les terres de sa seigneurie étaient en plusieurs paroisses : Osouville ou Oseville, Saint-Floxelle, etc.; elle possédait en outre la mouvance de trois fiefs : Uberville, dans la paroisse de ce nom ; La Varengère, dans la paroisse de la Pernelle, et Saint-Nazaire, dans la paroisse de Gréville-en-Hague.

Il eut deux fils de dame Hesceline N...., savoir :

---

(1) Peut-être est-ce d'un membre de cette famille dont il est question dans la liste donnée par *Brompton*, des nobles présents à la conquête d'Angleterre ; on y lit, en effet :

« Rochford et Dosevil, »
« Wartewil et Davil. »

1º Richard, qui suit ;

2º Pierre D'OZOUVILLE, Ecuyer, Seigneur de Saint-Nazaire, fut le premier à s'y fixer, et y bâtit une chapelle qui existe encore ; on voit au-dessus de la porte l'écusson de ses armes, qui y ont toujours figuré sans interruption.

III.—Richard, IIe du nom, Chevalier, clerc de Richard DE VERNON, baron de Néhou, est cité plusieurs fois aux Cartulaires des abbayes de Montebourg et de Saint-Sauveur. Il paraît être le premier qui s'est fixé dans la Hague, pays que la famille n'a pas cessé d'habiter depuis cette époque jusqu'à la révolution. Dans le Cartulaire de l'Abbaye de Cherbourg, conservé aux archives de Saint-Lô, se trouve une charte de 1219, dans laquelle on lit : *« Ego Ricardus de Osolfwill in haga miles..., etc... Cartam Sigilli mei testimonio confirmavi. »* A cette charte est appendu un sceau en cire bien conservé, avec l'empreinte exacte des armes telles que les porte encore la famille, et en légende autour : S. RICARDI DE OZVLWILLA. Dans un acte de donation, daté de l'année 1213, il choisit l'Abbaye de Montebourg pour sa sépulture.

IV. — Richard, fils de Richard II, n'est connu que par un acte de son fils, où il est dénommé.

V. — Raoul D'OZOUVILLE, Chevalier, habitait Sainte-Croix, dans la Hague, et il confirma, par un acte daté du mois de septembre 1274, une donation faite par son père à l'Abbaye de Notre-Dame-du-Vœu de Cherbourg. Cet acte, conservé aux archives du département de la Manche, porte aussi le sceau de ses armes parfaitement distinct.

Au commencement du XIVe siècle, les renseignements tirés des Chartes des anciens monastères cessent entièrement, ce moment étant celui où l'on voit paraître les tabellions chargés de la conservation des actes. Il s'ensuit une lacune qui va jusqu'en 1395, la famille n'ayant pu conserver ses papiers au milieu des bouleversements dont la province fut alors le théâtre ; malgré cela, la descendance est surabondamment prouvée par la triple identité du nom, du lieu et des armes.

VI. — Jehan D'OZOUVILLE, Seigneur de Saint-Nazaire, est mentionné pour sa part de fief dans deux aveux faits au Roi, par les Seigneurs de la Varengère, en 1395 et 1404. A lui et à son frère Thomas, prêtre, fut confiée la réparation de la Chapelle de Saint-Nazaire, par décision de l'Officialité du diocèse de Coutances, datée du 19 mai 1407, à Valognes. Il eut pour fils :

VII. — Pierre d'OZOUVILLE, Seigneur de Saint-Nazaire, qui, dans les guerres de Charles VII contre les Anglais, engagea ou vendit à réméré son fief de Saint-Nazaire à N.... DU MONCEL, pour lever une compagnie de lances au service du Roi. En 1450, il épousa demoiselle N....... DE MALSÈDE, fille du Seigneur de Gais-en-Gaillardon, près Chartres, et sœur de la dame de Maintenon.

VIII. — Charles D'OZOUVILLE, fils du précédent, né en 1459, eut d'une alliance, dont le nom nous est inconnu, le fils qui suit :

IX. — Bardin ou Bernardin D'OZOUVILLE, marié, vers 1500, à demoiselle Jeanne DE BEAUGENDRE, et, en secondes noces, à Jacqueline DE CARBONNEL.— De ces deux alliances sont issus, du premier lit : Robert qui suit ; et du deuxième lit : Bardin, tige d'une branche fixée d'abord à Omonville, puis dans le val de Saire. Il mourut en 1531.

X. — Robert D'OZOUVILLE, Ecuyer, épousa, suivant contrat du 10 avril 1520, demoiselle Marie D'AVOINE, fille d'Arnouf d'Avoine, Escuyer ; il en eut deux fils :

    1° Robert, qui suit ;
    2° Marin D'OZOUVILLE, marié à Anne DE RUALLEM ; il fut l'auteur de la branche
        d'Ozouville du Mesnil, aujourd'hui éteinte.

XI. — Robert D'OZOUVILLE, IIe du nom, fut marié à demoiselle Thomasse DE LA HAYE, et en eut :

XII. — Gaultier D'OZOUVILLE, Ecuyer, qui épousa, le 13 Octobre 1571, Gironne DU MONCEL, fille de Robert du Moncel, Escuyer, Seigneur de Saint-Christophe. De cette alliance sont nés deux fils :

    1° Jacques, qui continue la descendance;
    2° Jullien D'OZOUVILLE, Sieur de Lepinay, qui mourut en laissant une fille, Charlotte,
        mariée vers 1633 à N......... DE SAINTE-MÈRE-EGLISE, Seigneur d'Omonville, et
        un fils qui mourut sans postérité.

XIII. — Jacques D'OZOUVILLE, Ecuyer, épousa, en premières noces, Jeanne DURVIE, fille de François Durvie, Seigneur de Sotteville ; il en eut un fils, Nicolas d'Ozouville, sieur dudit lieu, dont la petite-fille Charlotte, sa seule descendante, épousa messire Adrien POTTIER, sieur de Rottot.

Jacques d'Ozouville épousa, en secondes noces, par contrat du 6 août 1604, demoiselle Charlotte DOSSIER, et en eut le fils qui suit :

XIV.—Robert d'Ozouville, III° du nom, Escuyer, Sieur du Parc, marié, par contrat du 11 mai 1648, à demoiselle Roberte de Brevaulle, fille de Jean-Nicolas de Brevaulle, Sieur de Saint-André; il en eut deux fils :

> 1° Jacques d'Ozouville, Ecuyer, Seigneur de Basmarets, auteur d'une Branche aujord'hui éteinte. Lui et son père produisirent leurs titres à la réformation de la noblesse; d'où résulte pour eux l'arrêt de maintenue de l'année 1666.
> 2° Louis, qui suit :

XV.—Louis d'Ozouville, Escuyer, Sieur de Beuzeval, épousa, en premières noces, en 1678, demoiselle Françoise de Bazan, fille de François de Bazan, sieur de la Souhardière, dont il n'eut pas d'enfants ; et, en secondes noces, le 6 aout 1681, demoiselle Françoise de Lanéez, dont il eut le fils unique qui suit :

XVI. — Robert d'Ozouville, Ecuyer, Sieur de Beuzeval, marié, le 31 octobre 1722, à demoiselle Françoise Heuzé, fille de Jacques Heuzé, Sieur de Bréfontaine, dont il eut, entre autres enfants :

> 1° Jacques d'Ozouville, lieutenant au régiment de Biron, mort jeune et sans postérité;
> 2° Robert, dont l'article suit :

XVII.—Robert d'Ozouville, Ecuyer, Sieur de Beuzeval, épousa, le 5 août 1756, demoiselle Jeanne-Gabrielle de Chérences. De ce mariage sont issus :

> 1° Jeanne-Félicité, mariée, le 28 Juillet 1785, à Léonor-Jean-Louis Le Trésor de la Roque, Chevalier de Saint-Louis;
> 2° François-Robert, qui suit ;
> 3° Jacques-Anténor d'Ozouville, Garde du pavillon de la marine, mort aux Indes, le 11 juillet 1782.

XVIII. — François-Robert d'Ozouville, Sieur de Beuzeval, Capitaine des frégates du Roi, Chevalier de Saint-Louis, épousa, le 7 février 1789, Anne-Constance de Trémigon, dont il eut les quatre enfants ci-après :

> 1° Constance-Marie-Félicité d'Ozouville;
> 2° François-Jean-Baptiste d'Ozouville, né en 1792, Capitaine au 3° régiment de la Garde Royale, Chevalier de la Légion d'honneur, retiré du service en 1830 et mort sans postérité en 1855;
> 3° Guillaume-François, qui suit ;
> 4° Georges-César-François d'Ozouville, ancien Conseiller général du département de la Mayenne, né le 16 juillet 1800.

XIX. — Guillaume-François D'OZOUVILLE, né le 19 mai 1794, ancien Sous-Préfet sous la Restauration, Commandeur de l'Ordre de Saint-Grégoire-le-Grand, a épousé, en 1825, mademoiselle Marie-Lucie DE HERCÉ, fille de Jean-François de Hercé, depuis Prêtre et Evêque de Nantes. Il est mort le 24 janvier 1859, laissant six enfants :

1o Marie-Lucie-Constance D'OZOUVILLE, mariée en 1852 à Armand-Réné DE CROCHARD ;
2o Alphonse-Marie-François, dont l'article suit ;
3o Henri-Marie-René D'OZOUVILLE ;
4o Xavier-Marie-Georges D'OZOUVILLE, officier au 57e régiment de ligne ;
5o Stanislas-Marie-Jean D'OZOUVILLE ;
6o Isabelle-Marie-Mathilde D'OZOUVILLE, mariée, le 2 juillet 1861, à Charles DE CROZÉ DE CLESME.

XX. — Alphonse-Marie-François D'OZOUVILLE, chef de nom et d'armes de cette ancienne famille, est né le 17 février 1832, et habite le château de la Roche-Pichemer, dans le département de la Mayenne. Il est Chevalier de la Légion d'honneur, Enseigne de vaisseau démissionnaire, et il a épousé, le 10 février 1863, mademoiselle Marthe-Marie-Marguerite DE TIGNÉ.

NOTTRET

ARMES : *D'azur, au lion d'or, au chef cousu de gueules, chargé d'un croissant d'argent, accosté de deux étoiles du second émail.*

Originaire de la province de Champagne (diocèse de Reims), cette maison s'est divisée en plusieurs branches, dont l'une a été s'établir en Normandie, dans la Généralité d'Evreux. Elle s'est éteinte en la personne de M. Louis NOTTRET DE ROUVROY, Colonel d'Artillerie, mort sans postérité en 1838.

Il avait épousé, en 1810, à Évreux Mademoiselle Marie-Louise LE NOURRY DE CRACONVILLE, sœur du Baron Le Nourry, Lieutenant-Général, Inspecteur-Général d'Artillerie, Pair de France, Grand-Croix de la Légion d'honneur, et belle-sœur de M. le Comte CLÉMENT DE LA RONCIÈRE, Général de Division de Cavalerie, Grand-Officier de l'ordre impérial de la Légion d'honneur.

LABBAYE

ARMES : *D'argent, au chevron de sable.*

Le premier auteur connu de cette maison, originaire de la province, est : Guillaume DE LABBAYE, anobli, moyennant finances (1), en 1370, par lettres patentes du Roi Charles V.

En 1540, elle s'est divisée en trois branches principales qui sont éteintes, à l'exception d'un rameau issu de la troisième branche, et qui est venu se fixer dans l'Ile-de-France, en 1714, où il a encore des représentants.

---

(1) Dictionnaire des Annoblissements, tome II.

D'AVENEL

ARMES : *De gueules, à trois aigles d'argent* —

ne des plus anciennes familles de l'élection de Mortain est, sans contredit, celle D'AVENEL, maintenue dans sa noblesse d'extraction chevaleresque à différentes époques, notamment en 1463 par Montfaut, en 1598 par Roissy, et en 1666 par Chamillart ; un des membres de cette maison, AVENEL, Baron DES BIARDS, accompagna le duc Guillaume à la conquête d'Angleterre en 1066 (Voyez la liste que nous avons publiée tome Ier, page 2). Le *Roman du Rou* en fait aussi mention.

Les D'AVENEL ont assisté à plusieurs croisades (1) ; de plus, ils furent longtemps les premiers Sénéchaux du Comté de Mortain.

Sous Du Guesclin, il y avait un gouverneur de Bretagne qui portait le nom D'AVENEL (*Dom Morice, Histoire de Bretagne*). En 1410, Roland AVENEL était Seigneur de Chalandré, et sa femme s'appelait Jourdette DE BEAULINGUES. Jehan AVENEL fut reconnu noble par Montfaut en 1463.

Guillaume AVENEL, Ecuyer, Sieur de Chalandré, figure dans un aveu de l'année 1495.

---

(1) Frallin AVENEL, première Croisade (*Manuscrit de la Bibliothèque impériale*). — Robert AVENEL, à la deuxième Croisade (*Histoire de Vitré*). — Guillaume AVENEL, troisième Croisade. (Charte datée d'Acre en 1191).

En 1533, le 1ᵉʳ septembre, le Roi expédie des lettres patentes à Jacques AVENEL pour faire réunir les fiefs de Chalandré, de Boisguillaume, de Boufigny et de Dorière en *Baronnie*, nommée la baronnie de Dorière.

Dans la recherche de M. de Roissy, on trouve : Julien AVENEL, qui eut pour fils Jean, Sieur de la Touche, demeurant à Fontenai, et Gilles, son frère, reconnus *d'ancienne noblesse*. Jacques AVENEL, Chevalier, Seigneur de Chalandré, était, en 1623, Gentilhomme ordinaire de la chambre du Roi.

A cette époque, la famille a formé plusieurs branches, et il existe aux anciennes archives de Mortain, actuellement à Saint-Lô, une sentence des Commissaires députés par le Roi Louis XIII, en la Généralité de Caen, qui maintient dans leur qualité de nobles, Gilles AVENEL, Ecuyer, Sieur de la Touche-Boissirard, ainsi que Jean, son fils, demeurant à Fontenai-le-Husson ; cet acte est du 23 août 1624. Or, suivant divers auteurs (l'abbé Desroches entre autres, *Annales de l'Avranchin*), les AVENEL DE LA TOUCHE sont issus des AVENEL DE CHALANDRÉ, cadets eux-mêmes des AVENEL, Barons DES BIARDS, mentionnés plus haut ; par conséquent les descendants actuels sont bien de la même souche. En effet, Gilles AVENEL, Ecuyer, Seigneur de la Touche, maintenu dans sa noblesse en 1624, eut six fils, et les descendants de l'un d'eux sont actuellement les D'AVENEL DE NANTREY.

En 1715, toutes les branches issues des Avenel de la Touche-Boissirard agirent en commun pour revendiquer la particule nobiliaire. Nous voyons dans les lettres patentes (1) du Roi données à Marly, au mois d'août 1715 :

Etienne-René AVENEL, Ecuyer, Sieur de Boissirard ; Guillaume, Sieur de la Siourie ; Jacques AVENEL, Sieur de Villauran, en son nom et comme tuteur des enfants mineurs de Jean AVENEL, Ecuyer, Sieur de Nantrey. Par lesdites lettres, enregistrées en la Cour des Comptes, Aides et Finances de Normandie le 17 juin 1717, ils obtinrent le droit de signer D'AVENEL à l'avenir. Du reste, l'arrêt de la Cour des Comptes, qui a précédé la délivrance des lettres patentes, n'avait été obtenu que sur la présentation d'une foule de titres produits, et prouvant que ceux qui réclamaient ce privilége descendaient des anciens Barons DES BIARDS.

Jean-Baptiste D'AVENEL DE NANTREY servait dans les Chevau-Légers de la Garde du Roi et assista à la bataille de Fontenoy.

---

(1) Lesdites lettres sont entre les mains du chef actuel de cette maison, M. Joseph AVENEL DE NANTREY.

Son fils, Frédéric-Auguste D'AVENEL DE NANTREY, émigra presqu'enfant, et rentra en France après le 18 brumaire. De son mariage avec mademoiselle Augustine-Emilie D'ANJOU est né le chef actuel de cette ancienne maison :

Joseph-Augustin D'AVENEL DE NANTREY, né le 15 janvier 1810, auteur de différents ouvrages scientifiques et littéraires, entre autres, une histoire de la Vie de Huet, Evêque d'Avranches (voyez l'*Encyclopédie catholique*). Il a épousé, en 1838, mademoiselle Aline-Aglaé DU HÉTRAY.

DU BOIS DU BAIS

ARMES : *D'or, à l'aigle éployée de sable, onglée et becquée de gueules.* —

Une des plus anciennes familles du Cotentin. — Geoffroi DU BOIS, Chevalier, était Seigneur de la cour de Guillaume, duc de Normandie, et il a épousé Sidonie TESSON.

Jean DU BOIS était Chevalier banneret sous Philippe de Valois (1313). Jean, son fils, comparut en l'Echiquier de Rouen en 1341.

Jean DU BOIS, Ve du nom, était, en 1474, Chambellan du roi Louis XI.

Cette maison s'est divisée en trois branches ; à la seconde appartenait :

Geoffroy DU BOIS, Seigneur de l'Espinay-le-Tesson, Chambellan du roi François Ier, marié à demoiselle Jeanne DE FRÉVILLE.

La troisième branche, seule représentée de nos jours, a produit Louis-Thibaut DU BOIS DU BAIS, qui servait dans la maison militaire du roi Louis XVI en qualité de Capitaine de Cavalerie, Chevalier de Saint-Louis, et eut deux fils :

1° Louis-Auguste-René DU BOIS DU BAIS, Capitaine de Cavalerie sous l'empire, Aide-de-Camp du général de Saint-Alphonse;
2° Aimé-Auguste DU BOIS DU BAIS, né en 1804.

D'IMBLEVAL

ARMES : *De gueules, à trois quintefeuilles d'or.* — L'Ecu *timbré d'un casque de Chevalier, orné de ses lambrequins.*

riginaire de l'ancien Comté d'Eu, la famille D'IMBLEVAL a été maintenue dans sa noblesse, en Normandie, par jugement de M. de la Galissonnière, le 16 novembre 1671, et en Picardie, par jugement de MM. Bignon et de Bernage, en date du 26 février 1697, enregistré à Amiens le 18 février 1702.

Son ancienneté remonte, par pièces authentiques, à Jean D'IMBLEVAL, qui était gouverneur de Saint-Valery en 1471, et fut exempt du service du ban et de l'arrière-ban à cause de ses fonctions (La Roque, *Traité du ban et de l'arrière-ban*, page 125).

Nicolas D'IMBLEVAL, Ecuyer, Seigneur de Douvrendel, son frère, a épousé damoiselle Antoinette DU MONT, dont il eut :

Nicolas D'IMBLEVAL, IIe du nom, Ecuyer, Seigneur d'Uverel, de Bretel, etc.; lequel a épousé, le 29 mai 1505, demoiselle Jeanne de BLANCBATON ; et, en secondes noces, Adrienne DE DONCQUOEURRE.

Claude D'IMBLEVAL, IIe du nom, Ecuyer, Seigneur de Valencourt, fut maintenu dans sa noblesse par jugement du 16 novembre 1671, et a épousé, le 5 octobre 1642, demoiselle Diane DU Bos.

Pierre-François Vulfrand D'IMBLEVAL DE VALENCOURT, Ecuyer, son petit-fils, mort à 64 ans, le 9 janvier 1780, eut deux fils :

1o Philippe D'IMBLEVAL, mort à 76 ans, le 29 floréal an VIII ;
2o Pierre-Vulfrand, qui suit :

Pierre-Vulfrand D'IMBLEVAL, marié à Mademoiselle Marie-Anne-Catherine LE VAILLANT DU DOUËT, eut pour fils unique :

Pierre D'IMBLEVAL, qui a épousé, en 1805, Mademoiselle Charlotte-Victoire DE FRANSURE. De ce mariage sont issus :

1o Pierre-Gustave D'IMBLEVAL, marié à mademoiselle Aline DANZEL DE BOISMONT ;
2o Adrien L'IMBLEVAL ;
3o Marie-Adélaïde D'IMBLEVAL, mariée à Jacques-Nicolas DES CROIX ;
4o Marie-Emélie-Adeline D'IMBLEVAL, mariée à Auguste DANZEL, Vicomte DE BOISMONT;
5o Adelina D'IMBLEVAL.

GRANDIN

DE LA GAILLONNIERE, DE MANSIGNY, DE RAIMBOUVILLE

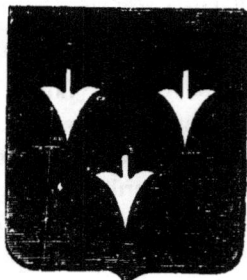

ARMES : *D'azur, à trois dards d'argent, la pointe en bas, posés 2 et 1.*
— Couronne : *de Comte.* — Supports : *deux Lions.*

Depuis plus de cinq siècles, la famille GRANDIN tient un rang distingué dans la noblesse de la province ; elle a toujours été considérée d'origine chevaleresque.

Elle a formé plusieurs branches, savoir : celles de la Gaillonnière, de Lonchamps, de Saint-Martin, de Raimbouville, etc. ; toutes ces branches ont eu pour premier auteur :

Evrard GRANDIN, Écuyer, mort en 1285 ; il fut enterré au cloître du Prieuré de Beaulieu.

Un de ses descendants, Thomas GRANDIN, Écuyer, vivant en 1330, possédait la seigneurie de Fleury, en l'évêché de Coutances, et le *fief* de la Gaillonnière, près de Lonchamps, au Vexin normand.

Louis-Philippe GRANDIN DE LA GAILLONNIÈRE, Chevalier, Vicomte de Longchamps, son descendant direct au XIe degré, a épousé, le 19 avril 1757, demoiselle Marie-Charlotte FORTIN DE LA HOGUETTE. Ils eurent pour fils : Michel-Emery, Chevalier, Seigneur de Champalon, marié, en 1785, à demoiselle Catherine D'OSMOND.

Cette branche, l'aînée, n'est plus représentée que par mesdemoiselles DE LA GAILLONNIÈRE, habitant les environs de Falaise.

La branche des Seigneurs et Comtes de Mansigny, dont plusieurs membres se sont distingués par leurs services militaires, s'est éteinte, au commencement de ce siècle, en la personne d'Hippolyte GRANDIN, Comte de MANSIGNY, Officier de la Légion d'honneur, Chevalier des Ordres de Saint-Louis, de Malte et de Saint-Ferdinand d'Espagne.

———

La branche de Saint-Martin, à laquelle appartenait Claude GRANDIN, Ecuyer, maintenu dans sa noblesse, par jugement du 26 novembre 1670, a formé plusieurs rameaux, entre autres : celui des Seigneurs de Raimbouville, le seul existant aujourd'hui, et dont nous allons donner la filiation succinte :

Jacques GRANDIN, III° du nom, Chevalier, un des descendants d'Evrard, mentionné plus haut, fut gravement blessé à la bataille de Crécy. Il eut pour fils :

Thomas, l'un des hommes d'armes de la Compagnie d'Ordonnance du Maréchal de Blainville, assista à la fameuse bataille de Rosbecque (1382), et y fut blessé grièvement, ce qui le fit rentrer en Normandie, où il fut nommé Verdier royal (1).

Brunet GRANDIN, son fils, fut privé de la vue à la bataille d'Azincourt (1415); il revint vivre à Etrépagny et y mourut en 1459, laissant pour fils aîné :

Jean, I⁰ʳ du nom, qui se fit remarquer par la restauration et l'agrandissement de l'ancien manoir de Raimbouville, et dont le fils, nommé aussi Jean, fut Verdier royal comme son aïeul. Celui-ci eut deux fils :

1° Jean GRANDIN, III° du nom, suivit la carrière des armes, et fut l'un des Ecuyers de la Compagnie du Comte de Ligny. Ayant subi l'amputation d'une jambe par suite de ses blessures, il fut nommé Vicomte d'Etrépagny, par la protection du Cardinal d'Amboise, Archevêque de Rouen.

2° Jean GRANDIN, né en 1498, fut nommé Avocat-Général en la Cour du Parlement de Normandie, par lettres du Roi François I⁰ʳ, délivrées à Amboise le 26 juin 1524.

Son fils aîné, Pierre GRANDIN, servit avec distinction dans les Compagnies du Comte de Brissac et du Sieur de Carouges. Il mourut à Raimbouville en 1581, et son fils nommé Claude, sur le compte duquel nous ne savons rien, mourut le 20 mai 1633.

———

(1) La charge de VERDIER était celle d'un officier établi pour commander aux gardes d'une forêt éloignée des maîtrises.

Jacques GRANDIN, IVe du nom, Ecuyer, Seigneur de Raimbouville, fils aîné du précédent, servit quatorze ans sous le Cardinal de Richelieu, et assista, entre autres batailles, au siége de la Rochelle. Un de ses enfants :

Claude, épousa, le 12 décembre 1680, demoiselle Elisabeth-Madeleine DE LA CROIX DU MESNIL-GOHOREL, fille de Guillaume, Conseiller du Roi en l'élection de Caudebec. De cette alliance sont nés plusieurs enfants, dont l'aîné :

Claude-François, eut en partage les fiefs du Mesnil-Gohorel de Notre-Dame-du-Parc, venant de sa mère. Il s'établit au Mesnil en 1712, et y épousa, le 20 janvier 1717, demoiselle Marguerite DU VAL DE CALLEVILLE, dont il eut deux fils :

> 1° Louis-Amable GRANDIN DU MESNIL, Mousquetaire du Roi et Chevalier de St·Louis, qui ne laissa qu'une fille ;
> 2° Claude-Alexandre, qui continue la descendance :

Claude-Alexandre GRANDIN fut Enseigne dans la marine royale ; il prit le nom DE RAIMBOUVILLE, et c'est le seul qui lui soit donné, tant dans l'arrêt de procédure, par lequel le Conseil supérieur de la Guyanne ordonna, le 3 mars 1755, l'enregistrement de ses titres de noblesse, que dans la lettre adressée en sa faveur aux membres dudit Conseil, par le Roi Louis XV, le 17 octobre 1754. Se trouvant en garnison à Cayenne, il y épousa mademoiselle N.... BAUDOIN DE MAHURI. De ce mariage est issu :

Alexandre-Louis GRANDIN DE RAIMBOUVILLE, qui vécut et mourut aveugle. Il avait épousé mademoiselle Elisabeth DES MARES DE TRÉBONS, dont il eut :

Eugène GRANDIN DE RAIMBOUVILLE, chef actuel de sa famille, ancien Lieutenant des Cuirassiers de la Garde Royale, marié, en 1818, à mademoiselle Anne-Cyrille DE MÉDINE, dont il a quatre enfants, savoir :

> 1° Octave DE RAIMBOUVILLE, habitant le château du Mesnil avec son père, marié, en 1846, à Mademoiselle DE VALADA ;
> 2° Octavie DE RAIMBOUVILLE, mariée, en 1838, à M. COURTÈS LAPEYRAT, Chef d'escadron d'artillerie, Directeur de la fonderie à Toulouse.
> 3° Sosthène DE RAIMBOUVILLE, marié, en 1852, à Mademoiselle DE SAINT-VICTOR ;
> 4° Herminie DE RAIMBOUVILLE, mariée, en 1846, à M. DE VALADA.

———————

Nous ne connaissons pas d'autres familles nobles du nom de GRANDIN actuellement existante.

DU BUAT

ARMES : *Ecartelé : aux 1 et 4, d'azur, à l'escarboucle pommetée et fleurdelisée d'argent ; aux 2 et 3, d'azur à trois bandes d'or.*

ous avons dit, dans notre premier volume (page 40), que cinq familles de ce nom, issues de la même souche, ont été maintenues en Normandie lors de la recherche de Chamillart ; celle qui nous occupe l'a été par jugement du 22 avril 1667. Sa filiation, établie sur pièces authentiques, commence à Philippe DU BUAT, Seigneur du Buat et de Bellegarde, mort en 1471.

Parmi les nombreux fiefs qu'elle a possédés, il faut compter ceux de Garnetot, de Flacourt, de Clairefontaine, de Migergon, de Réville, de Bazoches, de Trichéru, de Moncollin, des Hayes-Mondavy, etc.

Nous voyons qu'elle a contracté des alliances avec les maisons : de Martigny, de Rupierre, d'Aubray, des Acres, de Beaumont, de Maurey, de Chesney, Chauvel de Buttenval, de Gogué, des Chapelles, de Saint-Denis, de Thieulin, de Boctey, de Brossard, de Lattaignant, etc.

Les bornes de cette notice ne nous permettant pas de donner la filiation suivie des nombreux rameaux qu'a fournis cette famille, nous citerons seulement les personnages les plus importants.

Robert DU BUAT, Ecuyer, Seigneur du Buat et de Bellegarde (au Perche), eut pour fils Guillaume, Seigneur de Moncollin, époux de Madeleine DE CHESNAY, mort en 1534, et pour petit-fils :

François DU BUAT, Capitaine de cent hommes d'armes en 1574.

Nicolas DU BUAT, Seigneur de Migergon et de Bazoches, Baron du Lac, fut Gentilhomme de la Chambre du Roi et Chevalier de Saint-Michel ; il est mort le 26 octobre 1628.

Pierre DU BUAT était officier en 1667.

Pompone DU BUAT, Ecuyer, Sieur de Réville, fut Chevau-Léger de Monseigneur le Dauphin en 1675.

Jacques DU BUAT DE BAZOCHES, fils d'autre Jacques, Seigneur dudit lieu, de

Vaugarry, les Hayes-Médavy, etc., et de dame Gironne DE MALART, né en 1713, fut reçu Page de la grande écurie du Roi, le 10 septembre 1731 ; à cette occasion, il fit ses preuves devant d'Hozier de Sérigny, Juge d'armes de France.

Louis-Gabriel, Comte DU BUAT, né en 1732, Chevalier de Malte, fut Ambassadeur de France à Ratisbonne et à Dresde. Il est l'auteur d'un grand nombre d'ouvrages (*Bibliographie Universelle*, tome IV).

Jacques-Laurent DU BUAT, né le 10 août 1742, à Trun, fut Lieutenant-Colonel du Génie, Correspondant de l'Institut, etc. Il est mort à Verneuil, sans postérité, le 4 mars 1819.

Eustache-Réné, Marquis DU BUAT, né en 1746, fut Capitaine de Cuirassiers (C'est pour lui que furent dressées les preuves de noblesse conservées aux Archives Impériales).

Robert-François-Félix DU BUAT, né en 1775, issu au XIIe degré de Philippot du Buat, mentionné plus haut, a été Page du Duc de Penthièvre, Chef de bataillon dans l'armée Catholique et Royale, et a épousé mademoiselle Victoire-Louise DE SAINT-DENIS. Il est mort à Evreux en 1801, laissant de son mariage deux fils :

1° Acace, qui suit ;
2° Charles-Armand, dont l'article viendra plus loin.

XIII. — Acace DU BUAT, né le 31 mars 1797, Garde de la porte en 1815, puis Capitaine d'infanterie, a épousé, le 30 janvier 1827, mademoiselle Marie-Madeleine-Honorine DE THIEULIN, dont il a eu un fils :

XIV. — Jean-Adolphe DU BUAT, né à Louvilliers, le 30 octobre 1827, marié à Amélie DE BOCTEY, en a deux fils, Georges et Jacques, nés à Hermival, près Lisieux.

XIII. — Charles-Armand DU BUAT, né le 22 janvier 1800, à la Chapelle-Fortin, canton de la Ferté-Vidame, a épousé mademoiselle Marie-Joséphine-Charlotte LAUGER, qui l'a rendu père de :

1° Charles DU BUAT, né le 25 décembre 1826, marié, le 15 janvier 1857, à Anastasie FAUVEAU, dont un fils, Charles, né en novembre 1857 ;

2° Armande-Joséphine du Buat, mariée, en 1831, à M. Chevalier ;

3° Henri-Louis du Buat, né à Nonancourt, le 18 septembre 1833, marié à Mathilde Besnard le 7 janvier 1863,

Un autre rameau de cette maison, issu d'un frère de Robert-François-Félix, mentionné plus haut, est représenté aujourd'hui par plusieurs filles et deux fils :

1° Pierre-Germain-François du Buat, né en 1812, marié à Richemont, le 4 février 1839, à Désirée-Marceline Bocquet, dont un fils et une fille.

2° Henri-Stanislas du Buat, marié à Foucarmont, en 1842, à Elisa de Brossard d'Alban, dont un fils.

DE BOISGUYON

Armes : *D'argent, à la fasce d'azur, surmontée d'un lambel à trois pendants de même.* —

Cette famille, très-ancienne dans le Perche, fut maintenue dans sa noblesse par jugement du 16 juillet 1666. Sa filiation remonte à : Philippe de Boisguyon, Ecuyer, marié à Marie de la Hogue, dame de Mondoucet. Son fils, Jacques, Seigneur de la Rosaye, Echanson de Réné, Duc d'Alençon, épousa, le 15 juillet 1485, Marguerite d'Alençon, fille naturelle de ce prince ; *Gilbret de la Clergerie*, dans son Histoire d'Alençon et du Perche, livre V, fait mention de cette fille qui, étant veuve, se remaria à Henri de Bournel.

Gabriel Nicolas-François de Boisguyon, descendant direct de Philippe, au XI° degré, reçu Page de Madame la Comtesse d'Artois, le 1er novembre 1773, était Sous-Lieutenant au régiment de la Fère en 1778.

DE PERCY

ARMES : *De sable, au chef denché d'or.* — Couronne : *de Comte.* — Supports : *deux Licornes.*

ette famille est d'origine danoise. Le premier dont on ait connaissance, est MAINFROY, qui vint en France au Xᵉ siècle, avant Rollon, disent les uns, avec lui, disent les autres.

Elle s'est divisée en trois branches principales : celle de Normandie, celle d'Angleterre et celle de Belgique.

BRANCHE DE NORMANDIE

MAINFROY s'établit en Normandie, et la plupart de ses descendants continuèrent à y résider, surtout au bourg de PERCY, dont ils prirent le nom, et où le château qu'ils habitaient existe encore aujourd'hui ; il est la propriété de Monsieur Achard de Vacognes (issu d'une des plus anciennes familles de la province), qui le tient de sa mère, Mademoiselle DE PERCY-MONCHAMPS.

Parmi les descendants de Mainfroy, on remarque surtout Guillaume DE PERCY, l'un des Barons et des favoris de Guillaume le Conquérant, Duc de Normandie, et souche de la branche d'Angleterre.

Nous avons recueilli des renseignements sur d'autres de ces descendants :

Par charte du mois de décembre 1368, Philippe, Duc d'Orléans, Comte de Beaumont et de Valois, transporta à Guillaume DE PERCY, Chevalier, les terres d'Ivets et de la Chapelle-Baines, moyennant cinquante livres de rente ; dans cette Charte, il est fait mention de Robert, Chevalier, père de Richard, aussi Chevalier, de Guillaume, Ecuyer, et de Colette DE PERCY. Les biens dudit Richard furent confisqués, parce qu'il avait pris parti pour les Anglais (*Dictionnaire de Moreri*).

Suivant les registres de la Chambre des Comptes, 17 mars 1371, Guillaume DE PERCY, Chevalier, et Jeanne, sa femme, rendirent aveu au Roi, de leur franche vavassorie de Flambart et d'une vavassorie en la paroisse de Bernay et en celle de Formigny, le 7 avril 1372.

Les registres du Parlement prouvent que le Roi Charles VI donna à Jean de France la rançon de Thomas DE PERCY, Chevalier, Grand Capitaine et chef de guerre, laquelle rançon fut payée au château de Lusignan, en Poitou, le 3 mai 1374.

Thomas DE PERCY a été l'un des 119 défenseurs du Mont-Saint-Michel en 1423.

Un arrêt de l'Echiquier de Normandie, de l'an 1448, fait mention de Robert DE PERCY, Ecuyer, Seigneur de Chiffrevast et de Tancervelle.

Suivant *Froissart* et les preuves des Rois d'armes, faites sous le règne de Charles VI, au nombre des Chevaliers distingués de la province de Normandie, on comptait : Guillaume DE PERCY, qui portait *les armes pleines* ; Erard DE PERCY, qui brisait d'*une cottice de gueules*; et Guillaume DE PERCY, qui brisait le chef de son écu de *trois annelets de gueules* (Gilles de la Roque, *Histoire de Normandie*).

On lit aussi, dans le même auteur (*Histoire de la maison d'Harcourt*, tome II, page 1920): « Les preuves de la noblesse de la famille furent faites » en 1463, devant Raymond de Monfaut, Commissaire départi par le Roi » Louis XI, pour la recherche des francs-fiefs, par : Raoulet, Jean, Guil- » laume et Thomas DE PERCY, Seigneurs de Monchamps, de Périgny, Jour- » migny, Euglevesqueville, etc.

Pierre DE PERCY, Chevalier, Seigneur de Monchamps, fit ses preuves de noblesse devant les élus de Vire, en 1540.

Un arrêt de la Cour des Aides de Rouen, du 7 février 1641, a maintenu dans leur noblesse d'*ancienne extraction*, Pierre DE PERCY, Jean-Baptiste, son frère, et leurs cousins collatéraux.

Les PERCY de Normandie ont été alliés aux familles les plus distinguées de la province, et leur branche a formé plusieurs rameaux qui sont tous tombés en quenouille; celui des PERCY-MONCHAMPS, du chef de Marie-Henriette DE MOISSON, petite-fille d'Antoine-Guillaume DE PERCY DE MONCHAMPS, Baron de Mouchauvet, Chevalier, Commandeur de Saint-Etienne de Toscane, et de demoiselle Marie-Françoise de la Lande, et femme de Jacques-Marie ACHARD DE VACOGNES ; un autre rameau, dans la personne de Marie DE PERCY, fille unique de François-Ambroise Comte DE PERCY, Lieutenant-Colonel retraité, décédé au château de Saint-Clair, près de Vire, en 1845, et de mademoiselle DE CHEUX DE SAINT-CLAIR, laquelle a épousé Monsieur le Comte Hector DE LA FERRIÈRE, auteur de différents ouvrages remarquables, membre de la Société des Antiquaires de Normandie, etc.

BRANCHE D'ANGLETERRE.

Cette branche est l'une des plus illustres et des plus opulentes familles du Royaume-Uni ; on a vu la magnificence que son chef, Hugues PERCY, Duc DE NORTHUMBERLAND, a déployée au sacre de Charles X, où il représentait son souverain. Les honneurs, faits d'armes, rôles politiques, etc., de cette maison sont rapportés par tous les historiens et généalogistes anglais ; nous nous bornerons donc à ces quelques lignes.

L'auteur de cette branche, comme nous l'avons dit plus haut, est Guillaume DE PERCY. Il accompagna Guillaume le Conquérant en Angleterre en 1066, et, après la conquête, il reçut de ce prince des domaines considérables, quatre-vingts *manors*, dit le *Domesday-Book*, situés principalement dans les comtés de Lincoln et d'York. Suivant une charte conservée aux Archives de Notre-Dame d'York, il était un des plus illustres seigneurs normands employés en Angleterre ; il accompagna le duc Robert Courte-Heuze à la première Croisade, et mourut à Montjoie, en Palestine, en 1099. De sa femme, Emma DE PORT, il eut, entre autres enfants, Alain DE PERCY, père de Guillaume II, fondateur de l'abbaye de Salay.

La maison tomba en quenouille vers le milieu du XIIᵉ siècle, l'unique héritière, Agnès, ayant épousé Joscelin DE LOUVAIN, fils de Godefroi le Barbu, et frère de la reine d'Angleterre, ALICE, dite la *Perle de Brabant*. Ce mariage fut contracté sous la condition expresse que lui (ou ses enfants) porterait le nom DE PERCY, mais conserverait ses armes : *d'or, au lion rampant d'azur*. brisure, des armes du Duc de Brabant, qui sont : *de sable, au lion d'or*. L'un des membres de la famille porte encore aujourd'hui le titre de Lord Louvain, ou Lovaine.

En 1310, Henri PERCY acheta le magnifique château d'Alnwick, connu de tous les touristes. Son fils, Guillaume, s'établit en France vers 1330, et maria sa fille Henriette à Richard L'ECUYER, Seigneur de Châteauroux, tué à la bataille de Poitiers, sans laisser de postérité.

Henry PERCY, père du fameux Hotspur, fut créé Comte de NORTHUMBERLAND en 1377 ; il écartela ses armes de celles de sa seconde femme, Maude Lucy, qui sont : *de gueules, à trois brochets d'argent*.

En 1569, Thomas PERCY, Comte DE NORTHUMBERLAND, se mit à la tête des insurgés du Nord ; il échoua dans son entreprise et fut décapité à York, en 1572. De là, recrudescence de persécutions contre les catholiques en général, et surtout contre les membres de la famille, dont quelques-uns se réfugièrent en Belgique, entre autres :

La Comtesse de Northumberland, qui résida d'abord à Malines, et ensuite à Namur, où elle décéda le 17 octobre 1596; — sa fille cadette, Mary, qui, après la mort de sa mère, se retira à Bruxelles, y mourut, le 13 septembre 1643, au couvent des Bénédictines anglaises, dont elle était abbesse ; — Pierre Percy, et Jehan, auteurs des Percy de Belgique.

Ceux qui étaient restés en Angleterre finirent par embrasser la religion anglicane, pour récupérer les biens et les titres dont la famille était longtemps restée dépouillée.

Vers 1665, la maison tomba une seconde fois en quenouille, du chef d'Elisabéth, unique et dernière héritière, qui épousa, en troisièmes ou quatrièmes noces, Lord Charles Seymour, le seul dont elle eut des enfants.

En 1672, Thomas, descendant des Percy réfugiés en Irlande lors du schisme, réclama vivement, et pendant vingt ans, la Comté de Northumberland, mais il échoua, faute, paraît-il, de produire l'acte de mariage de son aïeul Ingelram.

La maison tomba une troisième fois en quenouille vers 1740. Sir Hughes Smithson, qui fut plus tard créé Duc de Northumberland, en épousa l'héritière, aussi nommée Elisabeth.

Les mariages de ces deux héritières furent contractés sous la condition formelle que les enfants porteraient, non seulement le nom, mais aussi les armes des Percy. Cette condition, dont l'exécution fut suspendue pendant les premières années qui suivirent les instances de James Percy, fut ponctuellement remplie dans la suite.

D'anciens auteurs, comme *Hume, Dodd*, etc., ont dit *Piercy;* quelques membres de la famille en ont fait autant; mais, en général, tous écrivent Percy, et avec raison, puisque le nom provient du bourg normand Percy, berceau de la famille.

Quant aux armoiries, les quatre mentionnées plus haut ont été successivement et diversement portées par les membres de cette maison, tantôt pleines, tantôt écartelées les unes des autres; toutefois, depuis le mariage d'Agnès, on voit toujours figurer dans leurs écussons le *Lion* de Joscelin, qui est aussi la marque distinctive de ses descendants. Nous devons cependant faire remarquer que, dans la Grand'Charte de 1215, et ainsi postérieurement au mariage d'Agnès, on voit que Richard Percy, l'un des témoins et des promoteurs de cette charte, porte seulement : *d'azur à cinq losanges d'or.* Parmi les écussons des XV⁰ et XVI⁰ siècles que l'on voit au Musée britannique, les plus nombreux sont ceux où *le lion d'azur en champ d'or* se trouve seul.

Le Duc DE PERCY-NORTHUMBERLAND, chef actuel de la famille, porte : *Ecartélé : aux 1 et 4, d'or, au lion d'azur; aux 2 et 3, d'azur, à cinq losanges d'or et; sur le tout, de gueules à trois brochets d'argent.*

BRANCHE DE BELGIQUE

Ainsi que nous l'avons vu plus haut, quelques membres de la branche d'Angleterre se réfugièrent en Belgique pour se soustraire aux persécutions exercées contre eux, préférant la perte de tout à celle de la foi de leurs ancêtres.

Le défaut de renseignements suffisants ne nous permet pas de nous étendre beaucoup ; nous nous bornerons à rapporter succinctement ce qui résulte des documents et actes dont nous avons pu disposer.

Cette famille résida d'abord à Louvain : «*Insignia nobilis Domini de Percy, cujus familia oriunda est ex Anglia anno 1580, floruitque Lovanii,* » dit un écrit de 1600. Dans la suite, elle résida dans divers manoirs féodaux qu'elle acquit successivement. Elle acheta d'abord la Seigneurie de *ter Lucht*, située à Nazareth, entre Gand et Audenaerde ; la famille n'en possède pas le titre d'acquisition, mais dans différents actes nous voyons figurer Messire Jehan DE PERCY OU DE PIERCY, Seigneur de ter Lucht.

Le **22** août **1617**, elle acheta la Seigneurie de ter Donck, ayant haute, moyenne et basse justice, différents arrière-fiefs, etc., située à Berchem, près d'Audenaerde, et en fit le relief par devant la Cour féodale de Pamele, le **16** février **1618**. Les actes d'achat et de relief sont déposés au greffe du tribunal civil d'Audenaerde.

Autour du sceau seigneurial de ter Donck se trouve la légende suivante : FUGE - L. - FIDE - CHRO - P. - SAROT - PERCY (*fugerunt Londino fidentes Christo, etc.*) ; on y a fait allusion à l'expatriation, et fondu la devise de la famille : *Espérance en Dieu.*

Le **13** août **1620**, elle fit à Bruxelles la déclaration exigée par un édit du **14** décembre **1616**, et rapportée par le généalogiste *J. B. Hauwaert*, greffier de cette ville, dans ses *Collectanea*, vol. II, page 8 ; elle porte : « Je subsigné

» Jehan Percy, Ecuyer, Seigneur Del Donck, fils de Jean, d'extraction an-
» glaise, et de Judoca Reygers, porte les armes ci-debsus dépaintes, qu'il
» exhibe, suyvant les placarts des Archiduqz ès mains de leurs Conseillers
» et premier Roy d'armes. »

Lors de la réclamation de James Percy, ci-dessus mentionnée, la famille,
pour sauvegarder ses intérêts, envoya à Londres le capitaine Charles de Percy
dont, par parenthèse, la téméraire bravoure lui valut le surnom de *Lord
Risque-tout.* Il paraît qu'il ne fit que dissiper les fonds qu'on lui avait remis,
et qu'on glissa sur son équipée en faveur de la réponse pleine de dignité et de
fierté qu'il fit à John Dudley, alors investi du titre de Comte de Northumberland.

Vers 1700, elle hérita de la Seigneurie de Uythem, sise près d'Aerschot, et
relevant du Duc d'Aremberg. On en voit un acte de relief du 17 septembre
1728, dans les règistres aux reliefs de la Cour féodale d'Aerschot, pages 286
et 311, déposés au greffe du tribunal civil de Louvain.

Ce manoir fut le siège principal de la famille jusque vers la Révolution,
dont elle souffrit beaucoup.

Il conste de différentes pièces que la plupart des membres de cette famille
embrassaient la carrière des armes, et qu'après avoir obtenu un certain
grade, ils se retiraient dans leur manoir féodal pour y mener la vie de Gentilshommes campagnards, mais un peu trop en seigneurs anglais, paraît-il ;
car il résulte de quelques-uns de ces mêmes actes, que les testateurs pre-
naient leurs précautions, et que, malgré cela, plus d'un de ces membres en
fut réduit à la cape et l'épée ; heureusement que, de temps à autre, un riche
mariage réparait les brèches faites à sa fortune.

D'abord, tous les membres de la famille portaient seulement : *D'or, au lion
rampant d'azur ;* plus tard, probablement par suite d'alliance, quelques-uns y
joignirent : *De sable, à trois fasces d'or.* C'est un écusson renfermant ces deux
armoiries qu'on voit figurer dans les lettres patentes de reconnaissance de
noblesse delivrées, le 28 février 1840, à l'un d'eux.

Dans l'église de Notre-Dame, à Aerschot, il y a une pierre tombale dont
l'inscription peut tenir lieu de crayon généalogique, la voici :

D. O. M.

*Monumentum prænobilis familiæ de Percy, quæ à Comitibus Northumbriæ
oriunda est et a schismate Angliæ in Belgium fugit.*
Ex eâ familiâ hic sepulti sunt :
Ludovicus (filius Gabrielis et Mariæ Pipe à Spernoçe, — nepos Joannis,

Domini de ter Donck et Mariœ Kimps, — pronepos Joannis Domini de ter Lucht, et Judocœ Reygers, cum uxore Anná Van Look.
Obierunt in curte de Uythem, hœc anno 1740, ille anno 1743.
Joannes Baptista (filius Bernardi-Josephi et Catherinœ-Theresiœ Van Leemputte à ter Bucken, — nepos prœdicti Ludovici) cum uxore Franciscá Van Schriek.
Obierunt Aerschoti : hœc 30 Martii 1779, ille 16 octobris 1775.
Georgius-Josephus-Petrus (filius prœdicti Joannis-Baptistœ) cum uxore Joanná Mariá thor Horst (filiá Joannis-Francisci et Elisabeth Van Ermingen, — nepti Johannis Bernardi et Petronillœ de Keyser, — pronepti Francisci, nobilis Westphali, et Salome de Beringuer, oriundœ ex pronobili familiá Hispaniœ.

Obierunt Aerschoti, 22 januarii, hœc anno 1809, ille anno 1817.

R. I. P.

DE CLINCHAMPS

ARMES : *D'argent, au confanon de gueules, frangé de sinople.*

Très-ancienne famille, connue depuis le X⁰ siècle, et tirant son nom de la terre de Clinchamps en Touraine. Suivant *Ordéric Vital*, Gauthier DE CLIN-CHAMPS, vivant en 1098, s'établit en Normandie, où il fonda le fief de son nom, situé en la Vicomté de Falaise. Il eut pour fils : Hugues, Chevalier, Seigneur de Clinchamps, en 1138, qui fit plusieurs donations à l'hôtel-Dieu de Caen.

Gabriel de CLINCHAMPS, Baron de Launay et de Fréville, Seigneur patron de Bellegarde, etc., Bailli et Gouverneur d'Evreux, Capitaine de 50 hommes d'armes, vivait en 1600.

Son descendant direct au VI⁰ degré, Joseph, Marquis DE CLINCHAMPS-BELLE-GARDE, né le 26 août 1762, a épousé demoiselle Marie-Anne DE GREY-QUEN-CARNON. Il eut pour fils :

Joseph-Albert, marquis DE CLINCHAMPS, né le 12 décembre 1799, dont la postérité habite le département de l'Eure.

Une autre famille de ce nom, de l'élection d'Avranches, subsiste aussi de nos jours ; elle porte pour armes : *d'argent, à trois fanons de gueules.* — Nous la croyons issue de la même souche, en raison de la similitude des armoiries : mais nous n'avons reçu aucun document ni de l'une ni de l'autre.

DE CROUTELLES

ARMES : *D'azur, à l'aigle éployée d'or, becquée et membrée de gueules ; au chef cousu du même, chargé d'un croissant d'argent, accosté de deux étoiles d'or.*
Couronne : *de Comte.* — **Supports** *deux Lions.*

Originaire de l'ancienne Vicomté d'Arques, la famille DE CROUTELLES a été maintenue dans sa noblesse par jugement de M. Barin de la Galissonnière, en date du 31 août 1667.

Ses alliances ont été prises, entre autres, dans les maisons : de Saint-Ouen, de Bézu, de Virgile, de Bethencourt, du Quesnay, de Creny, Danzel de Boismont et de Boffles, Horcholle des Pentes, de Boniface, de Maupeou, d'Auvilliers, de Cormette, etc.

Outre la terre et seigneurie de Lignemarre, dont une branche de la maison de CROUTELLES porte actuellement le nom, cette famille a possédé celles des Valours, d'Ecaquelonde, La Lequeue, de Mont-Duetz, etc....

La filiation de la famille commence à :

Charles DE CROUTELLES, Ecuyer, vivant en 1590, qui a épousé demoiselle Jeanne LANET. Sa descendance s'est divisée en deux branches.

La branche aînée a pour chef actuel :

François-Alfred DE CROUTELLES DE LIGNEMARRE, né le 12 octobre 1804, Membre du Conseil général de la Seine-Inférieure, marié à Henriette DANZEL DE BOFFLES, dont il a trois enfants :

1° Marie-Ernest DE CROUTELLES DE LIGNEMARRE;
2° Augustine-Marie-Zoé, mariée, en 1853, à Antonin D'AUVILLIERS;
3° Elisabeth-Marie-Cécile, mariée, en 1862, à Charles-Albert DE CORMETTE.

La cadette a pour chef N... DE CROUTELLES, fils d'Emmanuel Marie-Joseph, mort au château de Parfondeval en 1861, et de dame Marie-Louise-Catherine HORCHOLLE DES PENTES.

DE CROISMARE

Armes : *D'azur, au léopard d'or.* — Couronne : *de Marquis.* — Supports : *deux Sauvages* (1). — Cimier : *un Lion passant d'or.* — Devise : *Commeo fidenter.*

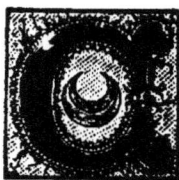 ette maison d'ancienne chevalerie a pris ou a donné son nom à la seigneurie DE CROISMARE (aujourd'hui *Croix-Mare*), en Caux, de laquelle relevaient vingt-trois fiefs. (Archives de la Chambre des Comptes de Rouen).

Son premier auteur connu est Roger DE CROISMARE, qui, vers 1080, fit une transaction avec l'abbé de Préaux et Roger, Comte de Beaumont (*Cartulaire de l'abbaye de Préaux, N° 289*). Plusieurs membres de cette famille sont cités dans les rôles de l'Echiquier de Normandie, et dans les Cartulaires de Jumièges, de Saint-Wandrille et Notre-Dame d'Ozouville, des années 1180, 1190, 1200, 1222, 1256, etc.; ils y sont souvent qualifiés Chevalier (*miles*). L'on voit encore aujourd'hui, dans l'église de Croixmare, une pierre tombale avec l'inscription suivante : *Ci gist Seigneur Guillaume de Croismare, Chevalier, qui trespassa l'an de grâce* 1204 (2). La terre de Croismare appartint du reste à la famille jusqu'en l'année 1595.

---

(1) Il existe à la Bibliothèque des quittances de 1381, 1386, avec le sceau représentant un *léopard* et *deux sauvages* pour supports. — On lit autour : *Scel. Guil. de Croismare* (*Cabinet de Gaignières*).

(2) Cette épitaphe et toutes les signatures de la famille, depuis 1182, prouvent l'ancienne orthographe CROISMARE. — Nous croyons que l'ortographe actuelle du nom de la commune n'a prévalu qu'à partir du siècle dernier.

La maison de CROISMARE, qui s'est divisée en plusieurs branches, a possédé des fiefs importants, parmi lesquels nous citerons ceux de Saint-Jean du Cardonnay, de Limezy, de Pelletot, les Alleurs, de Portmort, etc.

Elle s'est alliée, entre autres maisons, à celles : de Creuilly, du Bosc de Radepont, de Roncherolles, de Tournebu, de Clermont-Gallerande, d'Herbouville, de Montigny, de Cauvigny, de Montault, de Chavagnac, de Marguerie-Vassy, de Becdelièvre, de Campulé, Dyel de Miromesnil, de Toustain, de Tilly-Blaru, d'Houdetot, d'Amonville, d'Osmond, d'Estampes, de Boufflers, de Montalembert, d'Alsace, etc.

Elle a fourni un Archevêque de Rouen en 1482, plusieurs officiers généraux Grand-Croix et Commandeurs de Saint-Louis ; des Officiers des Gardes-du-Corps du Roi avant 1789, grand nombre d'officiers de nos armées, dont plusieurs Chevaliers de Saint-Louis et plusieurs morts sur les champs de bataille ; un Conseiller de la Reine Blanche, femme de Philippe de Valois ; deux Ecuyers commandants de la petite écurie du Roi et six chevaliers de Malte.

En 1597, Charles DE CROISMARE, dit le Capitaine Saint-Jean, Seigneur de Portmort, cinquième aïeul du chef actuel de cette ancienne maison, leva à ses frais un corps de troupe pour le service du Roi Henri IV, au siège d'Amiens. Son frère, Claude DE CROISMARE, Chef de la famille, fut tué à la bataille d'Ivry.

Les branches cadettes ont donné un Lieutenant-Général du grand Sénéchal de Normandie, en 1485, un Président à l'Echiquier, deux premiers Présidents à la cour des Aides et un Président, plusieurs Avocats généraux, Procureurs généraux et Conseillers au parlement de Rouen, ainsi qu'un Lieutenant-Général du Bailli de Rouen et des députés de la noblesse aux Etats-Généraux et Provinciaux.

La noblesse de la maison DE CROISMARE a été reconnue à différentes époques, notamment en 1463, 1486, 1561 et 1666. De plus, par lettres patentes du 19 décembre 1767, le marquisat de Craon, en Lorraine, fut érigé en MARQUISAT de Croismare, en faveur de messire Louis-Eugène DE CROISMARE (1), Maréchal-de-Camp et Commandeur de l'Ordre royal et militaire de Saint-Louis ; et enfin, en 1775, Jacques-François, Marquis DE CROISMARE, fut admis aux honneurs de la Cour, sur preuves faites devant Chérin, et monta dans les carosses du Roi. Son fils, Jacques-Réné, Comte DE CROISMARE, père du chef actuel de la famille, fut admis aux mêmes honneurs en 1783.

---

(1) Il était de la branche de Lasson, qui fut, pendant près de deux siècles, en possession de cette Baronnie.

La filiation authentique, établie sur preuves, remonte à Guillaume DE CROISMARE, Seigneur dudit lieu, de Saint-Jean du Cardonnay, etc., vivant en 1270. Les bornes de cette notice ne nous permettant pas de donner en entier cette filiation, nous renvoyons, pour la généalogie complète des diverses branches, au dictionnaire de la noblesse de *La Chesnaye des Bois* ; nous allons citer seulement les représentants actuels de cette maison, dont une seule branche, celle de Portmort, subdivisée en deux rameaux, existe encore de nos jours.

Elle a pour chef actuel :

Charles-Louis, Marquis DE CROISMARE, (issu au XV⁰ degré, de Guillaume, vivant en 1270, mentionné plus haut), Chevalier de la Légion d'honneur et de Saint-Ferdinand d'Espagne, qui fut Capitaine aux Chasseurs de la Garde Royale et démissionnaire en 1830. Il a épousé, en 1822, mademoiselle Sophia SYER, fille de Sir William Syer (Knigt), Chevalier, dont il a les cinq enfants qui suivent :

> 1° Roger-Marie-Georges-Ambroise, Comte DE CROISMARE ;
> 2° Alix-Charlotte-Egidie DE CROISMARE, mariée, en 1855, à François FRANCHET D'ES-PEREY. De ce mariage est née :
>> A. Laurence-Charlotte D'ESPEREY ;
>
> 3° Clotilde DE CROISMARE ;
> 4° Olga DE CROISMARE ;
> 5° Léonie DE CROISMARE.

Le second rameau est représenté par :

Théodore, Comte de CROISMARE, Chevalier de la Légion d'honneur, fils d'Ambroise, Vicomte de Croismare, Lieutenant-Général, Grand-Croix de Saint-Louis, etc..., et de dame Henriette LE BAS DE COURMONT. Il a épousé mademoiselle Antonie DE CHATENOY, dont il a :

> 1° Anatole, Vicomte DE CROISMARE, marié à mademoiselle Théis DE ROMÉ ;
> 2° Gaston, Robert et Marguerite DE CROISMARE.

Et par : Eugène, Comte DE CROISMARE (neveu du précédent), marié à Mademoiselle Victorine DE DÉSERVILLERS, dont il a un fils :

Paul, et une fille, Eugénie DE CROISMARE.

LE JOLIS DE VILLIERS

ARMES : *D'azur, au chevron d'or, accompagné de trois aiglettes de sable, 2 en chef et 1 en pointe.*

riginaire du Cotentin, cette famille, fut anoblie en la personne de Guillaume Le Jolis, Seigneur de Jonquay, Officier des Archers du Roi Henri IV, par lettres patentes du mois de janvier 1595, et en récompense des services importants qu'il avait rendus à l'Etat. — De son mariage avec noble demoiselle Marie du Bouillon, il eut deux fils: l'ainé, Jean, forma une branche qui s'éteignit en 1780; le cadet, Alexandre, s'est marié en 1627, et plusieurs de ses descendants ont comparu aux Assemblées des gentilshommes convoqués pour les Etats-Généraux, en 1789 (Voir tome Ier).

Cette maison, qui fut maintenue dans sa noblesse en 1666, a produit :

François-Alexandre Le Jolis de Villiers, Capitaine de Dragons, tué à la bataille d'Hochstett, le 13 août 1704.

Son fils, François-Alexandre, aussi Capitaine de Dragons et Chevalier de Saint-Louis; — Marc de Villiers, Officier au régiment de Bretagne; — Alexandre Léonor, Officier de Dragons, — François-Alexandre-Léonor Le Jolis de Villiers, reçu cadet gentilhomme dans le régiment de Vermandois, y servit comme officier jusqu'en 1788. Ayant émigré, il rentra en France, en 1800, et fut successivement Maire de Saint-Lô, Conseiller de préfecture, etc. De son mariage avec mademoiselle Marie-Anne-Périnne-Catherine de Géraldin, fille du Marquis Antoine de Géraldin, Grand-Bailli d'épée du Comté de Mortain, il eut plusieurs enfants, entre autres :

1° Victor Le Jolis de Villiers, marié à Mélanie Lentaigne de Logivière, décédé Conseiller à la Cour impériale de Caen, sans postérité ;

2° Prosper-Raymond Le Jolis de Villiers, né en 1798, marié sans enfants;

3° Edouard Le Jolis de Villiers, né en 1803, marié à Mademoiselle Aimée Langlois, dont il a :

    A. Prosper-Edmond Alexandre Le Jolis de Villiers ;

    B. Aglaé-Rosalie Le Jolis de Villiers.

DE PIGACHE

ARMES : *D'argent, à trois cornets de gueules, 2 et 1.* —

ne des plus anciennes familles de la Basse-Normandie (élection de Valognes), citée dans les anciennes Chartes dès le XIIe siècle et dont le nom s'est écrit indistinctement PIGACE ou PIGACHE. Sa noblesse, d'extraction chevaleresque, fut reconnue à différentes époques, notamment en 1463, 1641 et 1668.

Jean PIGACHE était, en 1220, Sergent du Roi, ainsi qu'on le voit dans une déclaration faite par Guillaume de Putot, lorsqu'il prit l'habit religieux dans l'abbaye de Saint-Etienne de Caen.

En la même année, Nicolas PIGACHE était maire de la ville de Rouen ; il assista comme témoin, avec Guillaume d'Estourmel et d'autres Gentilshommes, à une donation faite, en 1230, par Allain de Venois, à l'abbaye d'Ardennes.

En 1356, Pierre PIGACHE, Chevalier, obtint du Roi de France un sauf-conduit pour se rendre près du Roi en Angleterre, pour négocier avec lui diverses affaires.

Louis PIGACE, Chevalier, figure au nombre des 119 Gentilshommes qui défendirent si vaillamment le Mont-Saint-Michel contre les Anglais en 1423.

Romain PIGACHE était Receveur d'Argentan en 1458.

Jean PIGACHE, Ecuyer, le premier qui figure dans le jugement de maintenue de l'année 1641, est cité avec plusieurs autres Gentilshommes, Jacques de Clermont, bailli de Caen, Jacques Pousnel, Chevalier, Ferrand de Saint-Germain, etc., dans un rôle d'amendes dressé au bailliage de Caen, à l'époque de la Saint-Michel de l'année 1453.

A partir de lui, jusqu'à François, Antoine et Charles, tous trois fils de Jean PIGACHE, Ecuyer, Sieur de Lamberville, qui furent confirmés dans leur noblesse par Chamillart en 1668, la filiation est établie sans interruption d'après divers titres originaux, tels que contrats de mariage, actes d'accord, aveux et contrats de vente, etc... Parmi ces titres, nous avons trouvé un acte de foi et hommage, rendu par Jacques DE PIGACHE, Ecuyer, à Messire de Rohan, Prince de Guéménée, pour le fief de Rémilly en 1580.

Ce Jacques PIGACHE, ayant embrassé le parti de Henri IV, leva sur ses terres et entretint à ses frais 100 hommes de cavalerie pendant toute la guerre ; il combattit avec valeur à la bataille d'Ivry, et y reçut une blessure presque mortelle. Il avait pour fils aîné Hercule PIGACHE, qui fut aussi blessé au bras gauche à la même bataille.

En 1674, Denis PIGACHE, Baron de Lamberville, était Capitaine des Gardes-Suisses.

Jean-Baptiste-Denis DE PIGACHE, Ecuyer, Gentilhomme de la maison de Madame Victoire de France, et Commissaire principal de la marine, épousa, en 1728, demoiselle Marie D'AIGREMONT, dont il eut :

— Jean-Baptiste-Denis DE PIGACHE, Baron de Lamberville, né le 23 octobre 1729, Commissaire de la marine. Gentilhomme de la maison de Madame Sophie de France, lequel a épousé Antoinette JALLOT, dont il eut trois fils :

   1° Agathon-Philippe PIGACHE DE LAMBERVILLE, filleul de S. A. R. le Comte d'Artois, et de Madame Sophie de France, mort sans postérité, a émigré et combattu à Quiberon ;
   2° Louis-Denis PIGACHE DE SAINT-VAL, mort sans postérité ;
   3° Louis-Marie-Auguste PIGACHE DE SAINTE-MARIE, Capitaine de frégate, Chevalier de Saint-Louis et de la Légion d'honneur, qui, de son mariage avec Mademoiselle Eugénie DE MARCORELLE, eut pour fils :

Alphonse-Louis DE PIGACHE DE SAINTE-MARIE, chef actuel de sa famille, né le 15 mai 1829, marié, le 20 mai 1856, à Mademoiselle Paule CASTELA. De ce mariage sont issus les deux enfants ci-après :

   1° Eugène-Marie-Joseph, né le 1er mars 1857 ;
   2° Jeanne-Marie-Joséphine-Melchior, née le 9 janvier 1861.

DE LIVET DE BARVILLE

Armes : *D'azur, à trois molettes d'or, 2 et 1.* — Couronne : *de Marquis.*

amille très-ancienne de l'élection de Pont-l'Evêque, dont l'existence est prouvée par les Chartes dès le commencement du XIIe siècle. Laurent de Livet figure dans l'inventaire du Trésor des Chartes (tome IX, page 635), et vivait du temps de Philippe-Auguste.

Dans le livre intitulé : *Les droits publics en France,* sous Philippe-Auguste, on voit que ledit Laurent, au droit de sa femme, vendit au Roi les droits de pêche dans les rivières de Normandie, et de chasse au lièvre dans la forêt de Gourpis.

Jean de Livet, Chevalier banneret, figure dans le rôle dressé par ordre du Roi, vers l'année 1216 (*Masseville, Histoire de Normandie,* tome II).

La Baronnie de Livet (élection de Pont-l'Evêque et de Livet-sur-Authou, élection de Bernay) a été l'apanage de cette famille depuis un temps immémorial ; en effet, le premier auteur connu où commence la filiation, Thomas de Livet, Chevalier, qui figure dans un acte passé devant les tabellions de Pont-de-l'Arche, le mercredi après la circoncision de l'année 1268, était Seigneur et Baron de Livet-sur-Authou, et fils de Jean, mentionné plus haut. D'une alliance dont le nom ne nous est pas parvenu, il eut :

Renault de Livet, Chevalier, qui épousa Jeanne de Gaillon, laquelle lui apporta en dot la Seigneurie de Bourneville en Roumois.

Jean de Livet, IIe du nom, Seigneur de Livet, rendit aveu au Roi pour la terre de Bourneville, le 23 juillet 1388.

Richard de Livet, son fils, Chevalier, Seigneur de Bourneville, de Toufreville, etc., épousa Jeanne de Martel, fille et héritière de haut et puissant seigneur Jean de Martel, patron de la Potherie-Mathieu.

Son petit-fils Richard, IIe du nom, Chevalier, Seigneur de Livet, Bourneville et autres lieux, a épousé damoiselle Gillette DE BARVILLE, fille de Messire Jean de Barville, Seigneur et patron dudit lieu (1).

Jean DE LIVET, III° du nom, Chevalier, Marquis DE BARVILLE, épo a, le 21 février 1594, Marie DE CLINCHAMP.

Jacques DE LIVET, Chevalier, Marquis DE BARVILLE, petit-fils du précédent, et qui occupe le XII° degré de la filiation (que nous ne donnons pas ici, parce qu'elle est rapportée en entier dans *La Chesnaye des Bois*, tome IX, page 70), a épousé à Evreux, le 4 avril 1677, demoiselle Françoise-Marthe LE CORNU, Baronne de Coulonces. Il était Lieutenant-Colonel au régiment d'Alençon en 1693, et eut pour fils aîné :

XIII. — Louis-François DE LIVET, Marquis DE BARVILLE, Baron de Coulonces, etc., lequel fut major au régiment de Carney en 1709, et Commandant du fort de Dagsbourg en Lorraine. Il a épousé, à Rouen, le 4 septembre 1724, demoiselle Bonne DE CHALON DE CRETOT, dont il eut deux fils :

1° Louis-François, qui suit ;
2° Marc-Antoine DE LIVET DE BARVILLE, Capitaine au régiment de Beauvoisis, marié, le 15 février 1763, à demoiselle Marie-Catherine DE CHAZOT.

XIV. — Louis-François DE LIVET, II° du nom, Marquis DE BARVILLE, Seigneur et patron de la Potherie-Mathieu, etc., Lieutenant des Maréchaux de France, a épousé, le 13 juin 1763, demoiselle Anne-Charlotte-Gabrielle DE GIVERVILLE. De cette alliance sont issus trois fils :

1° François-Louis-Charles, né le 24 mai 1766 ;
2° Marc-Louis-Charles, né le 23 novembre 1767, reçu Chevalier de Malte, mort sans postérité ;
3° Alexandre-Marie-Armand, né le 28 avril 1769, mort également sans postérité, étant chevalier de Malte.

Cette famille est représentée actuellement par les deux fils de François-Louis-Charles DE LIVET, Marquis DE BARVILLE, décédé le 14 décembre 1830.

---

(1) La maison DE BARVILLE porte pour armes : *D'or, au sautoir de gueules, cantonné de quatre lionceaux de sable.*

DE LA BIGNE

ARMES : *D'argent, à trois roses de gueules, 2 et 1.* — Couronne : *de Marquis.* —

ussi distinguée par ses services militaires que par ses alliances, la famille **DE LA BIGNE**, originaire de la Basse-Normandie, possède depuis un temps immémorial les prérogatives de la noblesse. Elle tire son nom d'une ancienne paroisse du diocèse de Bayeux, connue dès l'année 1150, et qui existe encore dans l'arrondissement de Vire. Cette maison a été maintenue dans sa noblesse à différentes époques, notamment en 1463 par Raymond de Montfaut; en 1522, le 19 mai, par arrêt de la Cour des Aides de Rouen, et enfin, en 1666, par Chamillart, maître des requêtes ordinaire du roi, commissaire départi par sa Majesté pour la généralité de Caen.

Ses principales alliances sont avec les maisons : Payen, du Parc, de Mésenge, Davy, de Launay, Le Maistre, Le Quesne, de St-Denis, Daniel de Séfond, de Coucy, de Brébeuf, de Sarcé, de la Béraudière, de Poilloüe, de Pillot-Chantrans, Le Gras de la Boissière, de Fouchères, etc....

La famille DE LA BIGNE, dès son origine, s'est divisée en plusieurs branches; n'ayant pas à nous occuper de leur filiation, nous nous bornerons à citer quelques-uns des personnages les plus distingués qu'elles ont produits.

— Gace ou Gaston DE LA BIGNE était premier chapelain (titre que des successeurs ont remplacé, depuis lui, par celui de grand-aumônier de France),

16

du Roi Jean le Bon, et l'avait été de trois Rois ses prédécesseurs, savoir : Philippe V, en 1316, Charles le Bel, en 1322, et Philippe VI. Il partagea la captivité du Roi Jean, en Angleterre, de 1356 à 1360, et durant ce long séjour il composa un poème intitulé : Le Roman des oyseaulx et des chiens, traité de vénerie et de fauconnerie, très-rare aujourd'hui, mais dont un exemplaire existe à la bibliothèque impériale ; dans ce livre il donne des détails sur sa famille, et cite ses quatre quartiers de noblesse. On lit dans un vieux trouvère, cité par l'abbé de la Rue, cet éloge du poète normand (1). Il disait être dans sa vieillesse en 1359, et devrait être né par conséquent sous le règne de Philippe IV (le Bel); ses aïeux, dont il parle, étaient donc au moins contemporains du temps de la dernière croisade. (Voy. Moréri et les mémoires sur l'ancienne chevalerie, par La Curne de St-Palaye, tome II.)

— Nicolas DE LA BIGNE, Panetier du Dauphin et Grand-Maître des eaux et forêts en Normandie, en 1405.

— Marguerin DE LA BIGNE, Recteur de l'université de Caen, en 1494, Chanoine de Bayeux, curé de Rully et de Tallevende-le-Grand.

— Marguerin DE LA BIGNE, IIᵉ du nom, Seigneur de Lambosne, Chanoine et Official de Bayeux, Abbé d'Ardenne, en 1557.

— Robert DE LA BIGNE, Seigneur de St-Christophe, dénommé dans le contrat original de sa fille Hélène (1535), avec Jéhan DE BRÉBEUF. A ce contrat de mariage figure Richard DE LA BIGNE, curé de Cahaignolles, oncle de la future, et Bertrand, Seigneur de Lambosne, auquel commence la filiation.

Enfin, Jacques DE LA BIGNE, qui se fit connaître durant les guerres de religion, et qui avait pris parti dans les rangs des Huguenots (Régnier de la Planche, Commentarium, etc., pag. 217, Mémoires du Prince de Condé, Tome I, pag. 324, etc....)

Quant à la branche principale, dont la descendance s'est continuée jusqu'à nos jours, et qui elle-même a formé plusieurs rameaux, sa filiation régulière et non interrompue, établie sur des documents authentiques qui nous ont été produits par la famille, commence à :

___

(1) Le poète est né en Normandie,
De quatre costés de Lignie,
Qui moult ont aimé les oyseaux ;
·De ceux DE LA BIGNE et d'AIGNEAUX,
Et DE CLINCHAMP et DE BURON.
Issit le prestre dont parlon.
(Essais historiques sur les bardes et trouvères normands, tome III, page 260).

FILIATION.

I. — Bertrand DE LA BIGNE, Ecuyer, dénommé dans le contrat de mariage de son fils aîné, qui suit :

II.—Robert DE LA BIGNE, Ecuyer, Seigneur de Lambosne et de la Rochelle, marié, par contrat du 1er novembre 1492, à damoiselle Madeleine PAYEN, fille de Jean Payen, Seigneur des Loges et de la Poupelière. Il a justifié de sa noblesse jusqu'à cinq degrés, et fut maintenu par arrêt de la cour des Aides de Rouen du 19 mars 1522. Il eut, entre autres enfants :

III. — Robert DE LA BIGNE, IIe du nom, Ecuyer, Seigneur de Lambosne et de la Rochelle, Bailli de la Vicomté de Mortain, qui épousa, par contrat du 16 février 1524, damoiselle Françoise DU PARC, fille de Bertrand du Parc, Seigneur de Bernière, de Brincourt, de Beaumanoir et autres lieux, et de Renée DES ESCOTTAIS, dame et baronne d'Ingrandes. De ce mariage sont issus :

1o Guy, dont l'article suit;
2o Robert DE LA BIGNE, mort sans postérité ;
3o Marguerin DE LA BIGNE, IIIe du nom, né en 1546, Docteur en Sorbonne, Chanoine théologal et Grand-Pénitencier de Bayeux, élu Recteur de l'Université de Paris, à l'âge de 20 ans, le 16 décembre 1566, représenta le Chapitre de Bayeux aux Etats de Blois en 1576, et au Concile provincial de Rouen en 1581. Il succéda à son oncle François DU PARC comme Doyen de la Cathédrale du Mans, et mourut à Paris le 22 novembre 1597, laissant un monument impérissable d'érudition dans la bibliothèque des Pères de l'Eglise (Voyez Moréri. J. Hermant, Histoire du diocèse de Bayeux, etc).

IV. — Guy DE LA BIGNE, Ecuyer, Seigneur de la Rochelle et du Grand-Rounel, figure dans deux aveux des 27 juin 1582 et 3 mars 1589. Il a épousé, par contrat du 21 avril 1577, demoiselle Christine DE MÉSENGE, dont il eut :

1o Jean, Seigneur de la Rochelle, mort sans enfants le 24 septembre 1661 ;
2o Gilles, Seigneur du Grand-Rounel, mort aussi sans postérité le 29 juin 1657 (Ils sont tous deux enterrés dans l'église de Bernière-le-Patry);
3o Adrian, qui continue la descendance:

V.— Adrian DE LA BIGNE, Ecuyer, Seigneur de Montfroux, a épousé, par contrat du 29 novembre 1645, demoiselle Anne DAVY, fille de François Davy, Ecuyer, Seigneur et patron de Saint-Hilaire, Conseiller du Roi et Bailli de Saint-Sauveur-Lendelin et de dame Marie DE CASTEL ; il était mort avant l'année 1665, laissant pour fils :

VI. — Bernardin DE LA BIGNE, Ecuyer, Seigneur de la Rochelle, de la Motte, du Grand-Rounel, de Montfroux et autres lieux, maintenu dans sa noblesse par Chamillart, qui le reconnaît noble du temps de Montfaut (Certificat original existant aux archives de la famille). Par contrat du 22 mai 1664, il avait épousé demoiselle Jacqueline DE LAUNAY, fille d'André de Launay, seigneur de la Normanderie, Exempt des Gardes du Corps du Roi, et de dame Marie D'ANDELLE. Etant devenu veuf, il se fit prêtre, et devint curé de Tessel. De son mariage est issu :

VII. — André DE LA BIGNE, Ecuyer, Seigneur de la Rochelle, de Lambosne, de Tessel, etc..., né le 11 juillet 1666, lequel figure dans divers actes d'échange et de partage, et a épousé, le 5 mai 1690, dame Marie-Rénée-Françoise LE MAISTRE, veuve en premières noces du seigneur de Mautaillis, et fille d'Adrian Le Maistre, Ecuyer, Seigneur de Lisle, et de Jeanne DE CIRESME. De cette alliance sont issus :

    1° Bernardin-André DE LA BIGNE, Chevalier, Seigneur du Mesnil, Maréchal-deslogis des 200 chevau-légers de la garde du Roi (rang de Maréchal-de-Camp), Chevalier de Saint-Louis, mort sans postérité à Fontainebleau ;
    2° Jean-Baptiste-Bertrand, qui suit :

VIII. — Jean-Baptiste-Bertrand DE LA BIGNE, dit le Chevalier du Mesnil, Seigneur et patron de Tessel et autres lieux, né en 1704, a épousé demoiselle Marie-Catherine-Charlotte LE QUESNE DU QUESNAY, dont il eut dix-sept enfants, entre autres :

    1° Marie-Madeleine DE LA BIGNE, née le 25 août 1739, mariée à messire N... DE BAUDRE, Garde du Corps du Roi ;
    2° François-Etienne, dont l'article suit;
    3° Pierre-Jean-Charles, passé en Amérique, et dont nous ignorons la destinée ;
    4° Jean-Bernardin, né le 15 novembre 1745, Capitaine au régiment de Cambrésis, Chevalier de Saint-Louis, mort en 1825, ne laissant qu'une fille ;
    5° Marie-Anne-Françoise, reçue à la maison royale de Saint-Cyr ;
    6° Joseph-Michel DE LA BIGNE, Capitaine au régiment du Cap, mort en prison pendant la Révolution ;
    7° Jean-Baptiste, Abbé et Prieur de l'Abbaye de Saint-Nicolas ;
    8° Suzanne-Luce DES LA BIGNE, mariée à M. DE SAINT-DENYS DU BREUIL, morte au Couvent des Ursulines de Saint-Germain-en-Laye, le 14 mars 1789;
    9° Claude-André-Exupère, né en 1761, dont l'article viendra plus loin.

IX. — François-Etienne-Michel, Marquis DE LA BIGNE, Chevalier, Seigneur de la montagne Sainte-Anne, né le 1er juillet 1742, à Bayeux, fut successivement Page de la grande écurie du Roi, Ecuyer calvacadour sous Louis XV et Ecuyer ordinaire commandant le premier manège du Roi.

Il avait épousé avec l'agrément du Roi, par contrat du 7 septembre 1784, mademoiselle Marthe-Françoise-Gabrielle DANIEL DE SÉFOND, auquel contrat ont signé : la Princesse de Rohan, le Comte de Bricune et le Prince de Lambesc, Grand-Écuyer de France. — De cette alliance sont nés les quatre enfants ci-après :

1° Jean-Baptiste-Gabriel-François, qui suit ;
2° Marie-François-Henry, Officier d'Artillerie, né à Versailles en 1791, mort en Russie en 1812 ;
3° Jean-Baptiste-Stéphen, auteur du second rameau de la branche aînée, rapporté ci-dessous ;
4° Marie-Félicité-Zoé, mariée, le 5 juillet 1824, à Louis-Antoine-Gustave, Comte DE COUCY, Capitaine de Cavalerie.

X. — Jean-Baptiste-Gabriel-François, Marquis DE LA BIGNE, né le 26 juillet 1785, entra de bonne heure dans la carrière des armes, fit plusieurs campagnes sous le premier Empire, et fut nommé Chef de bataillon sous la Restauration ; il était Lieutenant-Colonel et Chevalier des ordres de Saint-Louis, de la Légion d'honneur et Saint-Ferdinand d'Espagne quand il donna sa démission en 1830. Il avait épousé mademoiselle Victorine DE LA BÉRAUDIÈRE, fille de Jacques-Philippe, Comte de la Béraudière, et de Rose Pulchérie DE RECHIGNE-VOISIN, et est mort le 26 mai 1861, ayant eu quatre enfants :

1° Rose-Denise-Stéphanie DE LA BIGNE, morte le 26 mars 1846 ;
2° Marie-Françoise, mariée, le 27 avril 1852, à Hippolyte DE SARCÉ ;
3° Gaston-Victor, qui suit ;
4° Louis-Bernardin-Victor, Comte DE LA BIGNE, né le 20 mai 1840, Officier de Lanciers, démissionnaire en 1863.

XI. — Gaston-Victor, Marquis DE LA BIGNE, Chef de nom et d'armes de cette ancienne famille, est né le 29 juillet 1833, et est actuellement capitaine au 2° régiment de chasseurs à cheval.

SECOND RAMEAU

(de la branche aînée.)

X. — Jean-Baptiste-Stephen, Comte de la Bigne, fils puîné de François-Etienne-Michel, Ecuyer du Roi, et de Marthe de Séfond, né à la Montagne le 18 mai 1797, fut officier de la Garde royale sous la Restauration; il mourut le 14 février 1849, et avait épousé, le 3 mai 1828, mademoiselle Ernestine-Zoé de Poilloue de Saint-Mars de Bierville, dont il eut :

1° Félicie de la Bigne, mariée à Alphonse de Pillot-Chantrans ;
2° Henry, qui suit ;
3° Alix de la Bigne, mariée, le 22 août 1855, à Achille Le Gras de la Boissière ;
4° Léon, Vicomte de la Bigne, né le 25 mai 1837, Officier au 1er régiment des Voltigeurs de la Garde.

XI. — Henry, Comte de la Bigne, né le 18 février 1830, a épousé le 20 août 1862, demoiselle Marie de Fouchères, dont il a un fils :

Etienne de la Bigne, né le 17 mars 1863.

BRANCHE CADETTE.

IX. — Claude-André-Exupère de la Bigne de la Barre, Chevalier, fils de Jean-Baptiste Bertrand et de Charlotte Le Quesne du Quesnay, né en 1761, fut reçu Page de l'Ecurie du Roi, et était, à l'époque de la Révolution, Ecuyer cavalcadour du Roi sous le commandement du Marquis de la Bigne, son frère aîné. Il a épousé mademoiselle Picard de Noir-Epinay, et est mort en 1802, laissant deux enfants :

1° Louis, qui suit;
2° Jeanne de la Bigne, mariée, en 1811, au Baron Félix de Bock.

X. — Louis, Comte de la Bigne, chef de cette branche, est né en 1791, et a épousé, en 1827, mademoiselle Laure de Chouffour, d'où est issu :

Gabriel, Vicomte de la Bigne, marié, le 12 août 1856, à mademoiselle Marie Le Vavasseur.

DE VALENTIN

ARMES : *D'or, à trois roses de gueules, posées 2 et 1.* — Couronne : *de Comte.*
— Supports : *deux Lions.* — Devise : *Est encòre temps.*

D'une très-ancienne noblesse et originaire de la Province du Vermandois, la famille DE VALENTIN *aliàs* VALLENTIN, s'est divisée en deux branches principales ; l'aînée s'est établie en Lorraine vers 1495, la cadette s'est fixée en Normandie au commencement du XVIe siècle.

Nous trouvons en effet à la maintenue de noblesse de l'année 1667, faite par Monsieur *de Marle*, intendant commissaire départi par le Roi, en la généralité d'Alençon, pour la recherche des faux nobles, Maximilien VALENTIN, Ecuyer, Seigneur de la Roche-Valentin; de plus, il fit enregistrer ses armoiries à l'Armorial général, en 1696 (*Bibliothèque impériale* — *Section des manuscrits, regist.* 19, *folio* 353).

Au nombre des personnages importants que cette famille a produits, nous citerons :

— Robert VALENTIN, qualifié Chevalier, Seigneur d'Eschépy, vivant en 1328, lequel commandait une compagnie d'hommes d'armes du Vermandois. Il a épousé demoiselle Marie DE FORGES, dont il eut trois fils :

1º Hue VALENTIN, Ecuyer, dont les descendants passèrent en Lorraine, au service du Roi de Pologne. — Cette branche existe encore de nos jours et a pour chef actuel : Charles-Paul DE VALENTIN, Officier dans l'armée française ;

2º Jean VALENTIN, Chevalier, qui assista au célèbre combat des Trente (1361) et y fut blessé ;

3º Triquart VALENTIN, blessé à la bataille de Poitiers.

— Michel Valentin, Ecuyer, était un des cinquante hommes d'armes des ordonnances du Roi, commandés par le Sieur François de Mandelot, Capitaine, ainsi qu'il appert du rôle de la montre et revue de ladite compagnie, faite à Lyon, le 3 juillet 1577 *(Titre original en parchemin).*

— Jean Valentin, IIe du nom, fut blessé dangereusement à la bataille d'Azincourt (1405,) en voulant délivrer Charles d'Orléans des mains des Anglais.

— François Vallentin était archer de la Garde du Roi en l'année 1632 *(Titre original en parchemin).*

— En 1612, une sentence d'arbitrage fut rendue en faveur de noble dame Isabeau Gurtial, veuve de messire Raymond Vallentin.

— Pierre de Valentin était prêtre et chapelain de Saint-Georges (près Domèvre) en 1779, ainsi qu'il appert d'un acte original émanant de Bartholomé-Louis-Martin de Chaumont, Evêque et Comte de Saint-Dié *(Archives de la famille).*

Les domaines des deux branches comprenaient plusieurs fiefs considérables, parmi lesquels nous citerons ceux : de la Roche-Valentin, de Vitray, de Lorme, de Boisclaireau, de Gannetières, de la Roche, d'Uriménil, de Circourt et autres lieux.

Nous laissons de côté la filiation de la branche établie en Lorraine, et nous nous occuperons seulement de la branche cadette (de Normandie), qui s'est divisée en deux rameaux et dont la filiation commence à :

I. — Claude Valentin, Ecuyer *(de la branche du Vermandois)*, a assisté à la convocation du ban et de l'arrière-ban de la noblesse de Mortagne (au Perche), et figure comme homme de guerre dans une charte originale de l'année 1591. Il eut pour fils unique :

II. — François Valentin, Ecuyer, qui était archer de la Garde du Roi, en 1632. Nous ne connaissons pas le nom de sa femme, mais un acte de partage de biens, fait en 1660, nous prouve qu'il eut deux enfants :

    1° Suzanne Valentin, née en 1656, à Lillebonne *(Election de Caudebec)*, laquelle a
       épousé noble homme Jean d'Houlière; elle est morte le 19 mai 1704 *(Archives*
       civiles de Lillebonne);
    2° Maximilien, qui suit :

III.— Maximilien Valentin, Ecuyer, Seigneur de la Roche-Valentin, etc., fit enregistrer ses armoiries à l'Armorial général établi par l'édit royal du 20 novembre 1696. D'une alliance dont le nom nous est inconnu (1), il eut plusieurs enfants, entre autres :

IV. — Jean-Daniel VALENTIN, Ecuyer, né vers 1698, marié : 1°, le 18 septembre 1726, en l'église Notre-Dame de Lillebonne, à noble demoiselle Catherine DORÉ (2) ; et, en secondes noces, à demoiselle Marguerite POTEL. — Du premier lit est issu :

> 1° Jean-Daniel, qui suit ;

Et du deuxième lit :

> 2° Pierre-Philippe VALENTIN, né en 1741, dont la postérité s'est éteinte un peu avant la révolution de 1789 ;
> 3° Quatre filles.

V. — Jean-Daniel VALLENTIN, II° du nom, né à Lillebonne en 1731, passa en Angleterre en 1750, et y épousa, le 18 août 1760, demoiselle Marie PELTRAU. Il est mort en 1797, laissant cinq enfants :

> 1° Daniel VALLENTIN, mort avant 21 ans ;
> 2° 3° et 4° Marie, Catherine et Anne VALLENTIN ;
> 5° James, qui continue la descendance :

VI. James VALLENTIN, né le 20 septembre 1778, a épousé, le 24 février 1803, Miss Marie GRIMBLE. Il est mort en 1847, laissant les huit enfants ci-après :

> 1° Mary-Anne VALLENTIN ;
> 2° Elisa VALLENTIN ;
> 3° Jane VALLENTIN ;
> 4° Elisabeth VALLENTIN ;
> 5° Edward VALLENTIN, mort en Amérique ;
> 6° James, qui suit ;
> 7° John VALLENTIN, né le 8 janvier 1816 ;
> 8° Isabella VALLENTIN.

---

(1) Les registres civils de certaines communes de Normandie ne remontent pas au-delà de 1734, époque à laquelle une ordonnance royale en fit déposer un double dans les greffes du Parlement.

(2) La famille DORÉ est ancienne dans la province ; François DE NOLLENT, Ecuyer, a épousé, en 1678, Marguerite-Françoise DORÉ, fille d'un conseiller secrétaire du Roi en la cour des Aides et finances de Normandie. Les armes de la famille DORÉ sont : *d'or, à six annelets de sable, posés 3, 2 et 1* (*Enregistrement de 1696, Reg. 20, fol. 135*).

VII.—James VALLENTIN, II° du nom, chef actuel de la branche cadette (*éteinte en Normandie*), est né le 10 mai 1814. Il a épousé, le 9 août 1838, Miss Susannah HARTLEY-WORKMAN, laquelle est morte le 1er février 1862; et en secondes noces, le 6 juin 1863, Miss Anna-Maria Cox, troisième fille du révérend John Cox (de Walgrave-Northamptonshire). Du premier lit sont issus :

1° Susannah-Mary-Anne VALLENTIN;
2° Alice-Emily VALLENTIN ;
3° Hannah-Elisabeth VALLENTIN ;
4° James-Rose VALLENTIN, né le 23 mars 1847;
5° Grimble VALLENTIN, né le 14 juillet 1850;
6° Octavius VALLENTIN, né le 5 décembre 1853;
7° Rupert-Eugène-White VALLENTIN, né le 15 novembre 1858.

DE VARIN DE PRÊTREVILLE

ARMES : *D'or, à trois flammes de gueules, 2 et 1 ; au chef d'azur, chargé en cœur d'un besant d'or, accosté de deux croissants d'argent, le chef soutenu d'une fasce en divise d'argent.* —

Ancienne maison de l'élection de Pont-l'Evêque, annoblie par lettres patentes du roi Henri IV, datées du mois de septembre 1594, et accordées à Guillaume VARIN, Echevin de la ville de Honfleur, en récompense de sa fidélité et de son dévouement.

Louis VARIN, Ecuyer, Seigneur de Saint-Germain , de Prêtreville, de Beaucamp, etc., fut maintenu dans sa noblesse par jugement du 13 janvier 1668.

Jean-Charles DE VARIN DE PRÊTREVILLE, a comparu à l'assemblée de la noblesse du bailliage de Honfleur, en 1789 ; il était père de :

Jean-Baptiste, né le 26 mai 1766, marié, le 24 août 1807, à Louise-Amélie DE CACHELEU DE MAILLOT. De ce mariage sont issus :

1° Louis-Raymond, né en 1808, marié, le 24 octobre 1832, à Marie-Camille MILLOT DE LA CRAYE;
2° Jean-Baptiste DE VARIN DE PRÊTREVILLE, né en 1810, marié, le 2 juillet 1834, à Anne-Henriette MILLOT DE LA CRAYE, dont il a deux filles.

LE PRÉVOST

DU MARAIS, DE FOURCHES, ETC.

Armes : *D'azur, au lion rampant d'argent, tenant une hache d'armes du même.*

n grand nombre de familles de ce nom ont existé en Normandie, ainsi qu'on peut le voir par le Catalogue des maintenues de noblesse que nous avons donné dans le Tome 1er, page 124, qui en contient quatorze dans diverses élections. Celle qui nous occupe a possédé les seigneuries du Marais, de Saint-Germain-de-Fourches, de la Moissonnière, de Royville, de Bonneval, etc... (Election d'Argentan); elle est sans contredit une des plus illustres, non seulement par les services continus qu'elle a rendus à l'Etat et à nos Rois, mais encore par ses alliances.

Une ancienne tradition nous apprend que le chef de cette famille passa en Angleterre avec Guillaume le Conquérant, en 1066, et se distingua à la bataille d'Hasting. Sa descendance y existe encore et porte : *D'azur, au lion rampant d'or, armé et lampassé de gueules, avec une hache du même, mise en pal;* le chef de la branche cadette revint en Normandie, et ses descendants possédèrent de grands biens dans les Vicomtés de Falaise, d'Exmes, d'Avranches et d'Argentan.

La filiation de cette branche, établie sur titres authentiques, commence à :

Noble homme Pierre LE PRÉVOST, Ecuyer, Lieutenant du château de Falaise en 1400, et se continue jusqu'à nos jours. Les bornes de cette courte notice historique ne nous permettant pas de la donner en entier, nous dirons seulement que plusieurs actes et contrats originaux qui sont possédés par le chef actuel de la famille prouvent que :

Henry LE PRÉVOST, SEcuyer, eigneur du Marais, de Saint-Germain-de-Fourches et autres lieux, était Lieutenant-Général en la Vicomté de Falaise en 1587, charge qu'il occupait encore en l'année 1628.

En 1635, François LE PRÉVOST, Ecuyer, Seigneur de Fourches, a servi dans la troupe du Sieur Marguerie de Nonant, aux lieu et place de Henry, son père, âgé de 79 ans.

Frauçois LE PRÉVOST, IIe du nom, fils du précédent, reçoit, le 22 novembre 1674, un congé et un certificat du vicomte de Turenne, par lequel il appert qu'il faisait partie du ban et de l'arrière-ban convoqué pour le service du Roi. Plusieurs autres certificats, attestant les services de la famille LE PRÉVOST à l'armée de Condé, nous font voir qu'elle a formé plusieurs branches toutes issues de la même souche.

Cette ancienne maison, dont plusieurs membres ont figuré aux Assemblées de la noblesse, convoquée pour l'élection des Députés aux Etats-Généraux en 1789, a pour chef actuel :

Edouard-Henri LE PRÉVOST DE FOURCHES, fils de Léon—Henri—François-Jacques et de Marie-Henriette DE FROMONT DE BOUAILLE. Il a épousé, en 1842, Mademoiselle Lucile BOURGEOIS DE BOYNES, dont il a un fils :

Marie-Henri-Albéric, né le 16 mars 1850.

DE COULLIBEUF

ARMES : *D'azur, à la tête de bœuf d'argent, accornée d'or.* —

Nous voyons, dans l'Histoire de la maison d'Harcourt, que Louis DE COULLIBEUF, Ecuyer, Seigneur de Morteaux, vivait le 9 juillet 1518.

Auguste, Seigneur de Beaumais, de la Martinière et de Morteaux, fut maintenu dans sa noblesse le 5 Janvier 1667; son fils, Philippe, Ecuyer, Seigneur de la Hogue, a épousé Marguerite DE FAUCON et vivait encore en 1715. — Gaspard DE COULLIBEUF a assisté à l'Assemblée de la noblesse tenue à Argentan, en 1789, pour l'élection des Députés aux Etats-Généraux.

Le chef de cette maison est aujourd'hui Intendant militaire.

DU QUESNE

ARMES : *D'argent, au lion de sable, armé et lampassé de gueules.* — Couronne : *de Marquis.* — Supports : *deux Lions.* —

ous avons donné, page 397, la généalogie d'une famille DU QUESNE, originaire de l'élection de Coutances ; celle dout nous allons nous occuper n'est pas moins ancienne, et, suivant La Chesnaye-des-Bois (*Dictionnaire de la noblesse, Tome XI*), sa filiation commence au milieu du XVᵉ siècle. En effet, d'après plusieurs manuscrits trouvés dans l'abbaye du Mont-Sainte-Catherine, à Rouen, Jeuffrin DU QUESNE, Ecuyer, Seigneur de Brothone, vivait en 1440, et fut l'auteur commun de plusieurs branches qui ont subsisté longtemps dans la province, et dont deux sont allées s'habituer à la Martinique, où leurs titres de noblesse ont été enregistrés au conseil souverain de cette île, le 5 juillet 1719.

La filiation de cette famille, qui s'est fait gloire de reconnaître pour une de ses branches (et elle a raison) les MM. DU QUESNE (1) dont nous parlerons plus loin, commence à :

Jean DU QUESNE, Ecuyer, Seigneur de la Malbroe et du Hamel, en l'élection de Pont-Audemer, qui fit un partage de biens entre ses enfants, le 19 juin 1547. Il a épousé damoiselle Catherine DE LA HOUSSAYE, dont il eut, entre autres :

II. — Charles DU QUESNE, Ecuyer, Seigneur du Hamel, homme d'armes de la compagnie de M. de la Meilleraye, lequel fut marié, par contrat du 14 février 1544, à demoiselle Marie D'ACON, dont sortit :

III. — Jean DU QUESNE, IIIᵉ du nom, Ecuyer, Seigneur du Hamel, de Tournetot et autres lieux, qui se présenta, le 16 septembre 1576, devant le Bailli de Rouen, pour servir au ban et à l'arrière-ban. De son alliance avec demoiselle Barbe DE L'ISLE, il eut :

---

(1) On ne peut parler du règne glorieux de Louis XIV, si fécond en héros et grands hommes, dans tous les genres, sans penser à Jean Bart et à Du Quesne, officiers généraux des armées navales, et aussi fameux sur mer que l'étaient, sur terre, les Condé, les Turenne, les Luxembourg et tant d'autres.

IV. — André DU QUESNE, Ecuyer, Seigneur du Hamel, marié, le 21 avril 1612, avec demoiselle Marie DE LA LANDE, dont :

V. — Louis DU QUESNE, Ecuyer, Seigneur du Hamel, de Tocqueville, de Tournetot, du Bosc, de Betteville, du Breuil et autres lieux, maintenu dans sa noblesse par M. de la Galissonnière, par jugement du 27 juillet 1666. Il avait épousé, le 8 novembre 1648, demoiselle Marguerite GOEL, dont il eut plusieurs *Goуел* enfants, l'aîné :

VI. — Etienne DU QUESNE, Ecuyer, Seigneur de Tocqueville, de Tournetot, de Longbrun, etc., marié, en 1680, à Marie-Anne DU PÉRÉ, eut trois filles et deux fils :

> 1° Pierre DU QUESNE, marié : 1°, en 1718, à la Martinique, à demoiselle Marie D'ESCOUTS, et 2°, en 1731, à Elisabeth DE CHATILLON ;
> 2° Jean-Baptiste, dont l'article suit :

VII. — Jean-Baptiste DU QUESNE, Ecuyer, établi aussi à la Martinique, eut de son mariage avec demoiselle MONEL DE BELVAL deux filles et deux fils :

> 1° Joseph DU QUESNE, marié, en 1761, à Marie BORCK ;
> 2° Pierre, qui suit :

VIII. — Pierre, Marquis DU QUESNE, Chevalier, né à la Martinique, s'est marié en 1763, et a eu deux fils :

> 1° Pierre-Claude, qui suit;
> 2° Marie-Dominique-Melchior, dont l'article viendra après celui de son frère.

IX. — Pierre-Claude, Marquis DU QUESNE, était capitaine de vaisseau à l'époque de la Révolution, et ne voulant pas servir la république, il se retira à la Havane, où il se maria avec demoiselle Marianna D'ESTRANA, dont il eut les quatre enfants ci-après :

> 1° Pierre, Marquis DU QUESNE, chef actuel de toute la famille;
> 2° Jérôme, Comte DU QUESNE, mort en laissant un fils ;
> 3° Joseph-Lazare, Vicomte DU QUESNE, Contre-Amiral, mort en 1854, sans postérité mâle;
> 4° Melchior, Baron DU QUESNE.

IX bis. — Marie-Dominique-Melchior DU QUESNE, marié, en 1796, à Marie DOENS DE BEAUFOND (issue d'une famille hollandaise), en a eu trois fils :

> 1° Marie-Pierre, Comte DU QUESNE, marié à sa cousine germaine, mademoiselle Elisa DOENS;

2° Marie-Adrien-Justin du Quesne, marié à demoiselle Clauzel, dont quatre fils et une fille ;

3° Marie-Augustin du Quesne, marié à demoiselle Marie-Rose-Herminie de la Faye. dont un fils.

DEUXIÈME BRANCHE.

Elle a eu pour auteur : Abraham du Quesne, né au bourg de Blangy, dans le Comté d'Eu, professant la religion prétendue réformée, qui se fixa à Dieppe, y apprit la carte marine, et devint un capitaine de réputation dans l'armée navale. Il mourut à Dunkerque en 1635. De son mariage avec demoiselle Marthe de Caul, il eut plusieurs fils, qui sont tous morts au service du Roi, dans la marine, entre autres :

1° Abraham, l'aîné, surnommé *le Grand* du Quesne, dont l'article suit ;

2° Antoine du Quesne, Capitaine de vaisseau, tué d'un boulet de canon, lequel laissa un fils :

    A. Pierre du Quesne, qui s'est signalé sur mer dans plusieurs affaires importantes. Il commanda, en 1690, une escadre de six vaisseaux au service de la Compagnie des Indes-Orientales, et dressa un journal très-intéressant de son long voyage, journal qui fut imprimé à Rouen, en trois volumes in-12, après sa mort.

3° Jacob, auteur d'un rameau rapporté plus loin ;

4° N.... du Quesne, appelé Du Quesne-Monnier (du nom de sa femme), pour le distinguer des autres, et dont l'article viendra après celui de ses frères.

Abraham du Quesne, II° du nom, surnommé *le Grand du Quesne*, né à Dieppe en 1610, un des plus grands hommes de guerre du XVII° siècle, apprit sous son père le métier des armes, et se dévoua dès sa plus tendre enfance au service de mer.

L'Asie, l'Afrique et l'Europe ont été témoins de sa valeur. Le Roi ne pouvant, à cause de la religion protestante que du Quesne professait, le récompenser avec tout l'éclat qu'il aurait souhaité, voulut au moins lui donner une marque glorieuse de sa bienveillance en lui faisant don de la terre du Bouchet, une des plus belles terres du royaume, située auprès d'Estampes, dont il changea le nom en celui de *Terre-Duquesne*, et qu'il érigea en Marquisat.

Ce grand homme mourut à Paris, le 2 février 1688, après avoir vécu 78 ans, avec une vigueur et une santé extraordinaires. Son cœur fut porté dans le temple de la ville d'Aubonne, près de Genève, où son fils aîné, alors Baron du lieu, lui fit placer une épitaphe. Il avait épousé demoiselle Gabrielle DE BERNIÈRES, dont il laissa quatre fils, savoir :

1° Henri, Marquis DU QUESNE, né en 1652, qui fut, comme son père, formé aux armes dès sa plus tendre jeunesse. Il fit sa première campagne en 1666, âgé de 14 ans. Revenu Capitaine de vaisseau et s'apercevant que l'on commençait à n'être plus favorable, en France, à ceux de la religion prétendue réformée, il acheta, au commencement de 1685, la Baronie d'Aubonne, dans le canton de Berne en Suisse, et y fixa son séjour l'année suivante.
Il mourut à Genève le 11 Novembre 1722, âgé de près de 71 ans, estimé, aimé et regretté de tous ceux qui le connaissaient. Il est l'auteur de l'épitaphe faite pour son père, qui se voit encore dans l'église d'Aubonne, où son cœur est déposé.

2° Abraham DU QUESNE, IIIᵉ du nom, Capitaine de vaisseau, qui prit et amena à Toulon, en 1683, le prince DE MONTEZARCHIO, général de l'armée d'Espagne. Il se retira dans la suite en Angleterre, où il est mort.

3° Isaac DU QUESNE, qui a servi sur mer avec distinction, et est mort à Paris en 1745.

4° Jacob DU QUESNE, aussi Capitaine de vaisseau, appelé le Comte du Quesne, lequel épousa Marie-Françoise-Madeleine DE SOUCELLE, d'une noble famille de Bretagne, morte le 31 janvier 1710 ; il est mort à Saint-Domingue en 1740.

Le *Grand* DU QUESNE, comme nous l'avons dit à la fin de l'article de son père, a eu plusieurs frères, qui sont tous morts dans le service de la marine, et dont chacun a été distingué par le nom de la femme qu'il avait épousée. L'un d'eux, Capitaine de vaisseau, fut tué d'un coup de canon; il laissa le fils qui suit :

N...... DU QUESNE, qui s'est signalé en diverses occasions : il commanda, entr'autres, une escadre de six vaisseaux, depuis le 24 février 1690 jusqu'au 20 août 1691, par ordre de la Compagnie des Indes, et il fit en cette occasion, pour le compte et par ordre de cette compagnie, un voyage aux

Indes-Orientales, dont il a dressé un journal, imprimé à Rouen, après sa mort, en trois volumes in-12.

Jacob, autre frère du *Grand* DU QUESNE, capitaine de vaisseau, épousa demoiselle Suzanne GUITON , fille de Jean Guiton, qui était maire de la Rochelle pendant le siège de cette ville, entrepris par Louis XIII (Cette branche portait le nom de DU QUESNE-GUITON, pour la distinguer des autres). Il eut de son mariage :

Abraham DU QUESNE, IVᵉ du nom, un des plus grands officiers de marine de son temps, mort Lieutenant-Général des armées navales, en 1726. Il fut marié deux fois, et eut de ces deux alliances :

1° Henri DU QUESNE, mort sans postérité, Commandant un vaisseau du Roi, en 1738;
2° Charlotte DU QUESNE, mariée au Seigneur DE JOLI-BOIS ;
3° Suzanne DU QUESNE-GUITON, mariée à Jacques DE QUEUX, Ecuyer, Seigneur de Saint-Hilaire ;
4° Marie-Anne DU QUESNE-GUITON, mariée à Michel-Sévère DE LISARDAIS, Gentilhomme breton, mort Capitaine de vaisseau ;
5° Henriette DU QUESNE-GUITON, mariée à Jean PRÉVOST DE TRAVERSAY, Chevalier, ancien Officier de cavalerie, mort à Rochefort en 1773, laissant postérité;
6° Marguerite DU QUESNE-GUITON, mariée à Charles DU ROUSSEAU, Seigneur de Fayolle, Gentilhomme poitevin.

Un quatrième frère, appelé DU QUESNE-MONNIER, pour le distinguer des autres, eut un fils que *le Grand du Quesne* aimait à employer. Il lui confia le commandement d'une galiotte à bombes dans les bombardements d'Alger et de Gênes. Ce neveu est mort à Toulon, Chef d'escadre des armées navales, Commandeur de l'ordre de Saint-Louis, et commandant la marine dans le port de Toulon. Il avait épousé à Toulon demoiselle Ursule DE POSSEL, morte le 6 juillet 1763, en sa 94ᵉ année, dont il a eu huit enfants, entre autres :

— Ange, Marquis DU QUESNE-MENNEVILLE, entré au service à l'âge de 12 ans, Gouverneur du Canada en 1752, chef d'escadre en 1755 et commandeur de l'Ordre de Saint-Louis en 1758. Cet Officier Général a été sans cesse employé au service du Roi et est mort sans postérité.

Il portait l'écu de ses armes entouré du cordon de l'Ordre de Saint-Louis surmonté d'une couronne de Marquis (titre dont sa Majesté l'avait décoré en lui confiant le Gouvernement général du Canada), et pour cimier : un bras nu, armé d'un casse-tête ou massue.

AVRIL DE BUREY

ARMES : *D'argent, à un arbre arraché de sinople, au chef d'azur, chargé de trois étoiles d'or.*

a famille AVRIL, originaire de Bretagne, est fort ancienne et a été maintenue dans sa noblesse à différentes époques.

François AVRIL DE BUREY est venu, vers la fin du XVIIe siècle, se fixer en Normandie, où il était Conseiller du Roi, Inspecteur des Eaux et Forêts d'Ezy, Pacy et Nonancourt.

Il épousa, en 1706, demoiselle Anne LEROUYER DE MENUCHON, fille d'un gentilhomme du pays Chartrain.

De cette union sont issus trois enfants :

1° Anne - Marguerite, qui épousa, en 1742, Jean-Joseph Gabriel DE MALLEVOUE, Ecuyer, Seigneur du Homme et de Bosronfley;

2° Jacques, qui épousa, en 1770, Marie Rose-Catherine RICHOMME, fille de Jacques-Christophe Richomme et de feu Catherine DE BERNAY;

3° Louis-François, qui épousa, en 1770, noble dame Marie-Anne LE VELLAIN DU CATEL, fille de feu Hervé Le Vellain, Ecuyer, Seigneur du Câtel, et de noble dame Louise-Angélique DE LOUVIGNY.

Depuis l'époque où François AVRIL DE BUREY est venu se fixer en Normandie, la famille n'a point cessé d'habiter ce pays, et y a contracté des alliances avec plusieurs anciennes maisons.

De nos jours elle est représentée par :

Auguste Léopold AVRIL DE BUREY, Chevalier de la Légion d'honneur, et Robert-Auguste-Louis AVRIL DE BUREY, son fils.

DE LA HOUGUE

ARMES : *De sable, au chevron d'argent, accompagné de trois têtes de lion d'or, 2 en chef et 1 en pointe, les deux du chef affrontées, et surmonté d'un lambel d'azur. —*

ncienne famille de bourgeoisie de la ville de Valognes, qui a contracté ses alliances avec plusieurs bonnes maisons de la province, et a fourni plusieurs officiers du Roi et un Garde du Corps de Sa Majesté avant la Révolution. Sa filiation commence à : Jean DE LA HOUGUE, né vers 1690, en la paroisse d'Orglandes, marié à demoiselle Marie-Françoise LE CAPELIER (1), fille de Nicolas et de Marie Le Fillâtre de Bezolles, ainsi qu'il appert d'un acte passé devant les notaires royaux de Valognes, le 24 septembre 1746, par lequel, aux droits de sa femme, il hérite d'un quart de la succession de Jean-François Hervieu, Ecuyer, Seigneur de Sauxménil. Il est mort en 1758, laissant de son mariage dix enfants, entre autres :

1° Louis-Gabriel DE LA HOUGUE DES BOSQUETS, qui suit ;
2° Jean-Réné DE LA HOUGUE DU MANOIR, Garde du Corps du roi Louis XVI, mort sans postérité;
3° Jean-Jacques, dont l'article viendra après celui de son frère.

Louis-Gabriel DE LA HOUGUE DES BOSQUETS, marié à Armande-Rosalie DE GLIER, est mort à Saint-Domingue en 1787, ne laissant que trois filles :

1° Marie-Anne-Denise DE LA HOUGUE DES BOSQUETS, mariée à Louis PERRAULT, colon de Saint-Domingue, dont deux fils :
    A. Louis-Pierre-Auguste PERRAULT, Chef de bataillon d'infanterie en retraite, Officier de la Légion d'honneur;
    B. Alphonse-Louis-Nicolas PERRAULT;
2° Marie-Julienne-Claire, mariée à Robert-Armand COLLET-VALDAMPIERRE;
3° Louise-Armande Renée, mariée à Julien-Réné LE CHEVREL, dont un fils :

---

(1) Elle était issue de l'illustre maison D'ORGLANDES, et voici comment : Jacqueline d'Orglandes a épousé Jean HERVIEU, Seigneur de Sauxménil, qui eut pour fils Robert, père de Françoise Hervieu, mariée à Jacques Le Capelier, qui eut pour fils Nicolas, père de Marie-Françoise.

A. Julien-René Le Chevrel, qui est Membre du Conseil général de la Seine-Inférieure, Maire de Montivilliers, Chevalier de la Légion d'honneur, et a épousé mademoiselle Cécilia Bizet, dont postérité.

Jean-Jacques DE LA HOUGUE, Cavalier de la maréchaussée, puis Officier de gendarmerie, épousa, en premières noces, suivant contrat du 26 juillet 1782, demoiselle Anne-Jeanne-Gabrielle DE MARCEUL, et, en secondes noces, en janvier 1785, demoiselle Jeanne-Monique-Catherine FOUCHER, dont il eut trois fils : Casimir, Auguste et Jean-Jacques, qui suit :

Jean-Jacques DE LA HOUGUE, IIᵉ du nom, né le 21 avril 1786, Avocat et Maire d'Avranches, Chevalier de la Légion d'honneur, épousa, le 20 octobre 1831, mademoiselle Victorine-Louise RIHOUET, dont il a eu deux fils : 1° Casimir-Jean-Jacques et 2° Louis-Jean-Etienne, seuls héritiers aujourd'hui du nom de cette ancienne maison.

COSTÉ DE TRIQUERVILLE

ARMES : *D'azur, au chevron brisé d'argent, accompagné de trois coquilles d'or.* —

Famille originaire du pays de Caux, où elle possédait des terres et fiefs depuis le règne de Saint-Louis. En effet, Roger COSTÉ obtint de ce monarque, en 1259, des lettres-royaux pour lesquelles son fief de Ridelieu, situé paroisse de Senneville, est affranchi de certaines redevances.

Jean COSTÉ, Seigneur de Harfleur, est mort en 1535.

Jean-Antoine, Ecuyer, Sieur du Mesnil, de Saint-Suplix, etc., fut maintenu dans sa noblesse en 1667.

Alexandre-Antoine-Sébastien COSTÉ, Marquis de SAINT-SUPLIX, Baron de Crépon, Seigneur de Harfleur, de Sainte-Croix, etc., né en 1719, fut Officier dans le régiment du Roi. — M. COSTÉ DE TRIQUERVILLE a comparu à l'assemblée de la noblesse du bailliage de Rouen, en 1789; et à celle du bailliage de Caudebec, il a comparu en son nom et chargé de la procuration de M. Costé de Saint-Suplix.

Le chef de cette famille habite Paris, et une ses filles a épousé le Vicomte PINEAU DE VIENNAY.

D'OILLIAMSON

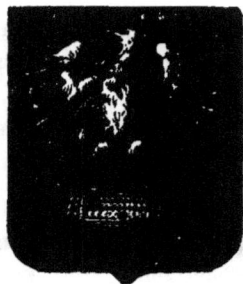

ARMES : *D'azur, à une aigle d'argent éployée, membrée et becquée d'or, posée sur un baril aussi d'or, cerclé d'argent.* — Couronne : *de Marquis.* —Supports : *deux Anges.* — Devise : *Venture and win.* —

 amille très-ancienne, originaire d'Ecosse, dont le nom s'est écrit WILLIAMSON, et qui eut en moins d'un siècle deux alliances avec la maison Royale des STUARTS ; en effet, Donald WILLIAMSON épousa, en 1430, Marie GRAHAM, fille de William Graham et de Mathilde OLIPHANT, dont la mère était Euphanie Stuart.

William WILLIAMSON, arrière petit-fils d'Euphanie Stuart, épousa Christine DUNCAN, fille de Marguerite STUART, qui était fille de Robert, Duc d'Albanie (*Archives d'Edimbourg*).

Ce même William WILLIAMSON épousa, en secondes noces, Marguerite DES ESSARTS. Il en eut :

II. — Thomas WILLIAMSON ou D'OILLIAMSON, IIe du nom, Chevalier, qui passa en France sous Charles VIII, en 1495 ; il était un des vingt-quatre Archers de la garde Ecossaise, sous les ordres du Maréchal d'Aubigny, son parent. Il s'établit en France, et épousa, en 1506, Marguerite RAULT, qui lui apporta les seigneuries de Cahan et du Ménil-Hermé. Le roi François Ier lui fit don par lettres, données à Paris le 30 décembre 1518, de soixante-dix écus d'or, qu'il employa à acquitter les droits du treizième des seigneuries du Tremblay et du Bourg, dont il venait de faire l'acquisition.

Il acheta encore, en 1520, la seigneurie d'Ouilly-le-Basset (Election de Falaise). Thomas eut quatre fils :

1° François, qui suit ;
2° Thomas-Arthur d'OILLIAMSON, tige de la branche de Courcy rapportée plus loin;
3° Jacques d'OILLIAMSON, qui n'eut qu'une fille, mariée à François DE RABODANGES ;
4° Charles, Seigneur de Cahan, qui mourut sans enfants.

III. —François d'OILLIAMSON épousa, en 1532, Jeanne DE SAINT-GERMAIN, fille et héritière de Michel de Saint-Germain, Ecuyer, et de dame Stévenotte LE VENEUR, conjointement avec sa sœur Marie de Saint-Germain, mariée à Guy DE HARCOURT. François d'OILLIAMSON eut du chef de sa femme les terres de Saint-Germain-Langot, de Lonlay-le-Tesson et de la Nocherie. De ce mariage est né :

IV.—Thomas d'OILLIAMSON, marié, le 22 mai 1581. à Louise DE TIERCELIN, d'où est issu :

V. — Tanneguy d'OILLIAMSON, Chevalier de l'ordre du Roi, Marquis de Saint-Germain-Langot, Seigneur de Lonlay, de Possé et la Beschoire, Lieutenant de cent hommes d'armes, marié en 1616 à Renée DE PELLEVÉ, fille de Nicolas de Pellevé, Comte de Flers, Chatelain de Condé-sur-Noireau, et de dame Isabeau DE ROHAN, fille du Prince de Guemenée. — De cette alliance sont nés plusieurs enfants, entre autres :

VI. — Jacques d'OILLIAMSON, Capitaine d'une compagnie de chevau-légers dans le régiment du Duc de Luynes, son oncle, marié à Marie-Gabrielle DE MILLET, dont le fils qui suit :

VII. — Pierre d'OILLIAMSON, marié à Thérèse ALAIN, qui l'a rendu père de deux fils :

1° Jacques-Gabriel-Alexandre, qui suit ;
2° François-Henri-Pomponne, Chevalier, Comte d'OILLIAMSON, ancien Capitaine de cavalerie, puis Chambellan de S. M. Stanislas, roi de Pologne, Duc de Lorraine et de Bar.

VIII. —Jacques-Gabriel-Alexandre, Marquis d'OILLIAMSON, a épousé, le 17 juin 1717, Gabrielle-Marie-Jeanne d'OILLIAMSON, sa cousine germaine, fille de René et d'Anne AMELLON ; il en a eu :

IX. — Jacques-Gabriel-Robert, Marquis d'OILLIAMSON, Mestre de camp de cavalerie, Chevalier de Saint-Louis, marié à Marguerite-Anne DE PIERREPONT. De cette alliance sont nés les deux enfants ci-après :

1° Guillaume-Louis-Gabriel-Raymond D'OILLIAMSON, né le 26 janvier 1769, entra dans les Gardes du Corps, fit les campagnes de 1793 et 1794 à l'armée des Princes, en qualité de Capitaine, servit dans le corps des Emigrés français formé en 1796, à Guernesey, pour l'expédition de Quiberon, et qui était commandé par le comte D'OILLIAMSON, son beau-frère. Rentré en France en 1799, il fut jugé par un conseil de guerre et fusillé à Vincennes. Il n'était pas marié, et ainsi s'éteignit la branche de Saint-Germain-Langot ;

2° Marie-Françoise D'OILLIAMSON, née le 25 mars 1764, mariée, le 17 juillet 1780, à Marie-Gabriel-Eléonor, comte D'OILLIAMSON, chef de la branche cadette (1).

BRANCHE DE COURCY.

III. — Thomas-Arthur D'OILLIAMSON, second fils de Thomas et de Marguerite Rault, fut un des 25 archers de la garde Ecossaise du Roi, et Chevalier de l'ordre de Saint-Michel en 1570. Il avait épousé, en 1546, Jeanne FORTIN, fille de Jacques Fortin, Seigneur d'Esson, Coulibœuf et du Mesnil-Raoul, et de dame Anne DE TALLEVAST. De ce mariage il eut :

1° Julien, qui suit ;
2° Jean D'OILLIAMSON, auteur de la branche d'Ouilly, éteinte aujourd'hui.

IV. — Julien D'OILLIAMSON, Enseigne de cinquante hommes d'armes, Chevalier de l'ordre du Roi, Vicomte de Coulibœuf, épousa, le 8 février 1593, Marie DE GRENTE, fille de Robert de Grente et de Stévenotte d'Harcourt, dont :

V. - - Jacques D'OILLIAMSON, Vicomte de Coulibœuf, Baron de Courcy, Seigneur de Villerville et de Bavent, Chevalier de l'ordre du Roi, Lieutenant des gendarmes du duc de Longueville, puis capitaine-général des côtes depuis Honfleur jusqu'à la rivière de Touques. Il épousa, le 27 septembre 1640, Françoise BOUTIN, d'où sont issus plusieurs enfants, entre autres :

VI. — René D'OILLIAMSON, Vicomte de Coulibœuf, Marquis de Courcy,

---

(1) Les deux branches DE SAINT-GERMAIN et DE COURCY ont été réunies, par le mariage de Marie-Françoise D'OILLIAMSON, unique héritière de la branche de Saint-Germain, avec Marie-Gabriel-Eléonor, comte d'Oilliamson, unique héritier de la branche de Courcy.

Seigneur de Bavent, Anglesqueville, Fribois, etc., lequel a épousé, le 29 juin 1681, Louise-Catherine ROUXEL DE MÉDAVY, petite-fille du Maréchal de Médavy. De cette alliance sont nés deux fils :

1° François D'OILLIAMSON, tué à la bataille d'Hoschtett ;
2° François-Hardouin, qui suit :

VIII. — François-Hardouin D'OILLIAMSON, Marquis de Courcy, Vicomte de Coulibœuf, marié, le 12 juillet 1703, à Charlotte DUVAL, en eut:

VIII. — François-Hardouin D'OILLIAMSON, Marquis de Courcy, Vicomte de Coulibœuf, Seigneur de Corday, etc..., Mousquetaire du Roi, dans la première compagnie, puis Maréchal-des-logis de S. A. R. le Régent. Il a épousé, le 22 juillet 1736, Gabrielle-Françoise D'OILLIAMSON, fille de Jacques-Alexandre, Marquis de Saint-Germain, et de dame Gabrielle-Marie-Jeanne D'OILLIAMSON, dont il eut trois enfants :

1° Marie-Gabriel-Eléonor, qui suit ;
2° François-Etienne, Vicomte D'OILLIAMSON, né le 4 mars 1743, embrassa de bonne heure la carrière des armes et était, en 1761, Aide-de-Camp du Maréchal d'Estrées; nommé Capitaine de carabiniers en 1770, nous le trouvons Maréchal-de-Camp à l'époque de la Révolution, lorsqu'il rejoignit l'armée des Princes, où il fit les campagnes de 1793 et 94.— Rentré en France, il se réunit à la petite armée du comte DE FROTTÉ, dont il fut nommé Major-Général en 1796, et, après deux ans de combats, ayant été blessé dans une dernière rencontre, il se réfugia dans une ferme, où il fut trouvé par une patrouille républicaine qui le fusilla sans jugement le 3 novembre 1799 ;
3° Thomas-Hardouin D'OILLIAMSON, Vicaire-général du diocèse de Rouen.

IX. — Marie-Gabriel-Eléonor D'OILLIAMSON, né en 1738, entra comme cornette au régiment de dragons d'Orléans en 1757, fit toutes les campagnes de la guerre de Sept Ans comme Capitaine au même régiment, s'y fit remarquer par plusieurs actions d'éclat qui lui méritèrent la croix de Saint-Louis, et était sous-lieutenant des Gardes du Corps (compagnie de Luxembourg), ayant le grade de Colonel, lorsqu'il fit ses preuves devant Chérin, généalogiste de l'ordre du Saint-Esprit, pour monter dans les carosses de Sa Majesté (décembre 1775). Lieutenant des Gardes du Corps en 1788, avec le grade de Maréchal-de-Camp, il émigra, fit les campagnes de l'armée des Princes, commanda un corps noble d'émigrés pour l'expédition de Quiberon, et dirigea, par ordre du Roi, les opérations de la Basse-Normandie en 1796. Nommé Lieutenant-Général en 1815 et Grand'Croix de Saint-Louis en 1825, il est mort à Falaise le 10 janvier 1830. De son mariage avec Marie-Françoise

D'OILLIAMSON, dernière héritière de la branche aînée de Saint-Germain-Langot, qu'il avait épousée le 17 juillet 1780, sont nés quatre enfants :

1° Thomas-François-Hardouin D'OILLIAMSON, mort sans avoir été marié ;
2° Albert-Jacques-Charles-Robert, qui suit ;
3° Armand-François-Théophile, Chevalier D'OILLIAMSON, mort célibataire en 1862 ;
4° Anne-Henriette D'OILLIAMSON, mariée à Jean-Baptiste-Théodore, Comte DE CORNULIER-LUCINIÈRE.

X. — Albert-Jacques-Charles-Robert, Marquis D'OILLIAMSON, Chevalier de Malte, entra dans les Gardes du Corps du Roi le 15 juin 1814, accompagna le Roi jusqu'à la frontière au 20 mars 1815, et fut nommé Brigadier des Gardes dans la même compagnie en 1816. Il a épousé, le 25 juillet de la même année, Marie-Thérèse-Henriette-Hélène DE VIEL DE LUNAS D'ESPEUILLES (1), fille d'Antoine-Louis-François, Marquis d'Espeuilles, et de dame Marie-Julie-Suzanne-Françoise-Gabrielle DE ROQUEFEUIL. De ce mariage sont issus :

1° Marie-Thaume-Gabriel, Comte D'OILLIAMSON, marié, le 14 juillet 1841, à Louise-Marie-Adélaïde-Léontine DE POLIGNAC, fille de Jacques-Charles-Alexandre-Héracle, Comte DE POLIGNAC, et de Marie-Thérèse-Caroline DE LA BOISSIÈRE-CHAMBORD ;
2° Marie-Elie, Vicomte D'OILLIAMSON, marié, le 18 juin 1850, à Alix-Marie-Thérèse-Gabrielle DE CHAMPAGNE-BOUZEY, fille de Charles-Gabriel, Comte de Champagne-Bouzey, Maréchal-de-Camp, Officier de la Légion d'honneur, et de dame Clémentine-Adélaïde D'OSGLANDES. De ce mariage sont issus :

A. Joseph-Marie-Donald D'OILLIAMSON, né le 16 novembre 1851 ;
B. François-Marie-Guillaume D'OILLIAMSON, né le 3 juin 1855 ;
C. Louise-Pauline-Thérèse-Marie D'OILLIAMSON, née le 29 août 1861.

---

(1) Issue d'une très-ancienne famille du Nivernais, qui porte pour armes : *De gueules, à un croissant fortifié d'argent, accosté de deux étoiles du même.*

DE LA COUR DE BALLEROY

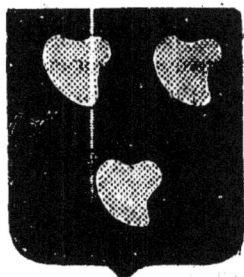

ARMES : *D'azur, à trois cœurs d'or, posés 2 et 1.* — Couronne : *de Marquis.* — Supports : *deux Lions.*

 ncienne famille de la généralité de Caen, maintenue dans sa noblesse par Montfaut en 1463, par M. de Roissy en 1599, par Chamillart le 3 janvier 1666, et admise aux honneurs de la Cour en 1783. — Elle s'est alliée aux Maisons de Dreux, d'Harcourt, d'Estouteville, d'Achey, de Goyon-Matignon, de la Rivière, Le Febvre de Caumartin, d'Orglandes, de Jaucourt, d'Hervilly, de Chaumont-Quitry, etc....

Louis DE LA COUR, Chevalier, Seigneur de la Cour, de Maltôt et autres lieux, Conseiller d'Etat et privé du roi Louis XIII, fut Ambassadeur en Suisse et Savoie, Intendant de justice, police et finances au-delà des monts, et Président Garde des sceaux du Conseil souverain de Pignerol ; il est mort en 1641.

Jacques DE LA COUR, son petit-fils, Seigneur de la Cour, de Maltôt, de Manneville, etc., fut Conseiller au Parlement de Paris, puis Maître des Requêtes. Par lettres patentes du mois de décembre 1704, les fiefs du Tronquay, du Vernay et de Balleroy furent réunis et érigés en MARQUISAT ; dans ces lettres il est dit : « Nous octroyons cette faveur à notre bien-aimé Jacques DE LA » COUR, notre Conseiller en tous nos conseils, tant en considération de ses » services que de ceux de ses ancêtres, qui depuis plus de cinq cents ans ont » servi les Rois nos prédécesseurs, dans les armées et dans les conseils, et » notamment en considération des services de son grand-père. » Il a épousé, en 1693, Madeleine-Charlotte-Emilie LE FEBVRE DE CAUMARTIN, arrière-petite-fille du Garde des sceaux du roi Louis XIII, et est mort en 1725, laissant deux fils : le cadet, Louis-Jacques, fut reçu Chevalier de Malte en 1714.

Jacques-Claude-Augustin DE LA COUR, Marquis DE BALLEROY, né en 1694, Lieutenant-général des Armées du roi, premier Ecuyer de S. A. R. le duc d'Orléans en 1724, et Gouverneur de Monseigneur le Duc de Chartres en 1735. Il avait épousé, le 9 juin 1720, Marie-Elisabeth DE GOYON-MATIGNON, fille de Charles-Auguste de Goyon-Matignon, Comte de Gacé, Maréchal de France en 1708, et est mort en 1773, laissant de son mariage les cinq enfants ci-après :

1° Charles-Auguste, qui continue la descendance ;
2° Louis-Augustin, Lieutenant des vaisseaux du Roi, marié, en 1763, à demoiselle N...... DE PENFUENTENIOU;
3° Jean-Paul-François, né en 1726, Brigadier des armées du Roi;
4° Elisabeth-Louise-Eléonore, mariée, en 1754, au sieur PIARRON DE CHAMOUSSET;
5° Louise-Aimée, mariée, en 1752, au sieur BOISLÈVE DE LA MAUROUZIÈRE.

Charles-Auguste DE LA COUR, Marquis DE BALLEROY, né en 1721, fut aussi Lieutenant-Général des armées du Roi et Commandeur de Saint-Louis. Il a épousé, le 22 janvier 1752, Adélaïde-Elisabeth-Sophie DE LÉPINAU, et est mort, le 23 mars 1794, avec son frère Jean-Paul-François, tous deux victimes de la Révolution. De son mariage sont issus trois enfants :

1° Philippe-Auguste-Jacques, qui suit ;
2° Thaïs-Pauline, mariée au général Comte D'HERVILLY, tué à Quiberon ;
3° Augustine-Marie, mariée au Marquis DE JAUCOURT.

Philippe-Auguste-Jacques DE LA COUR, Marquis DE BALLEROY, né, le 3 mars 1763, à Paris, fut tenu sur les fonts de baptême par S. A. R. le Duc d'Orléans et par Madame Diane-Jacqueline DE CLERMONT D'AMBOISE, veuve d'Auguste de Matignon, Comte de Gacé. Il fut Colonel d'infanterie et a épousé, en 1784, Elisabeth-Jacqueline MAIGNARD DE LA VAUPALIÈRE, fille du Marquis de la Vaupalière, Lieutenant-général des armées du Roi et de Diane-Jacqueline, de Clermont-d'Amboise. Il est mort en 1840, laissant un fils unique :

Auguste-François-Joseph-Pierre, Marquis DE BALLEROY, né le 28 juillet 1796, qui a épousé, le 19 mai 1825, Mademoiselle Adélaïde-Adrienne-Mathilde D'ORGLANDES. De ce mariage sont nés deux enfants :

1° Albert-Félix-Justin, Comte DE BALLEROY, né le 15 août 1828;
2° Anne-Marie-Louise-Emilie DE BALLEROY, mariée, en 1851, à M. le Marquis DE CHAUMONT-QUITRY.

D'ORGLANDES

Armes : *D'hermine, à six losanges de gueules, 3, 2 et 1.* — Couronne : *de Comte.* — Cimier : *une tête de Levrette.* — Supports : *deux Griffons.* — Devise : *Candore et Andore.*

ette ancienne maison tire son nom de la terre et seigneurie D'ORGLANDES, sise en la paroisse du même nom, dans le Cotentin. Suivant quelques auteurs, ce fief fut donné en partage par Rollon à un de ses lieutenants; en effet, Og est un nom propre danois, et LAND, en saxon, veut dire *terre, pays :* anciennement, le nom de cette famille s'écrivait : OGLANDE.

M. Clérot, membre de l'Académie de Rouen et auteur de la bibliothèque armoriale de la province de Normandie, dit, et nous sommes du même avis (1), que la maison D'ORGLANDES était une branche apanagée de l'ancienne famille de REVIERS, que le P. du Moustiers, dans son *Neustria pia,* fait descendre de Gerfast, frère de la princesse Gonnor, épouse de Richard I⁰ʳ, duc de Normandie en 952.

Quoi qu'il en soit, la maison D'ORGLANDES justifie une noblesse aussi ancienne qu'il soit possible de prouver, puisque, dès l'année 1127, il existait deux branches dans la famille, ce qui appert d'une foule de Chartes conser-

---

(1) Voir la notice que nous avons déjà publiée, tome Iᵉʳ, page 19, sur la maison DE REVIERS.

vées dans les archives de l'abbaye de Montebourg et de l'évêché de Coutances.

Elle a le rare avantage de s'être conservée en France et en Angleterre, où une branche cadette est établie depuis la conquête, et d'avoir joui, dans les deux pays, d'une considération qui n'a jamais cessé.

La branche anglaise est rapportée plus loin ; — quant à la branche normande, nous dirons qu'elle a occupé de grands emplois à l'armée et à la Cour, et qu'elle a possédé un grand nombre de fiefs et seigneuries, entre autres ceux : d'Orglandes, de Prétot, d'Auvers, Cartel-plein-Marais Fréville, Gaillarbois, Royan-sur-Andelle, Saint-Martin-le-Hébert, la sergenterie de Saint-Ory ; de plus, ses membres ont été Barons de Quévilly, de Briouze, Seigneurs de la Chaize, de Bellefontaine, du Mesnil, de Cramesnil-Prétot, de l'Honneur-d'Ecajeul, etc., etc.

Un sire D'ORGLANDES a accompagné Guillaume à la conquête d'Angleterre, en 1066 ; son nom est inscrit sur le monument érigé dernièrement à Dives par les soins de la Société française d'Archéologie.

Un acte, daté du camp devant Damiette, l'an 1219, porte que Robert D'ENNEVAL, Colard DE SAINTE-MARIE et Foulques D'ORGLANDES, Chevaliers croisés, empruntèrent, à des marchands génois, la somme de cent livres tournois, sous la garantie de Mathieu de Montmorency, connétable de France (Le nom de Foulques D'ORGLANDES et les armes de sa maison figurent dans une des salles des Croisades, au musée de Versailles).

— En 1251, Jean D'ORGLANDES, Chevalier, Seigneur d'Urville, présida la noblesse aux assises du Cotentin.

Henri D'ORGLANDES figure parmi les Chevaliers que Robert, sire de Fauqueron, maréchal de France, assembla, en 1340, pour repousser les Anglais qui menaçaient le Cotentin (Histoire de la maison d'Harcourt, tome IV, page 252),

— Jean D'ORGLANDES était, en 1381, le premier d'une compagnie de Chevaliers et Ecuyers, commandée par Jacques d'Harcourt, maréchal de France.

— Jean d'ORGLANDES, IIIe du nom, Baron de Quévilly, fut Chambellan du duc de Lorraine, roi de Sicile, et Gouverneur pour ce prince des villes et châteaux d'Aumale, Lillebonne, Brionne, Harcourt, Elbeuf, etc. On voit sa statue sur un mausolée dans l'église de Prétot ; il y est représenté ayant au col une chaîne de Chevalier, l'écu de ses armes est porté par deux anges, avec cette inscription : « Cy-gît noble et puissant Seigneur, Jean D'ORGLANDES,

Seigneur de Prétot et d'Auvers, qui trépassa le 8 février 1517. » Il était peint sur les vitraux de l'église de Saint-André-le-Vieux, à Rouen, avec sa cuirasse par-dessus des habits sacerdotaux, honneur qui lui fut accordé pour avoir défendu la ville.

— Jacques D'ORGLANDES épousa, le 3 janvier 1492, Jacqueline AUX-EPAULES, fille de Georges Aux-Epaules, Chevalier, Seigneur de Sainte-Marie-du-Mont, et de Madeleine DE DREUX, fille de Robert, Comte de Dreux, issu d'autre Robert, quatrième fils du roi Louis le Gros.

Une de ses filles, Isabelle, épousa Jacques D'ARGOUGES, qui découvrit au roi François Ier la conspiration du connétable de Bourbon, et reçut en récompense la châtellenie de Gavray.

— Jacques D'ORGLANDES fut Lieutenant-général d'Artillerie. — Son père, François, Chevalier des ordres du Roi, avait épousé Catherine DE PONTBELLANGER, fille aînée d'André de Pontbellanger et de Françoise d'Harcourt, qui lui apporta la baronnie de Briouze, laquelle passa à Antoine D'ORGLANDES, son cinquième fils, auteur de la branche de Briouze, rapportée ci-dessous.

Jacques D'ORGLANDES, Chevalier, Baron de Prétot, Seigneur de la Chaise, d'Auvers et d'autres lieux, qui forme le XVIIIe degré de la filiation, est mort sans enfants en 1649. — (Nous renvoyons, pour la filiation complète de la famille, qui commence en 1125, au *Dictionnaire de la Noblesse*, de la Chesnaye-des-Bois, tome XI.)

BRANCHE DES BARONS, PUIS COMTES DE BRIOUZE.

XVI. — Antoine D'ORGLANDES, Baron de Briouze, Seigneur de Saint-Martin-le-Hébert, de Bellon, de Béziers, de Lessart, etc., naquit en 1573, et fut élevé Page à la cour du roi Henri III. Il embrassa le parti de la Ligue et figura dans les guerres civiles de l'époque. Il défendit Avranches contre l'armée royale commandée par le duc de Montpensier, puis servit en Bretagne sous le duc de Mercœur. Il épousa, en 1593, Marthe DE SAUCEY, dont :

XVII. — Nicolas D'ORGLANDES, Chevalier, Baron de Briouze, qui faisait partie du régiment du Cardinal de Richelieu, et assista au siége de la Rochelle. Il a épousé, en 1623, demoiselle Madeleine LE FORESTIER, dont il eut trois enfants ; l'aîné suit :

XVIII. — Nicolas D'Orglandes, Comte de Briouze et de Crasménil, né en 1665, élevé Page de la Grande Ecurie, fut Capitaine au régiment de Broglie, puis Colonel d'un régiment de son nom. Il a épousé : 1°, en 1689, Catherine de Savonnières, et 2°, le 27 décembre 1711, Anne-Suzanne de Beauchamp. Il est mort en 1738, laissant onze enfants ; tous les fils furent Officiers, à l'exception d'un seul qui fut Abbé de Briouze. L'aîné, qui suit, continue la descendance :

XIX. — Antoine-Louis-Camille D'Orglandes, Comte de Briouze, Grand Bailli d'Epée d'Alençon, a épousé : 1°, le 20 août 1742, demoiselle Marie-Henriette-Cécile de la Broise ; 2°, en 1750, demoiselle Marie-Hélène Gautier de Montreuil. De cette alliance est né un fils unique, qui suit :

XX. — Nicolas-Charles-Camille, Comte D'Orglandes, Seigneur de Méniljean, de Sainte-Marie, etc., marié à demoiselle Marguerite-Etienne-Françoise du Four de Cuy. Il est mort en 1766, laissant pour fils posthume :

XXI. — Nicolas-François-Dominique-Camille, Comte D'Orglandes, né le 9 février 1767 ; il épousa, en 1791, Anne-Catherine d'Andlau, fille aînée du Comte d'Andlau, Officier-général, Ambassadeur à Bruxelles, etc. Le Comte D'Orglandes, arrêté le jour du départ du Roi pour Varennes, puis relâché faute de preuves, fut du nombre des quelques royalistes courageux qui devaient tenter de sauver le roi Louis XVI pendant le trajet du Temple à l'échafaud. A la Restauration, le Comte D'Orglandes fut nommé Inspecteur général des gardes nationales de l'Orne, et Chevalier de la Légion d'honneur. Il présida presque constamment, de 1814 à 1830, le Conseil général et fut député de 1817 à 1823, époque où il fut élevé à la dignité de Pair de France. Il avait été nommé Gentilhomme de la chambre du roi Louis XVIII à la formation de la maison civile de ce prince. Il a laissé un fils qui suit et trois filles :

  1° Henriette-Félicité-Zélie d'Orglandes, mariée au Comte de Chateaubriand ;
  2° Clémentine-Adélaïde, mariée au Comte de Champagne ;
  3° Adrienne-Mathilde, mariée au Marquis de Balleroy.

XXII. — Armand-Gustave-Camille, Comte D'Orglandes, chef de nom et d'armes de cette antique maison, ancien Capitaine aux lanciers de la Garde royale, marié à Albertine Michau de Montblin, en a les enfants ci-après :

  1° Laurence-Sophie d'Orglandes, mariée au Comte Richard d'Andlau ;
  2° Camille-Arthur d'Orglandes, marié à Marthe Savary de Lancôsme, dont il a trois enfants :
      A. Marguerite-Camille-Cécile, née le 21 juillet 1857 ;
      B. Louis-Camille-Jean, né le 16 août 1858 ;
      C. Robert-Marie-Camille-Etienne, né le 13 août 1863.

BRANCHE ANGLAISE.

ARMES : *D'azur, à une cigogne d'or, accompagnée de trois croisettes recroisettées du même, posées 2 et 1.* — Devise : *Servare munia vitæ* (1). — Cimier : *Une tête d'ours au naturel, arrachée et lampassée de gueules.*

Cette branche , qui sort de la souche normande, a eu pour premier auteur : Richard DE OKELANDER, qui suivit Guillaume le Conquérant. Il agit en Angleterre comme Maréchal, s'empara de l'île de Wight et s'y fixa, ayant reçu en don le domaine de Nunwell où ses successeurs , dans la ligne masculine non interrompue, habitent encore aujourd'hui. Ce Richard eut un fils : Robert OGLANDER (2), qui mourut la 30ᵉ année du règne du roi Henri II (1184), ayant épousé Roberte, fille de Théobald RUSSELL, ancêtre des Ducs de Bedford.

De ce Robert descendent : Sir John OGLANDER , Chevalier, Député-Gouverneur de Portsmouth en 1620, et Député-Gouverneur de l'île de Wight en 1624.

Son fils, Sir William OGLANDER, armé Chevalier de la main du roi Charles II, fut membre du Parlement en 1664, et Député-Gouverneur de l'île de Wight, comme son père. Il fut créé Baronnet le 12 décembre 1665.

Sir Henry OGLANDER, VIIᵉ Baronnet, chef actuel de la branche anglaise, fils de William et de Marie-Anne, fille du duc de GRAFTON, est né le 24 juin 1811, a épousé, le 27 novembre 1845, la plus jeune fille de Sir Georges-William LEEDS, Baronnet, et a succédé à son père le 17 janvier 1852.

---

(1) Il n'y a pas lieu de s'étonner que les armes de la branche de la famille établie en Angleterre ne soient pas les mêmes que celle de la branche française , — les armoiries n'ayant pris un caractère régulier qu'aux temps des Croisades ; or, les deux branches étaient séparées depuis quelque temps, lorsque la première Croisade eut lieu.

(2) Comme on le voit, la langue anglo-saxonne a mieux conservé l'étymologie scandinave, empruntée aux deux mots : Oo et LAND.

GOUJON DE GASVILLE

ARMES : *D'azur, à deux goujons d'argent, passés en sautoir, et une rivière du même, mouvante du bas de l'Écu.* — Couronne : *de Marquis.* —

Noble et ancienne maison, originaire de la province de Champagne, et dont une branche est venue s'établir en Normandie au commencement du XVIIIᵉ siècle. Elle fut maintenue dans sa noblesse lors de la recherche de M. de Caumartin, intendant de Champagne en 1668, et, depuis, elle a toujours contracté ses alliances avec les principales maisons nobles de France. Nous ne nous occuperons que de la branche établie en Normandie, dont la filiation commence à :

Jean GOUJON, Chevalier, Baron de Châteauneuf, fils d'autre Jean, Seigneur du Guay, et de dame Jeanne QUENTIN. Il fut Conseiller du Roi en ses conseils, Directeur des finances de Sa Majesté, et épousa, en 1683, demoiselle Claude-Henriette DONNEAU DE VISÉ, dont il eut deux enfants :

   1° Jean-Prosper, qui suit ;
   2° Louise-Henriette GOUJON, mariée à Messire Alphonse JUBERT, Chevalier, Marquis DE BOUVILLE, Brigadier des armées du Roi.

Jean-Prosper GOUJON, Chevalier, Seigneur de Gasville et Baron de Châteauneuf, naquit à Paris le 31 juillet 1684. Il fut successivement Conseiller et Avocat-Général aux requêtes de l'hôtel, en 1706, Conseiller et Maître des requêtes, en 1708, Intendant de Rouen, en 1715. Par contrat du 22 juin 1713, il avait épousé demoiselle Anne DE FAUCON DE RIS, fille de Charles-Jean-Louis de Faucon, Chevalier, Seigneur de Ris, Marquis de Charleval, Comte de Bacqueville, etc., premier maître de la garde-robe de feu S. A. R. Monsieur, frère de Louis XIV, et de dame Françoise DE BAR. De cette alliance sont nés, entr'autres enfants :

   1° Charles-Jean-Louis-Claude, qui suit ;
   2° Jean-Baptiste-Denis GOUJON, Marquis DE GASVILLE, Chevalier, ancien officier aux gardes françaises, mort sans postérité ;

3° Marie-Françoise Goujon de Gasville, mariée à Messire Charles-Auguste le Tonnelier de Breteuil, baron de Preuilly ;

4° Marie-Anne-Françoise Goujon de Gasville, qui a épousé, par contrat du 11 février 1750, Pierre-François, Marquis de Fresnel ;

5° Anne-Bénigne Goujon de Gasville, appelée mademoiselle de Buron, mariée, en 1755, à Louis-François d'Isart de Montjeu, marquis de Villefort.

Charles-Jean-Louis-Claude Goujon, Marquis de Gasville, d'abord Mousquetaire du Roi, puis Capitaine de cavalerie et Chevalier de Saint-Louis, a épousé, en 1752, demoiselle Antoinette-Rosalie Babeau de la Chaussade. De ce mariage sont issus :

1° Pierre-Charles-Auguste, dont l'article suit ;
2° Jean-Prosper-Camille, auteur de la seconde branche.

Pierre - Charles - Auguste Goujon, Chevalier, Marquis de Gasville, Maréchal des camps et armées du Roi, Commandeur de l'ordre royal et militaire de Saint-Louis, a épousé, le 9 mai 1785, mademoiselle Charlotte-Marie de Malartic, dont il eut :

1° Marie-Jean-Maurice, qui suit ;
2° Joseph-François-Eugène Goujon de Gasville, né le 1er mars 1794.

Marie-Jean-Maurice Goujon, Marquis de Gasville, né le 8 septembre 1789, Chevalier de la Légion d'honneur, ancien Maître des requêtes au conseil d'Etat, et Préfet du département de l'Eure, a épousé, le 15 juin 1812, mademoiselle Antoinette-Pélagie-Céleste Dambray, fille de Charles-Henri, Marquis Dambray, Chancelier de France, Garde des sceaux, Ministre d'Etat, Commandeur des Ordres du Roi. De ce mariage sont nés plusieurs enfants.

———

La seconde branche a pour chef actuel :

Charles-Prosper-Jacques Goujon, Comte de Gasville, né le 17 avril 1795, ancien Mousquetaire de la garde du Roi.

HELLOUIN

DE COURCY, DE MÉNILBUS, ETC.

ARMES : *D'azur, au chevron d'or, accompagné en chef de trois étoiles du même, et en pointe d'un fer de lance d'argent.* — Couronne : *de Marquis.* —

On trouve à la bibliothèque impériale (*Cabinet du Saint-Esprit*) un mémoire déposé par le Marquis HELLOUIN DE COURCY, Lieutenant-Général des armées du Roi, Commandant en Basse-Normandie, Gouverneur de la ville et château de Carentan en 1754, d'après lequel la famille HELLOUIN descendrait de Guillaume HELLWIN, *aliàs* Hellouin, qui fut témoin, avec plusieurs autres Gentilshommes, d'une donation faite, en 1160, à l'Abbaye de Saint-André-en-Gouffin (diocèse de Séez), par l'Impératrice Mathilde, fille de Henri, roi d'Angleterre. Plusieurs chartes concernant cette famille se trouvent aussi à la Tour de Londres ; elles sont des années 1410 à 1460.

D'après ce mémoire, Jean HELLOUIN, Sieur de Ménilbus et du Bocage (Généralité de Caen, Election de Coutances), avait pour bisaïeul le Sire DE HELLOYN, vivant vers 1480.

Ce Jean HELLOUIN obtint des lettres de provision de Conseiller secrétaire du Roi le 10 novembre 1604; il devint Baron DE MÉNILBUS, et épousa demoiselle Marie DE BRÉZÉ. De ce mariage vinrent deux enfants : 1° Marie HELLOUIN, mariée, en 1636, à Gilles HUE, Ecuyer, Seigneur de Caligny, de Langrune, etc.; 2° Jean HELLOUIN, Baron DE MÉNILBUS, à qui son père résigna sa charge en 1627.

N..... HELLOUIN, Secrétaire du Roi, fut le fondateur des Capucins de Coutances, en 1616, avec un sieur Cléret, Archidiacre, en 1626.

Marc-Antoine HELLOUIN, Ecuyer, Sieur de Ménilbus, reçu premier Avocat-général en 1688, fut nommé Maire de la ville de Rouen par Sa Majesté, le 4 juillet 1695 (*Farin, Histoire de Rouen,* tome II, page 314).

Marie-Anne HELLOUIN, veuve de Nicolas SORIN, Ecuyer, Sieur DE LESPESSE, vivait encore en 1707.

Nous n'avons reçu aucun mémoire sur cette famille, nous savons seulement qu'elle est représentée par :

1° Gustave HELLOUIN DE MÉNILBUS, chef actuel, qui habite les environs de Rouen, est marié et a deux enfants : un fils et une fille;

2° Edmond-Georges HELLOUIN DE MÉNILBUS, Colonel du 4e régiment d'Artillerie, Officier de la Légion d'honneur, marié à mademoiselle DE BURGRAFF, dont un fils et une fille ;

3° Arthur-Henri-Charles HELLOUIN DE MÉNILBUS, Lieutenant-Colonel du 9 régiment de Chasseurs à cheval, Officier de la Légion d'honneur, marié, le 9 mai 1844, à mademoiselle Marie-Françoise-Gabrielle-Hélène DE LAMOTTE-LANGON, dont il a un fils :

Arthur-Henri-Archambault, né le 14 septembre 1851.

HELLOUIN DE CENIVAL

ARMES : *D'or, à trois fasces de gueules. — L'Ecu timbré d'un casque de Chevalier orné de ses lambrequins.*

ien que cette famille n'ait pas les mêmes armes que la précédente, nous la croyons issue de la même souche; toujours est-il qu'elle est depuis une époque très-ancienne en possession de toutes les prérogatives attachées à la noblesse. Sa filiation authentique commence à :

I. — Jean HELLOUIN, Seigneur de Crillu, vivant noblement en la ville d'Argentan vers 1585, qui eut pour fils :

II. — Jean HELLOUIN, IIe du nom, Ecuyer, Seigneur de Crillu, marié, le 4 janvier 1641, à demoiselle Catherine MAHOT, fille de feu noble Guillaume Mahot, Seigneur de la Rivière, et de dame Marie DE SEVRAY. Il était mort avant l'année 1671, laissant deux fils :

1° Jean, qui suit;

2° Gilles HELLOUIN, Avocat du Roi au Parlement de Normandie.

III. — Jean HELLOUIN, IIIe du nom, Ecuyer, Seigneur de Mahé, Avocat du Roi au Bailliage et Vicomté d'Argentan, né le 27 juillet 1648, a épousé, le 27 janvier 1689, demoiselle Madeleine DU PONT, dont il eut :

IV. — Jean-François **Hellouin**, Ecuyer, Seigneur de Cenival, Conseiller secrétaire du Roi, Lieutenant-Général de la Vicomté d'Argentan, né le 6 novembre 1693. Il a épousé, par contrat du 11 décembre 1728, demoiselle Marie-Charlotte **Le Corsonnois**, fille de Nicolas, ancien Garde-du-Corps de Monsieur, frère du Roi, et de dame Marie **de Montbray**, et est mort le 1er juin 1738, laissant cinq enfants, entre autres :

V. — Alexandre-François-Charles **Hellouin de Cenival**, Officier de la Prévôté générale et de la Maréchaussée de France, Chevalier de Saint-Louis, marié, le 27 juillet 1775, à demoiselle Jeanne-Elisabeth **Boré**, décédé le 5 avril 1802, laissant pour fils unique :

VI. — Alexandre-Jean **Hellouin de Cenival**, né à Alençon, le 4 août 1776, ancien Capitaine d'infanterie, ancien membre du Conseil général de l'Orne, etc., marié, le 11 juillet 1814, à mademoiselle Louise-Elisabeth **Brisson**, fille de Charles-Nicolas Brisson, ancien Président de la Cour de Cassation, Commandeur de la Légion d'honneur, et de dame Françoise-Marie-Marguerite **Héron de la Thuilerie**. De ce mariage sont issus :

1° Louis **Hellouin de Cenival-Brisson**, né le 24 avril 1816, autorisé, par ordonnance royale du 1er juillet 1846, à ajouter le nom de sa mère au sien, Juge au Tribunal de première instance de la Seine, a épousé en 1848, mademoiselle Claire-Marie-Napoline **Marc**. Il est mort le 6 octobre 1856, sans postérité ;
2° Adrien, qui suit :

VII. — Adrien **Hellouin de Cenival**, né le 31 mai 1819, a épousé, le 23 juin 1852, mademoiselle Marie-Alexandrine **du Moulin de la Bretèche**, fille d'Alexandre et de Marie-Jeanne-Françoise **de Rioult**. De ce mariage sont issus :

1° Jeanne-Marie **Hellouin de Cenival**, née le 3 juin 1853 ;
2° Louis-Alexandre-Félix **Hellouin de Cenival**, né le 15 septembre 1857.

DE PAUL

DE BOISLAVILLE ET DES HÉBERTS.

ARMES : *D'azur, au chevron d'or, accompagné de trois roses du même, 2 en chef. et 1 en pointe. —*

ette maison, dont le nom primitif fut DE PAULO, est originaire d'Italie, et a formé plusieurs branches qui se fixèrent, les unes en Provence, les autres en Languedoc; un de ses membres, Nicolas DE PAUL, venu en Normandie à la suite des guerres de religion, y acheta, de 1630 à 1635, les fiefs et seigneuries du Thilleul et de Réneville, et s'y établit définitivement. Il mourut en 1662, et fut inhumé, à Rouen, en l'église des Jacobins, chapelle de Notre-Dame-de-Liesse. Il laissa deux fils :

— L'aîné, Jacques DE PAUL, Conseiller du Roi au bailliage de Rouen pendant 20 ans (de 1662 à 1682), transmit à ses héritiers le nom DU THILLEUL, jusqu'à ce que l'un d'eux, Jacques-François-Amable, Conseiller en la Cour des Comptes de Normandie en 1730, vendit la terre du Thilleul et acheta celle de Marbeuf. — Son fils aîné, Thomas-Laurent DE PAUL DE MARBEUF, Conseiller au Parlement de Normandie vers 1780, partit en émigration et mourut quelques années après son retour, sans postérité mâle.

— Le cadet, Jean DE PAUL, embrassa la carrière des armes en 1666, et fut Officier dans le régiment des Gardes du duc d'Orléans, et l'un de ses cent Gentilshommes. Il eut trois fils :

1º Louis-César DE PAUL, Garde du Corps du Roi, Capitaine dans le régiment de Toulouse, mort sans postérité;

2º Louis-Georges, qui suit;

3º Pierre-François-Bonaventure, dont l'article viendra plus loin.

— Louis-Georges DE PAUL, Ecuyer, Seigneur de Boislaville, Garde du Corps du Roi, Capitaine d'infanterie de 1739 à 1767, et Chevalier de Saint-Louis, a eu plusieurs enfants, entre autres :

Louis-François-Marie DE PAUL DE BOISLAVILLE, né à Calmesnil en 1720, Capitaine dans les Gardes du Corps et Chevalier de Saint-Louis, laissa pour fils unique :

— Louis-Auguste-Pascal DE PAUL DE BOISLAVILLE, marié en 1809 : 1° à demoiselle Marie-Flore LEFEBVRE, morte en 1812, et en deuxièmes noces, en 1818, à Charlotte DE BARTHELEMY. De ces deux alliances sont nés trois enfants :

> 1° Pierre-Auguste, qui suit ;
> 2° Pierre-Achille DE PAUL DE BOISLAVILLE, né le 2 octobre 1811, marié, le 2 septembre 1851, à Euphrasie-Françoise DUVAL, dont un fils et une fille.

Et du deuxième lit :

> 3° Jules-Edouard DE PAUL DE BOISLAVILLE, né en 1819, célibataire.

Pierre-Auguste DE PAUL DE BOISLAVILLE, né le 10 juin 1810, chef actuel de la famille, habite Paris et a un fils.

Pierre-François-Bonaventure DE PAUL, Ecuyer, Seigneur des Héberts, a épousé en premières noces, le 11 février 1700, demoiselle Marie-Françoise CORNEILLE, et en deuxièmes noces, le 6 mai 1705, Catherine DE LANGUEDOR. Du premier lit il eut :

— Pierre-Charles-François DE PAUL DES HÉBERTS, marié, le 30 janvier 1734, à Marie-Magdeleine-Cécile POTIER, d'où est issu :

— Pierre-Thomas-Bonaventure DE PAUL DES HÉBERTS, marié, le 22 juin 1768, à Marie-Rose LAMY DE QUIBERMONT.

Ces trois générations occupèrent successivement, de 1710 jusqu'à la révolution, les charges de Président en l'élection de Rouen, de Trésorier général au bureau des finances et de Conseiller à la Cour des Comptes de Normandie.

— Louis-Charles-Marie DE PAUL DES HÉBERTS, fils de ce dernier, partit en émigration et servit à l'armée de Condé. Au retour, en 1801, il a épousé demoiselle Marie-Magdeleine-Reine DE PAUL DE LOURY, sa cousine germaine, fille de Pierre-François, Officier dans le régiment de Béarn. De cette alliance est issu :

Alban DE PAUL DES HÉBERTS, marié, en 1830, à demoiselle Elisabeth LE FILLEUL DE LONGTHUIT, dont il a un fils unique :

> Emmanuel-Jules-Charles-Edgard DE PAUL DES HÉBERTS, marié, en 1860, à mademoiselle Marguerite DUMONT DE LA ROCHELLE.

DE SAINT-AIGNAN

(BURNET)

ARMES : *D'argent, à trois feuilles de vigne de sinople, posées 2 et 1.* — Couronne : *de Marquis.* — Supports : *deux Sauvages.*

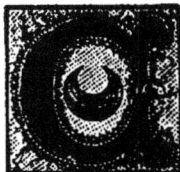

ette ancienne maison, qui a donné son nom à une terre seigneuriale sise au diocèse de Séez, était connue sous le nom de BURNET, bien avant le règne de Saint-Louis, puisque les seigneurs de ce nom possédaient des domaines considérables dans les paroisses de Boitron, d'Aulnay et du Mesnil-Guyon, au XI⁰ siècle, et qu'ils étaient qualifiés Chevaliers.

Nous citerons à l'appui le Cartulaire de l'Abbaye de Saint-Martin-de-Séez, à laquelle ils aumonèrent la dîme de Fontaines et soixante acres de terre dans la paroisse de Boitron.

— Nicolas BURNET, Chevalier, Seigneur de Saint-Aignan, vivant en 1255, acheta 60 sols de rente en la paroisse de Mesnil-Guyon.

— Thomas de SAINT-AIGNAN acheta, en 1277, à Denis Burnet, Ecuyer, son parent, tous les meubles et immeubles qu'il possédait en la paroisse de Saint-Aignan.

— Colin DE SAINT-AIGNAN, Ecuyer, fut fait prisonnier par les troupes qui gardaient le fort d'O, et paya pour sa rançon cent florins, avec un hanap d'argent pesant quatre marcs et une pipe de vin bon et suffisant, rançon dont Jean DE RAVETON, Seigneur de Genevraye, se rendit caution par contrat passé le 25 avril 1362.

Jean DE SAINT-AIGNAN, Sieur de la Bretesche, fut Enseigne d'une compagnie de gens d'armes et Ecuyer de l'écurie du roi Henri II.

Nicolas DE SAINT-AIGNAN, Chevalier, Seigneur de Marcilly-la-Campagne, était capitaine de 50 lances fournies des ordonnances du Roi.

Cette ancienne maison a formé sept branches principales, dont la filiation remonte à Robert Burnet, Chevalier, vivant en 1380 (1). Cette filiation est rapportée en entier dans le tome XV, du *Dictionnaire de la Noblesse*, de La Chesnaye-des-Bois.

Aucun mémoire ne nous ayant été communiqué par la famille, nous n'avons pu continuer cette filiation ; nous dirons seulement que plusieurs membres ont assisté aux Assemblées de la noblesse pour l'élection des députés aux Etats-Généraux de 1789, dans les bailliages de Caen, Alençon et Verneuil; ce sont : Madame la Marquise DE SAINT-AIGNAN, Jean-Baptiste-Jacques et Félix DE SAINT-AIGNAN; — Jacques-Gilles SAINT-AIGNAN DE CHAVIGNY, Pierre-André DE SAINT-AIGNAN-D'AUGUAISE, et enfin N.... DE SAINT-AIGNAN, Baron de Bemecourt.

DU MESNILDOT

ARMES : *D'azur, au chevron d'or bordé de gueules, accompagné de trois croisettes d'or, 2 en chef et 1 en pointe. —*

Ancienne famille originaire de la Basse-Normandie, dont le nom primordial était LE GOUPIL, lequel fut changé en celui qu'elle porte actuellement, par lettres patentes du roi Charles VII, données à Poissy, au mois de février 1487, à Richard LE GOUPIL, Ecuyer, Seigneur du Mesnildot, Vicomte de Coutances, en récompense des services qu'il avait rendus à l'Etat.

Parmi les fiefs et seigneuries que cette maison a possédés, nous citerons ceux du Coudray, de Magneville, de Vierville, de la Porte, d'Orglandes, de Montfarville, etc...

Elle a contracté ses alliances avec les maisons : de Hollot, de Saint-Germain, du Moustier, Davy d'Amfreville, d'Auxais, Dursus de Carnanville, Jallot de Beaumont, Le Courtois de Sainte-Colombe, Darot de Vaugoubert. de Meurdrac, du Hamel, de la Gonnivière, etc ..

(1) Nous ignorons la raison pour laquelle cette famille noble a quitté le nom de Burnet; les anciens auteurs n'expliquent pas ce fait.

privilége de Jeanne d'Arc, ayant épousé, en 1556, demoiselle Denise DU CHEMIN, issue d'une branche collatérale de la pucelle d'Orléans.

Enfin, la troisième eut pour premier auteur :
Hugues LE VERRIER, anobli par lettres patentes de l'année 1554.
De lui est issu Jean, père de Gilles, qui eut deux fils : Nicolas et Jean LE VERRIER, Ecuyers.

Nicolas LE VERRIER eut pour fils Christophe, Sieur de Rétoville, maintenu dans sa noblesse en 1666, par Chamillart, avec son cousin Jean, Sieur de la Vallette. La descendance de Christophe LE VERRIER n'existait plus à l'époque de la Révolution ; Jean eut pour fils :

Jean LE VERRIER, Ecuyer, né en 1668, lequel fit enregistrer ses armoiries à l'Armorial général établi par édit royal du 20 novembre 1696. Il a épousé demoiselle Anne BOVEL, dont il eut :

Jean-François LE VERRIER, Ecuyer, né à Cléville, près Caen, en 1709, marié le 8 novembre 1735, au Hâvre, à demoiselle Jeanne-Martine DE VOS (issue d'une ancienne famille flamande, et née en 1710 à Saint-Martin de Bergues, en Flandres). De ce mariage est issu :

Jean-Baptiste LE VERRIER, Ecuyer, né en 1743, qui épousa demoiselle Justine-Claire AMBLARD. — Pour une cause qui nous reste inconnue, il alla s'habituer en Languedoc, et il eut plusieurs enfants de son mariage, entre autres :

Jean-Baptiste LE VERRIER, né en 1786, à Béziers, lequel a épousé mademoiselle Françoise GOLFIN, dont il a eu deux fils :

    1° Adolphe, qui suit ;
    2° Gratien LE VERRIER, né en 1814, marié à mademoiselle REY.

Adolphe LE VERRIER, né en 1811, a épousé, le 1er mai 1833, mademoiselle Henriette MARRON, dont il a trois enfants :

    1° Françoise-Antoinette LE VERRIER, née en 1839 ;
    2° Justin-Esprit LE VERRIER, né en 1843 ;
    3° Gratien-Henri LE VERRIER, né en 1845.

DE PORET

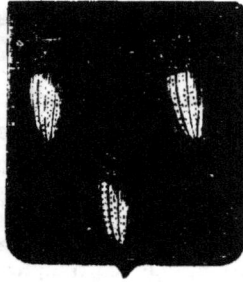

ARMES : *D'azur, à trois glands d'or, 2 et 1.* — Couronne : *de Marquis.* — Supports : *deux Lions.* — Devise : *Ex robore robur.* —

oble et ancienne maison d'origine chevaleresque, maintenue dans sa noblesse par Montfaut en **1463**, par Roissy en **1599**, par Chamillart en **1666**, et qui obtint les honneurs de la Cour, le **20** avril **1785.** — Cette famille, qui s'est divisée en plusieurs branches, remonte sa filiation par actes authentiques au XIVe siècle. Outre l'importante seigneurie du Fresne, connue depuis sous le nom *du Fresne-Poret,* elle a possédé celles de Berjou, du Mesnil-Ougrin, de Taillebois, de Bois-André, du Tertre, de la Louvière, de la Hayère, des Préaux, etc., etc...

La maison DE PORET a contracté des alliances avec les familles les plus anciennes et les plus distinguées, parmi lesquelles nous citerons celles : de L'Estendart, de Neuville, d'Erneville, de Chautelou, du Pin, de Hardouin, de Louvet, de Subtil de Boismont, de Baudre, de Bellenger, de Bonnechose, du Moulin de Longpré, de Lancry de Pronleroy, Thellusson, Hay des Nétumières, d'Ailly, etc....

Elle s'est divisée en deux branches principales : celle de Berjou et celle de Taillebois, qui, elles-mêmes, ont produit plusieurs rameaux; la branche aînée subsiste encore de nos jours.

Nous nous sommes servi, pour rédiger la présente notice, du volumineux

La famille du MESNILDOT, dont la noblesse a été reconnue à différentes époques, s'est divisée en trois branches principales : 1° celle d'Amfreville ; 2° celle de Marcambie et de Montfarville; 3° celle de Flottemanville, et le premier auteur connu où commence la filiation est : Jean Le GOUPIL, Ecuyer, Seigneur du Mesnildot, vivant à Saint-Lô, en 1413.

Son descendant direct au XI° degré est :

Louis-François-Gabriel du MESNILDOT, qui épousa, le 27 février 1812, mademoiselle Justine-Louise DURSUS DE CARNANVILLE, dont postérité.

La Branche de Marcambie a pour chef actuel :

Louis du MESNILDOT, marié, le 29 janvier 1811, à mademoiselle Marie-Victoire-Céleste DAROT DE VAUGOUBERT, dont il a eu deux enfants :

1° Louis-Albert du MESNILDOT;
2° Léontine-Cécile du MESNILDOT.

Jean-François du MESNILDOT, Page du roi Louis XVI, puis Officier au régiment des Gardes françaises, appartenait à la branche de Flottemanville. Il a épousé, le 20 octobre 1789, demoiselle François-Gabrielle-Adélaïde DE LA GONNIVIÈRE, dont il eut sept enfants, entre autres :

1° Jules-César du MESNILDOT, Capitaine d'infanterie ;
2° Auguste-Gabriel du MESNILDOT;
3° Edmond-Gabriel du MESNILDOT.

LE VERRIER

Armes : *D'or, au lion d'azur, armé et lampassé de gueules ; au chef du même chargé de trois besants du champ. — L'Ecu timbré d'un casque de profil, orné de ses lambrequins.*

inq familles de ce nom ont existé en Normandie, et toutes ont été maintenues dans leur noblesse lors de la recherche de 1666. — L'une, de la généralité de Rouen, est très-ancienne puisque nous trouvons un Jehan Le Verrier, Ecuyer de l'Ecurie du Roi en 1475, et autre Jean Le Verrier, Ecuyer, Seigneur de l'Espine, qui fait un échange de droits seigneuriaux avec Pierre de Quatrebarbe, en 1467.

L'autre, de la généralité d'Alençon, était représentée, en 1666, par Charles Le Verrier, Ecuyer, Seigneur de Brémorin, demeurant en la paroisse de Saint-Brice de Landelles (Election d'Avranches). Des trois autres familles originaires de la Basse-Normandie, deux sont éteintes :

La première, celle des Le Verrier, *Barons de Vassy*, représentée en 1703 par Claude Le Verrier, Ecuyer, Baron de Vassy, Seigneur d'autres lieux, lequel n'eut qu'une fille :

Esther Le Verrier, mariée à Bernardin de Marguerie (1), Chevalier, Gentilhomme ordinaire de la Chambre du Roi.

La seconde eut pour premier auteur : Nicolas Le Verrier, anobli *par*

---

(1) Voyez la généalogie de cette famille, page 385.

dossier de la famille PORET, déposé au cabinet des titres de la Bibliothèque impériale, lequel a été produit devant Chérin, Généalogiste des ordres du Roi pour les preuves de Cour en 1785.

D'après ces preuves, la filiation commence à :

II. — Guiot PORET, Ecuyer, Seigneur du Fresne et du Mesnil-Ougrain, fils de noble homme Guillaume, Escuyer, vivant en 1377. Il servait, en 1415, en qualité d'Ecuyer, dans la compagnie de Jean de Villaines, Seigneur de Sannoy, et était mort avant le 3 juin 1461, laissant trois fils :

> 1o Michel DE PORET, qui n'eut qu'une fille ;
> 2o Guillaume, qui suit ;
> 3o Jean, Seigneur du Mesnil-Ougrain et de Taillebois, servant, en 1475, dans la compagnie d'ordonnance du Sire de Craon. Il est l'auteur de la branche de Taillebois, qui s'est divisée en plusieurs rameaux, ceux du Bois-André, de Fertré, de Maubuisson de la Porte, etc......, tous éteints aujourd'hui.

III. — Guillaume DE PORET, IIᵉ du nom, Escuyer, Seigneur du Fresne-Poret, servait dans la compagnie de Jean de Blosset, Seigneur de Saint-Pierre, en qualité d'Archer ; il laissa, entre autres enfants :

IV. — Guillaume DE PORET, IIIᵉ du nom, lequel comparaît, en 1513, à la monstre de la noblesse du comté de Mortain. Il a épousé, le 15 novembre 1517, demoiselle Isabeau DE LOUVET, dame de Berjou, et en eut deux fils :

V. — Pierre DE PORET, l'aîné, fut maintenu dans sa noblesse par jugement des commissaires du Roi, en date du 14 mai 1546. En 1585, il fit hommage de la terre de Berjou, à Louis de Rohan, Seigneur de Condé-sur-Noireau, et s'avoua être tenu de lui fournir « Ung homme armé de haulbergeon, de lance et d'épée » par trois jours et trois nuits, en temps de guerre, pour la garde du château de Condé.—De sa femme, Guillelmine Baulot, dame de Laumondière, il eut deux fils ; l'aîné :

VI. — Marguerin DE PORET, Ecuyer, Seigneur et patron de Berjou, de Coisel, etc., fut maintenu dans sa noblesse par M. de Roissy, le 18 janvier 1599. Il a épousé, le 21 septembre 1605, demoiselle Jeanne RADULPHE DE MEREY, dont :

VII. — Jacques DE PORET, Ecuyer, Seigneur et patron de Berjou, lequel a servi, en 1635, dans la compagnie des Chevau-légers du marquis de la Lande-d'Airon, et puis sous les ordres de M. le Duc d'Elbeuf. Il a épousé, le 13 septembre 1635, demoiselle Gabrielle LE FEBVRE, fille de Jacques, Ecuyer, Seigneur de Radier et de la Poupelière, et en eut cinq fils, entre autres :

VIII. — François DE PORET, Chevalier, Seigneur du Fresne, du Tertre, de Coisel, de la Louvière, de la Hayère, des Préaux, puis de Berjou après la mort de son frère aîné, baptisé le 18 mars 1657, fut maintenu dans sa noblesse le 21 août 1666, et reconnu noble du temps de Montfaut, par jugement de M. de Chamillart, Intendant commissaire départi par le Roi en la généralité de Caen. Il a épousé, le 12 février 1684, demoiselle Geneviève DE BELLENGER, dont il eut :

IX. — Jean Edmond DE PORET, Chevalier, Seigneur et patron de Berjou, baptisé à Berjou, le 18 octobre 1685, marié, le 30 octobre 1719, à Marie-Anne MOULIN DU LONGPREY, d'où sont issus :

1º François-Jean-Antoine, qui continue la descendance;
2º Jean-Gabriel-Armand DE PORET;
3º Louis-Alexandre-Hippolyte DE PORET.

X. — François-Jean-Antoine DE PORET, Chevalier, Seigneur et patron de Berjou et autres lieux, né le 15 janvier 1722, d'abord Lieutenant au régiment Royal-Infanterie, puis Capitaine du bataillon de la milice de Vire, épousa, par contrat du 2 février 1749, demoiselle Anselme-Charlotte-Jacqueline-Cécile DE PORET DE BOIS-ANDRÉ, sa cousine, fille de Jacques-Joseph, Seigneur de Bois-André et du Buat, et de dame Anselme-Hyacinthe HARDOUIN DE LA GIROUARDIÈRE. De cette alliance sont nés les trois enfants ci-après :

1º Joseph-François-Anselme, qui suit ;
2º Jeanne-Anselme-Blandine DE PORET DE BERJOU, née le 19 mars 1750, baptisée le lendemain en l'église Notre-Dame de Berjou, et reçue en la maison royale de Saint-Cyr en 1761 ;
3º René DE PORET, Comte DE BERJOU, né en 1760, entré fort jeune dans la marine, et décédé Contre-Amiral en 1841, sans avoir été marié.

XI. — Joseph-François-Anselme, Comte DE PORET, né à Berjou, le 21 août 1751, embrassa de bonne heure la carrière des armes, servit comme Sous-Lieutenant dans le régiment des carabiniers du comte de Provence, puis comme Capitaine dans le régiment de Chartres, et enfin dans les Gardes du Corps avec le grade de Colonel. Présenté au Roi par son oncle, le Marquis DE BOIS-ANDRÉ (1), il fut admis aux honneurs de la Cour le 20 avril 1785 (*Cabinet de*

(1) Jacques-Henry-Anselme-Joseph-Auguste DE PORET, Chevalier, Marquis DE BOIS-ANDRÉ, élevé Page des Écuries de S. A. R. le duc d'Orléans, fut fait successivement Cornette en 1747, Capitaine au régiment d'Orléans en 1748, Chevalier de Saint-Louis en 1757, Écuyer cavalcadour du prince, etc., etc.

l'ordre du Saint-Esprit, Biblioth. impériale, section des manuscrits.) Il a épousé mademoiselle Suzanne-Maurice LANGRY DE PRONLEROY (1), fille du Lieutenant-Général de ce nom, Capitaine des grenadiers aux Gardes françaises, blessé à Fontenoy. De ce mariage sont issus deux enfants :

- 1o Auguste, qui suit ;
- 2o Emmanuel DE PORET, ancien officier supérieur aux chasseurs de la garde, Chevalier de la Légion d'honneur, mort sans postérité.

XII. — **Auguste, Comte DE PORET,** chef de nom et d'armes de cette ancienne maison, ancien Brigadier des Chevau-légers de la maison du Roi, Capitaine de cavalerie attaché à l'état-major de la première division militaire, a épousé, en 1815, Mademoiselle Rosalie-Camille THELLUSSON, fille de Pierre-Germain Thelluson, Baron DE COPET (en Suisse), Officier aux gardes-suisses, de la même famille que les Barons DE RENDLESHAM, Pairs d'Irlande. De cette union il a eu :

- 1o Emeline DE PORET, mariée au Vicomte Charles HAY DES NÉTUMIÈRES;
- 2o Emmanuel, Vicomte DE PORET, né en 1820, marié à Mademoiselle Gabrielle D'AILLY, dont six enfants ;
- 3o Réné DE PORET, Elève de marine, tué, à Noukahiva, dans un combat contre les indigènes.

---

(1) Les armes de cette famille, originaire de Picardie, sont: *d'or, à trois ancres de sable, 2 et 1.*

PORET

DE BLOSSEVILLE, DE CIVILLE, ETC.

ARMES : *D'azur, à trois glands d'or, 2 et 1.* —

ette famille, qui porte les mêmes armes que la précédente, nous paraît issue de la même souche, mais elle se serait séparée depuis longtemps, car nous n'avons pu trouver le point de jonction.

Benigne Poret, Seigneur du Busc, Conseiller secrétaire du Roi en 1712, a épousé : 1° une demoiselle de Miré, et, en secondes noces, Mademoiselle Anne Le Tellier, dont un frère, Seigneur de Boudeville, a été Conseiller à la Cour des Comptes de Normandie. Il a eu pour fils :

Benigne-Etienne-François de Boissemont, Conseiller au Parlement et Procureur-Général de la Cour des Comptes de Normandie, marié à demoiselle Jeanne-Augustine Marye de Blosseville, unique descendante d'une branche de la famille Marye, originaire d'Ecosse. De ce mariage est né :

Benigne Poret, Ecuyer, Seigneur d'Amfreville, qui joignit le nom de sa mère (Blosseville) au sien, et fut, comme son père, Conseiller au Parlement et Procureur-Général en la Chambre des Comptes ; sorti de la magistrature, il a été Secrétaire des commandements de Monseigneur le comte d'Artois. Il a épousé demoiselle Marie-Henriette de Civille, fille unique de M. de Civille, Chevalier de Saint-Louis, et de mademoiselle de Puységur. De ce mariage sont issus cinq fils, entre autres :

1° Benigne, qui suit;

2° Alphonse-Charles Poret de Blosseville, Contre-Amiral, Chevalier des Ordres de Saint-Louis, de la Légion d'honneur, du Christ du Portugal, etc., qui n'a laissé qu'une fille, mariée au Marquis de Jousselin.

Benigne Poret de Blosseville, Officier supérieur de cavalerie, Chevalier de Saint-Louis, Conseiller général de l'Eure et Député de ce département en 1815, a épousé mademoiselle Marie Duval de Sarradon, issue d'une famille créole de Saint-Domingue. De ce mariage sont nés :

1º Benigne-Ernest, qui suit ;
2º Jules-Alphonse-Réné PORET DE BLOSSEVILLE, né à Rouen le 29 juillet 1802, Officier de marine distingué, disparu dans les mers de glace, en 1833, avec le brick *La Lilloise* qu'il commandait ;
3º Léopoldine DE BLOSSEVILLE, mariée au Vicomte DE GAUVILLE ;
4º Elisabeth-Aurélie DE BLOSSEVILLE, mariée au Comte DE BOURY.

Benigne-Ernest PORET, Marquis DE BLOSSEVILLE, chef actuel de la famille, ancien Député et membre du Conseil général de l'Eure, Chevalier de la Légion d'honneur, habite encore la terre d'Amfreville qu'il tient de ses ancêtres, et n'est pas marié.

———

Un cousin germain du chef de la famille, Joseph-Edouard PORET, Vicomte DE BLOSSEVILLE, est aussi célibataire.

Deux autres cousins germains ont été autorisés à relever le nom DE CIVILLE ; l'un deux, M. le Comte PORET DE CIVILLE, marié à demoiselle Mathilde DE SAINT-LAURENS, a un fils :

François-Robert-Alonce, né à Rouen le 22 février 1853.

Et l'autre, N.... PORET DE CIVILLE, a épousé à Caen, le 31 août 1858, mademoiselle Marguerite DE ROISSY.

———

LE VAVASSEUR

ARMES : *D'azur, au chevron d'argent, accompagné de trois étoiles du même, posées 2 et 1.* — Couronne : *de Vicomte.*

lusieurs familles de ce nom ont existé dans la province ; celle qui nous occupe, issue de l'ancienne bourgeoisie de Rouen, a été anoblie par lettres patentes royales du mois de mars 1776, en la personne de Pierre-Jacques-Amable LE VAVASSEUR, et en récompense des fonctions importantes qu'il a remplies à Rouen, où il a été Juge-Consul, Syndic de la Chambre du commerce, premier Echevin, etc....

Depuis, cette maison a fourni trois Officiers généraux, dont l'un a été créé BARON par l'empereur Napoléon 1er, et VICOMTE à la Restauration. Sa filiation, établie sur pièces authentiques qui nous ont été communiquées, commence à :

I.—Jacques LE VAVASSEUR, né à Bouquetot, en Roumois, en 1565, d'origine calviniste, et sauvé du massacre de la Saint-Barthelmy par ses parents catholiques, qui le firent élever dans leur religion et rentrer en possession des biens de ses pères.

V. — Pierre-Jacques LE VAVASSEUR, son descendant au IVe degré, né à Rouen, le 10 novembre 1698, a épousé, en l'église de Saint-Nicolas, le lundi 11 janvier 1723, demoiselle Marguerite BÉLARD. Il rendit des services importants à sa ville natale en des temps de calamités, fut Echevin, Juge et Syndic de la chambre de commerce, etc... Il est mort, le 23 décembre 1743, et laissa de son mariage :

VI.— Pierre-Jacques-Amable LE VAVASSEUR, Ecuyer, né le 29 avril 1726, fut, comme son père, Juge-Consul et Syndic de la chambre de commerce de Rouen et premier Echevin. En récompense des services que lui et son père ont rendus à la ville dans ces différentes charges, il fut anobli par lettres patentes du Roi, en date du mois de mars 1776. De son mariage avec demoiselle Thérèse-Magdeleine DE BONNE, qu'il avait épousée en 1752, naquirent les quatre enfants ci-après :

1° Pierre-Léon, qui suit ;
2° Benjamin-Pierre-Claude, dont l'article viendra après celui de son frère ;
3° Charles-Amable LE VAVASSEUR, né en 1769, Maréchal-de-Camp, Commandeur de la Légion d'honneur, marié, en 1816, à sa cousine Caroline DE BONNE, et mort en 1854 ;
4° Marie-Victoire LE VAVASSEUR, morte en 1780, sans avoir été mariée.

VII. — Pierre-Léon LE VAVASSEUR, Ecuyer, né à Rouen le 9 mars 1756, fut Général de Division, Grand'croix de la Légion d'honneur, etc.... Il a épousé à Paris, le 1er juillet 1800, mademoiselle Antoinette-Aglaé-Rose ROLLAND DE VILLARCEAUX, et est mort, le 18 juillet 1808, laissant de son mariage trois enfants :

1° Léon-Charles-Jules, qui suit ;
2° Léontine-Julie, morte jeune ;
3° Louise-Clémence LE VAVASSEUR, née le 13 octobre 1802, non mariée.

VIII. — Léon-Charles-Jules LE VAVASSEUR, chef actuel de sa famille, né le 8 août 1804, est aujourd'hui Capitaine de frégate et Chevalier de la Légion d'honneur. Il a épousé mademoiselle Elisa MEUNIER, dont il a deux enfants.

1° Léon-Charles-Jules LE VAVASSEUR, né en avril 1835 ;
2° Marie-Louise-Clémence LE VAVASSEUR.

VII *bis*. — Benjamin-Pierre-Claude, Vicomte LE VAVASSEUR, né à Rouen le 7 août 1766, embrassa de bonne heure la carrière des armes, et devint Général d'artillerie, Commandeur des ordres de la Légion d'honneur et de Saint-Louis. Il fut créé BARON par l'empereur Napoléon, le 15 avril 1810, VICOMTE à la Restauration, et mourut à Toulouse en 1825. De son mariage avec mademoiselle Louise-Marie-Charlotte-Elisabeth DE TOURTIER, qu'il a épousée en 1795, est né :

Adrien-Henri-Edmond, Vicomte LE VAVASSEUR, né le 1er juillet 1798, marié à mademoiselle Adrienne GARD. Il est mort en 1859, laissant les quatre enfants ci-après :

1° Joseph, Vicomte LE VAVASSEUR, né le 5 juin 1841, Officier d'artillerie ;
2° Marie LE VAVASSEUR, mariée, le 12 août 1866, au Vicomte Gabriel DE LA BIGNE ;
3° Marthe, mariée, le 31 mai 1860, à Victor GAULTIER DE VAUCENAY ;
4° Elisabeth, mariée, le 2 juin 1858, à M. Alexandre DEZOS DE LA ROQUETTE.

Une autre branche de la famille habite l'île Bourbon et est représentée par les deux fils de Jean-Frédéric-Elisé et de Victoire-Tarsille BERNARDY DE SIGOYER.

1° Victorin LE VAVASSEUR, né en 1809, marié à mademoiselle Aline LA BERVANCHE, dont il a six enfants.

2° Pierre-Louis-Frédéric LE VAVASSEUR, né en 1811, Supérieur du Séminaire du Saint-Esprit, à Paris.

LE COURT

DE SAINTE-MARIE, DE BERU, DE LA VILLETHASSETZ, ETC.

ARMES : *D'azur, à une aigle à deux têtes d'or, éployée.* — *L'Ecu timbré d'un casque orné de ses lambrequins.* — Supports : *deux Lions.* — Devise : *Le droit est li cort.*

'après tous les titres, chartes et contrats originaux qui nous ont été communiqués, et aussi d'après les différents auteurs que nous avons consultés, la maison LE COURT ou LE CORT est originaire de Bretagne, et s'est divisée en un grand nombre de branches qui se sont répandues en Normandie (bailliages de Mortain et de Cérences), en l'Ile-de-France, en Bourgogne, à la Martinique, etc.....

Cette ancienne famille a possédé une quantité de fiefs et seigneuries, parmi lesquels nous citerons ceux de la Pallu, de Froidebize, de Longpré, de Sainte-Marie, de Parcenay, de Presle, de la Moiterie, de Menneville, de Tourneville (en Normandie), du Pont et de Surpont, de Tregors, des Perrières, de Villecourt, de Corthen, Corron, de Striac, du Breil, de Lambert, de Saint-Riveul, de Lescourt, de Kercourt, de la Villehaslé, du Clos-Perrin, de Petitville, de Pontollivier, etc., etc..... (en Bretagne).

Nous allons énumérer succinctement une partie des pièces qui furent produites dans l'instance contradictoire avec les habitants de Beru en 1686, et pour l'admission d'Etienne-Nicolas LE COURT DE BERU à l'école militaire en 1761.

— 1145.—Charte octroyée à Saint-Melaine, par le comte de Penthièvre, sous l'approbation du Duc, où figure Geoffroy Le Cort de Corron, attaché à la chancellerie ducale.

En 1180, Aufred et Hugues Le Court (*Aufridus Curtus et Hugo frater ejus*) figurent, avec plusieurs autres parents, dans l'opposition formée au renouvellement d'une donation, en faveur de l'abbaye de Savigny, devant Monseigneur Philippe, Evêque de Rennes (*Actes de Bretagne*, de *Dom Morice*, tome I, col. 682).

En 1274, Donation à l'abbaye de Bosquen, par Alain Le Court, d'immeubles situés en Landehen (*Archives des Côtes-du-Nord*).

Lettre du roi d'Angleterre, écrite, en 1347, à Robert Cort, Prieur, Commandeur de l'Ordre de Malte, pour les contributions en sacs de laine. Ce Robert est souvent désigné dans d'autres chartes sous le nom de *Cort-Mereuc*, c'est-à-dire *Le Court le Chevalier*.

— 1357. —Sauf-conduit accordé à Jean Le Court, envoyé en Angleterre par les partisans de la Comtesse de Penthièvre, réunis à Dinan, pour traiter de la rançon de Charles de Blois.—Un de ses descendants alla se fixer en Bourgogne, quand Olivier de Blois-Châtillon épousa Isabeau de Bourgogne (1404).

— 1381.— Dans les ratifications du traité de Guérande, par les Seigneurs de Bretagne, figurent Geoffroy Le Court, Sieur des Perrières, et Perrin Le Court, Sieur du Pont et de Bicort.

— 1391. — Alain Le Court est au nombre des Ecuyers qui accompagnèrent dans ses voyages Jean de Bretagne, comte de Penthièvre.

— Monstre et revue d'Olivier Le Miel, reçue à Montoire, le 1er septembre 1421, des compagnies du Sieur Jean de Tournemine, qui servit sous Jeanne d'Arc, pour *bouter hors l'ennemi de la France*; dans cette monstre, Pierre Le Court figure parmi les Ecuyers.

— 1534. — Contrat de mariage de Louis Le Court, Ecuyer, passé le 9 octobre, avec demoiselle Isabelle de Mornay. — On voit qu'il fut assisté de Louis Le Court, Ecuyer, Garde scel de la ville et prévôté de Provins, son père, et de noble Maheult Le Court, son cousin.

— 1573. — Contrat de mariage en parchemin de Christophe Le Court, Ecuyer, Lieutenant, Commandant de la compagnie d'hommes de pied de M. Villarbon, dans le régiment de Champagne, fils de défunt Louis Le Court, Ecuyer, homme d'armes de la compagnie de Monseigneur François d'Orléans,

Comte de Saint-Pol, Lieutenant-Général, etc....., et de dame Isabelle de Mornay.

— 1597. — Ordre du roi Henri IV, du 7 août, portant exemption de l'arrière-ban en faveur de Jacques LE COURT. C'est celui des services duquel il est parlé dans l'arrêt du 3 juin 1669, qui maintient dans leur noblesse Charles et Claude LE COURT DU CHESNAY.

— Contrat de mariage passé le 8 juillet 1613, entre François LE COURT, Ecuyer, Enseigne au régiment de Piémont, fils de Christophe, Capitaine d'infanterie, avec demoiselle Marguerite DE MARTINA.

— Charte des droits et privilèges du fief de Beru, appartenant à François LE COURT, Ecuyer, Seigneur dudit lieu (Extrait de la déclaration faite en justice par les habitants de ladite paroisse, le 18 août 1637).

Nous allons donner très-brièvement la filiation des branches de la famille qui subsistent encore de nos jours.

BRANCHE DES SEIGNEURS DE SAINTE-MARIE, DE FROIDEBIZE (1).

I. — Guillaume LE COURT, Ecuyer, mentionné dans la réformation de Bretagne en 1423, ayant été compromis dans les troubles civils, passa avec son fils, Jacques, en Basse-Normandie, et se fixa auprès de Geoffroy LE COURT, Prieur, Baron de la Luzerne.

II. — Jacques LE COURT, Seigneur de Parthenay, du Boishallé et de la Pallu (fiefs sis près de Domfront), décéda en 1462. De son mariage avec Philippote DE LA PALLU, dame de Frédebize ou Froidebize, est issu :

III. — Philippe LE COURT, Ecuyer, Seigneur de Froidebize, marié, le 7 septembre 1484, à Christine LE CAMPION, qui l'a rendu père de :

IV. — Michel LE COURT, Ecuyer, marié, en 1515, à demoiselle Agnès LE DEVIN DE MONTBAZIN, auteur de :

V. — Olivier LE COURT, Seigneur de Froidebize, lequel a épousé, en 1557, Marguerite LE ROYER, dame de la Brizolière. De ce mariage sont issus :

---

(1) Les armes de cette branche sont : *d'argent, à l'aigle de sable languée, becquée et membrée de gueules, et une fasce d'or brochant sur le tout.* — Couronne : *de Marquis.* —

1° Georges, qui suit;
2° Charles, Prieur de l'abbaye de Lonlay-sur-Egrennes.

VI. —Georges LE COURT, Ecuyer, Seigneur de la Roche, de Froidebize, etc. servit en Bretagne parmi les officiers de M. de Bouillé, gouverneur de cette province (*Dom Morice*, tome II, col. 1575). Par contrat du 10 avril 1581, passé au manoir de Listré (pays du Maine), il a épousé Gillonne DU HARDAS, dont il eut:

VII. — Jean LE COURT, Ecuyer, Seigneur de Froidebize, marié, le 22 février 1609, à noble demoiselle Catherine DE SAINTE-MARIE, par contrat passé devant les tabellions royaux de la juridiction de Pontfarcy, en la Vicomté de Vire. De cette alliance sont issus trois fils:

1° Hervé LE COURT, Chevalier, Seigneur de Sainte-Marie, patron de la paroisse de Cérences, marié en 1639, qui n'eut que des filles;
2° Pierre LE COURT, Seigneur et patron d'Anoville et de Tourneville, Capitaine au régiment de Bellefonds, mort aussi sans postérité mâle;
3° Henri-Robert, qui suit:

VIII. — Henri-Robert LE COURT, Ecuyer, Seigneur de Sainte-Marie et de Guelles-en-Cérences, a épousé, le 9 février 1648, demoiselle Marguerite LOUVEL, fille d'Ode Louvel, Baron de Montmartin, Gentilhomme ordinaire de la chambre du Roi, et de dame Marie D'EPINAY.

IX. — Urbain LE COURT, leur fils, Ecuyer, Seigneur de Sainte-Marie, de Froidebize et autres lieux, fut maintenu dans sa noblesse *d'ancienne extraction*, en 1667, et a épousé demoiselle Marguerite-Claude DU PREY DE PIERVILLE, dont:

X. — Anonyme LE COURT, Ecuyer, Seigneur de Sainte-Marie, marié à Anctoville, le 3 juin 1745, à demoiselle Jeanne DE LA MOTTE. Il fut père de:

XI. — Hervé LE COURT, II° du nom, Chevalier, Marquis DE SAINTE-MARIE, né le 23 mai 1747, lequel épousa, le 27 novembre 1766, demoiselle Marie-Jeanne DES ROTOURS DE CHAULIEU. De cette alliance sont nés deux filles et deux fils:

1° Louis-Jacques LE COURT DE SAINTE-MARIE, qui servit à l'armée des Princes, où il reçut la croix de Saint-Louis, mort à Neufbourg en 1818, ne laissant qu'une fille de son mariage avec mademoiselle DE LARRAY;
2° Louis-Frédéric, continue la descendance:

XII. — Louis-Frédéric LE COURT DE SAINTE-MARIE servit avec son frère, à l'armée des Princes, rentra en France à la suite de ses blessures, puis fut nommé, à l'époque de la Restauration, Percepteur de Coutances et Chevalier de la Légion d'honneur. Il épousa mademoiselle Rose-Aimée LE POUPET DE SAINT-AUBIN, qui le rendit père des trois enfants ci-après :

    1o Charles-Alfred, dont l'article suit ;
    2o Louise LE COURT DE SAINTE-MARIE, mariée à Gustave DE GENESTEL ;
    3o Irène LE COURT DE SAINTE-MARIE.

XIII. — Charles-Alfred LE COURT DE SAINTE-MARIE est mort à Granville en 1854. Il avait épousé, en 1843, mademoiselle Julie-Elisa LE PÉRON DES FONTENELLES, dont il eut deux filles :

    1o Blanche LE COURT DE SAINTE-MARIE ;
    2o Marthe LE COURT DE SAINTE-MARIE.

BRANCHE DES SEIGNEURS DE PARTHENAY, DE BERU, ETC.

Cette branche a eu pour chef Mathurin LE COURT, Ecuyer, Seigneur de Poinchy, qui acquit, en 1484, la terre de Beru et la revendit en 1486. Elle fut rachetée plus tard, avec le comté de Méaulx, par les LECOURT DE PARTHENAY, qui la possèdent encore. — Cette branche se répandit en Champagne et en Bourgogne, puis plusieurs de ses membres revinrent en Bretagne, où leurs descendants existent encore. Elle fut maintenue dans sa noblesse en 1686, par arrêt de la Cour des aides, qui déclara admissibles les preuves faites par François LE COURT, Ecuyer, Seigneur de Beru, issu au IVe degré de Mathurin LE COURT, dénommé plus haut.

Etienne, son fils, Chevalier, Seigneur de Beru, épousa Nicole DE BEAULNE DE FRANCHY, dont :

Edme LE COURT, Ecuyer, Seigneur de Beru, de Poilly et autres lieux, Lieutenant-Colonel d'infanterie et Chevalier de Saint-Louis, lequel épousa Jacqueline DE PALLUAN. De ce mariage sont nés trois filles et deux fils :

    1o Etienne-Pierre-Nicolas, qui suit ;
    2o Antoine LE COURT DE BERU, Officier supérieur de cavalerie en 1814.

— Etienne-Pierre-Nicolas LE COURT DE BERU, né en 1750, entra à l'école militaire en 1761, sur la production d'un certificat délivré par d'Hosier, Juge d'armes de France ; il fut Capitaine au régiment Royal-Cavalerie, et Chevalier de l'Ordre de Saint-Lazare. De son mariage avec Marie-Victoire HARDY, décédée à Versailles le 15 avril 1839, sont nés plusieurs enfants, entre autres :

— Edme-François-Victor LE COURT DE BERU, né le 4 juin 1781, mort en 1859. Il avait épousé mademoiselle Adrienne-Charlotte PERROTIN DE BARMONT, qui l'a rendu père de :

1° Eric, qui suit;
2° Charles LE COURT DE BERU, né à Rennes, ancien Officier de cavalerie, marié à sa cousine Marthe DE BERU, dont il a une fille.

—Eric LE COURT DE BERU, demeurant au château de Sénac (Ille-et-Vilaine), a épousé : 1° Elisa DE GUERIFF DE LAUNAY, et 2° Caroline DE LA MONNERAYE. Du premier lit est issu :

1° Ferréol LE COURT DE BERU, marié à mademoiselle Mélanie HERCELIN, dont il a deux enfants.

Et du deuxième lit :

2° Donat-Etienne-Victor LE COURT DE BERU;
3° Henri LE COURT DE BERU;
4° Jules LE COURT DE BERU;
5° Médéric LE COURT DE BERU;
6° Elisa LE COURT DE BERU.

Deux autres rameaux de la Branche des Perrières subsistent encore de nos jours, ce sont les LE COURT DE LA BARRE, qui brisent les armes de la famille : *d'un chef chargé de trois croissants*, et les LE COURT DU PRÉVERT et DE LA VILLETHASSETZ, qui ajoutent *un chef d'hermines, chargé d'une ancre de gueules.*

Monsieur Pierre LE COURT DE LA VILLETHASSETZ, chef de partisans, qui se distingua par plusieurs traits de courage dans les campagnes de l'Ouest, père du représentant actuel de ce dernier rameau, reçut, en 1817, de S. M. le roi Louis XVIII, un brevet d'honneur dont voici le texte :

« Louis, par la grâce de Dieu, Roi de France et de Navarre, — sur le » compte qui nous a été rendu du dévouement et de la fidélité dont le Sieur » LE COURT DE LA VILLETHASSETZ nous a donné des preuves en combattant

» avec valeur dans nos armées royales de l'Ouest, voulant témoigner audit
» sieur Le Court la satisfaction que nous éprouvons de ses services, et lui en
» donner une marque qui en conserve le souvenir dans sa famille, nous avons
» résolu de lui adresser et adressons la présente signée de notre main, comme
» un gage de notre bienveillance royale.

    » Donnée au château dés Tuileries, le 11 juillet de l'an de grâce 1817.

                                » *Signé :* Louis. »

    — Frédéric DE LA VILLETHASSETZ, fils de celui-ci, a rendu des services de
toute sorte aux partisans réfugiés de Charles V (Don Carlos), et reçut en 1840,
en remerciement, un très-gracieux message de ce monarque exilé à Bourges.
— M. Le Court de la Villethassetz , ancien rédacteur de l'*Impartial de
Bretagne*, membre de plusieurs sociétés savantes, est auteur de divers
mémoires archéologiques agricoles et littéraires; il a publié, avec le concours
de M. E. Talbot, l'*Alexandriade*, épopée romane du XII° siècle, composée par
son ancêtre, Lambert Le Court (1). Il a fait hommage à S. A. R. Monseigneur
le Duc de Bordeaux, à Frosdorff, d'un exemplaire de ce livre qui exigeait
beaucoup de travail et de soins , et en a reçu une précieuse lettre , capable de
le dédommager de ses labeurs, et que sa famille conservera religieusement
dans ses archives, comme un flatteur témoignage de la haute bienveillance de
ce prince.

---

(1) Ce poëme, éminemment chevaleresque, est un voyage pittoresque à travers les légendes
de tous les peuples, un tableau animé de la chevalerie appliquée à la vie d'Alexandre, aux
traditions orientales et armoricaines; il avait pour but de faire aimer les expéditions lointaines
et aventureuses, et de porter les populations vers les Croisades; il était chanté à la tête des
armées en marche, et l'on croit qu'il ne fut achevé qu'à Ostreodes, en Morée, ville appelée alors
la nouvelle France. C'est à Lambert le poète que s'appliquait cet adage populaire :

        On dit partout de Corron,
        Courte taille et grand renom.

DE BELLEVILLE

ARMES : *D'azur, au sautoir d'argent, cantonné de quatre aiglettes au vol abaissé du même.* – Couronne : *de Marquis.*--Supports : *deux Levrettes.*

amille très-ancienne, de l'Election d'Arques, dont la noblesse, d'extraction chevaleresque, a été reconnue à différentes époques, notamment en 1463, 1591 et 1668, et qui tire son nom de la terre de Belleville-sur-Mer, sise près de Dieppe.

J. DE BELLEVILLE, Chevalier, assista à la troisième Croisade; Raoul DE BELLEVILLE était au nombre des chevaliers qui servaient dans le château d'Arques en 1419.

Dans la monstre du ban et de l'arrière-ban, reçue par Nicolas d'Aubusson, chambellan du Roi et bailli au pays de Caux et Gisors, en 1470, figure Jehan DE BELLEVILLE, armé d'un harnais complet et un page portant sa lance.

Jean-Pierre DE BELLEVILLE, Chevalier, fut maintenu dans sa noblesse par jugement du 28 novembre 1668.

David-Pierre-Gabriel DE BELLEVILLE, Chevalier, Marquis dudit lieu, Seigneur de Folleville, Bracquemont, etc., fut Mousquetaire de la Garde ordinaire du Roi et Chevalier de Saint-Louis. Il a épousé, en 1752, sa cousine, Marguerite-Elisabeth DE BELLEVILLE, fille de Pierre de Belleville, Chevalier, Seigneur châtelain de Guetteville, de Capoul, Vieux-Ifs, etc., commandant, pour le Roi, une partie des côtes de Normandie.

N....... DE BELLEVILLE, représenté par M. Bourbel de Montpinçon, figure au procès-verbal de l'Assemblée de la noblesse, tenue le 16 mars 1789 (bailliage d'Arques), pour l'élection des Députés aux Etats-Généraux.

Nous n'avons reçu aucun mémoire sur cette famille; mais nous savons qu'elle a pour chef le Marquis DE BELLEVILLE, qui habite le château de Pont-Tranquart, près de Dieppe.

DE MOGES

armi les maisons d'ancienne chevalerie de la province de
Bretagne, il faut citer la famille DE MOGES, qui est venue,
au XIVᵉ siècle, s'établir en Normandie, où elle a été
maintenue dans sa noblesse en 1463, puis le 14 mai 1670,
et enfin elle a fait ses preuves devant CHÉRIN pour les
honneurs de la cour, en 1766 et 1789.

Une généalogie, dressée en 1648 par *André de la Roque*, auteur du traité
sur la noblesse, établit, sur documents authentiques, la filiation régulière et
non interrompue de cette famille, depuis Pierre DE MOGES, Ecuyer,
Seigneur de la Cormeraye, près Clisson, en Bretagne, qui épousa, en 1329,
Isabeau DE CLISSON. — Regnauld DE MOGES, leur fils, Capitaine-Gouverneur
du château de Montlhéry, mécontent de Jean de Montfort, passa au service
de France avec de nombreux vassaux, et se fixa en Normandie par son
mariage avec Marie DE MALFILLASTRE, dame du Mesnil-Ougrain. Nous ne
donnerons pas ici la filiation complète de la famille, cette filiation se trouvant
déjà en entier ou en partie dans différents auteurs héraldiques ; nous citerons
seulement les personnages les plus distingués qu'elle a produits.

— Olivier DE MOGES, Chevalier, filleul du Connétable de Clisson, fut tué à
Azincourt.

— Jean, Seigneur de Savenay, fut tué à la bataille de Verneuil contre les
Anglais, le 17 août 1423.

— Jean, IIᵉ du nom, Seigneur du Mesnil-Ougrain, était Capitaine-Gouverneur du château de Rouen en 1459, et eut deux fils, auteurs de deux
branches qui se sont l'une et l'autre continuées jusqu'à nos jours.

— Robert, Seigneur de Montenay, fit la campagne du Piémont sous le duc
d'Enghien, et combattit à Cérisolles (1544) ; il fut blessé à celle de Moncontour.

— Pierre DE MOGES, servit dans les armées des rois Charles VIII,
Louis XII et François Iᵉʳ.—Jean, son fils, Lieutenant-Général au bailliage de

Rouen, en 1537, fut assassiné d'un coup de dague dans l'exercice de ses fonctions.

— Nicolas DE MOGES, en 1543, commandait l'arrière-ban de la noblesse. — Pierre, son fils, Gentilhomme ordinaire du duc d'Alençon, en 1573, fut blessé à la bataille d'Ivry en 1591, et fut Député de la noblesse pour le bailliage de Caen en 1600. Enfin, Léonor DE MOGES-BURON, Seigneur de Moges, de Saint-Georges, d'Ardenne, de Buron, de Colleville, etc.., assista à Fontenoy, et, à l'issue de cette bataille, ayant paru devant Louis XV, le Roi lui ordonna de garder sur sa tête son chapeau, qui était criblé de balles. — Il a obtenu, en considération de ses services et de ceux de ses ancêtres, la réunion de ses terres seigneuriales et leur érection en *Marquisat*, par lettres patentes données à Marly au mois de mars 1725.

De plus, nous trouvons que cette maison a fourni des Chanoines et Abbés aux chapitres de Bayeux et de Caen, des Chanoinesses de l'Ordre de Sainte-Anne de Bavière, des Gentilshommes de la Chambre, des Brigadiers et Mestres de camp des armées du Roi, des Chevaliers de Malte et de Saint-Louis, des Gouverneurs, un Vice-Amiral, etc., etc.

La branche des DE MOGES-BURON, qui avait pour représentants Hippolyte, Marquis DE MOGES, et Edme, Comte DE MOGES, tous deux fils de Charles-Jean-Théodose, et de dame Herminie-Françoise D'HARIAGUE, vient de s'éteindre ; ils sont morts au château de Saint-Georges d'Aulnay, près Vire.

Louis-Théodose-Alphonse, Comte DE MOGES, entré fort jeune dans la marine, a été Gouverneur de la Martinique en 1837, et est mort à Passy avec le grade de Vice-Amiral. Il avait épousé, le 15 juillet 1829, mademoiselle Blanche-Amélie DE L'AIGLE, fille du Comte DES ACRES DE L'AIGLE, Maréchal-de-Camp, et de dame Sophie-Constance, Princesse DE BROGLIE, et en eut deux fils :

1º Alfred, Marquis DE MOGES, attaché à l'ambassade de M. le baron Gros, en Chine et au Japon, mort en 1861, en rapportant en France le traité de paix ;
2º Paul, qui suit :

Paul, Marquis DE MOGES, chef de nom et d'armes, et seul représentant de cette ancienne maison, a épousé, le 6 janvier 1864, sa cousine, Mademoiselle Alix DE MENOU, fille du Marquis de Menou, issue d'une très-ancienne famille noble de Touraine.

BOUDIER

ARMES : *D'or, au pal d'azur, chargé d'un croissant d'argent entre deux étoiles d'or.*

amille de l'élection de Carentan , maintenue en 1666, qui a formé plusieurs rameaux, entre autres : ceux de la Godefrairie, d'Outrelau, de Saint-Germain, de Boisândré, de Prémesnil, de Codeville, de la Valleinerie, etc. . . Ce dernier est le seul existant de nos jours.

Auguste-Henri-Jacques BOUDIER DE CODEVILLE a assisté à l'Assemblée de la noblesse au bailliage d'Avranches en 1789.

Le premier auteur connu est : N..... BOUDIER, Capitaine, qui assista à la bataille de Formigny, en 1450 ; mais la filiation suivie n'a pu remonter jusqu'à lui , elle commence seulement à Pierre BOUDIER DE LA GODEFRAIRIE, tué à la bataille de Moncontour, en 1569, lequel eut pour fils :

Jean, marié à une demoiselle DE PARFOURU, père de deux fils : l'aîné, Gaspard, est l'auteur de la branche qui a produit Dom BOUDIER, Général des Bénédictins, et dont les derniers représentants sont Mesdames DE VAUBADON et DE SAFFRAY.

Le cadet, Olivier, Seigneur de la Valleinerie, a épousé demoiselle Marie PAYEN DE LA GARANDERIE , dont il eut : Gaspard, marié, le 1er septembre 1644, à demoiselle Marie GUILBERT. De cette alliance sont issus :

1° Olivier BOUDIER, auteur de la branche de Saint-Germain, éteinte;
2° Louis, qui suit;
3° Nicolas BOUDIER DES FONTENELLES, Prêtre;

4° Jean Boudier, Seigneur de Saint-André, auteur d'une branche éteinte en 1766;

5° Jacques, Seigneur de Prémesnil;

6° Gaspard, Seigneur de Verlancourt.

Louis Boudier, Ecuyer, Seigneur de Rafoville et de la Valleinerie, fut maintenu dans sa noblesse en l'Election de Carentan, en 1666; il eut deux fils, l'aîné, Général des capucins, mort à Lisieux en disant la messe, et Gaspard, qui a continué la descendance :

Gaspard Boudier, III° du nom, Ecuyer, Seigneur de la Valleinerie, a épousé, le 26 décembre 1740, demoiselle DE COLLIBERT DES CROIX, dont il eut un fils unique :

Jean-Baptiste-François Boudier de la Valleinerie, lequel a assisté à l'Assemblée de la noblesse du bailliage de Coutances, en 1789 (Voy. tome 1er, page 154). Il a épousé, le 9 juin 1772, demoiselle Marie-Magdeleine-Charlotte Le Tellier du Fay, dont il eut deux fils :

1° Gaspard-Désir Boudier de la Valleinerie, mort sans enfants, à Coutances, le 26 avril 1851;

2° Patient-Amable-Camille, qui suit :

Patient-Amable-Camille Boudier de la Valleinerie, chef actuel de la famille, Chevalier de la Légion d'honneur, ancien Capitaine d'infanterie, a épousé, le 25 novembre 1811, mademoiselle Henriette-Gabrielle Abaquesné de Parfouru, qui l'a rendu père de :

1° Marie-Edouard-Henri-Gaspard Boudier de la Valleinerie, mort à Coutances le 15 janvier 1830;

2° Marie-Joseph-Camille Boudier de la Valleinerie, marié, le 11 juillet 1843, à mademoiselle Célinie-Marie-Angélique de Cussy, décédée le 22 août 1846, et dont il a eu :

A. Marie-Joseph, né le 26 mai 1844;

B. Célinie-Marie-Mélite.

D'AURAY DE SAINT-POIS

Armes : *Losangé d'or et d'azur.*   Couronne : *de Marquis.*—Supports : *deux Lions.*

Maison qui tire son nom de l'antique paroisse d'Auray, située dans l'Evêché de Vannes, près de la mer où fut livrée, en 1364, la célèbre bataille d'Auray, entre Jean de Montfort et Charles de Blois ; elle mit fin à la guerre de la succession de Bretagne.

Il ne nous paraît pas facile d'assigner une époque fixe à l'origine de cette famille ; mais on lit dans tous les historiens de la Bretagne que, dès les temps les plus reculés, elle tenait un rang distingué parmi la noblesse de sa province.

N.... D'AURAY accompagna Guillaume, duc de Normandie, à la conquête d'Angleterre, en 1066.

En 1129, Gestin D'AURAY, Chevalier breton, accompagna le Duc de Bretagne dans sa visite à l'Abbaye de Soutiérant.

En 1132, le même signe, comme témoin, une donation faite aux moines de Tyron, par Conan III, dit le Gros, duc de Bretagne, et, en 1139, une ratification que fait le même prince, d'une donation en faveur de l'abbaye de Sainte-Mélaine. Dans le testament du Duc Jean II, de l'année 1302, on voit qu'il donna six livres aux enfants de Gislain d'AURAY.

— Jean D'AURAY, Chevalier, fut envoyé comme ambassadeur en Angleterre, en 1382, pour aller quérir Jeanne, Duchesse de Bretagne, sœur de Richard II, roi d'Angleterre.

— Messire-Lançelot D'AURAY fit partie de la Ligue du Duc de Bretagne contre les de Penthièvre, en 1420; ladite année, il fut attaché à la maison du Duc de Bretagne.

— Olivier D'AURAY, en 1432, est dénommé dans les comptes d'Anfroy Guinot, Trésorier du Roi.

— En 1437, Jean D'AURAY était Maître de la vénerie et de la fauconnerie du duc de Bretagne. Ses deux fils étaient : Jean d'Auray, enfant de chambre, et Olivier, Écuyer du même duc.

— En 1420, Jean D'AURAY, Baron DE SAINT-PAER (*aujourd'hui Saint-Pois*), apparaît dans l'Histoire de Normandie par suite de son mariage avec noble damoiselle Jeanne DE MEULLANT, fille de Thomas de Meullant, Baron de Saint-Paër, Martigny, Lingheard et autres lieux.

Ledit Thomas n'ayant pas de postérité mâle, la Baronnie de Saint-Paër, dépendante du Comté de Mortain, passa dans la famille D'AURAY, et, depuis cette époque jusqu'à nos jours, elle fut possédée par la famille.

Depuis ce Jean D'AURAY, Baron DE SAINT-POIS, jusqu'à nos jours, nous comptons onze générations, savoir :

II. — Jean D'AURAY, IIᵉ du nom, Seigneur et Baron DE SAINT-POIS, marié, en 1487, à damoiselle Marguerite D'ACHÉ, et en secondes noces à damoiselle Anne DE TROUSSEAUVILLE ; il eut pour fils :

III. — Jacques D'AURAY, Ecuyer, Baron DE SAINT-POIS, marié, en 1519, à Béatrix DE VALLOGER.

IV. — Beuves D'AURAY, Seigneur et Baron DE SAINT-POIS, Gentilhomme ordinaire de la chambre du Roi, marié, en 1574, à Jeanne DU MESNILDOT.

V. — Georges D'AURAY, Chevalier, Baron DE SAINT-POIS, épousa, en 1621, damoiselle Madeleine DE LA LUZERNE, dont il eut :

VI. — Pierre D'AURAY, Chevalier, Baron DE SAINT-POIS, marié, en 1657, à noble demoiselle Louise LE BRETON, dont :

VII. — Charles D'AURAY, Chevalier, Baron DE SAINT-POIS, Lieutenant de MM. les Maréchaux de France au bailliage d'Avranches, lequel a épousé, en 1685, demoiselle Gabrielle BAZIN, qui l'a rendu père de :

VIII. — Beuves D'AURAY, Chevalier, Marquis DE SAINT-POIS, lequel fit acte de foi et hommage, pour la Baronnie de Saint-Pois, entre les mains de Messire d'Argenson, chef du Conseil du Duc d'Orléans, Comte de Mortain. Il a épousé, en 1719 (1), demoiselle Bonne DE BAUGY, dont :

IX. — Marie-Eugène-Beuves D'AURAY, Chevalier, Marquis DE SAINT-POIS, marié, en 1758, à demoiselle Marie-Nicole-Louise DE VASSY, qui eut pour fils :

X. — Louis-Eugène-Beuves D'AURAY, Marquis DE SAINT-POIS, marié, en premières noces, à mademoiselle DE BIENCOURT DE POUTRAINCOURT, et, en secondes noces, à demoiselle Louise-Renée DE NÉEL DE TOUTUIT. Il est mort en 1848, laissant deux fils issus du second lit :

(1) Son contrat de mariage porte la qualification de Marquis, que l'on retrouve dans la suite sur tous les actes publics. C'est d'ailleurs l'époque à laquelle les titres de Barons furent changés en titres de Marquis par le roi Louis XV.

1° Raymond-Beuves-Florent, qui suit;

2° Norbert-Louis, rapporté plus loin.

XI. — Raymond-Beuves-Florent D'AURAY, Marquis DE SAINT-POIS, a épousé, le 28 juillet 1831, mademoiselle Renée-Marie-Mathilde DE CARBONNEL DE CANISY, dont il a deux fils :

    1° Anne-Beuves-Eugène D'AURAY, Comte DE SAINT-POIS, actuellement Sous-Préfet à Châtillon-sur-Seine, qui a épousé, le 23 février 1859, mademoiselle Anne-Catherine-Françoise SCHEPPERS, dont il a deux fils ;

    2° Gustave-Louis D'AURAY, Vicomte DE SAINT-POIS.

———

BRANCHE CADETTE.

XI. — Norbert-Louis D'AURAY, Comte DE SAINT-POIS, second fils de Louis-Eugène-Beuves et de dame Louise-Renée DE NÉEL, a épousé, en premières noces, mademoiselle Sophie-Blandine-Zaïde JOLIVET DE COLOMBY, et, en secondes noces, mademoiselle Emma DE FLERS. Il est mort en 1851, laissant du premier lit :

    Blandine D'AURAY DE SAINT-POIS, mariée au Marquis Eugène D'HALWIN DE PIENNE.

Et du second lit, trois filles et le fils qui suit :

XII. — Alfred D'AURAY, Comte DE SAINT-POIS, né en 1847.

———

DE LA RIVIÈRE

ARMES : *De gueules, à deux bars adossés en pal d'or, entravaillés dans deux fasces ondées d'azur.* — *L'Ecu surmonté d'un casque de Chevalier, orné de ses lambrequins et timbré d'une Couronne de Comte, ayant pour cimier un lion d'or tenant dans sa patte une épée.* — Supports : *deux Lions.* — Devise : *Fons ignotus, virtus cognita.* —

lusieurs familles de ce nom ont existé en Normandie; celle qui nous occupe est connue depuis les premiers temps de l'histoire , et, parmi les maisons nobles de race chevaleresque de la province, il en est peu qui puissent justifier une origine aussi ancienne; elle fut maintenue dans sa noblesse à toutes les époques, et, en dernier lieu, un des membres de cette maison fit ses preuves de Cour pour monter dans les carosses du Roi, en 1769.

Goscelin DE LA RIVIÈRE accompagna Guillaume à la conquête d'Angleterre, en 1066 (Voir la liste que nous avons publiée tome 1er), et tous les historiens normands citent un chevalier DE LA RIVIÈRE qui accompagna Robert-Courte-Heuze à la croisade en 1096.

Outre la terre et seigneurie du Pré-d'Auge, érigée en COMTÉ, par lettres patentes du roi Louis XV, données au mois de mars 1766, cette maison a possédé les fiefs des Authieux, de Brocotte, de Trehan, Hotot, du Menil-aux-Crottes, de Thuisebert, de Saint-Denis-des-Monts, de l'Épée, de Funebret, de la Chattière, etc....

Elle a toujours habité le Pré-d'Auge (près Lisieux) jusqu'en 1823, et différents actes de donation et autres, déposés aux archives du Calvados et au chartrier de la famille, nous prouvent que les Seigneurs dudit lieu ont souvent été en relation avec les religieux du Val-Richer (1339 à 1516).

Les principales alliances de la famille sont avec celles de Toustain, de Bonenfant de Magny, d'Escorches, Le Forestier, de Frenel, de Malbranche, de Morel de Than, de Nocey, de Nesle, de Baillon, de Rochegude, de Farcy, etc.....

La filiation, établie sur titres authentiques, commence à **Jean DE LA RIVIÈRE**, Ecuyer, Seigneur du Pré-d'Auge et des Authieux, vivant en 1297; les bornes de cette notice ne nous permettant pas de donner la filiation complète des différentes branches, nous en citerons seulement les personnages les plus importants.

Jean DE LA RIVIÈRE servait, en 1415, dans une compagnie composée d'Écuyers (*Cabinet de l'Ordre du Saint-Esprit*).

En 1439, Robert DE LA RIVIÈRE était Archer dans la garnison de Fréné-le-Vicomte (*Idem*).

Guilbert DE LA RIVIÈRE fut Archer dans les compagnies d'ordonnance du Roi en 1452 (*Idem*).

Jean DE LA RIVIÈRE était, en 1591, Capitaine d'un quartier de la ville de Lisieux.

François DE LA RIVIÈRE, Chevalier de l'ordre du Roi et Gentilhomme ordinaire de sa Chambre, eut commission de Capitaine de cent hommes d'infanterie en 1625.

Charles DE LA RIVIÈRE fut Capitaine de Gendarmerie dans les chevau-légers, en 1643.

Robert DE LA RIVIÈRE fut Capitaine dans le Régiment de la Marine en 1673, Gendarme de la garde du Roi en 1681.

Charles-Jacques DE LA RIVIÈRE fut Sous-Lieutenant au régiment de Royal-Artillerie en 1705, Mousquetaire de la deuxième compagnie de la garde ordinaire du Roi, de 1706 à 1716.

Robert DE LA RIVIÈRE fut garde de la Marine, de 1705 jusqu'à 1711, Mousquetaire de la deuxième compagnie, Chevalier de l'ordre royal et militaire de Saint-Louis, le 27 octobre 1721, et Brigadier en 1743.

Clair DE LA RIVIÈRE fut Page de Monseigneur le duc de Berry, puis il entra à la deuxième compagnie des Mousquetaires du Roi, fut fait Chevalier de Saint-Louis le 25 avril 1735, Maréchal-des-Logis le 16 Avril 1748, Aide-Major de ladite compagnie, et Mestre-de-Camp de cavalerie le 15 décembre 1748.

Théodore-Augustin DE LA RIVIÈRE, auteur de la seule branche existante aujourd'hui, fut Garde-du-Corps du Roi, Chevalier de Saint-Louis et Brigadier avec commission de Capitaine de cavalerie.

François-Charles-Alexandre DE LA RIVIÈRE PRÉ-D'AUGE entra dans la deuxième compagnie des Mousquetaires le 1er février 1749, reçut, en 1767, une commission de Capitaine de cavalerie, fit ses preuves devant Chérin, généalogiste des ordres du Roi, et fut admis aux honneurs de la Cour le 18 octobre 1769. Par lettres patentes du mois de mars 1766, le roi Louis XV érigea en sa faveur la terre du Pré-d'Auge en Comté, sous le nom de Comté de la Rivière Pré-d'Auge, pour lui et ses descendants ; François-Hippolyte-Charles DE LA RIVIÈRE PRÉ-D'AUGE fut reçu Chevalier de Malte de minorité le 19 août 1779.

Clair DE LA RIVIÈRE PRÉ-D'AUGE fut Brigadier de la deuxième compagnie des Mousquetaires le 1er juillet 1814, et Chevalier de Saint-Louis en janvier 1816.

Enfin, Alexandre-François DE LA RIVIÈRE, en la personne duquel s'est éteinte la branche ainée, le 19 décembre 1823, après avoir été Sous-Lieutenant au Régiment du Roi (Infanterie) jusqu'à la Révolution, fut fait Chevalier de Saint-Louis en mars 1815, et Colonel-Commandant les gardes nationales de l'arrondissement de Lisieux, le 5 mars 1816.

Il ne reste plus qu'une seule branche de cette ancienne maison ; son représentant actuel est :

Aimé, Comte DE LA RIVIÈRE PRÉ-D'AUGE, né le 13 juillet 1804, ancien Officier de cavalerie, démissionnaire en juillet 1830, qui a épousé, en 1832, mademoiselle Christiane-Agathe DE BAILLON, dont il a les cinq enfants ci-après :

1o Georges-Clair DE LA RIVIÈRE PRÉ-D'AUGE, né le 13 Mars 1835, Officier de cavalerie;

2o Marie-Aimée DE LA RIVIÈRE PRÉ-D'AUGE, née le 12 février 1837, mariée, le 8 octobre 1861, au comte Louis DE FARCY;

3o Louise-Marie DE LA RIVIÈRE PRÉ-D'AUGE, née le 26 août 1839;

4o Christian-Théodore DE LA RIVIÈRE PRÉ-D'AUGE, né le 11 janvier 1841, Officier de cavalerie;

5o Paul-Clair DE LA RIVIÈRE PRÉ-D'AUGE, né le 6 avril 1849.

GURNEY *aliàs* GOURNAY

ARMES : *D'argent, à une croix engrêlée de gueules, écartelé de Gournay, de Warren et de Barclay.* —

ette ancienne maison, dont les descendants habitent l'Angleterre, est issue de race normande et tire son nom de la Tour et Château de Gournay. Quand la Normandie a été cédée, en l'année 912, par Charles-le-Simple à Rollon, le fief de Gournay, qui était adjacent au pays de Bray, a été donné à Eudes, un de ses lieutenants, de qui descendent les anciens Sires DE GOURNAY (Ce fait est attesté par tous les historiens).

Le premier, dont l'existence est prouvée par les anciennes chartes, était :

Reginald, Chevalier, Sire DE GOURNAY, dont le fils Walter a fondé le monastère de la Ferté, vers l'année 996, avec le consentement de Hugues, son frère aîné.

Hugues II était un des Barons normands qui assistèrent à la bataille de Mortemer, en 1054, et Hugues III accompagna le Duc Guillaume à la conquête d'Angleterre en 1066. Il est l'auteur de la branche anglaise qui subsiste encore de nos jours, tandis que la branche normande est éteinte depuis longtemps.

Gérard DE GURNAY, fils de Hugues, IIIe du nom, épousa Editha, fille de William, premier Comte DE WARREN, qui lui apporta divers fiefs et manoirs, dont le principal était dans le Comté de Norfolk.

La filiation suivie de cette ancienne famille se trouvant dans plusieurs ouvrages héraldiques anglais et français, nous ne la donnerons pas ici ; nous dirons seulement qu'elle a encore beaucoup de représentants dans le Norfolk, et que le chef actuel est :

Richard-Hanbury GURNEY, Membre du Parlement pour Norwick, lequel a épousé Mary, fille de William JARY, Esquire, dont il n'a que des filles : Mary et Elisabeth, mariées à deux de leurs cousins.

DE MILLEVILLE

Armes : *De gueules, au sautoir d'argent, cantonné de quatre glands d'or.* —

amille de l'Election d'Arques, maintenue dans sa noblesse par M. de la Galissonnière, le 4 août 1668 ; pour la filiation complète, nous renvoyons à *La Chesnaye-des-Bois*, tome X, page 131.

Jean DE MILLEVILLE, Chevalier, vivant en 1463, était commandeur de Repentigny. Le roi Charles VIII accorda à Jehan DE MILLE-VILLE, Ecuyer, Archer de la Garde française, des lettres patentes, en date du mois d'octobre 1486, lui concédant divers privilèges en récompense de ses services.

Daniel DE MILLEVILLE, Chevalier, Seigneur de Boissay, de Fontenay, de Huppy, etc., servait sous les ordres du duc de Longueville en 1635, et de M. de Montigny en 1639.

Marie-Gabriel-Isidore-Raoul DE MILLEVILLE, né le 17 juillet 1776, était Gendarme de la Garde du Roi (Compagnies rouges) en 1814, et Chevalier de la Légion d'honneur. Il a épousé, en 1807, demoiselle Louise-Céline MANOURY, qui l'a rendu père de trois fils :

1° Edmond-Pierre-Gabriel, qui suit ;
2° Archambault-Gabriel DE MILLEVILLE, né le 16 août 1810, marié, le 11 février 1839, à mademoiselle Marie-Albertine DE GALLYE, dont il a une fille et un fils ;
3° Henri-James-Gabriel, né le 9 juillet 1813, Avocat, Référendaire au Sceau de France, non marié.

Edmond-Pierre-Gabriel DE MILLEVILLE, chef actuel de la famille, né le 29 août 1808, ancien Officier d'infanterie, a épousé, le 18 juin 1837, mademoiselle Blanche D'AUFFAY. De ce mariage sont issus trois garçons et une fille.

DE LOMBARD

ARMES : *(De gueules)* à trois mains sénestres d'argent, 2 et 1. —
de Sable

oble famille de l'élection d'Arques, dont le premier auteur, rapporté dans le jugement de maintenue du 1er février 1668, est Jacques, Ecuyer, Sieur de Mallemains et de Bourville, marié, en 1508, à Marguerite DE VASINE, et père de Jacques, IIe du nom, qui épousa Christienne DE THIBOUTOT. De cette alliance est issu, entre autres :

Charles DE LOMBARD, Ecuyer, Sieur de Mallemains, lequel fut marié à Philippine DU Bosc, qui l'a rendu père de Timothée, dont le petit-fils : François-Bonaventure DE LOMBARD, a épousé Catherine-Thérèse D'ORIVAL. — Charles-Adrien DE LOMBARD DE MALLEMAINS, un de ses fils, épousa Marguerite HILAIRE DE BEUZEVILLE, dont il eut deux filles et le fils qui suit :

Charles-Adrien-Antoine DE LOMBARD DE MALLEMAINS, Capitaine des Grenadiers-royaux et Chevalier de Saint-Louis, marié à Marie-Anne LE PARMENTIER, fille de noble homme Pierre, Ecuyer, Sieur de Butot, et de dame Anne-Catherine ROUSSEL LE COMPTE, et sœur de Marie-Louise Le Parmentier, épouse de Jean-Jacques-Etienne Le Mareschal. De ce mariage sont issues :

1° Marie-Charlotte-Antoinette DE LOMBARD DE MALLEMAINS, mariée à Alexandre LE GENDRE DE CHAVANNES, Chevalier de Saint-Louis, morte à Paris en 1847 ;

2° Adélaïde-Gabrielle-Eléonore DE LOMBARD DE MALLEMAINS, mariée à Louis-Etienne LE MARESCHAL, morte à Fécamp le 14 février 1829 ;

3° Sophie-Scholastique DE LOMBARD DE MALLEMAINS, qui épousa Charles-François LE VAILLANT DE VALDOLÉ, et mourut à Rouen le 14 juillet 1845.

Une descendante de Marie-Thérèse DE MALLEMAINS, qui était fille de François-Bonaventure et de Catherine-Thérèse d'Orival, rapportée plus haut, a épousé Léon FALLUE, ancien Capitaine des Douanes, Chevalier de la Légion d'honneur, archéologue, demeurant actuellement à Paris. Une fille est issue de ce mariage.

LE MARESCHAL

ARMES : *D'azur, au lion couronné d'or, accompagné de trois roses d'argent, 2 en chef et 1 en pointe.*

amille de la Vicomté d'Eu, généralité de **Caen**, maintenue le **23** juillet **1667**. Elle a pour premier auteur : **Guillaume Le Mareschal**, anobli en **1463**, lequel figure à la monstre des nobles tenant fiefs au bailliage de **Caux** et **Gisors**, en **1470**. Son fils, **Jean**, marié à **Jeanne de Cossard**, fut père de : **Pierre Le Mareschal**, Ecuyer, qui épousa **Jeanne de Chambos** ; **Jean-Adrien-Nicolas-Charles**, son petit-fils, Ecuyer, Sieur de la Forest, Vicomté d'Evreux, marié à **Anne Le Cochois**, fut maintenu en **1667**. Il eut pour fils aîné :

Jean-Charles, Ecuyer, qui épousa **Catherine Le Baillif**, et fut père de :

Jean-Jacques-Etienne Le Mareschal, Ecuyer, Sieur du Manoir et en partie de Fauville et de Ricarville, décédé à Rouen en **1786**. Il avait épousé noble demoiselle **Marie-Louise Le Parmentier**, dont sont issus : trois filles et trois fils ; l'un d'eux, **Jean-Louis Le Mareschal de Fauville**, assista à l'Assemblée de la noblesse du bailliage de Rouen en **1789** (Voir tome Ier, page 184), et est mort célibataire; l'autre continue la descendance :

Louis-Etienne Le Mareschal, Ecuyer, né le **27** janvier **1765**, mort à Fécamp en **1837**, a épousé **Adélaïde-Eléonore-Gabrielle de Lombard de Mallemains**. De cette alliance sont nés neuf enfants, entre autres :

1° **Louis-François**, qui suit ;
2° **Philippe-Isidore**, marié à **Elise-Virginie Duroux**, dont un fils, propriétaire à Bréauté (Seine-Inférieure);
3° **Armand-Marie-Timothée**, époux de **Pauline Heurtaulx**, dont postérité.

Louis-François Le Mareschal, marié à Ricarville, le **14** février **1823**, à **Emilie-Rose-Françoise Hautot**, est mort en **1827**, laissant une fille et deux fils : **Louis-Guillaume**, l'aîné, est actuellement Vérificateur des Douanes à Rouen, et a épousé **Octavie-Désirée Tougard**, fille de **Jérôme-François**, ancien Magistrat, Chevalier de la Légion d'honneur, etc. — De ce mariage sont issus deux filles et un fils.

Alfred-Donatien, le cadet, Commis principal des contributions à Cany, a épousé **Zoé Auger de Fauville**, et en a quatre enfants.

BORDEAUX

lusieurs familles de ce nom ont existé dans la province, et nous en trouvons trois encore lors de la recherche de 1666 : une dans l'élection de Vire, une dans l'élection d'Andely et l'autre en l'élection de Chaumont.

Diverses localités en Normandie portent le nom de BORDEAUX, notamment Bordeaux-en-Caux, commune de l'arrondissement du Hàvre ; Bordeaux, seigneurie et fief dans la banlieue de Vire ; Bordeaux-sur-Epte, village du Vexin-Normand ; Bordeaux, ancien fief et hameau de la commune de Verneusse (Eure) ; Bordeaux, hameau de Toutainville, près Pont-Audemer ; Bordeaux, dépendance de la commune d'Etarqueraie, dans le même arrondissement ; Bordeaux, fief à l'entrée de la ville d'Argentan (Orne), etc....

François DE BORDEAUX devint, au XVIe siècle, Baron de Coulonces, terre dont relevait le fief de Bordeaux ; il était Président au Parlement de Rouen. Louis, son fils, est qualifié, en 1614, Chevalier de l'Ordre du Roi, Gentilhomme ordinaire de sa chambre et Gouverneur des ville, château et vicomté de Vire. Les DE BORDEAUX, Barons de Coulonces, de l'élection de Vire, maintenus en 1667, sont éteints.

Pierre DE BORDEAUX, Ecuyer, Seigneur de Paracheux et de Contieux, Vicomte d'Auge (élection de Chaumont), également maintenu dans sa noblesse, vivait en 1678.

N.... BORDEAUX, Procureur du roi en l'élection de Chaumont, fut Député du bailliage de Chaumont en Vexin à l'Assemblée nationale, en 1789.

Le Chevalier Raymond BORDEAUX, Docteur en droit à Evreux, auteur de divers ouvrages héraldiques entre autres, d'études sur les anciens monuments de la ville de Caen, où il a réuni et expliqué les nombreux blasons qui figurent encore dans les églises et les vieilles maisons de la capitale de la Basse-Normandie, appartient à une des familles de ce nom qui ont existé dans la province ; il est célibataire.

DES POMMARE

ARMES : *D'argent, au pal d'azur, chargé de trois coquilles d'or et accosté de deux griffons affrontés de sable.* — Devise : *Militare ac mori familiæ est, et per arma bené donat.*

ette maison, comme beaucoup d'autres, a vu tous ses titres détruits à l'époque des guerres civiles qui ont dévasté la province de Normandie. Elle a été maintenue dans sa noblesse, en l'élection de Montivilliers, par jugement du 20 avril 1667, et sa filiation peut être établie d'une manière suivie à partir de :

I. — Guillaume DES POMMARE, Sieur de Bourdemare, homme d'armes dans la compagnie du comte de Brissac, en 1560 ; il reçut des lettres patentes du roi Charles IX, qui l'affranchissaient, sa vie durant, de toutes tailles pour tous les services qu'il a rendus à la royauté pendant 24 ans (*Extrait des Registres de la Cour des Aides de Normandie*, 23 juillet 1572), et fut anobli, lui et sa postérité née et à naître, en 1585, par le roi Henri III, pour services militaires. — De son mariage avec demoiselle Catherine LE PONGEUR, il eut plusieurs enfants, entre autres :

II. — François DES POMMARE, Ecuyer, Seigneur de Bourdemare, qui a épousé, le 1er novembre 1594, demoiselle Catherine DE BULTOT, dont un fils :

III. — Jean DES POMMARE, Ecuyer, Seigneur de Bourdemare, a servi le Roi comme volontaire, sous les ordres de Monseigneur de la Mailleraye, qui commandait en Lorraine. Il a épousé, le 27 juin 1612, demoiselle Suzanne DES CHAMPS, fille de Charles, Ecuyer, Seigneur de Beuzeville, de Boishébert, d'Escures et autres lieux, et de Suzanne LE BOUTEILLER. De cette alliance sont nés quatre fils :

1o Antoine, qui suit ;
2o François, Ecuyer, Capitaine au régiment de Bellebrun, mort le 3 mars 1690, sans postérité ;
3o Jean, Religieux à l'Abbaye de Fécamp ;
4o Charles, Bénédictin réformé.

IV. — Antoine DES POMMARE, Ecuyer, Seigneur de Bourdemare et de

Limare, fit partie du ban de la noblesse en 1638, passa en Picardie sous la conduite de M. de la Mailleraye, et servit plus tard dans la compagnie des Chevau-légers de la Reine. Il épousa, le 29 avril 1652, demoiselle Rénée DE MAZE, fille de Nicolas, Ecuyer, Sieur du Puis, et de Catherine DE COR-MEILLES, dont il eut :

V. — Jean DES POMMARE, Ecuyer, Seigneur de Limare et de Gouy, lequel reçut, le 6 décembre 1677, une commission de Capitaine au régiment Royal-infanterie. Il a épousé, le 25 août 1683, Madeleine HENRIQUEZ, fille de Sébastien, Ecuyer, Seigneur de Renneville, du Fayel, etc., et est mort le 23 février 1729, ayant eu deux fils : Jean-Louis, le cadet, Capitaine au régi-ment de la Londe, épousa, en 1727, demoiselle Claude DE GOUVETZ, et n'eut pas d'enfants ; l'aîné suit :

VI. — Jean-Nicolas DES POMMARE, Ecuyer, Seigneur de Limare, de Gouy, de Bourdemare, etc..., Capitaine au régiment de la Londe, fut marié, le 15 avril 1722, à demoiselle Marie-Anne FOSSARD, dont il eut deux fils : Louis-Guillaume, Mousquetaire du Roi, mort célibataire le 29 avril 1760, et celui qui suit :

VII. — Jean-Nicolas-André DES POMMARE, Chevalier, Seigneur patron d'Aushosc, Seigneur de Touffreville, de Bourdemare, de Gouy, etc..., né le 30 octobre 1724, fut d'abord Avocat au Parlement de Paris, puis Conseiller Secrétaire du Roi en la grande Chambre du Parlement de Normandie, le 15 mai 1747. — Il a épousé, le 16 août 1756, Marie-Anne-Victoire CAILLOT DE COQUEROMONT, fille de Messire Thomas, Ecuyer, et de dame Marguerite LE BER DE TROUVILLE. De cette union sont nés six enfants, entre autres :

1° Jean-Nicolas-André, qui suit ;
2° Amable-Louis, né le 8 mai 1771, marié à mademoiselle Marie-Antoinette DE FAUTEREAU, mort le 22 décembre 1822.

VIII. — Jean-Nicolas-André DES POMMARE, IIe du nom, naquit le 20 avril 1761. — Entré cadet gentilhomme au régiment de Penthièvre, en 1778, il fut nommé Sous-Lieutenant en 1781, Capitaine au même régiment en 1784, émigra, fit les campagnes de l'armée des Princes en 1792, et fut fait Chevalier de Saint-Louis en 1815, en récompense de 37 années de service. Il a épousé, le 8 février 1789, demoiselle Françoise GUERRET, et, en secondes noces, le 12 septembre 1808, mademoiselle Victoire-Désirée LE NOBLE. De ces deux alliances sont issus :

1° André DES POMMARE, Officier dans le régiment de la Seine-Inférieure, mort le 26 juin 1830.

Et du deuxième lit :

2° Alfred, dont l'article suit ;

3° Armandine des Pommare, née le 7 janvier 1813, mariée, en 1836, à Marie-Auguste de Subtil de Lauteris, Capitaine de cavalerie et Chevalier de la Légion d'honneur.

IX. — Alfred des Pommare, chef actuel de la famille, né le 5 mai 1810, ancien Officier d'infanterie, fit les campagnes de Belgique en 1831 et 1832, et donna sa démission en 1834. Il a épousé, le 27 janvier 1842, mademoiselle Marie-Antoinette Le Nourry de Monmirelle, fille de Jean-Baptiste-Vincent Le Nourry de Monmirelle, ancien officier de marine, et de Marie-Louise-Sophie de Gallye. De ce mariage, il a les six enfants ci-après :

1° Marie-Louis André des Pommare, né le 17 juin 1843 ;

2° Marie-Ernest, né le 7 mai 1844 ;

3° Marie-Albert, né le 11 mars 1846 ;

4° Marie-Joseph-Raymond, né le 23 octobre 1848 ;

5° Marie-Henri, né le 7 novembre 1852, mort en 1863 ;

6° Joseph-Charles-Marie, né le 17 janvier 1857.

DES CHAMPS

DE GRENGUES, DE COSTECOSTE, DE BOISHÉBERT, ETC.

aison noble et ancienne, de l'élection de Montivilliers, qui a été maintenue par jugement du 12 août 1667, et s'est divisée en un grand nombre de branches qui, toutes, sont éteintes actuellement, sauf celle de Boishébert. Pour établir la généalogie de cette famille, nous nous sommes servi des documents qui ont été fournis à d'Hozier, juge d'armes de France, pour les preuves de : François-Adrien des Champs de Boishébert, reçu Page du Roi en sa petite Ecurie, en 1762.

Le premier auteur connu, où commence la filiation, est :

I. — Robin, *aliàs* Robert des Champs, Ecuyer, Seigneur d'Esnitot, de Cabourg, etc., lequel obtint, le 28 juillet 1437, des lettres du roi Charles VII, par lesquelles ce monarque lui fit don, jusques à la valeur de 500 livres tournois, de tous les biens qui appartenaient à Jean et Simon de la Motte, demeurant à Rouen, dans le Vicomté de Montivilliers, sur lesquels ils avaient été confisqués pour avoir favorisé le parti des Anglais. — « Savoir faisons, dit » ce prince, que nous, ce considéré les bons et agréables services que » nostre amé Robin des Champs nous a faiz, tant en la réduction en nostre » obéissance de nostre pais de Caux, comme à la prinse de nostre ville de » Harfleu, ayant aussi regart et considéracion aux pertes et dommages » que a locasion de nostre service party et querelle il a euz et soustenuz, » etc., etc. »

Il fut Lieutenant pour le Roi au gouvernement de Montivilliers, sous Jacques de Brézé et le Comte de Maulévrier, ainsi qu'il appert d'un acte du 20 août 1465, où il est dit : « qu'il avait été mandé pour le service du Roi, » comme tous les nobles et autres tenants fief dans le duché de Normandie, » mais, qu'excerçant la charge de Lieutenant à Montivilliers, place forte à

» garder et étant par là fort occupé, il n'avait pu se soumettre à ce mande-
» ment et avait fait comparaître en sa place Jean DES CHAMPS, son fils. »

De son mariage, contracté en 1437 avec Perrette DE CABOURG, sont nés :

1º Jean, qui suit ;
2º Adam, auteur de la branche de Grengues, rapportée ci-dessous ; .
3º Robert DES CHAMPS, qui acheta le fief noble d'Escures, le 3 décembre 1509.

II. — Jean DES CHAMPS, Ecuyer, Seigneur d'Esnitot, comparut, comme il a été dit plus haut, au ban des nobles de la province de Normandie, convoqués pour le service du Roi, et il obtint, suivant le même acte du 21 août 1465, cité à l'article de son père, un congé du Comte de Maulévrier, pour s'en retourner à Harfleur, où il était occupé au service du Roi, avec un pouvoir d'exercer, en l'absence de son père, la charge de Lieutenant au gouvernement de Montivilliers. Il épousa, le 5 juillet 1501, demoiselle Marguerite DE PLAIMBLEU, dont il eut :

III. — François DES CHAMPS, Ecuyer, Seigneur d'Esnitot, de Bennetot, de Roquefort, etc., qui fut marié, avant le 7 novembre 1555, avec demoiselle Françoise DE LAMARE, fille de noble homme Nicolas, Seigneur de Mont-l'Evêque, etc. Il ne vivait plus le 13 mars 1572 ; nous ne donnerons pas la descendance de cette branche qui, du reste, est éteinte.

BRANCHE DES SEIGNEURS DE GRENGUES ET DE BOISHÉBERT.

II. — Adam DES CHAMPS, Ecuyer, Seigneur de Grengues, qualifié Conseiller en Cour-laye, dans un acte du 5 juillet 1501, était Procureur du Roi en la Vicomté de Montivilliers, le 12 juin 1521, et est mort le 15 février 1534. De son mariage avec demoiselle Marie D'ESCRÉPINTOT, il eut :

III. — Pierre DES CHAMPS, Ecuyer, Seigneur de Grengues et de Leriot, Procureur du Roi en la Vicomté de Montivilliers, après la mort de son père, charge dont il se démit en 1566, en faveur de Jean Tirel, Écuyer, licencié en droit et avocat au Parlement, son cousin-germain. Il a épousé demoiselle Marie DE LAMARE, fille aînée de Nicolas, dénommé plus haut, et il mourut le 4 septembre 1573, laissant de son mariage :

1° Guillaume DES CHAMPS, Ecuyer, Seigneur de Beuzeville-la-Guérard, lequel était sous la tutelle de son père, le 7 novembre 1555, et mourut le 15 juillet 1564;

2° Antoine, qui continue la descendance;

3° Perette DES CHAMPS, mariée, le 24 octobre 1561, à noble homme François LE PONGEUR, Ecuyer, Seigneur de Limezy.

IV. — Antoine DES CHAMPS, Ecuyer, Seigneur de Grengues, de Beuzeville-la-Guérard et du Mont-Lévesque en partie, épousa, par contrat du 2 janvier 1565, demoiselle Marie LE GRAND, fille de noble Charles, Ecuyer, Seigneur de Lattaye, et, en secondes noces, il a épousé, le 25 novembre 1575, dame Marie DE BAILLEUL, veuve de noble homme Charles Le Bouteiller, Seigneur de la Bouteillerie. — Le 3 janvier 1569, il reçut l'aveu d'Hector d'Herbouville, pour plusieurs héritages que celui-ci possédait dans la mouvance de la Seigneurie de Beuzeville-la-Guérard, et, le 4 septembre 1573, il vendit le fief et la seigneurie de Grengues. Il mourut le 30 août 1603, ayant eu de son premier mariage plusieurs enfants, entre autres :

1° Charles, qui continue la descendance;

Et du deuxième lit :

2° Antoine DES CHAMPS, dénommé dans un acte de partage, et marié à Marguerite DE BENNETOT;

3° Nicolas DES CHAMPS, Ecuyer, Seigneur de Loriot, mort sans postérité.

V. — Charles DES CHAMPS, Ecuyer, Seigneur de Boishébert, de Beuzeville-la-Guérard et autres lieux, obtint, le 26 février 1598, deux certificats, l'un du Lieutenant-Général pour le Roi au bailliage de Caux, et l'autre du Duc de Montpensier, portant : qu'il avait servi Sa Majesté en ses armées *avec armes et équipages convenables à sa qualité.* Il rendit aveu au Roi, le 22 mars 1602, pour le fief de Boishébert, relevant de Sa Majesté, à cause de sa Vicomté de Caudebec, et mourut le 12 janvier 1621. Il avait épousé, par contrat du 28 avril 1586, demoiselle Suzanne LE BOUTEILLER, fille de Charles, dénommé plus haut, et de dame Marie DE BAILLEUL, sa belle-mère; il en eut les deux fils ci-après :

1° Antoine, qui suit;

2° Adrien DES CHAMPS, Ecuyer, Seigneur de la Bouteillerie et du Roquefort, lequel obtint, le 10 octobre 1635, du Sieur de la Mailleraye, Lieutenant-Général du gouvernement de Normandie, un certificat constatant qu'il s'était rendu, avec son frère Jean, à l'Assemblée de la noblesse du bailliage de Gisors, le 3 août 1635.

21

D'un second mariage, qu'il contracta avec noble demoiselle Jeanne Asselin, sont issus :

1° Jean des Champs, tige de la branche des Seigneurs de Costecoste, rapportée plus loin ;

2° Isabeau des Champs, mariée, en 1612, à Pierre Clouet, Seigneur de Rucquemare, Conseiller du Roi au siége présidial de Caudebec;

3° Suzanne, mariée à Jean des Pommare, Ecuyer (Voyez sa notice, page 648) ;

4° Charlotte, qui épousa, par contrat du 18 avril 1621, Guillaume de Compoinctz, Ecuyer, Sieur du Bosquenai, Lieutenant de l'élection de Montivilliers;

5° Marguerite, mariée, en 1628, à Jean Le Canu, Sieur de Fresderue;

6° Marie des Champs, en religion Sœur Sainte-Joachim, morte au Canada, âgée de 81 ans, Supérieure de l'Hôpital de Québec.

VI. — Antoine des Champs, Ecuyer, Seigneur de Boishébert, du Mont-Lévesque, du fief Ancelin, etc., servit en qualité de gentilhomme volontaire dans les armées du Roi, sous la conduite du Duc de Longueville, et a épousé, le 12 juillet 1633, demoiselle Françoise de Pelletot, fille de N..... de Pelletot, Seigneur de Fréfossé, et de Marie de Clercy. Il fit son testament le 9 août 1636, voulant être inhumé dans le chœur de l'église d'Énvronville, à côté de son père et de plusieurs autres de ses parents, et mourut le 28 décembre suivant, laissant de son mariage le fils qui suit :

VII. — Jean-Baptiste des Champs, Chevalier, Seigneur de Boishébert, de Beuzeville-la-Guérard, d'Envronville, etc., fut mis en tutelle le 3 février 1637, sous la garde noble d'Adrien des Champs, son oncle, lequel obtint, au nom de son pupille, le 7 mars 1642, une décharge de MM. Pâris et Pascal, commissaires députés pour la confirmation des francs-fiefs, et eut main-levée de la saisie faite sur le fief de Boishébert. Ainsi qu'il appert d'un congé qu'il obtint du Maréchal de Turenne, il servit en qualité de volontaire au régiment du Roi, et la chambre souveraine, établie pour la liquidation des droits de francs-fiefs et nouveaux acquets, l'a déchargé, comme étant *Noble de race*, du paiement des taxes mises sur son fief, par acte des 2 septembre 1656 et 21 novembre 1659. Il est mort le 28 septembre 1662, laissant de sa femme, Marie-Elisabeth Bretel, fille de Messire-Charles, Chevalier, Conseiller au Parlement de Rouen, quatre filles en bas âge et le fils qui suit :

VIII. — Raoul des Champs, Ecuyer, Seigneur des Landres, du Boishébert, de Mont-Lévesque et autres lieux, né en 1657. — Il obtint de M. Barin de la Galissonnière, Intendant de la généralité de Rouen, conjointement avec Jean des Champs, son grand-oncle, un jugement de maintenue de noblesse, en date du 12 août 1667. (L'expédition de ce jugement, où sont relatés tous les actes qui nous ont servi à établir ce qui précède, existe aux archives de la famille.)

BRANCHE DES SEIGNEURS DE COSTECOSTE,
puis DE BOISHÉBERT

(Seule existante)

VI. — Jean DES CHAMPS, Écuyer, Seigneur de Costecoste, de Montaubert, des Landres, troisième fils de Charles des Champs, Sieur de Boishébert et de Suzanne Le Bouteiller, fut nommé Gentilhomme ordinaire de la Chambre du Roi le 14 janvier 1729, en considération des services que lui et ses ancêtres avaient rendus au Roi et à ses prédécesseurs. Il épousa, par contrat du 3 juin 1626; reconnu le 23 décembre 1656, demoiselle Elisabeth DE BAIN, et mourut le 9 août 1677, laissant neuf enfants :

1° Charles DES CHAMPS, mort célibataire ;

2° Antoine, religieux bénédictin, mort avant le 1er août 1670 ;

3° Adrien, qui continue la descendance ;

4° Jean-Augustin, Écuyer, Seigneur de Costecoste, Chevalier-Commandeur des Ordres royaux et militaires de Notre-Dame du Mont-Carmel et de Saint-Lazare de Jérusalem, par preuves faites en 1684, Gentilhomme ordinaire de S. A. S. le prince de Condé. — Il obtint, par lettres de provision du 23 mars 1685, la Commanderie de Dampmartin (Grand-Prieuré de Normandie), en considération des bons et loyaux services qu'il avait rendus au Roi dans ses armées, et est mort à Paris le 28 février 1687 ;

5° Jean-Baptiste-François DES CHAMPS, Chevalier, Seigneur de la Bouteillerie, Major commandant la ville de Québec, lequel eut quatre fils de son mariage avec demoiselle Anne de ....., savoir :

    A. Charles, Prêtre chanoine de l'église paroissiale de Québec (Nouvelle France);

    B. Louis, Chevalier, Sieur de Boishébert, Enseigne, puis Lieutenant d'une compagnie des troupes de la marine, entretenues au Canada ;

    C. Pierre, mort religieux au Couvent de la Trappe ;

    D. Nicolas, Chanoine de l'église cathédrale de Tournay (en Flandres), qui testa le 17 novembre 1695 ;

6° Et quatre filles, non mariées.

VII. — Adrien DES CHAMPS, Chevalier, Seigneur de Costecoste , des

Landres, de Cliponville, de Montaubert (1), ainsi qualifié dans différents actes, a épousé, par acte sous seing-privé du 1er août 1670, demoiselle Anne BOULLAYE, fille de noble homme Charles, Conseiller du Roi et Lieutenant particulier au bailliage et siège présidial de Rouen. De cette alliance sont issus :

1° Charles-Adrien, qui suit;

2° Antoine DES CHAMPS, dit le *Chevalier* DE COSTECOSTE, nommé d'abord Cornette dans le régiment de cavalerie de la Reine, le 15 février 1697, Cornette dans le régiment Mestre-de-Camp-Général de Dragons, le 1er février 1705, et Lieutenant le 26 mai 1706; il obtint commission du Roi, en 1710, pour commander, en l'absence du sieur de Mésille, la compagnie dont il était pourvu, et fut appelé, peu de temps après, au commandement d'une compagnie, suivant un certificat que lui donna, le 2 novembre 1710, la Commission ordinaire des guerres au département de la Haute-Alsace, portant qu'il avait reçu le serment du sieur de Costecoste, en qualité de Capitaine.

VIII.— Charles-Adrien DES CHAMPS, Chevalier, Seigneur de Boishébert, de Costecoste, d'Hardenville, et de beaucoup d'autres lieux, a épousé, par acte du 9 mars 1712, demoiselle Marie-Elisabeth DE QUIROS DE COQUEREAUMONT, fille de Jacques, Conseiller du Roi, auditeur en sa cour des Comptes, Aides et Finances de Normandie, et de noble dame Marie BOULARD. De ce mariage naquit :

IX. — Antoine-Adrien DES CHAMPS, Chevalier, Seigneur de Boishébert, lequel épousa, le 31 octobre 1741, demoiselle Catherine-Elisabeth-Marie-Gabrielle AUBER, dame de Beuzeville en partie et fille de Gédéon, Chevalier, Seigneur de Beaucoursel et de Marie-Françoise DE PARAY DE COMBRAY, d'où est issu :

1° François-Adrien, qui suit ;

2° Elisabeth-Joséphine DES CHAMPS DE BOISHÉBERT, mariée, le 14 septembre 1761, à Messire Charles DES CHAMPS, appelé DES CHAMPS DU CANADA, Chevalier de Saint-Louis, Capitaine des troupes du détachement de la marine de la Colonie du Canada, etc., fils de Messire Henri-Louis DE BOISHÉBERT, Chevalier de Saint-Louis et Capitaine des troupes de la marine, et de dame Geneviève DE RAMEZAY. De ce mariage est issu :

   A. Roch DES CHAMPS DE BOISHÉBERT, Comte DE RAFFETOT, Chevalier de

---

(1) Faute de titres, nous n'avons pu découvrir quel est le personnage de cette famille, qui, sous le nom de MONTAUBERT, fut fait Sous-Lieutenant dans le régiment d'infanterie de marine en 1673, puis Lieutenant, par commission du 27 mars 1695.

Saint-Louis, Ecuyer du Roi, marié à mademoiselle Dupont d'Englesqueville, qui l'a rendu père de :

AA. Roch des Champs, Comte de Raffetot, membre de l'Académie de Rouen, marié à Agathe Grandin, et mort sans postérité ;

BB. Henriette des Champs de Raffetot, qui a épousé N.... Tardieu, Vicomte de Maleyssie, Chevalier des ordres de Saint-Louis et de Sainte-Anne de Russie, Capitaine de vaisseau.

X. — François-Adrien des Champs de Boishébert, né le 15 mai 1748, fut reçu Page du Roi en sa petite écurie, au mois de juillet 1762, d'après les preuves de noblesse qu'il fit devant *d'Hozier de Sérigny*, Juge d'armes de France. Il était seigneur d'Envronville, de Cliponville, de Hautot-le-Vatois, etc.... Sorti des Pages pour entrer Capitaine au régiment Royal-étranger, il épousa, en 1772, demoiselle Gabrielle Chauvin d'Offranville, fille de Messire Jean-David Chauvin, Comte d'Offranville, Chevalier de Saint-Louis, ancien Capitaine au régiment des Gardes françaises, Maréchal-de-Camp des armées du Roi, et de dame Anne Asselin. — Il eut de ce mariage :

1° Charles-François-Raoul, qui suit ;
2° Antoine-Adrien, auteur du second rameau, rapporté plus loin ;
3° Marie-Anne-Joséphine des Champs de Boishébert, né le 27 octobre 1774, mariée, en 1798, à Henri Le Bègue, Comte de Germiny, Pair de France, Chevalier de Malte, Officier de la Légion d'honneur, mort en 1843 ;
4° Adrienne-Joséphine-Victoire des Champs de Boishébert, mariée, en 1801, à Raoul Le Bègue, Comte de Germiny, frère aîné du précédent, ancien Capitaine de cavalerie et Chevalier de Saint-Louis ;
5° Marie-Honorine-Olympiade des Champs de Boishébert, mariée, en 1812, à Raoul Naguet de Saint-Vulfran.

XI. — Charles-François-Raoul des Champs de Boishébert, né le 2 novembre 1776, Membre du Conseil général de la Seine-Inférieure sous la Restauration, a épousé, le 20 avril 1800, mademoiselle Thérèse Thorel de Bonneval, et est mort au mois de juin 1848, laissant de cette alliance :

XII. — Adrien-Honoré-Marie des Champs de Boishébert, né le 1er mars 1807, marié, en 1834, à mademoiselle Clémence Quesnel, et en secondes noces, le 15 juin 1857, à mademoiselle Sidonie Delarue. Du premier lit sont issus :

1° Marie-Raoul-Gabriel des Champs de Boishébert, né le 16 décembre 1835, marié à Amicie Robert de Saint-Victor ;
2° Marie-Adrien-Ernest, né le 20 décembre 1841 ;
3° Marie-Louise-Bathilde des Champs de Boishébert.

DEUXIÈME RAMEAU.

XI. — Antoine-Adrien DES CHAMPS DE BOISHÉBERT, né le 27 mars 1784, ancien membre du Conseil général de la Seine-Inférieure, Maire de Cliponville (ancien fief de sa famille), a épousé, le 23 mars 1811, mademoiselle Adèle DE PIPERAY, fille d'Esprit Piperay, ancien Conseiller au parlement de Normandie, Chevalier de Saint-Louis, et de dame N.... CAREL DE THIBOUVILLE. Il est mort, à Bordeaux, le 24 juillet 1849, et a laissé de son mariage les quatre enfants ci-après :

1º Adrien-Simon-Paul, qui suit;

2º Raoul-Alexandre DES CHAMPS DE BOISHÉBERT, né le 14 avril 1814, marié, le 22 septembre 1840, à mademoiselle Ernestine DE MIRE, dont il a deux fils :

    A. Joseph-Ernest-Adrien ;

    B. Gaston;

3º Marie-Frédéric DES CHAMPS DE BOISHÉBERT, né le 20 septembre 1819, marié à demoiselle Aglaé CHAUFFER DE SAINT-MARTIN, dont il a plusieurs enfants, entre autres :

    A. Raoul DES CHAMPS DE BOISHÉBERT, né en 1854;

    B. Adrien, né en 1855;

4º Marie-François-Charles DES CHAMPS DE BOISHÉBERT, né le 22 décembre 1837, marié, au mois de décembre 1852, à mademoiselle Antoinette DE FROMONT, fille de N..... de Fromont, Chevalier de Saint-Louis et de Saint-Ferdinand d'Espagne, et de dame LE BOUYER DE MONHOUDOU. De ce mariage sont issus :

    A. Antoine DES CHAMPS DE BOISHÉBERT;

    B. Eméric DES CHAMPS DE BOISHÉBERT ;

    C. Georges DES CHAMPS DE BOISHÉBERT.

XII. — Adrien-Siméon-Paul DES CHAMPS DE BOISHÉBERT, est né le 29 février 1812. Entré à l'école militaire de Saint-Cyr, il fut nommé Officier au 53º régiment de ligne, où il servit jusqu'en 1840, époque où il a donné sa démission. Il a épousé, le 7 février 1848, mademoiselle Léopoldine-Alexandrine-Guy DU VAL D'ANGOVILLE, fille d'Albert-Nicolas-Guy et de dame Odille DU TILLET. Il est mort le 6 novembre 1862, laissant de son mariage le fils unique qui suit :

XIII. — Jean-Joseph-Marie-Paul DES CHAMPS DE BOISHÉBERT, né à Rouen le 1er juin 1849, aujourd'hui chef de ce second rameau.

EUDES DE MIRVILLE

Armes : *D'or, au lion coupé d'azur et de gueules.* — Couronne : *de Marquis.* — Supports : *deux Licornes.*

ncienne famille de l'Election d'Arques, qui apparaît dans les chartes depuis le XIVᵉ siècle. — En 1340, Baudouin, Mathieu et Picard Eudes sortirent du port de Dieppe avec des navires dont ils étaient *les Seigneurs et maîtres* (ainsi s'exprime *François de l'Hôpital,* dans son compte sur la marine), pour prendre part au combat de l'Ecluse, si désastreux pour les Français ; au retour, Baudoin fit construire, à ses frais, la chapelle de la Sainte-Trinité, dans l'église Saint-Jacques (*Voyez les Archives de Dieppe*).

Jean-François-Marie Eudes de Catteville, reçu Chevalier de Malte en 1727, fit ses preuves jusqu'à son septième aïeul, Regnault Eudes, Escuyer, vivant en 1390, lequel a figuré à la monstre des nobles du bailliage de Caux, avec les d'Harcourt, d'Houdetot, de Toustain, de Beaunay, Malet, etc., etc.... D'une alliance dont le nom ne nous est pas parvenu, il eut un fils, Vincent, qui fut père de Renault, Robert et Picard, vivant en 1470.

Jacques Eudes, Escuyer, Seigneur de Catteville, fils de Renault l'aîné, a épousé, en 1512, damoiselle Anne de Croismare, qui l'a rendu père de :

V. — Vincent Eudes, Ecuyer, Seigneur de Catteville, de Barnouville et autres lieux, Capitaine renommé et Gentilhomme ordinaire de la Chambre, surprit le château de Dieppe, en 1562, et le remit sous l'obéissance du Roi. Il fut député de la noblesse aux Etats tenus à Rouen en 1566, et avait épousé, en 1554, demoiselle Adrienne des Marets, dont il eut trois enfants :

1º Antoine, qui continue la descendance ;
2º René Eudes, Ecuyer, Seigneur de la Roche, père d'autre René, mort sans postérité ;
3º Marguerite, mariée, en 1575, à Isaac Duval, Sieur de Saint-Ouen, dont la fille, Anne, épousa le Sieur de Roncherolles.

VI.—Antoine Eudes, Ecuyer, Seigneur de Catteville, de Boscavilliers, etc., Capitaine de la ville et château de Fécamp, épousa, en 1595, demoiselle Cécile

D'Aoustin, dame de Sotteville, fief considérable qu'elle lui apporta en mariage (c'est le roi Henri IV qui fit ce mariage ; une lettre, conservée aux archives de la famille, mentionne ce fait). Il en eut plusieurs enfants, entre autres :.

    1° Vincent, qui suit ;

    2° Claude Eudes, Chevalier, Seigneur ce Boscavilliers, Lieutenant du Roi à Thion-
        ville et à Marienbourg, enterré en l'église de Saint-Sauveur de Rouen (*Farin,*
        Histoire de Rouen, tome II). Il a laissé un fils, Gilles, mort sans postérité.

VII. — Vincent Eudes, III° du nom, Ecuyer, Seigneur de Catteville, de . Sotteville et autres lieux, marié, en 1618, à Marguerite Le Seigneur, eut pour fils unique :

VIII. — Jacques Eudes, II° du nom, Chevalier, Seigneur de Catteville, de Sotteville et de Mirville, maintenu dans sa noblesse par jugement du 16 novembre 1668. Il a été Gentilhomme ordinaire du duc d'Enghien, de 1644 à 1646, et a commandé la noblesse de la Vicomté d'Arques, de 1688 à 1697. De son mariage avec demoiselle Marie-Anne du Bouillonney, contracté en 1669, est issu :

IX. — Jacques Eudes, III° du nom, Chevalier, Seigneur de Catteville, de Sotteville, de Mirville et autres lieux, Page du Roi en sa grande écurie en 1690, commandant le ban de la noblesse de la Vicomté d'Arques, est mort à 37 ans, en voulant éteindre le feu qui avait pris aux rideaux de son lit. Il avait épousé, en 1706, noble demoiselle des Mares de Bellefosse, d'où est issu :

X. — Jacques Eudes, Chevalier, Marquis de Catteville, Seigneur de Sotteville, de Mirville et des Gaulières, Chevalier de Saint-Louis, marié, en 1732, à Louise-Françoise-Catherine Chardon de Fillières, dont il eut quatre enfants :

    1° Alexandrine Eudes de Mirville, mariée au Marquis d'Houdetot ;

    2° Adélaïde, mariée, en 1789, à Louis-Etienne, Vicomte de Beaunay ;

    3° Alexandre-Charles-François, qui suit ;

    4° Anatolie-Louise-Marie de Mirville, mariée, en 1796, à Jacques du Val, comte
        d'Eprémesnil.

XI.—Alexandre-Charles-François Eudes de Catteville, Marquis de Mir-
ville, né en 1735, Page de la petite écurie, Capitaine de la compagnie des Gendarmes-Dauphin, Chevalier de Saint-Louis, et enfin Maréchal-de-Camp en 1784, avait épousé, en 1762, mademoiselle Louise-Charlotte de la Pierre

DE FRÉMEUR, fille du Marquis de Frémeur, Lieutenant-Général. De cette alliance est né le fils qui suit :

XII. — Alexandre-Pierre-Marie EUDES, Marquis DE MIRVILLE, élevé à l'école militaire, Chevalier de Saint-Louis et Maréchal-de-Camp en 1825. Par contrat du 10 mai 1795, il a épousé mademoiselle Agathe-Elisabeth-Marie DE BOUTHILLIER DE CHAVIGNY, fille du Marquis de Bouthillier, Major de l'armée de Condé, Lieutenant-Général et Cordon rouge, et en a eu deux enfants : Marie-Euphrasie DE MIRVILLE, mariée, en 1822, à Charles GIGAULT, Baron DE CRISENOY, et le fils qui suit :

XIII. — Charles-Jules EUDES, Marquis DE MIRVILLE, chef de nom et d'armes et seul représentant mâle de sa famille, né en 1802, marié, le 8 mars 1831, à mademoiselle-Mathilde DE LA PALLU.

LEFEBVRE

ARMES : *D'azur, au chevron d'or, accompagné en chef de deux quintefeuilles d'or et en pointe d'un papillon d'argent, miraillé de sable.*

Les Sieurs Elye et Charles-Antoine LEFEBVRE, anciens Echevins de Rouen, furent anoblis en 1789. — Cette famille obtint, quelques années plus tard, le titre de BARON de l'Empire ; elle est représentée aujourd'hui par :

N..., Baron LEFEBVRE, Juge au tribunal de première instance de Rouen.

LE ROY

D'AMIGNY, DE SONCEBOZ, ETC.

ARMES : *D'argent, à trois merlettes de sable, posées 2 et 1.*—Couronne : *de Vicomte.* — Supports : *deux Sauvages.*

Ancienne famille de l'élection de Bayeux, dont la noblesse a été authentiquement reconnue à différentes époques, d'abord, par un arrêt de la Cour des Aides, le **27** mars **1494**, et ensuite en **1588** et **1666**. Elle a fourni un grand nombre d'Officiers de tous grades et des Chevaliers de Saint-Louis.

Par suite des guerres de religion, l'un de ses membres ayant embrassé le protestantisme, fut contraint de se réfugier en Suisse pour échapper aux persécutions dirigées contre lui et ses coreligionnaires.

Les preuves de noblesse que cette maison a fournies en **1737**, devant *d'Hozier*, Juge d'armes de France, font remonter la filiation à Guilbert LE ROY, Ecuyer, mentionné dans un arrêt de la Cour des Aides de Normandie, du 27 mars 1494 ; il est l'auteur connu des trois branches de la famille, savoir : celle des seigneurs D'AMIGNY, éteinte vers **1720** ; celle des LE ROY DU GUÉ, éteinte également en **1760**, et celle des Seigneurs DE SONCEBOZ (en Suisse), qui s'est continuée jusqu'à nos jours.

Cette branche a eu pour premier auteur :

Jacques LE ROY, Ecuyer, quatrième fils de Charles, Seigneur d'Amigny, et de Marie DE CAMPGRIN. Il se réfugia en Suisse pour échapper aux persécutions religieuses, et laissa cinq fils dont la postérité existe encore de nos jours. — Elle a pour chef :

Ulysse LE ROY, né le **23** juillet **1809**, marié : 1° le **11** juillet **1833**, à demoiselle Sophie BAILLOD ; 2° à mademoiselle Lucie BRETING, et, en troisièmes noces, le **14** août **1856**, à mademoiselle Marguerite WERENFELS (de la ville de Bâle). — De ces trois mariages sont issus trois fils :

1° Charles-Ulysse LE ROY, né le 12 septembre 1834, Lieutenant des Guides, habitant le Locle (canton de Neufchâtel) ;

2° Jules-Henri, né le 20 janvier 1841 ;

3° Auguste, né le 4 avril 1857.

DE LA BARRE

ARMES : *D'argent, à trois merlettes de sable.* — Couronne : *de Comte.* — Supports : *deux Lions.*

ne des meilleures familles de l'élection des Andelys, où elle est connue depuis plus de cinq siècles. Elle fut maintenue dans sa noblesse à différentes époques, notamment par sentence des élus d'Andelys, Gournay et Vernon, en 1610 et en 1667. — Voici l'énumération des divers actes qui nous ont été communiqués sur cette maison, qui eut pour premier auteur de la filiation Pierre DE LA BARRE, Ecuyer, vivant en 1430.

Testament de Pierre DE LA BARRE, Ecuyer, du 29 août 1537.

Testament de Nicolas, qualifié noble homme et seigneur du Mesnillet (1560).

Aveu du 27 avril 1583, fait par ledit Nicolas, pour son fief du Mesnillet.

Extrait baptistaire, du 10 juillet 1583, de Renaud, fils du précédent.

Acte du 6 novembre 1591, constatant que Nicolas DE LA BARRE, IIe du nom, Ecuyer, Seigneur du Mesnillet, commandait cent hommes d'armes et était Capitaine du château Gaillard.

Convocation du 28 mars 1598 du ban et l'arrière-ban, dans laquelle figure Nicolas DE LA BARRE, Ecuyer, Seigneur du Mesnillet et de Nanteuil.

Sentence du 15 février 1610, rendue par les élus des Andelys, Vernon et Gournay, relative à la noblesse des DE LA BARRE.

Renault et Charles, son fils, Ecuyer, Sieur du Mesnillet, étaient Gendarmes de la Compagnie de M. le duc de la Meilleraye, en 1636.

Reconnaissance des titres de noblesse, du 15 août 1641, produits par Renault DE LA BARRE, devant M. Claude Pàris, intendant de justice et de police de la province de Normandie.

Charles, fils du précédent, Ecuyer, Seigneur de Nanteuil, a épousé, le 23 février 1647, noble demoiselle Anne DE CARADAS.

Jugement du 22 décembre 1667, qui maintient dans sa noblesse Pierre DE LA BARRE, Ecuyer, Sieur de Nanteuil.

— 14 juillet 1687, Jean-Charles DE LA BARRE, Ecuyer, Seigneur du Mesnillet, de Nanteuil, de la Rivière, etc..., a épousé Catherine-Charlotte

DES CHAMPS, nièce de Gilles des Champs, Cardinal, Archevêque de Coutances.

Messire Pierre DE LA BARRE DE NANTEUIL, ancien Brigadier des Mousquetaires, a épousé demoiselle Suzanne APRIX DE VIMONT.

Raoul DE LA BARRE, son petit-fils, Garde-du-Corps d'i Roi (compagnie écossaise), a épousé, en 1741, demoiselle Marie LE MOYNE DE BOISGONTIER. De ce mariage est issu, en 1743 :

Joachim-Jean-Pierre-Raoul DE LA BARRE DE NANTEUIL, Page de la Reine en 1756, Cornette au régiment Royal-Cravattes en 1759, Garde-du-Corps du Roi en 1762, Lieutenant des Maréchaux de France en 1771, et Chevalier de Saint-Louis, a émigré à la Révolution, et a servi dans l'armée des Princes. Il avait épousé : 1°, en 1762, Louise-Amiable-Rose JOURDAIN DU COUDRAY, et 2°, le 4 décembre 1777, Marie-Sophie-Ursule HALLÉ DE ROUVILLE, fille d'un Président à mortier du Parlement de Rouen.

En 1816, il présenta une pétition au Roi, où il exposait à Sa Majesté ses droits au titre de Comte, et le désir d'obtenir ce titre héréditaire, non par Majorat, mais par grâce spéciale émanant de la bonté du Roi, envers une famille dévouée depuis plus de cinq siècles au service de l'auguste dynastie des Bourbons. Il reçut, en effet, le 17 juillet 1816, un brevet où le Roi lui confère le titre de COMTE et le grade de chef de bataillon en retraite. — De son premier mariage sont issus deux fils :

1° Louis-Charles-Raoul, Comte DE LA BARRE DE NANTEUIL, mort à Saint-Domingue, en laissant deux fils :

Eustache-Théodore, l'aîné, chef actuel de cette ancienne maison, habite l'île Maurice.

2° Augustin DE LA BARRE, qui eut également deux fils : l'un habite actuellement Saint-Brieuc ; l'autre, Alphonse DE LA BARRE DE NANTEUIL, habite Boulogne-sur-Mer.

Du deuxième lit sont issus trois fils, entre autres :

Jean-Charles-Raoul, Vicomte DE LA BARRE, chef du second rameau, qui a eu trois enfants :

1° Raoul-Louis-Stanislas, Capitaine d'Etat-major, mort lors de la guerre de Crimée ;
2° Théodore-Léon, Vicomte DE LA BARRE, Receveur des finances aux Andelys, marié à mademoiselle Emma DE LA MARIOUZE ;
3° Alfred-Charles, Capitaine des zouaves, tué à Inkermann.

DANIEL

Un des premiers auteurs de cette famille, d'ancienne chevalerie, accompagna Guillaume- le Conquérant en Angleterre et figure dans la liste des Seigneurs normands conservée jusqu'au temps d'Henri VIII dans le monastère de Saint-Martin de la Bataille, près Hastings, publiée en Angleterre par *Halensed*, et en France par *A. Duchesne* (Voyez aussi la liste que nous avons donnée, tome Ier, page 4). Le livre que *Williams Burke*, Roy d'armes d'Irlande, a publié sur le rôle de la bataille, dit : « le DANIEL, dont il est question, est sans aucun doute la tige de la grande famille DANIEL ou DE ANYERS de Daresbury (Comté de Chester) ; et ces DANIEL, DANYEL, DANYELL, DANYERS ou DE ANYERS (car on trouve ces diverses variantes dans les chartes françaises et anglaises) sont une branche des DANIEL DE TABLEY.

Un siècle à peine après la conquète d'Angleterre, on voit figurer à celle du royaume de Naples « Hugues DANIEL, Seigneur du Bosc et de Tellier.» (*G. Du Moulin, Histoire de Normandie.*)

Deux familles paraissant issues de la même souche, mais n'ayant aucune autre communauté, et séparées sans doute depuis le retour de la conquète, existent encore en Normandie. Nous allons donner succinctement leur notice.

DANIEL DE BOISDENEMETZ

ARMES : *De gueules, à une bande d'argent, chargée de trois molettes d'éperon de sable et accompagnée de deux lions d'or, l'un en chef et l'autre en pointe —* — Couronne : *de Marquis.* — Supports : *deux Licornes.*

Le premier auteur de cette maison apparaît en Normandie dès le XIIe siècle, ce qui nous fait croire que Osbert DANYEL, compagnon de Guillaume en 1066, n'était pas le seul de sa famille à la conquète.

Une charte du roi Philippe-Auguste, datée de l'an 1216, donne à Beaudoin

Danyel, Chevalier, les fiefs de Nemais et les bois d'Autheverne, sis dans le Vexin; de là vient le nom de Boisdenemetz, anciennement Bois d'Annemetz (Charte originale aux archives de la famille que possède madame la Comtesse de Saint-Foix, fille aînée de feu le marquis de Boisdenemetz (1).

La noblesse d'extraction chevaleresque de cette maison fut reconnue à différentes époques, notamment par Montfaut et par La Galissonnière; de plus, en 1785, le Marquis de Boisdenemetz et ses frères firent leurs preuves devant *Chérin*, pour être admis aux honneurs de la Cour.

Guillaume Daniel, Ecuyer, Maire du Palais de Rouen en 1361 et Capitaine de ladite ville (*Archives de la Cour des Comptes*), est le premier auteur où commence la filiation.

— Michel Daniel, Sieur de Bois-d'Anemetz et d'autres lieux, comparut, accompagné d'un Archer et d'un Page, à la monstre des nobles de la Châstellenie de Vernon, en 1469. — Jacques a été Président au Parlement de Rouen par lettres de provision du 7 septembre 1555. — Jacques, IIIe du nom, était Lieutenant du Grand-Maître de l'Artillerie en 1590. — Jean-Paul Daniel de Bois-d'Anemetz, fut reçu Page du Roi en sa petite écurie, le 28 août 1672.

Claude Daniel, Chevalier, Marquis de Boisdenemetz, a été reçu l'un des Ecuyers de la Reine, au mois de janvier 1733, et il est mort Lieutenant-Général le 1er mars 1790. De son mariage avec demoiselle Elisabeth-Anne Borel de Clardec, il eut cinq fils, dont les trois aînés firent leurs preuves en 1785, ainsi qu'il est dit plus haut, et montèrent dans les carosses du Roi.

Cette famille est actuellement divisée en deux branches; la première est représentée par :

Alexandre Daniel, Marquis de Boisdenemetz, marié, en 1824, à mademoiselle Ethis de Corny, dont un fils, Léopold, a épousé mademoiselle N.... de Metz.

La seconde a pour chef :

Alphonse-Frédéric-Charles Daniel, Comte de Boisdenemetz, qui a servi dans la maison du Roi avant 1830. Il a épousé, le 15 mars 1820, mademoiselle Elisa-Ferdinande de Souvain, dont il a quatre enfants :

1º Armand, Capitaine au 1er régiment de dragons;
2º Edouard, Capitaine au 71e régiment d'infanterie de ligne, Chevalier de la Légion d'honneur;
3º Deux jumeaux, Gaston et René, nés le 6 janvier 1830.

(1) Un fait remarquable à citer, c'est que les châteaux de Boisdenemetz et d'Autheverne, sis aux environs de Vernon, sont encore possédés par cette maison.

Victor-Alphonse-Armand DANIEL, Vicomte DE BOISDENEMETZ, frère du précédent, ancien officier aux Lanciers de la Garde Royale, n'est pas marié et habite Dôle (Jura).

DANIEL

DE MOULT, DE GRANGUES ET DE BETTEVILLE

ARMES : *Ecartelé : aux 1 et 4, d'argent, à quatre fusées et deux demies de sable couchées et accolées en pal ; aux 2 et 3, d'argent, au loup passant, la tête contournée de sable, armé, lampassé et vilené de gueules; sur le tout une étoile de gueules, chargée d'un croissant d'or.* — Couronne : *de Marquis.* — Cimier : *Un Loup passant.* — Supports : *deux Lions léopardés.*

Henri DANIEL, Ecuyer, Seigneur de Gresens, de Moult, de Grangues, etc., second fils de Guillaume et de Jeanne RANDALL (Branche anglaise), revint se fixer en Normandie, s'établit à Caen vers 1635, acquitta les taxes imposées en 1640 aux étrangers, et, ayant réclamé et obtenu son droit de naturalité, il acquitta, le 30 novembre 1646, la taxe à laquelle il avait été soumis par le conseil du Roi ; Louis XIV lui accorda, le 15 février 1675, des lettres de confirmation de son ancienne noblesse. Il acquit, entre autres terres, celles de Grangues, près Pont-l'Evêque, où ses descendants fixèrent leur principale résidence. Ceux-ci se partagèrent en deux branches : celle des seigneurs de Moult, l'aînée, éteinte au siècle dernier, et celle des Seigneurs et Marquis de Grangues, qui se subdivisa en trois rameaux, dont deux existent encore. — Le premier rameau de la seconde branche a eu pour premier auteur :

Henry DANIEL, IIe du nom, Ecuyer, Seigneur de Grangues, Marquis de Martragny, fils puîné d'Henri, rapporté plus haut, servit comme Lieutenant dans le régiment de Schomberg. — Parmi ses descendants nous citerons : Henri, IIIe du nom, Président en la chambre des comptes de Normandie en 1706. — Jean-Henry-Robert DANIEL, Marquis DE GRANGUES, Chevalier des Ordres du Mont-Carmel et de Saint-Lazare en 1724, Lieutenant de Roi à Lisieux. — Il s'est éteint en la personne de : Henri-Charles-Auguste DANIEL, Chevalier, Marquis DE GRANGUES, marié à Julie Gaspardine DE ROBILLARD, et décédé à Rouen le 16 mars 1818, sans postérité mâle.

Le second rameau des seigneurs d'EURVILLE DE GRANGUES eut pour auteur :

Marie-François-Léonor-Grégoire-Aimé DANIEL, connu d'abord sous le nom de *Chevalier* DE GRANGUES, puis, au retour de l'émigration, sous celui de DANIEL D'EURVILLE, ancien officier au régiment Royal-Comtois, a épousé, le 20 avril 1802, mademoiselle Françoise-Thérèse-Joseph DE MANNEVILLE, et mourut à Rouen en 1814, laissant le fils unique qui suit :

François-Aimé-Raimond DANIEL D'EURVILLE, Marquis DE GRANGUES, chef actuel de nom et d'armes, marié, en 1839, à mademoiselle Françoise-Thérèse Joséphine BOSCARY DE ROMAINE, dont il a :

> Charlotte-Louise-Ada DANIEL D'EURVILLE DE GRANGUES, mariée, le 19 mai 1860, à Henry COUSTANT D'YANVILLE, Capitaine au 6e régiment de lanciers, Chevalier de la Légion d'honneur.

Le troisième rameau des Seigneurs DE BETTEVILLE a eu pour premier auteur :

Jean-Robert-Augustin DANIEL, Ecuyer, Seigneur de Betteville, dont le fils aîné, Louis-Augustin, né en 1801, a épousé mademoiselle Angélique-Françoise Charlotte-Antoinette SCELLES DE LA COQUERIE. Il est mort à Honfleur le 11 juillet 1852, laissant deux fils :

> 1o Henry-Adolphe DANIEL DE BETTEVILLE, né le 11 octobre 1824, mariée à Léontine DE LA BUSSIÈRE ;
> 2o Henry-Achille DANIEL DE BETTEVILLE, né le 25 février 1828.

MOREL

DE GRIMOUVILLE, DE COURCY, ETC.

ARMES : *D'or, au chevron d'azur, chargé de deux badelaires d'argent, garnis d'or, et accompagné en pointe d'une fleur de lis de gueules.*

Maison du diocèse de Coutances, dont le premier auteur connu est André MOREL, Sieur des Mares, qualifié noble homme dans deux actes des années 1591 et 1600, et Ecuyer dans deux autres des années 1610 et 1612, marié à Madeleine COULOMB, et mort en 1627, laissant de son mariage deux fils qui ont formé chacun une branche, savoir : Hilaire, qui suit ; et Olivier, tige de la branche DE COURCY, rapportée plus loin.

—Hilaire MOREL ou DE MOREL, pourvu, en 1620, de la charge de Conseiller du Roi, Garde des sceaux au Présidial de Coutances, fut anobli par lettres patentes du mois de septembre 1643. Sa descendance a produit :

— Charles DE MOREL, Ecuyer, Lieutenant au régiment de Vermandois.

— Charles-François, Seigneur de la Roguerie, Conseiller au Présidial de Coutances.

— Charles-François-Daniel MOREL, Ecuyer, Seigneur de la Roguerie, de Brogbeuf et de Grimouville, né le 25 décembre 1726, pourvu de la charge de Conseiller au Présidial de Coutances en 1752, et Procureur du Roi en la Maréchaussée de Caen, au département de Coutances, et de la prévôté de l'armée de Normandie. Il a été compris avec sa mère au rôle de la capitation des nobles des années 1757, 59 et 62, et obtint néanmoins du Roi des lettres de confirmation de noblesse, données à Marly, au mois de juin 1776. Il avait épousé, le 9 juillet 1765, Marie-Anne-Francoise GUÉRIN D'AGON, et il est mort le 4 mars 1786, laissant deux fils :

1º Léonor-Marie-Charles MOREL, Ecuyer, Seigneur de Grimouville, lequel a comparu à l'Assemblée de la noblesse du bailliage de Coutances en 1789 (Voyez tome 1er, page 152, 1re partie);
2º Louis, qui suit :

Louis-Charles Morel, Ecuyer, né le 27 mars 1789, a épousé, le 30 janvier 1826, mademoiselle Sophie-Ange Le Pigeon de Boisval, dont il eut :

1° Paul-Jean-Louis, qui continue la descendance ;
2° Henri-Antoine-Marie ;
3° Léontine-Isabelle-Marie ;
4° Léocadie-Marie-Clotilde, mariée à Alfred Le Courtois de Montamy.

Paul-Jean-Louis Morel, né le 29 décembre 1826, actuellement Receveur des domaines, a épousé, le 14 octobre 1862, demoiselle Léonie-Marie Guesdon, dont il a une fille.

———————

La branche des Seigneurs de Saint-Cyr et de Courcy est éteinte aujourd'hui ; elle a eu pour premier auteur :

Olivier Morel, Ecuyer, Seigneur de Saint-Cyr, deuxième fils d'André, Sieur des Mares, et de Madeleine Coulomr, mentionnés plus haut. Il a été anobli avec son frère, en 1643, en considération de ses services tant dans les armées que dans l'exercice de la charge de Receveur des tailles de l'élection de Valognes.

Cette branche a produit : Adrien Morel, Ecuyer, Seigneur de Saint-Cyr et de Courcy, Officier au régiment des Gardes-Françaises, marié à Marie de Briqueville, et maintenu dans sa noblesse en 1666.

Théodore, appelé le Chevalier de Courcy, Prevôt-Général de la Basse-Normandie, puis Gouverneur de Valognes, qui défendit les côtes de son gouvernement contre les Anglais en 1708 ; il fut reçu Chevalier de l'Ordre de Saint-Michel en 1723, et mourut en 1752, ne laissant qu'une fille, mariée, en 1745, à M. Hue de Caligny, Capitaine-général-Garde-Côte à la Hougue.

DU VAL

DE MANNEVILLE, D'EPRÉMESNIL, DU MANOIR, ETC.

Armes : *Ecortelé : aux 1 et 4, d'azur, à une bande écotée d'or, accompagnée en chef d'un vase à deux anses, rempli de fleurs et en pointe d'un lionceau, le tout du même ; aux 2 et 3, d'argent, à une fasce de gueules accompagnée de trois rocs d'échiquier de sable, 2 en chef et 1 en pointe.* — Couronne : *de Comte.* — Cimier : *un Griffon d'or issant.* — Supports : *deux Sauvages.* — Devise : *Patriæ impendere vitam.*

ncienne famille du bas pays de Caux, dont la noblesse a été constatée par plusieurs jugements de maintenue, notamment en 1463, 1577, 1667; elle résulte encore surabondamment des preuves faites pour la réception d'un de ses membres dans l'Ordre de Malte, en 1613, et pour l'admission de Vincent du Val d'Antigny, comme Page des écuries de S. A. R. le Duc d'Orléans, en 1721. — Cette maison a formé plusieurs branches, entre autres celles de Coupeauville, de Manneville, de Leyrit, de Vallarmé, d'Antigny, d'Eprémesnil, du Manoir, de Varengeville, de Beaumetz, etc...

De toutes ces branches, deux subsistent encore de nos jours ; la filiation en avait parfaitement été faite avant la révolution, depuis l'année 1350, ainsi qu'il résultait d'une généalogie vérifiée et approuvée par Chérin, et d'un certificat délivré par lui ; mais tous les titres et contrats originaux ayant été brûlés en 1790 , le jugement de maintenue de 1667 fait remonter la filiation à Etienne du Val , Ecuyer , Sieur des Brières et de Coupeauville , qui vivait en 1445 , et épousa noble demoiselle Jeanne Prud'homme, qui lui apporta en dot la Vavassorie noble de Coupeauville. Cette terre s'est conservée dans la famille du Val, jusques en 1809, époque où elle a été vendue par Achille-Simon du Val d'Eprémesnil et de Coupeauville, Capitaine Aide-de-Camp du Lieutenant-général Sahuc, qui la tenait héréditairement de ses pères, et à qui elle était échue en partage. MM. du Val ont été distingués (quant à cette branche) par le nom de Coupeauville, jusques en 1567 ; mais à cette époque, ayant acquis la terre d'Eprémesnil, fief qui avait haute, moyenne et basse justice, et relevait directement du Roi, ils en prirent le nom et réservèrent celui de Coupeauville à leurs aînés; c'est donc par une possession constante que les branches d'Eprémesnil et du Manoir prouvent leur descendance à partir d'Etienne DU VAL, Sieur des Brières et de Coupeauville.

Les alliances de la maison DU VAL ont été constamment dignes du rang qu'elle occupait dans la noblesse; elle est apparentée aux : Dambray, d'Houdetot, Le Roux d'Esneval, de Bauquemare, de Beaunay, de Graville, des Réaux, du Moncel, du Carbonnel, de Réauté, de Cherville, de Pontbellanger, de la Bourdonnais, de Perdiguier, de Lynch, Blake, d'Espinay St-Luc, Butler, Eudes de Mirville, des Vaulx, de Mostuéjouls, de Nogaret de Calvisson, de la Pierre de Frémeur, Le Filleul d'Amertot, Onfroy de Bréville, Le Couteulx de Canteleu, etc., etc.

— Etienne DU VAL, Ecuyer, Sieur des Brières, vivait en 1445, et son frère, Jean DU VAL, Ecuyer, comparut en armes, avec un Page portant son vouge, à la montre de la noblesse du comté de Longueville, en 1470 (La Roque, Histoire du ban et de l'arrière-ban, page 125).

— 1560. — Raoul DU VAL, Seigneur de Coupeauville, reçu Conseiller à la Cour des Aides de Rouen le 16 mars, obtint des lettres de maintenue de noblesse le 22 juillet 1577.

— 1613. — Charles DU VAL DE COUPEAUVILLE, Prieur du Bosc-Achard, reçu Chevalier de Malte le 23 juillet, était Commandeur d'Ivry-le-Temple en 1667.

— 1639. — Son frère, Claude (dont Tallemant des Réaux vante l'esprit dans ses mémoires, fut nommé Abbé de la Victoire, près Senlis, et mourut au mois de décembre 1676.

— 1667. — André DU VAL, Ecuyer, Seigneur de Manneville, des Brières, de Coupeauville et autres lieux, fut maintenu par jugement de M. de la Galissonnière.

— 1698. — Alexandre DU VAL, Ecuyer, Sieur de Coupeauville, fit enregistrer ses armoiries à l'Armorial général (Généralité de Rouen, registre 21, folio 103); elles sont telles que nous les avons décrites en tête de cette notice.

— 1721. — Vincent DU VAL D'ANTIGNY, fut reçu Page des écuries de Monseigneur le Duc d'Orléans le 28 février.

Enfin MM. DU VAL DE BEAUMETZ et DE VARENGEVILLE sont morts au commencement de ce siècle, ne laissant que des filles.

BRANCHE D'EPRÉMESNIL.

Cette branche, qui a eu pour premier auteur Jacques DU VAL, Ecuyer, Sieur de Coupeauville, de Saint-Martin, du Manoir, etc., second fils d'Alwin et de Jacqueline DE BOULLENC, a produit :

— Jacques DU VAL, Ecuyer, Seigneur d'Eprémesnil et de Coupeauville, Baron de Leyrit, né en 1672, Directeur général de la Compagnie des Indes, Gouverneur pour le Roi des ville et fort de Lorient, et Chevalier de son Ordre.

— Georges DU VAL DE LEYRIT, Conseiller du Conseil supérieur de Pondichéry, Gouverneur général et Commandant des établissements français aux Indes, en 1756.

— Jacques DU VAL D'EPRÉMESNIL, un des hommes les plus distingués de son époque, Gouverneur de Madras, mort à Paris le 3 mars 1764.

— Jacques DU VAL D'EPRÉMESNIL, IIe du nom, né à Pondichéry en 1745, Avocat du Roi au Châtelet de Paris, Conseiller au Parlement, et enfin Député de la noblesse aux Etats-Généraux en 1789, marié à mademoiselle DES VAULX (1), est mort sur l'échafaud révolutionnaire en 1794.

— Achille Simon DU VAL D'EPRÉMESNIL, Capitaine de cavalerie, Chevalier de la Légion d'honneur, mort à Wilna en 1812, sans avoir été marié.

— Jacques DU VAL, Comte d'EPRÉMESNIL, Colonel de cavalerie, Chevalier de Saint-Louis, de la Légion d'honneur, de Saint-Waldimir de Russie et de Saint-Ferdinand d'Espagne, marié, en 1796, à Anatolie-Louise-Marie EUDES DE MIRVILLE.

— Jacques-Charles-Georges DU VAL, Comte D'EPRÉMESNIL, Officier

---

(1) Elle était sœur du général DES VAULX DE MEILLERAYE, qui émigra, fit toutes les campagnes de l'armée des Princes, et, rentré en France, ne retrouva, pour toute fortune, que le titre de BARON D'OINVILLE, dont son père avait été gratifié par lettres patentes du mois d'octobre 1785. Le général DES VAULX, n'ayant pas d'enfants, transmit son titre, par acte du 26 mai 1817, à son neveu, Jacques, Comte D'EPRÉMESNIL, grand-père du chef de la famille, à la condition pour lui et sa postérité née et à naître, d'écarteler leurs armes de celles de la famille des Vaulx, qui sont : *Coupé d'argent et de sable, à un lion lampassé et armé de gueules de l'un à l'autre.*

supérieur d'infanterie, marié, en 1825, à mademoiselle Cécile-Henriette-Rachel PELLETIER DE SAINT-MICHEL, mort en 1853.

Cette branche est représentée actuellement par :

1° Oscar-Patrice DU VAL D'EPRÉMESNIL, né en 1798, ancien Magistrat, non marié.

2° Louis-Eugène, né en 1800, ancien Capitaine du génie, marié, en 1835, à mademoiselle Aline SAINSERE, dont il a :

A. Anatolie D'EPRÉMESNIL, mariée, le 21 octobre 1858, à Georges ONFROY DE BRÉVILLE.

3° Et, enfin, par Jacques-Louis-Raoul DU VAL, Comte d'Eprémesnil, chef de nom et d'armes de la famille, né à Paris en 1827, Membre du Conseil général du département de l'Eure, Chevalier de la Légion d'honneur, marié, le 5 juin 1855, à mademoiselle Georgiana SELBY BINGHAM, dont il a :

1° Marie-Jacqueline-Eugénie-Cécile DU VAL D'EPRÉMESNIL, née le 29 février 1858 ;
2° Jacques-Joseph-Olivier DU VAL D'EPRÉMESNIL, né le 8 janvier 1859.

BRANCHE DU MANOIR.

Cette seconde branche, issue de la précédente, a eu pour premier auteur : Michel-Archange DU VAL, Sieur du Manoir, troisième fils de Jacques, Vᵉ du nom, et de dame Catherine-Elisabeth DE BOULLENC ; il a été baptisé au Hàvre en 1717. — Paul Emile DU VAL DU MANOIR, son petit-fils, ancien Chef d'escadron de cavalerie, Officier de la Légion d'honneur, etc., mort le 10 avril 1834, avait épousé en 1826, à Rouen, mademoiselle Zénaïde LE ROUX D'ESNEVAL, issue d'une des plus anciennes familles de la province. De ce mariage sont issus :

1° Louis-Roger DU VAL, Comte DU MANOIR, né à Paris, le 10 juillet 1827 ;
2° Michel-Archange-Robert DU VAL, Vicomte DU MANOIR, né le 10 février 1829, marié à mademoiselle Fanny LE COUTEULX DE CANTELEU, veuve du Comte DE GOUY D'ARCY.

DE MALORTIE

ARMES : *D'azur, à deux chevrons d'or, accompagné de trois fers de lance d'argent, 2 et 1, la pointe en bas.* — Couronne : *de Marquis.* — Supports : *deux Lévriers d'argent, au collier de gueules, bordé d'or.* — Devise : *Qui s'y frotte s'y pique.*

L a maison DE MALORTIE, une des plus anciennes de la province (1), est aujourd'hui divisée en deux branches principales ; l'une habite les terres de la Motte et de Campigny, près Pont-Audemer, et l'autre, sortie de France après la révocation de l'édit de Nantes, s'est fixée en Hanovre, et y est toujours restée depuis. Ces deux branches descendent des deux fils de Richard DE MALORTIE, vivant en 1450, dont il va être parlé plus bas. Suivant une ancienne généalogie, conservée dans les archives de la famille, Guillaume DE MALORTIE, Sire de Villepart, se croisa avec Guichard, son jeune fils, en 1147, et fut tué dans un combat naval en 1150. — Timoléon DE MALORTIE, son troisième fils, prit part à la croisade contre les Albigeois et fut le compagnon de son frère à la croisade de 1191.

Charles DE MALORTIE fut blessé au siège de la Rochelle, en 1224. — Guichard, Chevalier, fut blessé à la bataille de Poitiers (1356), et devint par suite Gentilhomme de la chambre du roi Jean.

Les alliances des DE MALORTIE, dans cette première période antérieure au XVe siècle, ont été contractées avec les familles de Guyon, de Villebertain, des Landes, de Pouanges, de Mégrigny, de Courgerenne, de Clère, de Sancy, de Béruyer.

En 1450, le petit-fils de Guichard, Richard DE MALORTIE, Chevalier, Seigneur de Brévedent, de Fontaine, du Breuil et des Préaux, plus tard Comte de Conches et de Breteuil, jouait un rôle distingué, et rendait des services

---

(1) Il y a d'autres familles du nom de MALORTIE ou MALLORTIE, en Normandie, en Picardie et en Lorraine ; il est plus que probable que ce sont des rameaux issus de la souche commune ; mais nous n'avons point, dans nos documents, de données suffisantes pour rattacher leur filiation.

importants au roi Charles VII dans les guerres contre les Anglais. Il fut successivement Ecuyer de l'écurie du Roi, puis Gentilhomme de sa chambre. Il
épousa, en 1451, damoiselle Marie LEMPEREUR, dame de Villars, et acheta en
1456 le fief de la Motte ; son tombeau se voit, en un monument de beau style
gothique, dans l'église de la paroisse de Saint-Germain, près Pont-Audemer,
dans laquelle se trouve la terre de la Motte.

C'est de cette alliance que sont nés les deux fils, auteurs des deux branches
qui subsistent de nos jours : l'aîné, Robert, qui est la tige de celle de *la Motte
et de Campigny ;* le cadet, Jean, qui forma la branche *de Villars.*

Dans la branche aînée, nous citerons particulièrement : Jean DE MALORTIE,
Chevalier, blessé à la bataille de Marignan, marié en 1514 à Jeanne D'ESNEVAL,
issue de la noble et puissante maison princière DE DREUX ; elle lui apporta en
dot la terre de Campigny, fief-plein de Hautbert, relevant *nuement* du Roi.

Robert, son fils, Gouverneur de Quillebeuf, a épousé, en 1556, Jacqueline
DE RONCHEROLLES, et eut, entre autres enfants :

Claude DE MALORTIE, Capitaine de deux cents arquebusiers, Gentilhomme
de la chambre du roi Henri IV, selon une lettre de ce prince du 19 octobre
1595, et Chevalier de l'ordre du Roi.

Cette branche est actuellement représentée par :

Ludovic, Comte DE MALORTIE, ancien Magistrat, démissionnaire en 1830,
possesseur de l'ancien fief de *Campigny,* marié, en 1839, à mademoiselle
Augustine-Henriette-Hyacinthe D'HÉLIAND, dont il a deux filles ;

Et par Charles-Benoit DE MALORTIE, son cousin-germain, ancien Magistrat,
aussi démissionnaire en 1830, possesseur de l'ancien fief de *la Motte,* marié,
en 1833, à mademoiselle Marie-Albertine HALLÉ D'AMFREVILLE DE CANDOS.
De ce mariage il a un fils : Charles-Henri DE MALORTIE, et une fille Louise ;
une fille aînée, Marie, qui avait épousé M. Justin DE SAINT-LÉGER, est morte
en 1859.

Les autres alliances de cette branche, non mentionnées ci-dessus, ont été
contractées avec les familles de Billy, de Courcy, de Calais, Grosourdy de
Saint-Pierre, Jubert de Bouville, de la Barre, Legrix de Montreuil, Gaudin,
de Cahaigne, Blondel de Lislebec, de Gibert, de la Roque.

DEUXIÈME BRANCHE,

La branche des DE MALORTIE DE VILLARS, qui a eu pour premier auteur Jean, fils de Richard et de Marie Lempereur, a produit plusieurs personnages distingués, d'abord ledit Jean, Ecuyer, Seigneur de Villars, époux, en 1504, de Yolande DU BOIS-D'ANNEMETZ ; et un autre Jean, Chevalier, Seigneur de Villars et de Glatigny, Chevalier de l'Ordre du Roi en 1563, époux de demoiselle Louise DE BIMONT.

Après 1640, cette branche s'est subdivisée en deux rameaux, l'un, celui des Marquis de Villars et de Boudeville ; l'autre, celui des Seigneurs de Bimont, établi en Hanovre, et rapporté plus loin. Le premier rameau a produit :

François DE MALORTIE, Marquis de Villars, marié, en 1662, à demoiselle Anne DE SARRAU.

Jacques-Gustave DE MALORTIE, Maréchal-de-Camp, Inspecteur-général de cavalerie et Chevalier de Saint-Louis, qui a épousé, en 1691, Marie-Thérèse DE BRISACIER, et eut deux enfants :

1o Jean-François DE MALORTIE, Marquis DE BOUDEVILLE, reçu Page du Roi en 1711, Maréchal-de-Camp le 1er mai 1745, marié à Françoise-Charlotte DE SENNETERRE, fille de Henri-François de Senneterre, Duc de Laferté, Lieutenant-Général et Pair de France ;

2o Marie-Anne, mariée, en 1710, à messire Jean-François-Antoine-Léonor DE GAUDE, Comte de Martainneville, Mestre-de-Camp de cavalerie, dont une fille :

A. Marie-Thérèse DE GAUDE, laquelle a épousé, en 1749, Philippe-Charles, Comte D'HUNOLSTEIN. De lui sont descendus : Pierre-Antoine, Comte D'HUNOLSTEIN, Maréchal-de-Camp en 1788; Philippe-Charles-Félix, Comte D'HUNOLSTEIN, Pair de France en 1819, et Louis-Marie-Paul, Comte D'HUNOLSTEIN, ancien Député du département de la Moselle.

SECOND RAMEAU

DE LA DEUXIÈME BRANCHE

e rameau, **celu des Seigneurs de Bimont**, professant la religion prétendue réformée, sortit de France après la révocation de l'édit de Nantes (1685), et s'établit en Hanovre, où il a encore des représentants. Voici sa filiation :

Charles DE MALORTIE, entré au service du roi de Hanovre, devint Colonel d'infanterie (*Drossard de Fallingbossel*), et a épousé, en 1691, Caroline-Antoinette, Baronne DE JONCRET.

Georges-Guillaume, marié, en 1734, à Charlotte DOMPIÈRE DE JONQUIÈRE.

Charles-Gabriel Henri, Lieutenant-Général, Gouverneur des Princes d'Angleterre : Ernest, Auguste et Rodolphe, et époux de mademoiselle N.... DE MANDELSLOH.

Ferdinand DE MALORTIE, Général des Forêts de Hanovre, Grand'croix de l'Ordre des Guelfes, Commandeur et Chevalier de plusieurs autres Ordres, marié, en 1801, à demoiselle Julie, Comtesse DE PLATEN DE HALLERMUND ; de cette alliance sont issus :

1° Elise DE MALORTIE, ancienne Dame d'atours de S. M. la reine de Hanovre, veuve de S. E. le général Louis DE BUSCH-HADDEN-HAUSEN, décédée ;

2° Ernest, qui suit ;

3° Hermann DE MALORTIE, Chambellan du Roi, Chevalier de plusieurs ordres, marié, en 1837, à mademoiselle Caroline, Comtesse DE BISMARK-BOHLEN (de Prusse), dont il a trois fils et trois filles ;

4° Emilie DE MALORTIE, ancienne Dame d'honneur de S. M. la reine de Hanovre, mariée, en 1841, à N... DE SCHOMBERG-WILSDRUFF (de Saxe), petit-fils d'un émigré français, arrière-neveu des généraux de Schomberg, du temps de Louis XIII et de Louis XIV.

Son Excellence Ernest DE MALORTIE, chef actuel de la seconde branche, né en 1804, Grand'croix ou Commandeur de tous les Ordres des puissances allemandes, a été, de 1833 à 1862, Grand-Maréchal de la Cour de S. M. le roi de Hanovre, et, depuis, il est élevé à la dignité de Ministre d'Etat et de la Maison du Roi.

MALLARD DE LA VARENDE

ARMES : *D'azur, à une fasce d'or, chargée d'un fer de mulet de sable, cloué d'argent de six pièces et accosté de deux losanges de gueules.* — Couronne : de Marquis. — Supports : *un Lion et un Griffon.*

ette maison, une des plus anciennes de la province, est dénommée indifféremment dans les titres des XIIe et XIIIe siècles, MALART, MALLART ou MALLARD.

A toutes les époques, soit dans l'armée, soit dans l'église, elle a produit des personnages éminents dont les noms se trouvent mêlés à tous les grands évènements politiques ; on remarque parmi eux : un Lieutenant-Général du duché d'Alençon, des Maîtres des requêtes de l'hôtel du Roi, un grand Maître des eaux et forêts, des Chevaliers de l'Ordre du roi et de celui de Malte, des Gouverneurs de villes, un Gentilhomme d'honneur de la Reine, et enfin un Lieutenant de MM. les maréchaux de France.

Cette famille a été confirmée plusieurs fois dans sa noblesse *d'ancienne extraction*, d'abord par Montfaut, en 1463, puis par jugement du 23 janvier 1641, et enfin en 1666.

Parmi les maisons avec lesquelles elle a contracté ses alliances, nous citerons celles : de Maillé-de-Brézé, de Laval (de Bretagne), de Laval-Montmorency, de Saint-Simon-Courtomer, de Champeaux, du Douët, de Beauvoisien, de Moinet de Bois-d'Auffay, d'Avernes, de Barville, de Pierres, de Nollent, d'Osmond, du Buat, de Farcy, d'Andel, de Perrier de la Genevray, de Bréda, etc., etc.

Robert Malart accompagna Robert III, duc de Normandie, à la conquête de la Terre-Sainte, et un autre Robert, Chevalier, est compris dans le catalogue des Seigneurs renommés en Normandie, depuis Guillaume-le-Conquérant jusqu'au règne de Philippe-Auguste (1204).

La filiation suivie et authentique commence à :

I. — Guillaume Malart, 1er du nom, Ecuyer, vivant en 1315, avec Elisabeth de Champeaux, son épouse, fille de Nicolas, Seigneur de Champeaux, et de Jeanne de Launay, grand'tante de Louis, Sire de Loigny, Maréchal-de-France en 1411. De ce mariage sont nés plusieurs enfants, entre autres :

II. — Nicolas Malart, marié, en 1350, à noble damoiselle Thomasse du Douet, fille de Marc du Douët, Seigneur de Chesnay et de Médavy, et de dame Jeanne de Ferrière. Il eut pour fils :

·III. — Robert Malart, Gentilhomme ordinaire de la Chambre du roi Jean, qui se maria, en 1390, avec Elisabeth de Larré, dame de la Bellière et de la Bunetière, dont plusieurs enfants, l'ainé :

IV. — Marc Malart, Ecuyer, Seigneur de Fontaine, se distingua dans les guerres de son temps. En 1448, s'étant réuni avec plusieurs gentilshommes de ses parents et amis, il se mit à la tête de ses vassaux et surprit les Anglais de la garnison d'Essay ; il les chargea si à propos, qu'il fit rentrer cette ville sous l'obéissance du Duc d'Alençon, qui l'en nomma Gouverneur, charge que ses successeurs ont continué à exercer jusqu'en l'année 1596. Il contribua aussi beaucoup à la reddition de la ville d'Alençon, et fut choisi par le Duc pour exercer la charge de Procureur général de tous ses domaines. Il avait épousé, en 1430, noble damoiselle Guillemine de Beauvoisien, fille de Pierre, Baron de Mongaudry, et de haute et puissante dame Alix de Cherville. De ce mariage naquit :

V. — Raoul Malart, Chevalier, Seigneur de Fontaine, Capitaine des ville et château d'Essay, lequel embrassa fort jeune la carrière des armes, et servit sous le prince Jean de Valois (Duc d'Alençon), dans la guerre que les grands du Royaume déclarèrent au roi Louis XI, en 1414. Il fut successivement Lieutenant-Général du duché d'Alençon, Maître des requêtes ordinaire de l'hôtel et premier Président de la Chambre des Comptes. — En récompense de ses services et de ceux de ses ancêtres, le Duc René, fils du prince Jean, qui précède, le nomma son principal Ministre, et le gratifia, par lettres patentes du 24 juin 1486, de la Seigneurie de Saint-Cénery, sise près de Séez, avec le patronage de cette paroisse, et les autres prérogatives qui y étaient attachées. — Il mourut en l'année 1515, et avait épousé, en 1466, noble damoiselle Marie Guy, fille et unique héritière de Nicolas Guy, Seigneur de Maéru et de Vauferment, Vicomte du Perche, Maître des requêtes ordinaire du Duc d'Alençon. De ce mariage sont nés deux fils :

1° Guillaume MALART, Ecuyer, chef de la branche de Maéru, éteinte ;

2° François, qui suit :

VI. — François MALART, Chevalier, Seigneur de Saint-Cénery, de Vauferment et de Fontaine, Capitaine des ville et chateau d'Essay, créé, par le roi François Iᵉʳ, Chevalier de son ordre en 1515, après la bataille de Marignan, fut fait prisonnier à celle de Pavie, en 1525, et mourut en 1553. Il avait épousé, par contrat du 18 juillet 1504, noble demoiselle Madeleine MOINET, fille de Geoffroi Moinet, Seigneur de Bois-d'Auffay, et de dame Catherine du Buat. De ce mariage sont issus :

1° Guillaume MALART, Chevalier, Seigneur de Vauferment, de Fay-le-Plessis, Cour-Lévêque, etc., servit avec distinction, et fut décoré, en 1571, par le roi Charles IX, du Collier de son ordre. Il existe, aux archives de la famille, une lettre très-flatteuse que ce prince lui a adressée, dans laquelle il rappelle ses services militaires, et en même temps il le délègue pour donner l'accolade à son frère cadet, lorsqu'il fut nommé Chevalier du Roi. Il exerça, pendant plusieurs années, la charge de Grand-Maître enquesteur et réformateur des eaux-et-forêts du Duc d'Alençon, charge dont il se démit en faveur de Gilles MALLART, Seigneur de Ruillé, son cousin-germain; il est mort sans avoir été marié;

2° François, qui suit : '

VII. — François MALART, IIᵉ du nom, Chevalier, Seigneur de Fontaine, de la Bussière, de la Motte, et autres lieux, Chevalier de l'ordre du Roi, en 1575, prit part aux batailles de Jarnac, de Montcontour et de Saint-Denis, et à toutes les actions signalées des règnes de Henry II, Charles IX et Henri III. — Ce dernier le choisit pour être Gentilhomme d'honneur de la reine Louise de Lorraine, son épouse. Il assista, en qualité de député de la noblesse du bailliage d'Alençon, aux Etats tenus à Rouen en 1596, et mourut en 1599. — Par contrat du 29 décembre 1539, il avait épousé noble demoiselle Catherine GEORGES, fille de Henri, Seigneur d'Averue, et de dame Marie Coulomp ; il eut plusieurs enfants, entre autres :

1º Réné MALART, Chevalier, auteur d'une branche éteinte à la fin du XVIIIe siècle.
— Par suite des diverses preuves faites pour les Écoles militaires, on voit qu'il était l'aïeul de Gilles MALART, reçu Chevalier de Malte le 2 janvier 1631, et sixième aïeul d'Eustache MALART, Seigneur du Ménil et de Saint-Antonin, Capitaine de cavalerie ;

2º Léon, qui suit :

VIII. — Léon MALART, Chevalier, Seigneur de Barville, du Jardin et du Ménil-Guyon, Gentilhomme ordinaire de la chambre du Roi, se distingua par ses services militaires, et était mort avant le 9 mars 1621. — Il avait épousé, le 17 janvier 1573, noble demoiselle Marie DE BARVILLE, qui l'a rendu père de :

IX. — Réné MALART, Chevalier, Seigneur de Barville, du Ménil-Guyon, du Jardin et autres lieux, lequel servit au Camp devant Amiens, et se trouva, les années suivantes, à plusieurs expéditions militaires. Il épousa, par contrat du 28 septembre 1608, demoiselle Françoise DE PIERRE, fille de Jean, Seigneur du Pin et de Chaugny, et de dame Marguerite de la Ménardière. De cette alliance sont issus :

1º Léon MALART, IIe du nom, Chevalier, Seigneur de Boitron, du Ménil-Guyon et de Fontaine, Commandant d'une compagnie de Chevau-légers, Chevalier de l'ordre de Saint-Michel en 1645, exerça, pendant plusieurs années, la charge de Lieutenant des Maréchaux de France dans toute l'étendue du bailliage d'Alençon. Il a épousé demoiselle Jeanne DE NOLLENT, fille de Pierre de Nollent, Seigneur de Chaudé et de Médary, et en eut les deux enfants ci-après :

A. Charles-Léon MALLART, Chevalier, mort sans postérité vers l'an 1700 ;
B. Rénée MALLART, mariée, le 8 juin 1680, à Jean D'OSMOND, Marquis du Mesnil-Froger, Seigneur de Médary, de Boitron, etc. (1) ;

2º Jean, qui continue la descendance :

X. — Jean MALLART, Chevalier, Seigneur de Malarville, du Jardin et d'autres lieux, fut maintenu dans sa noblesse d'ancienne extraction, par jugement des commissaires-généraux députés pour le réglement des tailles dans la généralité d'Alençon, en date du 23 janvier 1641. Il épousa, par contrat du 20 juillet 1645, demoiselle Marie DE CHATEAU-THIERRY, fille de Jacques, et de dame Perrine Le Couteiller de Bourey. De ce mariage sont issus :

1º Jean-Baptiste MALLART, Chevalier, Seigneur de Malarville, marié, par contrat du 6 novembre 1686, à demoiselle Anne DE FARCY. Il est mort en 1724, laissant deux filles et un fils :

_____

(1) Voyez la notice de cette famille, tome Ier, page 271.

A. Joseph-Jean-Baptiste MALLART, Seigneur de Malarville, Prêtre recteur de la paroisse de Saint-Philibert des Authieux, en 1732;

2° Jacques, qui suit :

XI. — Jacques MALLART, Chevalier, Seigneur du Jardin, de Boisclair, etc., né en 1659, servit plusieurs années dans les Chevau-légers de la garde du Roi, et commanda ensuite la compagnie des Gentilshommes du bailliage d'Alençon, destinée à la garde des côtes de la Basse-Normandie. Il a épousé, par contrat du 5 février 1688, noble demoiselle Catherine BOUCHARD, fille de Gilles Bouchard, Seigneur de la Varende, et de dame Madeleine Le Prévot. De ce mariage sont nés :

1° Léon, qui suit;
2° Madeleine-Gilonne MALLART, mariée, le 5 mai 1711, à Messire Jacques DU BUAT, Seigneur et patron de Bazoches.

XII. — Léon MALLARD, IIIᵉ du nom, Chevalier, Seigneur de la Varende, du Jardin, de la Saussaye, des Authieux, etc., né le 4 juin 1692, servit plu-sieurs années dans la seconde compagnie des Mousquetaires du Roi. — Par contrat du 2 juin 1720, il a épousé noble demoiselle Anne-Gabrielle DE LAVAL-MONTMORENCY, dont il eut sept enfants, savoir :

1° Jacques-Louis, qui suit ;
2° Jacques-Louis MALLARD DE LA VARENDE, né le 8 décembre 1721, Cornette au régi-ment de Harcourt (Dragons) en 1743, puis Lieutenant audit régiment ;
3° Augustin-Louis MALLARD DE LA VARENDE, né le 4 février 1737, reçu Chevalier de Malte le 11 janvier 1749;
4° Charlotte-Gabrielle-Marguerite, née le 28 mai 1723;
5° Françoise-Tranquille, baptisée le 15 mars 1730 ;
6° Marie-Jeanne-Augustine, née le 16 novembre 1731 ;
7° Cécile-Elisabeth-Augustine, baptisée le 4 mars 1733.

XIII. — Jacques-Louis MALLARD DE LA VARENDE, Chevalier, Seigneur de Malarville, de Boisclair, etc., a été Capitaine au régiment d'Enghien, et a comparu à l'Assemblée de la noblesse du bailliage d'Orbec avec son parent, Louis-Eustache MALLARD DE MALARVILLE. De son mariage est issu un fils :

XIV. — Léon-Gabriel-Jacques-Marie MALLARD, Comte DE LA VARENDE, né en 1764. Il a fait les campagnes de l'armée de Condé, était Colonel d'ar-tillerie, membre du Conseil général et Député du département de l'Eure. Il est mort en 1850. Il avait épousé, en 1808, Mademoiselle Marie-Pauline PERRIER DE LA GENEVRAYE, fille du Comte de la Genevraye, ancien Officier de Mousquetaires, et Député de la noblesse aux Etats généraux. De ce mariage sont nés :

1° Marie-Léon-Antoine, qui suit ;

2° Marie-Louise MALLARD DE LA VARENDE, mariée au comte Albert DE BRÉDA.

XV. — Marie-Léon-Antoine MALLART, Comte DE LA VARENDE, chef de nom et d'armes de cette ancienne maison, habite le Château de Bonneville, près Broglie (Eure), et a un fils unique, Marie-Charles-Gaston.

Trois autres branches de cette famille existent encore de nos jours ; elles sont représentées :

1° Par le Comte Claude-Ernest DE MALLARD, ancien Officier de cavalerie, marié à Mademoiselle Virginie DUFOUR DE SAINT-LÉGER ; il habite près Verneuil ;

2° Par M. MALLARD DE FONTAINE, qui habite près l'Aigle, est marié et a des enfants ;

3° Et par M. DE MALLARD, qui habite près Chartres, et a plusieurs enfants, dont une fille mariée au comte DE GOUSSANCOURT.

DE BERRUYER

ARMES : *D'azur, à trois coupes couvertes d'or, au lion de même en abîme.*

e nom de cette famille paraît s'être écrit aussi BERRURIER, car c'est ainsi qu'on le retrouve dans la maintenue de noblesse de M. de la Galissonnière.

Jean BERRUIER, Ecuyer, marié à Marguerite DE [THI-BOUTOT D'ALVEMONT, eut pour fils :

Philippe-Georges, Ecuyer, Seigneur, de l'Orfavrerie, marié, en 1704, à demoiselle Marie LOUVEL, fille d'un Conseiller au grand Conseil. — Joseph-François-Georges DE BERRUYER DE VAUROUY, un de leur fils, était marié, en 1739, à Constance-Elisabeth DE PARDIEU.

Les BERRUYER DE TORSY actuels descendent de cette maison et habitent Rouen.

DE LA BUNODIÈRE

ARMES : *D'azur, à la bande d'or, chargée de trois têtes de lion de gueules posées en barre.*

Maison de la généralité de Rouen, maintenue le 12 septembre 1710, et divisée en plusieurs branches.—Laurent-Marc-Antoine DE LA BUNODIÈRE, Ecuyer, Sieur de Bellevue, Conseiller au parlement de Normandie, a épousé Marie-Eugénie CHAPUIS DE MONTULÉ, et eut, entr'autres enfants :

Nicolas-Laurent-Marc-Antoine, aussi Conseiller au même parlement, Président aux requêtes du palais, marié, en 1753, à demoiselle Marie-Marguerite PLANTIN.

Une branche cadette de cette famille, les DE LA BUNODIÈRE DE SAINT-GEORGES, existe encore dans la province; son représentant habite Rouen, et a plusieurs enfants de son mariage avec demoiselle HURTREL D'ARBOVAL.

LE MERCHER

ARMES : *De gueules, à une feuille de scie d'argent posée en pal, les dents tournées à senestre ; au chef d'azur, chargé de trois merlettes d'argent* (1).

ierre LEMERCHER, Ecuyer, sieur de Longpré, Officier de Monsieur, frère du roi Louis XIV, eut pour fils : 1° Pierre-Etienne, qui suit ; 2° Louis-François, curé de Mauquenchy, inhumé dans l'église dudit lieu; 3° Charles LEMERCHER, Avocat au parlement de Normandie, mort célibataire avant 1746.

— Pierre-Etienne LEMERCHER, Ecuyer, sieur de Longpré, Officier de Monseigneur le duc d'Orléans, Lieutenant-Général civil criminel et de police au bailliage et châtellenie de la Ferté-en-Bray, mort avant 1747, avait épousé demoiselle Marie-Madeleine MOUCHARD, fille du bailli de Londinières. De ce mariage sont nés deux enfants :

1° Charles-Etienne, qui suit;
2° Louis-François, auteur de la branche cadette rapportée plus loin.

Charles-Etienne LEMERCHER DE LONGPRÉ, Ecuyer, seigneur et patron honoraire d'Haussez, Conseiller du Roi, Assesseur au bailliage de Neufchâtel, puis maître en la Cour des Comptes, aides et finances de Normandie, a épousé noble demoiselle Anne-Louise BEZUEL, dont il eut :

Charles LEMERCHER DE LONGPRÉ, Baron D'HAUSSEZ, né le 20 octobre 1778, fut Maire de Neufchâtel sous le premier Empire et créé *Baron*, Député de la Seine-Inférieure en 1815, Préfet de plusieurs départements, Conseiller d'Etat en 1826, et enfin Ministre de la marine en 1829. Il est mort dans ses terres, à Saint-Saens, le 10 novembre 1854, et avait épousé mademoiselle Rose-Catherine-Emilie PATRY DES HALLAIS. De cette alliance est née une fille :

---

(1) La branche cadette porte : *de gueules, à deux feuilles de scie d'argent, posées en pal ; au chef d'or, chargé de trois merlettes. — L'écu timbré d'un casque orné de ses lambrequins. — Supports : deux Lions.*

Ernestine LEMERCHER D'HAUSSEZ, mariée au Baron DE SAINT-ALBIN, ancien Receveur-général des finances.

BRANCHE CADETTE.

Louis-François LEMERCHER DE LONGPRÉ, né le 14 février 1750, fut Conseiller du Roi et Rapporteur du point d'honneur au tribunal de MM. les Maréchaux de France au département de Lions. De son mariage avec demoiselle Catherine DE LA PLACE, il eut quatre enfants :

1º Georges LEMERCHER DE LONGPRÉ, né vers 1793, Garde-du-Corps du roi Louis XVIII, puis Capitaine dans la garde royale et Chevalier de la Légion d'honneur, mort le 6 avril 1847;

2º Alexandre LEMERCHER DE LONGPRÉ, né en 1795, ancien Capitaine de cavalerie, mort le 16 septembre 1856;

3º Alphonse, mort jeune;

4º Amédée, qui suit :

Amédée LEMERCHER DE LONGPRÉ, chef actuel de la famille, ancien Receveur des finances, habite Dampierre-en-Bray, près Gournay, et est célibataire.

MICHEL

DE MONTHUCHON, DE VIEILLES, D'ANNOVILLE, ETC.

ARMES : *D'azur, à la croix d'or, cantonnée de quatre coquilles de même.*

ncienne famille de l'élection de Coutances dont la noblesse a été reconnue à différentes époques, notamment en 1463 et en 1666; elle a formé plusieurs branches, savoir: celles de Monthuchon, de Cambernon, d'Annoville, de Vieilles, de Lépinay, d'Haccouville, etc.; et dans les preuves faites le 19 avril 1727, par François-Louis MICHEL DE CAMBERNON, pour être reçu Page dans la petite écurie du Roi; la filiation commence à Thomas MICHEL, Ecuyer, homme d'armes des Ordonnances du Roi, fils de Guillaume, mort en 1360.

Il a épousé Jeanne LE CORDIER, fille du Seigneur du Roncey, et décéda en 1388. — Pierre, son petit-fils, marié à damoiselle Avice DE VILLAINES, mourut en 1480, à la défense du Mont-Saint-Michel. — Guillaume, Seigneur de Bellouze, a épousé Marguerite HERVIEU DE SENOVILLE, le 28 septembre 1521. — Charles, Seigneur de Beaulieu, épousa Jeanne DE GUESNON, qui lui apporta en dot la seigneurie de Monthuchon, et eut pour fils François, Seigneur de Beaulieu et de Monthuchon, marié, en 1640, à demoiselle Françoise OSBERT. — Jacques-Henri-Sébastien MICHEL DE MONTHUCHON, Maréchal-de-Camp et Chevalier de Saint-Louis, a épousé, au mois d'octobre 1753, Louise-Charlotte POUPINEL DE QUETTREVILLE.

Faute de documents complets, nous ne pouvons donner la filiation des différentes branches qui existent de nos jours; nous savons seulement que l'aînée, celle de Monthuchon, a pour chef:

Stanislas-François-Louis MICHEL DE MONTHUCHON, né le 6 janvier 1835.

Le chef de la seconde branche, M. le Baron DE VIEILLES, habite en son château de la Haye, à Rugles, près Evreux.

La branche de Lépinay a des représentants à Coutances; enfin la branche d'Annoville a pour chef actuel M. MICHEL D'ANNOVILLE, qui habite Montmartin-sur-Mer (Manche).

Paris. — Typ. VERT FRÈRES, N, r. Pourtour-St-Gervais

TROISIÈME PARTIE

TABLETTES GÉNÉALOGIQUES

DES FAMILLES

QUI NE NOUS ONT PAS COMMUNIQUÉ A TEMPS LEURS DOCUMENTS

AVERTISSEMENT

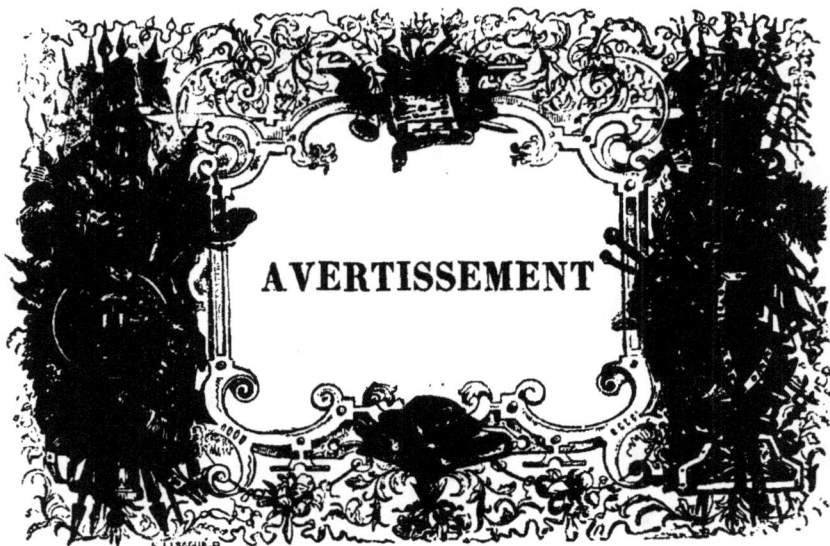

N raison de l'abondance des matières et vu les instances de nos nombreux souscripteurs, nous n'avons pu différer plus longtemps la publication de ce deuxième et dernier volume; nous avons donc, pour la confection de ces tablettes généalogiques, puisé nos renseignements dans La Roque, d'Hozier, La Chesnaye des Bois, Saint-Allais, etc. .; dans l'Armorial général du Royaume, créé en vertu de l'édit du 18 novembre 1696, dans les registres de la Cour des Comptes et du Parlement de Normandie, déposés aux Archives de la ville de Rouen, dans les procès-verbaux officiels des Gentilshommes qui ont pris part ou envoyé leur procuration aux Assemblées de la Noblesse pour l'élection des Députés aux États-Généraux de 1789, et enfin dans les documents particuliers de nos archives.

Si les familles qui, malgré nos invitations réitérées, ne nous ont pas encore fait parvenir leurs documents jusques et y compris leurs représentants actuels, trouvent des erreurs et des omissions, soit dans l'énonciation du Blason de leurs armoiries, soit dans l'orthographe de leurs surnoms de fiefs, elles ne devront s'en prendre qu'à elles-mêmes, parce que, pour un très-grand nombre d'entre elles, ou les surnoms de fiefs sont fautifs, ou les blasons n'existent pas ou sont restés en blanc aux Registres officiels; mais nous accueillerons avec empressement toutes les rectifications que les intéressés voudront bien nous envoyer, et si ces rectifications sont nombreuses, elles seront l'objet d'un volume de supplément.

Afin d'éviter les répétitions, nous n'avons pas mis les Armoiries des familles maintenues dans leur noblesse lors de la recherche de 1666, parce que nous les avons déjà données dans la première partie du premier volume, pages 10 et suivantes, où on les trouvera classées par lettres alphabétiques.

A

ACHÉ de Marbeuf. — Chevalier, seigneur d'Aché, Baron de Larrey, etc. Eudes Aché, Ecuyer, seigneur de Beuzeval, vivant en 1415, a épousé damoiselle Marie de Tournebu, dame de Marbeuf. — Pierre-François-Placide, reçu Page de la grande écurie du Roi en 1694, a épousé Anne du Roulet. — A cette maison appartenait, Jean-Pierre d'Aché, chef d'Escadre de la promotion de 1756, qui fut nommé Lieutenant général des armées navales en 1761, grand-croix de Saint-Louis en 1766. — Son neveu, le Marquis de Marbeuf, vivait aussi à la même époque. — Le Baron d'Aché a figuré à l'assemblée de la noblesse du bailliage de Caen, le 17 mars 1789.

Le Baron Clément Aché de Montgascon, est le représentant actuel d'une des branches de cette maison, il a épousé Flavie-Désirée Belhomme de Morgny. Une de ses filles, mademoiselle Flavie-Aglaé, a épousé, en 1856, Charles-Nicolas-Marcelin de Marbot.

ADAM. — Seigneur d'Orville, de la Pommeraye, etc. Ancienne famille de l'élection de Bayeux, maintenue dans sa noblesse en 1666, et dont le premier auteur est, Thomas-Adam, Ecuyer, vivant en 1460. MM. Adam de la Pommeraye et Adam du Breuil ont assisté à l'assemblée de la noblesse, tenue à Caen le 17 mars 1789, pour l'élection des députés aux Etats-Généraux.

ADAM. — Une autre famille existe encore et porte pour armes : *D'azur, à trois maillets d'argent, surmontés chacun d'une rose d'or.* — Elle fut maintenue en l'élection de Caudebec le 10 mai 1670, et a pour représentant le baron ADAM, qui habite près les Andelys.

ADIGARD. — Seigneur des Gauteries, des Bois, de la Hardonnière, etc. — Armes : *D'argent à trois gamma grecs de sable.*

Famille de l'élection de Mortain, maintenue en 1666 et dont l'origine remonte par titres authentiques à l'année 1468. Elle s'est divisée en trois branches. L'une avait pour chef, en 1789, André-Georges-René ADIGARD, seigneur des Gauteries, qui assista à l'assemblée de la noblesse du bailliage de Mortain, et est l'aïeul de M. E. ADIGARD, propriétaire à Croissanville (Calvados).

AGIER DE RUFOSSE. — Famille de l'élection de Valognes, maintenue en 1666. — Jeanne-Bernardine D'AGIER, fille de Nicolas-Jean, chevalier, seigneur des Mares, a épousé en 1772 N.... LE SENS DE LA DUQUERIE. Elle a comparu par procuration à l'assemblée de la noblesse en 1789. — Trois messieurs DE RUFOSSE ont également figuré aux assemblées de Caen et de Rouen.

AIGREMONT (D'). — Du Vicel, de Saint-Manvieux, de Bonneville, etc. Maintenu en la généralité de Caen en 1666. — Armes : *D'or, à la fasce échiquetée d'argent et de gueules, de trois tires, sommée d'un lion naissant de gueules.*

Nicolas D'AIGREMONT, a été représenté à l'Assemblée de la noblesse du bailliage de Valognes, en 1789, par son fils, Prosper-Philippe. —Cette famille a pour chef : Désiré-Prosper D'AIGREMONT DU VICEL, marié en 1834, à Adélaïde-Françoise LE VAVASSEUR D'HIESVILLE; il habite le château d'Urville, près Valognes.

ALLONVILLE (D'). — Très-ancienne famille de l'élection de Verneuil, maintenue par jugement de M. de la Galissonnière, le 22 mai 1667, et qui ne figure pas aux Etats-Généraux parce qu'elle est sortie de Normandie depuis fort longtemps. — Le Comte et le Baron D'ALLONVILLE, ont fait leurs preuves de Cour en 1787.— Elle a encore des représentants de nos jours.

ALLORGE. — De Seineville, du Havart, du Castelier, etc.

On lit dans l'*Histoire de Rouen* que Robert D'ALLORGE, fut maire de la ville de Rouen en 1349. Suivant d'*Hozier*, Edmond,

Ecuyer, sieur du Havart, a épousé, le 21 mars 1688, Elisabeth
DE GUISSENCOURT. — Madeleine, leur fille, fut reçue à la maison
royale de Saint-Cyr au mois de décembre 1702.

Une autre famille de ce nom a aussi existé en l'élection de
Mortagne.

ALVIMARE (D'). — Armes : *Ecartelé : aux 1 et 4, d'azur, au chevron d'or,*
accompagné de trois molettes de même, 2 en chef et 1 en
pointe, qui est D'ALVIMARE; *aux 2 et 3, de gueules, au lion d'ar-*
gent, lampassé et armé d'or, qui est de PAS DE FEUQUIÈRES.

La seigneurie d'Alvimare au pays de Caux, a donné son nom
à une famille ancienne qui a longtemps occupé un rang distingué parmi la noblesse, et s'est divisée en plusieurs branches. — La filiation de la branche encore existante, commence
à Pierre D'ALVIMARE, Ecuyer, vivant en 1517, qui s'établit à
Montfort-l'Amaury, par suite de son mariage avec la fille du
Maître de la monnaie de Paris. — Pierre D'ALVIMARE, maréchal
des camps et armées du Roi, fut tué à la bataille de Rhétel le
15 décembre 1650. — Louis, Ecuyer, seigneur du Briou, fut
convoqué à l'arrière-ban des gentilshommes de l'Orléanais en
1690; il eut pour fils Pierre, Directeur des Aides, et pour petit-
fils, Pierre D'ALVIMARE, avocat en parlement, receveur des Aides
à Dreux.

Cette maison est représentée de nos jours par Charles
D'ALVIMARE, demeurant à Dreux, fils de Martin-Pierre, Garde
du corps du Roi, et de dame Alexandrine de PAS DE FEUQUIÈRES.

ANDRÉ DE LA FRESNAYE. — Armes : *D'azur, à un cygne d'argent, nageant*
sur une rivière de sinople; au chef d'or, chargé d'une quinte-
feuille de gueules, accostée de deux étoiles d'azur.

Famille anoblie en la personne de Noël ANDRÉ DE LA FRES-
NAYE, procureur du Roi au siége de police de la ville de Fa-
laise, par lettres patentes enregistrées à la Cour des Comptes,
Aides et Finances, le 25 septembre 1726. — M. ANDRÉ DE LA
FRESNAYE, Marquis DES YVETEAUX, a figuré à l'assemblée de
la noblesse du bailliage de Falaise en 1789, et M. ANDRÉ DE
SAINT-VICTOR, à celle du bailliage de Nonancourt.

ANDREY. — Seigneur de Fontenay, de Neuville, de Seillery, etc., maintenu
en 1666. Cette famille a fourni plusieurs officiers distingués
aux armées, des capitaines de chevau-légers, des Gardes du
corps, un lieutenant de Roi à Carentan, etc. Sa filiation suivie
commence à noble homme Jacques, Ecuyer, vivant vers 1550.

Elle a produit Louis-Charles ANDREY DE FONTENAY, Lieutenant général en 1759.

Jean ANDREY DES POMMERAIS a assisté à l'assemblée de la noblesse en 1789.

ANGO. — Seigneur de La Motte, Comte de Flers, Marquis de Lezeau, Baron d'Écouché, titre attaché à la possession de la terre de La Motte que Nicolas ANGO, Secrétaire du Roi, avait acquise de la maison de Montgommery, et qu'il fit ériger en Marquisat sous le nom de *La Motte-Lezeau*, en faveur de Jean ANGO, son fils, Conseiller au Parlement de Rouen en 1654. Ce dernier a épousé Marie LE FEVRE DE LEZEAU, fille et unique héritière de Nicolas, doyen des Conseillers d'Etat, et il en eut : René-Philippe, qui fit partage, le 24 juillet 1716, avec Jean-Baptiste DE LA MOTTE-LEZEAU, son frère aîné, Conseiller au Parlement de Rouen. (Cette branche est éteinte.)

René-Philippe DE LA MOTTE-ANGO, devint seigneur de Flers, par son mariage avec Antoinette DE PELLEVÉ, unique héritière de cet immense héritage; celle-ci, devenue veuve bientôt après, sollicita une nouvelle érection de la terre de Flers en COMTÉ et l'obtint en 1738. Elle est morte à 39 ans, laissant trois fils, dont l'aîné, Ange-Hyacinthe DE LA MOTTE-ANGO, hérita du comté de Flers; il épousa, le 9 juin 1744, Marie-Madeleine-Charlotte DE CHERTEMPS DE SEUIL, Baronne de Réaux (en Saintonge). Le Comte DE FLERS, fit la campagne de Bohème et acheta en 1750, le Marquisat de Massei. Il est mort en 1788, laissant une fille et trois fils : le plus jeune, Ange-Joseph, fut abbé de Flers; l'aîné, Pierre-François-de-Paule DE LA MOTTE-ANGO, Comte DE FLERS, Maréchal des camps des armées du Roi, marié à Rosalie-Jacqueline LE GOUT DE RICHEMONT, a comparu à l'Assemblée de la noblesse du bailliage d'Argentan en 1789, et a laissé postérité.

Son frère, Louis-Charles, Vicomte de Flers, Baron de Larchamp, périt victime sur l'échafaud révolutionnaire.

Cette ancienne maison qui porte pour armes : *Ecartelé : aux 1 et 4, de gueules, à la tête humaine d'argent, les cheveux hérissés d'or*, qui est de PELLEVÉ; *aux 2 et 3, de gueules, à neuf mâcles d'or*, qui est de ROHAN, *et sur le tout, d'azur à trois annelets d'or*, qui est DE LA MOTTE-ANGO, est représentée actuellement par le Marquis DE FLERS, domicilié à Versailles, et par le comte DE FLERS dans l'arrondissement d'Argentan.

ANGOT DES ROTOURS. — Autre famille, non moins ancienne, qui porte pour armes : *D'azur, à la bande d'or, chargée de trois ancres de gueules, accompagnée de deux étoiles d'argent, posées l'une en chef, l'autre en pointe.*

Elle fut maintenue en 1666 ; un de ses membres assista à l'assemblée de la noblesse du bailliage de Falaise, et a produit Charles ANGOT, Baron DES ROTOURS, Contre-amiral sous la Restauration.

ANNEVILLE (D'). — Très-ancienne maison de l'élection de Valognes. — Seigneur dudit lieu, de Chiffrevast, de Tamerville, etc... — Armes : *D'hermines, à la fasce de gueules.* — Un sire d'ANNEVILLE accompagna Guillaume à la conquête d'Angleterre, en 1066.

Louise-Jeanne d'ANNEVILLE a épousé, en 1771, le Comte d'HÉRICY. — Jean-François, Baron d'ANNEVILLE, et son fils, Boniface-François-Paul, ont comparu à l'assemblée de la noblesse du bailliage de Carentan en 1789. A la même époque vivait, François-Antoine-Henri d'ANNEVILLE DE CHIFFREVAST, ancien officier de dragons, chevalier de Malte.

Une autre famille les d'ANNEVILLE DE MERVILLE, portent pour armes : *D'hermines, au sautoir de gueules.*

APRIX DE VIMONT. — Seigneur de Morienne, de Gruchet, etc..., en l'élection d'Arques, maintenu le 21 juillet 1667.

Un membre de cette famille a assisté à l'assemblée de la noblesse du grand bailliage de Caux, tenue le 16 mars 1789.

ARGENNES (D'). — Élection d'Avranches, maintenue en 1666.

Premier auteur : Pierre, Ecuyer, seigneur de la Chatière, vivant en 1461.

Antoine, Ecuyer, sieur de Montmirel, épousa Anne VIVIEN, dont il eut plusieurs enfants, entre autres : Marie-Anne d'ARGENNES DE MONTMIREL, reçue à la maison royale de Saint-Cyr, le 22 mars 1706.

ARNOIS DE CAPTOT ET DE SAINT-PHILBERT. — Le nom de cette maison s'est écrit indistinctement d'ARNOIS ou d'HARNOIS ; elle s'est divisée en trois branches principales ; de Blangues, de Saint-Philbert, de Captot ; nous avons donné la généalogie de la première branche, tome Ier, page 151. — L'origine des branches de Captot et de Reutteville paraît commune. — Jean-Baptiste-Adrien ARNOIS, sieur de Reutteville et de Captot, Conseiller-Maître en la Cour des comptes, eut pour fils : Jean-Baptiste-Louis-Adrien, marié en 1767 à Marie–Madeleine Droult, et Nicolas–Guillaume, sieur de Captot, Avocat au parlement en 1770. — M. d'Arnois de Captot, chef d'une de ces branches, habite le canton de Bourg-Théroulde (département de l'Eure).

ARTAUD de la Ferrière. Cette famille originaire de Provence est représentée par Claude–Charles–Marie–Hector, Comte de la Ferrière-Percy, qui a épousé, le 26 juillet 1842, Mlle Isaure-Marie de Percy, fille du Comte Ambroise, et de Joséphine de Cheux.

Et par son frère le Vicomte de la Ferrière, Chambellan de Sa Majesté l'Empereur.

M. le Comte de la Ferrière a publié divers ouvrages très-érudits et très-estimés.

ARUNDEL de Condé. — Le chef de cette maison, qui porte pour armes : *D'argent, au chevron de gueules, accompagné de trois pies de sable*, habite le château de Lesmeval, près Rugles (Eure); nous ne savons rien de plus.

AUVET (d'), *alias* DAUVET. — Seigneurs d'Auvillars, des Marais, etc.

Armes : *Bandé d'argent et de gueules, de six pièces, la première bande chargée d'un lion de sable*. — Famille maintenue dans le diocèse d'Evreux, et originaire de Picardie, où elle figure depuis le XIIe siècle. Cette maison s'est partagée en un grand nombre de branches, et elle a produit quatre grands fauconniers de France, des chambellans, des gouverneurs et lieutenants généraux de provinces, des présidents à mortier au Parlement, un grand nombre de chevaliers et commandeurs des Ordres du Roi et de Saint-Louis, un grand prieur de l'ordre de Malte, grand-croix et grand trésorier de l'ordre, etc., etc. La filiation authentique commence à Guillaume Dauvet, seigneur d'Honnechies en Cambrésis, qui a épousé, en 1206, damoiselle Clémence d'Auxy. La branche aînée est éteinte; la seconde, celle des Comtes de Marest, Barons de Boursault, également. La branche des marquis d'Auvillars et de Maineville, est celle qui fut maintenue en Normandie. — Louis-Benoît d'Auvet, chevalier, Marquis de Maineville, était Brigadier des armées du Roi en 1719. Louis-Gabriel, était en 1750, Lieutenant général et commandeur de Saint-Louis.

Cette maison a pour chef actuel : Louis-Florimond-Gustave-Joseph Gaspard, Marquis Dauvet, né en 1839, fils de Louis-Florimond-Gustave, et d'Anne –Henriette de Loyauté. — Mlle Amicie de Dauvet, sa tante, a épousé le Duc Albert de Luynes.

B

BACHELIER DES VIGNERIES (LE). — Armes : *D'azur, à un cygne d'argent et un chef de même, chargé de trois coquilles de gueules.*

Famille de l'élection de Coutances, à laquelle appartenait : Antoine LE BACHELIER DES VIGNERIES, Écuyer, né en 1709.

BAILLEHACHE (DE). — Seigneurs de Longueval, de Bapaume, etc.— Armes : *De gueules, au sautoir d'argent, cantonné de quatre merlettes de même.*

Suivant *La Roque*, Antoine BAILLEHACHE, est dénommé dans une charte de l'année 1214. — Robert, seigneur d'Escajeux, a épousé, le 7 juillet 1501, demoiselle Jacqueline DE BAUDART.— Jacques, seigneur de Changoubert, était conseiller au parlement de Rouen en 1622 ; son fils fut maintenu le 10 avril 1668. N.... BAILLEHACHE DE LONGUEVAL, a assisté à l'assemblée de la noblesse du bailliage de Caen, en 1789.

BAILLARD (DE). — Seigneur d'Iquelon, de Guichainville et de Gastines. Armes : *De sable, à un griffon d'hermines, armé et lampassé de gueules.*

Louis-René DE BAILLARD, Ecuyer, était conseiller du Roi au Parlement de Rouen en 1697. — M. le chevalier D'IQUELON figure au procès-verbal de l'assemblée de la noblesse tenue à Rouen le 21 mars 1789. — M. BAILLARD DE GUICHAINVILLE, y figure également dans le bailliage de Conches.

Le chef de cette famille habite le château de Tourville-la-Chapelle, à Envermeu (près Dieppe).

BAILLY DE BARBEREY, DE LARDENOX, DE PETIVAL, etc. Armes : *De gueules, à une plante de trois lis d'argent, sur une terrasse de sinople; au chef cousu d'azur, chargé d'une croisette pommetée d'or, accostée de deux coquilles de même.*

Ancienne famille de robe dont plusieurs membres ont occupé des charges considérables. — Guillaume BAILLY, chevalier de l'Ordre du Roi, chancelier du duc d'Alençon et surintendant des armées, fut le trisaleul de Nicolas, président au grand conseil, marié à Clotilde LE TELLIER, fille de N... LE TELLIER, seigneur DE RICHEBOURG. Cette maison a encore des représentants de nos jours.

BARBERIE DE SAINT-CONTEST ET DE COURTEILLE. — Armes : *D'azur, à trois têtes d'aigle d'or, arrachées, 2 et 1.*

Famille de la généralité de Rouen.— Dominique Claude, seigneur de Saint-Contest, maître des requêtes et ministre plénipotentiaire au traité de Bade, le 7 septembre 1714, eut pour fils : 1° François-Dominique, Conseiller du Roi, maître des requêtes, ambassadeur auprès des Provinces-Unies, puis ministre secrétaire d'État en 1751, marié en 1735, à Jacqueline Monique DES VIEUX; 2° Henri-Louis, Intendant de Limoges en 1743, conseiller au parlement de Paris. — Ils eurent pour cousins : Jacques-Dominique BARBERIE DE COURTEILLE, conseiller d'État en 1764, et Michel-Antoine, Abbé commendataire de l'abbaye de Beaulieu.

BARRÉ (DE). — Seigneur de Montfort, des Coutures, des Authieux, etc. — Armes : *De gueules, à trois bandes d'or; au chef d'argent, chargé de trois hures de sanglier de sable.*

Famille anoblie en 1547. — Antoine BARRÉ, seigneur de Montfort, a épousé, en 1580, Jeanne TARDIF, dame de Douessey. — Pierre-Alexandre, seigneur de Bordigny et des Authieux, a épousé, en 1710, demoiselle Marie-Anne DU VAUCEL DE BERVILLE. — Le chef actuel de cette maison est N....., Comte DE BARRÉ DES AUTHIEUX, maire de Verneuil,

BARVILLE (DE). — Seigneurs dudit lieu, de Laubonnière, de Bonneville, etc. — Armes : *D'argent, à deux bandes de gueules.*

Une charte originale au chartrier de Blavette, qui appartenait à Clément DE BOISSY, seigneur de Barville au Perche, et datée de l'année 1260, fait mention de Guillaume DE BARVILLE. Cette famille a produit plusieurs branches qui se sont répandues en Poitou et en Berry, et dont la filiation remonte à Jean DE BARVILLE, Chevalier, vivant en 1496. — François DE BARVILLE, sieur de Laubonnière, obtint une ordonnance de maintenue de noblesse, lors de l'examen du droit de franc-fief, rendue le 3 juillet 1640 par Claude de Paris, Intendant de la province de Normandie. — René Gaspard, Ecuyer, sieur de Bonneville, l'un des chevau-légers de la garde du Roi, a épousé, en 1717, Madeleine CHERBONIER; leur fille, Madeleine Renée DE BARVILLE, fut reçue à Saint-Cyr le 3 mars 1784. — Nicolas DE BARVILLE, capitaine de carabiniers, chevalier de Saint-Louis, a épousé, en 1752, Catherine DE CAREL, dont il eut trois fils : 1° Antoine, Sous-lieutenant au régiment des carabiniers de

Monsieur; 2° Etienne, Officier au régiment de Sarre en 1774; 3° Nicolas, né le 9 septembre 1764, reçu à l'Ecole royale militaire en 1776.

Nota. — Il ne faut pas confondre cette maison avec celle des Livet de Barville, dont la notice est page 571.

BASIRÈ (de) —Armes : *D'azur, à un membre de griffon d'or, accosté de deux feuilles de chêne du même.*

Maison de l'élection de Bayeux, maintenue dans sa noblesse par jugement du 12 mars 1671, et dont le premier auteur connu est : Geoffroy de Basire, vivant en 1296. Les archives de l'abbaye de Saint-Etienne de Caen, contiennent un acte par lequel Enguerrand de Basire reconnaît, en 1373, devoir certaine rente à un habitant de Vaucelles. — Laurent, Ecuyer, seigneur de Villedon, fut l'un des cent gentilshommes ordinaires de la maison du Roi, en 1685.

Son descendant direct, chef actuel de la famille, est : Basile-Etienne de Basire, employé supérieur des contributions directes, marié à Amélie Gallais. De ce mariage sont nés deux fils : Paul et Edouard de Basire.

BASTIER (Le). — Armes : *D'argent, au chevron d'azur, accompagné de trois roses de gueules, 2 et 1.*

Seigneur de Rinvilliers et du Quesnoy, généralité de Rouen, maintenu en 1668. — Louis Le Bastier, Ecuyer, seigneur de Rinvilliers, capitaine dans le régiment du Roi, eut une fille : Barbe-Françoise, mariée, en 1730, à Jean-Jacques Gosselin, sieur de Bois-Montel, Brigadier des Gardes du corps.

BAUDOT (de).—Armes : *D'azur, à l'aigle d'or, au vol abaissé, regardant un soleil du même, posé au premier canton du chef, et une croisette aussi du même au second canton.*

Maison originaire du duché de Bourgogne, dont une branche, passée en Normandie, fut maintenue en l'élection de Conches, le 10 septembre 1641, et s'est alliée aux Croismare, de Creuilly, de Beaunay, de Villers, d'Houdetot, Malet de Graville, etc. — Nicolas de Baudot, Ecuyer, seigneur de Néaufle, était Chevauléger de la garde du Roi; de lui descend le rameau de Senneville, éteint en la personne de Nicolas-Anne de Baudot de Senneville, chevalier, Enseigne des vaisseaux du Roi en 1757, lequel, de son mariage avec Elisabeth de Jarente d'Orgeval, n'a laissé qu'une fille. — Cette famille est encore représentée en Lorraine, par Jacques-Auguste de Baudot, ancien capitaine de cavalerie, marié, en 1843, à Marie-Caroline Laurette, dont un fils : Louis-Auguste-Marcel, né à Nancy le 9 octobre 1844.

BAUDOIN. — Seigneur du Basset, de Beuville, etc.

Armes : *D'argent, à la croix de sable, cantonnée aux 1 et 4, d'une croix de Malte d'azur; aux 2 et 3, d'une tente de gueules.*

Famille anoblie en 1598.— Jérémie Baudoin, sieur de Beuville, auditeur en la chambre des comptes de Normandie, mort en 1630, eut pour fils : Pierre, seigneur du Basset, conseiller au parlement de Rouen et doyen du parlement en 1717.

BAUDOIN. — Autre famille de la généralité d'Alençon, seigneur de Grandouit, du Fresne, etc., maintenue dans sa noblesse le 16 mai 1667. — Madeleine-Elisabeth Baudoin des Pins, reçue en la maison royale de Saint-Cyr, le 26 mars 1708, fit ses preuves de noblesse jusqu'à Pierre, seigneur d'Aizy, Ecuyer, vivant en 1521; elle était fille de Bernard-Baptiste, Ecuyer, seigneur des Pins, Cornette dans le régiment Colonel-général (cavalerie) et de Marie-Anne Bellette.

BAUDRY. — Plusieurs familles de ce nom ont existé dans la province. — Celle de Piencourt eut pour premier auteur, Simon Baudry, maître des requêtes en 1344. — Léon Baudry de Piencourt, son descendant, fut reçu chevalier de Malte, le 30 mai 1612. — Celle de Sémilly et de Neuvillette, en la généralité de Rouen, fut anoblie en 1645 en la personne de Girard Baudry, seigneur de Sémilly, Echevin de Rouen. — Celle de Bretteville fut aussi anoblie en la personne de Nicolas Baudry, seigneur de Bretteville, avocat au parlement de Normandie en 1593. — Ces trois familles ont été maintenues par jugement de M. Barin de la Galissonnière.

Une famille Baudry de Bellengreville, existe encore de nos jours, et habite les environs de Dieppe; Théodore, son représentant, né en 1819, a épousé, en 1852, Emma d'Escules, dont il a deux enfants.

BAUQUEMARE (de). — De Victot, de Bourdeni, etc. Election de Conches, maintenue le 3 janvier 1668. — Jean de Bauquemare, premier Président au parlement de Rouen en 1565, fut fait Chevalier par le Roi Charles IX, lettres patentes du 25 septembre 1566. — Son fils, était gouverneur du vieux palais en 1590. — Jean, maître des requêtes, a épousé Anne de Hacqueville, dame d'Ons-en-Bray, et est mort en 1619, laissant postérité. —

Jacques DE BAUQUEMARE, conseiller auditeur en la cour du parlement, et Jacques, un des 200 chevau-légers de la garde du Roi, furent confirmés dans leur noblesse le 28 novembre 1718.

BAUQUET DE GRANVAL. — Ancienne famille divisée en plusieurs branches, qui ont été maintenues dans leur noblesse le 28 novembre 1667. — Bon-Louis-Charles BAUQUET, Marquis DE CAMPIGNY, habitait le bailliage de Valognes en 1789. — François-Louis BAUQUET DE GRANVAL, chevalier de Saint-Louis, vivait en 1790. — N..... BAUQUET DE SURVILLE, a comparu à l'assemblée de la noblesse du bailliage de Bayeux en 1789.

Le Marquis DE GRANVAL, chef actuel de la famille, habite le château de Saint-Denis, près Bény-Bocage.

BAYEUX (DE). — Armes : *Tiercé en bande, d'azur, de gueules et d'or ; le gueules plein, l'or, au chêne terrassé de sinople.*

Samuel, avocat au présidial de Caen, et Isaac, sieur d'Espron, son frère, firent enregistrer leurs armoiries en 1696.

Cette famille a encore des représentants de nos jours.

BAZAN DE FLAMANVILLE. — La Roque, dans son *Histoire de la maison d'Harcourt*, cite Richard BAZAN DE FLAMANVILLE, bachelier à la montre et revue faite au Mont-Saint-Michel, au mois de juin 1424. — Hervieu, Marquis DE FLAMANVILLE, baron de Tréauville, de Gronville, de Saint-Paul de Baubigny et Bailli du Cotentin, a épousé en 1603, Jeanne D'ARGOUGES. — Jean-Jacques, dernier de sa famille, a épousé Françoise DE MAUCONVENANT, et est mort en 1752, n'ayant eu qu'une fille, mariée en 1747, à Jean-Joseph LE CONTE DE NONANT, Marquis DE RABAY.

BEAUDRAP (DE). — Seigneur du Mesnil, de la Prunerie, de Biville, etc. Élection de Valognes, famille maintenue en 1666.

Thomas-François DE BEAUDRAP DE BIVILLE et Pierre-François DE BEAUDRAP, chevalier, seigneur de Sotteville, assistèrent tous deux à l'assemblée de la noblesse pour l'élection des députés aux Etats-Généraux en 1789. Ce dernier y a représenté ses deux sœurs, Angèle-Françoise et Catherine.

Un descendant de cette famille habite le château de Sotteville, près Cherbourg.

BEAUGENDRE (DE). — Les Beaugendre, Aux-Epaules, de Fortescu et Osbert, sont les fondateurs nobles de l'église de Sainte-Marie-du-Mont; leurs armes étaient sculptées sur les angles de la tour de cette église. — On voit plusieurs membres de cette famille au nombre des défenseurs du Mont-Saint-Michel en 1424 et 1425.—Pierre-François DE BEAUGENDRE, vivant en 1776, épousa Marie-Sophie DE GOURMONT, dont il eut un fils et une fille : Paul-Bernardin et Sophie-Charlotte.

BEAULIEU (DE). — Armes : *D'azur, à un chevron d'or, accompagné de trois grelots de même, posés 2 en chef et 1 en pointe.*

Henri DE BEAULIEU, Ecuyer, seigneur de Barneville, en 1575, naquit à Valenciennes et fut naturalisé par lettres patentes en forme de charte, données à Pont-de-l'Arche, au mois de juin 1571. — Toussaint-Augustin, Capitaine au régiment Royal-Etranger et chevalier de Saint-Louis, a épousé Thérèse-Victoire DE GOMBERT, dont il eut : 1° François-Auguste-Toussaint, né en 1726, et 2° Claire, reçue à Saint-Cyr le 7 juillet 1736.

BEAULIEU (DE). — Autre famille de l'élection de Bayeux, maintenue le 26 janvier 1668, qui porte pour armes : *D'azur, au chevron d'or, accompagné en chef de deux quintefeuilles du même, et en pointe d'une coquille d'argent.*

Elle s'est divisée en deux branches principales. Paul-Michel DE BEAULIEU, chef de la branche aînée, passa au service de la maison d'Autriche, et ses descendants résident encore en Allemagne. — Prosper-Antoine DE BEAULIEU, chef de la branche cadette, épousa, en 1714, Claudine-Henriette MATRON.

Cette famille est représentée actuellement par : Léon-Charles DE BEAULIEU, né le 28 mai 1822, Lieutenant de vaisseau, fils d'Antoine-François et de Joséphine-Eulalie VAN DE VELDE ; il a épousé, au mois de juillet 1854, mademoiselle Claire DE BRIQUEVILLE, fille de feu Armand-François-Claude, Comte de Briqueville, Colonel de cavalerie, ancien député, et de dame Carolie-Charlotte ERARD DE BELISLE.

BEAUMONT (DE).—Plusieurs familles de ce nom ont existé dans la province ; faute de renseignements, nous ne pouvons en spécifier aucune, dans la crainte d'attribuer à l'une ce qui regarderait l'autre. Nous dirons seulement que Henri, Robert et Roger DE BEAUMONT, chevaliers, accompagnèrent Guillaume à la conquête d'Angleterre en 1066.

Plusieurs personnages de ce nom ont assisté aux assemblées de la noblesse, tenues en 1789 dans les bailliages de Bayeux, d'Alençon et d'Orbec.

BEAUREPAIRE (de). — Armes : *De sable, à trois gerbes de blé d'or.*

Samson de Beaurepaire, Ecuyer, fut nommé en 1511, procureur de Jean d'Harcourt, pour accorder et appointer tous les procès tant civils que criminels, mus et à mouvoir, entre lui et Jean de Feschal, Chevalier, seigneur du Grippon. — François, seigneur de Cauvigny, fut reçu chevalier de Malte le 6 avril 1645. — Renée fut mariée en 1700 à Jacques du Hamel, seigneur de Saint-Sauveur.

M. le Comte de Beaurepaire, archéologue distingué, auteur de différents ouvrages sur la Normandie, chef de cette ancienne maison, habite le château de Louvagny, près Falaise.

BEAUVAIS (de). — Cinq familles de ce nom ont été maintenues en 1666. — Jacques de Beauvais, Ecuyer, vivait en 1312. — Pierre, écuyer, seigneur de Vouty, vivait en 1561. — Charles-François, écuyer, a épousé, en 1724, Marie-Anne Le Ver, dont il eut plusieurs enfants, entre autres : Marie-Marthe de Beauvais, reçue à Saint-Cyr le 12 mai 1736. — Pierre-Hubert-Louis, chevalier, seigneur des Angles, officier d'infanterie, eut deux fils : 1° Louis-Hubert, né le 12 août 1768, élève à l'Ecole militaire; 2° Alexandre-Louis-Pompée, né le 4 avril 1772.

M. le Curé de l'église Saint-Thomas-d'Aquin, à Paris, est issu d'une de ces familles.

BEC–DE–LIÈVRE (de). — Maison originaire de Bretagne. Charles, Ecuyer, seigneur de Chavaignes, cinquième fils de Guillaume, seigneur du Bouëxic et de Jeanne Sorel, suivit en France la duchesse Anne de Bretagne, et a épousé Pernelle de Dreux. Guy, l'un de ses fils, fut chanoine métropolitain de Rouen en 1538. — Charles, Seigneur de Quévilly, né le 15 janvier 1520, fut député du corps de la noblesse du bailliage de Rouen, le 8 novembre 1593, pour assister aux Etats tenus à Caen par le duc de Montpensier. — Anne-Louis-Roger de Bec-de-Lièvre, Marquis de Cany et de Quévilly, né le 13 avril 1739, Page du Roi en sa petite écurie en 1754, épousa, le 18 juin 1758, Elisabeth-Marie Boutren d'Hattinville. — Jean-Jacques-René, seigneur de Bonnemare, appartenant à une autre branche, était Mestre de camp de cavalerie en 1762 et officier des mousquetaires du Roi.

Cette ancienne maison est représentée de nos jours par : Anne-Marie-Louis-Gabriel-Philippe, Marquis de Bec-de-Lièvre, né le 30 juin 1816, par Hilarion-Ludovic, tous deux fils de François-Gabriel-Philippe et de Anne-Eugénie Artault de

Viry; et par Louis Marin, Vicomte de Bec-de-Lièvre du Brossay, cousin des précédents, né le 28 octobre 1806, marié en 1829, à Alix-Marie-Blanche le Clerc de Vezins, dont il a deux fils et une fille.

BEGUE (le) de Germiny. — Armes : *Ecartelé : aux 1 et 4, d'azur, au poisson d'argent en fasce; aux 2 et 3, d'azur, à l'écusson d'argent; et sur le tout, d'argent à l'aigle de sable.*

Ancienne famille, originaire de la province, mais établie en Lorraine depuis plus de deux siècles. — Thomas le Bègue, Chevalier, seigneur d'Annerville, est ainsi qualifié dans une lettre du 25 janvier 1349, adressée au bailli de Caen, par Jean, fils aîné du Roi de France, duc de Normandie; cette lettre est enregistrée en la chambre des comptes.

De cette maison est issue la branche des Comtes de Germiny, Barons de Torcheviller, Comtes du Saint-Empire, etc., dont les représentants actuels sont :

1° Le Comte Charles de Germiny, Sénateur; son fils Adrien, est Receveur général des finances à Rouen, et sa fille Isabelle a épousé, le 19 août 1854, le Vicomte Henri de Sugny.

2° Le Comte Gustave-Raymond le Bègue de Germiny, habite Bayeux; il a un fils, Raymond, marié, le 13 septembre 1853, à Mlle Léonie Dosseur, et une fille, Fanny, mariée, le 8 mars 1862, à Etienne Héron de Villefosse.

3° Le Vicomte M.-A. Ambroise le Bègue de Germiny, lieutenant-colonel au 2° régiment de hussards, officier de la Légion d'honneur.

BELHOMME (de). — de Franqueville, de Glatigny, de Morgny, de Caudecoste.

Armes : *De gueules, à une aigle d'or éployée, surmontée de trois étoiles d'argent posées en fasce.*

Claude-Simon Belhomme de Franqueville, était, en 1750, garde des rôles des offices de France. — Simon-Claude Belhomme de Glatigny, était conseiller secrétaire du Roi.

Plusieurs membres de cette famille ont comparu aux assemblées de la noblesse en 1789.

Mlle Flavie-Désirée Belhomme de Morgny a épousé le Baron Clément d'Acher de Montgascon.

M. Aymard de Franqueville, qui habite près de Fécamp, a épousé Mathilde de Boisvillette.

Ambroise-Antoine Belhomme de Franqueville, Vicomte de

CAUDECOSTE, a épousé Aline SELLIÈRE, d'où est issue entre autres enfants : une fille, Antoine-Caroline-Laure, mariée, le 31 mars 1862, à Pierre, Comte DE MORNAY-SOULT DE DALMATIE.

BELLEAU. — De Saint-Paul, du Bouillonné, du Parc, de la Jumelière, etc. Armes : *D'hermines, à deux fasces d'azur.*

Famille de l'élection de Lisieux, maintenue en 1463 et le 22 avril 1667. — Pierre-François BELLEAU DE SAINT-PAUL, a assisté à l'assemblée de la noblesse en 1789 (bailliage d'Orbec).

BELLEMARE (DE). — Suivant *La Chesnaye des Bois*, un membre de cette famille alla en terre sainte avec le roi Saint Louis, en 1214, et Jean DE BELLEMARE, fut chambellan du Roi Charles VII. Elle a fourni trois branches : 1° celle de Duranville, 2° celle de Thiebert, 3° celle de Saint-Cyr.

Regnault DE BELLEMARE, était en 1634, lieutenant de la Mestre de camp du régiment de Grancey, en 1642, lieutenant-colonel, en 1646, lieutenant du Roi à Gravelines, et enfin en 1652, Maréchal de camp. — Sébastien-François DE BELLEMARE, Chevalier, seigneur de Saint-Cyr, chevalier de Saint-Louis, lieutenant des maréchaux de France, a épousé, le 15 novembre 1744, Elisabeth DE CANOUVILLE, dont il a eu : 1° Nicolas, mousquetaire du Roi en 1772, et 2° Georges-Marc, officier au régiment de Cambrésis.

BELLOY (DE). — Les DE BELLOY tenaient un rang très-distingué dès le règne de Philippe-Auguste; un membre de cette famille assista à la bataille de Bouvines (1214). Cette famille, de l'élection de Gisors, s'est divisée en trois branches, et a fourni des chambellans, des panetiers et échansons, des gouverneurs de diverses villes, deux généraux en chef des armées, des chevaliers de Malte, de Saint-Michel, de Saint-Louis, etc...

Jean-Philippe-Nicolas DE BELLOY, né le 8 mars 1741, fut capitaine de dragons. — Le comte DE BELLOY, fit ses preuves pour les honneurs de la Cour le 16 mai 1789, et obtint la faveur de monter dans les carrosses du Roi.

M. le Marquis DE BELLOY, chef de cette ancienne maison, habite le château de Gamaches, à Etrépagny.

BELLOT. — De Callonville, de Franqueville, etc..., Maison de l'élection de Carentan, anoblie par charte du 14 janvier 1504, maintenue dans sa noblesse en 1666.

BERNARD. — Seigneur d'Avernes, de Courménil, de Giverville, de Bougy, etc... Jean DE BERNARD, Ecuyer, seigneur de Bougy, vivant en 1463, est l'auteur de la branche de Courménil, d'où est sortie celle d'Avernes. Jacques DE BERNARD, chevalier, seigneur de Courménil, de Saint-Arnoult, du Bois-Corbuisson, etc..., vivait en 1771.

Hector DE BERNARD, seigneur d'Avernes, a épousé Anne D'OSMOND, et eut pour fils : Charles-Antoine, Marquis D'AVERNES, Comte d'Orbec, Enseigne des gendarmes d'Orléans, chevalier de Saint-Louis, marié, le 21 mars 1762, à Marie-Charlotte-Françoise-Elisabeth LE CORNIER, fille de François, Marquis DE SAINTE-HÉLÈNE, Baron d'Angerville-la-Martel.

BERNIÈRES (DE). — Quatre familles de ce nom ont existé en Normandie et ont été maintenues en 1666. — L'une d'elles, de la généralité de Caen, dont nous avons donné les armoiries (tome Iᵉʳ, p. 22), a produit Jean-Charles DE BERNIÈRES, Comte DE LOUVIGNY, lieutenant général des armées du roi en 1745 ; elle a encore des représentants.

BERRYER (DE). — Maison dont l'origine remonte à Louis BERRYER, Comte de la Ferrière, fils d'un greffier des Eaux et forêts de Domfront, conseiller d'Etat et secrétaire du Conseil, sous Louis XIV, mort en 1686. — Il eut pour fils : 1° Jean-Baptiste-Louis BERRYER, DE LA FERRIÈRE, conseiller d'Etat et doyen des maîtres des requêtes, marié à Catherine POTIER DE NOVION ; 2° Nicolas-René, Procureur général du Grand-conseil, marié à l'une des filles du Marquis DE BUSSY D'AMBOISE, premier président de la Cour des Monnaies.

Nicolas-René DE BERRYER, né en 1703, conseiller d'Etat, lieutenant général de police, Garde des sceaux de France, a épousé, en 1738, Catherine DE FRIBOIS.

BERTENGLES (DE). — Armes : *D'argent, à trois fusées et deux demies de gueules, posées en fasce.*

Famille anoblie au mois de mai 1735, en la personne de Jacques DE BERTENGLES, seigneur de Vauroux, Brigadier des chevau-légers de la garde du roi. — Son frère, Michel, servait aussi dans le même régiment, et ils étaient tous deux chevaliers de Saint-Louis.

Un de leurs descendants, habite le château de Saint-Crespin, près les Andelys.

BERTHOT. — De Bosctheroulde, de Mézières, etc...

Armes : *D'azur, à la croix d'or, cantonnée de quatre lions aussi d'or.*

Charles BERTHOT DE BOSCTHEROULDE, chargé des procurations de Mme DE QUETTEVILLE et de M. DE SAINTE-HONORINE, a comparu à l'assemblée de la noblesse du bailliage de Rouen, en 1789.

M. BERTHOT DE MÉZIÈRES habite l'arrondissement de Caen.

BIGOT. — Seigneur des Parquets, de Courcelles, de Bolleville, Baron de Monville, etc.... Famille originaire du Perche, dont la filiation suivie et authentique commence à Emery BIGOT, Ecuyer, vivant en 1350. — Elle s'est divisée en un grand nombre de branches et a fourni des présidents et conseillers au parlement de Normandie. — Guillaume BIGOT DE BOLLEVILLE, capitaine des grenadiers royaux en 1771 et chevalier de Saint-Louis, laissa un fils. — Laurent, seigneur de Graveron et de Creuilly, vivant aussi en 1771.

André BIGOT D'HERVILLE, Chevalier, seigneur de Gondreville, de Sassetot, etc..., Président à mortier au parlement de Rouen en 1765, a épousé Françoise DU HAMEL, d'où sont issus trois garçons et une fille. L'un d'eux, M. BIGOT DE SOMMESNIL, était Président à mortier au parlement de Rouen en 1789, et M. BIGOT DE BOLLEVILLE a figuré à l'assemblée de noblesse pour l'élection des députés aux Etats-Généraux.

BILLEHEUST (DE). — Seigneur du Manoir, de Braffais, de Saint-Georges, d'Argenton, de Boisset, etc.

Armes : *D'azur, au chevron d'argent, accompagné de trois roses du même.*

Famille de l'élection de Mortain, maintenue en 1666. — Rodolphe-Henri DE BILLEHEUST DE SAINT-GEORGES, et Julien-Louis, seigneur de Braffais, ont assisté à l'assemblée de la noblesse du bailliage d'Avranches. — M. D'ARGENTON, à celle du bailliage de Vire.

BISSON D'ANGREVILLE. — Armes : *D'argent, au chevron d'azur, accompagné de trois losanges de gueules; au chef cousu échiqueté d'argent et de sable de trois traits.*

Honorablement connue dans la province, cette famille y possédait depuis longtemps des fiefs nobles, lorsque Jacques BISSON fut pourvu, par arrêt du conseil et par lettres patentes en date du 1er octobre 1756, d'une charge de Conseiller secrétaire du Roi au parlement de Rouen. — Son descendant direct est : Louis-Henri BISSON D'ANGREVILLE, né le 16 décembre 1815.

BLANC (LE). — Famille de la généralité de Caen, maintenue en 1666. — Robert LE BLANC, seigneur du Rolet, de la Croisette, etc.., était conseiller au parlement de Normandie en 1657. — Son fils, Jacques, fut reçu chevalier de l'ordre de Malte en 1680.

BLANCHARD (de). — Thomas BLANCHARD, Ecuyer, conseiller du roi, était trésorier général de France au bureau des finances de la généralité de Caen en 1698. — Joseph-Charles DE BLANCHARD, Chevalier, seigneur de Seville, chevalier de Saint-Louis, émigré en 1792, servit à l'armée des princes et fut Garde du corps à la Restauration; Alexandre-Louis, son frère, capitaine de cavalerie, fit les campagnes de l'armée de Condé, était maréchal des logis des Gardes du corps en 1814, et a épousé mademoiselle Marie-Francoise DE BRAS-DE-FER.

Deux autres familles de ce nom ont été maintenues en 1666, l'une en l'élection de Rouen et l'autre en l'élection d'Alençon.

BLANGY (de). — Armes : *D'azur, à trois coquilles d'or, posées 2 et 1.*

Le nom patronymique de cette ancienne maison est LE VICONTE; elle s'est divisée en plusieurs branches et a possédé les seigneuries de Saint-Hilaire, de Blangy, de Villy, de Fréville, etc., en l'élection de Pont-Audemer.

Un sire DE BLANGY, acccompagna Guillaume le Conquérant en Angleterre. — Macé LE VICONTE, fit partie de la Croisade de 1248. M. le comte DE BLANGY fit ses preuves de cour en 1779, pour monter dans les carrosses du Roi. — Le Marquis DE BLANGY était grand bailli du Contentin avant la Révolution, et plusieurs de ses parents ont assisté aux assemblées de la noblesse tenues en 1789, dans les bailliages de Caen, Rouen et Neufchâtel.

Cette famille a plusieurs représentants de nos jours, qui habitent le canton de Saint-Pierre-Église (Manche) et le département de l'Eure.

La fille du marquis DE BLANGY, Mlle Noémie, a épousé, en 1847, César MORE, comte DE PONTGIBAUD.

BLONDEL. — Nos documents prouvent l'existence 1° des Blondel de Saint-Manvieux; 2° de Saint-Fromond; 3° de Billy et du Castel; 4° de Bellebrune et de Joigny. — Jacques BLONDEL, seigneur de Bellebrune, vivant en 1513, fut le quatrième aïeul de Françoise-Charlotte BLONDEL DE JOIGNY, née le 24 décembre 1684, reçue à la maison royale de Saint-Cyr au mois de mai 1692.

Une famille BLONDEL DE MOULINES existe encore de nos jours.

BLOUET DE CAMILLY. — Cette famille, de la généralité de Caen, maintenue en 1666, a produit un Vice-amiral de France et un Evêque de Toul. — Augustin BLOUET, seigneur de Camilly, conseiller au parlement de Rouen en 1656, eut pour fils : Pierre, reçu chevalier de Malte le 14 novembre 1684. Augustin BLOUET DE CAMILLY était conseiller au parlement de Rouen en 1712.

BŒUF D'OSMOY (LE). — Armes : *D'or, au bœuf passant de gueules.*

Cette maison originaire de Bretagne, s'est établie en Normardie au XIII° siècle, et s'est alliée aux : de Clinchamps-Bellegarde, de Chambray, Odoard du Hazé, de Mailly-Nesle, de Létourville de Guiry, etc...

Elle s'est divisée en deux branches principales, celle du Fresne et de Bonneville, et celle d'Osmoy et de Saint-Aubin.

Briand LE BŒUF, Chevalier, vivait en 1194 ; il souscrivit à cette époque une charte en faveur du monastère de Marmoutier. — Guillaume, sire de Rieux, fut député à Rome en 1307, par la noblesse de Bretagne, et Jean II, son petit-fils, sire de Rieux, de Nozay, de Fougères, etc..., Maréchal de France, était l'ami de Du Guesclin et l'un des plus vaillants Chevaliers de son temps.

Guillaume LE BŒUF, est au nombre des chevaliers de la Vicomté de Vire et du bailliage de Caen, qui furent convoqués pour se rendre à Tours à l'armée du Roi, en 1272. — Jean, fut Chambellan du roi Louis XI et Gouverneur d'Evreux.

Guillaume LE BŒUF, Ecuyer, seigneur d'Osmoy et de Saint-Aubin, vivait en 1399, et a épousé Jeanne du Mesnil. — Thibault, comparut à la monstre des nobles du bailliage d'Evreux, le 17 mars 1469. — Jacques, seigneur d'Osmoy, acquit de Guillaume Le Grant, un héritage situé à Osmoy, suivant acte passé devant les Tabellions à Illiers, le 19 juin 1533. — Tanneguy, Chevalier, seigneur et patron d'Osmoy, de Fontenay, de Maubuisson, etc..., était Gentilhomme ordinaire de la Chambre du Roi et Enseigne d'une compagnie dans le régiment de M. de Bréauté. — Gabriel, son fils, maintenu dans sa noblesse d'ancienne extraction en 1667, a épousé Jeanne DE LOUBERT, Demoiselle d'honneur de la Duchesse de Nemours.— Tanneguy, II° du nom, Chevalier, né le 1er décembre 1650, a été Gendarme de la garde ordinaire du Roi. Jean-Baptiste, son fils, a épousé en 1739, Marie-Anne. DE CHAMBRAY. — Henri, Chevalier, Comte D'OSMOY, seigneur de Cauchorel, de Fumechon, La Thuilerie, etc.., né le 16 mai 1740, a servi dans les Gardes du corps du Roi. — Henri, II° du nom, né en 1772, entra de bonne heure au service, et fut nommé Garde du corps en 1814; il a épousé Catherine-Félicité Odoard du Hazé, et est mort le 7 août 1842. — De cette alliance sont issus deux fils :

L'aîné, Charles-Henri, Comte d'Osmoy, ancien Garde du corps, membre du conseil général de l'Eure, chevalier de la Légion d'honneur, marié le 9 octobre 1826, à Caroline-Geneviève de Guiry. Il est mort le 28 mars 1862, laissant de son mariage : 1° Charles-François; 2° Alfred-Henri, marié le 27 février 1863 à mademoiselle Marie-Valentine Ducroquet de Saveuse ; 3° Noémie-Henriette d'Osmoy.

Le cadet, Alphonse Vicomte d'Osmoy, né au Hazé, en 1805, ancien Garde du corps du Roi, a épousé, à Rouen, le 22 octobre 1832, mademoiselle Aglaé Quesnel, dont il a eu deux fils et une fille.

BOIS (du). — Beaucoup de familles de ce nom ont existé en Normandie; presque toutes ne nous ayant envoyé aucun document, nous renvoyons, pour leurs armoiries, au catalogue des maintenues de noblesse que nous avons donné en tête du tome I⁴ʳ, et nous ne pouvons dire si elles existent encore; mais elles étaient toutes représentées aux assemblées de la noblesse en 1789.

du Bois d'Ernemont (Théodore-Aimé-Florent), né à Douai le 2 avril 1810, a été autorisé à ajouter le nom d'Ernemont au sien par décret du 18 décembre 1861.

du Bois de Jancigny (Alfred), Sous-préfet à Louviers en 1854, a épousé la même année, mademoiselle Yseult du Bois de Beauchesne.

BOIS LÉVÊQUE. — Seigneur des Rochers et de Faverolles, maintenu le 22 avril 1668 en l'élection de Pont-Audemer.

Robert de Bois Lévêque fut reçu conseiller au parlement de Rouen en 1502. — Jean, son descendant direct au quatrième degré, fut nommé greffier en chef audit parlement le 31 mars 1615.

BOISMILLON (de). — Sieur de Montenay, de Boscroger, de Launay, etc... Généralité de Rouen.

Jean de Boismillon, Chevalier, seigneur et Baron de Garentières, était capitaine au régiment du Roi en 1673, lorsqu'il a épousé demoiselle Marie de Mornay.

BONGARS (de). — Famille de gentilshommes verriers dont l'origine remonte à une époque très-reculée ; tout le monde connaît les anciens priviléges que nos Rois ont accordés à ceux qui se sont occupés les premiers de cette industrie. — Elle a été maintenue le 13 février 1669, en l'élection d'Arques et a toujours tenu un rang distingué depuis plus de deux siècles dans les armées. — Jean-Michel-David DE BONGARS DE ROQUIGNY, fut officier au régiment de cavalerie de Penthièvre et capitaine des chasses ; il était fils de Jean DE BONGARS DU VAL D'AULNOY, lieutenant des chasses et inspecteur général du comté d'Eu, gouverneur d'Aumale, etc. Il a épousé Suzanne DE CAQUERAY, dont il eut : 1° Jean-Marie Marquis DE BONGARS, né en 1758, qui a figuré à l'assemblée de la noblesse du bailliage de Gisors en 1789 (voyez le tome Ier, p. 185), et fut aide de camp du roi Jérôme, puis général de division ; 2° Joseph-Barthélemy, Vicomte DE BONGARS, colonel de cavalerie, Baron de l'Empire, commandant les écuries du roi Louis XVIII, qui a épousé mademoiselle N... DE WARNET. — Le marquis DE BONGARS a eu deux fils, dont l'aîné fut Ecuyer cavalcadour des rois Louis XVIII et Charles X. Il habite actuellement Paris.

Un autre monsieur DE BONGARS habite les environs d'Eu.

BONIFACE. — Famille originaire de Marseille, où elle tenait un rang distingué au XIIIe siècle. Gilles BONIFACE, Chevalier, connu à la cour sous le nom *de la Molle*, fut maître de la garde-robe du duc d'Alençon, frère du roi Henri III ; on connaît sa mort avec Coconas. — Le premier de cette famille qui s'établit en Normandie, fut Ozias BONIFACE, gentilhomme de la Chambre, chevalier de l'ordre du Roi, gouverneur du fort Sainte-Catherine à Rouen ; il fut de plus député de la noblesse aux Etats de la province en 1604. La terre de Boslehard ou Bolhard, qu'il possédait, fut érigée en *Baronnie*, en sa faveur, en 1607.

Jean-Baptiste-Alexandre-François, Baron DU BOLHARD, son descendant direct, a été capitaine dans le régiment royal en 1757, et ses deux frères, Ozias-Eléonor et Jean-Baptiste Sibille, furent reçus chevaliers de Malte. — Cette maison était représentée, en 1789, à l'assemblée de la noblesse, pour l'élection des députés aux Etats-Généraux (bailliage de Neufchâtel) et au bailliage de Rouen, où figurait le baron DE BONIFACE.

Un membre de la famille habite Yerville, près d'Yvetot.

BONISSENT (DE). — Premier auteur : André BONISSENT, seigneur de Rencherolles, Consul des marchands à Rouen en 1577. — Louis DE BONISSENT fut reçu chevalier de Malte le 8 février 1650.

Cette famille fut maintenue le 8 avril 1669, et un de ses membres, M. le chevalier DE BONISSENT DE BOISYVON, a figuré à l'assemblée de la noblesse du bailliage de Gisors en 1789.

BONNECHOSE (DE). — Le premier auteur connu de cette ancienne famille, Jean DE BONNECHOSE, vivait en 1292.

Nicolas-Louis-Gaston DE BONNECHOSE, son descendant direct, issu de la branche des seigneurs de Vieux-Pont, était officier au régiment de Poitou en 1756, et a eu pour fils : Louis-Gaston, né le 25 août 1759.

Cette maison, encore existante de nos jours, compte au nombre de ses représentants Monseigneur Henri DE BONNECHOSE, Archevêque de Rouen, nommé Cardinal en janvier 1864.

BONNEFOY (DE). — Une des plus anciennes familles de la province. — Roger DE BONNEFOY, l'un des Barons du duché de Normandie, donna, le 3 février 1022, une partie de ses biens à Jean et Aimery, ses fils, pour les mettre à même de suivre Tancrède DE HAUTEVILLE en Sicile. — Nicolas, Baron DE BERTAUVILLE, fut gentilhomme ordinaire de la chambre du Roi Henri IV. — Jacob, Enseigne des vaisseaux du Roi et chevalier de Saint-Louis, épousa, le 13 novembre 1714, Suzanne DE MARTEL, dont il eut : Isaac DE BONNEFOY DE BERTAUVILLE, vivant encore en 1771.

BONNET (DE). — Seigneur de la Tour, de Montgommery, de Naulfle, de Mautry, etc.

Cette ancienne maison, qui a possédé le fief de Montgommery pendant plus de 500 ans, est originaire de la généralité d'Alençon et a eu pour premier auteur : Odet BONNET, chevalier croisé sous Philippe Ier. — Othon BONNET, seigneur de Montgommery, de Montormel, etc., petit-fils du précédent, fonda, en 1226, le couvent des Cordeliers de la ville de Séez.— Pierre-Louis BONNET, sieur de Mautry, a épousé, le 8 juillet 1772, Marie DE LA MARE. — Pierre-Grégoire BONNET, son frère, a épousé Marie-Anne-Elisabeth FOUQUET DE BEAUCHAMP. — Cette famille, qui a eu beaucoup de ses membres aux assemblées de la noblesse en 1789, est encore représentée de nos jours. — MM. BONNET DE LA TOUR et DE MAUTRY, habitent les environs de Caen, et M. BONNET DE DRAMARD, habite Dives.

BONNEVILLE (DE). — Famille de la généralité d'Alençon, qui porte pour armes : *D'argent, à deux lions léopardés de gueules.*

Jean DE BONNEVILLE, Ecuyer, seigneur de la Boullaie, du

Bocage, etc., était capitaine de dragons en 1735. — N..... DE BONNEVILLE, a figuré à l'assemblée de la noblesse du bailliage d'Orbec en 1789.

BORDES (DE). — De Folligny, de Beauchesne, de Fontenay, etc.
Ancienne famille du Cotentin, maintenue dans sa noblesse à différentes époques.

Vercengentorix-René-Charles DE BORDES DE FOLLIGNY, était chanoine de l'église cathédrale de Cérences en 1782. — Jean-Gabriel, chevalier, seigneur de Fontenay, et son parent Louis-Marie, seigneur de Chalandré, comparurent à l'assemblée de la noblesse en 1789, au bailliage de Mortain.—A la même époque, Charles-Hervé-Valentin DE BORDES DE FOLLIGNY, était capitaine des vaisseaux du Roi.

BOREL (DE). — Baron de Manerbe, Comte de Cherbecq, seigneur de Bouillon, etc. — Maintenu le 14 janvier 1668. — On voit dans l'histoire de la maison d'Harcourt, François BOREL, seigneur de Manerbe, marié en 1570, à Jacqueline MALET. — Jacques-Pierre, Baron de Manerbe, marié à Anne DE MONCHY, dame d'honneur de S. A. S. Marie d'Orléans, duchesse de Nemours, eut : Pierre-François-Thomas, lieutenant général en 1748, mort le 2 novembre 1762. — Louis-Philippe DE BOREL, Comte DE CHERBECQ, chef d'une autre branche, n'a eu que deux filles, dont une, Jeanne-Elisabeth, a épousé, le 25 septembre 1751, Claude DANIEL DE BOISDENEMETZ, Ecuyer de la feue Reine.

BOSC (DU). — Plusieurs familles de ce nom ont existé dans la généralité de Rouen et dans l'élection de Valognes, de Mortain, etc. (*Voyez* les armes, tome Ier, p. 28.)— Guillaume DU BOSC, fut un des compagnons de Guillaume à la conquête d'Angleterre en 1066. — Nicolas DU BOSC, conseiller au parlement de Paris en 1372, évêque de Bayeux en 1374, fut Chancelier de France. — La souche principale s'est divisée en un grand nombre de branches, entre autres celle de Vitermont, à laquelle appartenait Paul-Etienne DU BOSC DE VITERMONT, reçu Page du Roi en sa petite écurie en 1753.

Le marquis de Vitermont et le comte de Vitermont ont assisté à l'assemblée de la noblesse, tenue à Rouen, le 21 mars 1789. — MM. DU BOSC, comte DE RADEPONT, et DU BOSC DE BOURNEVILLE, issus de la même souche, étaient également présents en 1789.

BOSC-GUÉRARD (DU). — Famille anoblie le 29 mai 1750, en la personne de Pierre-Charles-Antoine DU BOSC-GUÉRARD, lieutenant général au bailliage d'Evreux. — Un des membres de cette maison a assisté à l'assemblée de la noblesse, tenue le 21 mars 1789. (Bailliage de Rouen.)

BOSC-REGNOULT (DU). — Seigneur dudit lieu, de Valsec, etc. — Election de Pont-de-l'Arche et généralité d'Alençon.

Armes : *De gueules à la bande d'or.*

Maintenue le 9 mars 1667. Nous ne savons rien de cette maison, si ce n'est qu'elle s'est alliée, en 1530, avec les DE CROISMARE.—Gilles DU BOSC-REGNOULT a épousé demoiselle Anne DU QUESNOY; elle était veuve le 16 septembre 1691.

Un descendant de cette famille habite le château de son nom, dans le département de l'Eure.

BOSMEL. — Election de Falaise. — Jean BOSMEL, Ecuyer, seigneur de Biéville (sergenterie de Saint-Pierre-sur-Dives), maintenu en 1666, fut reconnu noble du temps de Montfaut, 1463.— Un autre Jean, figure dans un compte du domaine royal (élection de Carentan), où il paye 20 sous pour droit d'aînesse ; ce compte est dressé en 1667, par le receveur du duc d'Orléans.

BOSMELET (DE). — Famille représentée en 1789, par M. le chevalier Charles DE BOSMELET, qui assiste à l'assemblée de la noblesse du grand bailliage de Rouen, en son nom et chargé de la procuration de M. Chrétien de Fumechon.

M. A. DE BOSMELET, chef actuel de la famille, habite le château du Fossé, à Auffay, arrondissement de Dieppe.

BOUCHARD. — Nous trouvons quatre familles de ce nom à la maintenue de 1666, en l'élection d'Arques, de Lizieux et de Falaise ; la plus importante, celle des seigneurs d'Englesqueville et du Mesnil-Val, a fourni plusieurs Conseillers au parlement de Normandie. Elle porte pour armes : *De gueules au lion d'or.*

Jean, était Conseiller au parlement de Rouen en 1553. — Lamfrand BOUCHARD, Vicomte DE BLOSSEVILLE, était aussi conseiller en 1629.

BOUCHER (LE). — Famille très-ancienne connue dès l'année 1250, ainsi qu'il appert des chartes de l'abbaye d'Aunay, dans lesquelles figurent Jean et Roger LE BOUCHER, chevaliers. — Quatre familles de ce nom ont été maintenues en 1666, elles ont toutes des armoiries différentes. L'une d'elles, celle des seigneurs d'Hérouville, de Flavigny, de la Varenne et autres lieux, dont la filiation authentique commence à Jacques LE BOUCHER, Ecuyer, seigneur de Crennes, vivant en 1462, a produit : Pierre-Alexandre, comte puis marquis D'HÉROUVILLE, Brigadier des armées du Roi en 1745. — Louis-Félix, Pierre-Marie et Pierre-Alexandre, ont été Gardes du corps du Roi en 1741 et 1775.

Elle a pour chef actuel :

Pierre-Marie-Félix LE BOUCHER, Marquis D'HÉROUVILLE, né en 1805, marié en secondes noces le 22 juillet 1845, à Charlotte-Marie-Clotilde DE MALART; de ce mariage est issue : Marie-Ernestine-Laure LE BOUCHER D'HÉROUVILLE.

MM. Le Boucher d'Emiéville, Le Boucher de la Boullaye et Le Boucher de Vallefleur, ont assisté aux assemblées de la noblesse en 1789, à Coutances et à Caen.

M. BOUCHER DE LA RUPELLE (Henri) a épousé, le 25 novembre 1862, Mlle Antoinette DES MARES DE TRÉBONS.

BOUILLONNAY (DU). — La Roque parle de cette famille dans l'*Histoire de la maison d'Harcourt*. Elle a été maintenue dans sa noblesse le 11 août 1668 en l'élection de Caudebec, en la personne de : Jean, chevalier, seigneur de Montenon, de la Boutonnière et de Bois-Roger.

Richard, qui vivait en 1383, a épousé Jeanne DU MESNIL-FROGER. — Charles, seigneur de la Boutonnière et de Mireville, vivant en 1630, a épousé demoiselle Renée DE BOURDEILLES.

M. DE BOUILLONNAY a assisté à l'assemblée de la noblesse du bailliage de Pont-l'Evêque en 1789. — Sa fille Marie, a épousé en 1781, René-Jacques-Pierre, Marquis DE SAINT-AIGNAN.

BOULLAYE (DE LA). — DE THEVRAY et D'EMIANVILLE. — Famille maintenue le 7 mars 1667, représentée aux assemblées des Etats-Généraux de 1789, pour les bailliages de Conches et de Beaumont-le-Roger.

La branche aînée est représentée par le Comte DE THEVRAY, qui habite Martinville, près d'Evreux.

M. DE LA BOULLAYE D'EMIANVILLE, chef de la seconde branche, habite l'arrondissement de Caen.

BOULLENGER (LE). — Robert LE BOULLENGER, juge et consul de la ville de Rouen, fit enregistrer ses armoiries à l'Armorial général, Registre 21 f° 53 : *D'azur, à un chevron d'or, accompagné en chef, de deux coquilles d'argent, et en pointe d'une étoile de même.*

Une autre famille de ce nom fut maintenue dans sa noblesse

le 21 janvier 1667. — MM. LE BOULLENGER DE BOSGOUET et DE BELLOY, ont assisté à l'assemblée de la noblesse du bailliage de Rouen en 1789.

BOURDON.—Seigneur de Gruchy.— Famille maintenue en la généralité de Caen en 1666.— Nous ne savons rien sur elle, si ce n'est que Jean-Louis BOURDON, seigneur du Quesnoy, a figuré à l'assemblée de la noblesse en 1789, tant en son nom qu'en celui de sa sœur Jacqueline-Marie-Anne-Charlotte. — MM. BOURDON DU LYS et BOURDON DE VERSON y figurent aussi en l'élection de Vire.

BOURGEOIS (LE). — Plusieurs familles de ce nom ont existé en Normandie et quatre ont été maintenues dans leur noblesse en 1666. — D'après un mémoire de l'abbé de Béziers, chanoine du Saint-Sépulcre de Caen, Nicolas LE BOURGEOIS, premier auteur d'une de ces familles, était capitaine pour le roi Charles VII, à Dieppe. Il portait pour armoiries : *D'azur, à la fasce d'or, accompagnée de trois besants du même 2 et 1*; son fils, Pierre, écuyer, seigneur de Cressonville, a épousé demoiselle Marie DE LA PLANQUE.

Cette famille s'est divisée en quatre branches. — Augustin LE BOURGEOIS, était avocat au parlement de Rouen en 1705, et Eustache LE BOURGEOIS, conseiller du Roi, élu en l'élection d'Evreux.

La famille de ce nom des seigneurs du Hamel, de la Varende, etc., fut anoblie aux francs-fiefs. — Celle des seigneurs d'Auteville, d'Heauville et de Gruchu, fut anoblie en 1507. — Enfin Jean, Ecuyer, seigneur de Pommereval, de Manneville, etc., Verdier de la forêt d'Eavy, appartenant à la quatrième, obtint, au mois de mai 1663, l'érection de la terre de Manneville-la-Goupille (généralité de Rouen), en *Baronnie*.

MM. LE BOURGEOIS DES BAONS et LE BOURGEOIS DU MARAIS, ont assisté à l'assemblée de la noblesse en 1789. — Cette dernière famille, qui porte pour armes : *De sable, au chevron d'argent, accompagné en chef de deux merlettes du même, et en pointe d'une étoile d'or*, s'est divisée en trois rameaux qui se sont répandus en Picardie et en l'Ile-de-France. — Un de ces rameaux a pour chef : Victor BOURGEOIS DE VOYEU, né en 1795, marié à Adélaïde CANON, dont un fils, Victor, avocat à Louviers, marié à Marie BOURGEOIS DU MARAIS.

Louis—Alfred BOURGEOIS DU MARAIS, chef du troisième rameau, a épousé, le 7 juin 1824, demoiselle Adélaïde-Céline DE LE GORGUE, dont il a sept enfants.

BOURGEVIN DE LINAS. — Famille originaire de Champagne.

Didier BOURGEVIN, chevalier, gentilhomme ordinaire de la chambre du Roi, vivant en 1630, épousa Anne LOUVEL. — Il reste un titre d'une fondation qu'il fit à Linas, et ses armoiries sont peintes sur les vitraux d'une chapelle qu'il y acquit. — Charles-Jean-Baptiste, fut reçu Mousquetaire du Roi en sa première compagnie, le 24 janvier 1760.

Un des représentants actuels de cette maison est percepteur à Alençon.

BOURGUIGNON (LE). — Armes : *D'azur, à trois bourguignotes en profil d'argent.*

M. LE BOURGUIGNON DU MESNIL a été présent à l'assemblée de la noblesse du bailliage de Caen le 17 mars 1789, ainsi que M. Constantin LE BOURGUIGNON DU PERRÉ dans le bailliage d'Exmes.

BOUTEILLER (LE). — Sieur de Maigremont, maintenu le 20 décembre 1669, en la généralité de Rouen. — Cette maison a pour premier auteur Toussaint, Ecuyer, seigneur de Féron, vivant en 1510. — Jean-Baptiste-Robert LE BOUTEILLER DE MAIGREMONT, a épousé, en 1710, Elisabeth BOUCHER.

Une autre famille de ce nom, qui porte pour armes : *D'azur, à une fasce d'argent,* a encore des représentants en Normandie.

BOUTEMONT (DE). — Famille maintenue par Montfaut en 1463, dont le nom se retrouve dans de nombreuses chartes du XIIᵉ et du XIIIᵉ siècle. — Elle possédait à cette époque le fief de Boutemont, sis en la commune de Taillebois, lequel est passé aux mains du sieur PORET DE SAINT-GERMAIN.—Jean-Nicolas DE BOUTEMONT, était Président au parlement de Rouen en 1789.

BOUVIER. — Famille de l'élection de Bayeux, maintenue dans sa noblesse par Chamillart, en 1666.

Jacques-Jeannin-Achille BOUVIER DE LA MOTTE-GONDREVILLE, Comte DE VILLARCEAUX, a épousé demoiselle Anne DE LA BARRE, dont un fils :

Achille-Marie, marié au mois de septembre 1858 à Mˡˡᵉ Louise-Augustine ALLIX.

BOUVILLE (DE).—Cette famille, qu'il ne faut pas confondre avec celle des GROSSIN DE BOUVILLE, porte pour armes : *D'argent, à la fasce de gueules, chargée de trois annelets d'or.*

Elle a eu plusieurs de ses membres qui ont assisté à l'assemblée de la noblesse en 1789.

BOYVIN (DE). Seigneur de Saint-Ouen, de Tourville, de Boisguilbert, etc. — Suivant Farin, *Histoire de Rouen*, Noël BOYVIN, sieur de Tourville, obtint des lettres de noblesse en 1574 ; il fut reçu président en la chambre des comptes en 1582. — Jean-Baptiste, seigneur de Boisguilbert, premier président en la chambre des comptes de Rouen en 1692, a épousé Marie MALET DE GRAVILLE.

BRAQUE (DE). — Seigneur de Montdavid, de Chastillon, de la Guichardière, etc... — Arnould DE BRAQUE fut anobli au mois d'août 1339, avec permission de prendre Enseigne de chevalier. Son fils, Nicolas, fut gouverneur de Montargis et de Moret, chambellan du roi Charles V et ambassadeur plusieurs fois. Il a épousé Marie DU TREMBLAY.

Louis DE BRAQUE, capitaine dans le régiment de Royal-Vaisseaux, eut une de ses filles, Anne-Marguerite, reçue à la maison royale de Saint-Cyr, en mai 1687.

BRAY (DE). — Suivant *Orderic Vital*, Baudry DE BRAY fut un des compagnons de Guillaume à la conquête d'Angleterre. — *L'Histoire des Croisades*, fait mention d'un chevalier de ce nom qui se croisa en 1099. — Guillaume, figure au nombre des chevaliers qui accompagnaient Geoffroy d'Harcourt, gouverneur de Normandie, en son voyage d'outre-mer en 1308. — Jacques DE BRAY, maintenu dans sa noblesse par Montfaut, a épousé Jeanne D'AUXAIS. — Cette famille s'est divisée en trois branches principales dont deux sont éteintes. — Jean DE BRAY, établi en Picardie, a épousé, à Amiens, en 1642, Françoise MAUPIN ; de lui descend François-Gabriel, Comte DE BRAY, né à Rouen, le 24 décembre 1765, qui fut Ambassadeur, Grand-croix de Saint-Louis, etc... Il a épousé, en 1805, Sophie-Catherine-Marie DE LOEWENSTERN (issue d'une famille de Livonie) et eut de ce mariage : 1° Otton-Camille-Hugues, né le 17 mai 1807, filleul de S. M. le roi de Prusse ; 2° Caroline-Elisabeth-Amélie ; 3° Gabrielle-Marie.

BRÉARD (DE). — Armes : *D'azur, à trois molettes d'éperon d'argent.*
Famille noble de race, dont les titres sont aux Archives de la Tour de Londres, de la chambre des comptes d'Evreux, etc... Sa filiation commence à : Noël, sire de Neuville, qui a épousé la sœur du maréchal Arnould D'ANDREHEN, si célèbre dans l'histoire de Charles Ier, Dauphin, duc de Normandie. — Son fils Guillaume, était Commandeur de Malte en 1360. Cette ancienne maison a formé trois branches ; à la seconde appartenait

Pierre DE BRÉARD, marié en 1742, dont le fils, Jean-Thomas-Bernardin, a servi dans les Gendarmes et dans le régiment de Rouergue.

BRÉAUTÉ (DE). — Un des membres de cette ancienne maison accompagna Guillaume à la conquête d'Angleterre. Charles-Claude, Comte DE BRÉAUTÉ, était conseiller Chambellan ordinaire du roi, Grand bailli du Cotentin et gouverneur de la ville et château de Valognes en 1697. — Alexandre-Charles, son fils, était colonel d'un régiment de dragons en 1710. — Un des représentants de cette famille a figuré à l'assemblée de la noblesse du bailliage de Caux en 1789, et un autre habite en ce moment Longueville (arrondissement de Dieppe).

BRÉBEUF (DE). — Un sire DE BRÉBEUF fut un des compagnons de Guillaume le Conquérant en 1066. — Jean, fut maintenu dans sa noblesse par Montfaut en 1463. — Enfin Charles-Auguste fut maintenu en 1666, en l'élection de Bayeux. — Un membre de la famille a figuré à l'assemblée de la noblesse du grand bailliage de Coutances en 1789.

BRECEY (DE). — *La Roque*, dans son *Traité du ban et de l'arrière-ban*, parle de Robert DE BRECEY, Chevalier, vivant en 1272. — Dans notre tome 1er, nous avons cité un sire DE BRECEY, qui accompagna Guillaume à la conquête d'Angleterre, et un autre qui fut au nombre des 119 défenseurs du Mont-Saint-Michel en 1423. — Cette maison, du reste, fut maintenue dans sa noblesse par Montfaut et par Chamillart.

Henri, marquis d'Isigny, vivait en 1600, et une de ses filles, Anne, a épousé Pierre DE LA LUZERNE, gouverneur du Mont-Saint-Michel en 1610.

Charles, appelé le chevalier DE BRECEY, fut tué au combat de Leuse en 1691.

Une commune de ce nom existe à quatre lieues d'Avranches. M. DE BRECEY, chef actuel de la famille, y habite le château de la Brisolière.

BREIL (DU). — DE PONTBRIANT, DE BELLEVILLE, DE RAYS, etc...

Armes : *D'azur, au lion d'argent, armé, lampassé et couronné de gueules.*

Très-ancienne famille originaire de Bretagne, qui s'est divisée en cinq branches principales, subdivisées elles-mêmes en plusieurs rameaux, dont un est venu s'habituer en Normandie; en effet, son chef, Jean-Julien DU BREIL, chevalier, seigneur de Belleville, de Pontbriant, etc..., fut maintenu dans sa noblesse en l'élection de Chaumont en 1668. De toutes ces branches, deux seules subsistent encore de nos jours, celle des Marquis et Comtes de Rays et celle des Comtes de Pontbriant.

Guillaume DU BREIL, premier auteur connu de cette ancienne maison, était Sénéchal de Bretagne et vivait encore en 1172.

Roland, Chevalier, seigneur de Pontbriant, de Rays, des Ormaux, etc..., fut élevé enfant d'honneur de la Reine Anne de Bretagne et se maria en 1510.

Messire Julien DE BREIL, Gentilhomme ordinaire de la chambre du roi et Chevalier de son ordre, était Mestre de camp d'un régiment d'infanterie en 1576.

François, dit *le Chevalier* DE RAYS, était Aide de camp du Vicomte de Turenne, etc., etc...

Charles DU BREIL, Marquis DE RAYS, chef actuel de la branche aînée, est né en 1832.

La branche de Pontbriant a pour chef actuel : Isidore-Marie DU BREIL, Vicomte DE PONTBRIANT, qui a fait la campagne de 1815, dans les volontaires royaux.

BREMOY (DE). — Ancienne famille de la généralité de Rouen.

Armes : D'azur, à l'épée en pal d'or, accompagnée de trois couronnes de deux branches de laurier du même.

François DE BREMOY, Sous-brigadier des chevau-légers, et chevalier de Saint-Louis, obtint des lettres de confirmation de noblesse au mois de novembre 1677, enregistrées à la chambre des comptes de Normandie le 4 août 1716. — Charles-Michel, son petit-fils, lieutenant des vaisseaux du roi et chevalier de Saint-Louis, a épousé Hyacinthe LE GENTIL, dont il a eu : 1° Frédéric-Charles-Marie, né le 10 mars 1790 ; 2° Ferdinand-Charles, né le 10 août 1810, et 3° Jules-François-Louis-Marie, né le 20 mai 1815.

BRETEL (DE). — Seigneur et Marquis de Lanquetot, de Grémonville, sieur d'Hiermont, de Saint-André, etc... Cette famille, qui a fourni plusieurs conseillers et présidents à mortier au parlement de Normandie, remonte sa filiation à Nicolas DE BRETEL, Ecuyer, vivant en 1516, époque à laquelle il hérita de la terre d'Hiermont (en Ponthieu). — La terre de Grémonville fut érigée en MARQUISAT le 10 novembre 1695, en faveur d'Antoine-Nicolas, premier président du parlement de Rouen. — Antoine D'HIERMONT, descendant de Nicolas, au VII° degré, Officier au régiment de Roussillon et chevalier de Saint-Lazare, a épousé, le 18 novembre 1782, mademoiselle Geneviève GARNIER.

3

BRETTEVILLE (DE). — Généralité de Rouen, seigneur de Francourt. — Armes : *D'azur, à trois glands d'or.* — Ancienne famille maintenue par Montfaut en 1463. — Gillebert DE BRETTEVILLE fut un des compagnons de Guillaume à la conquête d'Angleterre.

Un descendant de cette famille habite la commune de Sainte-Honorine-du-Fay (arrondissement de Caen).

BRETON (LE). — Armes : *D'argent, à deux chevrons de gueules, accompagnés de trois coquilles du même, posées 2 et 1.* — Couronne : de Marquis. — Devise : *Moriamur pro rege nostro.*

Très-ancienne maison de l'élection de Coutances, seigneur de la Guérippière, de Catins, etc..., maintenue en 1463 et en 1666. — Auvray LE BRETON, assista à la conquête d'Angleterre. — Le premier auteur où remonte la filiation est : Jean LE BRETON, Ecuyer, lieutenant général du bailliage de Mortain en 1483. Cette famille a formé plusieurs branches, toutes éteintes à l'exception de deux.

Victor LE BRETON DE LA HAIZE est le chef de la branche aînée. — Nicolas-Julien, de la branche cadette, émigra en 1792, servit à l'armée de Condé, et laissa plusieurs enfants.

Beaucoup d'autres familles de ce nom ont été aussi maintenues dans les élections de Valognes, Caen, Bayeux et Montivilliers; leurs armes sont différentes. — Nous n'avons de documents sur aucune d'elles.

BRETIGNIÈRES (DE). — Armes : *D'or, à trois roses de gueules; au chef d'azur, chargé d'un soleil du champ.*

Cette maison, qui s'est divisée en deux branches principales, remonte sa filiation à : Simon DE BRETIGNIÈRES, célèbre avocat de Rouen, qui plaida en 1563, devant Charles IX, lorsque ce roi fut déclaré majeur; il eut pour fils : Thomas, aussi avocat au parlement, marié à Thomines DE QUINCESTAR. Elle a fourni plusieurs Conseillers au grand conseil, un Trésorier de France, deux Maréchaux des camps et armées du roi, etc.

Jacques était Conseiller au grand conseil en 1677. — Anne-Charles-René, seigneur de Saint-Germain, né le 29 juillet 1745, fut nommé Conseiller au parlement de Paris le 1er mars 1765.

Pierre-Louis DE BRETIGNIÈRES DE COURBEILLE, Maréchal de camp, a assisté à l'assemblée de la noblesse du bailliage de Verneuil en 1789. — Louis DE BRETIGNIÈRES, marié en 1810 à Georgette DE MINUT, a laissé un fils qui habite Bacqueville, près Dieppe.

BREUIL (DU). — De Montfiquet, du Marchais, etc...

Dans le catalogue des maintenues de noblesse que nous avons donné (tome 1er, page 33), nous trouvons huit familles du nom de DU BREUIL, dans les élections de Coutances, Caen, Rouen et Chaumont; nous ne pouvons donc pas a. . . er telles ou [telles armoiries à celle-ci ; nous dirons seulement que : Osbern DU BREUIL, fut un des compagnons de Guillaume.— Jean DU BREUIL, fut reconnu noble par Montfaut en 1463. — Louis-Pierre DU BREUIL, seigneur de Montfiquet-en-Percy, a épousé en 1781, Angélique-Blanche-Marie DE SURTAINVILLE. — Deux membres de cette famille assistèrent à l'assemblée de la noblesse du grand bailliage de Caen en 1789.

BREUILLY (DE). — Cette famille, une des plus anciennes de la province, tire son nom d'un fief sis en l'élection de Valognes, appelé aussi BROLLY et BRULLY; on la voit apparaître dans les chartes dès le XIe siècle. Elle fut maintenue dans sa noblesse en 1463, 1599, 1636 et enfin en 1667. — Raoul DE BREUILLY, Chevalier, était en 1286, Grand bailli de Caux.—Laurence, fille de Thomas, dit *le Chevalier de bonne mémoire*, épousa, le 3 janvier 1427, Pierre DE CHAPPELAINE. — Guillaume DE BREUILLY, Chevalier, obtint du roi d'Angleterre, en 1418, la concession de diverses terres et seigneuries (*Archives de la Tour de Londres*). En 1512, Roger était un des archers de la garde du roi. — Jean DE BREUILLY était en 1776 Capitaine au régiment Royal-Comtois.

Le chef actuel de cette ancienne maison est : Edmond-Louis Vilhem DE BREUILLY, fils de Louis-François-Joseph et d'Eugénie-Marie-Antoinette MOSSELMAN.

BRÉVEDENT (DE). — Suivant les titres anciens et originaux produits, Valérien DE BRÉVEDENT vivait en 1289. — Morel, a fait un accord en 1404, avec Jean du Mesnil, au sujet du fief de Painel, par lequel il prouve que le Roi a fait don de ce fief à son aïeul Valérien, dénommé plus haut. — Cardin DE BRÉVEDENT, rendit, le 2 juillet 1450, foi et hommage au Roi pour un fief de Haubert, sis en la vicomté d'Auge.

Cette famille, qui fut maintenue en 1463 et en 1666, a formé plusieurs rameaux. — Louis-Jean-Baptiste, né en 1746, fut reçu Page de la petite écurie en 1762. — Bernardin-Auguste (de la branche de Saint-Martin), vivait en 1760. — Henri-François, Chevalier, seigneur d'Oissel de Giverny, de Sahurs, vivait en 1781. — Enfin M. DE BRÉVEDENT DU BOCAGE, assista à l'assemblée de la noblesse du bailliage de Honfleur en 1789.

BRIQUEVILLE (DE). — Ancienne et illustre maison qui tire son nom de la terre de Briqueville, située dans le pays Bessin.

Armes : *Palé d'or et de gueules.*

Eudes DE BRIQUEVILLE, Chevalier, accompagna le Duc de Normandie à la conquête d'Angleterre (1066); son fils, Almerède, a épousé Amicie DE MONTFORT, parente du fameux Comte de ce nom. — Un sieur DE BRIQUEVILLE, fut un des 119 défenseurs du Mont Saint-Michel en 1423.

Cette famille a formé trois branches : l'aînée est éteinte, la seconde, celle des seigneurs de Coulombières est éteinte également, Cyrus-Antoine DE BRIQUEVILLE, Marquis DE COULOMBIÈRES, marié à Henriette DE MALORTIE, étant mort en 1706, ne laissant qu'une fille. Enfin celle des Marquis de la Luzerne, s'est divisée elle-même en plusieurs rameaux.

Claude-Marie, Comte DE BRIQUEVILLE, était Colonel de cavalerie et chevalier de Saint-Louis en 1778.

Henri DE BRIQUEVILLE, Marquis DE LA LUZERNE, Maréchal de camp en 1767, a épousé Marie CAMUS DE PONTCARRÉ. Il fit ses preuves de cour, et fut admis à monter dans les carrosses du Roi.

François-Claude-Marie, Vicomte DE BRIQUEVILLE, Major en second au régiment du Vexin, a assisté à l'assemblée de la noblesse du bailliage de Coutances en 1789, et M. DE LA LUZERNE a comparu dans celui de Thorigny.

Le chef de cette maison habite de nos jours l'arrondissement de Valognes.

Une autre famille de ce nom, qui porte pour armes : *D'argent, à six feuilles de sinople, 3, 2 et 1,* a figuré aussi à la maintenue de 1666, où était présent Jean DE BRIQUEVILLE, seigneur de Bretteville. — *La Roque* et d'*Hozier,* donnent à cette maison la même origine que la précédente, nous partageons entièrement leur opinion.

BROGLIE (DE). — Famille originaire d'Italie, établie en France en 1640, qui a possédé et possède encore de grands biens en Normandie, ce qui lui donne place dans ce répertoire. — Ses armes sont : *D'or, au sautoir ancré d'azur.*

La filiation authentique commence à Simon DE BROGLIE, vivant en 1380.

Cette maison a fourni trois Maréchaux de France : Victor-Maurice, en 1724, François-Marie, créé Duc héréditaire en 1742, et Victor-François, fait Prince du Saint-Empire le 28 mai 1759. — Ce dernier devait comparaître à l'assemblée de la noblesse du bailliage d'Orbec en 1789; il y fut représenté par le Comte d'Auvet. — Achille-Léonce-Victor-Charles, Duc de Broglie, Prince du Saint-Empire, ancien Pair de France, etc., Grand-Croix et Commandeur de plusieurs ordres, né en 1785, a épousé, le 20 février 1816, Ida-Gustavine-Albertine de Staël-Holstein, dont il a eu : 1° Louise, mariée en 1836, au Comte d'Haussonville; 2° Jacques-Victor-Albert, Prince de Broglie, né en 1821, membre de l'Académie française, et 3° Auguste-Paul-Théodore.

Une seconde branche a pour chef :

Alphonse-Gabriel-Octave, Prince de Broglie (cousin germain du Duc), né en 1786, marié le 18 juin 1818, à Armandine-Sophie-Charlotte de Moges, dont il a deux fils : Victor-Auguste, marié en 1851, à Marie-Antoinette-Pauline de Vidart; et Raymond-Charles-Amédée, marié le 22 janvier 1853, à Marie-Louise de Vidart.

BROISE (de la). — Cette famille s'est divisée en un grand nombre de branches, dont quelques-unes sont allées s'établir dans le Maine. — M. de Chamillart, lors de la recherche de 1666, cite quatorze gentilshommes de ce nom, dans la seule élection de Mortain. — Sa filiation remonte à Richard, Ecuyer, seigneur du fief de la Broise, vivant en 1295, et marié à Jeanne de Crenon. Pierre et Thomas, ayant été condamnés lors de la recherche de Montfaut, se pourvurent aussitôt devant le roi Louis XI, qui délégua un commissaire pour examiner leurs titres et qui les maintint dans leur qualité de nobles. — Henri-François, était Officier au régiment d'Enghien en 1723. — Henri-Charles, son fils, Chevalier, seigneur de Sainte-Marie-Robert, fut aussi Officier dans les Chevau-légers. — Jean-Jacques François de la Broise, Chevalier, seigneur de la Chapelle-Urée, Officier en 1795, a comparu à l'assemblée de la noblesse du bailliage de Mortain. Il a épousé Anne-Louise-Eugénie Mochon de la Rogeardière, dont il eut trois enfants : 1° Charles-Louis-Adolphe; 2° Jacques-Baptiste-Camille; 3° Anaïs.

M. de la Broise, chef actuel, habite encore l'ancien domaine de ses ancêtres, la Chapelle-Urée, dans l'arrondissement d'Avranches.

BROSSARD (DE).—Armes : *De sable, au chevron d'or, accompagné en chef de deux besants et en pointe d'une molette d'éperon, le tout du même.*

Ancienne famille maintenue dans sa noblesse par une charte de Henri IV, en 1598, et par arrêt du conseil en 1667, dont les armes figuraient dans une chapelle de Saint-Martin de Condé, bâtie avant le XIV* siècle. — En effet, cette maison a possédé longtemps une terre aux environs de Condé-sur-Noireau. — Elle a formé plusieurs branches, dont l'une, celle des seigneurs de Grosmesnil, s'est établie dans la haute Normandie. — Abraham DE BROSSARD DE GROSMESNIL, Major de cavalerie en 1773, a comparu à l'assemblée de la noblesse tenue le 17 mars 1789, au bailliage de Chaumont, ainsi que plusieurs de ses parents, entre autres M. BROSSARD DE RAINNEVAL.

BROSSARD (DE). — Autre famille qui a possédé les seigneuries de Saint-Martin, de Maisoncelles, de Cléry, etc...

Armes : *D'azur, à trois fleurs de lis d'or; à la cotice d'argent, brochant sur le tout.*

Antoine DE BROSSARD, vivant en 1385, est le premier qui ait possédé la terre de Saint-Martin (fief de *Haubert*, ayant droit de moyenne et basse justice). — Colart DE BROSSARD a fondé la verrerie du Val-d'Aulnoy, en 1488, au lieu dit *le Grand-Val;* en mariant sa fille à Guillaume DE CAQUERAY, il lui donna la moitié de son privilége.

Edmond DE BROSSARD, commandant cent hommes d'armes à l'arrière-ban de 1523, mérita par ses exploits, le titre de *Brave capitaine Edmond.*

Charles, fut tué devant Chartres, en 1591; Henri II et Charles IX, l'ont honoré de plusieurs emplois distingués.—Charles-Amédée-Gabriel, Marquis DE BROSSARD, Ecuyer de main de Sa Majesté la Reine, fut Capitaine dans un régiment de dragons, a fait ses preuves pour monter dans les carrosses du Roi, et a été admis à cet honneur le 6 mars 1787. Lesdites preuves, faites sur titres, remontaient sa filiation à l'année 1491; on y a même relaté une charte de l'année 1350.

Denis-Tranquille, Vicomte DE BROSSARD DE CLÉRY, habitait le bailliage de Magny dans le Vexin français, et a épousé Thérèse COSSART D'ESPIÈS. Il est mort en 1813, laissant un fils : Charles-Denis-Ernest, né le 7 février 1795, qui fut officier au régiment Colonel-Général (infanterie).

Gustave-Edmond, Comte DE BROSSARD, a épousé en 1825, Louise-Pauline LAMBERT DE CHAMEROLLES.

BROSSES (des). — Élections d'Évreux et d'Argentan, seigneur de Bastigny, Baron du Goulet, etc...

Le premier auteur de cette maison est Simon des Brosses, seigneur de Bastigny et de Boisyon, vivant en 1450.

Louis, Écuyer, Baron du Goulet, fut maintenu dans sa noblesse le 12 août 1666.

Élisabeth-Louise fut reçue à Saint-Cyr, le 8 mai 1726.

Le baron Nicolas des Brosses du Goulet, assista à l'assemblée de la noblesse du bailliage de Nonancourt en 1789.

Marie-François-Joseph, Marquis des Brosses du Goulet, Colonel en retraite, chef actuel de la famille, habite Versailles. Il a épousé 1° Henriette de Briqueville, 2° Blanche de Chavillé d'Acquevilly, et enfin, le 3 août 1854, mademoiselle Antoinette-Pauline de Bosredon de Ransyat.

Le Vicomte des Brosses habite le département de l'Eure.

BROSSIN (de). — De Saint-Didier, de Fontenay, etc...

Armes : *D'argent, au chevron d'azur.*

Famille de l'élection d'Alençon. — Trois membres de cette maison ont comparu à l'assemblée de la noblesse, tenue à Alençon, le 17 mars 1789, pour l'élection des députés aux États-Généraux, savoir :

Louis-François de Brossin, Gabriel de Brossin de Saint-Didier, et François de Brossin de Fontenay.

BROYE (de). — Seigneur de Nanteuil-le-Haudoin.

Armes : *D'azur, à trois broyes d'or, l une sur l'autre en fasce.*

Une des branches de cette maison est allée s'établir dans la Brie, près la ville de Sézanne. — Le comte de Broye, chef de la branche aînée, habite le château de Chamacourt à Heugleville, près Dieppe.

BRUC (de). — Armes : *D'argent, à la rose de gueules, boutonnée d'or.*

Ancienne famille originaire de Bretagne, dont la filiation est établie par titres depuis Raoul, qui fit une donation à l'abbaye de Saint-Melaine en 1174. Elle a formé plusieurs branches, celle des Marquis de la Guerche et de Montplaisir, aujourd'hui l'aînée, s'est détachée de la souche vers le milieu du XVIe siècle. — René de Bruc, Maréchal de camp, obtint l'érection de la seigneurie de la Guerche en *Marquisat*, par lettres patentes du mois de février 1682.

Marie-François de Bruc, Marquis de la Guerche, a assisté à l'assemblée de la noblesse du bailliage de Saint-Sauveur-le-Vicomte en 1789.

Marie-Auguste, Marquis DE BRUC-MONTPLAISIR, descendant du fils cadet de René, mentionné ci-dessus, a épousé N......LE CORGNE DE LAUNAY, dont il a eu six fils et trois filles.

Armand–Auguste-Corentin, Marquis DE BRUC-MALESTROIT, chef d'un second rameau, a épousé en 1815, Joséphine-Blanche DE COSSÉ-BRISSAC.

BRUCAN (DE). — Élection de Valognes. —. Armes : *De gueules, à un champion armé de toutes pièces d'argent, tenant une hallebarde d'or.*

Cette famille était représentée à l'assemblée de la noblesse pour l'élection des députés aux États-Généraux, par le chevalier Antoine DE BRUCAN et par Charles-François DE BRUCAN D'ÉROUVILLE.

BRUNET. — DE SAINT-MAURICE.

Famille maintenue en 1666 en l'élection de Carentan, qui a eu deux membres présents à l'assemblée de la noblesse en 1789.

Les BRUNET DE LA JUBEAUDIÈRE, issus d'une autre famille maintenue en 1668, habitaient le bailliage d'Alençon à la même époque.

BRUNET. — DE MANNETOT. — Armes : *D'azur, à trois croissants d'argent, adossés, mal ordonnés, et celui du milieu entrelacé, accostés de deux étoiles d or et surmontés d'un soleil de même.*

Jean-Baptiste-Remy BRUNET DE MANNETOT, Porte-étendard des Mousquetaires, fut anobli en 1766. — Lui et son fils ont assisté à l'assemblée de la noblesse du bailliage de Falaise en 1789.

BRUNVILLE (DE). — Seigneur de Manneville, de Poussy, etc... — Élection de Mortain.—Olivier, Écuyer, seigneur de Manneville, fut maintenu le 27 mars 1667.

MM. DE BRUNVILLE, comparurent à l'assemblée de la noblesse du bailliage de Caen en 1789.

Un représentant de la famille habite actuellement l'arrondissement de Bayeux.

BUISSON (DU). — De Courson, de Longpré, du Saussay, etc... Armes : *De sable, à trois quintefeuilles d'or.*

Jean DU BUISSON, Écuyer, seigneur de Lissondière, fut maintenu dans sa noblesse, en l'élection de Verneuil, le 15 janvier 1668.

MM. DU BUISSON DE LONGPRÉ et DE COURSON ont comparu à l'assemblée de la noblesse en 1789.

Le président actuel du tribunal de Mortagne est de la famille DU BUISSON DE SAUSSAY.

BUNODIÈRE (DE LA). — Armes : *D'azur, à la bande d'or, chargée de trois têtes de lion de gueules, posées en barre.*

Pierre-Auguste, Écuyer, seigneur de Quiévremont et de Bellevue, fut maintenu le 12 septembre 1710.

M. DE LA BUNODIÈRE DE SAINT-GILLES a assisté à l'assemblée de la noblesse du bailliage de Rouen en 1789.

BUSQUET. — Seigneurs de Caumont, la Neuville, Champ d'Oisel, etc...

Armes : *D'argent, à la fasce de gueules, accompagnée en chef d'un cœur du même, accosté de deux molettes à cinq rais de sable, et d'une rose de gueules en pointe.*

Famille maintenue en 1667. — Depuis la création du parlement de Normandie au commencement du XVI° siècle, les BUSQUET, y ont toujours été représentés par un des leurs, et leur famille offre, par une exception qui leur est propre, une succession non interrompue de huit Conseillers de Cour souveraine.

Elle est aujourd'hui représentée par deux branches, les BUSQUET DE CAUMONT DE MARIVAUX, et les BUSQUET DE CAUMONT. — Ces derniers habitent le château de Caumont.

C

CADOT. — DE SEBBEVILLE, DE GERVILLE, etc... — Très-ancienne famille de l'élection de Coutances, dont le premier auteur connu est N..... CADOT, seigneur châtelain de Gaillon, qui fit une fondation de quatre chanoines et d'un chantre en 1205, et le roi Philippe-Auguste ratifia cette fondation; on peut juger par cela de l'importance de cette maison à cette époque. — La filiation commence à Guillaume, qui acheta, en 1310, le fief de Blactot, sis près Carentan; il a épousé damoiselle Blanche DE BRUCOURT. — François CADOT, Baron de Brucourt, commandait Carentan lorsque cette ville fut attaquée par le Comte de Montgommery, chef des protestants; celui-ci n'ayant pu prendre la ville fit brûler le château de Sebbeville...

Il a épousé, en 1564, Scolastique DE FRANQUETOT.— Charles-Louis-Frédéric, Marquis DE SEBBEVILLE, son descendant direct, a épousé Elisabeth-Thérèse CHEVALIER DE MONTIGNY et est mort le 4 octobre 1730, laissant trois fils.

Guillaume-Rémy-Charles CADOT, Comte DE SEBBEVILLE, était capitaine au régiment de Bourbon (dragons) en 1785. Il assista à l'assemblée de la noblesse du bailliage de Coutances, ainsi que son parent Léonor, Seigneur et patron de Baudre.

M. le Marquis DE SEBBEVILLE, chef actuel de cette ancienne famille, habite le château de Savigny, près Coutances.

CACHELEU (DE). — D'ELLECOURT, DE PRÉVENT, etc...
Armes : *D'azur, à trois pattes de loup d'or.*

Trois membres de cette famille ont assisté à l'assemblée de la noblesse de 1789, dans les bailliages de Pont-l'Evêque et Pont-Audemer.

M. DE CACHELEU, un des représentants actuels, habite à Bonneville (près Pont-l'Evêque.)

CAIGNON (DE). — Famille ancienne établie en la paroisse de Magny, près la Ferté-Macé. — Jean DE CAIGNON, Ecuyer, seigneur de la Sergenterie noble de la Ferté-Macé, vivait en 1300. — Son fils, Guillaume, Ecuyer, seigneur du Val, de Saint-Julien, etc..., a épousé Eléonore DE PATRY et vivait encore en 1374.—Julien DE CAIGNON, Ecuyer, sieur du Bois-Magny, a épousé, en 1638, Louise LE GENTIL, fille de Claude, Gentilhomme ordinaire de la chambre du roi; il fut maintenu dans sa noblesse en l'élection de Falaise et est mort en 1669, laissant postérité.

CAILLEBOT. — Marquis DE LA SALLE.
Armes : *D'or, à six annelets de gueules, 3, 2 et 1.*

Ancienne famille de l'élection de Coutances, qui a produit plusieurs officiers distingués, entre autres : Marie-Louis, Marquis DE CAILLEBOT, Chevalier des ordres du Roi, lieutenant général de ses armées, Gouverneur de la haute et basse Marche en 1784. — Louis, Marquis DE CAILLEBOT, major en second du régiment de Vintimille, a comparu à l'assemblée de la noblesse du grand bailliage de Coutances en 1789.

CAIRON (DE). — DE VAUX, DE LA VARENNE, DE BARBIÈRES, DE VOGNY, etc...
— Armes : *De gueules, à trois coquilles d'argent.*

Ancienne maison de l'élection de Falaise, maintenue en 1463 et en 1667, divisée en plusieurs branches.

Guillaume DE CAIRON, accompagna le Duc de Normandie à la conquête d'Angleterre en 1066.

Dix membres de cette famille ont comparu aux assemblées de la noblesse en 1789 dans les bailliages de Caen, Falaise, Rouen et Caudebec.

Le Marquis DE CAIRON, chef actuel de cette maison, habite le château de Quévreville, près Rouen, et un de ses parents habite près de Caen.

CALMESNIL (DE). — Sieur de Gonneville, d'Orval, de Champeaux, de Berneville, etc... — Ancienne famille de l'élection d'Arques, maintenue le 27 septembre 1669.

Le marquis DE CALMESNIL, assigné à comparaître à l'assemblée de la noblesse du bailliage de Caen en 1789, y a été représenté par son fils.

CAMPION. — DE MONTPOIGNANT, DE SAINT-MARTIN, DE GABANCIÈRE, etc... — G. Dumoulin, dans son *Histoire de la Normandie*, fait mention d'un Nicole DE CAMPION, Chevalier, qui en 1096 accompagna Robert Courte-Heuze, à la Croisade. — La Roque mentionne aussi cette famille dans son *Histoire de la maison d'Harcourt*. Elle s'est divisée en plusieurs branches, dont une des principales, celle DE MONTPOIGNANT, tient ce nom de la terre de Montpoignant, située en haute Normandie, par suite du mariage de Guillaume DE CAMPION, Chevalier, seigneur de Thuissimé, avec Françoise DE MONTPOIGNANT, en 1480. — Cette maison a été maintenue dans sa noblesse à différentes époques, notàmment le 14 septembre 1666. — Charles-François DE CAMPION DE MONTPOIGNANT a épousé, en 1779, Adrienne-Louise-Sophie DU HOULAY, fille de Jean, Conseiller au parlement de Normandie, seigneur haut-justicier de Saint-Aubin-le-Vertueux, près Bernay. — Charles-Alexandre DE CAMPION, seigneur du Buisson, a comparu à l'assemblée de la noblesse du bailliage de Saint-Sauveur-Lendelin, séant à Périers, en 1789, et son parent, le Chevalier DE CAMPION DE MONTPOIGNANT y a comparu également dans le bailliage de Gisors.

Un représentant de cette ancienne maison habite actuellement le château de Montpoignant, près de Louviers.

CAMPROND (DE). — Seigneur de Saint-Loup, de Glatigny, du Buisson, etc... — Famille établie en l'élection d'Avranches et de Coutances, maintenue en 1463 et en 1666. — Enguerrand DE CAMPROND, Chevalier banneret, accompagna Godefroi de Bouillon à la Croisade. —Adam, fut Ecuyer du Roi au XVe siècle. —Jacques-Antoine, fut reçu Chevalier de Malte le 7 juillet 1669.— Marguerite DE CAMPROND, a épousé, en 1772, Charles DE SAINTE-MÈRE-EGLISE, Chevalier, seigneur d'Omonville. — Henri DE CAMPROND, Chevalier, seigneur de Marcilly, a comparu à l'assemblée de la noblesse du bailliage de Mortain en 1789.

CAMUS DE PONTCARRÉ. — Armes : *D'azur, à l'étoile d'or, accompagnee de trois croissants d'argent.*

Cette famille, originaire de Bourgogne, a pour premier auteur Nicolas CAMUS, Seigneur de Marcilly, Capitaine et Maire d'Auxonne. Son petit-fils, Jean, marié à Antoinette DE VIGNOL, eut trois fils qui formèrent trois branches, une en Bourgogne et Ile-de-France, une en Lyonnais et l'autre en Normandie.

Geoffroi CAMUS, Seigneur de Pontcarré et de Torcy, fut maître des requêtes à Paris en 1573.

Nicolas CAMUS DE PONTCARRÉ était Premier président au parlement de Rouen en 1703. Geoffroi-Macé, son fils, aussi premier Président au même parlement, a épousé Marie-Anne DE JASSAUD et est mort le 28 janvier 1767, laissant nombreuse postérité.

CANIVET (DE). — DE ROUGEFOSSE, DE COLLEVILLE, etc... Maintenu en 1666. Guillaume DE CANIVET, Ecuyer, sieur du Moley, vivait en 1697, dans la généralité de Caen. — Jean-Charles DE CANIVET DE ROUGEFOSSE a assisté à l'assemblée de la noblesse du bailliage de Bayeux en 1789.

Un de ses descendants directs habite Chambois, arrondissement d'Argentan.

CANTEL (DE). — Trois familles de ce nom ont été maintenues lors de la dernière recherche; celle qui nous occupe porte pour armes : *D'azur, à la fasce d'or, accompagnée de douze besants du même, huit en chef, 4 et 4 en croix, et 4 de même en pointe.*

Depuis le commencement du XVIe siècle, cette maison a habité la terre et seigneurie de Mauduitte, en l'élection d'Arques, fief qui fut apporté à Jacques DE CANTEL, Ecuyer, par Adrienne DE SENORY, qu'il épousa en 1528. — La filiation s'établit d'une manière suivie depuis Nicolas, Ecuyer, vivant en 1450, dont le fils a épousé, le 5 mai 1497, demoiselle Archambault DE MILLEVILLE.

Laurent DE CANTEL, Écuyer, seigneur de la Mauduitte, Garde du corps du Roi, a épousé Anne DU HAMEL, et est mort en 1675.

Louis-Charles-Joachim DE CANTEL a été mousquetaire noir de la Garde du Roi avant la Révolution et eut pour fils :

N... DE CANTEL, chef actuel de la famille, ancien officier supérieur de cavalerie, Chevalier des Ordres de Saint-Louis, de la Légion d'honneur et de Saint-Ferdinand d'Espagne. Il habite le château du Quesnoy, près Hesdin.

CAQUERAY (DE). — Armes : *D'or, à trois roses de gueules, posées 2 en chef et 1 en pointe.*

Cette ancienne famille de gentilshommes verriers remonte sa filiation authentique à Guillaume DE CAQUERAY, Ecuyer, sieur de la Folie, marié en 1470, à Antoinette DU BOSC DE RADEPONT. Ses descendants ont formé un grand nombre de branches qui toutes ont été maintenues dans les élections de Rouen et de Caudebec en 1667.

Louis DE CAQUERAY, Écuyer, sieur de Valmeinier, passa à la Martinique en 1651, s'y établit et y fut nommé Premier conseiller du Conseil Souverain de l'île en 1675, lorsqu'elle fut retirée à la compagnie des Indes orientales et devint domaine royal. — Son fils Louis-Gaston a servi dans la marine, y fut blessé et vivait encore en 1721. De son mariage avec Rose LE VASSOR DE LA TOUCHE, il eut un fils qui fut mousquetaire du Roi.

Cette maison a contracté plusieurs alliances avec les DE BONGARS et les LE VAILLANT.

N'ayant reçu aucun document, nous ne pouvons donner la filiation des diverses branches, sur toutes lesquelles nous avons beaucoup de renseignements ; nous constaterons seulement que lors de la convocation de Messieurs de la noblesse en 1789, pour l'élection des députés aux Etats-Généraux, dix membres de cette famille ont assisté aux Assemblées des divers bailliages, entre autres, MM. DE CAQUERAY DE SAINT-MANDÉ, DE MARQUEMONT, DE RONCHEROLLES et DE PLEINES (bailliage de Gisors).

Le chef de cette ancienne famille habite le château de Mésengère, près Evreux.

CARON DES MESNILS (DU). — Armes : *D'argent, à un chevron de gueules, accompagné en pointe d'un trèfle de sinople.*

M. CARON DES MESNILS a comparu à l'assemblée du bailliage d'Arques en 1789, pour lui et pour MM. APRIX DE VIMONT DE CUVERVILLE.

Alexandrine DU CARON DES MESNILS a épousé en 1797 Jacques-Alexandre PARENT DE LANNOY.

CARPENTIER (LE). — Quatre familles de ce nom ont été maintenues dans leur noblesse en 1668, trois dans la généralité de Rouen et une dans l'élection de Pont-Audemer. — Nous ne spécifierons rien sur ces familles dans la crainte d'appliquer à l'une des faits concernant une autre; nous dirons seulement que lors de la dernière constatation officielle de la noblesse (assemblée de 1789) sont comparus : Pierre-Louis LE CARPENTIER DE CHAILLOUÉ et Pierre LE CARPENTIER DE SAINT-HONORINE au bailliage d'Alençon; Jean LE CARPENTIER DE COMBON au bailliage de Rouen, et LE CARPENTIER DE MARGAT en celui de Pont-Audemer.

Une famille LE CARPENTIER DU MESNIL fut anoblie en 1765, en la personne de Jérémie Michel, Conseiller Correcteur en la chambre des Comptes, aides et finances, lettres registrées le 8 août de l'année suivante.

CARREY (DE). — Armes : *D'azur, à trois carreaux d'or.*

Alexandre-François DE CARREY DE SAINT-GERVAIS, seigneur de Saint-Léger et Glatigny, Conseiller de grand chambre au parlement, épousa Marie-Anne-Alexandre-Cécile DE MARTAINVILLE, dont est issu Roger-Robert, Conseiller comme son père et marié en 1770 à Marie-Henriette-Madeleine DU MONCEL.

Ce dernier doit être l'aïeul de M. DE CARREY D'ASNIÈRES, pendant longtemps Directeur des douanes, à Rouen.

CARTIER (LE). — Armes : *De gueules, à la fasce d'or, accompagnée de trois têtes de léopard de même, 2 et 1.*

Cette famille est originaire de la Sergenterie de Beaumont, en l'élection de Valognes. — Elle a eu pour premier auteur Étienne LE CARTIER, sieur de Saint-Plansois, qui vivait au commencement du XVIIᵉ siècle, et a épousé Anne DE THIÉVILLE. Elle s'est éteinte dans les mâles. Marie-Éléonore-Sophie LE CARTIER DE LAVAL, dernière héritière, a épousé, le 12 avril 1795, Thomas-René-Alexandre FRIGOULT DE LIESVILLE.

CAUMONT (DE). — Faute de documents fournis par les familles, nous voilà encore en présence d'un nom qui a été commun à cinq ou six dans les élections de Caen, Coutances, Rouen, etc... Nous craignons donc de faire confusion, et nous renvoyons pour les armoiries de ces différentes maisons à la page 40 de la première partie du tome Ier.

Plusieurs personnages de ce nom ont assisté à l'assemblée des nobles en 1789, et leurs descendants habitent encore la province.

CAUVIGNY (DE). — Seigneur de Clinchamps, de Saint-Sever, de Bouton-villiers, etc., famille maintenue dans la généralité de Rouen en 1666, qui s'est divisée en plusieurs branches.

MM. DE CAUVIGNY-CLINCHAMPS, CAUVIGNY DE SAINT–SEVER, CAUVIGNY DE RIBAY et DE FRESNE ont comparu à l'assemblée de la noblesse du bailliage de Caen en 1789.

CERF (LE). — DU BREUIL et DE LA VIÉVILLE, Élection de Pont-Audemer, maintenue le 9 janvier 1668.

Premier auteur, Pierre LE CERF, Capitaine des côtes de Normandie; le Roi Charles VII, passant par l'abbaye de Grestain, située à quatre lieues de Pont-Audemer, où il exerçait son commandement, lui donna des lettres de noblesse, datées de cette abbaye, en 1449.

Guillaume son fils, était Échevin de Rouen en 1479. — Jean, Président au présidial du bailliage, vivait en 1593.

Laurent LE CERF DE LA VIÉVILLE fut revêtu, en 1671, de la charge de Garde des Sceaux du Parlement de Normandie, et a épousé N... HELLOUIN DE MÉNIBUS. — Jean-Laurent DE LA VIÉVILLE, auteur de plusieurs ouvrages, vivait en 1726.

CERNAY (DE). — Armes : *D'azur, au cerf d'or.*

Jean DE CERNAY, au bailliage de Pont-de-l'Arche, et l'abbé DE CERNAY, au bailliage de Beaumont-le-Roger, ont assisté à l'assemblée de la noblesse en 1789.

CERVELLE (DE LA). — Seigneur dudit lieu, du Désert, de la Grande-Barre, etc.

Famille originaire de Bretagne, dont était Ambroise DE LA CERVELLE, seigneur de la Grande-Barre, et du Féron. Il obtint que la Grande-Barre, terre et seigneurie considérable en basse Normandie, mouvante du Roi, à cause de son duché d'Alençon, fût érigée en *Marquisat* par lettres patentes du mois d'août 1750. Ces lettres portent qu'il était issu des anciens Barons DE LA COURBONNAYE, connus depuis plus de cinq siècles en Bretagne et en Normandie.

Sylvestre DE LA CERVELLE a été Évêque de Coutances et grand Aumônier de France.

CHAMBON D'ARNOUVILLE. — Armes : *Fascé d'or et d'argent de six pièces.*

Pierre DE CHAMBON, Marquis D'ARNOUVILLE, entra au service en 1699 et était Maréchal de camp en 1738. Il avait épousé en 1724, Marie-Anne-Françoise DE MONTMORIN, fille de Charles-Louis, Marquis DE SAINT-HÉREM, et de Marie-Geneviève RIOULT D'OUILLY, dont postérité.

CHAMILLART DE LA SUZE (DE). — Armes : *Écartelé : aux 1 et 4, d'azur, à une levrette d'argent, collée de gueules; au chef d'or, chargé de trois étoiles de sable; aux 2 et 3, d'or, à trois fasces nébulées de gueules.*

Guy DE CHAMILLART, Intendant de la généralité de Caen lors de la recherche de 1666, a épousé Catherine COMPAING et est mort en 1675, ayant eu pour fils Michel, seigneur de Courcelles, de Verton, de la Suze, etc., qui fut Secrétaire d'État de la guerre, Contrôleur général des finances et Grand-trésorier des Ordres du Roi. La terre de la Suze fut érigée en *Comté*, en sa faveur, par lettres patentes du mois de mai 1720. Il a épousé, le 28 novembre 1680, Isabelle-Thérèse LE REBOURS. Louis-Michel DE CHAMILLART, Comte DE LA SUZE, fils de Michel, Marquis de Cany, et de Marie-Françoise DE ROCHECHOUART, né en 1709, fut Grand-maréchal des logis de la maison du Roi et Lieutenant général de ses armées le 10 mai 1748. Il a épousé, ladite année, Anne-Madeleine CHAUVELIN, fille de Germain Chauvelin, Marquis de Grosbois.

M. le Marquis DE CHAMILLART DE LA SUZE, chef actuel de cette maison, habite le château de Courcelles dans l'arrondissement de la Flèche.

CHAMPIGNY (DE). — Armes : *D'azur, à la croix d'argent, cantonnée au premier canton d'un croissant de même.*

Nous ne savons rien sur cette famille, si ce n'est que le Marquis DE CHAMPIGNY a comparu à l'assemblée de la noblesse du bailliage de Vire en 1789, et un sieur DE CHAMPIGNY dans le bailliage de Beaumont-le-Roger. — Un représentant de cette maison habite le château de Normanville, près d'Évreux.

CHAMPION (DE). — Trois familles de ce nom ont été maintenues dans leur noblesse en 1666. — M. DE CHAMPION D'AUBIGNY, qui a assisté à l'assemblée de la noblesse du bailliage de Vire en 1789, portait pour armes : *D'or, au lion d'azur, à la bordure de gueules.*

N... DE CHAMPION habite actuellement la Haye-Pesnel, arrondissement d'Avranches.

— 49 —

CHANOINE du Manoir (le). — Armes : *D'argent, au chevron de sable, accompagné de trois merlettes de même.*

Gilles le Chanoine, sieur du Manoir, né en 1660, était Conseiller du Roi et Vicomte de Bayeux en 1712. —De lui descendait Jean-Louis le Chanoine du Manoir, qui comparut à l'assemblée de la noblesse du bailliage de Bayeux en 1789. Il a été Maréchal de camp, a émigré à l'armée des Princes et a épousé Pétronille Pavée de Provenchère. — Son parent Félix, Lieutenant-colonel au 1er régiment de Lanciers de la Garde, tué à Waterloo, avait épousé Mlle Félicité Pavée de Vendeuvre, d'où sont issus deux enfants.

Le chef de la famille, M. le Comte du Manoir, habite le château de Juaye, près Bayeux.

CHANTEPIE (de). — Maison de l'Election de Coutances, maintenue en 1666.

Jean de Chantepie, Ecuyer, Seigneur de Finel, vivait encore en 1687. — Jean-Baptiste de Chantepie, ancien officier d'infanterie et son frère François, Prêtre, comparurent à l'assemblée de la noblesse du bailliage de Coutances en 1789.

CHANTELOUP (de). — Armes : *D'argent, au loup de sable, armé et lampassé de gueules.*

Cette famille existait en basse Normandie lors de la recherche de Montfaut (1463).

Nicolas de Chanteloup, Ecuyer, sieur de la Rivière, fut maintenu dans sa noblesse en 1666.

Le Chevalier de Chanteloup figure au nombre des gentilshommes ne possédant pas fiefs, qui ont comparu à l'assemblée de la noblesse pour l'Election des députés aux Etats-Généraux.

Trois autres familles de ce nom ont aussi existé dans la province ; l'une d'elles s'est éteinte par le mariage d'Agnès de Chanteloup avec Foulques de Paisnel.

Alexandrine de Chanteloup, a épousé en 1862, le Vicomte de Chateau-Landon.

CHAPAIS (de). — Armes : *D'argent, à un vaisseau de sable.*

Un membre de cette famille, originaire du Dauphiné, assista comme témoin, en 1345, au testament de Louis de Poitiers, Comte de Vermandois. — François de Chapais vint se fixer en Normandie en 1705, habitait Rouen et fut nommé Juge-Consul en 1716.

Un de ses descendants, M. de Chapais de Marivaux, assista à l'assemblée de la noblesse en 1789.

André de Chapais, Conseiller à la Cour impériale de Rouen,

a épousé Augustine FOLLOPE, dont il eut six enfants : Aimar, Maxime, Adolphe, Constance, Louise et Camille.

Son frère, François DE CHAPAIS, marié à demoiselle Marie-Charlotte DE CAQUERAY DE MONVAL, eut pour fils : Louis-Gustave, né en 1806.

CHAPLET (DU). — Seigneur dudit lieu, de la Charmoys, de Saint–Laurens, etc... — Famille de l'élection de Bernay, maintenue le 3 mars 1667; deux de ses membres ont assisté à l'assemblée de la noblesse du bailliage d'Orbec en 1789, ce sont MM. DU CHAPLET DES ESSARTS et DU CHAPLET, seigneur de la Goulafrière. Cette maison est encore représentée de nos jours dans le département de l'Eure. — Armes : *D'azur, au chevron d'or, accompagné de trois chapelles d'argent.*

CHASOT (DE). —Armes : *D'azur, au chêne d'argent posé sur une terrasse de même, et accosté de deux lions d'or, enchaînés d'argent au haut du fût de l'arbre, ayant les têtes contournées.*

Cette maison, originaire de la province de Bourgogne, est venue s'établir en Normandie au milieu du XV⁰ siècle.

Jean DE CHASOT, Ecuyer, son premier auteur, commandait une compagnie de 50 hommes d'armes dans le château de Salives, près Dijon, en 1273. — Henri, a été capitaine au régiment de Marolles, et son frère fut Conseiller et Aumônier du Roi en 1516.

La branche établie aux Andelys, a eu pour premier auteur : Colin DE CHASOT, Chambellan de Charles le Téméraire en 1528. — Ses descendants obtinrent un arrêt du conseil qui les maintint dans leur noblesse, le 10 mai 1642, cependant, Jean DE CHASOT, Ecuyer, seigneur de Vary et de Grandbois, se présentant à la maintenue de 1666, fut refusé; mais, par arrêt du 27 janvier 1673, il fut reconnu *noble d'extraction*, sans avoir égard au jugement rendu, par défaut, contre lui et les siens par M. de Chamillart. Il a épousé à Caen, le 3 avril 167, noble demoiselle Catherine HUE. — Gervais-Jean-Thomas, son petit-fils, Chevalier, seigneur et patron de Vary et d'Escorches, a épousé à Argentan en 1749, Catherine-Renée DE COIFFEREL, et ses descendants passèrent au service du roi de Prusse. Ils existent encore, nous avons tout lieu de le croire.

La seconde branche, des seigneurs de Saint-Georges, issue de la précédente, a eu pour auteur : Anne-Jean-Pierre DE CHASOT, dont le fils, Jean-François, Ecuyer, a épousé, le 1er octobre 1734, Marie-Anne-Françoise HUE, et par cette alliance devint patron des terres de Mutrecy et de Missy. — Il eut de son mariage : Jean-Pierre, qui était Capitaine de dragons au régiment de Flandres en 1770, et René-Antoine, reçu Page du Roi et devenu Lieutenant au régiment des carabiniers.

Cette famille a pour chef actuel M. le Comte DE CHASOT, Député du département de l'Orne, chevalier de la Légion d'honheur, qui habite le château de la Vallée, près Bellesme. — Son cousin, chef du second rameau, habite le château de Missy, près Villers-Bocage.

CHATEL (DU). — Une famille de ce nom, celle des seigneurs de Lison, de Castillon, de Rampan, etc., de l'élection de Bayeux, remonte son origine à Guillaume, vivant en 1200. — La Roque en parle dans son *Histoire de la maison d'Harcourt.*

Une autre famille qui porte pour armes : *De gueules, à la tour donjonnée de trois pièces d'or*, est de l'élection de Falaise. — Jean-Pierre DU CHATEL, Ecuyer, Seigneur de Carbonnet, de la Moinerie et du Val, y fut maintenu le 29 juillet 1667. — Deux de ses représentants ont figuré à l'assemblée de la noblesse du bailliage de Vire, MM. DU CHATEL DE LA VARIGNIÈRE et DE LA MORLIÈRE.

Une famille DU CHASTEL a aussi été maintenue en 1668 à Rouen.

CHAUFFER. — Maison de la Généralité de Rouen qui a été représentée aux assemblées de la noblesse de 1789, par MM. CHAUFFER DE L'EPINEY, DE BARNEVILLE et DE TOULAVILLE.

CHEMIN (DU). — Gabriel Dumoulin, dans son *Histoire de Normandie*, parle de Nicolas DU CHEMIN, Ecuyer, vivant en 1451. Cette maison, de l'élection de Saint-Lô, s'est divisée en deux branches, et Nicolas DU CHEMIN, Ecuyer, Seigneur de la Tour et du Mesnil-Durand, fut maintenu dans sa noblesse en 1666.

N..... DU CHEMIN a épousé, en 1773, M. DE LONGUEVILLE, Capitaine de cavalerie. — M. DU CHEMIN DE LA TOUR a été assigné à comparaître à l'assemblée de la noblesse du bailliage de Saint-Lô en 1789 et y a été représenté par le Chevalier DE SAINT-GILLES.

Une autre famille de ce nom, maintenue en l'élection de Caudebec le 7 septembre 1667, avait pour représentant, en 1789, M. DU CHEMIN D'AVERNES.

CHENU. — Seigneur de Longueville, de Gastines, du Souchet, d'Autry-la-Ville, etc... — Armes : *D'azur, à un chevron d'argent, accom-*

pagne des trois hures de sanglier de même, posées 2 en chef et 1 en pointe.

Jean DE CHENU, Ecuyer, Seigneur de Charantonay, figure dans une transaction du 26 février 1481; de lui descendait Charles-Germain-Gabriel, admis sur preuves à l'Ecole militaire au nombre des gentilshommes que Sa Majesté faisait élever. — Cette maison a fourni plusieurs branches : à l'une d'elles appartenait Gaspard DE CHENU, Ecuyer, seigneur du Souchet, né le 9 février 1717, Capitaine au régiment de Royal-Vaisseaux, nommé Chevalier de Saint-Louis en 1758.

Louis-Sylvain, seigneur de Boyeron, né en 1767, appartenait à une autre branche.

M. CHENU DE MAUROY, qui habite Avranches, descend de cette famille.

CHESNARD DU BOUSSEY. — Maison maintenue le 26 octobre 1666, qui a pour premier auteur Jean CHESNARD, Notaire juré du Roi en 1449. — Noble homme Eloi CHESNARD, était Maréchal des logis de la vénerie du roi en 1581.—Jean-Eloi CHESNARD, Ecuyer, sieur de Beauregard, vivait en 1685. — N..... CHESNARD DU BOUSSEY a assisté à l'assemblée de la noblesse du bailliage de Pont-Audemer en 1789. — Le chef actuel de cette famille, Jacques-Louis DE CHESNARD DU BOUSSEY, ancien Officier de la Maison du Roi en 1814, a épousé Mathilde DE GUÉNET; il habite le château du Parc, près Elbeuf.

CHEUX (DE). — Ancienne maison de la généralité de Caen, dont le premier auteur connu est Robert-Onfroy DE CHEUX, Ecuyer, vivant en 1426. (La Roque, *Histoire de la maison d'Harcourt*.)

Jacques, Seigneur de Benneville, vivait en 1577. — Richard DE CHEUX, Ecuyer, Seigneur dudit lieu, fut maintenu dans sa noblesse par M. de Chamillart en 1666. — Ses descendants ont possédé les seigneuries de Saint-Clair, du Repas, du Boullay, etc... Mlle Marie DE CHEUX à épousé, en 1773, N..... D'OILLIAMSON (de la branche d'Ouilly). — Plusieurs membres de cette maison ont assisté aux Assemblées de la noblesse, en 1789, dans les bailliages de Caen, Falaise, Vire et Honfleur; ce sont : MM. de Cheux du Boulay, de Cheux du Repas, de Cheux de Benneville.

Le chef de cette famille, M. le Baron DE CHEUX, fils unique du contre-amiral de ce nom, a été Page de S. M. le roi Charles X, n'est pas marié, et habite actuellement le château du Repas, près d'Argentan.

CHEVALIER (LE) — DU BOSC, DE BOISHÉROUT, DU MESNIL, etc.

Nous trouvons six familles du nom de LE CHEVALIER dans les jugements de maintenues de 1666. — Nous n'avo: reçu des documents que de la famille LE CHEVALIER DE BOUELLE, dont la notice se trouve page 419, tome II; or, dans la crainte d'assigner à une de ces familles ce qui appartiendrait à une autre, nous nous abstenons.

CHEVALLIER (LE). — Une famille noble de ce nom, de l'élection de Montivilliers, habite actuellement le Havre; trois de ses membres, Paul-Hippolyte Joseph, né en 1841, Georges-Joseph, né en 1842, et Louis-Joseph, né en 1847, ont été autorisés à ajouter le nom de Barneville au leur, en le faisant précéder de celui de Le Jumel, et à s'appeler à l'avenir : LE CHEVALIER LE JUMEL DE BARNEVILLE.

CHEVRUE (DE). *aliàs* DE CHEVERUE et DE CHEVREUX.

Armes : *De gueules, à trois têtes de chèvre d'argent, posées 2 et 1.*

Pierre DE CHEVERUE, Chevalier, fut présent à une montre de gentilshommes faite en 1347, par Robert DE THIBOUVILLE. — En 1428, messire Jean DE CHEVERUE, Chevalier, seigneur de la Lande, a épousé Jeanne D'ORVAUX.

Un de ses descendants, Julien-Charles-Georges, Ecuyer, seigneur et patron de Mesnil-Brou, né le 12 novembre 1717, Inspecteur des chasses du Duc d'Orléans, a épousé, en 1745, demoiselle Françoise-Marie-Antoinette DE LA ROQUE, dont il eut : Georges-François-Félix, né à Mortain le 26 janvier 1746.

Louis DE CHEVRUE, Chevalier, seigneur Marquis du Mesnil-Tové et son fils Georges-François-Félix, Comte DE CHEVRUE, Marquis du Mesnil-Tové, ont comparu à l'assemblée de la noblesse du bailliage de Mortain en 1789.

CHIRÉ (DE). — Armes : *D'azur, à trois coquilles d'or, 2 et 1.*

Ancienne famille originaire du Poitou, fixée en Normandie depuis plus d'un siècle, et alliée aux maisons : du Buat, de Vauborel, d'Eric, Gaudin de Vilaine, de Lapérelle, de Cournant, Tardieu de Saint-Aubanet, etc...; quelquefois le nom s'est écrit DE CHIRÉE.

Jean-René DE CHIRÉ, né en 1760, avocat au parlement de Rouen, a épousé mademoiselle BLONDEL DE MOULINES, dont un fils unique : Jean-René-Auguste, Capitaine d'infanterie tué à la bataille de Lafère-Champenoise en 1814. —Georges-Hippolyte, son fils unique, chef actuel de la famille, a été officier de cavalerie et a servi dans les Gardes du corps. — Il a épousé, en 1830, mademoiselle Marie-Zenoïde Boué de la Grange, dont il a deux fils et une fille mariée en 1854, à M. Raoul de Courseulles.

CHIVRÉ (de). — Maison originaire de la province du Maine, maintenue en l'élection de Valognes en 1666. — Henri de Chivré, seigneur de la Barre en Anjou, Lieutenant général d'artillerie, obtint que la seigneurie de la Barre, unie à celle de la Guenaudière et de Saint-Aignan, fût érigée en *Marquisat*, par Lettres patentes du mois de mai 1633. Il avait épousé, le 8 août 1619, Antoinette de Carbonnel, et est mort au mois de mars 1654. Il eut pour fils : Aimé, Chevalier, Marquis de la Barre, qui fut père de Henri, tué au siége de Maëstricht en 1675.

Henri-Louis-Gabriel de Chivré, seigneur de Sottevast, vendit, en 1720, le marquisat de la Barre au Marquis de Torcy.

Son fils, Louis-Henri de Chivré, seigneur de Sottevast, a assisté à l'assemblée de la noblesse du bailliage de Valognes en 1789.

Le chef de cette famille, M. le comte de Chivré, habite encore le Château de Sottevast, près Valognes.

CHOISNE (de). de Triqueville, de Mésères, etc...
Armes : *D'hermines, au lambel de sable.*

Léonor le Choisne ou de Choisne, seigneur de Tercey, né vers 1680, a épousé demoiselle Julie le Tellier dont il eut : Jacques-Léonor, marié à demoiselle N..... le Blanc de Folval. De ce mariage sont issus deux fils, Michel et Frédéric-Auguste.

Frédéric-Auguste de Choisne de Triqueville, qui a comparu à l'assemblée de la noblesse du bailliage d'Orbec en 1789, avec son parent, M. de Choisne, Baron du Houlley, a épousé Hélène-Victoire de Malvoue d'Aulnay, dont il eut cinq enfants, entre autres : Léopold-Eliacine, né à Neuville-sur-Touques en 1797, marié, en 1828, à mademoiselle Anne de Jupilles. Il habite au château du Tremblay, près Montreuil-l'Argillé (Eure). — Un M. de Choisne, issu de cette famille, habite Bois-Anzeray, près d'Evreux.

CHRÉTIEN — de Fumechon, de Lihus, etc...
Cette famille, originaire de la généralité de Rouen, remonte à Guillaume Chrestien, anobli en 1369. — Armes : *D'azur, à la bande d'argent, accompagnée en chef, de quatre étoiles en*

orle, et côtoyée en pointe de trois roses tigées et feuillées, le tout d argent.

Deux membres de cette famille, ont assisté à l'assemblée de la noblesse pour l'élection des députés aux Etats-Généraux en 1789.

Pierre CHRESTIEN DE LIHUS, chef actuel de la famille, a épousé mademoiselle Félicie-Henriette ROBELOT, dont il a plusieurs enfants, entre autres : Alexandre-Léopold, marié le 27 mai 1858, à Marie-Victoire-Louise Berthe DE BLANC DE GUIZARD, et Alexandre-Ernest, qui a épousé au mois d'avril 1862, mademoiselle Anne-Aline MATHIEU.

CIRESME (DE). — Famille maintenue en 1667. — Christophe CIRESME, Seigneur de la Ferrière, notaire et secrétaire du Roi dans la Vicomté de Bayeux, ayant cédé sa charge, se fit anoblir avec ses deux fils, Antoine et Scipion, par Lettres patentes du mois de juin 1559.

Jean-Antoine DE CIRESME, Ecuyer, sieur de la Ferrière, de Barville, de Colombier et autres lieux, vivait en 1681.

Quatre membres de cette maison ont assisté à l'assemblée de la noblesse en 1789 dans le bailliage de Caen, et le chef actuel, M. DE CIRESME DE LA FERRIÈRE, habite le château de Lamberville, près Thorigny-sur-Vire (Manche).

CIVILLE (DE) — DE SAINT-MARS, DE BOISHÉROULT, DE BUCHY, etc...

Maison originaire d'Espagne. — Alonce DE CIVILLE, qui passa en France en 1488, obtint des lettres de naturalisation et d'agrégation à la noblesse en 1508. Il se fixa en la généralité de Rouen, et Michel, un de ses fils, seigneur de Beuzevillette, épousa Catherine DE LA PLACE DE FUMECHON. — Sa descendance a formé six branches. —Jacques, Ecuyer, seigneur de Saint-Mars, de Villers, de la Ferté, etc., a été maintenu le 11 février 1667.

Jacques-Alphonse, son fils, Sieur de Saint-Mars, Baron de Buchy, seigneur et patron du Boishéroult, du Plessis et d'autres lieux, fut d'abord Mousquetaire, puis prit la robe de Conseiller au parlement de Rouen; il a épousé, le 15 juillet 1713, Louise DE BONISSENT, dont un fils : le Marquis DE CIVILLE, reçu Page du Duc d'Orléans en 1731, Capitaine général des Gardes-côtes en 1756, marié à Marie-Anne DE CHASTENET-PUYSÉGUR, dont postérité.

CLAMORGAN (DE). — Une des plus anciennes familles de la basse Normandie. — Thomas DE CLAMORGAN, Chevalier banneret, vivait du temps des croisades. — Thomas, Chevalier, marié à Catherine d'Argouges, vivait en 1400. — Un autre Thomas, Vicomte de Coutances et de Valognes, fut père de Thierry, Chevalier, Vicomte de Montreuil en 1491. Cette maison, qui s'est divisée en deux branches, a été maintenue en 1666 en la personne de Jean-Michel de Clamorgan, Ecuyer, sieur de Carménil, d'Argoville, etc..

Jean-Charles-Claude de Clamorgan, vivait en 1789 en l'élection de Coutances; il a laissé postérité.

CLERC (le) — de Lesseville, du Tot, de Thézy, etc...

Armes : *D'azur, à trois croissants d'or, posés 2 et 1.*

Cette famille s'est divisée en trois branches : 1° celle de Lesseville; 2° celle du Mesnil et d'Incourt, Marquis de Maillebois; 3° celle de Saillancourt.— Nicolas le Clerc, seigneur de Lesseville, Conseiller secrétaire du Roi en 1587, avait épousé, le 18 janvier 1531, demoiselle Jeanne Forest, et sa descendance, qui a été maintenue en l'élection de Neufchâtel, le 3 octobre 1670, a produit des Conseillers au grand conseil, des Maîtres des requêtes, des Intendants de province, etc...

Eustache-Auguste le Clerc de Lesseville, né le 14 avril 1702, Maître des comptes le 27 juin 1724, a épousé, le 30 décembre 1728, Marguerite-Charlotte de Vanensi, dont deux fils; l'un fut reçu Auditeur des comptes en 1766.

Trois autres familles du nom de le Clerc ont été maintenues dans la généralité de Rouen.—MM. le Clerc du Tot et de Thézy ont assisté à l'assemblée de la noblesse du bailliage d'Arques en 1789.

CLERCY (de). — Famille d'ancienne Chevalerie du pays de Caux, dont les ancêtres ont possédé les fiefs de Clercy, plein fief de Haubert de leur nom, assis à Bornambusc, près Goderville, d'Angiens, de Brumesnil, de Manneville, etc..., et dont la branche aînée, celle d'Angiens, s'est fondue dans la maison de Toustain.

La branche cadette, celle des Seigneurs de Veauville, de Baudribosc, etc..., issue à la fin du XVIe siècle de Vivien de Clercy et de Louise de Rély, existe encore et a été maintenue le 15 juillet 1667. — M. de Clercy de Veauville, a assisté à l'assemblée de la noblesse du bailliage de Cany en 1789. — Le chef de cette maison est M. le Comte de Clercy, né en 1786; il a épousé mademoiselle de Caumont, dont il a plusieurs enfants et habite le château de Derchigny, près Dieppe; sa mère était une demoiselle Dupuis d'Arnouville, famille aujourd'hui éteinte, dont les biens ont passé dans celle de Clercy.

CLÉRY (DE) — DE SERANS, DE PIENNES, DE FRÉMAINVILLE, etc., maintenue le 19 juillet 1666 (Election de Chaumont).

Premier auteur, Nicolas DE CLÉRY, Ecuyer, vivant en 1507, marié en 1530 à Catherine DE HARDEVILLE. — Marie-Marguerite DE CLÉRY DE FRÉMAINVILLE a été reçue, -ur preuves faites devant d'Hozier, Juge d'armes de France, à la maison royale de Saint-Cyr, le 9 janvier 1713.

M. DE CLÉRY, Marquis DE SÉRANS, et M. Charles-Léonor DE CLÉRY, Chevalier, ancien Capitaine au régiment du Soissonnais, Chevalier de Saint-Louis, ont assisté à l'assemblée de la noblesse du bailliage de Chaumont et Magny, le 17 mars 1789. Ils ont laissé postérité.

CLÉREL (DE) — DE TOCQUEVILLE, DE RAMPAN, etc...

L'histoire fait mention de plusieurs seigneurs de ce nom, qui ont servi avec distinction les Ducs de Normandie, de plus on voit figurer cette famille dans les recherches de Montfaut et de Roissy. — François DE CLÉREL, reçu Conseiller au parlement de Rouen en 1653, était seigneur de Rampan, du Breuil, de Tocqueville. Il fut maintenu dans sa noblesse en 1666 et mourut en 1684.

Bernard-Bonaventure DE CLÉREL DE TOCQUEVILLE, un de ses descendants, fut le parrain d'Hervé Louis-François-Bonaventure, né le 14 juillet 1756, Gentilhomme ordinaire de la chambre du Roi et Pair de France sous Charles X.

M. le Comte DE TOCQUEVILLE, chef de cette maison, habite le château de Nacqueville, près Cherbourg.

CLOUET DU RAMIER. — Armes : *D'argent, à un sautoir de gueules, accompagné de quatre fers de pique de même.*

Famille anoblie par lettres patentes enregistrées à la cour des comptes, aides et finances de Normandie, le 22 avril 1720, accordées à André CLOUET, sieur du Ramier, Chevalier de Saint-Louis, Officier des Gardes du corps du Duc d'Orléans.

CLOUTIER (LE). — La Roque, dans son *Histoire de la maison d'Harcourt*, page 1428, cite cette famille comme très-ancienne. Richard, Ecuyer, eut l'honneur de recevoir, en son hôtel à Caen, le 6 juillet 1450, le roi Charles VII, lorsque ce monarque reprit la ville sur les Anglais. — Roger LE CLOUTIER, seigneur du Mesnil, d'Argence de Montigny, etc..., est le fondateur du collége de son nom en l'Université de Caen (3 juin 1552). Il a épousé Marguerite DE TILLY. — Thomas, Chevalier, a épousé Isabeau DE GRENTE.

Cette maison fut maintenue le 9 mars 1669, et un de ses représentants, M. LE CLOUTIER DE LA BOULLAYE, a figuré à l'assemblée de la noblesse du bailliage de Gisors en 1789.

CŒURET DE NESLE. — Armes : *D'argent, à trois cœurs de gueules.*

Maison originaire de l'Ile-de-France, dont le premier auteur fut : Pierre CŒURET, Ecuyer, Maître-queue du roi Louis XI, marié à Jeanne DE BRAQUE. — Jacques, Chevalier, seigneur de Vaumartin, était Maréchal des logis de la compagnie du Dauphin, fils de François I⁰ʳ. — Outre les seigneuries de Nesle, de Vaumartin, de Rais, de Fromecourt, etc..., quelques membres de cette maison ont possédé celle d'Estry en l'élection de Vire et celle des Groseillers, en l'élection de Pont-l'Évêque, c'est ce qui fait qu'ils ont été maintenus en Normandie en 1666. — Louis CŒURET, Marquis DE NESLE (1), Chevalier des ordres du Roi, était Colonel de cavalerie en 1684. — Pierre-Nicolas, né en 1727, était Brigadier des Gardes du corps, Capitaine des chasses et Gentilhomme de la Chambre. — Jean-Nicolas, Marquis DE NESLE, né le 22 février 1780, Chevalier de Saint-Louis et de la Légion d'honneur, a servi dans les Gardes du corps et y avait le grade de Lieutenant-colonel. Il a épousé sa cousine, Armande-Julie-Emilie CŒURET DE NESLE, dont il eu : 1° Louis-Armand-Alexandre, Comte DE NESLE, Député au Corps législatif, marié en 1837, à Suzanne-Clara DE GRANDMAISON; et 2° Armand-Émile, ancien Garde du corps.

COLAS — DE GASSÉ, DE PRÉMARE, DE LONGPREY, etc...

Armes : *D'argent, à la givre de sable, halissante de gueules; au chef de même, chargé de trois roses d'argent.*

Plusieurs familles du nom de COLAS ou COLLAS, ont existé en Normandie. — Celle qui nous occupe a eu pour premier auteur Nicolas COLAS, Conseiller de Monseigneur Philippe d'Orléans, vivant en 1360. — Jacques COLAS, seigneur de Gassé, de Gouyères, de Tenax, etc..., a été maintenu dans sa noblesse en 1671 (Election de Valognes).

Jacques COLLAS, sieur de Longprey, né le 12 novembre 1706, était Lieutenant des milices Gardes-côtes de Besneville et de Taillepied; il a épousé, le 28 juillet 1734, Suzanne-Françoise-Antoinette NICOLE, dont plusieurs enfants. — Jean-Jérôme DE

(1) Il ne faut pas confondre cette famille avec les DE MAILLY DE NESLE.

Colas, Chevalier de Gassé, a comparu à l'assemblée de la noblesse du bailliage de Valognes en 1789, ainsi que Germain-François Colas, seigneur de Prémare.

COLLET de Cantelou. — Armes : *D'azur, au chevron d'or, accompagné en chef de deux molettes d'éperon du même et en pointe d'une main d'argent.* — Famille maintenue le 24 août 1666, dans l'élection de Falaise.

Un représentant de cette maison habite le château de Ménildan, près Bayeux.

COLOMBEL (de). — Armes : *D'azur, à la fasce d'or, accompagnée en chef de deux colombes affrontées d'argent, et en pointe d'une bisse en fasce du même.*

L'Histoire de la ville de Rouen parle de Guillaume, Consul des marchands en 1583, ensuite Echevin de cette ville, qui obtint des lettres d'anoblissement en 1588, enregistrées la même année. — Cette famille a été maintenue en l'élection de Pont-Audemer le 4 février 1667. — Le Chevalier de Colombel a assisté à l'assemblée de la noblesse en 1789 et son fils est maire à Caumont, arrondissement de Pont-Audemer.

COMTE (le). — Anciennement on écrivait ce nom indistinctement le Comte ou le Conte; comme dix familles ont été maintenues en 1666, il nous est très-difficile de donner des renseignements sur chacune d'elles, aucune ne nous ayant communiqué des documents. Nous ne parlerons donc que de celles sur lesquelles nous ne craignons pas de faire confusion.

COMTE de la Varangerie (le). — Maintenue en 1666, en l'élection de Coutances. — La filiation de cette famille commence à Laurent le Comte, Écuyer, mort en 1558, mais il est certain qu'elle est beaucoup plus ancienne, car l'Histoire de Normandie de G. Dumoulin, fait mention de Jehan le Comte, vivant en 1342.

Claude-Adrien le Comte, Chevalier, seigneur de la Varangerie, était Capitaine des Chasseurs de l'État-major de l'armée; il a épousé, le 5 novembre 1777, Angélique-Marie-Louise de Piennes, dont est né : le Chevalier Alexandre le Comte de la Varangerie, qui a assisté à l'assemblée de la noblesse du bailliage de Coutances en 1789.

A la même époque, nous trouvons aussi Jean-René le Comte, seigneur de Boisroger, dans le bailliage de Saint-Sauveur-le-Vicomte.

CONTE (LE) — DE NONANT, DE RARAY, DE PIERRECOURT, etc...

Armes : *D'azur, au chevron d'argent, accompagné en pointe de trois besants d'or, posés 2 et 1.*

D'après les preuves faites en 1784, devant *Chérin*, généalogiste des Ordres du Roi, cette maison a eu pour premier auteur Colinet LE CONTE, Connétable de Navarre, à la fin du XII° siècle. — Elle a formé plusieurs branches, entre autres celles des Marquis de Bretoncelles, de Pierrecourt, de Raray, des Comtes de Cerrières, des Barons de Beaumesnil, etc...

Amédée-Charles-Joseph LE CONTE, Comte DE NONANT-RARAY, né le 2 juillet 1786, a épousé Marie-Caroline DE VINEY, dont il a eu deux fils : Charles-Henri et Léopold-Joseph.

Le Marquis DE NONANT, chef de cette ancienne maison, habite Poncé, dans le département de la Sarthe.

LE CONTE D'IMOUVILLE —Autre famille à laquelle appartenaient : Jean LE CONTE, ancien Officier au régiment d'Aquitaine, Nicolas Charles-Antoine LE CONTE D'IMOUVILLE, et Paul-François-Henry-Nicolas LE CONTE, Chevalier d'Imouville, ancien Capitaine des grenadiers au régiment du Maine, qui ont assisté à l'assemblée de la noblesse du bailliage de Coutances en 1789.

Le chef de cette maison habite le château d'Orval, à deux lieues de Coutances.

LE CONTE DE MONTULLÉ. — Cette maison porte pour armes : *D'azur, au chevron d'or, accompagné de trois étoiles du même, 2 et 1.*

COQUEROMONT (DE). — Le nom patronymique de cette famille est CAILLOT; ses armoiries sont : *D'argent, à deux clefs d'or adossées, accostées de huit croissants de gueules et accompagnées de trois fleurs de lis du second émail.*

Trois membres de cette maison ont assisté à l'assemblée de la noblesse pour les bailliages de Rouen et de Caudebec en 1789.

COQ (LE) — DE BEUVILLE, DE SAINT-CLOUD, etc...

Armes : *D'azur, à la croix losangée d'or de neuf pièces.*

MM. LE COQ DE BEUVILLE et LE COQ DE SAINT-CLOUD ont assisté à l'assemblée de la noblesse du bailliage de Caen. — MM. le Coq de Saint-Cloud et de Saint-Étienne ont aussi comparu dans le bailliage de Rouen.

COQUEREL D'IQUELON. — Pierre COQUEREL, Maître des Comptes à Rouen en 1697, portait pour armes : *D'azur, à une fasce d'or, accompagné en chef de trois molettes du même et en pointe d'un coq aussi d'or.*

Marie DE COQUEREL a épousé en 1685, Charles DE BRINON, Conseiller honoraire au parlement de Normandie.

Nicolas COQUEREL, docteur en théologie et Prieur de Vaux-Cernai, fut nommé Abbé de Foucarmont en 1724 ; il est mort en 1743. — Louis-Robert-Charles, Seigneur châtelain d'Iquelon-le-Cerf, et de la Crique, de la prévosté de Bellencombre et haut Justicier de Saint-Ouen la Forest, a épousé Anne-Marguerite DU HECQUET, et vivait en 1765.

Le chef actuel de cette famille, habite Bellencombre, près Dieppe, et a épousé une demoiselle DE JUMILHAC ; sa mère était une demoiselle DE RASSENT, fille de César-Louis, Marquis de Rassent, Vicomte d'Archelles, Chevalier de Saint-Louis, ancien Commandant au régiment de Champagne.

CORDAY(DE). — Cette maison, qui porte pour armes : *D'azur, à trois chevrons d'or,* est de l'élection d'Argentan. Guillaume, Écuyer, seigneur de Corday et de Lizoère, a été maintenu en 1667. — Nous trouvons dans la généralité de Caen, les CORDAY DU RENOUARD, CORDAY D'ARCLAIS et CORDAY D'ORBIGNY, qui ont eu des représentants à l'assemblée de la noblesse du bailliage en 1789. A cette famille appartenait la courageuse Charlotte CORDAY, qui tua Marat.

Plusieurs membres de cette maison subsistent encore de nos jours ; l'un habite Le Renouard (arrondissement d'Argentan), un autre, M. Frédéric DE CORDAY, marié à Gabrielle-Rosalie-Célestine DE MILLEVILLE, habite le département de l'Eure.

CORDIER (LE) — DU TRONC, DE LA LONDE, DE VARAVILLE, etc...., famille de la généralité de Rouen.

Armes : *D'azur, à la bande d'argent, chargée de cinq losanges de gueules et accostée de deux molettes d'éperon d'or.*

Elle a fourni un Premier Président de la chambre des comptes de Normandie et un Lieutenant général des armées du Roi en 1734. — N... LE CORDIER, Chevalier, seigneur de Varaville, était Président à mortier au parlement de Rouen et propriétaire du chef de sa bisaïeule, Marie DE BIGARS, de la terre de la Londe, érigée en *Marquisat,* au mois de mai 1646, en faveur de François DE BIGARS. — Son fils, Nicolas-Alexandre LE CORDIER DE LA LONDE, Marquis DU TRONC, est mort en 1742.

Quatre autres familles du nom de LE CORDIER ont aussi existé dans les élections de Valognes, Vire et Rouen. — Nous constatons la présence aux assemblées de la noblesse en 1789 de : Jacques-Alexandre LE CORDIER, à Caen ; LE CORDIER, seigneur de Parfouru, à Bayeux; LE CORDIER DE LA MALHERBIÈRE, DE LA DORÉE, DE BURCY et DE BONNEVAL, à Vire.—Claude-René LE CORDIER DE MONTREUIL a aussi assisté à l'assemblée du bailliage d'Alençon.

CORDOUEN (DE). — Élection de Falaise, maintenue le 16 juillet 1666. — Jean, vivait en 1500 et était Procureur de François d'Harcourt, seigneur de Bonnétable. — Son fils Jean, fut sénéchal de Marguerite d'Harcourt dans sa seigneurie du Mesnil-Patry, en 1573. — René-Jacques, seigneur de Crestain, Vice-Bailli de Caen, a épousé, en 1550, Gabrielle de Briqueville.— François DE CORDOUEN, Écuyer, seigneur de l'Épine, de Fagny, etc., vivait en 1663.

Cette maison a encore des représentants dans le département du Calvados.

CORNEILLE (DE). — Armes : *De gueules, à deux fasces d'or, au chef d'argent, chargé de trois corneilles de sable.*

La famille de notre grand poëte tragique a été anoblie par différentes charges. — Pierre CORNEILLE, Conseiller référendaire en la chancellerie de Normandie en 1586, eut pour fils Pierre, Maître des eaux et forêts, et Avocat du Roi à la table de marbre de Rouen ; il a épousé Marthe LE PESANT DE BOIS-GUILBERT, et a été anobli par lettres patentes du mois de janvier 1637. — De cette alliance est né Pierre CORNEILLE (notre poëte immortel), et Thomas, qualifié seigneur de Coste en 1697.

Une autre famille DE CORNEILLE (issue de la précédente sans doute) existait à la même époque. — Deux messieurs DE CORNEILLE ont assisté à l'assemblée de la noblesse du bailliage de Pont-Audemer en 1789. — M. DE CORNEILLE, représentant de cette branche, est aujourd'hui Député au Corps législatif.

CORNET — D'ÉCRAMEVILLE, DE BRIQUESART, DE LA BRETONNIÈRE, etc.

Famille de l'élection de Bayeux, maintenue en 1666. — Premier auteur, Adrien CORNET, seigneur d'Agneville, marié, en 1540, à Françoise DES MARES. — Louise-Antoine CORNET DE BRIQUESART, issue de lui au IV° degré, née le 19 novembre 1683, fut reçue à la maison royale de Saint-Cyr en juin 1694. — N.... DE CORNET, seigneur d'Agneville, et son parent M. CORNET D'ÉCRAMEVILLE ont assisté à l'assemblée de la noblesse du bailliage de Bayeux en 1789.

CORNIER (le). — Suivant l'*Histoire de Rouen*, Pierre le Cornier, seigneur de Sainte-Hélène, fut reçu Conseiller au parlement de Rouen en 1578. — Un de ses descendants fut maintenu dans sa noblesse le 17 janvier 1667. — François-Armand, Baron d'Angerville-le-Martel, seigneur de Sainte-Hélène, de Cretteville, etc., Conseiller en la grand'chambre du parlement de Normandie, a épousé en deuxièmes noces, le 30 septembre 1739, Françoise-Élisabeth de Bailleul, sœur du président à mortier de ce nom.

Un membre de cette famille a assisté à l'assemblée de la noblesse du bailliage de Caux en 1789.

CORNU (le). — de Corboyer, de Villarceaux, de Chavannes, etc.

Ancienne famille établie près la ville de Laigle, à laquelle les guerres civiles qui ont ravagé la province ont fait perdre, comme à bien d'autres, les titres qui prouvaient sa filiation au delà du XVIᵉ siècle. — Pierre le Cornu, Chevalier, seigneur de la Boissière, reconnu noble d'ancienne extraction, fut maintenu dans sa noblesse le 1ᵉʳ avril 1666. — Ses descendants ont formé plusieurs branches et ont possédé les seigneuries de Ballivière, du Buat, de Bellemare, d'Oinville, de Bois-André de la Chastière, etc... — Les armoiries de cette maison sont : *D'azur, à trois cornets d'argent, liés, enguichés et virolés d'or.*

Charles-Maximilien le Cornu, Chevalier, seigneur de Villarceaux, était Garde du corps du Roi en 1763, et a épousé N... de Grandchamp. — Pierre le Cornu de Corboyer a assisté à l'assemblée de la noblesse du bailliage de Verneuil en 1789, et M. le Cornu de Chavannes a comparu dans les bailliages de Breteuil et Beaumont-le-Roger.

Soulanges-Charlotte-Clarisse le Cornu de Corboyer, a épousé vers 1840, Jean-Baptiste Bouchet de Chaumont, ancien Officier de cavalerie.

Nous trouvons de plus six familles du nom de le Cornu dans les élections d'Arques, Conches et Évreux ; bien qu'elles n'aient pas les mêmes armes, nous les croyons issues de la même souche.

COSTARD (de). — Quatre familles de ce nom figurent à la maintenue de noblesse de 1666. — Celle qui nous occupe est du diocèse de Lizieux et porte pour armes : *Burelé d'argent et de sable de dix pièces.*

Pierre Costard, Écuyer, sieur de Saint-Léger, était Gouverneur du comté d'Harcourt en 1537. Il est parlé dans l'*Histoire de Malte* par l'abbé de Vertot, de Jean DE COSTARD, reçu Chevalier en 1550. — Jean, sieur de la Motte (diocèse de Bayeux), fut reçu également en 1609. — Angélique fut reçue sur preuves à la maison royale de Saint-Cyr, le 18 juin 1697. Elle était fille de Pierre, Écuyer, seigneur de Hottot, de Saint-Perrière, etc...

Pierre DE COSTARD (au bailliage de Bayeux) et Jean-Jacques DE COSTARD DE BURSARD, au bailliage d'Alençon, ont assisté à l'assemblée de la noblesse en 1789.

Le chef actuel de cette maison, M. le Comte DE COSTARD, habite le château d'Auxy-en-Exmes, à Trun (Orne).

COTTON — D'ENGLESQUEVILLE et DU TREMBLAY. — Généralité de Rouen, famille maintenue le 4 juillet 1667. — M. COTTON D'ENGLESQUEVILLE a figuré à l'assemblée de la noblesse pour l'élection des députés aux États-Généraux (bailliage d'Arques). — Un des représentants de cette maison, qui porte pour armes : *D'azur, au chevron d'or, accompagné de trois coussinets d'argent*, est Substitut du procureur général à Caen.

COUDRE (DE LA) — DE LA BRETONNIÈRE, DE LA MARTINIÈRE, etc...
Jean DE LA COUDRE, Écuyer, sieur de la Martinière, fut maintenu dans sa noblesse en 1666.

Un représentant de cette famille habite le château de la Bretonnière, près Valognes.

COUESPEL DE BOISGENCY. — Armes : *D'argent, à la fasce de gueules, chargée de trois besants d'argent et accompagnée de trois têtes de lion arrachées de gueules, posées 2 et 1.*

Famille de l'élection de Vire, dont l'ancienneté remonte par titres authentiques à l'année 1310. — Michel DE COUESPEL, Écuyer, seigneur des Brières et de Louvigny, fut maintenu en 1666. — Louis-Charles-François DE COUESPEL, grand-père du chef actuel, a épousé Mlle DE LA FOURNERIE DE LA FERRIÈRE, qui lui apporta la terre de Boisgency, dont elle avait hérité de M. DE LA FOURNERIE DE BOISGENCY, son oncle, Maréchal des camps et armées du Roi. — N.... DE COUESPEL figure au procès-verbal de l'assemblée de la noblesse tenue à Vire en 1789.

Le chef actuel de cette maison est M. Gonzalve DE COUESPEL DE BOISGENCY et habite Alençon. — Son cousin germain, M. Conrad DE COUESPEL, est fils d'une demoiselle DE PIPEREY.

COUR (DE LA). — Outre la maison DE LA COUR DE BALLEROY, dont nous avons donné la généalogie page 598, deux autres familles ont existé en Normandie.

Pierre DE LA COUR, Écuyer, sieur de Grainville, en l'élection de Vire, et Nicolas, sieur de Bretteville, de Longueville, etc..., dans l'élection de Bayeux ont été maintenus dans leur noblesse en 1666. — MM. DE GRAINVILLE et DE BRETTEVILLE ont assisté à l'assemblée de la noblesse du grand bailliage de Caen en 1789.

Le chef d'une de ces maisons, M. DE BRETTEVILLE, habite actuellement le château de Cotru, à Sainte-Honorine du Fay, près Caen.

COURADIN DU CASTILLON. — Famille anoblie par lettres patentes accordées à Pierre-Laurent-Séraphin COURADIN, sieur de Saint-Victor, Chevalier de Saint-Louis, enregistrées en la Cour des comptes, aides et finances, le 7 mars 1780. — M. COURADIN DU CASTILLON a assisté à l'assemblée de la noblesse du bailliage de Montivilliers en 1789.

COURCY (DE). — Armes : *D'azur, fretté d'or, de six pièces.*

Cette ancienne maison tire son nom d'un fief et baronnie, sis en l'élection de Falaise au XI° siècle. — Robert, Chevalier, possédait le château DE COURCY dont il prit le nom et vivait du temps de Robert DE GRENTEMESNIL, abbé de Saint-Evroult en 1059. — Son fils Richard fut un des Barons normands qui accompagnèrent Guillaume à la conquête d'Angleterre. — On lit dans la Roque (*Histoire du ban et arrière-ban*) que Guillaume, Sire et Baron de Courcy, fut un des chevaliers qui comparurent à l'armée de Foix en 1271. — La famille s'est divisée en plusieurs branches et prouve sa filiation par chartes, contrats de mariage et autres titres justificatifs, depuis Geoffroy, Baron de Courcy, vivant en 1290. — La branche aînée s'est éteinte en 1516. — La branche cadette des seigneurs du Plessis, de Roye, de Ferrières, de Boismorin, etc..., a produit divers rameaux qui ont été maintenus en 1666 dans les élections de Falaise, Pont-l'Évêque, Bernay et Evreux. — Jacques DE COURCY, Ecuyer, était Major des villes et châteaux de Caen en 1699.

Louis-Jacques, Chevalier, Capitaine au régiment de Languedoc, né en 1740, a fait toutes les guerres d'Amérique sous le Marquis de Montcalm, et vivait encore en 1772.

Le Baron DE COURCY, était Grand bailli d'Épée et Président

5

de l'assemblée de l'ordre de la noblesse tenue à Évreux le 16 mars 1789. — M. le Comte DE COURCY en était secrétaire.

M. le Comte DE COURCY, chef de cette ancienne maison, habite le château de la Crochetière à Fay, près Mortagne.

COURSEULLES (DE). Armes : *Écartelé d'azur et d'argent.*

Famille de l'élection de Falaise, maintenue le 6 juillet 1667, en la personne de Pierre, Ecuyer, seigneur de Gonneville, des Landes, de Brocottes, etc... Son fils Pierre vivait en 1707. — Hélène-Françoise-Jacqueline DE COURSEULLES, a épousé, en 1782, Pierre-Charles BERNARD DU TERTRE. — Deux membres de cette maison ont figuré à l'assemblée de la noblesse des bailliages de Bayeux et d'Honfleur, en 1789.

Elle est représentée aujourd'hui par : N..... DE COURSEULLES, Capitaine au 71ᵉ de ligne ; Vilfrid, demeurant à Orbec (Calvados), et Raoul, marié le 11 décembre 1854 à mademoiselle Rose-Marie-Zenolde DE CHIRÉ, demeurant à Lillebonne.

COURTIN DE TORSAY. — Armes : *De gueules, à trois roses d'or, tigées et feuillées d'argent*, 2 et 1.

Famille anoblie par lettres patentes du mois de juin 1735, accordées à Pierre-Godefroi COURTIN, sieur de Torsay, Brigadier des Chevau-légers du roi, pour longs services militaires, et attendu qu'il s'était trouvé aux batailles d'Equeren, d'Oudenarde et de Malplaquet.

Un représentant de cette famille habite Evrecy, près Caen.

COURTOIS (LE) — DE SAINTE-COLOMBE. — Famille maintenue en 1666, dans l'élection de Valognes, où elle possédait les seigneuries d'Héroudeville, des Haulles, de Montissy, etc...

Bernardin-Léonor LE COURTOIS, seigneur d'Héroudeville, du bailliage de Valognes et Jean-Baptiste LE COURTOIS DE SAINTE-COLOMBE, du bailliage de Saint-Sauveur-Lendelin, ont assisté à l'assemblée de la noblesse pour les États-Généraux en 1789.

Mademoiselle Ida DE SAINTE-COLOMBE, a épousé en ......, Adolphe-René DE LA GONNIVIÈRE.

M. DE SAINTE-COLOMBE, chef actuel de la famille, habite le château du Saussey, près de Valognes.

COUSTURE DE CHAMACOURT. — Antoine Cousture de Chamacourt, Trésorier de France au bureau des finances de Normandie, obtint des lettres patentes qui l'ont dispensé d'un degré pour obtenir la noblesse, ces lettres furent enregistrées le 15 décembre 1709.

François-Louis-Aimé COUTURE, sieur DE TROISMONTS, a assisté à l'assemblée de la noblesse du bailliage de Mortain en 1789.

COUTEULX (le) — de Caumont, du Molay, de Canteleu, de Verclives, des Aubrys, etc...

Armes : *D'argent, au chevron de gueules accompagné de trois trèfles de sinople.*

Cette famille, de la généralité de Rouen, s'est distinguée dans la robe et dans la finance et a été anoblie par des charges attributives de noblesse. — Jean-Etienne le Couteulx, né à Paris le 5 juillet 1669, a été Consul et Echevin de la ville de Rouen; son frère Barthélemy, né en 1675, fut aussi premier Consul de la ville de Rouen, et est l'auteur des branches de Canteleu et de la Noraye.

Germain-Barthélemy, né le 29 mars 1669, a été Secrétaire du Roi à la grande chancellerie.

Barthélemy-Thomas, a été premier Président de la Cour des comptes, aides et finances de Normandie; il fut père de Jean-Barthélemy le Couteulx de Canteleu, créé Comte en 1806, Sénateur, Pair de France, Grand officier de la Légion d'honneur, etc...

La première branche, celle de Caumont, est représentée par: Barthélemy-William le Couteulx de Caumont, né le 6 décembre 1840.

La branche du Molay, est représentée par Léon, Baron le Couteulx du Molay, marié à mademoiselle Alix Boignes.

La quatrième branche des Aubrys, est représentée à Beauvais, le chef en est marié et a des enfants.

La cinquième branche de Canteleu, est représentée par Hector, Comte le Couteulx de Canteleu, marié à demoiselle Louise Bouchu.

La sixième branche, de la Noraye, est éteinte.

La septième branche de Verton s'est éteinte dernièrement.

La huitième branche de Verclives, est représentée par Ernest le Couteulx de Verclives, marié à mademoiselle de Saint-Aignan, père d'un fils et d'une fille.

COUVERT de Coulons (de). — Armes : *D'hermines, à la fasce de gueules, chargée de trois fermaux d'or.*

Ancienne maison qui tire son nom de la paroisse de Couvert, près Bayeux, fief relevant directement du roi.

Premier auteur, Guillaume, Ecuyer, seigneur et patron de Couvert, qui aumôna en 1258 le patronage de l'église dudit lieu, et une portion de la dîme aux religieux de l'Hôtel-Dieu de Bayeux. — Jean de Couvert, Chevalier, seigneur dudit lieu, de Coulons, de Sottevast, etc..., vivant en 1390, a épousé Florie de Fontenay.

Charlemagne-François, son descendant direct, seigneur et patron de Coulons, Gouverneur des ville et château de Bayeux, s'est marié le 21 novembre 1758 et eut deux fils : François-Louis-Charlemagne et Raphaël. — L'aîné a figuré à l'assemblée de la noblesse du bailliage de Valognes en 1789. — M. DE COUVERT, baron DE COULON, a assisté à celle du bailliage de Caen.

CRÉNY (DE). — Seigneur de Linemare, de Frémontier, de Bailly-en-Campagne, etc..., maison originaire de l'Artois, maintenue en l'élection d'Arques le 25 novembre 1668. — Robert DE CRÉNY, Ecuyer, fils de Jean, décédé près de Béthune, acquit la terre de Bailly-en-Campagne, dans le département de l'Eure, en 1260 et s'y fixa. De lui est issu Robert DE CRÉNY, II° du nom, père de Guillaume, marié à Isabeau DE FOUCARMONT.

Un des représestants de cette maison, Léon-Louis DE CRÉNY, né à Neufchâtel en 1807, est Général de brigade.

CRÈVECŒUR (DE). — Sieur de Gerville, Election d'Andely, maintenu le 14 août 1666.

Jean DE CRÈVECŒUR, vivant en 1789, a assisté à l'assemblée de la noblesse du bailliage de Caen, ainsi qu'Alexandre DE CRÈVECŒUR DE BAUSSEY.

CROCQ (DU). — Famille de la généralité de Rouen, qui porte pour armes : *D'argent, au chevron de gueules, accompagné de trois merlettes d'azur.*

N..... DU CROC, Ecuyer, seigneur de Maucomble, vivait en 1490, et a marié sa fille Guillemette à Antoine DE PARDIEU, seigneur de Grattepanche, etc...

Agathon DU CROCQ DU HIL DE MALLEVILLE, a épousé mademoiselle Jeanne-Gabrielle DE MILLEVILLE, fille de David-François Archambaut et de dame Rosalie-Françoise LE HANTIER DE GLATIGNY, mariés en 1802.

CROISILLES (DE). — Armes : *De sable, à trois croisettes recroisettées d'or.*

Ancienne famille de l'élection de Pont-Audemer; Nicolas-Pierre DE CROISILLES, Ecuyer, sieur de Caumont, de la Fontaine, de Préville, de Bretteville, etc..., fut maintenu dans sa noblesse le 3 février 1667. — M. DE CROISILLES DE MONBOSCQ et trois autres de ses parents, ont assisté à l'assemblée de la noblesse en 1789 (bailliages de Bayeux et de Vire).

Un des représentants actuels, habite le château de Saint-Rémy (à Thury-Harcourt).

CROVILLE (de). — Armes : *D'argent, à la croix de gueules engrêlée.*

Très-ancienne famille de l'élection de Valognes, qui jusqu'en 1365, a porté le nom de Boudet. — Raoul Boudet, seigneur de Croville, fief sis en l'élection de Valognes, passa à la conquête de Jérusalem en 1092, avec Robert Courte-Cuisse, il signa en 1150, comme un des douze Barons de Normandie, une fondation faite par Richard de Reviers en faveur des chanoines de Néhou.

Jacques-Georges-Jean de Croville, Chevalier, seigneur de Gouberville, a épousé noble demoiselle Catherine de Hennot. — Leur fils, Louis-René-Jean-Charles, était Mousquetaire du roi à la deuxième compagnie en 1750.

CUSSY (de) — de Belval, de Vouilly, de Maudeville, etc...

Ancienne famille de la généralité de Caen, divisée en plusieurs branches, qui se sont répandues dans les élections de Valognes, Coutances et Bayeux, où elles ont été maintenues en 1666.

Un sieur de Cussy a accompagné Guillaume à la conquête d'Angleterre en 1066.

La filiation non interrompue s'établit à partir de : Jacques de Cussy, Ecuyer, vivant en 1452. — Jacques-Louis de Cussy de Belval, son descendant direct, fut reçu Page du Roi en sa petite écurie, le 21 mai 1722, et Renée, sa sœur, fut reçue à la maison royale de Saint-Cyr, le 30 juin 1731.

Lors de l'assemblée de la noblesse en 1789, pour l'élection des députés aux Etats-Généraux, cette famille y a été représentée par douze de ses membres :

Pierre-François de Cussy, Marquis de Vouilly, le Comte de Cussy, Capitaine de dragons et Louis-François de Cussy, Marquis de Maudeville (au bailliage de Coutances).— Gabriel François de Cussy, Lieutenant aux Gardes-françaises, Chevalier de Saint-Louis (à celui de Saint-Sauveur-Lendelin), etc., etc.

M. le Comte de Cussy, chef actuel de cette ancienne maison, habite le château de Vouilly (près Bayeux) et M. Raoul de Cussy habite les environs de Caen.

Ferdinand-Paul-Jérôme de Cussy, Capitaine d'infanterie, a épousé le 14 octobre 1862, mademoiselle Alexandrine-Marie-Sophie Cosne de Cardanville. — Nous ne savons pas s'il appartient à la même famille.

D

DAIN (le). — Armes : *De gueules, à un chevron d'or, accompagné de trois besants du même.*

Famille anoblie le 17 janvier 1721, en la personne de François le Dain, Conseiller maître en la Cour des Comptes de Normandie.

DAGOBERT. — Armes : *D'azur, au chevron d'argent, accompagné en chef de deux loups passant d'or et en pointe d'un lion d'argent.*

Famille connue dès le XIIIᵉ siècle, et possédant de nombreux fiefs en l'élection de Conches et de Saint-Lô. — Guillaume, Ecuyer, vivant en 1420, a épousé Gillette de Menilhury ; son petit-fils Pierre, Ecuyer, seigneur de la Hairie et de Saint-Aubin, a épousé en 1530 Marie de Chanteloup. — Pierre Dagobert, seigneur de Bois-Fontaine et de Groucy, Capitaine d'infanterie au combat de la Hougue, a épousé demoisell Marie Dansain, dont il eut :

Charles-Hyacinthe, Officier en 1770, et trois autres fils.

DAMBRAY. — Famille de la généralité de Rouen, qui porte pour armes : *D'azur, à trois tours d'argent, 2 et 1 ; et un lionceau d'or en abîme.*

Elle a eu pour premier auteur Henri Dambray, Receveur général des finances à Rouen, auquel le roi Henri III accorda des lettres patentes de noblesse en 1582; il est mort en 1609 étant Conseiller et Maître d'hôtel ordinaire du Roi.

Charles-Henri, Chevalier Dambray, son descendant direct, né le 11 octobre 1760, fut nommé Avocat général à la Cour des aides de Paris à l'âge de vingt ans et succéda en 1788 à M. Séguier, Avocat général au parlement de Paris. A la Restauration, il fut nommé Chancelier de France, et Président de la chambre des Pairs. Il avait épousé en 1784, Marie-Charlotte-Antoinette de Barentin et est mort le 13 décembre 1829, laissant une fille, mariée en 1805 à M. le Comte de Sesmaisons, et le fils qui suit :

Charles-Emmanuel-Henri, Vicomte Dambray, chef actuel de la famille, ancien Pair de France, Commandeur de l'ordre du Saint-Esprit, etc..., a été exclu de la chambre des Pairs en 1830, pour refus de serment à la royauté nouvelle, et depuis vit dans la retraite à Montigny, près Longueville (Seine-Inférieure).

DAMPIERRE (DE). — Maison d'origine chevaleresque, mentionnée par *La Roque*, qui eut pour premier auteur, Robert DE DAMPIERRE, Chevalier, convoqué au ban de la noblesse en 1272. — Jourdain, vivant en 1400, prenait le titre de Panetier du roi et Capitaine de Moulineaux ; il épousa Jeanne DE VILLIERS DE L'ISLE-ADAM, qui lui apporta la terre de Dampierre-en-Bray. — Guillaume DE DAMPIERRE, Lieutenant du roi en Normandie, a épousé Isabelle DE PELLEVÉ, et est mort le 2 août 1480. — Jean, qui servait dans les rangs des protestants, fut tué à la bataille de Saint-Denis (1567) ; son fils Isaac, fut Capitaine-gouverneur de Gournay. — En 1589, Jean DE DAMPIERRE, sieur de Mont-Landin, servit la cause d'Henri IV ; il présenta ses preuves de noblesse aux commissaires royaux en 1599. — Pierre fut Capitaine au régiment de la marine en 1708. — Jean-Philippe DE DAMPIERRE, sieur de Grand-Mont, Capitaine au régiment Royal-infanterie, Chevalier de Saint-Louis, fut maire de la ville de Neufchâtel et y mourut en 1773.

Une branche de cette famille habite encore la Picardie.

DANCEL — DU TOT, DE FLOTTEMANVILLE, etc.

Pierre DANCEL, Ecuyer, sieur du Rocher, fut maintenu en l'élection de Valogne en 1666.—Charles-François DANCEL DU TOT, Major d'infanterie et Chevalier de Saint-Louis, vivait en 1789. Georges-Antoine DANCEL, Chevalier, Marquis DE FLOTTEMANVILLE, a comparu à l'assemblée de la noblesse du bailliage de Valognes, à la même époque.

DANDEL D'ASSEVILLE. — Armes : *D'azur, à trois quintefeuilles d'or.* — Seigneurs de la Fontaine, de Goville, du Plessis, du Homme, de Belleau, de Souligny, etc... en la généralité de Rouen.

MM. DANDEL D'ASSEVILLE et DE LA RIVIÈRE ont comparu à l'assemblée de la noblesse du bailliage de Bayeux en 1789.

DANOIS (LE) — DE CERNAY, DES ESSARTS et DE TOURVILLE.

Armes : *D'argent, à un chevron de gueules, accompagné de trois noyers arrachés de sinople, fruités d'or ; et au chef d'azur, chargé d'une croisette d'or, accostée de deux étoiles d'argent.*

Très-ancienne famille qui date du temps des Croisades, dont

le nom s'est écrit souvent LE DANOYS, et qui s'est partagée en deux branches ; l'aînée, celle des Marquis de Geoffreville, est allée s'établir en Champagne et en Picardie ; la cadette s'est illustrée dans les armées de terre et de mer, ainsi que dans la haute magistrature ; plusieurs de ses membres siégeaient en 1697 au parlement de Normandie. — N... LE DANOIS DE TOURVILLE, entra dans les Mousquetaires noirs et se distingua à la bataille de Fontenoy. — Pierre LE DANOIS DES ESSARTS a comparu à l'assemblée de la noblesse du grand bailliage de Rouen en 1789.

Cette famille a pour chef actuel : Adolphe LE DANOYS DE TOURVILLE, Capitaine au 3ᵉ régiment de cuirassiers, marié à Virginie GENFELD DE BELLOGUET, petite-fille du général de division de ce nom ; il en a deux fils : Edgard et Roger.

DANDASNE. — Sieur de Quévreville.

Marguerite LE PEIGNÉ, tutrice des enfants d'Eustache DANDASNE, sieur de Quévreville, obtint une confirmation de noblesse ou d'anoblissement en tant que besoin, le 17 février 1708.

N.... D'ANDASNE D'ELINCOURT, a comparu à l'assemblée de la noblesse en 1789, pour l'élection des députés aux Etats-Généraux.

DANJOU — DE LA GARENNE et DU LONGUAY.

Il existe dans les archives de Rouen, des lettres de confirmation de noblesse, accordées le 10 février 1657, à Louis DANJOU, Ecuyer, sieur de la Mahudière, demeurant paroisse de Montbray, élection de Vire. — Léonor Robert DANJOU, Capitaine de cavalerie, Garde du corps du Roi, Alexandre DANJOU DE LA GARENNE, Chevalier de Saint-Louis, Gilles-Philippe-Emmanuel Danjou du Longuay, chevalier de Saint-Louis et Léandre-Louis-Urbain Danjou, Chevalier, seigneur de Bansault, ancien Officier d'infanterie, ont assisté à l'assemblée de la noblesse du bailliage de Mortain et d'Avranches en 1789.

Cette maison a pour chef actuel : M. DANJOU DE LA GARENNE, demeurant à Fougères.

DAROT — DE VAUGOUBERT. — Gabriel-Charles-Pascal, de l'élection de Carentan, Gendarme de la Garde du Roi, obtint des lettres patentes d'exception de révocation de noblesse, enregistrées à la Cour des comptes de Rouen le 22 décembre 1736.

Alexis-Christophe D'AROT, Chevalier DE VAUGOUBERT, Capitaine d'artillerie, a comparu à l'assemblée de la noblesse du bailliage de Carentan en 1789.

DARY — D'ERNEMONT, DE SÉNARPONT, etc...

Armes : *D'argent, au lion de sable, et un chef de gueules.*

Cette maison de l'élection de Montivilliers, fut maintenue le 6 juillet 1667; elle eut ainsi que beaucoup d'autres, presque tous ses titres de famille brûlés, lors de la prise de Gournay, par le Duc de Mayenne. — Henri DARY, commandant la ville pour le Roi, y fut tué et son château d'Ernemont fut entièrement détruit.—Son frère Nicolas, a épousé le 11 septembre 1556, Anne DE BIVILLE; ils descendaient tous deux du Président DARY, qui est mort à Paris en l'année 1400. — Nicolas DARY, sieur D'ERNEMONT, était Procureur fiscal à Gournay en 1590. — Robert DARY, Ecuyer, sieur de la Roche, aussi Procureur fiscal à Gournay en 1595, fut plus tard Lieutenant général au présidial de Beauvais. — François, Ecuyer, sieur de Picagny, a épousé en 1650, Françoise VIDECOQ. — Alexandre-Marie-Léon, Comte DARY, seigneur de Fleury, de Beauval, et en partie d'Ernemont, Lieutenant-colonel d'infanterie et Chevalier de Saint-Louis, a épousé en 1769, Charlotte DE CHÉRIE; il en a eu plusieurs enfants, entre autres : Alexandre-Pierre, né en septembre 1773. —Marie-Adélaïde DARY DE SÉNARPONT, a épousé en 1814, Pierre-Auguste MARTIN, Baron DE VILLERS.

M. Auguste-César DARY D'ERNEMONT, né à Fouilloy (Oise), le 19 septembre 1785, est un des représentants de cette maison.

DELISLE. — Armes : *De gueules, à la fasce accompagnée de sept merlettes 4 et 3, le tout d'argent.*

Nicolas DELISLE, et Pierre-François, son frère, tous deux Mousquetaires du Roi, obtinrent des lettres de confirmation de noblesse, enregistrées le 23 février 1733.

Madame Marie-Françoise-Elisabeth DELISLE, dame de Condé, vivait en 1795.

DÉRY. — Armes : *D'argent, au chevron d'azur, chargé d'un croissant et de deux étoiles d'argent, accompagné de deux aigles affrontées de sinople avec une rose; au chef de gueules, chargé de trois besants d'argent.*

Famille de la généralité de Rouen, bailliage de Breteuil. — M. DÉRY DE POMMEREUIL a comparu à l'assemblée de la noblesse en 1789.

DESDIGUIÈRES. — Le Chevalier Jean-François DESDIGUIÈRES a comparu à l'assemblée de la noblesse pour les Etats-Généraux en 1789.

Le chef de la famille a épousé Mlle DE MONTREUIL et habite à Sevigny, près Argentan.

DESLANDES. — Armes : *D'azur, au chevron d'or.*

Michel Deslandes, sieur de la Heuserie, fut confirmé dans sa noblesse en 1699. — Nicolas Deslandes, seigneur de la Meurdraquière, a assisté à l'assemblée de la noblesse du bailliage de Carentan en 1789.

DIACRE (LE). — Nicolas le Diacre, Ecuyer, sieur de Jouy et de la Moissière, a été maintenu dans sa noblesse le 3 avril 1667, dans la généralité d'Alençon.

M. le Diacre de Saint-Cyr a figuré à l'assemblée de la noblesse en 1789 (bailliage de Pont-de-l'Arche).

DIEULEVEULT. — Famille de l'élection de Coutances, qui porte pour armes : *D'azur, à six croissants contournés d'argent.*

François-Marie, Ecuyer, seigneur de Launay, né en 1749, a épousé Céleste-Marie le Gentil de Rosmadeuc, dont il a eu :

1° Paul-Timothée-Ange, né le 14 décembre 1799 ;
2° Ernest-Hyacinthe-Pierre-Dieudonné, né le 12 avril 1803 ;
3° Virginie-Olympe, née le 29 janvier 1804 ;
4° Albert-Célestin-Grégoire, né le 9 mai 1811.

DIEL ou DYEL — d'Enneval, du Parquet, de Perbuville, etc.

Cette famille tire son nom de la Sirerie *Dyel*, assise sur Pommeréval·ès environs.

Robert Dyel, damoiseau, vivait en 1150. — Jean, son fils, en 1230. — Adrien Diel, Ecuyer, servit à l'arrière-ban du bailliage de Caudebec en 1510. — François, Ecuyer, sieur de Perduville, de Vaudrocque et de la Fosse, fut maintenu dans sa noblesse en l'élection de Caudebec le 31 juillet 1667. Il avait épousé D^{lle} Claude Levasseur et fut parrain de la cloche de Perduville en 1643. —Jean Dyel, a été Premier président au parlement de Normandie. — Jean, son fils, a été Ambassadeur à Venise et aussi Premier président au même parlement. — Jean-Jacques-Alexandre Dyel d'Enneval fut reçu Page du Roi en sa grande écurie le 9 juillet 1724. —Adrien-François Dyel, Ecuyer, seigneur de Perduville, a épousé en 1730, Marie-Anne-Charlotte de Romé.

Jean-Baptiste-François Diel du Parquet et de Graville (issu d'une seconde branche) était Lieutenant d'artillerie en 1772.

M. Dyel de Vaudrocque a comparu à l'assemblée de la noblesse du bailliage de Pont-de-l'Arche en 1789, et M. Dyel de Limpiville (au bailliage de Montivilliers).

DODIN DE SAINT-QUENTIN. — Armes : *D'azur, à un chevron d'or, accompagné en chef de deux croissants d'argent et en pointe d'un cygne de même, nageant sur une rivière aussi d'argent.*

Famille de la généralité de Caen, Election de Saint-Lô, qui a eu pour premier auteur : Richard DODIN, Ecuyer, sieur de Saint-Quentin, lequel fit hommage au Roi pour la seigneurie de Saint-Quentin, le 20 mai 1539. Cette maison ne portait plus le nom de DODIN lors de la maintenue de 1666; et une autre branche, celle des Seigneurs d'Asprigny, existait en l'élection de Bayeux. — Guillaume-Henri DE SAINT-QUENTIN, fut reçu Page de la Reine le 23 août 1734. — Plusieurs gentilshommes du nom DE SAINT-QUENTIN ont figuré aux assemblées de la noblesse des bailliages de Bayeux et de Rouen, et cette maison a encore un représentant en Normandie, mais il ne faut pas le confondre avec M. DOYNEL, Comte DE SAINT-QUENTIN.

DOMMEY. — Armes : *D'azur, à trois bandes d'argent et deux épées de gueules passées en sautoir, brochant sur le tout.*

Jacques DOMMEY, Gendarme de la garde du Roi, fut anobli par lettres patentes enregistrées en la Cour des Comptes de Normandie, le 24 avril 1723. — N... DOMMEY, seigneur de Saint-Aubin, de Gisey, etc., a figuré à l'assemblée de la noblesse du bailliage de Breteuil pour les Etats-Généraux.

DOISNEL DE VALHÉBERT. — Un personnage de ce nom, Conseiller maître à la Cour des comptes, aides et finances, a reçu des lettres de confirmation de noblesse, enregistrées le 13 janvier 1746. — Un autre a assisté à l'assemblée de la noblesse du bailliage d'Orbec en 1789.

NOTA. — Il ne faut pas confondre cette famille avec celle des DOYNEL DE MONTÉCOT, DE LA SAUSSERIE, etc. (élection de Domfront), qui date du temps de la conquête d'Angleterre.

DORNANT. — Famille de la généralité d'Alençon, maintenue le 28 février 1667. — Pendant les troubles survenus du temps d'Henri IV, elle a vu détruire tous les titres qui constataient son origine, et le plus ancien ne remonte qu'à Jean DORNANT, Ecuyer, vivant en 1520. — Marie-Henri DORNANT, Ecuyer, né à Alençon le 3 mars 1752, fut reçu Page de la Reine le 2 août 1765.

DOUBLET DE PERSAN. — Armes : *D'azur, à trois doublets* (ou *papillons*) *d'or, posés 2 et 1.*

La plupart des généalogistes font remonter à l'an 1280, l'origine de la famille DOUBLET, et son établissement en Normandie. *La Chesnaye des Bois* a établi la filiation non interrompue depuis Olivier, qualifié Écuyer, dans des comptes par lui rendus à Philippe III, Roi de Navarre et Comte d'Evreux; il est mort en 1336.—De Charles DOUBLET, petit-fils d'Olivier II, et Capitaine châtelain de Nemours'pour le Roi de Navarre, naquirent plusieurs enfants dont les aînés passèrent les uns en Angleterre, les autres auprès du Duc de Bourgogne, tandis que Martin DOUBLET, le dernier de ces fils, vint s'établir à Paris et est l'auteur des trois branches DE PERSAN, DE BANDEVILLE et DE BREUILPONT.

Nicolas DOUBLET, mort le 23 mars 1695, avait obtenu l'érection de la baronnie de Persan en *Marquisat*. — Son petit-fils, Nicolas, Marquis DE PERSAN, fut Maître des requêtes et Conseiller d'État; il est mort le 20 septembre 1757.—Bon Guy, a été Maréchal de camp en 1780, et est mort à Caen le 30 mai 1802.

Cette famille a pour chef actuel :

Alexandre-Henri-Georges DOUBLET, Marquis DE PERSAN, marié le 29 avril 1845, à Georgine-Xaverine Jacqueline D'ESCLIGNAC, fille de Charles–Philippe–Xavier DE PREISSAC, Duc d'Esclignac et de Fimarcon, Grand d'Espagne, Pair de France, etc., et de dame Georgine–Louise-Victoire DE TALLEYRAND-PÉRIGORD. Il a trois fils de son mariage.

DOUESSEY— Seigneur de Brainville et de Montcarville.— Armes : *D'azur, à six merlettes d'argent.*

Famille de l'élection de Valognes et d'Avranches, confirmée dans sa noblesse en 1696. — Guillaume-François DOUESSEY, Chevalier, seigneur de Brainville et de Montcarville, a comparu à l'assemblée de la noblesse du grand bailliage de Coutances en 1789.

DOUITS (DES). —Famille de l'élection d'Alençon sur laquelle nous ne savons rien, si ce n'est que, René-Sébastien DES DOUITS DU FAY a comparu à l'assemblée de la noblesse pour l'élection des députés aux États-Généraux.

DOULCET (LE) — DE PONTÉCOULANT et DE MÉRÉ. — Ancienne famille de l'élection de Vire qui a été maintenue différentes fois dans sa noblesse.

Le premier auteur où commence la filiation est Jean LE DOULCET, Écuyer, vivant en 1421, marié à Jeanne DE DIGNY. Léon Armand DE PONTÉCOULANT, son descendant direct, bap-

tisé le 14 septembre 1726 , reçu Page du Roi en sa grande
écurie le 30 mars 1740 , obtint en 1742, une compagnie de cavalerie dans le régiment de Condé et devint Lieutenant général des armées du Roi.

Edmond Louis LE DOULCET, Chevalier , seigneur DE MÉsÉ,
Major de cavalerie et Chevalier de Saint-Louis, a assisté à l'assemblée de la noblesse pour le bailliage de Tinchebray en
1789, et le Marquis LE DOULCET DE PONTÉCOULANT, dans le bailliage de Vire. — Louis Gustave LE DOULCET, Comte DE PONTÉCOU-
LANT , né le 26 novembre 1764 , fils du Lieutenant général dénommé plus haut, suivit d'abord la carrière des armes, et
fut admis aux honneurs de la Cour : proscrit en 1793, il rentra
en France après le 18 brumaire, fut créé Sénateur au mois
de février 1805 , et Louis XVIII le nomma Pair de France
en 1814. Il est mort le 3 avril 1853.

Plusieurs représentants de cette ancienne maison subsistent
de nos jours ; le Marquis DE PONTÉCOULANT, qui en est le chef,
habite le château de Pontécoulant , près Vire. Le Vicomte LE
DOULCET DE MÉRÉ a épousé en 1845, Mlle Caroline DE FONTAINES
dont postérité.

DOULX (LE) — DE GLATIGNY, DE LA FAVERIE, DE MELLEVILLE, etc...
Armes : *D'azur, à trois têtes de perdrix d'or, becquées et
allumées de gueules, au lambel d'argent.*
Famille de l'élection d'Evreux, maintenue dans sa noblesse
le 11 août 1667.
Charles LE DOULX DE LA FAVERIE, a assisté à l'assemblée de
la noblesse du bailliage de Caen en 1789, et M. LE DOULX DE
MELLEVILLE dans le bailliage d'Evreux.
Cette maison a encore des représentants.

DROULLIN (DE) — DE MÉNILGLAISE. — Ancienne famille de la généralité
d'Alençon, qui établit sa filiation (suivant une généalogie déposée
au greffe de l'élection d'Argentan, le 18 mai 1577), depuis Jean
DE DROULLIN, Ecuyer, seigneur de Montfort, vivant en 1350.—
Ses descendants ont été maintenus dans leur noblesse en 1463,
par Montfaut; le 18 mai 1577 et en 1666.—Cette maison qui
s'est divisée en trois branches principales, a produit :
Maurice, Chevalier, seigneur de Ménilglaise , patron de Chantelou, Garde des sceaux , en la Vicomté d'Argentan en 1606.
— François , reçu Chevalier de Malte en 1623. — Messire
François DE DROULLIN, Chevalier, Conseiller du roi, Gentil-
homme de sa chambre, Grand bailli d'Alençon en 1633. —

Charles DE MÉNILGLAISE commandant en 1706, l'Escadron de la noblesse du bailliage d'Argentan. — Claude-Charles. DROULLIN, Marquis DE MÉNILGLAISE, était Mousquetaire du roi en 1714. Charles-Antoine DE DROULLIN, né le 28 mars 1732, reçu Page du Roi en sa grande écurie en 1747.

Alphonse, Chevalier, puis Marquis, après la mort de son frère aîné, reçu en 1747, Page de la grande écurie du Roi, était Mestre de camp en 1789, et mourut en 1814. De son mariage avec Mlle Anne-Marie DE GALARD DE BÉARN, il eut deux fils; l'aîné ne laissa que des filles; le cadet n'eut pas d'enfants; mais, par son testament, il a disposé que le mari de l'aînée de ses nièces, ajouterait le nom DE MÉNILGLAISE, au sien, et par suite recueillerait le titre de Marquis. En exécution de cette clause testamentaire, visée par ordonnance royale du 15 décembre 1846, Denis-Charles DE GODEFROY (1), ancien Sous-préfet, Chevalier de la Légion d'honneur, qui a épousé en 1835, Anne–Alphonsine DE DROULLIN DE MÉNILGLAISE, porte depuis cette époque le nom et le titre de Marquis de Ménilglaise, et ses armes sont : *Ecartelé : aux 1 et 4, d'argent, à trois hures de sanglier de sable, arrachées et languées de gueules*, qui est de GODEFROY ; *aux 2 et 3, d'argent, au chevron de gueules, accompagné de trois quintefeuilles de sinople, 2 et 1*, qui est de DROULLIN.

De son mariage sont issus : 1° Raoul DE GODEFROY-MÉNILGLAISE, né en 1836; 2° Denise, née en 1839, et Hélène, née en 1853.

DUBOIS DES ORAILLES. — Le dernier rejeton mâle de cette famille était Paul-François, Chevalier de Saint-Louis, Garde du corps du roi Louis XVIII, marié à Mlle D'ORVILLIERS, qui n'eut qu'une fille :

Justine DUBOIS DES ORAILLLES, mariée à Frédéric GUYOT D'AMFREVILLE.

Mlle DES ORAILLES, était par sa mère, petite-fille du Comte d'Orvilliers, gouverneur général de Cayenne, et nièce de l'amiral D'ORVILLIERS, qui remporta sur les Anglais le combat naval d'Ouessant, en 1778.

DUC (LE) — DE SAINT-CLOU, DE SAINT-SULPICE, etc... Généralité de Rouen, élection d'Arques, maintenue en 1668. — Armes : *D'azur, à la*

---

(1) La famille DE GODEFROY, dont la filiation remonte à Simon, Seigneur de Sapignies, près Noyon, vivant en 1350, s'est illustrée dans les lettres et les sciences aux XVIe et XVIIe siècles, et a fourni plusieurs Conseillers à la chambre des Comptes de Lille et au Parlement de Paris.

bande d'argent, chargée de trois *ducs* et accostée de deux cotices, *le tout d'or.*

Une branche de cette famille, celle des seigneurs de la Fontaine, de Sainte-Clair, de Bernières, etc., a aussi été maintenue en la généralité de Caen. — N... le Duc, Seigneur de Bernières, a figuré à l'assemblée de la noblesse du bailliage de Caen en 1789, et N... le Duc, Marquis de Saint-Clou, Lieutenant-colonel des carabiniers de Monsieur, a comparu à celle du bailliage de Chaumont.

Le marquis de Saint-Clou, chef de cette maison, habite le château de Fierville, près Falaise; Mme Emma-Louise de Saint-Clou, a épousé Augustin-Aymard-Charles, Marquis de la Roche-Fontenille.

DUC (le). — Deux autres familles ont encore existé en Normandie, l'une, celle des Seigneurs de la Duquerie, a été maintenue en 1666, et l'autre a été anoblie en la personne de Pierre le Duc, Conseiller auditeur en la Cour des comptes, par lettres patentes enregistrées le 15 novembre 1756.

DUPERRÉ — de Lisle. — Famille anoblie le 23 janvier 1777, en la personne de Nicolas, avocat du Roi au présidial de Caen. — Un membre de cette maison a assisté à l'assemblée de la noblesse en 1789.

DUPIN — du Chatel et de Grandpré. — Armes : *D'azur, à trois pommes de pin d'argent.*

Pierre-Charles Dupin du Chatel, a assisté à l'assemblée de la noblesse en 1789, pour l'élection des Députés aux Etats-Généraux.

DURCET (de). — Cette famille s'est éteinte au commencement de ce siècle; elle était originaire de l'évêché de Séez, et fut maintenue dans sa noblesse d'ancienne extraction en 1463 et en 1667. — Jacques-Henri de Durcet, Chevalier, seigneur de Saint-Arnould, des Bois, Baron de Ponsay, seigneur de Hauteville, etc..., de son mariage avec Marie-Charlotte de Fontenay, n'eut qu'une fille, Marie-Reine-Victoire, mariée en 1761, à Jean-Joseph le Conte de Nonant, marquis de Raray.

DURET de Noinville et des Meinières. — Armes : *De sable, au rocher d'argent, surmonté d'une croisette du même.*

Cette famille, dont le nom patronymique s'est écrit indistinctement Duret et Durey, est originaire de Bourgogne, et

n'est que depuis fort peu de temps transplantée en Normandie.
— Elle s'est divisée en deux branches, celle des Meinières est
éteinte.

Pierre Duret, Ecuyer, né en 1564, eut pour fils, Jean, lequel fut Officier de la maison de Monsei..eur Louis de Bourbon. — Jacques-Bernard Duret, Chevalier, seigneur de Noinville, son descendant direct, a été Maître des requêtes et président au Grand conseil en 1731; il laissa pour fils : Alphonse-Louis-Bernard, né en 1758, entré aux Mousquetaires noirs, puis Capitaine au régiment de Bourgogne et enfin Colonel du régiment des Chevau-légers. Il a épousé le 14 février 1773, Marie-Françoise-Renée de Tabary qui l'a rendu père de plusieurs enfants, entre autres : 1° Alphonse-Paul-François Duret, Comte de Noinville, ancien Colonel de la Garde royale et Chevalier de Saint-Louis; et 2° Louis-Bernard-Joseph, Lieutenant-colonel d'Etat-major, marié en 1814, à Eléonore-Thérèse le Cornu de Balivière.

Le chef actuel de la famille, issu d'Alphonse-Paul-François, est le Comte Amédée de Noinville; il habite le château de la Cressonnière, près Lisieux.

DURSUS — de Courcy et de Carnanville. — Famille de l'élection de Valognes, maintenue dans sa noblesse en 1666.

Félix-François Dursus de Carnanville, Seigneur de Crasville et Jacques Dursus de Courcy, assistèrent à l'assemblée de la noblesse du bailliage de Valognes en 1789.

Cette maison est représentée par : N... Dursus de Courcy, qui habite Paris, et dont la sœur, Marie-Néomie, a épousé en 1854, Agénor-René–Henri Doynel, Vicomte de Quincey.

Et par Auguste-François Dursus de Carnanville, marié à Joséphine-Eulalie du Mesnildot d'Ampreville; son fils, Alfred-Joseph, a épousé au mois de novembre 1862, mademoiselle Mélanie-Marie Leblond.

DUVAL. — Plusieurs familles de ce nom ont existé dans la province et avaient des représentants à la maintenue de 1666, dans les Elections d'Arques, Caudedec, Mortagne, Lisieux, etc...

N'ayant reçu aucun document de celles qui subsistent encore, nous nous abstiendrons de citer les nôtres, dans la crainte de faire confusion, et nous renvoyons pour les armoiries de ces diverses familles au catalogue des maintenues de la noblesse (tome 1er).

L'une d'elles, la famille DUVAL DU PERRON, a encore des représentants à Thorigny.

DUVAL DES BASSIÈRS.—(Léonor), a été anobli le 19 juin 1700. Armes : *D'azur, à une fasce d'or, accompagnée en chef.de deux croissants d'argent et en pointe d'une ancre d'or.*

DUVAL (Laurent-Robert), Sieur de Langrune, Trésorier de France à Rouen, a aussi été anobli par lettres patentes, enregistrées à la Cour des comptes, le 31 juillet 1766.

E

ÉLIE ou HÉLÌES — DE BEAUMONT, DE PRÉVAL, etc...

Armes : *De gueules, au chevron d'argent, accompagné en chef de deux roses, et en pointe d'une molette d'éperon, le tout du même.*

Cette famille a pour premier auteur Pierre ÉLIE ou HÉLIES, qui, pour ses services militaires, fut anobli par le roi Charles VI, le 29 mai 1461. — Ses descendants omirent longtemps d'user de leurs prérogatives nobiliaires, lorsque Jean-Baptiste-Jacques ÉLIE DE BEAUMONT, seigneur et patron de Canon, sollicita au mois d'août 1775, des Lettres de confirmation de noblesse en tant que besoin.

M. ÉLIE DE PRÉVAL a comparu à l'assemblée de la noblesse du bailliage de Gisors en 1789.

Le chef de cette famille, Jean-Baptiste-Jacques ÉLIE DE BEAUMONT, membre de l'Institut et Sénateur, habite encore le château de Canon, près Lizieux.

M. HÉLYE D'OISSEL, issu sans doute de cette maison, habite le château de Quesnay, près Neufchâtel.

ÉMALLEVILLE (D').—Une des plus anciennes familles de la province, qui remonte à Robert, seigneur d'Esmalleville, Chevalier, lequel fit un acte de vente aux religieux de la Valasse (ordre de Cîteaux, — diocèse de Rouen); il suivit le roi Saint Louis à la Croi-

6

sade. — Guillaume, son fils, vivait en 1294. — Jean, Ecuyer, seigneur de Cailletot et de Saint-Rémi, a épousé vers 1497 Marie DE MARGUERIE.

Claude-Robert-Vincent D'ÉMALLEVILLE, Marquis DE PANNEVILLE, né le 18 février 1717, reçu Page du Roi en sa grande écurie le 6 octobre 1732, a épousé Marie-Antoinette LOQUET DE TOLLEVILLE, dont il eut : Antoine-Robert, né le 16 février 1738.

Deux personnes de ce nom ont assisté à l'assemblée de la noblesse du bailliage de Beaumont-le-Roger en 1789.

EMPEREUR (L') — DE GUERNY, DE SAINT-PIERRE, etc...

Famille de l'élection de Gisors et de Pontoise qui porte pour armes : *D'or, à l'aigle éployée de sable, surmontée d'un soleil de gueules.*

Jean-Baptiste LEMPEREUR, Ecuyer, sieur de Caulière, vivait en 1659. — Jean, Marquis DE GUERNY, a été Ecuyer du roi Louis XVI.

Le chef actuel de cette maison habite le château de Guerny, près Gisors ; une de ses filles, Mlle Blanche LEMPEREUR DE GUERNY, a épousé le 19 mai 1862, René DE VAUQUELIN DE LA BROSSE.

M. LEMPEREUR DE SAINT-PIERRE, habite le château de Saint-Pierre, près Avranches.

ERNAULT — D'ORVAL et D'OLIVET. — Pierre ERNAULT, Ecuyer, sieur de Tocquancourt, du Hardouin, etc..., a été maintenu en 1666. — Cette famille, qui a figuré à l'assemblée de la noblesse du bailliage de Caen en 1789, a un de ses représentants, M. ERNAULT D'ORVAL, qui est Juge au tribunal civil de Falaise.

ERNEVILLE (D'). — Seigneur de Launay, de Gauville, de Poligny, etc... — Famille maintenue le 27 mai 1667. — Mathieu D'ERNEVILLE est mentionné dans les registres de la Chambre des comptes de Normandie en 1210 et 1216. — Cornu, Ecuyer, seigneur de Gauville, vivait en 1350. — Jean, Chevalier, seigneur de Gauville et de Maubuisson, vivait en 1470, et a épousé Catherine-Angélique D'HARCOURT. — Plusieurs filles de cette maison ont été reçues à la maison royale de Saint-Cyr et Alexandre-Jacques D'ERNEVILLE, a été reçu Page de la reine le 22 juin 1725.

M. D'ERNEVILLE DE POLIGNY et deux de ses parents ont figuré à l'assemblée de la noblesse de 1789.

ESCAJEUL (D'). — Très-ancienne famille de l'élection d'Alençon reconnue noble du temps de Montfaut et maintenue le 18 novembre 1669. — Robert D'ESCAJEUL, figure dans une charte de l'année 1209, qui est restée longtemps dans le cartulaire du Saint-Sépulcre de

Caen. — François et Jean, Ecuyers, vivaient en 1256, et Richard, sieur de la Ramée, est dénommé dans une charte de l'année 1261. — Jean, Chevalier, seigneur de la Ramée, marié à Péronie d'Anisy, vivait en 1327 et mourut en 1334.

Une seconde branche de la famille a eu pour auteur Briant d'Escajeul, seigneur de Suilly; de cette branche est issu N..... d'Escajeul, Lieutenant général, Cordon rouge, Lieutenant des Gardes du corps, mort en 1755, laissant postérité.

ESCALLE (de l'). — Sieur de la Rivière, de Boishébert, de Vaux, etc...

Election de Pont-Audemer, maintenu le 31 août 1768. — Antoine-Louis-Etienne de l'Escalle a assisté à l'assemblée de la noblesse pour l'élection des députés aux Etats-Généraux.

Cette famille a encore des représentants dans l'arrondissement de Pont-l'Evêque.

ESCLAVELLES (d'). — Armes : *D'argent, à la bande d'azur, accompagnée de six losanges en orle du même.*

Le nom patronymique de cette famille est Cavelier; il ne faut pas cependant la confondre avec les Cavelier de Mocomble, de Cuverville et de Montgeon, dont nous avons donné la généalogie tome Ier, page 185. Jean Cavelier, Ecuyer, sieur de Saint-Jacques, fut maintenu dans sa noblesse dans la généralité de Rouen en 1667. — M. Cavelier d'Esclavelles a comparu à l'assemblée de la noblesse du bailliage de Rouen en 1789. — M. le Baron d'Esclavelles, chef de cette famille, habite le château de Ternay, dans l'arrondissement d'Evreux.

Le Chevalier Cavelier de Saint-Jacques et son frère, ont comparu à l'assemblée de la noblesse du bailliage de Rouen en 1789. — Le chef actuel de cette branche habite le château du Chemin, près Dôle (Jura).

ESCORCHES (d') — DE SAINTE-CROIX. — Armes : *D'argent, à la bande d'azur, chargée de trois besants d'or.*

Ancienne famille noble d'extraction, divisée en plusieurs branches, dont les titres remontent à l'année 1208. — Première branche : Henri, seigneur de Sainte-Croix, du Mesnil-Onfroy, etc..., a épousé Aimée Jeanne d'Osmond, dont est issu : Marie-Louis-Henri d'Escorches, Chevalier, Comte de Sainte-Croix, né le 17 septembre 1749, Officier au régiment de Bourbon, puis Enseigne dans celui des Gardes françaises en 1772.

François-Louis était le représentant de la seconde branche à la fin du siècle dernier; il a épousé Marguerite de Robillard, et une de ses filles, Marguerite-Catherine, s'est mariée le 15 février 1760, à Louis-Gaston DE BONNECHOSE.

Jean-Antoine, seigneur de la Guitonnière, marié 1° à Marie-Madeleine LAISNÉ DE VAUVERS, et 2° à Geneviève DE LAUNAY, appartenait à la troisième branche. Du premier lit est né, Henri D'ESCORCHES DE SAINTE-CROIX, mousquetaire du roi en 1771 ; et du deuxième lit sont nés deux fils, Guillaume et Antoine.

Le Marquis DE SAINTE-CROIX, chef actuel de la famille, habite le château de Sainte-Croix, près Argentan.

ESPEUILLES (D') — DE VIEL-LUNAS.

Armes : *De gueules, à une enceinte fortifiée d'argent, maçonnée de sable ; au chef cousu d'azur, chargé d'un croissant d'argent, accosté de deux étoiles du même.*

La famille DE VIEL-LUNAS ayant fait l'acquisition de la Baronnie d'Espeuilles (en Nivernais) avant 1789, en a pris le surnom avec le titre de Marquis. — Elle est représentée de nos jours par Antoine-Théodore DE VIEL-LUNAS, Marquis d'ESPEUILLES, né le 25 avril 1803, qui a épousé Jeanne Françoise-Louise DE CHATEAUBRIAND, et a été créé Sénateur le 4 mars 1853. — De ce mariage sont issus deux fils, Antonin et Albéric D'ESPEUILLES.

ESPINAY (D'). — SAINT-LUC. — Ancienne famille originaire de Bretagne,

qui s'est divisée en deux branches principales et plusieurs rameaux. — La branche aînée, restée en Bretagne, s'est éteinte en 1767. — Celle de Normandie a formé cinq rameaux et a pour premier auteur Adam, Chevalier, seigneur d'Espinay (au pays de Caux), un des compagnons de Guillaume le Conquérant en 1066. — Colin D'ESPINAY, Chevalier croisé en 1248 (*Salle des croisades du Musée de Versailles.*)

Le premier rameau, qui a produit François D'ESPINAY SAINT-LUC, Grand maître de l'artillerie, tué au siége d'Amiens en 1597 et son fils, le maréchal DE SAINT-LUC, mort à Bordeaux en 1644, s'est éteint en 1731.

Le second rameau a eu pour auteur le second fils de Robert, Chevalier, seigneur de Saint-Luc, mort en 1576, et s'est éteint en 1792, François-Joseph, n'ayant pas eu postérité.

Le troisième rameau des seigneurs de Vaux, Marquis D'ESPINAY SAINT-LUC, est représenté par Alexandrine - Caroline - Aimée, Marquise douairière DE PERSAN.

Le quatrième rameau est représenté de nos jours par Antoine-Amédée, Marquis D'ESPINAY SAINT-LUC, né à Laigle, le

22 février 1789, et marié le 28 janvier 1813, à Henriette DE CAQUERAY, dont il a eu cinq enfants : 1° Thimoléon, marié à mademoiselle GOUJON DE THUISY; 2° Gaston, marié à sa cousine germaine, Antoinette D'ESPINAY SAINT-LUC; 3° Maurice, marié à mademoiselle DE CHOISEUIL D'AILLECOURT; 4° Henri, et 5° Ernest.

Enfin le cinquième rameau, qui a eu pour premier auteur, Madelon D'ESPINAY SAINT-LUC, tué en 1558, à l'armée de Picardie sous le Duc de Guise, s'est éteint en la personne d'Alexandrine-Bernardine-Hortense D'ESPINAY SAINT-LUC, mariée au Duc DE SULLY, et morte en 1809.

ESNEVAL (D'). — Armes : *Palé d'or et d'azur, au chef de gueules.*

Un membre de cette famille, qu'il ne faut pas confondre avec celle des LE ROUX D'ESNEVAL, dont nous parlerons plus loin, a comparu à l'assemblée de la noblesse du grand bailliage de Caux en 1789.

ESPAIGNE — DE LUCHERAY, DE BOSTENNAY, etc. Election d'Evreux, maintenue en 1671. — Un membre de cette famille a figuré à l'assemblée de la noblesse pour les Etats-Généraux en 1789.

ESPERON (DE L') — D'ANFREVILLE. — Maison de la généralité de Rouen, maintenue par jugement du 26 juin 1666.—N..... DE L'ESPERON D'ANFREVILLE, a comparu à l'assemblée de la noblesse de 1789.

ESSARS (DES) — DE MAIGNEUX et DE LINIÈRES. — Armes : *De gueules, à trois croissants d'or.*

Cette maison, divisée en deux branches, a eu pour premier auteur : Pierre DES ESSARS, Argentier du Roi en 1320, Pierre, son petit-fils, a été Grand-Bouteiller de France.

François DES ESSARS, Chevalier, seigneur de Brullemaise, du Pommier, de Maigneux, etc., a été maintenu en l'élection d'Arques, le 21 novembre 1670. — François, Marquis DE LINIÈRES, son descendant, mort le 12 février 1721, a laissé, entre autres enfants : Henri-Charles-François, Page de la petite écurie en juillet 1721.

Le Comte et le Baron DES ESSARS, ont figuré à l'assemblée de la noblesse en 1789 (bailliage de Conches).

ESSARTS (DES). — Famille de l'élection de Bayeux, maintenue en 1671; armes : *De gueules, au chevron d'or, accompagné de trois croissants d'argent.* — Elle a eu des représentants à l'assemblée de la noblesse en 1789, et a pour chef actuel, M. DES ESSARTS, qui habite le château de Longueville, près d'Isigny.

ESSARTS (Lombelon des). — Autre famille bien plus ancienne que les précédentes, qui porte pour armes : *De gueules, à un chevron d'or.*

Gilbert des Essarts, accompagna Guillaume à la conquête d'Angleterre, et suivant l'histoire de *G. du Moulin,* Gilbert II, son petit-fils, vivait avec sa femme Milecinde, en 1190. — Roger, Chevalier, assista en 1205, à la réception de sa sœur, religieuse à la Chaise-Dieu. — Mathieu des Essarts, a été Evêque d'Evreux. — La filiation s'est continuée sans interruption jusqu'à Agnès des Essarts, qui, après la mort de son frère Jean, hérita du Marquisat des Essarts (en 1743) et épousa Jean de Lombelon, son proche parent, cadet de sa maison.

N..... de Lombelon, Marquis des Essarts, a assisté à l'assemblée de la noblesse du bailliage d'Evreux en 1789.

Cette maison a encore des représentants.

ESTAMPES (d'). — Baron de la Ferté-Imbault, Marquis de Mauny (Election de Pont-Audemer). Le comte d'Estampes a comparu à l'assemblée de la noblesse en 1789.

ESTIENNE — de Longchamps, de Colleville, etc... Armes : *De gueules, au sautoir d'argent, cantonné de quatre coquilles d'or.*

Georges Estienne, Ecuyer, sieur de Longchamps, fut maintenu en l'élection de Falaise, le 17 avril 1667.

Trois messieurs de Colleville ont assisté à l'assemblée de la noblesse en 1789.

ESTIÈVRE — de Trémouville. — Armes : *D'argent, à un cygne de sable, nageant sur une mer d'azur, et un chef de même chargé de trois croissants d'argent.*

Famille anoblie en 1655. — Pierre-Bruno-Emmanuel, Ecuyer, né le 9 août 1729, fut nommé Capitaine de cavalerie au régiment d'Harcourt, par commission du 10 mars 1747.

— Il avait deux sœurs, l'une, Françoise-Suzanne Estièvre de Trémouville, a épousé le 11 avril 1747, François-Jacques de Grouchy, seigneur de Valbacot.

ESTIMAUVILLE (d'). — Maison de la généralité de Rouen, maintenue par M. de la Galissonnière le 22 janvier 1669. — Paul d'Estimauville, Ecuyer, seigneur de Gonneville, rendit un aveu à l'abbaye de Montivilliers, le 4 juin 1342. — Jacques, Ecuyer, seigneur de Monceaux, vivait en 1505. — Pierre, a épousé le 14 juin 1643, Françoise de Bonnechose.

Jean-Baptiste-Philippe-Charles, né le 21 juin 1750, Page de

S. A. le Prince de Condé en 1761, était Officier au régiment de Saint-Domingue en 1768. Son frère, Gabriel-Philippe, a fait ses preuves pour entrer à l'Ecole militaire en 1765.

ETREPAGNY (D'). — Jean, Ecuyer, seigneur du Mesnil-Raoult, fut maintenu dans sa noblesse, en l'élection d'Arques, le 2 septembre 1668. — Charles D'ETREPAGNY, son descendant direct, hérita par sa femme, une demoiselle DE MONTPELLÉ, de la terre de Martigny, sise dans le canton de Blangy en 1755; il assista à l'assemblée de la noblesse du bailliage de Montivilliers, et est mort le 12 décembre 1790.

EUDES — DE FRÉMONT, DE LA FAVERIE, DE TOURVILLE, DE LAUNAY, etc...
Outre la maison EUDES DE MIRVILLE, dont nous avons donné la notice, page 659, plusieurs autres familles ont existé en Normandie et ont été maintenues dans les élections de Falaise, Pont-Audemer et Pont-l'Evêque. — Nous ne dirons rien d'elles, dans la crainte de faire confusion.

EUDES — DE LA JUMELLERIE. — Armes : *D'azur, à une fasce d'or, accompagnée en chef de deux croissants et une pointe de deux cœurs accolés, le tout d'or.*
Jean-Louis EUDES, sieur de la Jumellerie, Contrôleur des montres et revues de la maréchaussée de la basse Normandie, fut anobli par lettres patentes enregistrées à la cour des Comptes, aides et finances, le 26 mai 1704.

EUSTACHE — D'OMONVILLE. — Famille de l'élection de Valognes, maintenue en 1666; elle avait encore des représentants en 1789. — Une autre famille a été anoblie le 14 avril 1725, en la personne de François EUSTACHE, Conseiller à la Cour du Parlement de Normandie.

F

FAUCHERIE (DE LA). — Famille de l'élection de Mortain, maintenue
en 1667. — Armes : *D'azur, à trois cordelières d'or.*

René-Mathieu DE LA FAUCHERIE, a comparu à l'assemblée de
la noblesse du bailliage de Mortain en 1789.

FAUCON DE LA LONDE. — Trois familles du nom de FAUCON, ont été maintenues en 1667 ; celle qui nous occupe, originaire de l'élection
de Falaise, porte pour armes : *D'argent, au sautoir de gueules,
cantonné d'une aiglette de sinople en chef et de trois molettes
de gueules aux flancs et en pointe.*

Jacques FAUCON, Ecuyer, vivait en 1727.

Un descendant de cette maison habite Villers-Bocage.

FAUCONNIER (LE). — Noble Pierre LE FAUCONNIER, Ecuyer, sieur du
Mesnil, de Fuguerolles, etc..., fut maintenu en l'élection de
Bayeux en 1666.

René LE FAUCONNIER DE BERNAVILLE, a comparu à l'assemblée
de la noblesse pour les Etats-Généraux en 1789.

FAULCON DE FALCONNER. — Famille de la généralité de Rouen ; N....
FAULCON, sieur de Rys, Marquis DE CHARLEVAL, a été maintenu
en 1671.

Louis-Claude DE FAULCON, ancien brigadier des Gardes du
corps du Roi, Chevalier de Saint-Louis, a épousé en 1810,
Louise-Jacqueline-Aimée LE FORESTIER D'OSSEVILLE. — Mlle FAUL-
CON DE FALCONNER a épousé tout récemment, Charles DES
MOUTIS DE MÉRÉ.

FAUTEREAU (DE). — Marquis de Maynières, Baron de Villers, seigneur
de Retonval, Nolleval, etc...

Mathieu DE FAUTEREAU, Chevalier, vivait en 1218. — Eudes,
son fils, Grand écuyer de Charles Ier, Roi de Naples, frère de
saint Louis, a épousé damoiselle Jeanne DE CHAMBRAY. —
Macé, Chevalier, seigneur de Rambures, commandant cent
Chevau-légers pour le Roi Charles V, a épousé en 1355, Henriette DE VILLERS, Baronne dudit lieu.

Cette famille s'est divisée en deux branches, l'aînée, celle
des Barons de Villers, est éteinte. La seconde a eu pour premier auteur : Nicolas DE FAUTEREAU, Marquis DE MAYNIÈRES,

marié en 1617 à Jacqueline de Prèteval, et elle s'est éteinte
en la personne de Louis-Joseph, Lieutenant de Gendarmerie,
célibataire, tué au service du Roi. — André de Fautereau,
fils puîné de François, Chevalier des Ordres du Roi, et son
Grand Echanson en Normandie, et de dame Françoise de Gouvis,
a hérité de ses biens et de son titre. Il a été maréchal de
camp, Gouverneur de Marseille, Chevalier des Ordres du Roi et
a épousé en premières noces, Marie du Fay de Maulévrier, et
en secondes noces, en 1612, Diane de Beauvau. — Pierre, son
petit-fils, fut Grand Echanson de Normandie. — Marc-Antoine,
Major de Dragons au régiment de Châtillon, eut pour fils :
Louis-Etienne, Chevalier, seigneur de Bonne-Rue, Capitaine
des troupes d'Eu et Tréport en 1746.

Charles-Adrien de Fautereau, Capitaine d'infanterie, chevalier de Saint-Louis, marié à Magdeleine-Françoise de Limoges,
est le père du chef actuel de la famille : Henri de Fautereau,
marié à demoiselle Eusébie le Vaillant de Beauséjour ; il
habite la ville d'Eu.

FAUVEL de Doudeauville. — Famille de la généralité de Rouen dont les
armes sont : *D'or, à trois merlettes de sable, au chef du même.*

FAY (du). — Comte de Maulévrier, de Grainbouville et des Tillayes, Marquis de la Haye, Barons de Bonnebosc, seigneurs des Terriers,
du Taillis, de Saint-André, etc...

Très-ancienne famille maintenue dans sa noblesse d'extraction chevaleresque en 1463, par Montfaut, et en 1667 par
Chamillart.

Jacques du Fay, Comte de Maulévrier, Gentilhomme du Roi,
Chevalier de Saint-Michel, en 1621, était Capitaine de 50 hommes d'armes et Lieutenant au bailliage de Rouen ; Jean, son
fils, Maréchal de camp des armées du Roi en 1659, était Gouverneur et Lieutenant général pour Sa Majesté au bailliage de
Gisors. — Jacques, Comte de Maulévrier, a été Capitaine des
chasses du pays de Caux en 1735 ; il avait été reçu Page du
Roi en sa petite écurie sur preuves remontant à Renaud du Fay,
Ecuyer, vivant en 1367.

FAY (du) — de la Sauvagère. — Autre famille de l'élection de Falaise,
maintenue le 12 août 1666.

M. du Fay de Boismont, issu de cette maison, a comparu à
l'assemblée de la noblesse pour l'élection des députés aux
Etats-Généraux. — Cette maison a encore des représentants
qui habitent le département de l'Orne.

FAYE (DE LA). — Armes : *De gueules, à la fasce d'or, accompagnée en chef d'une croisette fleuronnée et en pointe d'une tour couverte, le tout du même; la tour maçonnée de sable et ajourée du champ.* Famille maintenue le 12 juillet 1667. — Jean-Pierre DE LA FAYE, a comparu à l'assemblée de la noblesse du bailliage de Pont-Audemer, en 1789.

Une autre famille de ce nom a été maintenue en l'élection de Lisieux.

FAYEL (DU). — On lit dans l'*Histoire de Normandie* de G. du Moulin, que Crapel DU FAYEL, Chevalier banneret, alla à la conquête de Jérusalem en 1096. — *Masseville*, cite Raoul au nombre des seigneurs qui comparurent au ban de 1369. — Guillaume, Vicomte de Breteuil, époux de Marguerite DE CHATILLON, fut fait Chevalier en 1346. — Robin DU FAYEL, a été maintenu lors de la recherche de Montfaut en 1463.

Claude–Félix, Chevalier, seigneur de Criqueville, de Rubercy, etc., Chevalier de Saint-Louis, a épousé en 1757, Jeanne-Elisabeth DU CHASTEL, dame de Lizon, et eut pour fils : Claude-Alexandre-Félix, né le 28 décembre 1764.

Michel-Charles-François, chef d'une seconde branche, marié aussi en 1757 à sa cousine Marguerite DU FAYEL, eut cinq enfants.

Enfin Nicolas-François, a épousé le 31 janvier 1769, Marie-Anne DE RONCHEROLLES.

M. Henriquez DU FAYEL a assisté à l'assemblée de la noblesse du bailliage de Rouen en 1789.

Une autre famille de ce nom a été maintenue en l'élection de Bayeux, par jugement du 13 août 1667, rendu en faveur de Jacques DU FAYEL, Ecuyer, sieur des Marais, de Fontaines, de Bernay, etc.—Armes : *De gueules, au chevron d'or, accompagné en chef de deux molettes d'éperon du même, et en pointe d'une rose d'or.*

René-Charles DU FAYEL DE BERNAY, a comparu à l'assemblée de la noblesse du bailliage de Bayeux en 1789.

FAYET (DE). — Maison originaire du diocèse de Mende. — Armes : *D'azur, à la fasce d'or remplie de sable, chargée d'une coquille d'argent, accostée de deux étoiles du second émail, et accompagnée en chef d'un lévrier de sable, colleté de gueules et en pointe de trois losanges de même.*

Jean-Claude DE FAYET, Chevalier, marié à noble demoiselle

Françoise BROQUIN, eut entre autres enfants : Jean-Pierre-Paul, né le 1er juillet 1748, reçu Page de la petite écurie du Roi.

Le Marquis DE FAYET, a été assigné à comparaître à l'assemblée de la noblesse du bailliage de Gisors en 1789, et y a été représenté par le Baron DE PONTÉCOULANT.

Le chef de cette maison, N..., Marquis DE FAYET, Officier de la Légion d'honneur, est Maire du bourg d'Ecos, près les Andelys. — Le Vicomte DE FAYET, habite le château de Saint-Sébastien, près Evreux.

FEBVRE (LE). — Rien n'est si commun que le nom de LE FEBVRE ou LE FÈVRE, en Normandie. Nous trouvons six familles de ce nom à la maintenue de 1666, dans les élections d'Argentan, Valognes et trois dans la généralité de Rouen.

Celle des seigneurs de Champ du Gué, du Cruchet, des Vallées, etc., élection d'Argentan, porte pour armes : *D'azur, au chevron d'or, accompagné de trois croissants d'argent.*

Jean-Baptiste LE FEBVRE DU CRUCHET, fut reçu Chevau-léger de la garde du Roi le 23 juin 1749, sur preuves faites devant M. de Clérambault, généalogiste des Ordres du Roi.

Pierre LE FEBVRE DE GRAFFART, issu d'une autre famille de la même élection, et dont les armes sont différentes, a comparu à l'assemblée de la noblesse du bailliage d'Exmes en 1789.

M. LE FEBVRE D'AMFREVILLE, issu d'une des trois familles de la généralité de Rouen, a comparu à l'assemblée de la noblesse du bailliage de Caux.

FERGEANT. — Famille anoblie en 1778, en la personne de N... FERGEANT, Conseiller auditeur en la Cour des comptes, aides et finances.

M. DE FERGEANT DU PARC, a assisté à l'assemblée de la noblesse du bailliage de Falaise pour l'élection des députés aux Etats-Généraux.

FÉRON (LE) — DE LONCHAMP et DE LA HEUZE. — Election de Pont-Audemer.— Famille maintenue le 5 juin 1668, et qui a comparu aux Etats-Généraux.

FERRAND — DES MARRES, DE ROUVILLE, DE LA CONTÉ.

Armes : *De sable, à la fasce ondée d'argent, accompagnée de trois fers de flèche tombants du même.*

Cette maison, originaire de l'élection de Coutances, remonte sa filiation à Alexandre FERRAND, Médecin de la Reine, femme de François Ier, anobli au mois d'octobre 1554. Elle a formé trois branches principales et fut maintenue en 1666.

Pierre-Anne–Georges FERRAND, seigneur des Marres et de la Conté, a épousé vers 1756, Jeanne-Françoise D'EZILLES, dont il a eu : une fille, Louise-Françoise–Geneviève, mariée à Pierre-François–Joseph DAVY DE VIRVILLE, et un fils François-Claude FERRAND DE LA CONTÉ, Chevalier, seigneur de Moncuit, lequel a comparu à l'assemblée de la noblesse en 1789, pour le bailliage de Coutances.

Le chef actuel de la famille habite Saint-Sauveur-Lendelin (Manche.)

FERRIÈRES (DE). — *Orderic Vital*, dit que Guillaume DE FERRIÈRES, était un des seigneurs les plus considérables de la province, sous le règne du Duc Robert II en 1090. — Henri, son père, avait été un des compagnons de Guillaume le Conquérant, et un de ses autres fils s'est établi en Angleterre et y a formé la branche des Comtes D'ERBY. — Henri, II° du nom, Chevalier banneret, est dénommé dans une charte de l'année 1205.—Jean DE FERRIÈRES, Chambellan du Roi, a épousé le 24 octobre 1452, Marguerite DE BOURBON, fille de Jean, Duc de Bourbon, Connétable de France. Jean, Baron DE FERRIÈRES, était aussi Chambellan du Roi en 1493.

Deux autres familles de ce nom, ont encore existé en Normandie dans la généralité de Caen.

Les DE FERRIÈRE DE GASTINE existent encore de nos jours.

FERRIÈRE (DE LA). — Armes : *D'or, à six fers de cheval d'azur, cloués d'argent, 3, 2 et 1.*

Jean, Baron de la Vernie, a épousé Françoise DE RAVETON, qui lui apporta en dot la Baronnie de Tessé au Maine, depuis érigée en COMTÉ. — Nicolas, leur fils, a été Gouverneur de Domfront.

Cette maison, qu'on a appelée indistinctement DE LA FERRIÈRE ou DE FERRIÈRE, est originaire de la généralité de Caen, où elle a été maintenue en 1666.

MM. FERRIÈRE DE TESSÉ, subsistent encore.

FESSIER DU FAY (LE). — Gilles, sieur du Fay, Chevalier de Saint-Louis, Exempt des Gardes du corps du Roi dans la compagnie d'Harcourt, fut anobli lui et les siens, par lettres patentes du mois de mars 1738, enregistrées à la Cour des comptes, aides et finances, le 23 juillet 1740. Il portait pour armes : *De gueules, à un aigle d'or, le vol abaissé et tenant de sa patte droite une épée d'argent, la pointe en haut, la garde d'or;* il avait épousé le

21 octobre 1727, Geneviève DE MANOURY, qui l'a rendu père de deux enfants, une fille née en 1728 et Joseph LE FESSIER DU FAY, né le 13 juin 1730, dont la postérité existait en 1789.

FESQUES (DE). — Seigneur de Chartrigny, de la Gauberdière, de la Folie-Herbault, etc...

Famille maintenue en l'élection de Verneuil le 22 août 1666. — Jean, Ecuyer, seigneur de Chartrigny, figure dans un partage de biens faits par son fils en 1420. — François, Enseigne d'une compagnie d'hommes d'armes de Sa Majesté, maintenu dans sa noblesse en 1598, eut pour fils : François II° du nom, seigneur de la Folie-Herbault, Gentilhomme ordinaire de la chambre du Roi.

Louis-Joseph, Chevalier, marié à Marguerite DE VASSÉ, eut pour fils : Charles-Louis-Joseph DE FESQUES, né le 13 juin 1720, reçu Page du Roi en la petite écurie, le 12 mars 1734.

FÈVRE (LE). — Marquis DE MONTAIGU et DU QUESNOY.—Election de Valognes.

Armes : *D'azur, à la fasce d'or, accompagnée de deux croix fleurdelisées du même en chef et d'une rose d'argent en pointe.*

Jacques LE FÈVRE DU QUESNOY, Abbé commendataire de Saint-Sauveur-le-Vicomte, est mort le 9 septembre 1764.

François-Charles LE FÈVRE, Marquis DU QUESNOY, a comparu à l'assemblée de la noblesse du bailliage de Saint-Sauveur Lendelin en 1789.

— LE FÈVRE DU MOUCHEL. — Thomas et Paul, Ecuyers, sieurs du Favet et du Mouchel, obtinrent des lettres de confirmation d'ancienne noblesse en 1625, enregistrées en la Cour des aides le 13 janvier 1626. — Cette famille existe encore de nos jours.

— LE FÈVRE D'ARGENCÉ. — Autre famille qui a encore des représentants, et dont les armes sont : *D'argent, à une loutre de sable, posée sur une terrasse de sinople ; au chef d'azur, chargé de deux roses d'argent.*

FEUARDENT (DE). — Cette maison connue dans la province depuis le XIII° siècle, s'est divisée en plusieurs branches qui ont possédé entre autres les seigneuries d'Eculleville, de Jobourg, de Grouville, de Cantepie, etc...

Guillaume, Ecuyer, fut maintenu en 1463, par Montfaut. Un de ses fils, appelé aussi Guillaume, s'est marié en 1537, et est l'auteur d'une des branches dont les descendants existent encore en Normandie.— A cette ancienne famille, appartenait le célèbre prédicateur François FEUARDENT, religieux cordelier du couvent de Bayeux, qui passait pour un des hommes les plus savants de son temps ; il est mort en 1610.

Jean-Marin DE FEUARDENT, Capitaine de vaisseau et Chevalier de Saint-Louis en 1781, a assisté à l'assemblée de la noblesse de 1789.

La branche des seigneurs d'Eculleville, s'est continuée jusqu'à nos jours et est fixée à la Martinique.—Louis DE FEUARDENT, Marquis D'ECULLEVILLE, né en 1743, Major du corps royal des canonniers-matelots et Chevalier de Saint-Louis, épousa à la Martinique le 14 août 1786, Marguerite-Louise-Françoise DU BOUCHET DE FOLLEVILLE, et s'y fixa. Il est mort en 1796, laissant deux fils : l'un Gédéon, décédé au Havre sans postérité en 1822, et l'autre Gustave-Hyacinthe-Aimé, marié en 1818 à la Martinique, à mademoiselle Charlotte-Adèle BEDOUIN dont il a deux filles et un fils.

FERMANEL (DE). — Pierre DE FERMANEL, Ecuyer, sieur du Mesnil, de l'Espinay, etc... a été maintenu dans sa noblesse le 14 juin 1670, en la généralité de Rouen.—Judith DE FERMANEL, a épousé par contrat du 27 novembre 1732, Laurent-Alexis DE FLAMBART. — N.... DE FERMANEL, a assisté à l'assemblée de la noblesse du grand bailliage de Rouen.

FEUILLIE — DE SAINTE-COLOMBE, DU HOLME.
Jean-Jacques-Thomas FEUILLIE, Seigneur de Sainte-Colombe, et son frère Léonor-Georges, ont comparu à l'assemblée de la noblesse du bailliage de Carentan en 1789.

Léonor-Georges-Adrien, Seigneur et patron du Holme ou Ile-Marie, a comparu dans le bailliage de Valognes.

FILLEUL. — Plusieurs familles FILLEUL, LE FILLEUL ou DU FILLEUL, ont existé ou existent encore dans la province ; il ne faut pas les confondre.

Nous avons donné, tome Ier, page 129, la généalogie de la maison LE FILLEUL, seigneur de la Chapelle, des Guerrots, de Longthuit, etc... (Election de Bernay). Une autre maison de la généralité de Rouen a été maintenue le 6 février 1669, en la personne de Guillaume, sieur de la Fortière et de la Hélinière.

M. LE FILLEUL D'AMERTOT, a comparu en 1789, à l'assemblée de la noblesse du bailliage de Caux.

— FILLEUL DE FRENEUSE et DE LA FRESNAYE. — Election de Caudebec.

Durand, était Maire de Rouen en 1268. — Amaury, seigneur de Freneuse, aussi maire de Rouen en 1353, fut envoyé en otage en Angleterre, pour la délivrance du roi Jean. — Jacques, fit ses preuves lors de la recherche de Montfaut en 1463. *La Chesnaye des Bois*, signale trois familles de ce nom vivant encore en 1765.

— DU FILLEUL DES CHENETS ET D'ORVILLE. — Elections de Bernay et de Falaise.

L'origine de celle-ci est connue par un aveu rendu au Roi, le 3 février 1529, par Michel FILLEUL, Ecuyer, qui constate que cette maison possède depuis plus de trois cents ans le fief des Chenets, paroisse de la Couture près Bernay. — Olivier, fils de Nicolas Olivier et de Françoise DE BÉTHENCOURT, a épousé Louise-Appoline DE BELLEMARE, dont, Louis-Gabriel, Chevalier de Malte, mort au mois de juillet 1763 et Olivier-Joseph DU FILLEUL DES CHENETS et DE BRUCOURT, élevé Page du Roi et marié à Marie-Madeleine DE LA HOGUE.

M. LE FILLEUL DES CHENETS a comparu en 1789 à l'assemblée de la noblesse du bailliage d'Argentan.

— Enfin une dernière maison FILLEUL, a été anoblie en la personne de Jean-Jacques-Michel, Trésorier de France au bureau des finances de Caen, par lettres patentes enregistrées le 28 juillet 1769.

FLEURY (DE). — Armes : *D'azur, à trois macles d'or, 2 et 1; au croissant d'argent en abîme.*

Gillette-Renée-Geneviève-Marie-Marthe DE FLEURY, a épousé en 1773, François-Jean DE LENTEIGNE. — Charles-Philippe-Louis-Bernard, a comparu en 1789, à l'assemblée de la noblesse du bailliage d'Avranches.

FOLLEVILLE (DE). — Election de Bernay. — Jean, Ecuyer, seigneur de Fumichon fut maintenu dans sa noblesse, le 12 janvier 1668. — Son père, Jean DE FOLLEVILLE, Chevalier de l'Ordre de Saint-Michel, Maréchal de camp, capitaine de 100 Chevau-légers, avait été député de la noblesse aux Etats de Rouen, en 1614.

N..... DE FOLLEVILLE, a comparu à l'assemblée de la noblesse du bailliage d'Orbec pour lui et chargé de la procuration de M. DE FOULQUES.

Un représentant de cette famille habite le château d'Imbléville, près Dieppe.

FONTAINE (DE LA). — Huit familles de ce nom ont comparu à la maintenue de 1666 dans les élections d'Evreux, Chaumont, Bayeux, Rouen et Alençon ; elles ont toutes des armoiries différentes pour lesquelles nous renvoyons au tome Ier, page 64, et dans la crainte de commettre des erreurs nous ne dirons rien sur aucune d'elles, ne pouvant les distinguer, puisque, si elles existent encore, leurs représentants ne nous ont rien communiqué.

FONTAINES (DE). — Outre la famille de ce nom, dont nous avons donné la généalogie page 437, trois autres ont existé en Normandie.

La première de l'élection de Valognes, a produit Julien DE FONTAINES, qui obtint en 1627, un arrêt de la Cour des aides de Rouen, contre les habitants de la paroisse de Sotteville, ayant justifié qu'il descendait de Bertrand, vivant en 1480. — Jacques, Ecuyer, sieur de la Buhotterie et de la Faye, fut maintenu en 1666.

La seconde, de la généralité d'Alençon, a eu pour premier auteur : Jean DE FONTAINES, Ecuyer, seigneur de Boiscart, vivant en 1495. — Jean-Auguste, fut maintenu en l'élection de Conches, le 13 novembre 1675. — Charles, Lieutenant dans le régiment de Beuzeville (Infanterie) eut deux fils : Georges-Charles, né le 10 avril 1733 et Nicolas-Antoine, né le 13 juin 1736.

La troisième de l'élection de Bayeux, a produit Anne DE FONTAINES, seigneur des Montées, marié à Françoise BOYETOT DE MÉROUVILLE et mort le 10 mars 1716, laissant postérité.

FONTENAY (DE). — Nous avons donné tome Ier, page 275, la notice d'une maison de ce nom, maintenue en 1540, 1641 et 1667 ; outre celle-ci, plusieurs autres familles ont existé dans les bailliages d'Alençon, Mortain et Vire ; toutes ont des armoiries différentes que nous avons données au Catalogue des Maintenues, et nous ne dirons rien sur elles, dans la crainte de faire confusion.

FORESTIER (LE). — Sept familles de ce nom ont existé en Normandie.

Les LE FORESTIER D'OSSEVILLE, DE MOBECQ, et de VENDEUVRES existent encore (voyez la notice que nous avons publiée, tome Ier, page 115).

Celle des seigneurs du Buisson et de Villeneuve, a produit Clotilde LE FORESTIER DU BUISSON, reçue à la maison royale de

Saint-Cyr en août 1686. — Les LE FORESTIER DE VILLENEUVE qui portent pour armes : *D'argent, à trois huchets de sable, liés de gueules*, 2 *et* 1, existent encore de nos jours.

Celle du diocèse de Bayeux, des Seigneurs de la Forestière, etc..., maintenue le 3 avril 1667, a produit Catherine LE FORESTIER DE LANGEVINIÈRE, reçue à Saint-Cyr en octobre 1686.

Celle des Seigneurs d'Hérouville et des Marets (même élection) existait encore à l'époque de la Révolution ; un de ses membres, Charles LE FORESTIER D'HÉROUVILLE, ayant comparu à l'assemblée de la noblesse de 1789.

FORT (LE) — DE BONNEBOSC. — Maintenu le 12 avril 1668, en l'élection de Pont-Audemer.

François-Antoine LE FORT DE BONNEBOSC, a été reçu Chevalier de Malte le 31 janvier 1676.

Les LE FORT, Seigneurs de Montfort, de Carneville etc..., ont aussi été maintenus en l'élection de Valognes.

FORTESCU (DE). — Ancienne famille de l'élection de Valognes, maintenue dans sa noblesse d'ancienne extraction par Montfaut en 1463, et dont une branche existe en Angleterre, elle porte pour armes : *D'azur, à la bande engrêlée d'argent, coticée d'or.*

Les armoiries de la branche normande sont : *D'argent, à trois bandes d'azur.* — Paul DE FORTESCU, a comparu à l'assemblée de la noblesse du bailliage de Saint-Lô, en 1789.

FORTIN. — Ancienne maison de l'élection de Vire, maintenue le 3 janvier 1667.

Marie-Thérèse FORTIN DE FIERVILLE, reçue à la maison royale de Saint-Cyr, au mois de janvier 1686, a prouvé qu'elle descendait de Michel, Sieur de Fierville, lequel a épousé en 1477, Thérèse DE GROSPARMY.

FORTIN DE LA HOGUETTE. — Autre famille de la généralité de Rouen, maintenue en 1666 et divisée en deux branches. Ses armoiries sont : *D'azur, au chevron d'or, accompagné de trois molettes d'éperon du même.*

Pierre FORTIN, Marquis DE LA HOGUETTE, fut tué à côté du Roi à la bataille de la Marsaille, où le maréchal de Catinat, battit les alliés commandés par Victor-Amédée, Duc de Savoie, en 1693. — Marie-Charlotte, a épousé le 19 avril 1757, Nicolas-Philippe GRANDIN DE LA GAILLONNIÈRE.

Un représentant de cette maison habite actuellement Vire.

7

FOUASSE DE NOIRVILLE. — Alexandre-Anne FOUASSE DE NOIRVILLE, acheta le Marquisat de Ségrie, au Chevalier de Préaux, le 14 mars 1733. Il avait épousé Mlle DE LA FRESNAYE et en eut deux enfants : Angélique, mariée à Louis DE BANVILLE, Seigneur de Ronfeugerai, et Noël-Anne-Alexandre, Marquis DE SÉGRIE, Seigneur de la Lande-Siméon, de Rouvrou, de Mesnil-Hubert etc..., lequel comparut en 1789, à l'assemblée de la noblesse pour l'élection des Députés aux Etats-Généraux. — N..... FOUASSE, Baron DE NOIRVILLE, comparut aussi à celle du bailliage de Vire.

FOUBERT DE LAIZE ET DE PALLIÈRES.

Le premier auteur connu d'après l'abbé *Milly*, est N..... FOUBERT, compagnon de Rollon, qui se serait établi dans le Cotentin où sa postérité a longtemps existé. — Sous le règne de Robert-le-Diable, en 1030, on trouve Pierre FOUBERT, marié à damoiselle Marie BELLAUD ; de ce mariage sont issus : Fitz et Athanase, ce dernier est la tige des Foubert, établis dans le Cotentin et en Angleterre.

Guillaume FOUBERT, Ecuyer, sieur de Beuzeville, a été maintenu le 14 octobre 1666. — Edouard FOUBERT DE PALLIÈRES DE LAIZE, son descendant direct, fils de René, Conseiller du roi au Présidial de Caen et de Marie-Charlotte DE NEUVILLE, est né le 27 décembre 1786. Il a épousé mademoiselle Aurore-Hyacinthe DE MONTPLANQUAT et a eu pour enfants : 1° Marie-Françoise-Charlotte, mariée le 4 mai 1841, à Eustache-Amédée VALLÉE DE PRÉMARE, et 2° Guillaume-Emmanuel-Edouard-René FOUBERT DE LAIZE, né le 7 novembre 1833.

FOUCQUES *aliàs* FOULQUES. — Maison de l'élection de Lisieux, dont il est parlé dans l'*Histoire de la maison d'Harcourt*. — Pierre DE FOUCQUES, Ecuyer, sieur de la Pillette, a été maintenu dans sa noblesse le 21 mai 1666. — MM. DE FOULQUES DE LA PILLETTE et DE GAUVILLE, ont comparu en 1789 à l'assemblée de la noblesse du bailliage d'Orbec. — Le chef de cette maison habite le château de Fontenilles, près Laigle.

FOUILLEUSE DE FLAVECOURT (DE). — Ancienne maison de la Généralité de Rouen, qui a contracté une alliance avec la maison de Crèvecœur au XIIIe siècle.

Alexandre-Louis-Philippe, Marquis DE FLAVECOURT, Lieutenant général des armées du roi à la promotion de 1734, a épousé Françoise-Gabrielle MEGNIART DE BESNIÈRES, dont postérité. — Auguste-Frédéric DE FOUILLEUSE, chef d'un second rameau, né le 8 décembre 1739, était Colonel de cavalerie du régiment de la Reine en 1760.

FOULON (LE). — Famille de l'élection de Falaise, maintenue dans sa noblesse par Montfaut en 1463, et par Chamillart, le 3 mars 1667.

M. LE FOULON DE SAINT-AUBIN, a assisté à l'assemblée de la noblesse du bailliage de Falaise pour l'élection des députés aux Etats-Généraux en 1789.

FOULONGNE (DE). — Ancienne famille dont il est parlé dans l'*Histoire de la maison d'Harcourt*, maintenue en 1463, 1527 et le 21 août 1666; elle a donné son nom à une paroisse située dans la généralité de Caen. — Nicolas DE FOULONGNE, avait une compagnie d'hommes d'armes en 1457. — François, Guillaume et Jean, Ecuyers, se présentèrent devant Chamillart et à cette époque la famille était divisée en trois branches; la première des seigneurs de Saint-Jean-de-Mathieu, la seconde établie à Caen, et la troisième connue sous le nom de Madré, seigneur de Thirays, de la Besmondière etc...—Nicolas-André, a épousé Marie-Catherine DE VATTETOT, d'où est issu : André-Louis-François, Chevalier, seigneur de la Motte, de Madré etc..., qui fut marié à Marie-Marguerite DE BEAUVAIS. — Claude DE FOULONGNE, de la branche de Saint-Denis, a épousé vers 1628, Marie ERARD, fille de René, Conseiller d'Etat et Président au duché d'Alençon. — M. DE FOULONGNE DE PRÉCORBIN, a comparu à l'assemblée de la noblesse du bailliage de Thorigny en 1789.

Cette famille a encore des représentants entre autres M. DE FOULONGNE, qui habite la terre de Saint-Denis, près Saint-Lô.

FOUQUET. — Seigneur de Reville, Croville, Tourlaville, Sainte-Geneviève, etc... Ancienne noblesse de l'élection de Valognes, maintenue en 1463 et en 1666. — Gilles FOUQUET, Ecuyer, assista à l'échiquier d'Alençon, le 25 février 1392. — Jean, Chevalier-bachelier, servait avec neuf Ecuyers de sa compagnie, ainsi qu'il appert de la monstre passée à Falaise le 1er mai 1412.

—Une autre famille de ce nom dont les armes sont : *D'azur, à deux lions contrerampants d'or et affrontés, armés et lampassés de gueules*, a été anoblie en 1750, en la personne de Guillaume-Richard-François FOUQUET, Echevin de la ville du Havre, bailli de la haute justice de Graville et président des traites-forêts. Il a eu deux fils, qui ont été Lieutenants de vais-

seau, et un petit-fils, Officier aux Gardes-françaises.—Le Baron
Guillaume-Richard FOUQUET DE FLAMARE, un de ses autres petits-
fils, a été Procureur général à la Cour de Rouen, à sa création
et Officier de la Légion d'honneur.

Plusieurs personnes du nom de FOUQUET ont assisté aux assemblées de la noblesse en 1789, et enfin N..... FOUQUET DE
LUSIGNEUL, habite le château de ce nom près Bernay; mais nous
ne pouvons dire à quelle maison il appartient.

FOUR (DU) — DE QUETTEVILLE et DE LONGRUE.

Pierre DU FOUR, Conseiller au parlement de Normandie, vivait
en 1543. — Jacques, seigneur de Longrue, a été reçu Chevalier de Malte le 21 janvier 1621; Pierre, Ecuyer, seigneur de
Longrue, de Croisy, de Fontaine-le-Chastel, etc. a été maintenu dans sa noblesse, en la généralité de Rouen, le 27 juillet 1667.

MM. DU FOUR DE LONGRUE et DE QUETTEVILLE, ont comparu à
l'assemblée de la noblesse pour les Etats-Généraux. — Le chef
de cette famille qui habite Honfleur, est: Albert DE QUETTEVILLE,
né le 14 mai 1814; il a un frère et deux sœurs, l'une a
épousé M. LE TERRIER DE MENNETOT et l'autre M. Frédéric DE
POSTEL DES MINIÈRES.

—Une autre famille, celle des DU FOUR DE LA THUILLERIE, a figuré
à la maintenue de 1666, dans l'élection de Bernay, ses armoiries sont: *D'argent, au chevron de gueules, accompagné de trois
roses tigées de sinople*, 2 et 1.

FOURNIER DE WARGEMONT. —Maison de la Vicomté d'Arques. —Pierre LE
FOURNIER, Ecuyer, Sieur du fief d'Isamberteville, fut déclaré
noble par jugement des commissaires du roi Louis XI, sur le
fait des francs-fiefs, le 26 octobre 1471. — François, seigneur
de Wargemont et d'Eauville, fut maintenu le 17 février 1668.
— François-Louis LE FOURNIER, Marquis DE WARGEMONT, a
épousé au mois de juin 1753, mademoiselle TABOUROT D'ORVAL,
dont il a eu postérité.

FOURNIER (LE). — Seigneur de Bernarville, de Picauville, de Francheville,
d'Offranville etc... — Armes: *D'azur, au sautoir d'argent,
accompagné en chef d'une étoile de même et de trois roses aussi
d'argent, posées 2 en flanc et 1 en pointe.*

Autre famille qui a été maintenue par Chamillart en 1666.—
Montfaut, cite Raoulin LE FOURNIER, reconnu noble en 1463. —
Jacques, Ecuyer, sieur de Francheville, a épousé demoi-

selle Suzanne DE BLONDEL, qui lui apporta les seigneuries de
Tilly et de Hottot; il rendit aveu au Roi le 12 février 1706. —
Mademoiselle Anne - Françoise - Thérèse LE FOURNIER, dame
D'OFFRANVILLE, a épousé le 28 novembre 1764, Thomas-Henry-
Alexandre PARENT DE LANNOY, Brigadier des Gardes du corps et
Chevalier de Saint-Louis.

FOVILLE (DE). — Seigneur d'Écrainville, des Champs, de Saint-James etc...
Famille de la Généralité de Rouen, dont la noblesse a été
reconnue le 21 février 1540, et qui a prouvé sa filiation jusqu'à
Jean DE FOVILLE, Ecuyer, Sieur d'Écrainville, vivant en 1380.
— Jean-Baptiste DE FOVILLE D'ÉCRAINVILLE, Chevalier de Malte,
Grand bailli de Morée, commandant les galères de son ordre,
vivait en 1665. — Marc-François, marié à Marie LE PELLETIER,
eut pour fils : Marc-Constant, qui épousa mademoiselle LE
CARRUYER DE CRETOT; il vivait encore en 1773. — Madame DE
FOVILLE, ses enfants, et deux de ses parents, ont comparu à l'as-
semblée du bailliage de Caux en 1789.

FRANC (LE) — DE BEAULIEU. — Maison de l'élection d'Argentan maintenue le
16 octobre 1666.
Jean, Ecuyer, seigneur d'Argentelle, du Fayel etc... vivait
en 1524. — Françoise LE FRANC DE BEAULIEU, fit ses preuves devant d'Hozier, Juge d'armes de France, pour être reçue à la
maison royale de Saint-Cyr, où elle entra au mois de
décembre 1687.

FRANÇOIS (LE). — Cinq familles de ce nom ont été maintenues, dans les
élections de Carentan, Bernay, Pont-Audemer et Argentan.
Pierre LE FRANÇOIS DE MONTCHAUVEL, a comparu à l'assemblée
de la noblesse du bailliage d'Exmes en 1789. — Un descendant
de la famille de l'élection de Pont-Audemer, dont les armes
sont : *D'azur, à trois cygnes d'argent*, habite Caumont (Seine-
Inférieure.)

FRANQUEVILLE (DE). — Maison maintenue par Montfaut en 1463 et le
20 juin 1666. — Jean et Rault DE FRANQUEVILLE, Chevaliers,
étaient de la compagnie de Robert de Harcourt, qui fit sa
monstre dans l'abbaye de Conches, le 1er janvier 1363. — Robert, Ecuyer, vivait à la fin du XVe siècle. — Jean, Sieur de
Couillarville, de Gallitrelle et autres lieux fut maintenu le
4 mars 1670. — M. DE FRANQUEVILLE a comparu à l'assemblée
de la noblesse du bailliage de Rouen. — Un représentant de
cette maison habite les environs d'Yvetot.

FRASLIN — DU LOREY, DU MONCEL etc...

Famille anoblie par lettres patentes accordées à Thomas, Sieur du Moncel, Maire et ancien Echevin de Granville, et enregistrées à la Cour des comptes, aides et finances le 18 janvier 1704. — Armes : *De gueules, à un chevron d'argent, accompagné de trois coquilles du même.* — Jean-François-Marie DE FRASLIN, a assisté à l'assemblée de la noblesse du bailliage de Tinchebray en 1789, Jean FRASLIN, seigneur et patron DU LOREY s'est présenté dans celui de Coutances.

FRÉARD — DE CHICHEBOVILLE et DU CASTEL. — Famille de la généralité de Caen, anoblie le 1er février 1580, en la personne de Pierre, Receveur des tailles de Pont-l'Évêque. Lesdites lettres de noblesse furent confirmées par Henri IV, pour lui et sa postérité, au mois de février 1610. — Simon FRÉARD, Prieur commendataire de l'Hôtel-Dieu de Bayeux, vivait en 1663. — Jacques, fils de l'anobli, s'est marié en 1612 et a eu pour fils Jacques II, Ecuyer, seigneur du Castel, Conseiller du roi, contrôleur général des finances, reconnu noble par M. de la Poterie, commissaire départi en la généralité de Caen, le 19 octobre 1641. — Raoul-Adrien, Contrôleur des finances, auteur de plusieurs ouvrages estimés, a épousé Louise DE BAILLEUL, dont il eut : François FRÉARD DU CASTEL, qui lui a succédé dans sa charge et a épousé demoiselle Adèle MORIN, morte en 1772. — Le Chevalier DE FRÉARD et M. FRÉARD DU CASTEL, ont comparu à l'assemblée de la noblesse du bailliage de Bayeux pour les Etats-Généraux.

FRÉMIN. — Seigneur de Merval, du Mesnil-Godefroy, de Lessard, de Poissy etc..., maintenu le 30 juillet 1666. — Richard, était Echevin de la ville de Rouen en 1610. — Nicolas FRÉMIN DE BEAUMONT, a comparu à l'assemblée de la noblesse du bailliage de Coutances en 1789.

FRÉMONT (DE) — D'AUNEUIL, Marquis DE ROZAY, seigneur du Mazy, de Gressy etc...

Maison de la vicomté de Caudebec, dont le premier auteur, Guillaume, se présenta aux plaids de la seigneurie de Lintot, le 26 juin 1550, pour y faire foi et hommage; Nicolas, son descendant direct, a été reçu Page de l'écurie du roi en 1739. — A la même époque, vivait Christophe-Louis DE FRÉMONT, Marquis de Rozay, né le 26 janvier 1735, Capitaine de cavalerie au régiment de Chartres, qui a épousé Charlotte-Renée-Félicité DE FRÉMONT DE MUSSEGROS.

FRÈRE (LE). — Armes : *D'azur, à une étoile d'argent; au chef d'or, chargé d'une croix frettée de gueules.*

Pierre LE FRÈRE, Sieur du Frettey, Sous-brigadier des gendarmes de la Garde ordinaire du roi, a été anobli par lettres patentes enregistrées à Rouen, le 26 septembre 1747. — Jacques-Philippe-Louis LE FRÈRE DE MAISONS, vivait en 1785. — Deux représentants de cette famille ont comparu à l'assemblée de la noblesse pour les Etats-Généraux, au bailliage de Falaise.

FRESNAYE (DE LA). — Armes : *De gueules, à trois frênes d'or, 2 et 1.*

Montfaut et Chamillart, ont maintenu cette famille, qu'il ne faut pas confondre avec celle originaire de Bretagne. — Un de ses représentants habite les environs des Andelys.

FRESNE (DU). — Quatre familles de ce nom ont existé en Normandie, l'une d'elles a été maintenue en 1463, par Montfaut.

Charles DU FRESNE, Ecuyer, Sieur du Bois, fit enregistrer ses armoiries à l'armorial général de la Généralité de Rouen, en 1698, elles sont : *De sinople, à un chef endenté d'argent et chargé de trois tourteaux de gueules.*

François DU FRESNE DE LA GUERRE, a assisté à l'assemblée de la noblesse du bailliage d'Alençon en 1789.

FRESNEL (DU). — Famille de la Généralité de Caen, maintenue en 1666. — Pierre-François, Ecuyer, seigneur et patron de Periers, d'Auguerny, et fils de Jean-Antoine et de dame Françoise LE BOUCHER, a épousé le 9 février 1750, Marie-Anne-Françoise GOUJON DE GASVILLE, fille de Jean-Prosper, Conseiller du roi, maître des requêtes de son hôtel et Intendant de la généralité de Rouen.

FRÉVAL (DE). — Sieur du Fresne et du Manoir, maintenu en l'élection de Vire, par Montfaut en 1463, et par Chamillart en 1666.

Un membre de cette maison a comparu à l'assemblée de la noblesse pour les Etats-Généraux en 1789. — Victoire-Marie-Constance DE FRÉVAL, dame d'Estry, a épousé Jean-Félix Samson DE SAINT-GERMAIN, Chevalier, seigneur de la Bazoche, capitaine au régiment de Hanovre.

FRÉVILLE (DE) — DE LA HAYE, DU DÉSERT, etc... — Armes : *D'argent, à trois trèfles de gueules, posés en fasce et surmontés de trois fers de flèche de même 2 et 1.* — Election de Pont-Audemer, maintenue le 10 juillet 1667.

Le Chevalier DE FRÉVILLE, et Charles DE FRÉVILLE DE LA HAYE

ont comparu à l'assemblée de la noblesse du bailliage de Pont-Audemer.

— Les Fréville de Lorme, portant pour armes : *Coupé : au 1er, d'azur, à deux roses d'argent, au 2e, d'argent, au fer de lance de gueules.* — Cette maison est aussi de l'élection de Pont-Audemer et avait des représentants en 1789.

FRIBOIS (de) — de Bénauville, des Authieux, de Rupierre, etc...

Une des plus anciennes familles de la province, maintenue en 1463 et en 1666.

Henry-François, Ecuyer, sieur de Bénauville, vivait en 1698.

MM. de Fribois de Bénauville, Fribois des Authieux et Fribois de Rupierre, ont comparu à l'assemblée de la noblesse du bailliage de Caen en 1789. — Mlle Octavie de Fribois, a épousé en 1827, Charles du Merle, issu d'une des plus anciennes maisons de la province.

Un des représentants de la famille habite actuellement le château de Bénauville, et un autre le château de Rupierre (arrondissement de Caen).

FRIGOULT de Liesville. — Armes : *De gueules, au chevron d'or, accompagné en chef de deux coquilles du même et en pointe d'un croissant d'argent.*

Thomas-René-Alexandre, Maire de la commune d'Houesville, fut anobli en récompense de ses honorables services, par lettres patentes du 6 juin 1819 ; il est mort en 1832 et a laissé de son mariage avec Marie Eléonore-Sophie le Cartier de Laval, deux fils : Alfred, né en 1796, et Alphonse, né le 2 décembre 1799. — Alfred, l'aîné, a épousé le 8 juin 1819, Antoinette-Joséphine-Hyacinthe le Vavasseur d'Hiesville et en a eu deux filles et : Alfred-Alexandre-Anicet Frigoult de Liesville, chef de la famille, né le 2 juin 1820. Il habite le château d'Houesville, près Sainte-Mère-Eglise (Manche).

Le cadet, Alphonse, a épousé le 17 janvier 1824, Mlle Alina-Louise-Joséphine le Harivel de Gonneville ; il habite Caen et a eu deux enfants, une fille et un fils : Alfred-Robert, né le 4 juin 1836.

FROGER (de). — Armes : *D'azur, au chevron d'or, surmonté d'une étoile de même et accompagné de trois flèches de gueules, 2 en chef et 1 en pointe.*

Connue dans la province dès l'année 1100, cette maison a

toujours été attachée aux Comtes d'Alençon et ensuite aux Ducs de Normandie. Elle a produit au XII° siècle, un Evêque de Séez qui fit plusieurs donations à l'abbaye de Sainte-Barbe au pays d'Auge. — Louis DE FROGER, Ecuyer, vivant en 1400, eut pour fils, Jacques, Chevalier, seigneur du Mesnil, maintenu dans sa noblesse par Montfaut, et marié en 1478 à Olive DE GOURFALEUR.

Son descendant direct, Gabriel DE FROGER, Ecuyer, seigneur de Cauvigny, a épousé en 1725, demoiselle Marie DE HÉRICY, dont : Jacques-Henri, Chevalier, seigneur d'Igneaucourt, lequel a épousé en 1749, Marie-Anne DE HÉRICY DE LA MORANDIÈRE.

FROMONT (DE). — Armes : *D'or, à huit molettes de sable, mises en orle, et une merlette de même placée en abîme.*

Cette famille est originaire du Bessin et possédait dans le Cotentin à la fin du XIII° siècle, la seigneurie de Saint-Fremont, *aliàs* Saint-Fromont ; en 1276, Sybille, femme d'Adam DE FROMONT, promit par serment devant l'Official de Bayeux, de ne rien réclamer pour son douaire, sur les biens donnés par ledit Adam, à l'abbaye de Sainte-Trinité. (*Chartes anglo-normandes, tome II, page* 22.) — Guillaume DE FROMONT, vivait en 1430, et Jean, était Conseiller-clerc de l'échiquier de Rouen en 1453.

Georges, Gilles et Charles DE FROMONT, ayant fait le commerce des hautes-forges, ledit Charles, fut obligé d'avoir recours au Roi qui lui accorda des lettres de *relief de dérogeance*, ce qui ne l'empêcha pas d'être tourmenté pendant très-longtemps, et M. de Marle le refusa en 1667. Ses fils n'en continuèrent pas moins à vivre noblement et à servir le Roi ; Pierre, l'un d'eux, Ecuyer, sieur de Mieuxé, fit enregistrer ses armoiries à l'armorial général établi par l'édit du Roi du 20 novembre 1696 (*Registre de la généralité d'Alençon, folio* 279), et le 30 octobre 1717, M. de Barberie, sur le vu des titres de la famille, cassa et annula le jugement de M. de Marle.

Les descendants de Charles DE FROMONT, servirent tous dans les Mousquetaires ou dans les Chevau-légers, et deux ont comparu en 1789, à l'assemblée de la noblesse du bailliage d'Alençon, Henri-Pierre DE FROMONT et Augustin DE FROMONT, Chevalier DE MIEUXÉ.

Cette famille a formé deux branches, l'aînée est passée en Guyenne vers 1550, elle s'y multiplia beaucoup et y a encore quelques représentants. — La branche de Normandie a pour chef actuel : René DE FROMONT DE BOUAILLE, fils de Louis-Henri, mort au château de Mieuxé le 24 septembre 1863. Il n'est pas marié et a plusieurs cousins ou oncles germains.

FROTTÉ (DE). — Seigneur de Vieux-Pont, du Mesnil, de la Rimbelière, etc...

Famille d'ancienne noblesse dont la filiation ne remonte qu'à Nicolas, Ecuyer, vivait au XIV° siècle, et marié à damoiselle Marie DE BUGENSSIS. — Jean, son petit-fils, fut Contrôleur général des finances du roi de Navarre en 1536. — Charles-Louis, Ecuyer, seigneur de Vieux-Pont, fut maintenu dans sa noblesse le 7 septembre 1666. — Charles-Gabriel-Daniel, né en 1733, était Mestre de camp de cavalerie. — Plusieurs représentants de cette maison ont assisté à l'assemblée de la noblesse en 1789, et l'un d'eux, Louis DE FROTTÉ, Lieutenant général de l'armée royaliste en 1795, s'est distingué dans les guerres de la chouannerie du Bocage normand, et est assez connu pour que nous n'en parlions pas.

Un petit-neveu de ce brave gentilhomme, si dévoué à son Roi, existe encore de nos jours.

G

GAALON (DE). — Famille de l'élection de Bayeux dont l'ancienneté remont par actes authentiques à l'année 1400, en effet Colette DE JUVIGNY, veuve de Jean GAALON, Ecuyer, figure avec son fils nommé aussi Jean, dans deux contrats de vente des 24 mars 1436 et 16 juin 1437. — Eustache, sieur des Carreaux, marié en 1585 à Marie DE VERNAY, eut deux fils : Charles et Nicolas. — Nicolas, Capitaine de Chevau-légers et Colonel d'un régiment d'Infanterie est l'auteur de la branche passée de Normandie en Champagne. — Charles (l'aîné) Ecuyer, seigneur des Carreaux, eut pour fils : Pierre-Charles, Gendarme de la compagnie du roi et Michel, Chevalier de l'Ordre, dont les quatre fils furent déclarés nobles du temps de Montfaut, par Chamillart, le 23 janvier 1666.

N..... DE GAALON DE DORIÈRE, a comparu à l'assemblée de la

noblesse du bailliage de Coutances en 1789. — Un de ses descendants habite actuellement Pont-Hébert près Saint-Lô.

Une branche de la famille réside à la Rochelle ; Jacques DE GAALON, seigneur de Saint-Martin de Villeneuve, Chevalier de l'Ordre royal et militaire de Saint-Louis, ancien Capitaine de Cavalerie eut pour fils, Jacques, Brigadier des Gardes du Corps, marié à Adèle DE BONNEGENS DES OUCHES, dont est issu : Jacques-Louis, seigneur de Villeneuve, Chef d'Escadron, marié en 1789 et père de :

Jacques-Auguste DE GAALON, ancien Sous-Préfet, Chevalier de la Légion d'honneur, marié à Charlotte-Adrienne DE MURAT, dont il a une fille.

GAILLARBOIS (DE). — Armes : *D'argent, à six tourteaux de sable*, 3, 2 et 1.

Guillaume, Ecuyer, a épousé au commencement du XIV° siècle, la fille aînée de Pierre de Poissy ; il reçut de Henri V, roi d'Angleterre, le 4 avril 1430, les terres qui avaient appartenu à Amon de Falaise. — Jean DE GAILLARBOIS DE MARCOUVILLE, fut reçu Chevalier de Malte en 1530, et son frère Nicolas, était homme d'armes dans la compagnie de Monseigneur le duc d'Enghien en 1555. — Louise DE GAILLARBOIS, a épousé vers 1632, Pierre DE MALEVENDE, seigneur de Fleurigny, de Puisenval et autres lieux. — Jean, Ecuyer, sieur de Marcouville, seigneur de Fresnoy, de Saint-Denis etc... a été maintenu dans sa noblesse en l'élection d'Andely, le 10 janvier 1671. — N..... DE GAILLARBOIS, a comparu à l'assemblée de la noblesse du bailliage de Gisors en 1789.

GALLERY — DE LA TREMBLAYE, DU BOUCHER etc... — Famille anoblie en 1653 pour services militaires.

Charles-Nicolas GALLERY, Ecuyer, sieur des Granges, de la Tremblaye etc... a été maintenu en 1667. — Son fils Charles, Ecuyer, seigneur de la Tremblaye, a épousé Jeanne DE HERCET, et une de leur fille, Anne-Césarine, fut mariée au mois de novembre 1744, à François GILLEBERT DE LA JAMINIÈRE, Chevau-léger de la Garde ordinaire du roi. — Cette maison a formé un grand nombre de branches. — M. Gallery du Boucher a assisté à l'assemblée de la noblesse pour l'élection des Députés en 1789 (bailliage de Caen) et Julien Gallery de la Servière, dans le bailliage de Domfront.

Gustave-Christophe DE GALLERY DE LA SERVIÈRE, a épousé mademoiselle BOURGEOIS DE BOISNE, petite-fille du Ministre de la

marine sous Louis XV. De son mariage sont nés trois enfants :
1° Xavier, marié à mademoiselle DE MALLEVILLE, il habite Douvrend, près Dieppe ; 2° Gabriel, marié en 1864 à mademoiselle
DE NEVERS ; 3° Isabelle DE GALLERY.

GALLET DE VALLIÈRES. — Armes : *D'azur, à un gallet* ou *tourteau d'or.*

Ancienne maison du bailliage de Montivilliers, maintenue
dans sa noblesse par sentence du 14 juillet 1634 et sur preuves
authentiques, remontant la filiation à Louis DE GALLET, seigneur du fief de la Hulline, dénommé dans un contrat passé
devant Antoine Guyon, notaire royal, le 20 novembre 1420.

Jean DE GALLET, né à Bourcy près Gisors, le 23 août 1707, a
épousé Marie-Agnès DE MARLES, et est mort au château d'Hermeville en Caux, le 27 décembre 1778. De son mariage sont
nés plusieurs enfants entre autres : Pierre-Eléonore DE GALLET
DE VALLIÈRES, né en 1766, Officier au régiment Colonel-général
(infanterie), lequel a comparu à l'assemblée de la noblesse du
bailliage de Gisors, en 1789.

Plusieurs autres branches ont existé ; l'une d'elles est allée
se fixer en Angoumois.

GALLYE (DE) — D'HYBOUVILLE ET DE PERDUVILLE.

Maison de l'élection d'Arques, maintenue le 2 janvier 1667
et le 15 décembre 1717, dont le premier auteur est David
GALLYE, Procureur-syndic des bourgeois et habitants de Dieppe,
Capitaine d'icelle ville, anobli pour services en 1589. Nous ne
savons si les GALLYE DE PERDUVILLE, ont le même auteur, ou s'ils
descendent de Charles, sieur de Bret, anobli par Charles IX, en
mai 1574. — Guillaume, Ecuyer, sieur de Saint-Sauveur, et
Nicolas, Ecuyer, seigneur d'Hybouville, vivaient en 1697.

Jean, seigneur et Patron de Perduville, fils d'un autre Jean
et de Catherine DE SAINT-OUEN, a épousé en 1725, Marie
LE VAILLANT, fille du premier Avocat du roi au bailliage de
Neufchâtel ; Marc-Antoine son frère, s'est marié en 1730 à
Marie-Madeleine GOMMÉ. — Cette famille existe actuellement en
deux branches ; la première celle des GALLYE D'HYBOUVILLE,
habite Envermeu, près Dieppe.

La seconde des GALLYE DE PERDUVILLE, qui ne porte que le
nom DE GALLYE, habite Neufchâtel.

GANDILLE D'OUDEAUVILLE (DE). — Election de Gisors, maintenue le
17 juillet 1668. — Nicolas, fut reçu Chevalier de Malte en
1603, et Alphonse, le 1er décembre 1644.

— 109 —

GARABY DE PIERREPONT. — Armes : *D'azur, à trois pals d'or et au lion du même brochant; au chef cousu de gueules.*

Pierre GARABY, Ecuyer, seigneur de la Luzerne, fut maintenu en 1666, dans l'élection de Coutances. — Une autre branche possédait les seigneuries de la Bernardière et de l'Isle, dans la même élection.

GALOPIN. — Thomas GALOPIN, sieur du Saonnet, seigneur de Montlagny, fut confirmé dans sa noblesse le 29 novembre 1700; il portait pour armes : *D'argent, à la bordure de gueules, chargée de six fermaux d'argent en orle.*

GARDEUR (LE) — DE CROISILLES, ET DE TILLY.

Ancienne famille qui a été anoblie au mois de mai 1511, par lettres patentes accordées par Louis XII, à Jean LE GARDEUR, Seigneur de Croisilles, lequel avait épousé l'année précédente, Jeanne LE TAVERNIER, dont il eut deux fils ; Jean l'aîné, a continué la branche de Normandie, et Boniface celle des seigneurs de Tilly, dont un rameau passa au Canada.

Cette maison a possédé les seigneuries d'Amblie, de la Valette, de Tilly, de Repentigny etc... et fut maintenue en l'élection de Caen en 1666. Elle s'est signalée depuis deux siècles par les illustres marins qu'elle a produits et parmi lesquels on compte plusieurs Capitaines de vaisseau et un Chef d'escadre en 1792. — Le premier rameau de la branche de Tilly, s'est perpétué jusqu'à nos jours à la Nouvelle-Orléans et a pour chef : Stephen LE GARDEUR DE TILLY, marié en 1835 à Anne-Joséphine DUCATEL.

Le second rameau a pour chef : Armand-Marie-Théodule, marié le 29 juillet 1832, à Marie-Thérèse-Aglaé GÉRARD DU DEMAINE, dont il a eu un fils, Alfred, né en 1833. Ils habitent le château de la Bristière, canton de Saint-Agnant (Charente-Inférieure.

La branche de Croisilles, dont deux membres ont assisté à l'assemblée de la noblesse en 1789, a encore des représentants dans la basse Normandie; l'un d'eux, Charles LE GARDEUR DE CROISILLES, habite le château de Brillevast, à Saint-Pierre-Eglise (Manche).

GASTEBLÉ. — Armes : *D'azur au chevron d'or, accompagné de trois épis de blé de même, 2 et 1.*

Pierre, Ecuyer, sieur de Courmarin, du Clos, etc..., a été maintenu dans sa noblesse en 1666 (généralité de Caen). — Le

Chevalier DE GASTEBLÉ a comparu à l'assemblée des Gentils-hommes du bailliage de Bayeux en 1789, et le chef actuel de la famille est Maire à Brouay, canton de Tilly–sur–Seulles (Calvados).

GASTON — DE POLLIER ET DE VAUVINEUX. — Armes : *D'argent, à trois fasces de gueules, accompagnées en pointe d'une corneille de sable; au chef d'azur, chargé de trois étoiles d'argent.*

Cette ancienne maison s'est divisée en plusieurs branches, qui se sont répandues en Guienne, en Rouergue et dans le Perche. — Le chef de la branche normande, est M. le Comte DE VAU-VINEUX, qui habite Bellême (Orne).

GAUGY (DE). — Famille de la généralité de Rouen. — Antoine DE GAUGY, Ecuyer, Verdier de la forêt de Brotonne, fut maintenu dans sa noblesse par jugement du 26 novembre 1670; il fut l'aïeul d'autre Antoine, reçu Chevalier de Saint-Lazare en 1723, Chevalier d'honneur au présidial de Rouen en 1741, et Lieutenant du Roi en la province du Poitou en 1755. Il avait épousé à Rouen, en 1720, Henriette GRUCHET DE SOQUENCE, dont il eut trois enfants entre autres : Antoine-Henri DE GAUGY, né à Rouen en 1721, marié à la Martinique le 13 avril 1751, à demoiselle Marie-Ursule BAGOUR, dont postérité.

GAUTIER. — Plusieurs familles nobles de ce nom ont existé en Normandie, il est même difficile de les distinguer, car anciennement, on écrivait indistinctement GAUTIER ou GAULTIER. Nous allons citer ce que nous savons sur quelques-unes d'entre elles.

— GAUTIER DE LAUNAY, DE LA PERELLE, DE LA MOTTE, DES AUTHEUX, etc... Une des plus anciennes maisons du diocèse de Coutances, qui porte pour armes : *D'azur, au chevron d'or, accompagné de trois poignards d'argent, garnis d'or, la pointe en bas et posés 2 et 1.*

L'origine de cette famille date du XII° siècle. Jean GAUTIER, était archidiacre de Rouen en 1191, et Archevêque en 1198; il avait pour frères aînés Nicolas et François. — Jean, Ecuyer, fut maintenu par Montfaut en 1463 et son descendant direct, Antoine GAULTIER, Ecuyer, seigneur de la Perelle, de la Rancerie, etc..., fut maintenu en 1666. — Joseph GAUTIER, Ecuyer, seigneur de la Rancerie, ancien Capitaine d'infanterie au régiment de Piémont, était Chevalier d'honneur du Cotentin en 1756.

La seconde branche de cette maison avait pour chef à la

même époque, Pierre-Charles GAUTIER DE LA MOTTE, Chevalier de [Saint-Louis, ancien Capitaine au corps royal d'artillerie, lequel s'est marié le 21 mars 1746 à Elisabeth-Catherine GEOFFROY et eut pour fils : Pierre-René-Aimé, reçu Page du Roi et Officier au régiment Royal-Normandie (cavalerie).

Cette branche a produit ! plusieurs rameaux qui ont encore des représentants en Angleterre, en Hollande et en Normandie.

— GAULTIER DE LA FERRIÈRE, DE CARVILLE, DE LESPINGUERIE, etc... (Voyez tome Ier, page 297.)

—GAUTIER DE CHIFFREVILLE, DES AUTHIEUX, DE SAINT-BAZILE, ... Famille de l'élection d'Andely, maintenue le 30 septembre 1667. — Elle a formé plusieurs branches qui toutes ont eu pour premier auteur : Philippe, Ecuyer, vivant en 1453. — La première de ces branches et la plus importante, est celle qui a pris le nom de BEAUREPAIRE, d'une terre qui y est entrée par alliance. — Les BEAUREPAIRE, seigneurs de Louvigny (près Falaise), vivaient encore à l'époque de la Révolution, et portaient pour armes : *De sable, à trois gerbes d'avoine d'argent, 2 et 1.*

Un des fils de Philippe, Jean, eut entre autres enfants : Jacques, Ecuyer, seigneur de Montreuil en 1570, dont un des descendants, François GAUTIER, sieur de Chiffreville, a été Gentilhomme ordinaire de la chambre de MONSIEUR, frère du roi Louis XIV, et fut père d'autre François, Marquis DE CHIFFREVILLE, Lieutenant général des armées du Roi, mort le 18 février 1754, laissant postérité.

Les rameaux de Saint-Bazille, des Authieux, de Clermont, de Tournay, etc..., descendent tous de Jean, fils aîné de Philippe, mentionné plus haut.

Pierre-Jean-Baptiste-Alexis DE GAUTIER DE MENILVAL, Nicolas-Jacques GAUTIER DES AUTHIEUX et M. GAUTIER DE SAINT-BAZILLE, ont comparu à l'assemblée de la noblesse de 1789. — Les GAULTIER DE MONTGAULTIER et DE SAINT-LAMBERT, sont aussi une des branches de cette maison et existent encore de nos jours.

—Il y a aussi une famille GAUTHIER DE MAGNY, qui porte pour armes : *D'or, à la fasce de gueules, accompagnée de six merlettes de sable, 3 en chef et 3 en pointe.*

GAUTIER DE SAVIGNAC. — Armes : *D'azur, au château à trois tours d'argent, celle du milieu plus élevée, coulissée d'un avant-mur, avec un portail fermé et accosté d'une fenêtre à dextre et à sénestre, le tout maçonné de sable.*

Cette famille originaire du Rouergue, n'est transplantée en

Normandie que depuis trois générations. Elle a pour premier auteur Bertrand DE GAUTIER, Damoiseau, marié en 1280, à l'héritière de la maison DE NAJAC, dame de Savignac. — Raimond GAUTIER DE SAVIGNAC, était Chanoine de l'église cathédrale de Rodez en 1366. — Antoine, Chevalier, seigneur de Savignac, épousa le 15 février 1502, Catherine DE MURAT, et son petit-fils, Jean-François, a été marié en 1565, à Antoinette DE BALZAC.

Henri, Comte GAUTIER DE SAVIGNAC, Capitaine au régiment de Duras, a épousé le 25 avril 1767 à Paris, mademoiselle Marie-Louise-Charlotte DE LA RIVIÈRE, fille du Marquis de la Rivière et de dame Louise-Charlotte D'ENVIRAY DE MARCHONVILLE; il en eut trois enfants entre autres : Pierre-Jean-Antoine, né le 25 décembre 1769.

La seconde branche issue de la précédente a produit Gaspard DE GAUTIER DE SAVIGNAC, Commandant du régiment Dauphin, marié le 23 novembre 1680, à Montauban, à demoiselle Madeleine DE VIGNES DE PUYLAROQUE; son petit-fils, Jean, Baron de Caufour, Seigneur de Saint-Christophe, né en 1712, était Capitaine au régiment de Médoc et Chevalier de Saint-Louis en 1771.

Un des représentants de cette famille a comparu à l'assemblée de la noblesse du bailliage de Bayeux en 1789 et son petit-fils habite encore cette ville.

GAUVILLE (DE). — Le nom primordial de cette famille était HARENC (nom Danois), et elle était déjà ancienne dans la province lors de la conquête d'Angleterre en 1066. — Robert HARENC, Seigneur de Gauville, figure dans une charte de confirmation de biens à l'abbaye de Conches, donnée par Rotrou, Archevêque de Rouen en 1162.

La filiation suivie des différentes branches commence à Guillaume, Sire de Gauville (1), Chevalier châtelain d'Orbec, dénommé dans deux quittances des années 1354 et 1377. Il commandait dans le Comté d'Evreux et fut fait prisonnier à la bataille de Cocherel (1364), par Guy LE BAVEUX, Sire de Longueville, qui fixa sa rançon à 10,000 francs d'or. Sa descen-

(1) Le Brasseur, dans son *Histoire d'Evreux*, a confondu ce Guillaume DE GAUVILLE avec Jean DE GRAVILLE (de la maison de MALET); c'est une grave erreur, car, c'est bien Guillaume, qui reprit Evreux sur les Anglais pour le roi de Navarre et Jean DE GRAVILLE, dont il est question fut décapité avec le comte d'Harcourt, quelque temps avant cet événement, lorsque le roi de Navarre, Charles le Mauvais, fut arrêté à Rouen.

dance a formé plusieurs branches; la première avait pour chef au commencement de ce siècle :

Eustache, Marquis DE GAUVILLE, Capitaine de la Garde ordinaire du roi, Chevalier de Saint-Louis, qui avait trois garçons et trois filles en 1815.

A la seconde appartenait : Louis-Charles Henri, Baron DE GAUVILLE, Lieutenant-colonel aux Gardes du Corps du Comte d'Artois, lequel fit ses preuves le 12 novembre 1784, pour monter dans les carrosses du Roi. Il a émigré, fit les campagnes de l'armée des Princes, et fut nommé Maréchal de Camp en 1815. De son mariage avec Catherine-Pauline DE LA PLAIGNE, sont issus quatre enfants, entre autres : Adolphe-François-Charles Marquis DE GAUVILLE, qui a été Officier sous le premier Empire.

GENDRE (LE) — DE VILLEROY, D'ONS-EN-BRAY, DE MONTENOL, Marquis DE SAINT-AUBIN, etc.

Jean LE GENDRE, seigneur de Villeroy, d'Hallaincourt, et de Conflans, Conseiller du roi, Trésorier de France, vivait au milieu du XVᵉ siècle et a épousé Catherine DAMPONT, dont postérité. Il est dit dans les lettres patentes du mois d'avril 1718, enregistrées au parlement de Rouen le 5 décembre de l'année suivante, qui érigent la terre de Saint-Aubin en *Marquisat*, que la famille D'ONSENBRAY a la même origine que celle de Villeroy, dont on avait pu croire l'extinction constatée par une donation et une substitution de l'année 1525. Les Comtes D'ONSENBRAY, ont fourni un Lieutenant général des armées du roi, et les Marquis DE SAINT-AUBIN, plusieurs Conseillers d'Etat. Les armoiries sont les mêmes que celles des LE GENDRE DE VILLEROY, c'est-à-dire : *D'azur, au chevron d'or, accompagné en chef de deux molettes d'éperon et en pointe d'un rencontre de cerf, le tout du même.*

N..... LE GENDRE, Comte D'ONSENBRAY, a comparu à l'assemblée de la noblesse du bailliage de Chaumont en 1789.

Cette famille est représentée aujourd'hui par : le Comte et le Vicomte LE GENDRE D'ONSENBRAY, qui ont des enfants et habitent le département de l'Eure; et par le Comte LE GENDRE DE MONTENOL, qui habite le château de la Vacherie, près Beaumont-le-Roger.

— LE GENDRE DE SAINT-MARTIN. — Autre famille aussi de la généralité de Rouen qui porte pour armes : *D'azur, à la fasce d'argent, accompagnée de trois bustes de jeunes filles du même*

8

chevelées d'or. — Elle a été anoblie en 1689, en la personne de Thomas LE GENDRE, commerçant à Rouen (*Registres de la Cour des comptes*).

GENDRE (LE) — DE BERVILLE, DE ROMILLY.

Armes : *Ecartelé : aux 1 et 4, coupé d'azur sur or, l'or chargé d'un rosier de trois roses de gueules, tigées de sinople et l'azur de deux poissons d'argent rangés en fasce, celui de dessous contourné; aux 2 et 3 d'ESTAING.*

Guillaume LE GENDRE DE ROMILLY, était Conseiller au parlement de Rouen en 1692, et Thomas, Ecuyer, Sieur de Collande, Lieutenant au Gardes en 1701. — Charles LE GENDRE, Seigneur de Berville, de Romilly et de Livarot, Lieutenant général des armées du roi en 1734, était fils de Thomas, Seigneur de Romilly et de Maigremont, et d'Esther SCOTT DE LA MÉZANGÈRE. Il a épousé le 16 mars 1708, Esther DE SAILLANS, et est mort en 1746, laissant deux fils : 1° Pierre-Hyacinthe LE GENDRE DE BERVILLE, Colonel du régiment de Rouergue, puis Maréchal de Camp en 1744, marié le 17 mars 1739, à sa cousine Marie-Adélaïde LE GENDRE DE MAIGREMONT; 2° Thomas LE GENDRE DE COLLANDE, Seigneur de Gaillefontaine, Maréchal de Camp et Commandeur de Saint-Louis; il vivait encore à l'époque de la Révolution.

GENTIL (LE) — DE MONTPERREUX. — Famille de l'élection de Lizieux maintenue le 9 janvier 1668, et bien distincte de celle de Bretagne, qui cependant a sans doute une origine commune, car elle porte les mêmes armes.

René-Hyacinthe LE GENTIL, Capitaine de Dragons et Chevalier de Saint-Louis en 1769, a épousé Agathe-Françoise de FLEURIOT DE LANGLE; son père a été reçu sur preuves Chevalier des Ordres royaux et militaires de Saint-Lazare et de Notre-Dame-du-Mont-Carmel en 1728. — Trois branches existaient en 1773 et cette maison a encore des représentants à Rouen.

GESTART DE VALVILLE. — Armes : *D'azur, à un sautoir d'argent, accompagné de quatre flammes d'or.*

Généralité de Caen. — René GESTART, Avocat au conseil, pourvu le 22 juin 1634, de l'office de Conseiller secrétaire du Roi, a épousé Radegonde DE MAUROY, dont il eut : Barthélemy, Ecuyer, Trésorier de France à Alençon. — Jean-François, Ecuyer, seigneur de Valville, a épousé en 1734, Marguerite-Françoise DE CAIRON dont est issu : Michel-Jean-Barthélemy GESTART DE VALVILLE, né à Caen le 17 juin 1736.

GIFFART DE LONGUEVILLE. — Une des plus anciennes familles de la province, dont le premier auteur Osbert, seigneur de Bolbec, et Ameline, sa femme, sœur de Gonnor, épouse de Richard Ier, Duc de Normandie, vivaient en 1050. — Gautier, son fils, seigneur de Bolbec et de Longueville, fonda le prieuré de Saint-Michel à Bolbec en 1070. — Artus GIFFART, seigneur de la Marzelière, vivant en 1495, prit ce dernier nom que ses descendants ont continué à porter. — François DE LA MARZELIÈRE, marié à Françoise d'Harcourt, fit ériger sa terre de la Marzelière en *Marquisat* en 1619.

Une branche de cette famille est passée en Angleterre et y subsiste encore dans le comté de Buckingham; elle porte pour armes : *De gueules, à trois lions léopardés d'argent, passant l'un sur l'autre.*

— DE GIFFART. — Autre famille de l'élection de Neufchâtel, maintenue le 3 janvier 1669.

N... DE GIFFART, appartenant à cette maison, a été présent à l'assemblée de la noblesse de 1789 pour l'élection des députés aux Etats-Généraux (bailliage de Caudebec).

— DE GIFFART. — (Angleterre, Normandie et Bretagne.) — Armes : *D'argent, à une croix de gueules, chargée de cinq coquilles d'or, cantonnée de quatre lions de gueules, couronnés, armés et lampassés d'or.*

GIGAULT DE BELLEFOND. — Seigneur de l'Ile-Marie, d'Haineville, de Branville, etc... — Cette famille a produit un Maréchal de France, des Lieutenants généraux, un Archevêque de Paris et quantités d'officiers distingués; elle a eu pour premier auteur : Hélion GIGAULT, marié en 1488, à Jeanne GRASSIGNON, dame de Bellefond. — Jean, seigneur de Bellefond, et de Marennes, était l'un des cent gentilshommes de la maison du Roi en 1569. — Bernardin, Gouverneur de Valognes et de la ville et château de Caen, épousa en 1607, Jeanne AUX-EPAULES. — Bernardin, IIe du nom, Marquis DE BELLEFOND, son petit-fils, Maréchal de France et Premier Maître d'hôtel du Roi en 1668, Premier Ecuyer de Madame la Dauphine et Gouverneur de Vincennes, se signala par son courage sous le règne de Louis XIV; il est mort le 5 décembre 1694 et fut enterré à Vincennes. — Louis-Charles-Bernardin GIGAULT, Marquis DE BELLEFOND et DE LA BOULAYE, Mestre de camp du régiment de cavalerie de son nom, est mort à 25 ans, le 10 août 1710, laissant pour fils : Charles-

Bernardin Geoffroy, né en 1707, marié à Marie-Suzanne DU CHATELET, d'où est issu :

Louis-Bernard-Jacques, Marquis DE BELLEFOND, dont le fils : Alexandre-Bernard, Capitaine de chasseurs au régiment de Franche-Comté, a assisté à l'assemblée de la noblesse du bailliage de Carentan en 1789.

Cette ancienne maison est représentée par le Marquis DE BELLEFOND, qui habite le château de Cavigny, près Saint-Lô, et par Antoine-Alexandre-Bernardin, Comte DE BELLEFOND, marié à demoiselle Marie-Laurentine DE CAUMONT dont une des filles, Elisabeth, a épousé au mois de mai 1858, Albéric-Ferdinand DE BEUVERAND, Comte DE LA LOYÈRE.

GIGAULT DE CRISENOY. — Autre famille originaire de l'Ile-de-France, qui porte pour armes : *D'or, à trois fasces d'azur, accompagnées de dix merlettes de sable, posées 4, 3, 2 et 1.*

Cette maison fut anoblie sous le règne de Louis XV, par plusieurs charges de Conseiller-secrétaire du Roi.

Etienne GIGAULT, Conseiller du Roi, eut deux fils : 1° Etienne-Pascal, Ecuyer, seigneur de Saint-Germain-sur-Eaulne, de l'Epinay, de la Houssaye, etc..., l'un des fermiers généraux de Sa Majesté, acheta en 1774 la terre de Saint-Germain, à Mᵐᵉ la duchesse de Saint-Aignan, et plus tard celle de Crisenoy (au diocèse de Meaux); 2° Achille-Etienne-Marie GIGAULT DE CRISENOY, Chevalier, Conseiller du Roi en tous ses conseils et Maître des requêtes ordinaire de son hôtel, fut marié deux fois et eut du premier lit :

Michel-Hippolyte, Capitaine d'Etat-major, Officier de la Légion d'honneur, marié à Amélie DU VAL DU MANOIR, dont une fille, Marguerite-Marie-Amélie, qui a épousé le Marquis DE CHAPONNAY, et un fils, Charles-Albert. — Mᵐᵉ DU MANOIR, s'étant remariée à Charles-Marie-Louis, Comte DE LYONNE, et celui-ci ayant adopté le fils né de son premier mariage, Charles-Albert GIGAULT DE CRISENOY, porte actuellement le titre de Comte DE LYONNE, et il a épousé le 28 juin 1862, Mˡˡᵉ Rosalie-Mathilde DE MONTESQUIOU-FÉZENSAC.

Du second mariage d'Achille-Etienne-Marie, rapporté plus haut, est né Charles GIGAULT, Baron DE CRISENOY, lequel a épousé en 1822, Marie-Euphrasie EUDES DE MIRVILLE. Il est mort en 1835, laissant deux fils : Pierre et Jules.

GILLAIN DE BÉNOUVILLE. — Armes : *De sable, au chevron d'or, accompagné* *d'un croissant d'argent à dextre, d'une étoile d'or à sénestre et d'un lion armé et lampassé de gueules en pointe.*

Famille maintenue en 1666, dans la généralité de Caen, et dont il est parlé dans l'*Histoire de la maison d'Harcourt* (page 1475). — Pierre-Charles GILLAIN, Marquis DE BÉNOUVILLE, chef de la famille en 1774, épousa la dernière héritière de la maison DE CURCY, qui lui apporta tous les biens de cette ancienne famille.

Le Chevalier DE BÉNOUVILLE a comparu à l'assemblée de la noblesse du bailliage de Pont-Audemer en 1789.

GISLAIN (DE). — Seigneur de Vertron, du Houssay, du Bois-Guillaume, de Saint-Mars etc... Maison de l'élection de Mortagne, maintenue dans sa noblesse le 7 juin 1667.

Le premier auteur où commence la filiation est Charles DE GISLAIN, Ecuyer, Sieur du Houssay et du Bois-Guillaume, vivant en 1556. — Jacques-Louis DE GISLAIN, Ecuyer, seigneur de Vertron, Capitaine au régiment de Boufflers, a épousé le 22 octobre 1716, Anne-Dorothée DU MERLE-BLANCBUISSON.

GIVERVILLE (DE). — Ancienne maison de l'élection de Bernay, dont la filiation remonte au milieu du XVe siècle. — Marc-Aurèle DE GIVERVILLE DE SAINT-MACLOU, a été reçu Chevalier de Malte le 19 mars 1657.

Pierre DE GIVERVILLE, Ecuyer, seigneur dudit lieu, Sieur d'Argences, a été maintenu dans sa noblesse le 24 août 1668. — Anne-Charlotte-Gabrielle, a épousé le 13 juin 1763, Louis-François DE LIVET, Marquis DE BARVILLE. — MM. DE GIVERVILLE DE SAINT-MACLOU, DE GIVERVILLE DU TORT ont assisté à l'assemblée de la noblesse du bailliage de Pont-Audemer, et MM. DE GIVERVILLE (frères) et DE GIVERVILLE DE SAINT-AUBIN, à celle du bailliage d'Evreux.

Le chef actuel de cette famille habite le château de Giverville, près Bernay.

GLATIGNY (DE). — Seigneur de Villodon et de Juvigny. — Election de Valognes, maintenu le 24 juillet 1666. — Cette ancienne famille est mentionnée dans l'*Histoire de la maison d'Harcourt*. — Dans le jugement de Chamillart, qui maintient Jean, Sieur de Villodon, né en 1601, et Louis, Sieur de Juvigny, son frère, on voit qu'ils étaient fils de Robert, fils de Bertrand, fils lui-même de Pierre DE GLATIGNY, Ecuyer, vivant en 1495. Renée DE GLATIGNY, fille de Jean, a épousé par contrat reconnu le 28 mars 1656, Jacques Gouhier, Ecuyer, seigneur de la Huberdière.

— De Glatigny.—Autre famille de ce nom, anoblie par lettres patentes enregistrées à la Cour des comptes, aides et finances le 27 avril 1700.

GODARD. — Outre la famille Godard de Belbeuf, dont nous avons donné la généalogie (tome I", page 145), plusieurs autres ont existé en Normandie et ont été maintenues dans l'élection de Neufchâtel et de Lions. — Messire Charles Godard, Chevalier, Seigneur de, Mésangueville, Glatigny, Saint-Jean et autres lieux, ancien Mousquetaire de la Garde ordinaire du roi, et élu par l'Ordre de la noblesse, en 1766, était d'une famille qui existait dans le Comté de Gournay dès le XVI° siècle, il vivait encore en 1775; il était fils de Louis Godard, Ecuyer, Chevalier de Saint-Louis, Capitaine de grenadiers dans le régiment de Champagne. — Armes : *Coupé d'azur et de gueules, à l'aigle éployée d'or brochant.*

Aux procès-verbaux de l'assemblée de la noblesse du bailliage de Bayeux, pour l'élection des députés aux Etats-Généraux en 1789, nous trouvons trois gentilshommes, MM. Godard de Boutteville, de Douville et de Coudeville; nous ignorons à quelle famille ils appartenaient.

GODEFROY (de). — Trois familles de ce nom ont été maintenues en 1666, deux à Valognes et une à Rouen. — A cette dernière, appartenait mademoiselle Marie-Charlotte Godefroy de Senneville, mariée en 1785, au Marquis d'Aligre, et dont le père a comparu à l'assemblée de la noblesse du Grand bailliage de Rouen en 1789.

Une des familles de l'élection de Valognes, maintenue en 1666, porte pour armes : *D'azur, à un chevron d'argent, accompagné en chef de deux molettes d'éperon d'or et en pointe d'une rose du même.* — Elle a eu cinq de ses représentants qui ont assisté à l'assemblée de la noblesse du bailliage de Saint-Lô, ce sont : Jean-Louis-Pierre de Godefroy; Louis-Joseph de Godefroy de la Hazardière; Jean-Élisabeth de Godefroy de la Madeleine, Garde du corps du roi; Hyacinthe-Amand-Léon de Godefroy de Lessard, aussi Garde du corps, et Jean-Baptiste de Godefroy d'Aubert, Lieutenant de canonniers.

GOGUÉ de Chaligny. — Armes : *D'azur, au cygne d'argent, nageant sur une rivière du même, et un chef d'or, chargé de trois croisettes de gueules.*

Cette maison de l'élection de Verneuil, remonte sa filiation à Vincent DE GOGUÉ, Sieur de Menant, vivant en 1511, ancêtre direct de Catherine-Angélique, reçue à la maison royale de Saint-Cyr, le 1er juin 1686. — Le Chevalier DE GOGUÉ DE MAUSONVILLIÈRE a assisté en 1789, à l'assemblée de la noblesse du bailliage de Magny.

GOHON DE CORVAL. — Armes : *D'azur, au chevron d'argent, accosté de trois roses du même, deux en chef et une en pointe, écartelé de sable au chevron d'or, accompagné de deux croix ancrées d'or, en chef, et d'un trèfle aussi d'or en pointe.*

Marin GOHON, Sieur de Corval, était Auditeur en la chambre des comptes, en 1697, et a épousé Anne THIBAUT ; leur fille Charlotte a été mariée à François TITAIRE, Sieur de la Martinière. — Pierre GOHON DE CORVAL, Chevau-léger de la Garde du roi, eut pour fils, Pierre, Officier en la cour des Monnaies en 1733. — Marin-Guillaume, Auditeur en la chambre des Comptes en 1768, a épousé Marie-Marguerite DUVAL DE BAUDRIBAULT.

Leurs descendants habitent Quincampoix et Rouen.

GONNIVIÈRE (DE ⚐).—Ancienne famille de l'élection de Vire et Carentan, maintenue dans sa noblesse le 3 janvier 1667. — Armes : *Palé d'argent et de gueules de six pièces, au chef d'or.*

Messieurs DE LA GONNIVIÈRE du Butel, du Breuilly et des Mores, ont comparu à l'assemblée de la noblesse du bailliage de Thorigny en 1789. — Françoise-Gabrielle-Adélaïde DE LA GONNIVIÈRE, a épousé le 20 octobre de ladite année, Jean-François DU MESNILDOT, Officier au régiment des Gardes-françaises.

Adolphe-René, DE LA GONNIVIÈRE, un des représentants actuels de la famille, habite le château de Bois-Grimault à Carentan; il a épousé mademoiselle Ida LE COURTOIS DE SAINTE-COLOMBE, et a eu plusieurs enfants, entre autres : Louise-Ernestine-Léonide, mariée le 14 mai 1850, à René-Benoît, Vicomte DOYNEL DE LA SAUSSERIE.

GOSSELIN DE BOISMONTEL. — Généralité de Rouen. —

Jean GOSSELIN, sieur de la Vacherie, Maître ordinaire en la chambre des comptes de Rouen, fut anobli par lettres patentes du mois de septembre 1585. — Jean, IIIe du nom, Ecuyer, sieur de Moulineaux, de la Vacherie et de Saint-Pierre, a été maintenu par jugement du 10 août 1667. — Jean-Jacques,

Ecuyer, sieur de Boismontel, fut nommé le 4 août 1743, Brigadier des Gardes du corps du roi en la compagnie d'Harcourt et Chevalier de Saint-Louis l'année suivante ; de son mariage avec Marie-Thérèse DOISNEL sont issus : Jean-Jacques, né le 15 septembre 1735, et une fille reçue à la maison royale de Saint-Cyr, le 7 mars 1744.

Deux autres familles ont été également maintenues dans leur noblesse en 1666, Généralité de Caen ; l'une d'elles portait pour armes : *D'azur, à deux fasces ondées d'argent, surmontées d'un besant d'or*, et a possédé les seigneuries d'Anisy, de Villons, de la Bretonnière, des Noyers, etc. — Un de ses membres, M. GOSSELIN Comte DE MANNEVILLE, a figuré à l'assemblée de la noblesse du bailliage de Caen en 1789, et cette maison a encore des représentants de nos jours.

GOUESLIER (LE). — Très-ancienne famille de la généralité de Rouen, maintenue le 28 novembre 1668, et divisée en deux branches. — Jean, Ecuyer, sieur de Vaudoré, du Buisson et du Montcarel, lors de la recherche, n'a cependant pu prouver sa filiation que depuis le XVe siècle. — Jean-Jacques LE GOUESLIER DE MONTCAREL, fit en 1739, ses preuves pour remplir au collége de Beaumont en Auge, une des places fondées à perpétuité par la maison d'Orléans, pour six Gentilshommes, place qu'il a occupée jusqu'en 1748.

N..... LE GOUESLIER, a comparu à l'assemblée de la noblesse du bailliage de Pont-l'Evêque.

GOUESLARD. — Le nom de cette famille s'est écrit aussi GOESLARD ; Jean, Ecuyer, seigneur de Longprey, a été maintenu en 1666, Election de Coutances, ses armes sont : *De gueules, au sautoir d'argent, cantonné de quatre maillets du même.*

Pierre GOUESLARD, Sieur de Vaucelle, Capitaine de Canonniers ; François GOUESLARD, Lieutenant de Canonniers, et Gilles-Gilbert-Léger-Pierre, ont comparu à l'assemblée de la noblesse du bailliage de Coutances en 1789.

GOUET (DE) — DE VIEUXPONT et DE LA BIGNE. — Famille anoblie en 1594. — Pierre DE GOUET, Ecuyer, sieur du Mesnil, de Lespine etc... fut maintenu dans sa noblesse en 1666, Election de Bayeux.

M. DE GOUET DE LA BIGNE a assisté à l'assemblée des Gentilshommes du bailliage de Bayeux en 1789.

GOURMONT (DE). — Armes : *D'argent, au croissant de sable, au chef de gueules, chargé de trois roses d'or.*

Pierre DE GOURMONT, Baron de Giel et du Mesnil-Gourfay, de l'élection de Carentan, a été maintenu en 1666. — Anne DE GOURMONT, a épousé en 1618, Adrien DE SAINT-SIMON, Seigneur des Landes. — Pierre-Charles DE GOURMONT, était Lieutenant-colonel et Chevalier de Saint-Louis en 1785. — Robert DE GOURMONT DE SAINT-CLAIR, a comparu à l'assemblée de la noblesse du bailliage de Carentan pour les Etats-Généraux.

GOUVEST (DE). — Maison reconnue noble par Montfaut en 1463. — Robert, Ecuyer, Seigneur de Clinchamp, du Port, de Loiselière, de Rougemare etc... de l'élection d'Avranches, a été maintenu dans sa noblesse en 1666. — Suzanne DE GOUVERVILLE, figure dans un inventaire fait en 1727, des biens de N..... DE GOUVEST, Sieur d'Auteville et des Genestais (Election de Mortain).

Charles-François, a comparu à l'assemblée de la noblesse d'Avranches en 1789, et Jacques-Julien à celle de Mortain.

GOUVILLE (DE). — Robert, sieur de Pontroger, a été anobli en 1698. — André, Sieur du Ménil-Patry et de Touteville, Procureur du roi au bailliage et siége présidial de Caen, fut aussi anobli avec son frère François en 1718.

M. DE GOUVILLE DE BRETTEVILLE, a comparu à l'assemblée de la noblesse du grand bailliage de Caen en 1789.

GOUY (DE). — Armes : *Parti d'or et d'azur, à trois fleurs de lis de gueules posées 2 et 1, les deux du chef de l'un à l'autre, celle de la pointe de l'un en l'autre.*

Antoine DE GOUY, Sieur de Montgiron, de l'élection de Pont-Audemer, obtint des lettres de maintenue de noblesse et d'anoblissement en tant que de besoin, le 24 mai 1700.

Le Marquis DE GOUY, Lieutenant général des armées du roi, a comparu à l'assemblée de la noblesse du bailliage de Chaumont en 1789.

GRAFFARD D'ORNAY. — Armes : *D'argent, à trois pattes de griffon de sable.*

Pierre GRAFFARD, Ecuyer, seigneur de Tourainville, de Manville, élection de Mortagne, fut maintenu dans sa noblesse le 29 août 1667.

Un des représentants de cette maison, a comparu à l'assemblée de la noblesse du bailliage d'Alençon, le 17 mars 1789.

Deux autres familles ont existé dans la province, les GRAFFARD DU PARC (généralité de Rouen) et les GRAFFARD DE MAILLY, élection de Pont-de-l'Arche.

GRAND (LE) — D'ANERVILLE, DE LA PILLETIÈRE, etc... — Maison de la généralité de Caen, maintenue en 1666.

Trois représentants de cette famille ont assisté à l'assemblée de la noblesse à Caen et à Vire en 1789. — M. LE GRAND D'ANERVILLE, a épousé au commencement de ce siècle, mademoiselle Anne LE CHARTIER DE SÉDOUY.

— Plusieurs autres familles du nom de LE GRAND ont existé ou existent encore dans la province, entre autres : les LE GRAND DE GLESSIEN et DE BOISNOUVEL (élection de Breteuil); nous renvoyons pour les armoiries de ces sept ou huit familles à la première partie du Iᵉʳ vol., page 75.

GRANDERIE (DE LA). — Election d'Andely. — Hamelin DE LA GRANDERIE, vivait en 1370, et a épousé Marie DE MARIDOR. — Pierre, Ecuyer, seigneur de Grimonval, a été maintenu dans sa noblesse le 6 décembre 1666. — Marie-Magdeleine, fut reçue à la maison royale de Saint-Cyr en mai 1686. — N... DE LA GRANDERIE, était Président au parlement de Rouen en 1782, et Mᵐᵉ DE LA GRANDERIE a été représentée à l'assemblée de la noblesse du bailliage d'Arques, en 1789, par M. DE SAINT-OUEN D'ERNEMONT.

GRAVERON (DE). — Ancienne famille de la généralité de Rouen, maintenue par Montfaut en 1463 et par La Galissonnière le 1ᵉʳ mars 1668. — Robert, Ecuyer, sieur de la Haie-Calleville, de Gondreville, etc..., vivant en 1517, a épousé Jeanne DE BÉTHANCOURT. — Jacques-Louis-Charles, a été reçu Page du Roi dans sa petite écurie le 8 décembre 1732 et Jacques-Adrien, a été reçu Chevalier de Malte en 1734. — Charles DE GRAVERON, Chevalier, seigneur d'Heudreville, a épousé le 25 juin 1743, Marie-Henriette D'ERARD. — Trois membres de cette maison ont comparu à l'assemblée de la noblesse en 1789. — Charles DE GRAVERON, marié vers 1815, a eu trois enfants : 1° Henri-Alban, marié le 31 juillet 1849 à Augustine-Charlotte-Antoinette LE FORESTIER DE MOBECQ; il est mort en laissant deux fils; 2° Gatien-Gustave, marié le 17 octobre 1843 à Louise-Gabrielle-Antonia DE MARESCOT; il est mort en laissant une fille; et 3° Louise, mariée à M. DE SAINTE-CROIX.

Un représentant de la famille habite le château de Mervilly près Orbec (Calvados), et un autre celui d'Heudreville, près Louviers.

GRENIER DE CAUVILLE. — Election de Montivilliers. — Cette famille qui s'est distinguée par une suite de services dans la marine, des-

cend de David Grenier, seigneur et patron de Cauville, anobli
en 1655, confirmé au mois de janvier 1665, et enfin maintenu
le 4 janvier 1669 ; il eut pour fils David-François, Conseiller
du Roi en ses conseils et président aux requêtes du palais,
mort le 8 mai 1699. — Antoine-Jacques Grenier de Cauville,
Ecuyer, Capitaine au régiment des Grenadiers-royaux, né
en 1706, tué d'un boulet de canon à la bataille de Minden le
1er août 1759, avait épousé en 1743 Catherine Chatillon, dont
deux fils : Jacques-François, né le 16 avril 1752, reçu à l'Ecole
militaire, et François, dit *Le Chevalier* de Gauville; ce dernier a assisté à l'assemblée de la noblesse du bailliage de Rouen
en 1789.

Des deux représentants qui existent de nos jours, l'aîné a
épousé une demoiselle Garvey, l'autre une demoiselle Néel.

Les Grenier d'Ernemont, qui paraissent une branche cadette de la même famille, ont eu pour premier auteur : Fran-
çois-Guillaume-Augustin, Seigneur et patron d'Ernemont, né
le 7 janvier 1723, marié le 10 mai 1758, à Rose de Cabueil,
fille du premier Echevin de la ville de Rouen, et anobli en 1768,
par lettres patentes enregistrées en la chambre des comptes de
Normandie. De son mariage sont issus deux fils : Guillaume-
Nicolas, né le 17 juillet 1760, et Simon-Etienne, né le 5 janvier 1762. Ils comparurent tous deux à l'assemblée de la noblesse du bailliage de Rouen (tome Ier, page 185). — Etienne
Grenier d'Ernemont, ancien Capitaine, est mort à 71 ans, le
17 novembre 1862.

Le chef actuel de la famille habite le château de Neuilly, à
Nonancourt (Eure); il est petit-fils de la Comtesse de Giverville,
et a épousé le 19 mars 1854, Léonide de Laureau.

GRÉARD (de). — Armes : *De gueules, au chevron d'or, accompagné de
deux croissants, en chef, et un coq en pointe, le tout d'argent.*

Louis de Gréard, Avocat au parlement, fut anobli en 1689 ;
Jean, sieur de Bonnefond, le fut également pour services militaires, en 1699.

GRIEU (de). — Election de Lisieux. — François, Ecuyer, seigneur de
Launoy, de Saint-Gilles, de Montval, d'Estimauville, etc..., fut
maintenu le 16 décembre 1670. — François-Charles-Alexandre,
Chevalier de Malte, Commandeur de Castres et de Saint-Maurice, procureur général et receveur général dudit Ordre au
grand Prieuré de France, est mort à Paris en 1769. —Jacques-

Charles DE GRIEU, Ecuyer, sieur de Laillet, a épousé en 1740, Madeleine-Françoise DE BAILLEUL.

MM. DE GRIEU, Baron DE MORAINVILLE et DE GRIEU D'ESTIMAUVILLE, ont comparu à l'assemblée de la noblesse du bailliage de Falaise en 1789.

GRIMOULT (DE).—Armes : *De sable, fretté d'argent, semé de grillets d'or.*

Ancienne famille de l'élection de Bayeux, maintenue dans sa noblesse par Montfaut, en 1463. — Pierre, Ecuyer, seigneur de la Motte, d'Hablaville, d'Amion, etc..., fut maintenu par Chamillart, le 3 avril 1667. — N... DE GRIMOULT, Comte de Moyon, a comparu à l'assemblée de la noblesse du bailliage de Falaise en 1789. — Mlle Louise DE GRIMOULT, a épousé Jules DES HAYES, Comte DE GASSART, chef actuel de sa branche.

Un des représentants de la famille habite le château d'Esson, près Falaise.

GRIMOUVILLE (DE). — Baron DE LARCHANT, Seigneur de la Lande-d'Airon, d'Hauteville, de Vaux, etc... Cette ancienne famille, dont l'origine remonte à Georges, Sire de Grimouville, qui comparut au ban de la noblesse de 1270, tire son nom d'une terre située près Coutances, et s'est divisée en neuf branches principales, savoir : celles de la Meilleraye, de Larchant, de Cussy, de Bazenville, de Sommervaux, de Vaux, de Martragny, etc...; elles sont toutes éteintes aujourd'hui sauf une seule. — Jean, Chevalier, Baron de la Lande-d'Airon, est mort en 1399, laissant Geoffroy qui fut père de : Guillaume-Jean et Thomas, maintenus par Montfaut en 1463. — Georges DE GRIMOUVILLE, Baron de Larchant et de la Lande-Patry, Chevalier de l'ordre du Roi, Gentilhomme de sa chambre et Commandant du ban et arrière-ban de Normandie, a épousé en 1558, Charlotte DE VILLEMUR.— Nicolas, Baron DE LARCHANT, a été Capitaine des Gardes du corps de Henri III et Chevalier du Saint-Esprit.

La branche de Bazenville (la cinquième), dont un des membres a comparu à l'assemblée de la noblesse en 1789, vient de s'éteindre et n'est plus représentée que par des filles.

La branche des Barons de la Lande-d'Airon, seule subsistante dans les mâles, a pour chef actuel : Félix-Victor, Baron DE GRIMOUVILLE-LARCHANT; il habite Saint-Lô, est très-âgé et n'a eu que des filles dont l'une, Ernestine-Caroline, a épousé en 1847, Charles-Gabriel-Louis GAUTIER DE CARVILLE.

GRIPIÈRE (DE). — Famille de l'élection de Pont-Audemer dont les armes sont : *De gueules, à la croix d'argent, cantonnée de quatre molettes d'éperon d'or.*

Scipion, Ecuyer, seigneur de Collemont et du Quesnay, était Capitaine de 100 hommes d'armes en 1538 ; sa descendance a formé deux branches, dont l'une fut maintenue en Normandie et l'autre alla s'établir en Agénois. — Alexandre-Bertrand DE ou DE LA GRIPIÈRE, Ecuyer, seigneur de Moncroc, de la Roque, etc..., fut nommé Lieutenant de MM. les Maréchaux de France dans la sénéchaussée de Nérac, le 14 septembre 1699. — Jean-Alexandre, son fils, né le 8 mai 1700, Chevalier de Saint-Louis, commandait, en 1744, la compagnie des Gardes de S. A. S. le Prince de Conti.

GRIX (LE) — DE BELLEUVRE et DE NEUVILLE.

Famille anoblie en 1643, en la personne de Charles LE GRIX, Lieutenant de la Vicomté de Pont-Audemer, pour services militaires importants rendus pendant la minorité de Louis XIV. — Son petit-fils, Bernard-Hercule, a épousé Marie-Anne-Françoise HOUEL DE LA POMMERAIE. — Philippe-Auguste LE GRIX DE NEUVILLE, Chevalier, Capitaine au régiment de Beauvoisis, émigra en 1791, servit dans l'armée de Bourbon, assista au combat de Quiberon et eut pour fils : Charles-Philippe-César, né en 1773, qui émigra avec son père, fut volontaire à l'armée des Princes et a épousé Marie-Joséphine MEYER, dont il n'a eu que deux filles : Marie-Louise-Joséphine, née le 26 juillet 1807, et Marie-Emilie, née le 16 mars 1814.

GROSOURDY DE SAINT-PIERRE. — Ancienne famille de l'élection de Pont-Audemer, maintenue le 25 juillet 1669.

Françoise DE GROSOURDY, a épousé le 21 avril 1678, Charles LE SENS, Chevalier, seigneur de Villodon. — Deux représentants de cette maison vivaient en 1789 et ont assisté à l'assemblée de la noblesse pour l'élection des députés aux Etats-Généraux au bailliage de Thorigny. — Louise-Charlotte-Eudoxie GROSOURDY DE SAINT-PIERRE, a épousé vers 1840, Antoine-Félix Baron HÉRON DE VILLEFOSSE.

Le chef actuel de la famille habite le château de la Vente, près d'Exmes (Orne).

Une autre branche, issue de la même souche, mais dont les armes offrent une légère différence, a été maintenue dans l'élection de Bayeux, et un de ses membres, Pierre-Charles GROSOURDY DE LA VERDERIE, a comparu à l'assemblée de la noblese en 1789.

GROUCHY (DE). — Jean DE GROUCHY, sieur de la Chaussée et Jeanne DE FONTAINE, sa femme, vivaient en 1416. — Colar, Ecuyer, fut déclaré noble par sentence des Elus de Bayeux en 1479. Thomas, sieur de Creny, de Robertot et de la Chaussée, fut maintenu dans sa noblesse en la généralité de Rouen, et a épousé en 1681, Marie DE CLERCY. — Nicolas, Chevalier de Saint-Louis, Capitaine des vaisseaux du Roi, par commission du 11 avril 1728, eut pour fils : François-Jacques DE GROUCHY DE ROBERTOT, reçu Page du Roi en sa grande écurie le 21 juin 1732.

Emmanuel, Marquis DE GROUCHY, né à Paris le 23 octobre 1768, était Capitaine dans les Gardes du corps à l'époque de la Révolution. Il prit du service sous le premier Empire et se couvrit de gloire à la journée de la Moskowa; créé Maréchal de France pendant les Cent-Jours, il est mort en 1847, laissant une fille et deux fils.

Alphonse, Marquis DE GROUCHY, l'aîné, est Général, Grand-croix de la Légion d'honneur et Sénateur; il habite Paris.

GROULART. — Marquis DE TORCY, DE BOSCGEFFROY.— Ancienne maison de l'élection d'Arques, maintenue le 1er mars 1668, dont la filiation commence à Nicolas GROULART, Ecuyer, seigneur de la Cour, vivant en 1493, qui eut pour petit-fils, Claude DE GROULART, seigneur de la Cour et de Torcy, Baron de Montivilliers, Conseiller au grand conseil le 8 mars 1578, Président au parlement de Rouen en 1585, l'ami et le conseiller d'Henri IV, etc... Une de ses filles, Isabeau, a épousé en 1635, Raoul BRETEL DE GRÉMONVILLE, Président au même parlement. — Charles GROULART, Marquis DE TORCY, Colonel d'un régiment d'infanterie en 1685, a épousé Marguerite DE MASQUEREL, fille du Marquis de Boscgeffroy; de ce mariage sont nés deux fils : 1° François, Marquis DE TORCY, Mousquetaire du Roi en 1720, marié à N.... DE POITIERS, et 2° Guillaume, Marquis DE BOSCGEFFROY, seigneur de Bailleul, de Smermesnil, etc..., marié à Marie DE SUBLET DE NOYERS, dont une fille, Marie-Angélique GROULART, a épousé le 16 mai 1754, Louis DAUVET, Marquis DE MAINEVILLE, et lui a apporté en mariage le Marquisat de Boscgeffroy et les terres de Smermesnil, Bailleul, etc...

Un membre de la branche aînée, des Marquis DE TORCY, a comparu en 1789, à l'assemblée de la noblesse du grand bailliage de Chaumont et Magny; et le chef actuel de la famille habite le château de Roumois, canton de Bourgtheroulde (Eure).

GROUT DE BEAUFORT. — Armes : *De gueules, au chevron d'or accompagné* *de trois roses d'argent, 2 en chef et 1 en pointe ; à la pointe extérieure de l'écu, une tête de carnation portée sur une main gantelée de fer.*

Cette famille d'origine allemande ou plutôt hollandaise, est issue d'un rameau de la maison de GROOT, de Hollande. — Jacques DE GROOT ou DE GROUT, Écuyer, sire de Beaufort, seigneur de Bretonville, etc... vint en France et obtint la protection d'Anne d'Autriche. Entré au service en 1625, il fut d'abord Capitaine dans le régiment de Bellefonds, puis Major des Gardes du corps du Roi et Précepteur du jeune Prince pour les exercices de guerre; à la majorité du Roi, son élève le nomma Gentilhomme de sa chambre. — Sa descendance a formé deux branches qui subsistent encore de nos jours ; la première a pour chef, Charles-Hercule-Ernest DE GROUT, Comte DE BEAUFORT, marié à mademoiselle Charlotte-Françoise DE BELINAYE, dont il a une fille. — La seconde est représentée par Anne-Raoul DE GROUT DE BEAUFORT, né le 13 décembre 1796, ancien Officier de marine, marié 1° à Marie PIGNOLET DU FRÊNE et 2° à Aline-Reine DE CLANSAYES; il a un fils et une fille.

Et par Eléonore-Gustave, né en 1799, marié à mademoiselle Ambroisine DU FAY DE CUSSY, dont un fils et deux filles.

Le chef de la famille habite le château de Laumondière, près Paimbœuf.

GROUT DE SAINT-PAER. — Armes : *Écartelé : aux 1 et 4, de sable à trois têtes de léopard d'or; aux 2 et 3, d'argent, à trois fusées de gueules, posées en fasce et accolées.*

Autre famille de l'élection d'Evreux, dont deux membres ont assisté à l'assemblée de la noblesse en 1789 (Bailliages de Pont-Audemer et d'Orbec).

GRUEL (DE). — Armes : *D'argent, à trois fasces de sable.* — Très-ancienne famille de la Généralité d'Alençon. — Robert GRUEL, fut un des compagnons de Guillaume à la conquête d'Angleterre en 1066. — Françoise DE GRUEL, héritière en partie du fief de Barenton, a épousé Alexandre DE THIBOUTOT. — Philibert GRUEL, Seigneur de Touvoye, était Chevalier de l'Ordre du roi et Gentilhomme ordinaire de sa chambre, en 1585. — Nicolas DE GRUEL, Chevalier, Marquis de la Frette et d'Overty, Seigneur de Barenton, de Touvoye, de Digny, etc... a été maintenu dans sa noblesse le 1er octobre 1668. Cette maison a été représentée en 1789 à l'assemblée de la noblesse pour l'élection des députés aux Etats-Généraux.

GRUEL DE BOISEMONT. — Armes : *D'azur, à trois grues d'argent.* — Autre famille de l'élection d'Argentan, maintenue le 14 avril 1666. — Premier auteur, Nicolas GRUEL, Ecuyer, vivant en 1536. — Louise-Renée DE GRUEL DE BOISEMONT, a été reçue sur preuves de noblesse à la maison royale de Saint-Cyr, au mois d'octobre 1686. — Jean-Charles DE GRUEL, a comparu à l'assemblée de la noblesse en 1789 et un représentant de cette maison habite le château de Forêt, près d'Argentan.

GUEDIER. — Maintenue le 2 septembre 1667. — Charles GUEDIER, Ecuyer, était Lieutenant général du bailliage de Gournay en 1556. — Charles, II° du nom, a été Contrôleur au grenier à sel de ladite ville. — Pierre, seigneur de Vienne, Lieutenant général de la Vicomté de Pont-Audemer en 1647. — Charles, III° du nom, Ecuyer, Sieur de Saint-Aubin, Secrétaire des finances de Monsieur, frère du roi Louis XIV, aussi Lieutenant général en 1687, Conseiller du roi et Maire héréditaire de Gournay en 1696, eut entre-autres enfants : Henri-Michel, né en 1695, savant théologien, docteur en Sorbonne, bibliothécaire de cette faculté, mort en 1742. — M. GUEDIER DE VIENNE assistait à l'assemblée de la noblesse du bailliage de Montivilliers en 1789.

GUERCHOIS (DE). — Armes : *D'azur, au lion d'argent, lampassé de gueules.* — Généralité de Rouen. — Pierre DE GUERCHOIS, Procureur général au parlement de Normandie, a épousé Barbe DE BEC-DE-LIÈVRE DE HOCQUEVILLE et est mort en 1692. — Charles, Lieutenant général des armées du roi, a été blessé à la bataille de Parme et est mort en 1734. — Pierre-Hector, Chevalier, seigneur de Sainte-Colombe, né en 1670, était Conseiller d'Etat en 1740.

GUÉRIN (DE). — Nous avons donné la notice des GUÉRIN D'AGON, page 532, mais plusieurs familles de ce nom ont existé dans la province; celle des seigneurs de Tourville, de Vaujours, de Marcouville, etc. de l'élection de Pont-Audemer, a été maintenue le 16 mars 1667. —N..... GUÉRIN DE MARCOUVILLE a comparu à l'assemblée de la noblesse du bailliage de Rouen en 1789 et M. DE GUÉRIN à celle de Gisors.

Un représentant de cette famille habite le Neubourg, près Louviers.

GUERNON (DE). — Robert GUERNON, Chevalier, accompagna Guillaume, Duc de Normandie, à la conquête d'Angleterre en 1066.—Jean, Chevalier, seigneur de la Fosse, a été maintenu par Montfaut en

1463, et Jacques, Ecuyer, seigneur de Ranville, de Falligny et autres lieux a été maintenu en l'élection de Bayeux par Chamillart en 1666. — Françoise DE GUERNON, a épousé vers 1670, Charles LE CHARTIER, Ecuyer, seigneur de la Hertaudière. — Léon, a épousé en 1770, une des filles de messire Olivier D'ARGOUGES, enfin N..... DE GUERNON-RANVILLE a comparu à l'assemblée du grand bailliage de Caen en 1789.

Le chef actuel de la famille, M. le Comte DE GUERNON-RANVILLE, ancien Ministre plénipotentiaire, Grand-croix de la Légion d'honneur, etc..., habite Ranville, près Caen.

GUÉROULT (DE)—DE BOISCLÉREAU, DE GROUVILLE, DE LAUNAY, DE THOUVILLE, DE BOISGERVAIS, DE LA PALLIÈRE, etc...

Toutes ces familles ont eu des représentants aux assemblées de la noblesse de 1789, pour l'élection des députés aux Etats-Généraux. — Dix maisons DE GUÉROULT ont été maintenues en 1666, dans diverses élections; une seule, les DE GUÉROULT, Seigneurs de Bellée, de Riquesne et de Labigne, nous ayant communiqué ses documents, nous avons publié une notice page 458; quant aux autres, pour ne pas faire de confusion, nous n'en dirons rien et nous renvoyons pour leurs armoiries tome Ier, page 78.

GUERPEL (DE). — Seigneur du Val, de Louvières, du Mesnil, de Perleville, etc..., maintenu le 2 juin 1666. — Maison de l'élection d'Arques, reconnue noble du temps de Montfaut, et divisée en plusieurs branches.

Louis-Jean DE GUERPEL, a comparu à l'assemblée de la noblesse du bailliage d'Alençon en 1789. — Henriette, sa fille, a épousé le 19 mai 1799, Henri-Constantin, Baron DE SAINT-SAUVEUR.

Un des représentants de la famille habite le château de Carville, à Bény-Bocage, près Vire.

GUESDON DE BEAUCHESNE. — Armes : *D'azur, à trois fallots d'or, allumés de gueules, 2 et 1.*

Charles GUESDON DE BEAUCHESNE, Ecuyer, habitant le Passais normand, a épousé vers 1670, Charlotte-Renée DE LA ROQUE, dont il eut plusieurs enfants, entre autres : Charles, IIe du nom, mort en 1735, et inhumé dans le chœur de l'église de Saint-Pierre-du-Regard (arrondissement de Domfront). — Narcisse GUESDON DE BEAUCHESNE, Chevalier de la Légion d'honneur, Inspecteur général de l'administration des Domaines, a épousé en 1810, Victorine-Julie DE COURTILLOLES.

Un des représentants de cette maison habite Paris.

GUILBERT. — Famille de l'élection de Bayeux, maintenue en 1666, et divisée en plusieurs branches. — N.... Guilbert de la Rivière, a assisté en 1789, à l'assemblée de la noblesse pour l'élection des députés aux Etats-Généraux.

GUILLARD. — Seigneur de l'Epichellerie, d'Amoy, de la Garenne, etc... — Election de Vire, maintenu en 1668.

Charles Guillard, Conseiller au Parlement de Paris le 3 décembre 1482, au grand conseil en 1491, a épousé damoiselle Jeanne de Vignacourt et est mort âgé de quatre-vingts ans, en 1537. — Jean-Nicolas, Ecuyer, sieur de la Garenne, a été maintenu en 1668. — Abel-Jean-Baptiste, Seigneur d'Amoy et de la Garenne, a épousé en 1729, Elisabeth de Martinville.

Charles-René Guillart de Fresnay, marié à demoiselle Caroline le Jariel de Fontenailles, out plusieurs enfants, entre autres : Charles, qui a épousé le 19 avril 1858, mademoiselle Adélaïde-Berthe de la Borderie.

GUILLEBERT (de) — du Perron, du Boisroger, de Rouville, etc...

Armes : *D'or à trois merlettes de sable.*

Famille de l'élection de Coutances. — Nicolas, Ecuyer, sieur du Vivier, de Rouville, et de Villette, a été maintenu le 16 octobre 1671. — Marie-Michel-Nicolas de Guillebert, sieur du Boisroger, et Antoine-Louis-François de Guillebert du Perron, ont comparu à l'assemblée de la noblesse du grand bailliage du Cotentin en 1789.

GUILLEMEAU de Fréval et de Saint-Souplet.

Armes : *D'azur, à la licorne naissante d'argent, mouvante de la pointe de l'écu, surmontée de deux étoiles d'or.*

Famille originaire de l'Ile-de-France, dont les membres ont tenu de tout temps un rang distingué dans l'armée et la magistrature. — Charles-Pierre Guillemeau, Marquis de Saint-Souplet, Ecuyer du roi Louis XVI et Chevalier de Saint-Louis, a comparu à l'assemblée de la noblesse du bailliage de Chaumont en 1789.

GUIRAN (de). — Famille originaire de Provence, dont une branche est venue en Normandie au commencement du XVIᵉ siècle; Jean de Guiran, Chevalier, seigneur de Petiteville, en l'élection d'Arques, a épousé en 1586, demoiselle Louise de Saint-Ouen, qui lui apporta en dot les terres de Tocqueville et de Dampierre. Jean-Baptiste, Chevalier, seigneur de Dampierre, de Petiteville, de Meules, etc..., a été maintenu dans sa noblesse le 20 avril 1671, et deux ans après, la terre de Dampierre fut érigée en *Baronnie*, en sa faveur; on voit encore ses armes sur une vitre de l'église de Melleville (au pays de Bray).

GUYON — DE MONTLIVAULT, DE GUERCHEVILLE, DE COURROUZON, D'HERBILLY, DE BOISROGER, etc...

Armes : *D'or, à trois fasces ondées d'azur, en chef, et à la branche d'arbre de sinople renversée, en pointe.*

Très–ancienne famille de l'élection d'Alençon, dont quelques membres sont allés s'établir en Orléanais. — Nicolas GUYON, Ecuyer, attaché à Madame Renée de France, fille de Louis XII et sœur de Claude, femme de François Ier, a été porté sur le rôle des tailles de la paroisse de Joué–du–Plein, mais sur le vu de ses titres, la Cour des aides de Normandie, séant à Rouen, a ordonné par arrêt du 28 avril 1523, qu'il jouirait de tous les priviléges accordés à la noblesse. — Jacques-Nicolas, Ecuyer, fut maintenu le 21 avril 1667. Edouard-Jacques-Paul GUYON, Marquis DE GUERCHEVILLE, descendant direct de Nicolas au Xe degré, est né le 2 avril 1784, et a épousé en 1811, mademoiselle Jeanne-Louise DE RIBEYREYS, dont il n'eut que des filles. — Son frère Armand-Charles-Frédéric, né le 30 octobre 1789, a été Capitaine au régiment des Hussards de la Garde.

Le Marquis DE GUERCHEVILLE, chef actuel de cette famille, habite le château de Valheureux, près Argentan.

H

HALLÉ — D'ORGEVILLE, D'AMFREVILLE, DE LA HAULE, etc...

Barthélemy HALLÉ, sieur de la Haule, Echevin de la ville de Rouen en 1582, obtint des lettres patentes de noblesse au mois d'août 1585. — Guillaume, seigneur de Fretteville, a été Gentilhomme de la chambre du Roi en 1639. — Barthélemy, Ecuyer, seigneur d'Orgeville et de Fretteville, Lieutenant de la grande vénerie, marié le 10 octobre 1657, à Marie-Charlotte CUREAU DE LA CHAMBRE, a été maintenu dans sa noblesse

le 3 septembre 1666. — A cette époque, la famille était divisée en plusieurs branches, car nous trouvons : Jacques HALLÉ,
seigneur de Chanteloup, Conseiller au parlement de Rouen
en 1630, dont la sœur Marie a épousé Jean DE SAINT-OUEN,
Seigneur d'Ernemont, Conseiller maître en la chambre des
Comptes de Normandie. — Gilles, Ecuyer, seigneur d'Amfre-
ville, Capitaine au régiment des Gardes françaises en 1659,
a épousé Marie GROULART. — Marie-Sophie-Ursule HALLÉ DE
ROUVILLE fut mariée le 4 décembre 1777 à Joachim-Jean-Pierre-
Raoul DE LA BARRE DE NANTEUIL; enfin mademoiselle Marie-
Albertine HALLÉ D'AMFREVILLE a épousé en 1833, Charles-Benoît
DE MALORTIE.

HALLEBOUT — DE TOURVILLE, DE BLONDEMARE et DU BUISSON.
Famille de l'élection de Conches, maintenue le 28 juillet 1667.
—Guillaume HALLEBOUT, Ecuyer, seigneur de Villers et de Courcelles, a épousé le 26 janvier 1400, Marie LE BEAUVOISIEN. — A
cette maison appartenaient Charles DE HALLEBOUT, Chevalier,
seigneur de Blondemare, mort le 18 février 1755; Marc-Antoine,
Colonel d'infanterie en 1749 et Brigadier des armées du Roi, le
20 février 1761; enfin Charles DE HALLEBOUT DE TOURVILLE, Capitaine au régiment de la Tour-du-Pin, en 1773.

HALWIN (D') — DE PIENNES. — Armes : D'or, à trois lions de gueules.
N... HALWIN, Marquis DE PIENNES, a épousé Marie-Jeanne-
Louise DE COLARDIN; son fils, le Chevalier Thomas-Henri, a
comparu à l'assemblée de la noblesse du bailliage d'Avranches
pour l'élection des députés aux Etats-Généraux en 1789. — Le
Marquis Eugène D'HALWIN DE PIENNES, chef de cette famille,
est actuellement Secrétaire d'Ambassade à Rome; il a épousé
mademoiselle Blandine D'AURAY DE SAINT-POIS, dont il a plusieurs enfant.

HAMEL (DU). — Beaucoup de familles de ce nom ont existé en Normandie,
dans les élections de Caen, Bayeux, Saint-Lô, etc... Pour leurs
armoiries, voyez tome I", page 80.

— DU HAMEL DE BOISFERRAND et DE MILLY. — Celle-ci a été
maintenue dans l'élection de Mortain en 1666, et porte pour
armes : D'azur, au chevron d'argent, accompagné de trois roses
de même, 2 et 1. — Charles-François DU HAMEL DE MILLY, Chevalier de Saint-Louis, ancien Colonel d'infanterie, et Alexandre
DU HAMEL DE VILLECHIEN, Officier au régiment de Royal-Rous-
sillon, ont comparu à l'assemblée de la noblesse du bailliage

de Mortain en 1789. — Un représentant de la famille habite de nos jours le château de Milly, près Mortain.

Une autre famille de l'élection de Bayeux porte pour armes : *De sinople, à trois roses d'argent, posées 2 et 1.*

Luc DU HAMEL, Ecuyer, seigneur de Savigny, de Talevandes, etc..., Premier président et commissaire subdélégué en l'élection de Saint-Lô, obtint le 7 . . 1711, des lettres recognitives de noblesse ; ces lettres furent enregistrées en la chambre des Comptes et à la Cour des aides de Rouen, le 9 juillet 1712.

HAMELIN — D'ECTOT et DE PRÉFOSSE. — Armes : *D'argent, à une fasce de gueules, surmontée d'une étoile d'azur et un croissant de gueules en pointe.*

Ancienne famille, qui depuis un temps fort reculé, habite l'élection de Valognes et a fourni plusieurs Lieutenants de l'Amirauté à Saint-Vaast-la-Hougue. — Pierre HAMELIN était Curé d'Angoville-sur-Saire en 1695 ; il fit enregistrer ses armoiries à l'Armorial général établi par édit royal du 18 novembre 1696. — N... HAMELIN DE PRÉFOSSE a été Officier de monsieur le Prince de Condé. — Cette maison s'est alliée aux Le Provost de Saint-Jean, de la Gonnivière, Poirier de Franqueville, du Mesnildot, Sivart de Beaulieu, Avril de Sortosville, de l'Œuvre d'Agneaux, d'Agier de Tourville, Picquenot de Lislencourt, etc..., et son chef actuel demeure à Saint-Vaast-la-Hougue (Manche) ; il est marié et a des enfants.

HANTIER (LE) — DE ROUSSELIN et DE LA BIZIÈRE.

Famille de la généralité d'Alençon, maintenue le 20 avril 1666. — Elle s'est partagée en plusieurs branches, et trois de ces membres ont comparu aux assemblées de la noblesse en 1789.

HARDELEY (LE). — Armes : *D'azur, à trois mains sénestres d'or, et une rose du même, posée en cœur.*

Un membre de cette famille a comparu à l'assemblée de la noblesse du bailliage de Caen en 1789, et un de ses représentants habite le château de Fontenay à Bourguebus (Calvados).

Une autre branche de la famille, maintenue en 1671, dans l'élection de Bernay, porte les mêmes armes, et un de ses représentants habite le château d'Ymare, près Rouen.

HARDY (LE). — Ancienne noblesse de la généralité d'Alençon, dont une branche s'établit au commencement du XVIIe siècle dans celle de Caen. Elle remonte à Philippe, vivant en 1470. — Pierre,

son petit-fils, Ecuyer, seigneur de la Cauvinière, a fait preuve de
noblesse en 1540, et a épousé Judith DE MALEVILLE. — Sa descendance a possédé les fiefs de la Saussaye, de la Roche, de
Champvallon, de Quesnay, etc... — Jean LE HARDY, sieur de
Champvallon et de la Houllière, a été maintenu le 2 octobre 1667 ;
son frère, Philibert, était premier Avocat du Roi à Vire, à la
même époque. Il eut deux fils, Jacob et Nicolas, qui ont formé
deux branches principales ; la cadette s'est établie à Caen, et
M. G. LE HARDY, Avocat à la Cour impériale de cette ville, descend de cette branche. L'aînée, qui a continué d'habiter le canton d'Athis, est représentée de nos jours, 1° par Pierre-
Antoine LE HARDY et ses enfants ; 2° par Jacques-Edouard,
Prêtre desservant la pâroisse de la Bazoche (canton de Flers),
et 3° par Jean-François, ancien Maire de Taillebois, habitant
l'ancien manoir de la famille ; il est veuf sans enfants.

HAYE (DE LA). — Rien de plus commun en Normandie que le nom DE LA
HAYE ; il nous est donc bien difficile de distinguer parmi nos
documents ceux qui concernent les unes ou les autres de ces
familles, dont nous avons donné les armoiries (tome Iᵉʳ, page 82).

Nous citerons seulement comme ayant comparu à l'assemblée de la noblesse en 1789, MM. de la Haye-Bellefond, de la
Haye de Fourches, de la Haye de la Lande, de la Haye de la
Barre, de la Haye du Plessis, de la Haye-Magneville, mais nous
ne savons d'où ils descendent.

Une seule nous est bien connue, elle est de l'élection de Valognes, s'est divisée en trois branches, et ses armes sont : *D'ar-*
gent, à un cœur de gueules. — Suivant La Roque, *Histoire de*
la maison d'Harcourt, cette famille serait issue de l'illustre
maison des Sires de Vernon, qui descendaient eux-mêmes d'un
Comte de Bourgogne et d'une fille de Richard II, duc de Normandie. — Robert DE LA HAYE, a été un des compagnons de
Guillaume le Conquérant en 1066 ; Raoul, son petit-fils, fit le
voyage de la Terre sainte en 1096. — Robert, a épousé en 1283,
Jeanne DE VERNON, héritière de Guillaume, Baron de Néhou. —
Jean, sire d'Arondeville, Chevalier banneret, est compris dans le
rôle du Cotentin en 1304, sa descendance s'est éteinte en 1565.
— La seconde branche a eu pour auteur : Roger, sieur de Sot-
teville, vivant en 1360 ; Guillaume-Antoine-Pierre DE LA HAYE,
Chevalier, seigneur de Senoville, son descendant direct, était
Lieutenant au régiment Royal-Vaisseaux en 1747, et a comparu
à l'assemblée de la noblesse du bailliage de Coutances en 1789.

HAYES (des) — DE BONNEVAL, DE GAUVINIÈRE, DE MARCÈRE, etc...

Armes : *De gueules, à la croix d'argent, chargée d'un croissant de sable en cœur et de quatre merlettes du même.*

Famille de la généralité de Rouen, maintenue le 13 novembre 1699, divisée en plusieurs branches, qui toutes sont éteintes aujourd'hui, sauf une. Elle a possédé les seigneuries de Gauvinière, de Launay, de Bonneval, de Saint-Clair, de Marcère, etc... — Pierre DES HAYES DE BONNEVAL, assigné à comparaître à l'assemblée de la noblesse en 1789, pour l'élection des députés aux Etats-Généraux, dans le bailliage d'Orbec, y a été représenté par M. DE GIVERVILLE DE SAINT-AUBIN. — M. DES HAYES DE MARCÈRE, Président du tribunal civil d'Avesnes (Nord), est le seul représentant mâle de cette famille.

—Plusieurs autres familles du nom de DES HAYES, ont existé dans la province; nous avons donné, page 466, une courte notice sur les : des Hayes de Forval et de Gassart, et les des Hayes de la Radière, nous citerons encore comme ayant comparu aux Etats-Généraux : MM. DES HAYES DE BOISGUÉROULT, DES HAYES DE MANERBE, et DES HAYES DU TREMBLAY.

HÉBERT D'ORVAL. — Armes : *D'argent, au lion rampant de sable.*

Jean HÉBERT, Ecuyer (paroisse et sergenterie de Tour, élection de Bayeux), ainsi que Gérard et Gabriel, ont été maintenus par Montfaut en 1463. — Jean-Antoine, Ecuyer, seigneur du Bosc, vivait en 1665; de lui descend directement Antoine, Ecuyer, seigneur d'Orval, Capitaine d'infanterie dans la milice, marié le 22 novembre 1745, à Françoise-Elisabeth EURRY, fille unique d'un Conseiller au bailliage de Bayeux, dont il eut une fille et deux fils. — Antoine HÉBERT D'ORVAL, a comparu à l'assemblée de la noblesse du bailliage de Bayeux en 1789.

HÉBERT DE BEAUVOIR. — Armes : *D'azur, à trois grenades d'or, ouvertes de gueules, posées 2 et 1.*

Cette maison est aussi originaire du diocèse de Bayeux, où elle a été maintenue en 1666.—Pierre-Aimable-Damien HÉBERT, Chevalier, seigneur et patron de Saint-Crespin, Conseiller au parlement, fils de François, Maître des comptes, et de Marie PLANTEROSE, a épousé en 1702, demoiselle Judith-Marie CAVELET D'HOUQUETOT, héritière de la Baronnie de Verboscq, et eut pour fils, Charles-Amable-Etienne-François, marié en 1730 à Charlotte-Jourdaine DES MARES, qui lui apporta les terres de Normanville et du Boscaule. — Charles-Louis-Henri HÉBERT DE

BEAUVOIR, a comparu à l'assemblée de la noblesse du bailliage de Caen en 1789.

M. le Comte Louis DE BEAUVOIR, chef de cette maison, habite encore le château de Boscaule, près Yvetot. Il a épousé en premières noces, une demoiselle CANTEIL DE CONDÉ, et en deuxièmes, une demoiselle DE SAINT-AVOYE ; il a des enfants des deux lits.

— Six autres familles du nom de HÉBERT ont été maintenues dans leur noblesse lors de la recherche de 1666 (voyez leurs armoiries, tome Ier, page 83), ce sont les Hébert de Morville, les Hébert de la Vacquerie, Hébert de Marigny, etc... Cette dernière est encore représentée de nos jours ; M. HÉBERT DE MARIGNY, habite les Andelys.— Armes : *D'azur, au chevron d'or, accompagné de trois molettes d'éperon du même.*

HÉLIES. — DE BONNŒUIL, DE TRÉPREL, DE BEAUMANOIR.

Armes : *D'azur, au chevron d'argent, accompagné de trois ylands d'or.*

Cette maison nous paraît avoir la même origine que celle de ELIE, dont nous avons parlé page 81. — Elle est de l'élection de Bayeux et a produit Richard HÉLIES, Écuyer, Sieur de Lyserne, qui eut deux fils, Pierre et Thomas, maintenus lors de la recherche de 1666, et auteurs de deux branches. La première, celle des seigneurs de Sables, de Montpart et de Montchaton, s'est éteinte en 1757 ; la seconde, celle des seigneurs d'Houtteville, s'est divisée en plusieurs rameaux et s'est perpétuée jusqu'à nos jours. — M. HÉLIE DE TRÉPREL, chef d'un de ces rameaux, habite Gonneville, près Honfleur.

Messire Joseph-Daniel-Esprit HÉLIE, Chevalier, seigneur de Beaumanoir, a épousé demoiselle Jeanne TUIBAULT DU BOIS, dont il a eu plusieurs enfants, entre autres : Henriette-Louise-Julie, mariée en 1771 à Pierre-Charles Marquis DE GOURMONT.

HÉMERY (D'). — Famille de l'élection de Pont-de-l'Arche, maintenue le 6 mars 1669, en la personne d'Antoine D'HÉMERY, Chevalier, seigneur de Villiers, de Glanville, d'Angerville, de la Motte, etc.

Armes : *De sable, au croissant d'or, accompagné de cinq étoiles du même.*

Un représentant de cette maison habite Saint-Aubin, près Elbeuf.

HENNOT (DE) — Pierre DE HENNOT, Écuyer, sieur de Brillevast, de Themely, etc..., a été maintenu dans sa noblesse, en l'élection de Valognes en 1666, ses armes sont : *De gueules, au croissant* *d'argent, accompagné de trois étoiles d'or.* — Marie-Bernardine DE HENNOT, dame de Barneville, a assisté à l'assemblée de la noblesse du bailliage de Mortain en 1789.

HENRY. — Seigneurs des Carreaux, de Cavilly, de Vallandé, etc...—Armes : *D'or, au sautoir engrêlé de sable, chargé en cœur d'une étoile d'or et de quatre trèfles d'argent cantonnés, accompagnés en chef et en pointe d'une buyre ou burette de gueules et flanqués à dextre et à sénestre d'un rencontre de cerf au naturel, ramé et animé d'argent.*

Ancienne maison de la généralité de Caen, qui s'est divisée en deux branches principales; l'aînée, celle des seigneurs de Buyrond ou Busrond, s'est éteinte vers 1650, la seconde s'est perpétuée jusqu'à nos jours.

Jean HENRY, était Ecuyer du Duc d'Orléans en 1410. — Robert, Ecuyer, Lieutenant général du gouvernement de Coutances en 1463, fut la tige des HENRY, de Carentan et autres, dont la postérité a formé la branche cadette. — [François HENRY, Chevalier, seigneur de Mesnières-en-Bray, était Gendarme de la Garde du Roi et a épousé en 1592, demoiselle Odette DE CAMPULAY.

La seconde branche a produit : Claude HENRY, Gendarme de la Garde du Roi en 1598, dans la compagnie du sieur Caillebot de la Salle.— Jean, seigneur des Carreaux, du Plain et autres lieux, Conseiller du Roi et Bailli royal au siége de Cérences et Périers en 1631. — Guillaume, sieur de Vallandé ou de Valandré, par corruption de *Val-André*, Conseiller du Roi au bailliage de Saint-Sauveur-Lendelin en 1664.

Cette famille est représentée de nos jours par Charles HENRY DE VALLANDRÉ, Conseiller à la cour impériale de Bordeaux, et par Louis-Delphin, Chevalier de la Légion d'honneur, son cousin, demeurant également à Bordeaux.

HÉRAULT — DE BASSECOURT, DE SÉCHELLES, DE GENEST, etc...

Famille de l'élection d'Avranches, divisée en plusieurs branches qui se sont établies en Bretagne, en Picardie et à Paris.— Geoffroy HÉRAULT, seigneur fieffé de la sergenterie de Genest, dans la Vicomté d'Avranches, vivait en 1379.—La deuxième branche, des seigneurs de Bassecourt, de la Benottière et de Vaucresson, a eu pour premier auteur, Bertrand, Ecuyer, maintenu avec Pierre, son frère, le 20 juin 1624; de lui descendaient : Jean-Baptiste HÉRAULT DE BASSECOURT, né le 23 janvier 1734, Alexis-Victor, né en 1735, et Jean-Baptiste-Martin HÉRAULT DE SÉCHELLES, né en 1737, Colonel du régiment de Rouergue, ma.ié en 1758, à demoiselle Magon de la Lande, dont il eut un fils, né en 1759. — La troisième branche, des seigneurs de Saint-Jean du Corail et de Dragey, habitait les environs d'Avranches à la fin du siècle dernier.

HERBOUVILLE (d'). — Ancienne maison de l'élection de Caudebec, dont le premier auteur est Colard, Chevalier, seigneur d'Herbouville, puîné de la famille de Mortemer, et vivant au commencement du XIII° siècle ; son fils Robert, a épousé Jeanne d'Houdetot. — Hector d'Herbouville, était Chevalier de l'Ordre du Roi et Gentilhomme de sa chambre en 1545. — Jean, a été Capitaine et Gouverneur du château de Gaillon en 1567. — Adrien, son petit-fils, Chevalier, Marquis de Saint-Jean, seigneur du Hacquet, Brigadier des armées du Roi, a été maintenu dans sa noblesse le 20 avril 1667, et eut plusieurs enfants, entre autres : Adrien, II° du nom, premier Enseigne des gendarmes de la Garde du Roi d'où est issu : François-Fortuné, Comte d'Herbouville, Officier des Gendarmes d'Anjou en 1762.

De lui est descendu Charles-Joseph-Fortuné, Marquis d'Herbouville, Lieutenant général et pair de France en 1815.

HERCÉ (de). — Armes : *D'azur, à trois herses d'or.*

La filiation de cette maison de l'élection de Domfront, commence à François, Ecuyer, seigneur de la Haye-Peaudeloup, marié le 30 janvier 1529. — Pierre-Nicolas de Hercé, Ecuyer, seigneur dudit lieu, fut maintenu dans sa noblesse par jugement du 4 août 1667. — Françoise-Charlotte a été reçue à la maison royale de Saint-Cyr, le 13 décembre 1732.

Un représentant de la famille habite actuellement le château de la Rousselière, à Carrouges (Orne).

HÉRICY (le). — Très-ancienne famille de l'élection de Bayeux, maintenue par Montfaut en 1463 et par Chamillart en 1666. — Seigneurs de Fierville, d'Estrehan, de Vaussieux, Barons de Montbray, etc... La filiation commence à Jean, Ecuyer, seigneur de Fierville, qui fit une transaction avec Pierre Anzeray en 1380. — Guillaume-François le Héricy de Fierville a été reçu Chevalier de Malte en 1673. — Charles le Héricy, Marquis d'Estrehan, d'abord Capitaine-lieutenant des Chevau-légers de la Reine, était Lieutenant général des armées du Roi en 1748. — Le Marquis d'Héricy-Vaussieux a comparu à l'assemblée de la noblesse de Caen en 1789, ainsi que le Chevalier Jacques-François D'HÉRICY et plusieurs autres de ses parents.

Un des représentants de la famille habite Escoville, près Caen.

HÉRON (DE). — Maison maintenue dans sa noblesse le 8 juillet 1667. — Louis DE HÉRON, Ecuyer, et Antoine son frère, vivaient en 1610, et sont dénommés dans deux chartes de la fabrique de Fréauville, au pays de Bray. — Georges était Trésorier de ladite fabrique en 1629. — Jean, son fils, Ecuyer, sieur de Neuville et de Béthencourt, vivait encore en 1670. — Catherine DE HÉRON a épousé, en 1740, Louis-Etienne DE FAUTEREAU, Chevalier, seigneur de Bonne-Rue, Capitaine au régiment de Vermandois. — Françoise-Marie-Marguerite HÉRON DE LA THUILERIE a épousé, en 1795, Charles-Nicolas BRISSON, Président à la Cour de cassation, Commandeur de la Légion d'honneur, etc...

HÉRON DE VILLEFOSSE. — Armes : *D'azur, au chevron d'or, accompagné de trois grenades, tigées et feuillées, du même, ouvertes de gueules, posées 2 et 1.*

Nous croyons cette famille issue de la même souche que la précédente, mais n'ayant reçu aucun document, nous ne pouvons nous prononcer d'une manière absolue; nous savons seulement qu'elle est représentée actuellement par :

Antoine-Félix, Baron HÉRON DE VILLEFOSSE, marié à Louise-Charlotte-Eudoxie GROSOURDY DE SAINT-PIERRE, dont un fils, Anatole-Marie-Antoine ; et par Etienne, son frère, marié le 8 mars 1862, à mademoiselle Fanny LE BÈGUE DE GERMINY, fille du Comte Raymond de Germiny.

HERVAL DE VASOUY. — Famille représentée à l'assemblée de la noblesse du bailliage de Pont-l'Evêque pour l'élection des députés aux Etats-Généraux en 1789. — Un de ses membres habite aujourd'hui le château de Vasouy, près Honfleur.

HEURTAULT DE LAMMERVILLE. — Famille de la généralité de Rouen, qui eut pour premier auteur : Adrien HEURTAULT, qualifié noble et vivant en la paroisse de Beaunay en 1514. — Jean-Louis-Thomas HEURTAULT DE LAMMERVILLE, né le 3 mars 1733, Cornette d'une compagnie dans le régiment d'Egmont (cavalerie), en 1744, a été reçu Page du Roi en sa petite écurie en 1750.

HOMME (DU). — Ancienne famille de l'élection d'Avranches dont un membre accompagna Guillaume le Conquérant en Angleterre

en 1066. — Robert DU HOMME était un des 119 défenseurs du
mont Saint-Michel en 1423. — Jean, Ecuyer, fut maintenu
par Montfaut en 1463, et Nicolas-Pierre, seigneur de Chassilly
en 1666, par Chamillart. — Thomas–Claude–François DU
HOMME, Chevalier, seigneur de Chassilly, a comparu à l'assemblée de la noblesse du bailliage d'Avranches.

Cette famille vient de s'éteindre, et M. PILLAULT DU HOMME,
qui a épousé la dernière héritière, en a pris le nom; il habite
Avranches.

HOMMET (DU). — Richard, Chevalier. seigneur de Varanguebec, Connétable de Normandie en 1152, eut deux fils, dont l'un, Jourdain, a été promu à l'évêché de Lisieux, le 10 janvier 1202.
Une autre famille, maintenue en 1666, possédait les seigneuries de Sartilly et de Cocqueville en l'élection d'Arques.

HOMMETS (DES) DE MARTAINVILLE. — Autre famille de la généralité de
Rouen, qui porte pour armes : D'azur, à trois flammes d'or.

Charles, Marquis DE MARTAINVILLE, a comparu à l'assemblée
de la noblesse du bailliage de Pont-Audemer en 1789. Son fils
a été sous la Restauration Gentilhomme de la chambre et Maire
de Rouen.

HOTOT (DE). — Seigneur de Moron, d'Ouville, du Quesnay, etc... — Hugues
DE HOTOT, accompagna Guillaume à la conquête d'Angleterre en
1066. — Pierre DE HOTOT, tenait un plein fief de Chevalier du
temps de Philippe-Auguste, et Roger, vivait avec LUCE DE COU-
LONCES, sa femme, en 1247.—Messire Henri, Chevalier, a épousé
en 1405, damoiselle Jeanne DE VASSY. — N.... de Hotot, seigneur dudit lieu, a assisté à l'assemblée de la noblesse du bailliage de Bayeux en 1789.

HOUDEMARE (D'). — Jean-Jacques D'HOUDEMARE, sieur de Vaudrimare,
Conseiller en la cour des comptes de Rouen, a été anobli par
lettres patentes enregistrées à ladite cour le 16 juillet 1733. —
M. D'HOUDEMARE DE VAUDRIMARE, a comparu à l'assemblée de la
noblesse du grand bailliage de Rouen en 1789.

Le baron D'HOUDEMARE, un des représentants de cette famille,
habite Pont-Saint-Pierre, près les Andelys.

HOUDETOT (D'). — Cette famille dont les armes sont : D'argent, à la bande
d'azur diaprée de trois médaillons d'or, celui du milieu figurant un lion, les deux autres une aigle de même, paraît avoir
une origine commune avec l'ancienne maison de ce nom, dont
deux membres, Jean et Colart D'HOUDETOT, ont pris part à la
première croisade et dont les armes sont : D'argent, à six por-

celets de sable. — Le *Père Anselme* en donne la filiation depuis le XV° siècle. —. Charles, comte D'HOUDETOT, Maréchal de camp en 1761, a épousé Jeanne D'HERBOUVILLE, dont il a eu une fille et un garçon. Claude-Constant-César, Chevalier puis Comte d'Houdetot, chef d'une seconde branche, était aussi Maréchal de camp en 1761, et avait épousé le 26 février 1748, demoiselle Elise-Françoise-Sophie DE LA LIVE DE BELLEGARDE, dont il eut : César-Louis-Marie-François, né le 12 juillet 1749, lequel a comparu à l'assemblée de la noblesse du bailliage de Bayeux en 1789. — Le Marquis et le Vicomte D'HOUDETOT ont fait leurs preuves pour monter dans les carrosses du Roi, l'un en 1753 et l'autre en 1779; enfin le Vicomte D'HOUDETOT, a été Pair de France sous la Restauration.

Cette maison a plusieurs représentants aujourd'hui, entre autres le Marquis D'HOUDETOT, qui habite le château de Saint-Laurent, près le Havre, et le Comte D'HOUDETOT, qui habite le château d'Etrehan, près Bayeux.

HOUPPEVILLE DE NEUVILLETTE. — Depuis plus de cent ans, cette famille possède les fiefs nobles de Neuvillette et de Sémilly, et elle a donné à sa magistrature un Lieutenant de police à Rouen, deux Maîtres des comptes, plusieurs Conseillers au parlement et un Capitaine au régiment de Normandie. — Nicolas, Conseiller au parlement, marié à demoiselle Marie-Julie DE SÉRÉ, eut pour fils, Augustin-Nicolas D'HOUPPEVILLE DE NEUVILLETTE, marié 1° à Claudine-Françoise DE THOMÉ DE RANTILLY, fille de feu René, Mestre des camps et armées du Roi, et 2° demoiselle Margue-rite-Maxime DE GLANDEVEZ. De ce second mariage sont issus : Elzéard-Augustin, né le 4 octobre 1803, et Joseph-Marie, né en août 1809.

HOUSSAYE (DE LA). — Dix familles de ce nom figurent à la maintenue de 1666, presque toutes dans l'élection de Lisieux et une dans l'élection de Pont-Audemer. — Jean-Baptiste DE LA HOUSSAYE, Ecuyer, seigneur de Trouville et de Rougemontier, vivant en 1698, eut deux de ses descendants qui ont assisté à l'assemblée de la noblesse du bailliage de Pont-Audemer en 1789, concur-remment avec M. DE LA HOUSSAYE DE LA GRANDE-HOUSSAIE.—Cette maison qui a encore des représentants dans l'arrondissement du Havre, porte pour armes : *D'argent, à un houx de sinople sur une terrasse du même, traversé d'un lion passant de sable et accompagné de trois merlettes de sable 2 et 1, les deux en chef affrontées.*

HUDEBERT. — Famille reconnue noble de race, dès l'année 1391, et maintenue en l'élection de Lisieux en 1666. — Guillaume, Ecuyer, maria une de ses filles, Adrienne, avec Achille GOUHIER, sieur d'Ectot et de Royville, et était mort le 12 avril 1554. — André-Charles-Alexandre DE HUDEBERT, seigneur de Blancbuisson, a épousé le 3 novembre 1749, Jeanne-Pélagie D'AZÉMAR, dont il eut trois garçons et une fille.

HUE. — Nous voyons huit familles de ce nom à la maintenue de 1666, six dans l'élection de Caen, une dans l'élection de Saint-Lô et l'autre dans celle d'Argentan.

La notice de la famille HUE DE CALIGNY et DE LANGRUNE, a été donnée tome I", page 73; nous allons dire le peu que nous savons sur les autres qui ne nous ont communiqué aucun document.

— HUE DE CARPIQUET DE GROSMÉNIL.

Anne HUE DE CARPIQUET, a épousé le 8 août 1618, Charles D'AIGNEAUX. — Charles HUE DE CARPIQUET, a comparu à l'assemblée de la noblesse du bailliage de Caen en 1789. — Mademoiselle HUE DE CARPIQUET DE GROSMÉNIL, a épousé le 8 septembre 1840, Charles-Raimond GOUHIER, Vicomte de PETITEVILLE.

Le chef de cette famille habite le château de Rambosc, à Mont-Cauvaire, près Rouen.

— HUE DE MATHAN. — Pierre, Ecuyer, sieur de Mathan et de Chalembert, généralité de Caen, a été maintenu dans sa noblesse en 1666. — Cette famille a encore plusieurs représentants; l'un d'eux habite Caen, et un autre a épousé en 1837, mademoiselle Léa LE CHARTIER DE CAGNY.

— HUE DE MIROMÉNIL, DE LA ROQUE, etc...

Famille maintenue le 7 août 1666. (Elections de Saint-Lô et de Bernay.) — Michel HUE, seigneur de Miroménil, Conseiller au parlement de Rouen en 1631, a épousé Marie DU VAL DE BONNEVAL. — Armand-Thomas, Marquis DE MIROMÉNIL, un de ses descendants, était Président au même parlement en 1757, fut marié deux fois et eut un fils né en 1764, et trois filles. — Mademoiselle Jeanne-Marie HUE DE LA ROQUE, a comparu à l'assemblée de la noblesse du bailliage de Saint-Lô en 1789, et son frère à celle du bailliage de Thorigny.

HUET — D'AMBRUN D'ARLON. — Armes : *D'azur, à un cerf d'or, issant d'une rivière d'argent mouvante de la pointe de l'écu; au chef de gueules, chargé de trois molettes d'or.*

Antoine HUET D'AMBRUN et Laurent-Claude HUET D'ARLON,

obtinrent le 28 juillet 1717, un arrêt du conseil d'Etat, par lequel Sa Majesté les maintient dans leur ancienne noblesse, comme issus de Oudard, Ecuyer, Sieur du Bois, vivant en 1633. Cet Antoine était Mestre de camp du régiment de Saint-Aignan (cavalerie), en 1715, Lieutenant du Roi au gouvernement d'Auvergne. Il eut pour fils, Antoine-Pierre, Ecuyer, Mousquetaire du Roi, puis Capitaine de cavalerie, marié en 1756, à demoiselle Françoise CUREAULT, qui l'a rendu père de plusieurs enfants, entre autres : François HUET D'AMBRUN, né le 14 août 1759, Conseiller du Roi en la cour du parlement de Normandie en 1780. — Jean-Baptiste Pierre HUET D'ARLON, frère d'Antoine, était Lieutenant général au présidial de Romorantin en 1757.

Cette maison habite actuellement l'Orléanais.

HUGLEVILLE (D'). — Armes : *D'or, à deux fasces de gueules.*

Ancienne maison de la généralité de Rouen ; Jean-Pierre HUGLEVILLE, Ecuyer, Sieur dudit lieu, a été maintenu dans sa noblesse le 20 juin 1666. — N.... D'HUGLEVILLE, tant en son nom, que chargé de la procuration de son frère, a comparu à l'assemblée de la noblesse du grand bailliage de Rouen le 21 mars 1789, pour l'élection des députés aux Etats-Généraux.

Léon-François D'HUGLEVILLE, chef de sa maison, a épousé en 1843, mademoiselle Marie-Isabelle LE FORESTIER D'OSSEVILLE ; il habite le château d'Hugleville, dans l'arrondissement d'Yvetot.

HUILLARD D'AIGNEAUX. — Armes : *De gueules, au mouton d'hermines.*

Cette famille a été anoblie quelques années avant la révolution de 1789 ; elle a pour chef Alphouse HUILLARD D'AIGNEAUX, qui habite le Désert, près Bény-Bocage (Calvados).

I

IRLANDE (D'). — Armes : *D'azur, au chevron d'or, accompagné en chef de deux merlettes d'argent et en pointe d'une coquille du même.*

Nicolas D'IRLANDE, Ecuyer, seigneur d'Abenon, Election de Lisieux, a été maintenu dans sa noblesse par Chamillart, le

12 avril 1666, et avait épousé mademoiselle N..... DE GUÉNET, fille de Jean-François, Conseiller du roi, et de dame LE VÉLAIN DU RONCERAY. — M. D'IRLANDE DE SAINT-QUENTIN DES ILES, a assisté à l'assemblée de la noblesse du bailliage d'Orbec en 1789.

ISLES (DES). — Famille de l'élection de Coutances, maintenue en 1666, qui porte pour armes : *D'argent, au lion de sable, armé et lampassé de gueules.* — Louis-Guillaume DES ILES a comparu à l'assemblée de la noblesse pour l'élection des députés aux Etats-Généraux en 1789.

ISNEL (D'). — Jean-Baptiste D'ISNEL, Chevalier, seigneur de Saint-Gilles, de Cretot, de Saint-Sévestre et du Marais, a été maintenu dans sa noblesse en l'élection de Caudebec, par jugement de M. de la Galissonnière, en date du 24 juillet 1667. — Françoise D'ISNEL, a épousé en 1583, messire Charles MARTEL, seigneur de Montpinçon. — Un membre de cette maison assistait à l'assemblée des nobles du bailliage de Caux en 1789.

J

JALLOT DE BEAUMONT. — Armes : *D'azur, au chevron d'argent, chargé de trois merlettes de sable et accompagné de trois trèfles d'or.* — Seigneurs de Saint-Remy, de Sainte-Suzanne, etc.., Election de Valognes, maintenus en 1666. — Cette maison s'est alliée à plusieurs familles anciennes, entre autres aux Gigault de Bellefond, Folliot de Fierville, de Pigache, etc... —N.... DE JALLOT, Comte DE BEAUMONT, chef de la branche aînée, était en 1772, Capitaine aux Chevau-légers de la garde ordinaire du Roi; sa descendance existe encore de nos jours.

JANVIER DE LA MOTTE. — Armes : *D'azur, au vol d'argent.* Cette famille originaire de Bretagne, s'est fixée depuis la révolution de 1789 dans le Maine et l'Anjou, où elle a occupé un rang distingué dans la magistrature. Un jugement du tribunal civil de Laval, en date du 26 janvier 1856, a constaté que le nom *de la Motte*, remontait à une date ancienne et faisait

partie du nom patronymique de la famille JANVIER, en conséquence, il a ordonné la rectification de tous les actes de l'état
civil où il avait été omis.

M. Élie JANVIER DE LA MOTTE, ancien Conseiller à la cour impériale d'Angers et ancien député au Corps législatif, a reçu de
Sa Sainteté le Pape Pie IX, le titre de COMTE, par lettres patentes du 14 mars 1851. — Son fils est actuellement, Préfet du
département de l'Eure.

JORTS DE FRIBOIS. — Famille maintenue en l'élection de Pont-l'Évêque, le
4 mai 1670. — Armes : *D'azur, au chevron d'or, chargé de trois
coquilles de sable.*

JOUENNE D'ESCRIGNY. — Maintenue en 1667. — Jean-René, Chevalier, seigneur d'Escrigny, du Mesnil, d'Hervilly, etc..., Brigadier des
armées du roi, mort en 1734, était le grand-père d'autre Jean-
René, Capitaine de cavalerie en 1756. — Pierre-Richard DE
JOUENNE D'ESCRIGNY, a été assigné à comparaître à l'assemblée
de la noblesse du bailliage d'Alençon en 1789.

JUBERT — DE BOUVILLE, DE BRÉCOURT ET DU THIL.
Ancienne famille de la généralité de Rouen, dont le premier
auteur connu est Guillaume JUBERT, Ecuyer, qui passa un contrat le 10 janvier 1410 avec Ide DE BEAUSAINT, dame de Blaru.
Son fils Guillaume, seigneur de Vély en Vexin, a été Lieutenant général à Gisors en 1470, puis Conseiller en l'Echiquier
de Normandie en 1490. — Sa descendance a formé trois
branches principales; la branche du Thil, la seconde, est
éteinte ainsi que la troisième dont la dernière héritière a épousé
en 1674, messire Jacques DE MALORTIE.

André JUBERT, Marquis DE BOUVILLE, chef de la branche aînée,
était Capitaine de cavalerie en 1750, et il assista avec son fils
à l'assemblée de la noblesse pour l'élection des députés aux
Etats-Généraux en 1789.

JUCHEREAU DE SAINT-DENIS. — Armes : *De gueules, à une tête de Saint-
Denis d'argent.*
Connue dès le commencement du XVᵉ siècle, cette famille s'est
divisée en plusieurs branches qui se sont répandues en Touraine
et dans le Maine. — Eustache DE JUCHEREAU, Ecuyer de Gaston
de Foix, fut tué à côté de ce prince à la bataille de Ravennes.
— Antoine, Capitaine au régiment de Carignan, passa au Canada du temps de Louis XIII et obtint une concession de ter-
rain très-importante, que le roi Louis XIV érigea en *Marquisat*

de Saint-Denis, pour son fils, en récompense des services de son père. — Le chef actuel de la famille est Louis-Barbe JUCHEREAU DE SAINT-DENIS, ancien Colonel d'Infanterie et Chevalier de Saint-Louis. Il habite la Touraine.

JUMEL (LE). — Election de Pont-l'Evêque. — Cette ancienne famille a été maintenue dans sa noblesse le 28 novembre 1588 et le 8 septembre 1666. — Pierre LE JUMEL, seigneur de Lisores et de Pont-l'Évêque, a été Conseiller au grand conseil le 14 juin 1563, grand rapporteur en la grande chancellerie, le 21 octobre 1568, ensuite Président à mortier au parlement de Rouen en 1571; Nicolas, son fils, était procureur général au même parlement en 1597. — Jean LE JUMEL, Baron de Lisores, vivait en 1678. — Enfin un membre de cette maison a comparu à l'assemblée de la noblesse du bailliage de Pont-l'Évêque en 1789.

Antoine LE JUMEL, marié à Thérèse-Joséphine DE NOIRETERRE, eut pour fils: Antoine-Valentin LE JUMEL DE NOIRETERRE, Officier d'ordonnance de S. M. l'Empereur, marié le 12 juillet 1863, à mademoiselle Suzanne-Antoinette-Laure DU PRAT DE TERSON DE PALEVILLE. LL. MM. l'Empereur et l'Impératrice ont daigné signer son contrat de mariage.

L

LABBEY aliàs LABBÉ — DE LA ROQUE, DE VILLERVILLE, DE GONNEVILLE, etc... — Armes : *D'argent, au sautoir de sinople.*

Cette maison, dont le premier auteur connu vivait en 1321, s'est divisée en plusieurs branches. — Colin ou Nicolas LABBEY, était Ecuyer du Connétable du Guesclin en 1470 et fut maintenu dans sa noblesse par Montfaut. — Brice, a été reçu Chevalier de Malte au Grand prieuré de France. — François, fit bâtir en 1577, un château à la Roque-Baignard qui donna son nom à une des branches de la famille. — François-Charles DE LABBEY, Chevau-léger de la Garde du roi, a épousé le 15 novembre 1770, Anne-Françoise D'OILLIAMSON et a comparu à l'assemblée de la noblesse du bailliage d'Argentan en 1789.

— Pierre-Elie, Chevalier, seigneur de la Roque, né à Rouen le 26 décembre 1752, était Mousquetaire de la Garde ordinaire du roi en 1772, ainsi que son frère, Marin-Victor, né le 21 juillet 1756. Tous deux ont assisté à l'assemblée de la noblesse pour l'élection des députés aux Etats-Généraux. — MM. Labbey de Villerville et de Gonneville, ont comparu dans le bailliage de Honfleur.

Léopold-Auguste Labbey, Vicomte de la Roque, chef actuel de la famille, a épousé Marie-Louise-Charlotte d'Héricy ; une de ses filles, Louise-Marie-Thérèse, a épousé en janvier 1856, Paul-Léonard d'Auxais.

LAMBERT — d'Herbigny et de Frondeville. — Armes : *D'azur, au lion d'or; au chef cousu de gueules, chargé de trois étoiles d'argent.*

Famille maintenue en la généralité de Rouen le 16 janvier 1668. — Louis–Félix Lambert d'Herbigny, a comparu à l'assemblée de la noblesse du bailliage d'Exmes en 1789.

LANCESSEUR (de). — Famille de l'élection d'Avranches. — Pierre, Ecuyer, sieur de la Polinière, a été maintenu dans sa noblesse en 1666. — Gabriel-René-André de Lancesseur, Chevalier, seigneur de la Polinière, a comparu à l'assemblée de la noblesse du bailliage d'Avranches en 1789. — N..... de Lancesseur a épousé en 1796, Jean-Victor Tesnières, Baron de Brémenil.

Gabriel de Lancesseur, un des représentants de cette famille, est marié à mademoiselle Marie-Anne-Esther Payen de Chavoy.

LANDE de Sainte-Croix (de la). — Armes : *D'argent, au sautoir de gueules.*

Très-ancienne famille qui date du temps des Croisades, maintenue dans sa noblesse par Montfaut en 1463 et par Chamillart le 3 mai 1667. — Pierre de la Lande, Ecuyer, seigneur d'Ouilly et son frère Jacques de la Lande du Détroit, vivaient en 1698. Charles-François de la Lande de Sainte-Croix a assisté à l'assemblée de la noblesse du bailliage de Tinchebray et Falaise pour l'élection des députés aux Etats-Généraux en 1789.

Le chef actuel et le seul représentant de la famille habite le château de Minières, à Pont-d'Ouilly, près Falaise.

LANGLOIS de Criquebeuf. — Armes : *D'argent, au lion de gueules, au chef d'azur chargé de trois molettes d'or.*

Nicolas-François Langlois, seigneur et patron de Criquebeufla–Campagne, Gendarme de la garde et Conseiller au parlement de Normandie, eut pour fils, François-Ferdinand-David, seigneur d'Auteuil et de Criquebeuf, Lieutenant au régiment Royal-vaisseaux en 1747, blessé au siége de Maëstricht, Capitaine et Chevalier de Saint-Louis en 1760. — Jacques–Ferdinand, Gendarme de la garde du roi en 1786, a comparu à l'assemblée de la noblesse du bailliage de Pont-de-l'Arche en 1789; il eut un fils, Edmond, né en 1793, chef actuel de sa maison.

LARCHIER — DE COUPERON, DES AUTHIEUX, DE COURCELLES, etc...

Armes : *D'argent, au porc-épic de sable.*

Jean LARCHIER, sieur de Couperon et de Maltot, vivait dans la généralité de Caen en 1461, et a épousé Guillemette MALHERBE ; de lui descendait, Nicolas, sieur des Authieux, Procureur fiscal en la vicomté de Gournay en 1640, Lieutenant des Eaux et forêts en 1643, puis Avocat fiscal au même siége en 1687 ; il fut père de Georges-Antoine LARCHIER, sieur de Gondeville, aussi Procureur fiscal et Avocat en la vicomté de Gournay en 1715.

— Claude, Ecuyer, sieur de Saint-Rémy, était Garde de la manche du roi en 1760. — Le Baron LARCHIER DE COURCELLES, Lieutenant des Maréchaux de France et Chevalier de Saint-Louis, a comparu à l'assemblée de la noblesse du bailliage de Gisors en 1789. Il avait épousé Marie-Catherine GUÉDIER DE SAINTE-GENEVIÈVE, dont il eut des enfants.

LA ROQUE (DE) — DU MESNILLET, DE CAHAN et DE MONT-SÉGRÉ.

Armes : *Fascé d'azur et d'argent de six pièces.*

Cette ancienne famille divisée en deux branches principales a possédé les seigneuries de Bernières, de Mont-Ségré, du Theil, de Presles, de Colombières, de Langrune, etc... Sa filiation remonte par titres authentiques, à Pierre DE LA ROQUE, Vicomte de Valognes, en 1380. — Six frères furent reçus Chevaliers de Malte au XV° siècle ; ils étaient fils de Jehan, sieur de Mont-Ségré, et de Gillette LE DEVIN.

Le dernier descendant mâle de la branche de Mesnillet (l'aînée), était Colonel du régiment des Grenadiers royaux de Normandie en 1780 ; il fut envoyé à l'assemblée provinciale qui eut lieu à Caen en 1787, et mourut avant de siéger. — A la seconde branche, celle de Cahan, appartenaient : le Comte DE LA ROQUE-CAHAN, ancien Page de Louis XV, devenu colonel et mort sur l'échafaud révolutionnaire. Son fils unique Charles-Eugène-Narcisse, Officier au régiment Royal-cavalerie, épousa la fille du Marquis DE CHEVERUE, émigra avec le Comte d'Artois, mais rentra bientôt en France et se mit avec M. DE FROTTÉ, à la tête du mouvement royaliste dans le Bocage normand où il resta jusqu'en 1799. Arrêté malgré la suspension d'armes par une colonne mobile qui passait à Tinchebray, il fut fusillé sans jugement auprès de Domfront. — Son fils unique est mort sans postérité; ainsi s'éteignit cette branche. — La troisième, celle de Mont-Ségré, a pour chef, le Comte DE LA ROQUE, qui n'est pas marié et habite le château de la Raterie, près Domfront.

LE LASSEUR DE CHAMPOSOULT. — Famille anoblie en 1474, en la personne de Regnault LE LASSEUR. — Adrien demanda et obtint de nouvelles lettres de noblesse qui lui furent expédiées en 1610. — Jacques LE LASSEUR, seigneur de la Coquardière et de la Mauvaisinière, figure dans un transport de rente du 10 septembre 1657, par lequel on voit qu'il avait épousé Marie DE CALMESNIL. — Guillaume, Écuyer, seigneur de Chantelou, a épousé Louise LE CORNU, dont il eut plusieurs enfants, entre autres : Elisabeth, qui fut mariée le 25 octobre 1740, à François DE LORMAYE, Conseiller du Roi en l'élection de Verneuil, et Marie-Charlotte-Françoise LE LASSEUR DE CHAMPOSOULT, mariée en 1738, à Jacques-Louis-François LE HARIVEL, Baron DE FRESNE, Conseiller du Roi, Maître des Eaux et forêts du comté de Mortain. — Un membre de cette maison a comparu à l'assemblée de la noblesse pour les États-Généraux.

LESCAUDEY DE MANEVILLE. — Famille de l'élection de Coutances. — Louis LESCAUDEY, sieur de Maison-Neuve, Conseiller secrétaire du Roi, vivant en 1735, eut pour fils : Louis-Charles-Guillaume, sieur de Maneville, Conseiller du Roi, Bailli de longue robe, Lieutenant général du siége présidial de Périers, lequel a épousé le 24 juin 1760, demoiselle Marie-Anne-Bénédicte HUE DE SULLY. Leur fils, Pierre-Guillaume-César, marié l'an XIII de la République à Eugénie-Marie-Florence NIGAULT, eut pour fils unique :
Léon LESCAUDEY DE MANEVILLE, actuellement Maire de Périers (Manche), qui a épousé, en 1831, mademoiselle Marie-Nathalie BROHON, dont il a trois enfants: 1° Céline-Marie, 2° Ferdinand, et 3° Marcel-Joseph-Léonor.

LEPEINTEUR DE MARCHÈRE. — Armes : *D'argent, au chef de gueules, chargé de trois roses d'or.*
Famille maintenue dans sa noblesse le 14 mai 1666. —

Chrisogone Lepeinteur, Chevalier, seigneur de Marchère, Officier d'infanterie, mort à l'armée de Condé, avait épousé mademoiselle Colombe-Antoinette de Bellemare, dont il eut deux fils : Edouard, né en 1791, et Théodore, né en 1793. — Leurs descendants existent encore.

LÉONARD de Rampan, de Juvigny, etc... — Armes : *D'azur, au lion d'or, lumpassé de queules et accompagné de trois flammes du même, 2 et 1.*

Cette famille, originaire de la paroisse de Hottot, au diocèse de Bayeux, a pour premier auteur : Jacques Léonard, seigneur de la Rivière et d'Ourville, anobli par lettres patentes du mois de février 1582. — Sa descendance a formé cinq branches principales, savoir : celles de Rampan, de Juvigny, de Beaupré et des Iles, d'Orbois et de la Painerye, d'Acqueville et du Mesnil-Touffré. Trois de ces branches subsistent encore de nos jours. — La première branche, a formé deux rameaux dont l'aîné s'est éteint en la personne de Victor François Léonard de Rampan, ancien officier au régiment Colonel-général (infanterie), marié à Marie-Clara le Féron de Longcamp et mort sans postérité en 1850. — Le second rameau a pour chef actuel : Edouard-Charles-François Léonard de Rampan, Officier de Cavalerie en retraite, Chevalier de la Légion d'honneur, qui de son mariage avec mademoiselle Sophie-Rosalie le Saché, a eu deux filles et deux fils : 1° Bernardin-Charles, marié en 1860 à Henriette-Marie-Caroline de David des Etangs; 2° Léon-Jean-Victor, marié à Victorine-Louise de Luchapt.

La branche de Juvigny, établie en Alsace, s'est aussi divisée en deux rameaux ; le premier a pour chef : Louis-Auguste Léonard de Juvigny, marié à demoiselle Anne-Thérèse Erard. — Le second a pour chef : Pierre-Victor, fils unique de Wilfrid, mort en 1852, et d'une demoiselle Eudes.

La troisième branche des seigneurs d'Acqueville d'Argouges, etc.., a pour seul représentant : Thomas-Edmond Léonard d'Argouges, né en 1802, célibataire.

LE MAROIS. — Armes : *Ecartelé : aux 1 et 4, d'azur, à la croix alésée d'or ; au 2, de sinople, au cheval d'argent; au 3, de sinople, à une pensée au naturel.*

Jean-Léonard-François le Marois, d'une famille honorable de la basse Normandie, fut un des plus fidèles compagnons de Napoléon et lui servit de témoin lors de son mariage avec Joséphine Tascher de la Pagerie; il devint Général de Division et fut créé COMTE de l'Empire. Son fils le Comte LE MAROIS, né en 1801, a été représentant du département de la Manche en 1849 et habite actuellement le château de Pépinvast, près Valognes.

LOIR (DU) — DU LUDE, DE NOIREMARE, D'AUTREVILLE, etc...

Maison de la généralité de Caen, élection de Valognes, maintenue le 1er février 1667. — Jean LOIR, Ecuyer, seigneur du Quesnay, le premier auteur connu, est dénommé dans un acte de vente du 16 février 1392.

Daniel-Raoul Charles DU LOIR DU LUDE, sieur d'Autreville, son descendant direct, a été pourvu d'un office de Conseiller du roi à la Cour des aides de Paris, le 17 juin 1733. Il avait épousé demoiselle Marie-Françoise-Angélique BACHELIER, fille de Louis, aussi Conseiller à la Cour des aides, et en eut trois enfants, entre autres : Charles-Daniel DU LOIR, Chevalier, seigneur du Lude, qui a comparu à l'assemblée de la noblesse du bailliage de Saint-Sauveur-le-Vicomte en 1789.

LA LONDE (DE). — Armes : *D'argent, à une barre ondée de sable, parti d'azur à une bande d'or.*

Michel DE LA LONDE, Conseiller du roi assesseur au bailliage de Bayeux, vivait en 1695 ; à la même époque, Richard, était Avocat au siége présidial de Caen.— Cette maison a encore des représentants dans les environs de Bayeux.

— Une autre famille a existé dans la généralité de Rouen et un de ses membres était Président au parlement lors de l'assemblée de la noblesse en 1789.

— Une troisième famille dont le nom patronymique est DE BIGARS, a été maintenue dans l'élection de Lisieux le 16 avril 1666 ; Richard DE BIGARS, Chevalier, seigneur de Saint-Aubin, acquit la terre et seigneurie de la Londe, sise en haute Normandie, et elle fut érigée en *Marquisat* par lettres patentes du mois de mai 1716, en faveur de François DE BIGARS. — En conséquence, le marquis DE LA LONDE a été assigné à comparaître à l'assemblée de la noblesse du bailliage de Conches en 1789 et y fut représenté par le Chevalier DE BEAUMONT. Un de ses descendants, le Comte DE LA LONDE, habite Caen.

LONGAUNAY (DE). — Armes : *D'azur, au sautoir d'argent.*

Maison connue du temps de Montfaut. — Pierre-Charles, Ecuyer, seigneur de Franqueville, a été maintenu dans sa noblesse en l'élection de Bayeux ; son fils, Hervé DE LONGAUNAY,

Chevalier, seigneur de Franqueville, Bajauville, Brécourt et
autres lieux, marié à Marie-Suzanne DAVY, a eu plusieurs
enfants, entre autres : Marie-Charlotte, qui a épousé le
1er août 1707, Charles-Antoine LE FORESTIER DE MOBECQ. — Le
Marquis Alexandre-François-Maximilien DE LONGAUNAY, a comparu à l'assemblée de la noblesse du bailliage de Caen
en 1789.

LONGUEIL (DE). — Illustre et ancienne famille qui tire son nom d'une
terre sise au bailliage de Caen, et a possédé les seigneuries
de Varangeville, de Rissé de Maisons, etc... — Adam
DE LONGUEIL, un des compagnons de Guillaume le Conquérant,
se distingua à la bataille de Londres et eut pour fils Guillaume, marié à Berthe DE VILLIERS ; cependant la filiation ne
commence sur pièces authentiques qu'à partir de Henri, vivant
en 1215, dont la descendance a formé plusieurs branches. —
Jean-René DE LONGUEIL, Marquis DE MAISONS, issu de lui au
XVIIIe degré, était Président à mortier au parlement en 1719,
et a épousé en 1728, Marie-Louise DE BAUYN D'ANGERVILLIERS,
dont il eut un fils, Nicolas-Prosper, né en 1733. — Claude-
Hector, chef de la seconde branche, était Lieutenant au régiment d'Aquitaine en 1757.
    Un des représentants de cette maison habite à Saint-Hilaire,
près Mortagne, et le Comte DE MAISONS, habite Alençon.

LONLAY (DE) — DE VILLEPAIL, DE LIGNIÈRES, etc... — Armes : *D'argent,
à trois porcelets de sable, 2 et 1; à la fleur de lis de gueules,
en abîme.*
    Jean-Baptiste DE LONLAY, Ecuyer, seigneur de Lignières, des
Buats, de Launay, et autres lieux, de la généralité d'Alençon,
a été maintenu dans sa noblesse par M. de Marle, le 22
avril 1667. — François, un de ses fils, eut deux garçons et
une fille : Marie-Anne, laquelle épousa en 1728 : Jacques
DU BOIS-MOTTÉ.
    Michel-Louis-François DE LONLAY, a comparu à l'assemblée
de la noblesse pour les Etats-Généraux.

LOUBERT (DE) — DE MARTAINVILLE, DU MESNIL et DE NANTILLY. — Généralité
de Rouen. — Élection d'Evreux. — Blaise DE LOUBERT, seigneur de Martainville et de Longuehaye, a été anobli par
lettres du roi François Ier données le 1er juin 1544, et avait
épousé demoiselle Adrienne DE MORNAY, dont un fils :
Jean, Ecuyer, seigneur de Martainville, lequel donna son aveu

pour ladite terre, mouvante de la Baronnie d'Ivry, à Diane de Poitiers, Duchesse de Valentinois, le 1ᵉʳ avril 1554. — Alexandre, Ecuyer, seigneur d'Espiez, chef de la seconde branche, a épousé le 11 juin 1677, sa cousine Marthe DE LOUBERT, dame de Martainville, dernière héritière de la branche aînée. — Jean-Robert DE LOUBERT DE MARTAINVILLE, son arrière–petit-fils, né en 1776, a épousé le 22 février 1799, demoiselle Thérèse-Cécile DE LA RUE DE RUCQUEVILLE. Il était Maréchal des logis de la compagnie des Gendarmes de la garde ordinaire du roi en 1814, et a été créé *Vicomte*, par lettres patentes du 4 février 1815. De son mariage sont nés plusieurs enfants.

LUCAS DE L'ESTANVILLE. — Armes : *D'or, à la fasce d'azur, accompagnée de six trèfles de gueules, 3 en chef et 3 en pointe.*

Famille de la généralité de Rouen. — Louis-Félix LUCAS, Seigneur de Boscoursel, Conseiller maître à la chambre des Comptes en 1760, était petit-fils de Jacques-Adrien, seigneur de Boscoursel, Conseiller au parlement de Rouen et de dame Catherine LE DAIN. Son fils Louis-Adrien LUCAS, Seigneur de Saint-Ouen-le-Mauger et de Lestanville, Conseiller au parlement, a épousé en 1781, demoiselle Anne-Jeanne-Reine ASSELIN DES PARTS, et a comparu à l'assemblée de la noblesse du bailliage de Rouen pour l'élection des députés aux Etats-Généraux. — Leurs descendants habitent encore le château de Boscoursel, à Letteguives (Eure); Gustave LUCAS DE LESTANVILLE a épousé le 5 juin 1854, mademoiselle DE LA BRIFFE, et son frère Raoul, s'est marié le 12 mai 1863, à Mathilde DE BEAUNAY.

LUCAS DE COUVILLE. — Autre famille, dont les armes sont : *De gueules, à trois chevrons d'argent.*

Jean-Auguste LUCAS, Ecuyer, seigneur d'Ogeville, de Longchamps, de la Haye, de la Chesnée, etc.., a été maintenu dans sa noblesse en l'élection de Valognes en 1666. — Jean-Pierre-Désiré LUCAS DE COUVILLE, a comparu à l'assemblée de la noblesse en 1789, et de plus, était chargé de la procuration de la veuve de François DU MONCEL.

Un représentant de cette maison habite le château de Querqueville, près Cherbourg.

LYDE DE BELLEAU. — Armes : *D'argent, au lion de sable, armé et lampassé de gueules.*

Pierre LYDE, Chevalier, Sieur de la Fosse, Seigneur de Bel-

leau, de Heurtevent, de Tournancourt et autres lieux, a été
maintenu le 14 mai 1667 (Election de Lisieux). — N..... LYDE
DE BELLEAU a comparu à l'assemblé de la noblesse pour l'élection
des députés aux Etats-Généraux en 1789 ; enfin un représentant
de la famille, habite de nos jours le château de Belleau, à
Notre-Dame-de-Courson, près Lisieux.

LYVET D'ARANTOT. — Armes : *D'argent, à la croix d'azur, engrêlée de sable,
à la bordure de gueules brochant sur le tout.*

Famille ancienne, maintenue dans sa noblesse par arrêt de
la Cour des aides du 24 mai 1656, et par M. de la Galissonnière
le 21 juillet 1668. Elle est alliée aux plus anciennes maisons de
Normandie, compte parmi ses ancêtres Georges DE LYVET, dit
Le Queu, seigneur du fief de Lyvet à Oissel, tué à la bataille
d'Azincourt, et possède depuis le commencement du XVI° siècle,
la Vavassorie noble d'Arantot assise à Ourville en Caux, et relevant du Duché d'Estouteville.

C'est là qu'habite encore le Comte Raoul DE LYVET D'ARANTOT ;
il a un fils de son mariage avec mademoiselle GOSSEY DE LIVAROT.

M

MAGNY (DE). — Armes : *D'azur, au chevron d'argent, accompagné en chef
de deux étoiles, et en pointe d'un croissant, le tout du même.*

Renaud DE MAGNY, Chevalier croisé, fut tué devant Saint-
Jean-d'Acre en 1191 (*Histoire de Normandie*, par Goube,
tome III, page 471). — Charles DE MAGNY, seigneur dudit lieu,
était Capitaine de la porte et du château Gaillard, ainsi qu'il
appert d'une charte originale, par laquelle il donne quittance
de ses gages à noble Gabriel Lhuillier, Trésorier des finances,
le 22° jour d'août 1538. — Cette famille a été maintenue en
l'élection de Falaise, par Montfaut en 1463 et par Chamillart
le 1er décembre 1667. Elle a encore des représentants dans le
département du Calvados et à Paris ; il ne faut pas les confondre avec les FOUCAULT DE MAGNY (éteints), et les PICQUOT DE
MAGNY, dont nous parlerons à leur lettre alphabétique.

MAHÉAS (DE). — Suivant un ancien mémoire généalogique déposé au Cabinet des titres, cette famille sort en ligne directe de la maison de Vassy, laquelle tire son nom de la terre et baronnie de Vassy, dans le comté de Vire. — Lors de la recherche de Montfaut, commissaire du roi Louis XI, en 1463, Richard MAHÉAS, seigneur de la Graverie, fut reconnu noble d'extraction chevaleresque. — Richard, II° du nom, rendit aveu à l'évêque de Bayeux, le 13 février 1503, pour un fief qu'il possédait. — Alexandre, Ecuyer, seigneur de Mouen et de Tourville, servit sous les ordres du Maréchal de Matignon, ce qui appert d'une attestation signée dudit personnage à Montebourg, le 22 juillet 1702.

Cette famille est encore représentée de nos jours par Edouard-Achille-Parfait DE MAHÉAS, né le 11 mars 1805, et par son frère Edmond-Edouard, né le 17 avril 1812.

MAIGNARD (DE) — DE BERNIÈRES, DE LA VAUPALLIÈRE, etc... — Ancienne famille de l'élection d'Andely dont le premier auteur connu est Richard, Ecuyer, Gouverneur de la ville Vernon en 1442, lequel fit rentrer cette cité sous l'obéissance du roi Charles VII. — Charles MAIGNARD DE BERNIÈRES était Président à mortier au parlement de Rouen en 1600; de lui sont issus deux fils qui formèrent deux branches. — Gilles Henri, Conseiller au parlement, puis Président à mortier en 1717, laissa postérité.

— Pierre-Charles-Etienne DE MAIGNARD, Marquis DE LA VAUPALLIÈRE, issu de la seconde branche, né en 1731, était Brigadier des armées du Roi le 25 juillet 1762, et a épousé en 1766, demoiselle Diane-Jacqueline DE CLERMONT-D'AMBOISE dont il eut plusieurs enfants, entre autres : Elisabeth Jacqueline, mariée en 1784 à Philippe-Auguste-Jacques, Marquis DE BALLEROY.

MAISTRE (LE). — Quatre familles de ce nom ont existé en Normandie. — A celle de l'élection de Coutances appartenaient François LE MAISTRE, Ecuyer, et Olivier son fils, qui ont justifié quatre degrés de noblesse et ont été maintenus par M. de Roissy le 27 novembre 1598. — Jean-Olivier, Ecuyer, a été maintenu par Chamillart en 1666. — Ses armes sont : *D'argent, à trois merlettes de sable.*

— Les LE MAISTRE DE MARCILLY, qui habitent Granville, sont probablement issus de cette maison.

MAISTRE (DE). — Armes : *D'argent, à deux fasces de gueules; au chef flanqué de cinq hermines de sable.*

Maison originaire du Languedoc et divisée en plusieurs ra-

meaux qui se sont répandus en l'Ile-de-France et en Normandie. — M. le Comte DE MAISTRE, un des représentants de la
famille, habite Beaumesnil, près Bernay.

MALHERBE (DE). — Armes : *D'hermines, à six roses de gueules, posées
3, 2 et 1.* — Une des branches porte seulement *trois roses.*

La maison DE MALHERBE est une des plus anciennes de la
province; si l'on s'en rapporte à un titre latin mentionné par
Duchesne et extrait de l'*Histoire de Vincentius*, elle descend
d'un Seigneur danois, compagnon de Rollon. — Raoul DE
MALHERBE, fut un des Chevaliers qui accompagnèrent Guillaume le Bâtard, lorsqu'il conquit l'Angleterre en 1066. — Sa
descendance a formé sept branches principales, savoir : celle
des seigneurs de Bouillon ; d'Arry, du Bois-d'Escure; de Fresnay ; d'Armanville, de Missy, de la Pigacière et de Digny, et enfin celle des Marquis de Malherbe. — La filiation de ces diverses
branches est rapportée en détail dans le *Dictionnaire de la
Noblesse* de La Chesnaye des Bois, tome IX, page 443. — Cette
maison a pour chef : Dominique-Henri DE MALHERBE, né en
1795, Général commandant la subdivision à Alençon.

MALLEVILLE (DE). — Ancienne famille du pays de Caux, dont un membre accompagna Guillaume à la conquête d'Angleterre. Hugues
DE MALLEVILLE fit partie de la troisième Croisade (1191). La
filiation commence à Pierre DE MALLEVILLE, qui a épousé
Isabeau de L'ESPINAY, et vivait en 1310. — Guillaume, IIᵉ du
nom, Chevalier, seigneur de Cailletot et Vicomte de Caudebec, fut nommé Ecuyer du Roi par lettres patentes du 5 décembre 1470. Ses descendants furent maintenus dans leur noblesse
en 1463 et le 16 décembre 1667.

Le chef actuel de cette maison habite Douvrend, près Dieppe,
et a marié une de ses filles à M. Xavier DE GALLERY DE LA
SERVIÈRE.

— Deux autres familles de ce nom, issues sans doute de
la même souche, ont figuré à la maintenue de 1666, en l'élection d'Arques ; mais elles ont des armes différentes.—A l'une
d'elles appartenait : le Marquis DE MALLEVILLE, ancien Pair de
France, marié à mademoiselle Justine DE LIBOREL. Il est mort
le 30 janvier 1857, laissant deux fils.

MARC DE SAINT-PIERRE. — Armes : *D'azur, à trois triangles d'argent, posés
2 et 1, surmontés d'une étoile d'or à six rais.*

Louis et Guillaume MARC (*aliàs* MARK), de la ville de Salon en Provence, obtinrent du Roi Louis XII, des lettres de noblesse données au mois de septembre 1518; Louis fut l'auteur de la branche de Normandie. Jean, son fils, épousa le 5 septembre 1563, Marie DE MORANT et eut pour fils : Jean, II* du nom, Ecuyer, seigneur de Lignerolles, vivant en 1590. — Jacques, était Gendarme dans la compagnie de la Reine et assista au siège de Montpellier; il est mort le 23 juillet 1671.—Antoine MARC, a été Officier aux Gardes françaises et eut entre autres enfants : Jean-Gabriel, Chevalier, seigneur et patron de Saint-Pierre-du-Fresne. — Jean-Gabriel—Constant, Marquis DE SAINT-PIERRE, né en 1744, a été Colonel de Cavalerie et Chevalier de Saint-Louis; son petit-fils Théodore-Guillaume, marié le 16 mai 1808, à mademoiselle Agathe-Aimée DE PERNON, a été nommé par ordonnance royale de l'année 1826, Gentilhomme ordinaire du Roi, après avoir reçu le 16 décembre de ladite année, le titre de *Vicomte* pour lui et ses descendants. Il laissa trois fils : 1° Ladislas-Marie MARC DE SAINT-PIERRE, né à Caen, le 14 mars 1810; 2° Albéric-Jean, né en 1818, et 3° Maurice-René, né en 1825, Capitaine au 2* régiment de chasseurs et Chevalier de la Légion d'honneur.

MARE (DE LA). — Beaucoup de familles de ce nom ont existé en Normandie, dans les élections de Valognes, Bayeux et Rouen. — Geoffroy DE LA MARE, était Chevalier banneret en 1096. — Valeran et Guillaume, étaient seigneurs des deux Vavassories nobles de *la Mare*, sises en la paroisse du Désert en 1212 et 1240. — La maison des seigneurs de Surville, de Cavigny, de la Londe, etc..., dont les armes sont : *D'hermines, à la croix de gueules*, a produit beaucoup d'Officiers distingués, entre autres : Pierre DE LA MARE, Seigneur, patron de la Londe, de Cavigny, d'Hiesville, de Cérisy, etc..., qui servit avec distinction dans le ban et l'arrière-ban, lorsque la flotte anglaise vint inquiéter les côtes de Normandie en 1708. Il eut pour fils : Nicolas-Joseph DE LA MARE DE LA LONDE, reçu Page du Roi en sa petite écurie le 22 juin 1717 et mort sans avoir été marié; sa sœur, Marie-Madeleine-Charlotte, dame d'Hiesville, a épousé en 1736, Guillaume LE VAVASSEUR DE GIVERVILLE, et lui apporta en dot tous les biens de sa famille.

— DE LA MARE DU THEIL. — Armes : *D'azur, au cygne d'argent*. Famille maintenue en l'élection de Pont-Audemer, le 3 janvier 1669. — Un membre de cette maison vivait en 1789 et a comparu à l'assemblée de la noblesse pour l'élection des députés aux Etats-Généraux. — M. DE LA MARE DE LONGUEVILLE a également assisté à l'assemblée du bailliage de Bayeux.

MARES (DES) — DE TRÉBONS, DE BELLEFOSSE, DE GRAINVILLE, etc...

Cette famille a eu pour premier auteur : Adam DES MARES, qui obtint des lettres de noblesse en 1451 et autres lettres en 1466, présentées à la Cour en 1480, en conséquence desquelles Adam et Guillaume DES MARES, fils de Pelon, sieur de Bellefosse, furent maintenus nobles par arrêt de la Cour des aides en 1513; lors de la recherche de 1553, Jehan DES MAR 5, sieur de Bellefosse, Procureur du Roi en l'élection de Caudebec, exhiba des lettres des Commissaires des francs-fiefs de l'année 1467. — Cependant Guillaume DES MARES, possesseur de la Vavassorie de ce nom en l'élection de Rouen, vivait en 1290.

— La branche actuelle descend d'Antoine, fils puîné d'autre Antoine, seigneur de Bellefosse, de Grainville, l'Allouel, etc.., Député de la noblesse aux Etats de Normandie, et de Marie DE CANOUVILLE. — A cette branche, qui posséda la Seigneurie de Grainville, appartenait Guillaume DES MARES, sieur d'Orcher, marié à Françoise DE TRÉBONS; leur fils François-Théodore, prit le nom et le titre de Comte DE TRÉBONS, fut Lieutenant du Roi à Fécamp et est l'aïeul de MM. DE TRÉBONS actuels.

MARETS (DES). — Armes : *D'azur, à un dextrochère d'argent, tenant trois lis de jardin du même.*

Nicolas DES MARETS, Ministre et Secrétaire d'Etat, ayant acquis le Marquisat de Maillebois (au Perche) en 1679, fut confirmé dans ce titre par lettres patentes de l'année 1706. Il eut deux fils : Louis, Baron de Châteauneuf en Thimerais, Brigadier des armées du Roi, et Jean-Baptiste-François, Marquis DE MAILLEBOIS, Maréchal de France en 1741. — Marie-Yves DES MARETS, Lieutenant général des armées du Roi et Gouverneur de la ville de Douai en 1753, avait épousé Marie-Madeleine DE VOYER D'ARGENSON, dont il eut : Jean-Baptiste-Yves, né le 22 juin 1748.

— Thomas-Louis-Antoine DES MARETS, Chevalier, seigneur de Monchaton et autres lieux, Conseiller du Roi, Lieutenant général civil au bailliage et siège présidial du Cotentin, a présidé l'assemblée de la noblesse dudit bailliage en 1789, en l'absence de M. le Marquis DE BLANGY, Grand bailli.—Georges-Alexandre-Clair DES MARETS DE HEUGUEVILLE, Officier des canonniers divisionnaires, et Georges-Louis-Antoine DES MARETS DE BAVENT, vivaient à la même époque.

— DES MARETS DE SAINT-AUBIN. — Autre famille qui porte pour armes : *De gueules, à la croix ancrée d'argent, et à* été maintenue dans la généralité de Rouen le 8 août 1669. — Un de ses membres a été représenté à l'assemblée de la noblesse du bailliage de Montivilliers en 1789, par M. DE ROMÉ DE FRESQUESNE, Baron du Bec.

MARETTE DE LA GARENNE. — Armes : *D'azur, à une aigle à deux têtes d'or, le vol abaissé.*

Guillaume MARETTE, Clerc juré du Roi à Bar-sur-Seine, est dénommé dans une charte originale de l'année 1369. — Noble homme Jacques, Conseiller secrétaire du Roi, était Receveur général des finances à Paris en 1543.—Pierre-François MARETTE, Ecuyer, seigneur de la Garenne, Gendarme de la Garde ordinaire du Roi, a épousé Anne-Angélique LEBLANC DE SOL/AL, dont il eut : Charles-Nicolas, baptisé le 23 juin 1733, Colonel de cavalerie, père de Charles MARETTE DE LA GARENNE, qui émigra en 1792 et fut à son retour. Brigadier des Gardes du corps et Chevalier de Saint-Louis. Ce dernier a épousé mademoiselle Marie DE MARGUERYE, dont il eut une fille, mariée en 1848 à M. le Comte DU MESNIL DU BUISSON, et un fils, actuellement Secrétaire général de la préfecture, à Alençon.

MARTIN DU BOUILLON. — Armes : *D'argent, à trois pies de sable.*

Maison de l'élection d'Avranches, maintenue en 1666. — Louis-Jean-François MARTIN DU BOUILLON, a comparu à l'assemblée de la noblesse en 1789.— Pierre, Chevalier de Saint-Louis, a épousé le 24 septembre 1824, mademoiselle Rosalie-Geneviève DAVY DE VIRVILLE.

MARIÉ (LE). — Armes : *D'argent, à trois mains de gueules, une dextre et une sénestre en chef, et une autre en pointe.*

Jean LE MARIÉ, Ecuyer, Seigneur de la Forgeraye et de la Garanterie, a été maintenu dans sa noblesse dans l'élection de Mortain en 1666. — Pierre-Jacques-Louis LE MARIÉ et Jacques LE MARIÉ DES LANDELLES, ont comparu à l'assemblée des Gentilshommes pour l'élection des députés aux Etats—Généraux en 1789.

Cette maison a encore plusieurs représentants dans la basse Normandie. M. Jules LE MARIÉ DES LANDELLES, habite Granville, et M. LE MARIÉ DE VIERVILLE, habite à Coudeville.

MARY DE LONGUEVILLE. — Maison de la généralité de Caen, Election de Coutances, maintenue en 1666.

Paul-Bernard DE MARY, seigneur de Longueville, Chevalier de Saint-Louis, et Philippe-Bon-Marie-Anne DE MARY ont comparu à l'assemblée de la noblesse du bailliage de Coutances. — Antoinette-Blanche-Pauline, a épousé Hugues-Marie-Gabriel-Victor PAYEN DE CHAVOY, Colonel du 8ᵉ régiment de Hussards.

Un représentant de cette famille habite actuellement à Avranches.

MARYE DE MERVAL et DE BLOSSEVILLE. — Armes : *D'azur, à deux cœurs d'or posés en abîme, accompagnés d'une nuée d'or en chef et d'une foi d'or en pointe posée en fasce.*

Antoine-Nicolas-André MARYE, Seigneur de Merval et des fiefs Le Vaillant, Gratemont et Belleville, a été Conseiller secrétaire du roi, Audiencier en la chancellerie de Normandie et Maire de la ville de Rouen ; il était fils de N..... MARYE, Conseiller et Echevin, qui vivait en 1698, et il a épousé demoiselle Marie-Julie DE GODEHEU, dont il eut : Georges MARYE DE MERVAL, marié en 1767, à Marie-Anne-Éléonore-Félicité LE PLANQUOIS. Ses descendants habitent le château de Canteleu, près Rouen. —

Une autre branche de la famille, celle des MARYE DE BLOSSEVILLE, a eu pour auteur Nicolas, Conseiller secrétaire du roi, marié à Louise LE BAILLIF, dont il eut deux fils, Philippe et Nicolas; l'aîné seul eut une fille, qui épousa Bénigne-Étienne-François PORET, Seigneur de Boisemont, et mourut en couches donnant le jour à un garçon qui hérita de la terre de Blosseville.

MASSIEU DE CLERVAL. — Pierre, marié en 1733 à Esther-Renée-Françoise DE GOHIER, eut six enfants, entre autres : Jacob-Antoine, mort sans postérité; 2° Anne—Elisabeth, mariée à M. JOLY DE BAMMEVILLE, et 3° Michel, qui a épousé Anne BIRON. De ce mariage est issu : Auguste-Michel MASSIEU DE CLERVAL, né le 1ᵉʳ septembre 1795, lequel a épousé mademoiselle Élisabeth LE CAVELIER dont il a eu un fils : Paul-William, né en 1832.

Le chef de la famille habite Lion-sur-Mer, près Caen.

MATHAN (DE). — Une des plus anciennes familles de la basse Normandie dont la noblesse a été reconnue à différentes époques, notamment en 1463 et en 1666. — Jean DE MATHAN, fut un des compagnons de Guillaume à la conquête d'Angleterre, et son fils, Chevalier banneret, se croisa en 1096. — Robert, est dénommé dans une charte de l'année 1153. — Olivier était Capitaine général sur les frontières de Picardie en 1395. — Sa descendance a fourni plusieurs branches qui toutes ont produit des officiers distingués. — Antoine DE MATHAN, Chevalier, Seigneur de Pierrefitte en 1615, était Capitaine des Chevau-légers du roi. —

Bernardin, Marquis DE MATHAN, était Lieutenant du roi à Caen en 1718, enfin Anne–Louis, son fils, a été Lieutenant général, premier Lieutenant–colonel des Gardes françaises et Commandeur de Saint-Louis; il est mort en 1789. — Pierre-Claude-René-Henri, son cousin, a épousé en 1752, Marie-Henriette-Jeanne LE BERCEUR DE FONTENAY.

Georges, Marquis DE MATHAN, a épousé mademoiselle Isaure-Marie-Louise D'HÉRICY, dont il eut un fils : Georges-François, marié le 29 juin 1858, à mademoiselle Marie-Charlotte DE BELBEUF. — Résidence : le château de Cambes, à Creully, près Caen. Semilly pres St Lô [...]

MAUPEOU (DE). — Armes : *D'argent, au porc-épic de sable.*

Famille anoblie en 1586. — René–Charles DE MAUPEOU, Garde des Sceaux en 1763 et Chancelier de France en 1768, a épousé Anne-Victoire DE LAMOIGNON; son fils, René-Nicolas-Charles-Augustin, Chevalier, Marquis de Bulli, Conseiller du roi en tous ses conseils, Président du parlement, Gouverneur de la ville de Neufchâtel, Conservateur des forêts de la maîtrise d'Arques, etc.., fut Chancelier comme son père et avait épousé en 1744, Anne-Marguerite-Thérèse DE RONCHEROLLES. Il est mort au château de Thuit, près les Andelys, le 29 juillet 1792, laissant pour fils : René-Ange-Augustin.

Un de ses descendants, le Marquis DE MAUPEOU actuel, a épousé en 1821, mademoiselle Marie-Léonide DE CROUTELLES.

Le Vicomte Georges DE MAUPEOU D'ABLEIGES, a épousé le 24 novembre 1853, mademoiselle Marie DE SAINT GERMAIN.

MAUCONVENANT DE SAINTE-SUZANNE. — Ancienne famille de l'élection de Carentan, maintenue le 26 avril 1667, dont était Françoise-Bonaventure DE MAUCONVENANT, appelée mademoiselle DE SAINTE-SUZANNE, mariée à Jean-Jacques BAZAN, Marquis DE FLAMANVILLE, mort le 27 novembre 1752. — Charles-Adolphe DE MAUCONVENANT, Marquis DE SAINTE-SUZANNE, et François-Bonaventure DE MAUCONVENANT, Chevalier de Sainte-Suzanne, ont comparu à l'assemblée de la noblesse pour l'élection des députés aux Etats-Généraux en 1789.

Le chef actuel de cette maison habite Condé-sur-Vire, près Saint-Lô.

MÉZANGE DE SAINT-ANDRÉ. — Armes : *D'azur, à la bande d'argent, accostée de deux étoiles du même.*

Nous avons donné, page 488, une courte notice sur la famille

11

DE Mesenge, de l'élection d'Argentan; bien que ne portant pas les mêmes armes, nous croyons ces deux maisons issues de la même souche, et par conséquent remontant à Jean DE Mésange, Ecuyer, homme d'armes des Ordonnances du Roi en 1585.

Pierre-Nicolas DE Mezange et Louis DE Mézange DE Martel, ont comparu à l'assemblée de la noblesse de 1789.

Le chef de la famille demeure à Milly, près Mortain.

MESNAGE DE Cagny. — Maison originaire du diocèse de Bayeux, maintenue dans sa noblesse en 1666. — Jacques, Ecuyer, seigneur de Cagny, fut Conseiller au parlement de Normandie, Ambassadeur du roi François Ier en Ecosse et près de l'Empereur Charles-Quint, et enfin Maître des requêtes de l'hôtel du Roi en 1547. — Philippe, son petit-fils, a été reçu Avocat au parlement de Normandie le 10 décembre 1602. — Robert Mesnage, Ecuyer, seigneur de Nerval, était Capitaine au régiment de Thorigny en 1660. — Gédéon Mesnage DE Cagny, marié en 1681 à mademoiselle DE Montginot, fut obligé de s'expatrier pour cause de religion et fut tué en 1691 au combat de Limerick. — Gabriel-François, né le 4 octobre 1716, Capitaine d'infanterie, fut blessé dangereusement au siége de Prague et eut deux fils : Philippe-François, marié à sa cousine mademoiselle Aimée Mesnage DE La Corderie, et Louis-Auguste, appelé *le Chevalier* DE Cagny, qui fut Lieutenant-colonel et Chevalier de Saint-Louis. — Louis Mesnage DE Cagny, fils de Philippe, après avoir été Capitaine dans la Garde royale et Garde du corps, Chevalier de Saint-Louis, et de la Légion d'honneur, quitta le service avec le grade de Lieutenant-colonel. De son mariage avec mademoiselle Pauline Rioult DE Bois–Rioult, il a laissé deux enfants : une fille, mariée en 1838, à Edmond Costé DE Triqueryille, et un fils, Louis Mesnage DE Cagny, non encore marié; il habite le château de Cagny, près Caen.

MESNIL (DU). — Nous possédons une quantité de documents sur les différentes familles de ce nom : celle DU Mesnil-Adelée, a sa notice page 484; celle DU Mesnil DE Saint-Vallery, divisée en plusieurs branches, a encore des représentants en Picardie et en Brie; quant aux autres, nous renvoyons, pour leurs armoiries, à la page 106 de la première partie, et nous n'en disons rien dans la crainte de faire confusion.

MESNIEL (DU) — DE Sommery, DE Gerville, d'Hauteville, etc... Très-ancienne famille de l'élection de Neufchâtel, dont le nom s'est écrit indistinctement DU Mesniel ou DU Maisniel;

sa filiation remonte au commencement du XIV° siècle. Elle a, croyons-nous, une origine commune avec les DU MAISNIEL D'APPLAINCOURT, DE BELLEVAL, DE LIÉRCOURT et DE SAVEUSE, originaires de Picardie, cependant il y a une petite différence dans les armoiries; ceux-ci portent: *D'argent, à deux fasces de gueules, chargées chacune de trois besants d'or*, tandis que ceux de Normandie portent: *D'argent, à deux fasces de gueules, accompagnées en chef d'un lion léopardé du même.*

Pierre DU MESNIEL, Ecuyer, seigneur d'Hesmy et d'Esquiqueville, vivant en 1475, maria sa fille Marguerite à Antoine DE RUNE. La terre d'Hesmy (en Bray), qui était un quart de fief, et celle de Sommery, demi-fief de Haubert, furent réunies et érigées en *Marquisat*, en 1687, en faveur de Louis DU MESNIEL, Chevalier, époux d'Elisabeth MARTEL, fille de Charles, Comte de Clèves, Capitaine des Gardes du corps de Monsieur, frère du roi Louis XIV. — Jacques-Etienne DU MESNIEL, Marquis DE SOMMERY, Colonel d'infanterie, Lieutenant aux Gardes françaises, Gouverneur d'Obernheim, en Alsace, etc..., était Seigneur et patron honoraire haut Justicier de Sommery, Sainte-Geneviève, Hesmy, etc..., en 1766; son fils, le Comte Armand, fut admis aux honneurs de la Cour le 21 mai 1787.

Le chef actuel de cette famille, M. le Marquis DE SOMMERY, habite Huisseau-sur-Cosson, près Blois.

MOINE (LE). — Armes : *D'or, fretté de sable.*

Famille de la généralité de Caen, élection d'Avranches, maintenue dans sa noblesse en 1667. — M. LE MOINE DES MARES, qui habite Avranches, descend de cette maison.

MOINE (LE) — DE SAINTE-MARIE. — Famille originaire de Champagne, installée dans la province depuis un siècle seulement, dont les armes sont : *D'argent, à une bande de gueules, accompagnée en chef de trois mouchetures d'hermines et en pointe d'un fer de moulin de sable accosté de deux épis de blé au naturel.*

La filiation remonte à Jean LE MOINE, Ecuyer, vivant en 1322. — Pierre LE MOINE DE SAINTE-MARIE, a été Echanson du roi en 1657. — N.... LE MOINE, Gentilhomme de la chambre du roi en 1733, fut nommé le 2 août 1765, Député de la noblesse de Clermont en Beauvoisis. Il eut deux fils : l'aîné, le baron LE MOINE, entra aux Chevau-légers de la Garde du roi en 1778 et est mort à Paris en 1841; il avait été Colonel et Gentilhomme ordinaire de la chambre; le cadet, père du chef actuel de la famille, entra au service en même temps que son frère, et c'est alors que pour se distinguer, il reprit le nom de SAINTE-MARIE, porté par ses ancêtres. — Son fils aîné, Henri LE MOINE DE SAINTE-MARIE, habite auprès de Caen.

MONCHY (DE). — Trois familles de ce nom, toutes dans l'élection d'Arques, ont été maintenues en 1668. — Benjamin DE MONCHY, fils d'Antoine, Seigneur de Sénarpont, Guimerville, etc., était Seigneur de Hadeng-au-Bosc (Election d'Aumale). — François, Baron de Vismes, marié à Isabelle DE SAINT-BLIMONT, eut pour fils : Messire DE MONCHY, Marquis DE SÉNARPONT, Seigneur et patron de Bourgbelle, Capitaine au régiment de Melun, lequel a épousé en 1710, sa cousine Marie-Madeleine DE MONCHY; il eut de ce mariage 1° Nicolas-Joseph-Louis-René, 2° Andrée-Armande, mariée à Philippe-Charles-Joseph, Comte DE BERGHE. Le chef de cette maison, le Marquis DE SÉNARPONT, habite Envermeu, près Dieppe.

MONSTIERS DE MÉRINVILLE (DES). — Très-ancienne famille dont les armes sont peintes au musée de Versailles, François DES MONSTIERS, Chevalier, étant allé avec le roi Saint Louis à la Croisade de 1249. — Urban, Chevalier, servit contre les Anglais sous Philippe-Auguste. — C. DES MONSTIERS, fut un des 119 défenseurs du Mont-Saint-Michel, en 1423. — Eusèbe, Vicomte DE MÉRINVILLE, Chevalier de l'Ordre du roi, a été Gentilhomme ordinaire de sa chambre et Capitaine de 50 hommes d'armes en 1564.

François DES MONSTIERS, Comte DE MÉRINVILLE, Lieutenant général des armées du roi, a reçu le collier de l'ordre du Saint-Esprit, le 25 mars 1662. — Un descendant de cette famille, le Comte Adrien, a épousé le 6 février 1854, mademoiselle Marie DE MAUSSABRÉ, et le chef de la famille le Marquis DE MÉRINVILLE habite Paris.

MONTLEMBERT (DE). — Cette famille dont le nom patronymique est ALEXANDRE, descend de Jean-Charles, Ecuyer, Seigneur de Montlembert, co-seigneur de Catenay, Conseiller secrétaire du roi, maison couronne de France, Contrôleur en la chancellerie, né le 4 mai 1745 et marié le 30 mai 1775, à Marie-Henriette-Françoise PIQUET DU CLARIEL.

Elle n'a plus qu'un seul représentant mâle non marié, qui habite Grugny, arrondissement de Rouen.

MONTREUIL (DE). — Armes : *D'argent, à trois massacres de cerf de sable.* René DE MONTREUIL, Ecuyer, Seigneur de la Chaux, les fit enregistrer en 1696 à l'armorial général établi en la généralité de Caen, et sa sœur Jeanne a épousé Pierre MARQUIER, Écuyer, Conseiller du roi, trésorier de France au bureau des finances de Caen. — Un représentant de cette maison a comparu à l'assemblée de la noblesse du bailliage de Falaise en 1789. — Armand DE MONTREUIL, marié à une demoiselle DU SAUSSAY, a eu deux filles : l'une mariée à monsieur DESDIGUIÈRES, l'autre au Comte DE CHIVRÉ, et un fils Henri, chef actuel de la famille, qui a épousé en 1847, mademoiselle THOMAS DES CHESNES, dont il a plusieurs enfants.

MORIENNE (DE). — Armes : *D'azur, à un château d'argent.*

Cette famille dont le nom patronymique est APRIX, a donné plusieurs Chevaliers de Malte et descend de Jean APRIX, Sieur de Vimont, vivant en 1524. — Charles-Louis, son descendant direct, a épousé en 1739, mademoiselle Catherine DU CARON DE FLAMESNIL. — Mademoiselle Marie-Claire APRIX DE MORIENNE, fille de Nicolas, Chevalier de Saint-Louis et Lieutenant de Dragons, a été reçue à la maison royale de Saint-Cyr en 1733.

— Le Comte DE MORIENNE, chef actuel de sa branche, n'a pas d'enfants mâles et habite le château du Plessis-Châtillon, près Laval.

MORIN — D'AUVERS DE LA RIVIÈRE. — Ancienne famille de l'élection de Bernay, maintenue le 31 août 1666, dont le premier auteur est Colas MORIN, vivant en 1250. — Michel, Écuyer, seigneur de Cauvigny, a été Gendarme de la Garde du Roi en 1605. — Philippe, Mousquetaire du Roi, a épousé en 1716, Geneviève-Suzanne GIRARD et en eut : Auguste-Philippe-Charles, aussi Mousquetaire, lequel hérita par succession de l'ancienne Baronnie *d'Auvers* en 1741; son fils aîné, Philippe-Auguste MORIN D'AUVERS, Conseiller au parlement de Normandie, a épousé le 27 mai 1778, Marie-Félicité DE TOCQUEVILLE, dont il eut Henri-René MORIN, Comte D'AUVERS, père du chef actuel de cette branche, lequel habite le château d'Auvers, près Carentan.

La branche des Marquis DE LA RIVIÈRE, dont un membre a comparu à l'assemblée de la noblesse du bailliage de Bayeux en 1789, est représentée de nos jours par Eugène-Charles-François MORIN DE LA RIVIÈRE, ancien Brigadier des Mousquetaires en 1815; il a trois fils : 1° Achille-Georges-Charles, 2° Jules-Charles et 3° Julien-Noël.

MORANT (DE). — Armes : *D'azur, à trois fasces d'or, chargées chacune de trois canettes de gueules.*

Dès l'année 1271, trois membres de cette maison figuraient au catalogue des nobles de la province (*Traité de la Noblesse*, par La Roque). — Nicolas DE MORANT, Ecuyer, seigneur de l'Espinay, vivant en 1440, est le premier auteur où commence la filiation.— Augustin DE MORANT DE L'ESPINAY, servit dans le régiment du Duc de Laval-Montmorency, puis à l'armée de Condé pendant l'émigration, fut nommé Chevalier de Saint-Louis et Chef de bataillon en 1815. Il avait épousé Mlle Marie-Louise-Eléonore-Pauline GIROUFLE DE MARCILLY, dont il a eu : 1° Augustine, née en 1807, et 2° Charles-Jacques-Armand-Joseph DE MORANT, chef actuel de sa maison.

Une autre famille de ce nom, qui porte pour armes : *D'azur, à trois cormorans d'argent, 2 en chef et 1 en pointe*, n'est pas moins ancienne, ce qui nous fait supposer que les deux peuvent avoir la même souche. — Etienne DE MORANT, Chevalier, vivant en 1245 et marié à noble damoiselle Marie DE LA HOULETTE, est l'auteur des nombreuses branches de cette maison, dont une est passée en Bretagne il y a un peu plus d'un siècle. — Thomas-Marie-Louis, Chevalier, Marquis DE MORANT, chef de la branche de Fontenay, baptisé en l'église de Saint-Etienne de Rennes, était Officier de dragons au régiment de la Reine en 1775.

—Les DE-MORANT DE BOISRICARD, maintenus dans le bailliage de Caux, le 13 août 1668, commencent leur filiation à Autry DE MORANT, un des Ecuyers du roi Philippe de Valois, en 1339; cette maison a formé aussi plusieurs branches, dont une s'est établie en Picardie.

MOULIN (DU) — DE LA BRETÈCHE et DE LA FONTENELLE.

Famille anoblie par lettres patentes enregistrées à la Cour des comptes de Rouen le 25 septembre 1744, dont les armes sont : *Palé en onde de six pièces d'or et de gueules.* — Jean DU MOULIN DE LA BRETÈCHE, a comparu à l'assemblée de la noblesse pour l'élection des députés aux Etats-Généraux en 1789 dans le bailliage d'Argentan; ses descendants habitent le château de Tercey, près Almenèche (Orne).

MOUTON DE BOISD'EFFRE (LE). — Armes : *D'argent, à trois gibecières de sable, boutonnées et houppées d'or, 2 et 1.*

Le premier auteur de cette maison est Raoul LE MOUTON,

Ecuyer, sieur de la Motte, de la paroisse d'Angoville, vivant en 1368. — Thomas, fut maintenu dans sa noblesse le 25 février 1490. — Nicolas, Écuyer, sieur du Manoir, de Courtenay et autres lieux, fut maintenu en l'élection de Bayeux en 1666. — René-Jean LE MOUTON DE BOISD'EFFRE, Brigadier des armées du Roi, mort en 1797, eut douze enfants dont deux seulement ont continué sa descendance.

1° Louis-René, Maréchal de camp et Chevalier de Saint-Louis en 1792, eut pour fils, Adolphe-Louis-René, Garde d'honneur en 1814, lequel a épousé, en 1827, Louise BAUNY DE RÉCY dont il a eu trois fils et une fille.

2° René-Jean-Baptiste LE MOUTON DE BOISD'EFFRE, a été Maréchal de camp et Grand Officier de la Légion d'honneur; il est mort ne laissant qu'un fils, Etienne-Marie-Henri-Alfred, chef de la seconde branche, né en 1802, Colonel d'état-major en retraite, Commandeur de la Légion d'honneur, marié en 1834, à Mlle Catherine-Louise-Charlotte CAILLOUX DE POUGEY dont il a un fils : Charles-Henri-René LE MOUTON DE BOIS-D'EFFRE, né en 1838.

N

NAGUET DE SAINT-VULFRAN. — En 1668, Etienne NAGUET, Sieur de Saint-Vulfrau, fut maintenu avec ses quatre frères et produisit sa généalogie qui établissait sa descendance depuis Jacques, son cinquième aïeul, marié à Marie DE VASOUY. — La recherche de 1553, contient la mention de Pierre NAGUET, Sieur de Grasquesne, de Jacques, Sieur de Bretteville, sans autre mention, et celle d'un Adrien, Sieur de Fourmeville, anobli par lettres du mois de février 1522, expédiées en la chambre des Comptes à Paris le 27 de février. Nous ne savons si cet Adrien DE NAGUET, était la tige de la famille. — Le fief de Saint-Vulfran, huitième de fief, assis à Saint-Paul–sur-Risle et relevant du roi, est venu dans cette famille au commencement du XVII° siècle, par le mariage de François DE NAGUET, Écuyer, Sieur de la Datinière, avec Marie DE MAHIEL, dame de Saint-Vulfran; il fut vendu en

1696, par Raoul DE NAGUET, à Nicolas Despagne, bourgeois de Rouen. La famille a néanmoins continué à en porter le nom. Elle a produit plusieurs Officiers de marine distingués, cinq de ses membres ont comparu à l'assemblée de la noblesse en 1789, et le chef actuel habite le château de Launay, près Pont-Audemer.

NÉEL DE SAINTE-MARIE. — Armes : *D'argent, à trois bandes de sable; au chef de gueules.*

Pierre NÉEL, Ecuyer, Sieur de Neuville, de Fontenay, de Tierceville, en l'élection de Vire, vivait en 1539. — Ses descendants furent maintenus en 1666 et plusieurs comparurent à l'assemblée de la noblesse en 1789. — Robert-Pierre NÉEL DE SAINTE-MARIE, a été reçu Page du roi en sa grande écurie en 1731. — Cette maison a encore des représentants.

— Deux autres familles ont aussi été maintenues en 1667, dans les élections de Coutances et de Valognes; il y a eu de plus une famille NAU DE SAINTE-MARIE, dont un des représentants habite aujourd'hui le château de Castelnau, dans l'arrondissement d'Argentan. Ses armes sont : *De gueules, à deux lions affrontés d'or, soutenant une gerbe du même.*

NEVEU (DE) *aliàs* NEPVEU. — L'origine de cette famille du Perche est fort ancienne; en récompense de ses services à la bataille de Pavie, le roi François.Ier, permit à un de ses membres de mettre une fleur de lis dans ses armes qui sont : *D'azur, au lion passant armé et lampassé de gueules, surmonté d'une fleur de lis d'or.* — Raoul DE NEVEU, mort en 1558 âgé de 84 ans, avait épousé Marie DE GLENARD. — Pierre, son arrière-petit-fils, servit sous le Maréchal de Bois-Dauphin en 1619. — Un de ses descendants, François-Joseph, Ecuyer, Seigneur du Désert, des Proutières, etc..., émigra en 1791, fit la campagne des Princes, puis combattit en Vendée où il faillit être fusillé, et fut nommé Chevalier de Saint-Louis le 7 novembre 1814. Il a été marié deux fois; du second lit sont issus : 1° François-Edouard, né le 19 novembre 1809; 2° Gustave, né le 30 mars 1811; 3° Elisabeth-Françoise DE NEVEU, née le 20 août 1808.

NOLLENT (DE). — Ancienne famille de l'élection de Pont-de-l'Arche, dont les armes sont : *D'argent, à une fleur de lis de gueules, accompagnée de trois roses du même, 2 et 1.* — Pierre, Baron de Limbeuf, Seigneur de Couillerville, a été maintenu le 10 février 1668, et descendait de Jean, Ier du nom, reconnu noble par Montfaut en 1463. — Jeanne DE NOLLENT, a épousé en 1657, Léon MALLART, Chevalier, Seigneur de Mesnil-Guyon, Lieutenant des Gens d'armes du Maréchal de Grancey. — Jeanne-Gabrielle DE NOLLENT, dame de Boisyvon, vivait en 1781. — Pierre-Charles et son cousin Claude DE NOLLENT, ont assisté à l'assemblée de la noblesse pour l'élection des députés aux Etats-Généraux en 1789. Cette maison a encore des représentants.

Deux autres familles de ce nom ont été maintenues en 1667, et l'une d'elles subsiste encore de nos jours dans les environs d'Argentan.

NOLLET DE MALVOUE. — Armes : *D'argent, au chevron de gueules, accompagné de trois merlettes de sable.*

Thomas et Pierre NOLLET, Ecuyers, Seigneurs de Malvoue, de la Londe, de Láunay, de Saint-Christophe et autres lieux, ont été maintenus dans leur noblesse par jugement de M. de Marle, en date du 26 septembre 1666. — Trois personnes du nom de MALVOUE ont comparu à l'assemblée de la noblesse du bailliage d'Orbec en 1789, et un des représentants de cette maison habite aujourd'hui le château de Casne-Bergère, à Bellême (Orne.)

NORMAND (LE) — DE BRETTEVILLE, DE MAGNY, DE VICTOT, etc...

Ancienne maison de l'élection de Falaise, maintenue le 3 juillet 1593 et le 2 mai 1667. — Jean LE NORMAND, vivait en 1470. — Guillaume, Ecuyer, Seigneur de Traspied, de Magny, de Bretteville, etc., était homme d'armes des Ordonnances du roi en 1528.— Jean, II* du nom, Ecuyer, Sieur de Bretteville, Chevau-léger de la garde ordinaire du roi en 1642.

Louis-Claude LE NORMAND DE BRETTEVILLE, Chevalier, Capitaine au régiment de Belsunce en 1775; Julien-Charles-Hector, son fils, entré à l'école royale militaire en 1786, émigra à la Révolution, prit du service dans l'armée danoise et se maria dans ce pays. Il laissa de ce mariage neuf enfants, sept garçons et deux filles.

NOURRY DE CRACOUVILLE (LE). — Armes : *De gueules, à deux chevrons d'argent* (aliàs *un*), *accompagnés de trois molettes d'éperon du même, 2 en chef et 1 en pointe.*

Famille de l'élection d'Evreux maintenue en 1670. — Le Baron LE NOURRY, Lieutenant général, inspecteur d'artillerie, Pair de France, Grand-Croix de la Légion d'honneur, etc., eut une sœur, Marie-Louise LE NOURRY DE CRACOUVILLE, qui a épousé en

1810, Louis Nottret de Rouvroy, Colonel d'artillerie; elle était belle-sœur du Comte le Nourry de la Roncière, Général de Division, qui habite le château de Cracouville, à Evreux.

O

ODOART du Hazé et de Boisroger.

Famille de l'élection d'Evreux, maintenue le 27 janvier 1668. — Armes : *De gueules, à trois molettes d'éperon d'argent ; au chef du même, chargé d'un lion léopardé de sable.*

Thomas Odoard, vivait en 1433, ainsi qu'il appert d'un acte passé devant Philippot Leblanc, Tabellion royal.—Le Chevalier Odoard et Charles-Pierre Odoard du Hazé, ont comparu à Rouen le 17 mars 1789, à l'assemblée de la noblesse pour l'élection des députés aux Etats-Généraux. — Madame la Comtesse Odoart du Hazé, habite le château de Marbeuf, à Le Neubourg (Eure), et M. du Hazé, habite le château du Hazé, près Gaillon.

ORCEAU de Fontette. — Armes : *D'azur, à la licorne d'argent.*

Famille de la généralité de Paris, établie en Normandie depuis un siècle seulement.—François-Jean Orceau de Fontette, fils de François, Seigneur d'Arennes, Trésorier général des Galères et intéressé dans la ferme des Postes, a été nommé Conseiller au parlement en 1738, Maître des requêtes en 1745, Président au grand conseil en 1750, Intendant de la ville de Caen en 1752 et enfin Chancelier de Monsieur frère du roi. Il a acheté en 1753, la terre et seigneurie de Tilly à mademoiselle le Fournier de Hottot, et elle fut érigée en *Marquisat* sous le nom de Tilly-d'Orceau. — N..... Orceau, Baron de Fontette, a comparu à l'assemblée de la noblesse du bailliage de Caen en 1789.

Cette famille est représentée : 1° par le Marquis Emmanuel-Louis de Fontette, marié à mademoiselle Clémence-Marie de Venois, dont une des filles a épousé le 29 avril 1858, Charles-Hardouin, Comte de Maillé de la Tour-Landry, et 2° par le Baron de Fontette qui habite auprès de Caen.

P

PAILLARD—D'Hardivilliers, de Petit-Musc, de Strossy, etc... — Armes : *D'argent, à la croix de sable frettée d'or.*

Ancienne famille de l'élection d'Arques dont le premier auteur est : Claude Paillard, marié à Marie le Huré et inhumé en l'église de Chambray en 1570, dont : François, Ecuyer, marié 1° à Françoise de Saint-Just, 2° à Jeanne de Strossy. Nicolas leur fils, commanda la noblesse du bailliage de Chaumont et épousa Catherine de Boullainvilliers, dont il eut Charles, Seigneur de Hardivilliers, de Strossy, de Petit-Musc, etc., lequel fut marié à Marie le Grix, qui l'a rendu père de Michel-Louis, Ecuyer, maintenu en 1667. A cette époque, lui et ses ancêtres avaient de signalés services dans les armées du Roi. — Claude Paillard d'Hardivilliers a comparu à l'assemblée de la noblesse en 1789, et un de ses descendants, M. le Comte d'Hardivilliers, chef actuel de la famille, habite les Trois-Pierres, près le Havre.

PARC (du). — Armes : *D'or, à deux fasces d'azur, accompagnées de neuf merlettes de gueules, 4, 3 et 2.*

Très-ancienne famille de l'élection de Valognes dont la noblesse a été reconnue à différentes époques, notamment en 1463, en 1598 et en 1666. — Bertrand du Parc, Ecuyer, Seigneur de Bernières, de Barville, de Beaumanoir et autres lieux, a épousé en 1505, Renée des Ecottais, dame et Baronne d'Ingrandes; François son frère, a été Doyen de la Cathédrale du Mans, charge dans laquelle il fut remplacé par son neveu Marguerin de la Bigne. — Constant-Frédéric-Timoléon, Comte du Parc, Officier au régiment du Roi, a comparu à l'assemblée de la noblesse du bailliage de Valognes en 1789, et son petit-fils, le Comte actuel, habite le château de Réville à Saint-Vaast (Manche).

Une autre famille qui porte pour armes : *D'azur, à trois molettes d'éperon d'argent,* a été maintenue en 1666, dans l'élection de Coutances.

PARRIN de Semainville. — Armes : *D'azur, à deux fonts baptismaux d'or; au chef d'argent, chargé d'une croix pattée, alésée de gueules.*

Pierre-Luc, Conseiller maître en la Cour des comptes, aides

et finances de Normandie en 1764, a eu pour fils Pierre-Noël, qui a épousé mademoiselle Alexandrine-Thomas DE LA MARCHE, dame de Manneville-la-Raoult. De cette alliance sont issus : 1° Pierre-Alexandre PARRIN DE SEMAINVILLE, né à Pont-Audemer le 17 mars 1808, ancien Magistrat, auteur de divers ouvrages importants ; et 2° Marie-Nathalie, mariée en 1836 à Jules HÉBERT DE CLOZERT.

PELLERIN DE GAUVILLE (LE). — Armes : *D'or, au chevron brisé, échiqueté d'argent et de gueules ; au chef de sable chargé de trois coquilles d'or.*

La noblesse de cette ancienne famille remonte très-haut et a été constatée plusieurs fois,. notamment pour les preuves de Malte, de Page du roi, et en 1789 par *Chérin*, pour les Honneurs de la Cour. — Marc-Antoine-François LE PELLERIN, Marquis. DE GAUVILLE, Lieutenant général des armées du roi, a épousé le 30 octobre 1740, demoiselle Madeleine LE GENDRE, dont il eut : Marc-Antoine, né le 22 août 1741, Colonel du régiment de Cambrésis ; il émigra avec son régiment, et à la Restauration, il fut nommé Maréchal de camp et Grand Cordon rouge. De son mariage avec une demoiselle créole il eut deux fils, morts sans postérité.

Charles-Nicolas LE PELLERIN, Baron DE GAUVILLE, frère cadet du Lieutenant général, Capitaine au régiment de la marine et Chevalier de Saint-Louis, épousa Louise CARRÉ, dont il eut deux fils : 1° Antoine-Charles Marquis DE GAUVILLE, marié à Louise-Victoire DE PERROCHEL, dont il eut deux filles et un fils mort jeune ; 2° Antoine-Mathurin Baron DE GAUVILLE, Chevalier de Saint-Louis, marié à Mlle BARRÉ DU THEIL, et en secondes noces à Mlle Marie PAIX-DE-CŒUR ; il est mort en 1854, laissant deux fils :

Adolphe-Antoine, Marquis DE GAUVILLE, né en 1843, chef de cette ancienne maison, marié le 9 avril 1856, à Marie-Mathilde-Justine-Adrienne DE LA FRESNAYE ;

Et Ange-Armand, Comte DE GAUVILLE, marié à Mlle LE COUTEULX DE CANTELEU, fille du Pair de France, et mort ne laissant qu'un fils : Henri, Comte DE GAUVILLE, marié à mademoiselle N.... DA PORTO.

PERRIER DE LA GENEVRAYE. — Armes : *De sable, au chevron d'argent, chargé de trois roses de gueules et accompagné de trois croissants d'or.*

Famille de la généralité d'Alençon connue depuis l'année

1535. — Nicolas PERRIER, Ecuyer, sieur de Launay, de la Genevraye, de la Chevalerie, de Grand-Cœur de Bellemare, des Acres, etc., a été maintenu dans sa noblesse par jugement de M. de Marle, en date du 16 avril 1667. Guillaume PERRIER DE LA GENEVRAYE, a comparu à l'assemblée de la noblesse du bailliage d'Alençon en 1789. — Marie-Pauline a épousé en 1808, Léon-Gabriel-Jacques-Marie MALLARD, Comte DE LA VARENDE, et son neveu, M. DE LA GENEVRAYE, habite près Le Merlerault, près Argentan. Il est marié et n'a qu'une fille.

Deux autres familles du même nom, ont été maintenues en 1667, l'une dans l'élection des Andelys. M. DU PERRIER DE BOIS-FRANC, un de ses représentants, a comparu à l'assemblée de la noblesse du bailliage de Gisors en 1789; l'autre est de l'élection de Lisieux.

PESANT DE BOISGUILBERT (LE). — Famille de la Généralité de Rouen qui porte pour armes : *D'azur, au chevron d'or, accompagné en chef de deux têtes de lion d'argent et d'un cœur d'or, en pointe.*

Cette maison compte plusieurs membres du parlement et de la chambre des comptes de Normandie ; elle a possédé héréditairement depuis la moitié du XVII° siècle, la charge de Lieutenant général et Président au bailliage de Rouen. Le célèbre DE BOISGUILBERT, si connu par ses travaux économiques et la disgrâce qu'ils lui attirèrent, était de cette famille. — Marthe LE PESANT, a épousé en 1635, Pierre CORNEILLE, Avocat du roi à la table de marbre de Rouen, Maître des Eaux et forêts, qui fut père du Grand Corneille. — Deux Messieurs LE PESANT DE BOISGUILBERT ont comparu à l'assemblée de la noblesse de 1789 pour l'élection des députés.

Cette famille existe encore; l'un de ses membres habite le beau château de Pintérville, dans une des plus charmantes vallées du département de l'Eure. L'aîné, le Marquis DE BOISGUILBERT, a épousé une demoiselle DE SAINT-VICTOR.

PETIT. — Cinq familles de ce nom ont figuré à la maintenue de Chamillart, en la généralité de Caen, et une dans l'élection d'Evreux ; nous avons donné leurs armoiries tome I°, page 119.

MM. PETIT DE MONTFLEURY, PETIT DE TROUSSEAUVILLE, PETIT DE LAUNAY et PETIT DE TOUPIN, ont comparu à l'assemblée de la noblesse pour l'élection des députés en 1789 ; nous ne pouvons dire d'où ils étaient issus, n'ayant rien pour nous guider.

— Un représentant de la famille, PETIT DE LEUDEVILLE, habite les environs d'Argentan.

PHILIPPE DE MARIGNY. — Armes : *D'azur, au chevron d'or, accompagné en chef d'un croissant d'argent à dextre et d'une étoile du même à sénestre, et en pointe d'un cygne aussi d'argent.*

Ancienne famille confirmée dans sa noblesse le 6 mars 1691. — Un de ses membres a comparu à l'assemblée de la noblesse du bailliage de Bayeux pour l'élection des députés en 1789.

PICOT DE GOUBERVILLE. — Famille de l'élection de Valognes. — Guillaume PICOT, Ecuyer, seigneur de Gouberville, fils de Michel, anobli en 1578, eut pour fils : Jean-François PICOT, lequel obtint une charte de confirmation de noblesse en 1614. — François PICOT, Ecuyer, sieur de Sainte-Honorine, de Brillevast, etc..., a été maintenu en 1666. — M. DE GOUBERVILLE, son descendant direct, a comparu à l'assemblée de la noblesse en 1789, et un des représentants de cette famille habite encore de nos jours le château de Gouberville, à Néhou près Valognes.

PICQUOT DE MAGNY, DU DÉTROIT, etc... — Armes : *Tiercé en fasces, au 1er, d'azur, à deux macles d'or; au 2e, de gueules, dentelé par le bas; au 3e, d'or, à une macle d'azur.*

Très-ancienne maison de l'élection de Falaise, reconnue noble par Montfaut en 1463, et maintenue par Chamillart le 5 mars 1667. Une généalogie très-complète, établie sur titres authentiques, a été publiée en 1852 par M. du Feugrai, et remonte la filiation jusqu'à l'année 1300. — Jean-Charles PICQUOT DE MAGNY a comparu à l'assemblée de la noblesse en 1789, et a toujours été dévoué à la cause royaliste, c'est ce qui fait que son château de Rapilly, où s'est arrêté M. DE FROTTÉ pendant les guerres de la chouannerie, a failli être détruit par les Bleus. — Cette famille se compose aujourd'hui :

1° De Jean-Charles-Guy-Hippolyte DE PICQUOT DE MAGNY, né en 1802, receveur des contributions à Versailles, marié à mademoiselle Félicie-Laure FERRIER DE LA CLÉMENCERIE dont il a : Jean-Charles-Guy-René-Raoul, né le 6 juillet 1854 ;

2° Achille-Anatole DE PICQUOT DE MAGNY, marié à Henriette VALLOIS DE SAINT-LÉONARD ; il n'a pas d'enfants et habite le château de Rapilly ;

3° Sosthènes-Emile DE PICQUOT, marié à Mlle Irma DE MONTFORT, dont il a eu un fils : Marie-Amaury, et une fille, Marie-Edith. — Résidence : le château du Détroit, près Pont-d'Ouilly.

PIEDOUE (DE). — Armes : *D'or, à deux pieds d'oie de sable, passés en sautoir.*

Cette famille dont les armes sont parlantes, est très-ancienne et a été maintenue dans sa noblesse en 1667. — Jean DE PIEDOUE, Ecuyer, Seigneur d'Eritot, de Charsigné, etc..., eut une de ses filles qui épousa, le 19 décembre 1750, Gabriel-Léonor-Aymar LE HARIVEL DE GONNEVILLE. —MM. DE PIEDOUE D'HÉRITOT, DE GLATIGNY et DE CHARSIGNÉ ont tous trois comparu à l'assemblée de la noblesse du bailliage de Caen en 1789. — Un des représentants de cette maison habite le château de Saint-Gilles à Argences, arrondissement de Caen.

PIERREFITTE (DE). — Maison de l'élection de Falaise, dont les armes sont : *D'argent, à quatre cotices d'azur; à la bordure d'argent.*

François DE PIERREFITTTE, Ecuyer, seigneur dudit lieu, a été maintenu dans sa noblesse le 28 août 1667. — Deux de ses descendants ont assisté à l'assemblée de la noblesse de 1789 dans le bailliage de Vire, et un des représentants habite actuellement Pont-d'Ouilly, près Falaise.

PIERREPONT (DE). — Marquis et Barons des Biards, seigneurs de Pierrepont, de Lamberville, de Gonneville, de la Londe et autres lieux.

Le nom DE PIERREPONT est commun à plusieurs familles, mais celle dont nous parlons, une des plus anciennes de la province, est sans contredit la plus marquante de toutes les maisons du même nom. — Geoffroy, Renaud et Robert DE PIERREPONT, Chevaliers, accompagnèrent Guillaume à la conquête d'Angleterre en 1066. L'un d'eux y a formé une branche qui s'est illustrée sous les titres de Marquis de Dorchester, Comtes de Kingstone, Vicomtes de Nevarke, Barons de Pierrepont, dans la province de Nottingham. — La maison française s'est divisée en plusieurs branches dont deux principales, savoir : 1° la branche aînée qui fut titrée Marquis et Comte DE PIERREPONT, et a joui des Honneurs de la Cour en 1777 ; elle s'est éteinte peu de temps après ; — 2° la branche cadette des Barons et Marquis DES BIARDS s'est éteinte en la personne de Pierre-Rémond-Charles-Louis, Marquis DE PIERREPONT, ancien Officier dans le régiment de la Couronne (infanterie), qui eut seize enfants, tous morts jeunes ou sans alliance, sauf Marie-Louise DE PIERREPONT, née en 1766 et mariée à Jean-Baptiste-François DAVID DU MUTEL. Elle a par testament, disposé que son fils Elzéard-Jean-Florentin DAVID DU

MUTEL, né le 2 novembre 1799, ajouterait le nom de PIERRE-PONT au sien, et, par suite, recueillerait le titre de la famille. — Il est marié et a deux enfants.

PIGEON (LE) — DE VIERVILLE et DE BOISVAL.

Famille ancienne de l'Avr\nchin, dont la filiation commence à Jean LE PIGEON, Ecuyer, marié en 1517 à damoiselle Jeanne DE VISTEL. Jean-François LE PIGEON DE BOISVAL, son descendant au VIII* degré, Président en l'élection de Coutances, a épousé en 1784, demoiselle Monique DE CHAMBERT, dont il a eu quatre filles et un fils : Ange-Anne LE PIGEON DE VIERVILLE, né en 1765, marié en 1790 à Marie-Madeleine DE POSTEL, qui l'a rendu père de deux filles et du fils qui suit : François-Edouard-Henri LE PIGEON DE VIERVILLE, né en 1796.

PLESSIS D'ARGENTRÉ (DU). — Armes : *De gueules, à dix billettes d'or, posées 4, 3, 2 et 1.*

Cette maison originaire de Bretagne, tire son nom de la terre et seigneurie du Plessis d'Argentré, près Vitré, qu'elle possède de temps immémorial. — Ruellon DU PLESSIS, souscrivit plusieurs donations au prieuré de Sainte-Croix de Vitré en 1200 et 1207; depuis cette époque, ses descendants ont constamment porté les armes tant avant qu'après la réunion du Duché de Bretagne à la France, et ils ont fait les preuves de Cour, pour monter dans les carrosses du roi en 1774.—Cette ancienne famille s'est divisée en plusieurs branches dont l'une s'est installée récemment en Normandie. Louis-Joseph, Marquis DU PLESSIS D'ARGENTRÉ, né en 1786, tenu sur les fonts de baptême dans la chapelle de Versailles, par MONSIEUR frère du roi et MADAME, a épousé le 9 février 1807, mademoiselle Victoire-Alexandrine LE GONIDEC DE TRAISSAN, dont il eut huit enfants, entre autres : 1° Edmond-Marie Olivier, Comte DU PLESSIS D'ARGENTRÉ, né le 20 mai 1809, ancien Page de Charles X, marié en 1837 à Pauline-Eugénie-Marie DE ROBIEN, dont postérité; — 2° Frédéric-Marie-Eugène, né en 1813; — 3° Balthasard-Marie-Louis, né en 1818.

POIRIER OU **POËRIER** (DU) — DE FRANQUEVILLE, D'AMFREVILLE, DE PORTBAIL, etc...— Armes : *D'azur, au chevron d'or, accompagné en chef de deux étoiles d'argent et en pointe d'un croissant du même.*

Cette famille, de la généralité de Rouen, a été maintenue dans sa noblesse le 31 décembre 1666, s'est divisée en deux branches, et ses membres ont occupé pendant fort longtemps les charges les plus élevées de la magistrature. Messire Adrien DU POIRIER D'AMFREVILLE, Chevalier, Conseiller du roi en tous ses Conseils, Président à mortier au parlement de Normandie, a été parrain de Louise-Elisabeth DE GUÉNET, baptisée à Rouen le 7 juin 1681, et la marraine était S. A. R. Isabelle D'ORLÉANS, petite-fille de France, Duchesse d'Alençon. — Deux de ses descendants ont comparu à l'assemblée de la noblesse de 1789 pour l'élection des députés aux Etats-Généraux, et M. DU POIRIER DE FRANQUEVILLE, chef de la branche aînée, habite le château de Fontenoy près Valognes; une de ses filles, Herminie-Marie, a épousé le 3 août 1857, Achille-Jacques, Vicomte D'ARGOUGES.— Le chef de la branche cadette, M. DU POIRIER DE PORTBAIL, est marié, a deux fils, et habite Valognes.

PIPERAY (DE). — Très-ancienne famille de l'élection de Lisieux, maintenue le 9 avril 1666. — Messire Charles DE PIPERAY, Ecuyer, Seigneur de Marolles, a épousé en 1705, Marie DE GUÉNET; son petit-fils, Charles DE PIPERAY, a comparu à l'assemblée de la noblesse du bailliage d'Orbec en 1789, et un de ses descendants habite aujourd'hui le château de Saint-Germain à Marolles près Lisieux, l'ancien fief de sa famille.

POLINIÈRE (DE). —Armes : *D'hermines, à la croix d'or.*
Cette famille est originaire de Coulonces, près Vire, et sa filiation commence à Julien POLINIÈRE, né en 1498; un de ses descendants, Pierre, né en 1671, docteur en médecine distingué et fondateur de la physique expérimentale, fut confirmé dans sa noblesse par lettres patentes du roi Louis XIV datées de Versailles au mois de novembre 1696; il eut pour fils, Julien-Pierre DE POLINIÈRE, Médecin en chef des hôpitaux à Vire. — Augustin-Pierre-Isidore Baron DE POLINIÈRE, né à Vire en 1790, s'est fixé à Lyon en 1818 et y a été successivement Médecin de l'Hôtel-Dieu, Administrateur des hôpitaux, etc... Il a été créé Baron et Chevalier de la Légion d'honneur. De son mariage avec Marie-Elisabeth Robichon, il a eu deux fils : Pierre-François-Léon DE POLINIÈRE, né à Lyon le 27 septembre 1818, et Pierre-Eugène-Alphonse né en 1822, Chef d'escadrons au 6e régiment de Dragons, Chevalier de la Légion d'honneur.

PONTAVICE (DE). — Armes: *D'argent, à un pont de trois arches de gueules.*
Famille de la Généralité de Caen, élection d'Avranches.

12

— Gilles DE PONTAVICE, Ecuyer, Seigneur de Roufigny, a été maintenu dans sa noblesse en 1666; son fils Gilles-François, marié à Charlotte DE FRANCIER, eut plusieurs enfants, entre autres : Marie-Anne, Chevalier, Seigneur de Roufigny, qui épousa le 27 août 1731, Marie-Françoise DE GILLEBERT. — Alexandre-Armand, Marquis DE PONTAVICE, a comparu à l'assemblée de la noblesse du bailliage d'Avranches en 1789; un de ses fils, Charles-Alexandre, ancien Page du Comte d'Artois et Officier au régiment d'Angoulême, est mort le 3 janvier 1849, en sa terre de Mesnil-Gilbert, près Brécey, laissant deux fils : Raoul et Stanislas DE PONTAVICE.

PORTE (DE LA). — Très-ancienne famille de l'élection d'Evreux, maintenue par Montfaut en 1463, qui a possédé des fiefs importants, entre autres celui de Bruquedalle, près Argueil, dans le pays de Bray, qu'elle a conservé jusqu'en 1787, époque à laquelle le Marquis DE LA PORTE le vendit à M. DE BOCQUELAY, Conseiller à la cour des Comptes. — M. DE LA PORTE, Baron DE LA FERTÉ-FRESNEL, et Charles-Auguste DE LA PORTE, Seigneur de la Baronnie de Chamfray, ont comparu à l'assemblée de la noblesse du bailliage de Breteuil en 1789, pour l'élection des députés aux Etats-Généraux.

Cette maison a encore plusieurs représentants; l'un d'eux, le Comte DE LA PORTE, habite le château de Pinson, à Nonancourt.

POSTEL (DE) — DES MINIÈRES, DES HOULLES, DU COLOMBIER, D'ORVAUX, etc...

Ancienne famille de l'élection de Conches, maintenue par Montfaut en 1463 et par de la Galissonnière, le 20 juin 1667. — Sa filiation commence à Nicolas POSTEL, Ecuyer, Seigneur du Colombier, vivant en 1350; son fils Hugues, Seigneur et patron des Minières et du Colombier, épousa le 25 février 1393, damoiselle Jeanne DE COURTENAY, dont il eut Robert, Bailli d'Alençon en 1425. — Henri et Charles, fils de Louis Postel, Seigneur des Fourneaux, Maître des requêtes ordinaire du roi, furent reçus Chevaliers de Malte en 1487. — Thomas POSTEL, fut Conseiller du roi en l'Échiquier de Normandie sous Louis XII. — François, Seigneur des Minières, a été Lieutenant des Maréchaux de France en 1670. — Louis POSTEL DES MINIÈRES et DES HOULLES, marié à demoiselle Jeanne DE BONNEVILLE, eut un de ses fils, Louis-Claude-Henri, qui a été Capitaine au régiment de Champagne et Chevalier de Saint-Louis.

Cette maison, dont plusieurs membres ont comparu à l'assemblée de la noblesse en 1789, a encore des représentants de nos jours. M. Antoine DE POSTEL, habite le château de Champdolent, et M. Alexandre DE POSTEL, celui d'Orvaux, ancien fief de la famille, à Conches (Eure).

POTIER — DE COURCY, DE BOISROGER, DE LA HOUSSAYE, etc...

Armes : *De gueules, à la fasce d'argent, accompagnée de trois croisettes de même, 2 et 1.*

Famille de l'élection de Coutances, maintenue en 1599, 1634 et 1666. — Seigneur de la Galaisière, de la Vallée, de Boisroger, de Courcy et de la Haulle, d'Orval, de la Franquerie, etc... — Premier auteur, Jean POTIER, rességant et franchement tenant en la paroisse de la Haye-Paynel, mentionné dans une assiette de rente faite en 1342, par Philippe, roi de Navarre et Comte de Mortain, à Blanche de France.—Arnouf, servit le roi dans les guerres contre les Anglais jusqu'à la bataille de Formiguy en 1450. — Pierre, sieur de Boisroger et de Courcy, mort en 1524, eut entre autres enfants : Charles, Vicomte de Coutances en 1569. — René, fils de Pierre et de Madeleine DE CHANTELOUP, dame du Coudran, a comparu à l'arrière-ban en 1675 ; de sa femme Elisabeth LE CARPENTIER, il eut deux fils : Adrien, chef de la branche aînée, éteinte en 1817, et Charles, qui s'établit en Bretagne en 1704, où ses descendants subsistent encore.

— Une autre branche, celle des seigneurs de la Houssaye, de Marigny, etc..., a eu pour premier auteur Gilles, seigneur de Marigny, employé à la réformation de 1599, en l'élection de Coutances. Sa postérité s'établit à Saint-Malo, et aujourd'hui un de ses descendants, M. POTIER DE LA HOUSSAYE, habite Avranches.

PRÉCOMTAL (DE). — *Chamillart*, dans sa recherche de 1666, a commis une grosse erreur en ne maintenant pas cette famille ; aussi, en produisant ses titres plus tard, elle obtint du parlement de Normandie une sentence honorable de réhabilitation. Elle a encore des représentants de nos jours ; l'un d'eux habite les environs d'Avranches.

PRUD'HOMME (DE). — Armes : *D'azur, à deux épées d'or, passées en sautoir et accompagnées de trois merlettes du même, 2 aux flancs de l'écu et 1 en pointe.*

Cette famille, divisée en deux branches, a été maintenue en 1678 et 1699. — La branche aînée est allée en Quercy, et la cadette est restée en Normandie. — Ses représentants rési-

dent aujourd'hui dans la province du Maine ; ce sont les enfants de René-Jean-François PRUD'HOMME DE LA BOUSSINIÈRE, et
ceux de Jacques-François, marié 1° en 1808, à Mlle Luce-Louise-
Gabrielle DE GOISLARD, et 2°, en 1849, à demoiselle Henriette DE
KERMEL.

PUISAYE (DE). — Armes : *D'azur, à deux lions léopardés d'or.*

Jean-Baptiste DE PUISAYE, Ecuyer, sieur de Beaufossé, de la
Mesnière, etc..., a été maintenu le 11 juillet 1666, dans
l'élection de Mortagne. — Antoine-René, Marquis DE PUISAYE,
Grand bailli d'Epée de la province du Perche, Maréchal des
camps et armées du Roi, Chevalier de Saint-Louis, etc..., a
épousé demoiselle Marie LE PAULMIER DE CHÉRISY. Il est mort
en 1849, et son frère cadet, le Comte Joseph DE PUISAYE, Lieutenant général commandant en chef l'armée catholique et royale
en Bretagne, figura avec distinction au combat de Quiberon.

R

REBOURS (LE). — Armes : *De gueules, à sept losanges d'argent.*

Ancienne famille de l'élection de Falaise, dont la filiation
remonte à Pierre LE REBOURS, Ecuyer, seigneur de Maizières,
vivant en 1360. — Jean, Ecuyer, seigneur de la Leu, de Chaussy,
de Morfontaine, etc..., Maître des Comptes, a été maintenu en
1667, et a épousé Elisabeth-Anne COMPAING. — Jean-Baptiste,
Chevalier, né le 9 novembre 1746, Conseiller au parlement de
Normandie, a épousé le 22 août 1768, Marie-Geneviève
CLÉMENT DE BARVILLE, dont il eut cinq enfants, entre autres :
1° Jean-Baptiste-Auguste, né le 15 juillet 1769 ; 2° Jean-Chry-
sostôme-Antoine, né le 7 août 1770.

Cette maison est aujourd'hui partagée en deux branches;
l'aînée est représentée par Oswald, Vicomte LE REBOURS, marié
à mademoiselle DE PONSORT, dont postérité, et par son frère,
Ernest, qui n'est pas encore marié. — La seconde branche est
présentée : 1° par l'Abbé LE REBOURS, Curé de Saint-Thomas-
d'Aquin ; 2° par le Vicomte Edgard LE REBOURS, marié en 1854
à mademoiselle Louise-Ernestine DE MARGUERYE-VASSY; 3° et
par Adolphe-Odoard LE REBOURS, Capitaine de cavalerie, qui a
épousé le 19 mai 1862, Alix-Marie-Charlotte GRAILELT DE BEINE.

RICHER — DE FORGES et DE CÉRISY.

Cette famille, de l'élection de Coutances, a été anoblie par lettres patentes accordées au mois de février 1472 à Jean RICHER, en récompense des services signalés qu'il avait rendus au roi Louis XI ; elle s'est divisée en trois branches principales qui ont été maintenues en 1666. — Jean-Baptiste RICHER, Chevalier, seigneur de Forges, a épousé Jeanne-Françoise-Elisabeth LE BRETON, dont il a eu deux fils : 1° Thomas-Jean RICHER DE FORGES, 2° Henri-Antoine-Alexandre ; ils ont eu tous deux des enfants.

RIOULT DE BOIS-RIOULT. — Armes : *D'argent, à l'aigle éployée de sable, à la bordure engrêlée de sable.*

Par lettres patentes du mois de mai 1766, la noblesse de cette famille fut confirmée, tous ses papiers, actes et contrats originaux ayant été détruits en 1753 par l'incendie de la maison du sieur Jourdain, Commis de M. d'Hozier, juge d'armes de France. Il appert par lesdites lettres de confirmation, qu'elle descend de Jean RIOULT, Ecuyer, vivant en 1463. N..... RIOULT DES VALLÉES, Garde du corps du roi, fut tué à la bataille de Malplaquet ; Pierre-Paul-Philibert RIOULT DE BOISHÉBERT, Capitaine de grenadiers au régiment de Vermandois en 1766, assista à la victoire que M. de la Galissonnière, Chef d'Escadre, remporta sur les Anglais à Minorque. — Adrien-Gabriel RIOULT DE BOIS-RIOULT, Garde du corps du roi, puis Capitaine de cavalerie et Chevalier de Saint-Louis, mort en 1782 à sa terre du Chesne, près Lisieux, laissa un fils unique dont la descendance subsiste encore de nos jours, dans l'arrondissement de Bernay.

ROBERT DE SAINT-VICTOR. — Armes : *D'azur, au lion rampant d'or.*

Cette famille, qui a fourni un Doyen et un Président de la chambre des Comptes de Normandie et deux Conseillers au parlement, s'est alliée aux : Guéroult de Saint-Aubin, Hellouin de Ménibus, du Quesnay, Grenier de Cauville, du Quesne de Brotonne, etc... — Elle est actuellement divisée en trois branches issues de trois frères. — La branche aînée est actuellement représentée par Marcelin DE SAINT-VICTOR, qui de son mariage avec Mlle HÉLYE DE COMBRAY, a deux fils et trois filles, mesdames de Raimbouville, de Boisguilbert et de Bailleul. — De la seconde branche sont issus, M. Raoul DE SAINT-VICTOR et trois filles ; l'une a épousé le Vicomte D'ESTAINTOT, l'autre M. Gabriel DE BOISHÉBERT. — Enfin la troisième branche n'est plus représentée que par les filles de PAUL DE SAINT-VICTOR et de Mlle THOMAS DE BOSMELET; l'une d'elles a épousé Adrien D'HUGLEVILLE.

ROBILLARD (DE). — Cette maison remonte à Jean DE ROBILLARD, vivant en 1470, marié à demoiselle Marie DE LONLAI, dont le fils : Edmond, se fit adjuger la terre de Saint-Ouen-le-Brisoult (canton de Carrouges), en 1525. Cette terre importante, qui relevait de la Baronnie de la Ferté-Macé, resta dans la maison de Robillard jusqu'en 1771, époque où Henri de Robillard, la vendit. — Jacques DE ROBILLARD, a épousé le 15 septembre 1666, Geneviève MALET, qui lui apporta en dot la terre de Brevaux, près Argentan. Gaspard-Félix, Comte DE ROBILLARD, son descendant direct, a épousé vers 1770, demoiselle Suzanne de Saint-Germain, héritière de la terre d'Athis. — Un des représentants de cette ancienne famille habite le château de Brevaux, ancien domaine de sa maison.

ROBILLARD DE BEAUREPAIRE. — Autre famille originaire de la généralité de Caen, dont les armes sont : *D'azur, à trois fasces d'argent.* — Elle compte parmi ses membres le Père Hyacinthe ROBILLARD D'AVRIGNY, Jésuite, auteur des Mémoires pour servir à l'histoire universelle de l'Europe. — Jean ROBILLARD, Docteur en l'université de Caen, Directeur-trésorier de la monnaie de Rouen, avant 1698, se fit pourvoir d'un Office de Conseiller secrétaire du roi près le parlement et la Cour des Aides de Normandie, au mois d'août 1707. Il obtint des lettres d'honneur qui le confirmèrent lui et ses enfants nés et à naître dans les priviléges de la noblesse, le 16 mai 1727. — Son petit-fils Alexandre ROBILLARD DE BEAUREPAIRE, mourut à Caen quelques jours avant lui. Il avait épousé Madeleine DE LIÉGEARD DE CASSINS, et en avait eu un fils, Thomas-Bernard, qui épousa Mlle Eugénie DU HÉRON, dont il eut : Jean-Baptiste-Gabriel, marié à Marie-Charlotte DE MANOURY.

Cette maison a pour représentants actuels : 1° Charles ROBILLARD DE BEAUREPAIRE, Archiviste du département de la Seine-Inférieure, marié le 14 avril 1862, à mademoiselle Blanche LE TAILLANDIER, et 2° Joseph ROBILLARD DE BEAUREPAIRE, marié le 2 septembre 1862, à mademoiselle Eulalie DU MESNIL.

ROMÉ DE FRESQUESNE. — Armes : *D'azur, au chevron d'or, accompagné en chef de deux étoiles, et en pointe d'un loup, le tout du même.* Famille de la généralité de Rouen, maintenue dans sa noblesse le 28 décembre 1667 ; elle a formé plusieurs branches dont une seule subsiste encore. — M. Romé de Fresquesne, Baron du Bec et le Chevalier de Romé, ont comparu à l'assemblée de la noblesse du bailliage de Caux en 1789 ; le chef actuel de la famille habite aujourd'hui Versailles.

ROUSSEL de Goderville. — Cette famille originaire du Dauphiné, remonte sa filiation sur titres originaux à noble homme Robert Roussel, entré au service du roi Charles VII, pour chasser les Anglais de la Normandie. — Charles Roussel, Ecuyer, seigneur et patron de Goderville, de Tourville, d'Erneville et autres lieux, était Capitaine au service du roi en 1645 ; la terre de Goderville fut érigée en *Baronnie* en sa faveur, par lettres patentes du mois de mars 1651, et il fut maintenu dans sa noblesse en l'élection de Montivilliers, le 11 juillet 1667 ; il avait épousé demoiselle Suzanne Martel d'Emalleville. Son petit-fils, Nicolas-Charles-Auguste Roussel, Baron de Goderville, a épousé le 17 mars 1725, Geneviève de Montulé, dont il eut cinq enfants ; l'un d'eux fut reçu Page du roi en sa grande écurie le 1er avril 1743. — Un de ses descendants habite aujourd'hui Grainville, près Goderville, arrondissement du Havre.

—Plusieurs autres familles de ce nom, ont existé dans la province et parmi elles nous citerons : les Roussel de Bois-Roussel, Roussel de la Nanterie, Roussel de Préville, etc... (Pour les armoiries, voyez 1re partie, page 131.)

ROUX d'Esneval (le). — Armes : *D'azur, au chevron d'argent, accompagné de trois têtes de léopard d'or, 2 et 1.*

Cette maison, une des plus anciennes de la province, a eu pour premier auteur Renard le Roux, Chevalier, mentionné dans les rôles des Seigneurs qui possédaient des fiefs relevant du roi, sous Philippe-Auguste. — La terre d'Esneval, dont elle a continué à porter le nom, était une Baronnie, à laquelle était attaché le titre de Vidame de Normandie, elle relevait nuement du Roi. — Jeanne d'Esneval, fille de Robert, seigneur d'Esneval et de Pavilly, porta cette Baronnie à Gauvain de Dreux, Prince du sang, tué à Azincourt en 1415, de là elle passa à la maison de Tournebu et enfin une demoiselle de Tournebu l'apporta en dot à Claude le Roux, Sieur de Cambremont. — Esprit-Robert-Marie le Roux (son descendant direct), Chevalier, Baron d'Esneval, d'Acquigny, etc..., Marquis de Grémonville, Vidame de Normandie, né le 21 mai 1747, fut Président à mortier au Parlement de Rouen en 1770. Il a épousé le 5 novembre 1772, Mlle Félicité DE MORANT, dont il eut plusieurs enfants. La dernière descendante de cette famille (éteinte dans les mâles) est mademoiselle Zénaïde LE ROUX D'ESNEVAL, mariée en 1826, à Paul-Emile DU VAL, Comte DU MANOIR.

— LE ROUX D'IGNAUVILLE. — Autre famille de l'élection d'Evreux, maintenue le 14 septembre 1667, et dont les armes sont : *Echiqueté d'argent et d'azur.* — Charles-Auguste LE ROUX D'IGNAUVILLE, Conseiller au parlement de Normandie, a comparu à l'assemblée de la noblesse du bailliage de Montivilliers en 1789. Il avait épousé Mlle Alexandrine-Marie DE SAINT-OUEN D'ERNEMONT et est mort le 31 janvier 1827. — Son fils Alexandre-Auguste, Comte D'IGNAUVILLE, habite le château d'Auberville, arrondissement du Havre.

Les LE ROUX D'EMALLEVILLE, sont issus d'une des branches de cette famille.

ROUVERAYE (DE LA). — Armes : *D'azur, au chevron d'argent, accompagné de trois mains sénestres du même.*

Famille maintenue en l'élection de Lisieux le 18 mars 1669. N.... DE LA ROUVERAYE a comparu à l'assemblée de la noblesse du bailliage d'Orbec pour l'élection des députés aux Etats-Généraux en 1789. — M. DE LA ROUVERAYE DE SAPANDRÉ, un des représentants de cette maison, habite le château de Lortier, près Lisieux ; sa fille, mademoiselle Léontine, a épousé en 1860, M. Emile DE PARDIEU.

ROY DE LA POTERIE (LE). — Famille noble de la Généralité de Rouen, divisée en plusieurs branches répandues en Anjou, en l'Ile-de-France et au Canada. — La filiation remonte à Pierre LE ROY, Ecuyer, seigneur de la Poterie, de Bacqueville, de la Mare-Auteuil, etc..., connu par des lettres patentes du roi Charles VIII, du mois d'avril 1483. — Louis LE ROY DE LA POTERIE, reçu Page de la petite écurie en 1753, puis Officier aux Chevau-légers, a épousé le 21 juillet 1761, Jeanne-Françoise DE MESNAGE, dont il eut : Louis, Comte DE LA POTERIE, Officier dans le régiment du Roi en 1783.

— Beaucoup d'autres familles du nom de LE ROY, ont été maintenues en 1666, dans diverses élections ; nous renvoyons pour leurs armoiries à la page 132 de la première partie.

ROYVILLE (DE). — Seigneurs de Cérisy, élection de Bayeux. — Jean DE ROYVILLE, Ecuyer, né en 1608, fils de Jacques, fils de Jean, fils d'autre Jacques, a été maintenu dans sa noblesse le 2 juillet 1666, ainsi que son frère Jacques, Ecuyer, né en 1610. — Un membre de cette famille a comparu à l'assemblée de la noblesse en 1789, et Léon-Louis DE ROYVILLE, chef actuel de la famille, a épousé en 1829, mademoiselle Augustine-Caroline-Delphine LE VAVASSEUR D'HIESVILLE; il habite Sainte-Mère-Eglise (Manche).

RUAULT — DE LA VAYDIÈRE, DU PLESSIS, etc... — Armes : *D'azur, à trois pals d'or,* aliàs, *palé d'or et d'azur de six pièces.*

Famille de la généralité d'Alençon, élection de Domfront, maintenue dans sa noblesse en 1666, et dont le premier auteur est Pierre RUAULT, Ecuyer, Sieur de la Vaydière, vivant en 1558.

Plusieurs de ses membres ont été Conseillers du Roi, Assesseurs au bailliage de Domfront; trois autres ont été Gardes du corps du Roi Louis XIV, savoir : 1° François RUAULT, Ecuyer, Sieur du Plessis-Vaydière, qui fut pourvu, le 4 juillet 1653, de la charge précédemment occupée par Michel Cousin, Sieur de la Masure, second mari de sa mère; 2° Pierre-Brice RUAULT, Ecuyer; 3° enfin Pierre-Marc RUAULT, Ecuyer, seigneur de la Vaydière, dont les armoiries furent enregistrées à l'armorial général établi par édit royal du 18 novembre 1696 (registre 19, folio 245).

— En 1665, Louise Ruault de Malicorne, a épousé Gabriel Le Harivel, Seigneur de Maizet, et en 1690 Hélène RUAULT DU PLESSIS, a épousé Pierre ACHARD DES HAUTES-NOES.

Cette maison a encore des représentants aujourd'hui.

RUEL DE LAUNAY et DE BELLE-ISLE.

Famille de la généralité d'Alençon, maintenue dans sa noblesse par arrêts du Conseil d'Etat, les 22 mars 1666 et 14 avril 1670. Elle s'est divisée en deux branches; l'aînée est éteinte, la seconde a fourni : Jean-François Gabriel RUEL DE BELLE-ISLE, Capitaine de cavalerie et Chevalier de Saint-Louis, et Nicolas-Thomas RUEL DE LAUNAY, Chevalier de Belle-Isle, Lieutenant-colonel au Corps royal du génie, Chevalier de Saint-Louis, marié en 1777 à demoiselle Marie-Madeleine-Louise REGNIER DE ROHAUT; de ce mariage est issu : Jean-Louis, né le 11 novembre 1781, membre du collége électoral du département de l'Orne, père du chef actuel de la famille qui habite le château de la Faïencerie, près Alençon.

S

SAINT-ANDRÉ (DE). — Les Seigneurs de ce nom sont sortis de la maison D'ALBON. — Gilles, fils puîné de Jean d'Albon, qui forme le IV° degré de la filiation de cette famille, reçut en partage la Seigneurie de Saint-André, dont son père avait été obligé de porter le nom comme on en était convenu par le contrat de mariage de son aïeul maternel. — De cette maison était le Maréchal de Saint-André, aussi grand politique que Capitaine, si connu dans l'histoire du règne des rois Henri II et Charles IX.

SAINT-DENIS (DE). — Armes : *De sable, fretté d'argent; au chef aussi d'argent, chargé d'un léopard de gueules.*

Cette maison, de la généralité d'Alençon, a eu pour premier auteur : François DE SAINT-DENIS, vivant en 1543, marié à Roberte ANGOT.—Daniel-François, Ecuyer, Seigneur de la Touche et de Vieuxpont, un de ses descendants, s'est marié le 28 octobre 1711, et eut plusieurs enfants, entre autres : Anne-Louise DE SAINT-DENIS DE LA TOUCHE, reçue à la maison royale de Saint-Cyr, le 22 mai 1733. — François DE SAINT-DENIS, a épousé en 1750, demoiselle Suzanne-Luce DE LA BIGNE, et sa postérité subsiste encore de nos jours.

SAINT-GERMAIN (DE). — Armes : *De gueules, au chevron d'argent, accompagné de trois besants du même.*

Cette maison est connue du temps de Guillaume le Bâtard, et Roger DE SAINT-GERMAIN, l'accompagna à la conquête d'Angleterre. — Sous Henri II (1180), et dans les comptes de la baillie de Caen, il est question d'Osbert et de Robert DE SAINT-GERMAIN. — Pierre, Chevalier, a été Ecuyer de l'hôtel du roi en 1319, et Mergo de Saint-Germain est compris dans un compte pour l'année 1388. — Samson DE SAINT-GERMAIN, son descendant direct, épousa Marguerite DE HUSSON, qui lui apporta en dot la Seigneurie de Rouvrou, et il rendit aveu pour sa baronnie d'Asnebec, le 2 mai 1454; en 1461 il reçut des mains du roi le collier de l'Ordre. — Jean, Chevalier, marié à Pregente DE MELUN, eut pour petit-fils Claude, qui épousa en 1619, Antoinette DE SAINT-OUEN. —Jean-Paul, Seigneur et patron d'Athis, marié à Gilette DE RENNEVILLE, fit ses preuves de noblesse le

20 février 1661 ; il était fils de Jean, Seigneur de Saint-Pierre d'Entremont. — Cette maison subsiste encore de nos jours et un de ses représentants habite les environs de Vire.

— Une autre famille, issue sans doute de la même souche, puisqu'elle porte : *De gueules, à trois besants d'argent*, a été maintenue en 1666, dans l'élection de Mortain. — Un de ses membres a figuré au nombre des 119 défenseurs du Mont-Saint-Michel en 1423. — Pierre-André-François, et Pierre-François-Michel-Alexandre DE SAINT-GERMAIN, ont comparu à l'assemblée de la noblesse du bailliage d'Avranches en 1789. Ses représentants habitent encore aujourd'hui le département de la Manche.

SAINT-GILLES (DE). — Armes : *D'azur, à l'aigle d'or à deux têtes, becquée et membrée de gueules.*

Joachim DE SAINT-GILLES, Ecuyer, Seigneur du Mesnil et de Vazeville, fils de Marin, fils de Guillaume, a été maintenu dans sa noblesse en l'élection de Valognes, le 26 août 1666. — Antoine, a épousé en 1660, demoiselle Suzanne DE GOURMONT. — Bonaventure DE SAINT-GILLES, Seigneur de Graignes, a comparu à l'assemblée de la noblesse du bailliage de Saint-Lô en 1789. — M. L. DE SAINT-GILLES, qui habite la Ferté-Macé (Orne), est le chef actuel de cette famille.

SAINT-HILAIRE (DE). — Armes : *D'or, à une tourterelle d'azur.*

Le nom patronymique de cette famille est CHAGRIN. — Jacques, Sieur de Nos, Capitaine d'artillerie, dont le père avait été anobli en 1657, fut confirmé dans sa noblesse par lettres enregistrées à la cour des Comptes, aides et finances, le 11 août 1700. — Alexandre-Charles DE SAINT-HILAIRE, son descendant, et chef actuel de sa maison, habite le château de Saint-Hilaire, près Laigle.

SAINT-LAURENS (DE). — Armes : *D'azur, à une flamme d'argent accompagnée de trois étoiles de même, 2 en chef et 1 en pointe.*

Le nom patronymique de cette famille est BRANDIN. — Saint-Allais, tome II, page 330 (*Nobiliaire universel*), a donné la généalogie de cette famille. — Guillaume-Pierre BRANDIN DE SAINT-LAURENS, Conseiller, Notaire et Secrétaire du roi et du parlement, a épousé en 1758, demoiselle Thérèse-Esther GUESDON. Ses descendants existent encore ; une fille a épousé M. PORET DE CIVILLE, et l'aîné des fils, une demoiselle DE CLINCHAMP ; il habite Rouen et a plusieurs enfants.

SÉMALLÉ DE BONNEVAL (DE). — Armes : *D'argent, à la bande de gueules, côtoyée d'un corbeau de sable.*

Philippe DE SÉMALLÉ, Ecuyer, Seigneur de Bellair, a été maintenu dans sa noblesse le 10 juillet 1666, en l'élection de Mortagne.— Son descendant direct, Charles-Philippe, a comparu à l'assemblée de la noblesse pour l'élection des députés en 1789, et le chef actuel de cette maison, monsieur le Comte DE SÉMALLÉ DE BONNEVAL, habite le château de Feugerets, à Bellême (Orne).

SESMAISONS (DE). — Originaire de la province de Bretagne, cette famille apparaît dans les annales de ce pays dès l'année 1057.

Jean, Seigneur de Sesmaisons, Chevalier, est nommé dans des actes de 1230, 1235 et 1244. — Hervé, suivit le roi Saint-Louis à la Croisade. — Guillaume DE SESMAISONS, fit ses premières armes sous les ordres de Bertrand du Guesclin. — Claude-François, Marquis DE SESMAISONS, Lieutenant général (son descendant direct), mourut en 1779. Il avait épousé Marie-Gabrielle-Louise DE LA FONTAINE-SOLARE, fille aînée de François de la Fontaine-Solare, Chevalier de Saint-Louis, Lieutenant pour le roi au Gouvernement de Dieppe, et elle lui apporta en dot le Comté de *Saint-Sair*, sis en l'élection de Neufchâtel; c'est pour ce fief que madame la Marquise DE SESMAISONS a comparu à l'assemblée de la noblesse en 1789. De ce mariage sont nés deux fils qui ont formé chacun une branche encore existante.

Le chef de la branche aînée, est Marie-Charles-Donatien-Yves, Marquis DE SESMAISONS, né en 1803, marié à mademoiselle Louise DE CHOISEUL, dont il a quatre enfants; il habite le château de Flamanville près Cherbourg.—Sa sœur, mademoiselle Marie-Annette-Charlotte DE SESMAISONS, fille du Comte Donatien, Pair de France, et de dame Charlotte-Françoise DAMBRAY, a épousé le 7 mai 1833, Louis LE FORESTIER, Comte D'OSSEVILLE.

Le chef de la branche cadette, le Comte Olivier DE SESMAISONS, a épousé en 1833, mademoiselle Ernestine TERRAY, dont il a trois fils et deux filles.

SORIN DE LESPESSE. — Armes : *D'argent, à trois perroquets de sinople.*

Ancienne famille de la généralité de Coutances, dont le premier auteur est Guillaume SORIN, anobli par lettres patentes de l'année 1484. — François-Pierre, Ecuyer, Sieur de la Mare, a été maintenu dans sa noblesse en 1666, et son fils, Nicolas, Ecuyer, Sieur de Lespesse, a épousé en 1687, demoiselle Marie-Anne HELLOUIN DE MÉNIBUS. — Pierre-François-Casimir SORIN, Seigneur du fief de Lespesse, Jean-François, Seigneur du Longprey, et Jacques-François, Seigneur de la Bretonnière, ont comparu à l'assemblée de la noblesse du bailliage de Saint-Sauveur-Lendelin en 1789. — Le chef de cette maison habite le château de Vierville, près Bayeux; une de ses filles, Mlle Caroline-Félicité Sorin de Lespesse, a épousé le 25 novembre 1856, Albert-Gabriel de Flambart.

SUEUR (le) — des Fresnes et de Colleville.

Armes : *D'azur, à un chevron d'argent, accompagné en chef de deux croissants et en pointe d'une rose, le tout du même.*

Jacques le Sueur, Bailli de la ville de Rouen, obtint de Jean le Bon, Roi de France, des lettres d'anoblissement, le 12 mai 1360. — Sa descendance a formé deux branches; l'aînée est éteinte, et Julienne le Sueur, dame de Petiteville, qui en était l'unique héritière, a épousé vers 1685, Charles Tardif, Ecuyer. — La seconde branche a produit : Georges le Sueur, Cornette d'un régiment de Cavalerie en 1597, d'où descend Jean-François, Capitaine au régiment du Cambrésis en 1772. — MM. le Sueur de Colleville et le Sueur des Fresnes ont comparu à l'assemblée de la noblesse du bailliage de Caen en 1789.

SUSANNE (de).
— Cette famille de l'élection d'Arques, maintenue le 10 avril 1668, descend de Michel Susanne, Receveur des tailles à Arques, anobli par lettres patentes du mois de novembre 1593, pour services rendus à la cause royale, lesdites lettres vérifiées le dernier jour de février 1602. — Isaac de Susanne, Ecuyer, Capitaine au régiment de la Londe, fils de Pierre, Seigneur d'Espinay, ancien Lieutenant général au bailliage de Longueville, a épousé, en 1708, Susanne Charles, fille de Pierre-Charles, sieur de la Blandinière (vieille famille éteinte).

— Une autre alliance a réuni au commencement de ce siècle les de Susanne et les Charles de la Blandinière, et M. de Susanne, Conservateur des Forêts à Rouen, est sorti de cette nouvelle alliance; il a plusieurs sœurs.

La branche aînée actuelle porte le nom de Bréauté; son chef habite Longueville, près Dieppe.

T

TARDIEU (DE).—Famille noble et ancienne dont la filiation remonte à Pierre TARDIEU, Seigneur du Moulin, qui eut pour fils : Richard, Ecuyer, Seigneur de la Poterie et de Monchy, vivant encore en 1576.— François TARDIEU, Maître des requêtes de l'hôtel, épousa Anne MARTIN, fille de Mathieu, Seigneur de Maleyssie, et fut l'auteur de la branche des Marquis DE MALEYSSIE. — François-Ignace, né en 1610, a été reçu chevalier de Malte en 1626. — Louis-Gabriel TARDIEU, Page du roi en 1682, Brigadier des armées du roi en 1719 et Commandeur de Saint-Louis, a été Gouverneur de la citadelle de Valenciennes et mourut le 7 décembre 1736. — Jacques-François, Marquis DE MALEYSSIE, a été Capitaine aux Gardes; son fils, Antoine-Charles TARDIEU, Marquis de Maleyssie, Chevalier de Saint-Louis et Lieutenant du roi à Compiègne, s'est marié en 1759 et a eu un fils et deux filles. — Le Vicomte DE MALEYSSIE a épousé au commencement de ce siècle, mademoiselle Henriette DES CHAMPS DE RAFFETOT.

TESSIER DE LAUNAY (LE). — Armes : *D'argent, à deux merlettes de sable, posées en chef et une rose de gueules en pointe.*

La noblesse de cette famille a été reconnue par divers arrêts et jugements rendus à différentes époques, notamment en 1668, sous les noms de Seigneurs de la Broudière, de Launay, et de Montgoubert; sa filiation commence à Pierre LE TESSIER, né en 1516, marié à damoiselle Languine LE HARDY. — Elle est représentée de nos jours par :

Adolphe-Alexandre LE TESSIER DE LAUNAY, né en 1815, issu au IX° degré de Pierre, dénommé ci-dessus. Il est ingénieur civil, maire de la commune de Guilers (canton de Brest), juge au tribunal de commerce de terre et de mer de Brest, président de la société de bienfaisance de Lambezellec, Chevalier de la Légion d'honneur, etc.; il a épousé, en 1846, mademoiselle Blanche PAINCHAUT, dont il a un fils :

Aymar-Adolphe LE TESSIER DE LAUNAY, né en 1847.

TESSON (DE). — Le premier auteur de cette antique et puissante maison issue des Comtes d'Anjou, est Raoul TESSON, marié à Alpaïde; sur trois pièces de terre, en Normandie, disait-on, il en avait une. Raoul, II⁰ du nom, son fils, était un des plus puissants Barons du temps de Guillaume, et il tint pour ce dernier à la bataille du Val-des-Dunes en 1047. — Il fit de grandes donations pieuses et fonda la célèbre Abbaye de Fontenay, à deux lieues de Caen. —Pierre TESSON, Ecuyer, Sieur de Martigny, de l'Etang, de Pont-Tesson, de la Mancelière, etc., a été maintenu dans l'élection d'Argentan en 1666. — Bien que nous n'ayons pas de filiation suivie, nous croyons qu'il descendait des anciens Barons du même nom. — De lui est issu : Gabriel-Michel TESSON DE LA MANCELIÈRE, marié en 1773, à Louise-Perrine-Françoise-Bonne DE LORGERIL. —MM. TESSON DE LA MANCELIÈRE, DE LONLAY et DE MONTEILLE, ont comparu à l'assemblée de la noblesse pour l'élection des députés en 1789. Cette maison a encore des représentants de nos jours ; l'un habite le château de la Mancelière et un autre les environs d'Avranches.

TEXIER D'HAUTEFEUILLE. — Armes : *De gueules, au lévrier d'argent, collete du champ, le collier cloué, bouclé et virolé d'or, accompagné en chef d'un croissant aussi d'or.*

Originaire de l'Orléanais, cette famille remonte sa filiation par titres originaux au commencement du XIV⁰ siècle. La Seigneurie d'Hautefeuille fut érigée en *Marquisat*, par lettres patentes accordées à Germain TEXIER D'HAUTEFEUILLE, au mois d'août 1689. — Etienne-Henri, a été Grand prieur de Malte. — Gabriel-Etienne-Louis, Comte D'HAUTEFEUILLE, était Maréchal de camp, Général des Dragons de France. — Cette famille, établie en Normandie depuis un siècle, a fait ses preuves devant Chérin et a joui des Honneurs de la Cour en 1787. — Charles-Louis-Félicité, Marquis D'HAUTEFEUILLE, né à Caen le 6 janvier 1770, a été Gentilhomme de la chambre du roi Louis XVIII, Colonel dans la Garde royale, Chevalier de Saint-Louis, Commandeur de la Légion d'honneur, etc... Il a épousé le 16 janvier 1823, Mⁱˡᵉ Anne-Albe-Caroline DE BEAUREPAIRE, dont il eut : Charles-Eugène-Henri-Joseph, né le 28 avril 1826, chef actuel de la famille.

Eugène-Gabriel-Louis TEXIER, Comte D'HAUTEFEUILLE, frère du précédent, né à Caen le 15 juin 1779, Maréchal de camp, Commandeur de la Légion d'honneur, Chevalier de Saint-Louis et de Malte, a épousé à Bayeux, le 31 mai 1802, Anne-Marie-Caroline DE MARGUERYE.

THOMAS — DU FOSSÉ, DE BOSMELET, etc...

La famille THOMAS, originaire du Blaisois, occupa d'importantes charges dans la magistrature, et Gentian THOMAS, Conseiller au parlement de Rouen, acheta la terre du Fossé (au pays de Bray) en 1599. — Augustin THOMAS, Chevalier, seigneur du Fossé, de Forges, du Bosc-Roger, etc..., Maître des comptes au parlement de Normandie, fut maintenu dans sa noblesse le 28 juillet 1701 (Généralité de Rouen). Il eut pour fils, Auguste-Antoine, Maître des requêtes au parlement de Rouen, marié à Antoinette D'AIRAINES DE SENLIS, d'où est issu : Augustin-Antoine, lequel fut reçu Conseiller au parlement à l'âge de dix-huit ans, et épousa demoiselle Magdeleine BERTE ; il vivait encore en 1784. — Son fils N.... THOMAS DU FOSSÉ a comparu à l'assemblée de la noblesse du bailliage de Neufchâtel en 1789, avec son parent M. THOMAS DE BOSMELET. — Cette maison a encore des représentants ; l'un habite le Fossé, ancien domaine de ses ancêtres, et l'autre Auffay, près Dieppe.

TIRCUY DE CORCELLES. — Armes : *D'azur, à une fasce d'or.*

Cette famille, originaire de Lyon, est connue depuis deux générations dans nos annales parlementaires. — François-Joseph TIRCUY, seigneur de Corcelles, Capitaine au régiment de Chartres, Chevalier de Saint-Louis, émigra en 1798. — Son fils, Commandant de la Garde nationale de Lyon en 1815, député en 1819, fut père du chef actuel de la famille : François TIRCUY DE CORCELLES, né en 1801, ancien Député du département de l'Orne avant 1848 ; il habite le château de Beaufossé, près Alençon.

TOURNEBU (DE). — La noblesse et l'ancienneté des Seigneurs de Tournebu sont connues dès les premiers temps ; ils ont occupé un rang important à la Cour des Rois de France et d'Angleterre, Ducs de Normandie, et se sont distingués par leurs grands emplois et leurs alliances avec les maisons d'Harcourt, d'Hangest, de Meu'an, de Beaumont, du Bec-Crépin, de Montmorency, de la Rocheguyon, etc... Ils ont possédé les Baronnies et Marquisats de Tournebu, du Bec-Thomas, de Beaumesnil, de Marbeuf, etc... Guillaume DE TOURNEBU, l'un des bienfaiteurs de l'Abbaye de la Trinité du Mont, fut un des arbitres du différend survenu entre Guillaume le Conquérant, Duc de Normandie, et les religieux de Fécamp. — Richard, son fils, ratifia la fondation de l'Abbaye du Val, diocèse de Bayeux, faite par Gosselin DE LA POMMERAYE en 1135. — Jean, l'un des Chevaliers Bannerets du temps de Philippe-Auguste, fit une donation à l'Abbaye du Bec en 1229. — Gui, Baron DE TOURNEBU, suivit le roi saint Louis à la Terre sainte en 1270. — Jean III, Baron de Tournebu et de Béthomas, Echanson du Roi, comparut à l'Echiquier de Normandie en 1410. — Jean-Henri, Chevalier, seigneur de Livet, du Mesnil-Eudes, du Pont-Mauvoisin, etc..., fit la campagne de Hollande en qualité d'Aide de camp du Maréchal d'Harcourt, en 1711. — Nicolas-François DE TOURNEBU et le Chevalier DE TOURNEBU, ont comparu à l'assemblée de la noblesse pour l'élection des députés aux Etats-Généraux en 1789. Cette ancienne famille a encore plusieurs représentants ; ils habitent les environs de Caen.

TRÉSOR (LE ou DU). — Seigneurs de la Poterie, de Fontenay, de Vauville, de Tourville, de Mesnil-Hambert, etc...

Famille de l'Election de Carentan, maintenue en 1667. — Guillaume LE TRÉSOR, Ecuyer, était Vicomte de Condé-sur-Noireau lorsqu'il acheta le fief d'Epinouze à Louys DE ROHAN, le 17 février 1450; il a épousé noble damoiselle Marguerite RICHER. — Jean LE TRÉSOR, Ecuyer, Seigneur de la Poterie, vivait en 1475. — Cyprien LE TRÉSOR, maintenu le 22 février 1547, vivait encore en 1580. — Jean, Ecuyer, Seigneur de Fontenay, obtint le 3 septembre 1641, le droit des francs fiefs. — Louis, Ecuyer, Seigneur de Vauville, marié à demoiselle Marie-Elisabeth LE BACHELIER, par contrat du 3 décembre 1699, eut plusieurs enfants. — Louis-Jean-Baptiste-Marie LE TRÉSOR DE VAUVILLE, a été reçu Page du roi en sa petite écurie le 18 octobre 1747. — Louis-Jean-David LE TRÉSOR, Chevalier de Saint-Louis, fils de Louis-Antoine, Sieur de Baclot, était Colonel du régiment de Lorraine (dragons) en 1789; il a comparu à l'assemblée de la noblesse du bailliage de Carentan, avec Léonor-Jean-Louis LE TRÉSOR DE LA ROQUE et Charles-Antoine LE TRÉSOR D'ELLON. — Le chef actuel de cette famille habite le château de Brisette, près Valognes.

TURGOT (DE). — Armes : *D'hermines, frette de gueules.*

Le nom de la famille TURGOT, originaire de Bretagne, est très-ancien en Normandie puisque Guillaume TURGOT, fonda avec son épouse, Laurence DE LA PIERRE, l'hôpital de Condé-sur-Noireau en 1150. Jehan, son descendant, épousa en 1445, Philippine-Bertrand, dame des Tourailles, qui lui apporta en dot cette importante Seigneurie. — Louis TURGOT, Maître des requêtes de François, Duc d'Alençon, et Conseiller au présidial de Caen, eut deux fils : Jean et Antoine, qui formèrent deux branches distinctes : Jean, continua la branche des Tourailles;

Antoine devint le chef de celle de Saint-Clair, à laquelle appartenaient, Dominique-Barnabé Turgot, Aumônier du roi, en 1704, et Evêque de Séez, en 1711 ; Michel-Etienne Turgot, le Prévôt des marchands de Paris, si connu dans l'histoire, et enfin Anne-Robert-Jacques, l'illustre Ministre de Louis XIV.

Le chef actuel de cette ancienne maison est Louis-Félix-Etienne Marquis de Turgot, né le 26 septembre 1796, ancien Pair de France, Sénateur, Grand Officier de la Légion d'honneur, marié à mademoiselle de Lobau, fille du Maréchal, et père de Jacques, Comte de Turgot et de mademoiselle de Turgot, mariée à N..... Dubois de l'Estang, Référendaire à la cour des Comptes.

TUITE (de). — Armes : *Ecartelé d'argent et de gueules.*

La famille de Tuite, d'origine danoise, prit part à la conquête de Normandie ; un Chevalier de ce nom, Baron normand, passa en Angleterre avec Guillaume le Conquérant et de là ses descendants suivirent un siècle plus tard le roi Henri II en Irlande, où sir Richard de Tuite, reçut de ce Prince de nombreux fiefs et fut créé Baron de Moyashell. Les chroniques nous disent qu'il était Seigneur de Loghlock, de Sonnagh etc... et qu'il était un des plus puissants Barons du Comté de Meath. — Olivier, issu de lui, fut créé Baronnet le 16 juin 1622. — Le chef actuel est : sir Marcus-Anthony-Henry de Tuite, Baronnet, né en 1808, Officier dans l'armée anglaise.

Hugues-Morgan de Tuite, chef de la branche cadette, membre du Parlement, a épousé Lady Mary O'Connor (issue des derniers rois d'Irlande) et en a eu : 1° Joseph, 2° Sarah-Elisabeth, mariée à Henri Falret, issu d'une ancienne famille du Quercy.

TURPIN — d'Assigny, de Fontaine, de Cailloué, etc...

Guillaume Turpin, Chevalier, Seigneur d'Assigny, de Saint-Pierre-en-Val, etc.., était Sénéchal héréditaire du Comté d'Eu en 1605. — Jean-Nicolas, Seigneur de Cailloué, a été maintenu dans sa noblesse le 14 avril 1668, en l'élection de Pont-l'Evêque ; Françoise-Gabrielle Turpin de Cailloué, a épousé en 1750, Léonor le Harivel, Seigneur de Gonneville. — M. Turpin de Fontaine, Garde du corps du roi, a comparu à l'assemblée de la noblesse du bailliage de Caen, en 1789.

V

VAILLANT (LE) — DE VAUCELLES, DE SAINT-DENIS, DE LA FERRIÈRE, etc...
Armes : *D'azur, à un poisson en fasce d'argent, au chef d'or.*
Nous avons donné, page 369, la notice d'une famille LE VAILLANT, de Rebais, du Hazai, du Douët, de Folleville, de la Fieffe, de Gatigny, de Plémont, de Valdollé, etc..., originaire du pays de Caux ; celle qui nous occupe est originaire de l'é-lection de Bayeux, et sa filiation, d'après une généalogie dressée par *d'Hozier*, juge d'armes de France, remonte au XIV° siècle.
— Richard LE VAILLANT, vivait en 1358 et passait à cette épo-que pour ancien Gentilhomme ; il est rappelé dans l'arrêt de la Cour des Aides de Rouen qu'obtint un de ses descendants le 15 juillet 1482. — Jacques, Seigneur de Vaumartin et de la Fer-rière, obtint le 16 avril 1567, de Pierre le Vieil, exemption du payement des tailles. — Sa descendance a formé plusieurs branches, entre autres celle des Vicomtes de Barbeville, qui ont eu pour auteur : Jean, Seigneur de Benneville et de Bar-beville, dont le petit-fils, Thomas, Ecuyer, Seigneur et patron de Vaucelles, près Bayeux, obtint le 7 mai 1636, un jugement de maintenue de noblesse. Il eut pour fils, Pierre, Page de Monseigneur Gaston, Duc d'Orléans, qui le fit un de ses Gen-tilshommes le 11 janvier 1651. Son petit-fils, Jean-Henri LE VAILLANT, Chevalier, né le 7 février 1751, reçu Page du Roi en sa grande écurie en 1767, était Officier dans le régiment de Penthièvre (cavalerie) en 1776. — Henri LE VAILLANT, Marquis DE SAINT-DENIS, Georges-François-Marin LE VAILLANT DE LA FER-RIÈRE, et N.... LE VAILLANT DE BRÉCY, ont comparu à l'assemblée de la noblesse en 1789 à Tinchebray et à Caen. — Plusieurs descendants de cette maison subsistent encore de nos jours.

VAL (DU). — Plusieurs familles de ce nom ont été maintenues en 1667, dans les élections de Montivilliers, Arques, Mortagne et Lisieux. — Nous avons donné page 671, la notice de la famille DU VAL, seigneurs de Manneville, de Coupeauville, du Manoir, etc... Nous allons dire des autres ce que nous en savons.

— DU VAL DE DAMPIERRE. — Cette maison originaire de Cham-pagne, a formé un grand nombre de branches qui se sont

répandues en Picardie, en Normandie et en l'Ile-de-France.
Aymard DE DAMPIERRE, Ecuyer, Seigneur de Sainte-Agathe et
du Mont-Landin, à Wanchy (près Neufchâtel), a épousé en 1632,
Catherine DU VAL, fille d'Adrien, Ecuyer, seigneur d'Amorville,
de Bonnerue et de la Croix, maintenu dans sa noblesse le 16
avril 1668, et dont les armes sont : *D'argent, au lion d'azur,
armé et lampassé de gueules.*

Henri DU VAL, Comte DE DAMPIERRE, Baron de Ham, Colonel
d'infanterie en 1669, a épousé Louise DE BAUSSANCOURT, dont il
eut quatre enfants, entre autres : Armand DU VAL DE DAMPIERRE,
reçu Page du roi dans sa grande écurie, le 14 mars 1707. —
Les armes de cette branche sont : *De gueules, à la tête et au
col de Licorne d'argent.*

— DU VAL DE LESCAUDE. — Election de Caudebec. — Armes :
De gueules, à la croix denchée d'or. Famille maintenue le 12
septembre 1668. — MM. DU VAL DE LESCAUDE et DU VAL
D'ANGOVILLE, ont comparu à l'assemblée de la noblesse pour
l'élection des députés aux Etats-Généraux en 1789; le premier y
a assisté tant pour lui, que chargé de la procuration du Prince
DE VAUDEMONT.

Un représentant de la famille habite le château d'Ouville, à
Yerville, près Yvetot.

— DU VAL DE BEAUMONTEL. — Généralité d'Alençon, élection
de Conches. Armes : *D'argent, à une bande de gueules.* —
Aimé-Charles-François DU VAL DE BEAUMONTEL, a été reçu Page
du roi dans sa petite écurie le 2 septembre 1720 sur preuves
remontant sa filiation à 1529.

VALLES (DE). — Armes : *De gueules, à une fasce échiquetée d'or et d'azur
de trois traits, accompagnée de trois têtes d'aigle arrachées d'or,
2 et 1, celles du chef affrontées.*

Philippe DE VALLES, Ecuyer, Seigneur de Saint-Georges, de
Bois-Normand, etc..., vivait en 1490. — Charles-Antoine, reçu
Page du roi en 1634, fut maintenu dans sa noblesse le 12
juillet 1667, en l'élection de Conches. — Cécile-Emilie
DE VALLES, a été reçue à la maison royale de Saint-Cyr le 9
février 1735. — Le chef actuel Alexandre DE VALLES, est né
le 12 novembre 1807.

VANEMBRAS (DE). — Armes : *D'argent, à un chevron de gueules,
accompagné de trois feuilles de chêne de sinople.*

Vers le milieu du XIVᵉ siècle, Laurent DE VANEMBRAS s'établit dans la commune de Saint-Martin-du-Bû, et y a donné son nom à une Vavassorie et à un hameau qui l'ont gardé depuis. Selon *d'Hozier*, il était d'origine anglaise, et serait venu en Normandie à la suite d'Edouard III et de Godefroy d'Harcourt. Ce qui est certain, c'est qu'il épousa en 1350, Mahiette LE FOULON, et que sa descendance se partagea en deux branches. — Jehan DE VANEMBRAS, était Ecuyer du Duc d'Alençon, en 1471. — Nicolas, fils de Guillaume, Seigneur de Mieux, de la Coulonche et de la Sauvagère, a été Seigneur de Ségrie. Etienne, son petit-fils, était Capitaine de l'une des cinq compagnies de la noblesse de l'élection de Falaise. En 1674, ces compagnies de trois cents gentilshommes chacune, étaient commandées par le Baron DU REPAS, le Marquis DE RABODANGES, le Marquis DE SAINT-GERMAIN, le Marquis DE LA LUZERNE, et le sieur DE VANEMBRAS.

La branche aînée s'est éteinte; la branche cadette, qui eut pour premier auteur : Hector, fils de Guillaume et de Guyotte BERNIER, est encore représentée de nos jours par MM. Arthur et Ulric DE VANEMBRAS; celui-ci habite le château du Tertre, à Saint-Vigor-du-Mieux, près Falaise.

VARIN. — Seigneurs de Saint-Ouen, du Breuil, de Bretteville, de Boscguérard, de Beautot, d'Anneville, etc... Armes : *De gueules, au chevron d'or, accompagné de deux molettes d'éperon d'or en chef et d'un fer de lance d'argent en pointe.*

On compte dans cette famille de la généralité de Rouen, plusieurs Auditeurs et Maîtres des Comptes, descendus de Romain VARIN, Auditeur en la cour, né en 1656, et marié à Marie-Anne DE LARGILLE en 1684. — Cette famille, divisée en plusieurs branches, s'est alliée aux Hays de la Motte et d'Hugleville, du Quesne, Le Carpentier, de Bénissent, Langlois de Criquebeuf, Grenier de Cauville, etc...; ses représentants sont connus sous le nom de Saint-Ouen et de Beautot. — M. VARIN DE SAINT-OUEN, a comparu à l'assemblée de la noblesse en 1789, et mademoiselle Louise-Marie VARIN DE BEAUTOT, a épousé en 1851, Stanislas-Alexandre-Amable LE FILLEUL DES GUERROTS.

VASSELOT (MARQUET). — Armes : *Ecartelé : aux 1 et 4, d'azur, au sautoir d'or, accompagné de quatre besants du même, qui est de MARQUET; aux 2 et 3, d'azur, à trois guidons d'argent, bordés de sable, fûtés d'or, qui est de VASSELOT.*

Cette famille originaire du Poitou, apparaît dès le XV° siècle, où vivait Michel MARQUET, Seigneur de Bédouaire, qui fut Secrétaire du roi Louis XI ; mais la filiation ne peut être établie qu'à partir de : Jean, Sieur de Badard, dont le petit-fils, Pierre, Procureur au présidial de Poitiers, a épousé le 23 octobre 1668, demoiselle Louise Barbier. — François MARQUET, Sieur de la Bournerie (paroisse d'Archigny-Poitiers), est aussi mentionné dans la liste des nobles de la généralité de Poitiers, imprimée en 1667. (*Nobiliaire du Poitou*, par *Beauchet-Filleau.*) — Louis MARQUET, Avocat en parlement et au siége présidial de Poitiers, auteur d'un ouvrage sur la coutume de Poitou, imprimé à Poitiers en 1764, est l'aïeul du chef actuel de la famille. — Deux membres ont émigré à la Révolution ; l'un servit comme Gendarme, l'autre était Volontaire au régiment de la Reine (cavalerie). — Louis-Augustin MARQUET, Chevalier de la Légion d'honneur, ancien Inspecteur des domaines, Membre de plusieurs sociétés savantes, etc..., a épousé le 6 août 1801, demoiselle Catherine-Agnès VASSELOT, fille aînée et dernière héritière de Simon Vasselot (1), Chevalier, Seigneur du Fort, d'Ouzilly et autres lieux. Par suite de la volonté de son beau-père, il joignit à son nom patronymique celui de sa femme, et un décret impérial, en date du 4 mars 1864, est venu confirmer à M. MARQUET-VASSELOT et à ses descendants la propriété de ce dernier nom. — De son mariage sont issus plusieurs enfants dont l'un : Hyacinthe-Alphonse MARQUET-VASSELOT, né à Poitiers le 15 août 1805, Chevalier de la Légion d'honneur, a épousé mademoiselle Louise-Colette-Delphine VAN BOSTERHOUT, dont il a deux fils : 1° Louis-Marie-Léon, 2° Jean-Joseph-Marie-Anatole ; il habite Caen.

VAUQUELIN — DE LA FRESNAYE, D'HERMANVILLE, DES YVETEAUX, DU DÉSERT, etc...

Très-ancienne famille de la Généralité de Caen, qui a formé plusieurs branches et a fourni des Mestre de camp, des Colonels et Officiers de tous grades, plusieurs Chevaliers de Malte et beaucoup de Chevaliers de Saint-Louis. Elle s'est alliée aux d'Harcourt, de Mailly, des Rotours, de Croismare, de Villequier, d'Héricy, de Magny, du Quesnoy, de Malherbe, de Marguerye, de Morel de Putanges, etc., etc... — Anne VAUQUELIN,

---

(1) La maison VASSELOT, originaire du Poitou, a formé trois branches principales dont le premier auteur est : René VASSELOT, Chevalier, Seigneur du Breuil-Vasselot, qui épousa en 1290, demoiselle Sybille DE MONTMORENCY. — De ces trois branches, l'aînée, celle des Seigneurs du Quérault, du Fort, d'Ouzilly, etc..., s'est éteinte en la personne de Simon VASSELOT. — La seconde, des Seigneurs d'Annemarie, s'est éteinte en la personne de Jacques VASSELOT, appelé le Comte d'ANNEMARIE, mort sans enfants. — La troisième, celle des VASSELOT, Seigneurs DE RÉGNÉ, a encore des représentants dans le département de la Charente.

Ecuyer, sieur du Désert, fut maintenu dans sa noblesse par ordonnance du 1er mars 1641, sur preuves remontant à l'année 1428. — Jean VAUQUELIN DE LA FRESNAYE, né à la Fresnaye près Falaise, en 1535, a été Lieutenant général au bailliage de Caen et un des meilleurs poëtes du XVIe siècle. — Guillaume, sieur de Boissay, était Lieutenant du bailli de Caen à Falaise, et son frère Charles, Seigneur des Yveteaux, leva la *fierte* en 1555. —Nicolas DE VAUQUELIN DES YVETEAUX, a été précepteur de Louis XIII (1608), et eut l'honneur de recevoir Henri IV dans son château. — Hercule DE VAUQUELIN D'HERMANVILLE, Conseiller d'Etat au Grand Conseil, Intendant des armées du Roi, reçut des lettres patentes de *Marquis*, données à Paris en l'année 1651; une de ses filles, Madeleine, épousa, en 1656, Anténor HUE DE CALIGNY. Enfin Jacques VAUQUELIN DU DÉSERT, a été reçu Page du Roi en sa grande écurie le 20 décembre 1730. — Plusieurs membres de cette ancienne maison ont comparu aux assemblées de la noblesse en 1789, entre autres le Marquis D'HERMANVILLE; quelques-uns existent encore de nos jours.

— VAUQUELIN DES CHESNES. — Armes : *D'azur, au chevron d'argent, accompagné de trois croissants, celui en pointe surmonté d'une molette d'éperon, le tout du même.*

Autre maison de l'élection de Lisieux, maintenue en 1666; bien que n'ayant pas les mêmes armes que la précédente, elle est sans aucun doute issue de la même souche. — M. VAUQUELIN DES CHÊNES, a comparu à l'assemblée de la noblesse en 1789 et son descendant habite le château d'Ailly, près Falaise.

— Nous constatons aussi la présence aux Etats-Généraux de MM. VAUQUELIN D'ARTILLY, VAUQUELIN DE SACY, VAUQUELIN DE CREULET et VAUQUELIN DE LA BROSSE; un des descendants de ce dernier, M. René DE VAUQUELIN DE LA BROSSE, est Substitut du procureur impérial à Vire, et a épousé, le 19 mai 1862, Mlle Blanche LEMPEREUR DE GUERNY.

VENEUR (LE) — DE TILLIÈRES, DE CAROUGES, DE BEAUVAIS, etc...

Armes : *D'argent, au grêlier de sable, accompagné de trois roses de gueules, 2 et 1.*

Cette famille, originaire de Bretagne, où elle était connue dès le XIIe siècle, a formé en Normandie une branche illustre qui eut pour auteur : Jean LE VENEUR, Capitaine d'une compagnie d'hommes d'armes, qui ayant séjourné longtemps avec sa compagnie dans la province, s'y maria avec noble et puissante damoiselle Jeanne LE BAVEUX, héritière de la Baronnie de Tillières,

et s'y installa définitivement. Il fut la tige des Comtes DE
TILLIÈRES et DE CAROUGES. — Parmi les personnages distingués
de cette branche, nous citerons Jean LE VENEUR, Evêque de Lisieux en 1505, Cardinal, Grand Aumônier de France en 1539;
Ambroise, Evêque d'Evreux en 1511; Taneguy LE VENEUR,
Comte DE TILLIÈRES, Seigneur de Carouges, Chevalier de
l'Ordre du Roi, Gouverneur de Rouen en 1576, et Lieutenant
général au gouvernement de Normandie; lequel, de Madeleine
DE POMPADOUR, sa femme, laissa Jacques, Comte de Tillières,
aussi Gouverneur de Rouen. — Messire Henri-Charles Marquis
LE VENEUR, Seigneur châtelain de Bailly-en-Rivière, de Crestot,
de Saint-Ouen, Saint-Aignan, etc..., Capitaine au régiment
Royal-Cravates, a épousé demoiselle Catherine DE PARDIEU, dont
il eut plusieurs enfants, entre autres : Marie-Françoise, née le
22 mai 1704, Abbesse du monastère de Saint-Thomas-le-Martyr
de Neufchâtel-en-Bray, et Louis-Henri-Eustache Comte LE
VENEUR, né en 1707. — François-Jacques-Tanneguy LE VENEUR,
Comte DE TILLIÈRES, le Marquis LE VENEUR, et son fils, le Vicomte
Alexis-Paul, ont comparu à l'assemblée de la noblesse de 1789.
Ce dernier était Maréchal des camps et armées du Roi et Pré-
sident de l'assemblée du grand bailliage d'Alençon.

La branche restée en Bretagne a possédé les seigneuries de
la Boissière, des Salles, de Beauvais, etc..., et s'est divisée en
plusieurs rameaux; l'un d'eux a produit le général LE VENEUR,
dont le nom est inscrit sur l'arc de triomphe de l'Etoile. —
L'autre, seul subsistant de nos jours, a pour chef actuel : An-
dré-Eugène LE VENEUR DE BEAUVAIS, marié à Anne-Louise-Irma
DE GROUSSEAU DE CHAPITRE; il habite Saintes.

VERDUN (DE). — Très-ancienne famille de la basse Normandie, dont la noblesse a été reconnue à différentes époques, notamment en 1463,
par Montfaut, et en 1666 par Chamillart. Elle s'est divisée en
plusieurs branches qui toutes ont fourni des officiers distingués
sur mer et sur terre. — Michel DE VERDUN, Chevalier, Seigneur
de Cordubois, a épousé en 1616, Gabrielle DU TEIL, fille de
Louis, Baron de Samoy et de Déborah DE SAINT-GERMAIN. —
Anne DE VERDUN, a épousé en 1750, le Comte DU QUESNOY,
Aide-major aux Gardes françaises. Plusieurs membres de cette
maison ont comparu à l'assemblée de la noblesse des bailliages
d'Avranches et de Mortain, ce sont : Jean-René-Antoine DE VER-
DUN, Marquis DE LA CRENNE; Jean-Julien DE VERDUN, Chevalier
de Ballant, Officier au régiment de Bassigny; Marie-Jean-
François DE VERDUN; Charles-Louis, ancien Lieutenant au régi-

ment d'Angoumois, et Charles-René DE VERDUN, ancien Officier de Dragons. — Alexandre VERDUN DE LA CRENNE, un des représentants de la famille, a épousé en 1817, mademoiselle Thérèse-Allyre TARDIF DE VAUCLAIR.

VERTON (DE). — Armes : *D'azur, à une fasce d'argent, chargée d'une mouche au naturel.*

Jean DE VERTON, le premier auteur de la filiation, était Conseiller Secrétaire du roi maison couronne de France et de ses finances, en 1574. — Michel, son petit-fils, Conseiller aux grands jours, fut père de : Nicolas-François, Ecuyer, Lieutenant général de l'amirauté d'Eu et de Tréport, qui se remaria le 14 décembre 1715, à demoiselle Justine DE VADICOURT.—Marc-Antoine, aussi Lieutenant de l'amirauté, mort le 27 septembre 1762, a laissé : Marc-Antoine-Joseph-Marie DE VERTON, entré le 20 avril 1772, dans la première compagnie des Mousquetaires. — Ses descendants existent encore actuellement; l'un d'eux habite le château de Tibermont près de Dieppe.

VIGAN (DE). — Seigneurs de Punelay et de Bellefontaine, Election de Bernay. — Par lettres patentes en date du mois de décembre 1609, enregistrées en la Cour des Aides de Normandie, et dont l'original sur parchemin signé par Henri IV, est conservé aux archives de la famille, Gilles DE VIGAN, Ecuyer, fut confirmé dans sa noblesse; son petit-fils Jean-Gilles, a été maintenu par M. de la Galissonnière le 30 mars 1666. — Jacques-François DE VIGAN, Mousquetaire du roi en 1781 et Chevalier de Saint-Louis, a épousé Jeanne-Antoinette-Charlotte DE LA LANDE, et a comparu à l'assemblée de la noblesse pour l'élection des Députés aux Etats-Généraux en 1789. Il eut de son mariage Victor-Narcisse DE VIGAN, qui épousa en 1806, Charlotte-Antoinette DE LA FARE, nièce du Cardinal, Duc, Pair de France, Archevêque de Sens, etc. De cette alliance sont issus : 1° Gabriel-Félix, Baron DE VIGAN, chef actuel de la famille, marié en 1839 à mademoiselle Hermine-Marie JACQUEMIN DE CHATEAU-RENAULT, dont postérité; et 2° Henri-Antoine-Hippolyte DE VIGAN, Inspecteur des Eaux et forêts, en résidence à Pau; il a quatre fils et deux filles.

VILADE (DE). — Charles DE VILADE, Ecuyer, Sieur de Boishamel, vivait en 1696, et il fit enregistrer ses armoiries à l'armorial général (Registre de la généralité d'Alençon, f° 549); elles sont : *D'azur, à un chevron d'or, accompagné en chef de deux étoiles de même et en pointe d'un lion passant d'argent, tenant en sa gueule un* *flambeau d'or*, allumé de *gueules*. — Léon-Charles DE VILADE, son descendant direct, né à Argentan (Orne) le 18 mai 1817, marié à Mᵐᵉ Stéphanie CARITÉ, est aujourd'hui Juge au tribunal civil de Bayeux; il a une fille unique, Marie-Marthe, née en 1852.

M. Henri DE VILADE, cousin du précédent et chef de la branche cadette, est Notaire à Crocy (Calvados).

VILLEDIEU DE TORCY. — Armes : *D'azur, à deux pals d'or; au chef d'hermines.*

Famille originaire de Bourgogne, établie depuis moins d'un siècle en la généralité d'Alençon. — Le chef actuel de la branche normande est le Marquis DE TORCY, un des plus riches éleveurs normands; sa mère était une demoiselle LE FÈVRE DE GRAFFART. Il habite l'ancien château de Durcet à Athis.

Y

YON DE LAUNAY. — Armes : *D'or, à une bande d'azur, accompagnée en che d'un lion de gueules.*

Famille de l'élection de Coutances, maintenue le 27 juillet 1667. — Nicolas YON, Ecuyer, premier auteur de la filiation, vivait en 1544; Pierre YON, Ecuyer, Seigneur de Launay, marié le 19 octobre 1715, à Marie-Marguerite LEUDET, eut plusieurs enfants qui formèrent divers rameaux. — Jules YON, Seigneur de Dangy et de Saint-Hilaire, et Pierre-Jean-François, Seigneur d'Etercaville, ont comparu à l'assemblée de la noblesse du bailliage de Coutances en 1789.

YVELIN DE BÉVILLE. — Dans les anciennes chartes nous trouvons le nom patronymique de cette famille écrit indistinctement YVELIN ou YBELIN. — Henri YBELIN, Chevalier, a épousé en 1250, Plaisance d'Antioche, veuve d'Henri DE LUSIGNAN, roi de Chypre. Guy, était Connétable de Chypre vers la même époque.—Balian D'YBELIN, Prince de Galilée, a épousé Alix de Chypre, en 1304. — Guerry, Baron D'YBELIN, a épousé en 1432, Isabelle, Princesse de Savoie. — A dater de cette époque, le nom change et prend sa véritable orthographe actuelle; Charles YVELIN, Ecuyer, vivait en 1544 et habitait Saint-Pierre-Église. — Anne YVELIN, épouse Jacques, Sieur de Châteauneuf en 1563, et sa petite-fille a été mariée au Maréchal D'ESTRÉES. — Une autre demoiselle YVELIN (Catherine), mariée en 1660 à Charles de Brossamin, Trésorier général de l'extraordinaire des guerres, eut une de ses filles qui épousa Claude POTIER DE GESVRES, Brigadier des armées du roi. — Cette maison, depuis l'établissement d'une de ses branches en Normandie, a formé plusieurs rameaux, et nous constatons la présence à l'assemblée de la noblesse de 1789, de MM. Bon-Amand YVELIN, Officier garde-côtes, Pierre-François DE BÉVILLE et Nicolas YVELIN DE BÉVILLE. — Elle est représentée de nos jours par : Gustave Baron DE BÉVILLE, Général de Division, Aide de camp de S. M. l'Empereur, et par Charles-Alphonse-Aimé, Colonel du 2ᵉ régiment de cuirassiers.

YVER. — Armes : *D'azur, à la fasce d'or, accompagnée de trois étoiles du même.*

Jacques YVER, Sieur de Clairfeuilles, descendait au VIᵉ degré de Gervais, Ecuyer, Seigneur de Touchemoreau en Poitou, qui vivait en 1405, lequel eut pour fils Jean YVER, qui s'établit en Normandie où il acquit le fief de la Hamonnière. — Jean, était Vicomte de la Carneille en 1550. — Jacques, Seigneur de Saint-Aubin, des Faveries et de Villers, servit en Allemagne dans une compagnie de Gentilshommes du bailliage d'Alençon, sous les ordres de Turenne en 1679. — Claude YVER, Seigneur de Saint-Aubin, Sous-brigadier dans la compagnie du Maréchal Duc d'Harcourt en 1712, eut trois fils : 1ᵉ Jacques-Claude-Louis, né le 30 avril 1739 ; 2ᵉ Louis-Bernard, né en 1742, et 3ᵉ François-Eléonore YVER DE SAINT-AUBIN, baptisé le 29 septembre 1744 ; ce dernier a comparu à l'assemblée de la noblesse du bailliage d'Alençon en 1789, et ses descendants habitent Roufeugerai (Orne).

LISTE CHRONOLOGIQUE

DES

LETTRES D'ANOBLISSEMENT

ENREGISTRÉES
A LA COUR DES COMPTES, AIDES ET FINANCES DE NORMANDIE
DEPUIS LA DERNIÈRE MAINTENUE DE NOBLESSE
JUSQU'A NOS JOURS

(Registre 47 et suivants des Archives de l'ancien Parlement.)

NOTA. — Pour établir cette liste, nous avons compulsé avec grand soin les registres déposés aux Archives départementales et à celles du Palais-de-Justice ; dans ces registres, beaucoup d'armoiries sont peintes dans le corps des Lettres patentes : nous les avons décrites, mais le plus grand nombre sont laissées en blanc ; il nous a donc été impossible d'en donner la description, les familles intéressées n'ayant pas répondu à nos demandes réitérées de renseignements.

La Cour a ordonné l'enregistrement des Lettres patentes de noblesse de :

LE GENDRE — (Thomas), Commerçant à Rouen................. 1689

GRÉARD — (Louis), Avocat du roi au parlement. — *De gueules, au chevron d'or, accompagné de deux croissants en chef et d'un coq en pointe, le tout d'argent*........... 1689

GODESCART — (Nicolas), Echevin de Rouen. — *D'argent, au pal de sable ; au chef de gueules, chargé de trois besants d'or*.................................... 1689

TACQUET — (Laurent), Echevin de Dieppe................. 1689

DE BAUQUEMARE — (Richard) [confirmation de noblesse]... 1698

DU FAGUET — (Robert), sieur de Montbert. — *D'azur, à six molettes d'argent, 3, 2 et 1* 1698

CHARDON — (Charles), sieur de Mausny. — *D'azur, à une épée d'argent garnie d'or, surmontée d'une fleur de lis d'argent et accostée de deux chardons d'or* 1698

HUE — (Pierre) 1698

DE LA BRESNE — (Charles). — *D'azur, à neuf trèfles d'or, 3, 3, 2 et 1* 1698

ESLIÈVRE — (Pierre) 1698

HESCAMPS — (Jean), sieur d'Épréville 1698

DE FAUCILLON — (Charles) 1698

DE BAILLY — (Bertrand). — *De gueules, à la croix de Jérusalem d'or; au chef d'azur, chargé de deux trèfles d'argent* 1698

PAULIN — (Jean), sieur de Valmesnil. — *D'or, au lion de sable; au chef du même, chargé de trois cornets d'or* 1698

COSTART — (Nicolas), ancien chevau-léger. — *D'or, semé d'hermines, à la fasce de gueules* 1698

LEMONNIER — (Louis) 1698

ROBIN — (Bernard-Ézéchiel). — *D'azur, à la bande de gueules, danchée d'or, chargée de trois fers de lance d'argent* 1698

DE LA BONDE — (Henry-François). — *D'hermines, à la croix de gueules* 1698

PHILIPPE — (Jacques), sieur du Moncel. — *D'argent, au chevron de gueules, accompagné de trois glands de sinople; au chef d'azur, chargé de trois étoiles d'or* 1698

ROGIER — (Michel), sieur de l'Espinay. — *D'or, à trois merlettes de sable* 1698

BLIN — (Jean), sieur de Maupertuis. — *D'azur, au chevron d'or, accompagné en chef de deux étoiles d'argent et en pointe d'un cerf passant d'or* 1698

LE NEPVEU — (Pierre). — 1698

DE BAILLEUL — (Jean), sieur de Valdry. — *Parti: au 1 d'hermines, au 2 de gueules; au chef d'azur, chargé de trois étoiles d'or* 1698

LE PATOU — (Charles) [confirmation] 1698

DE VILADE — (Charles), sieur de Boishamel. — *D'azur, au chevron d'or, accompagné en chef de deux étoiles d'or et en pointe d'un lion passant d'argent, tenant dans sa gueule un flambeau d'or, allumé de gueules* 1698

DE MONTBRAY — (Pierre), sieur de la Bourdonnière. — *De gueules, à la bande d'argent, chargée de trois annelets de sable* 1698

CHAUSSON — (Jacques), sieur des Orgeries. — *D'or, au lion rampant d'azur, au chef de gueules, chargé de trois besants d'argent* 1698

GOHIER — (Pierre), sieur de Lamberville. — *D'argent, au chevron de gueules, accompagné de trois fers de dard de sable et surmonté d'un croissant du même* 1698

BAYEUX — (Isaac), sieur d'Esperon. — *De gueules, à trois glaives d'argent garnis d'or, la pointe en bas* 1698

MAUDUIT — (Georges). — *De sable, à l'agneau pascal d'argent* 1698

DE GOUVILLE — (Robert), sieur de Pontroger. — *D'azur, au chevron d'or, accompagné de trois dards d'argent, la pointe en bas* 1699

MAUVIEL — (Jean), sieur des Monts. — *De gueules, à trois fasces d'or* 1699

DES LANDES — (Michel) [confirmation] 1699

LE BAS — (Gabriel). — *D'azur, au griffon d'or, armé et langué de gueules* 1699

TURPIN — (François), sieur de Bellaunay. — *D'azur, à trois pommes de pin d'or* 1699

LAISNÉ — (Simon), sieur de Tintot. — *D'azur, au chevron d'or, accompagné de trois roses d'argent, 2 et 1* 1699

DE L'ÉTOURMY — (Charles). — *De sable, au pairle d'argent, accosté en flancs de deux tours du même* 1699

DE L'ÉTOURMY. — Sieur de Saint-Privat, officier de la maison du duc d'Orléans, frère du roi. — *(Mêmes armes)* 1699

GUILLAIN — (Guillaume), sieur de Prémallet. — *D'azur, à un pigeon du même, au chef d'or, chargé de trois étoiles de gueules* 1699

LE FOURNIER — (Charles), sieur d'Offranville. — *D'azur, au sautoir d'argent, accompagné au chef d'une étoile de même et de trois roses aussi d'argent, posées 2 en flancs et 1 en pointe.* (Confirmation) 1699

NÉEL — (Richard), sieur de Longparcs. — *D'argent, à trois bandes de sable* 1699

DU BOUILLARD — (Jacques). — *D'azur, à trois aigles d'or, à deux têtes* 1699

LE MARCHAND (Jean), sieur de Feuguerolles (confirmation) 1699

MOREL — (Olivier), sieur de Saint-Cyr 1699

LE MONNIER — (Michel), sieur de la Vallée. — *D'argent, au chevron de gueules, accompagné en pointe de deux étoiles d'azur et en chef d'un lion du même* 1699

POULLAIN — (Thomas), sieur de la Vallée. — *De sable, à deux lions d'argent passant l'un au-dessus de l'autre, le premier contourné* 1699

PATIER — (Jacques). — *D'azur, à la fasce d'or, accompagné de trois étoiles d'or en chef et en pointe d'un croissant d'argent*.. 1699

AUPOIS DE MERVILLE — (François), bailli de Ferrières. — *D'azur, à trois croisettes tréflées d'argent*............ 1699

DE BATAILLER — (François), sieur de la Berquerie. — *De sinople, à deux épées d'or, passées en sautoir, accostées de quatre oiseaux du même*............................. 1699

VARRIN — (François), sieur du Moustier, conseiller au bailliage de Bayeux. — *D'argent, à deux roses de gueules en chef et une coquille du même en pointe*........... 1699

RIDEL — (Daniel). — *D'azur, à trois annelets d'or*............ 1699

POISSON — (Robert), sieur de Houteville et du Fresne, ancien garde du corps du roi. — *D'azur, à une fasce d'or, accompagnée en chef d'une colombe d'argent et en pointe d'un poisson du même, couronné d'or, le ventre en haut.* 1699

LE HÉRISSIER — (Pierre), l'un des officiers de la maison du roi. *D'argent, à trois porcs-épics de sable*.............. 1699

GRÉARD — (Jean), sieur de Bonnefond. — (Services militaires) [comme *supra*]................................ 1699

LE PELLETIER — (Honoré), sieur de la Hourye, commissaire enquesteur au bailliage de Valognes. — *D'azur, à la croix d'argent pattée, chargée en cœur d'un croissant, accosté de deux molettes de sable et en pointe d'une rose du même*............................. 9 janvier.... 1700

LE CARTEL — (Gilles-François), sieur de Franqueville, conseiller assesseur en la vicomté de Carentan. — *D'azur, à la fasce d'or, accompagné de trois croissants d'argent, 2 et 1*............................. 5 février.... 1700

BOISSEL — (Louis), sieur de Bréholles, conseiller au bailliage de Carentan. — *De gueules, à trois losanges d'argent.* 8 février.... 1700

MESLIN — (Georges).— *De gueules, au sautoir d'argent, accompagné de quatre roses de même*..................... 3 mars..... 1700

DE GROSCOL — (Louis), sieur du Ruyer, conseiller en la juridiction de Bernay. — *D'azur, à deux lions d'or affrontés, tenant un hausse-col d'argent*................. 3 mars..... 1700

ALLIOT DU HAMÉL — (Louis), conseiller du roi, vicomte au bailliage de Trun. — *D'or, à trois losanges de sinople posés en fasce*............................. 4 mars..... 1700

DE GLATIGNY — (Marin). — *D'azur, à trois têtes de lion d'or*.... 27 avril.... 1700

BROHIER — (Jean), sieur des Grandies, officier de la feue duchesse d'Orléans. — *D'azur, au sautoir d'or, accosté de quatre roses d'argent*......................... 17 mai..... 1700

GOHIER — (Pierre), sieur de la Héronnière. — *D'argent, au chevron de gueules, surmonté d'un croissant, accosté de deux fers de dard d'azur* .... 22 mai...... 1700

LE COMTE — (Michel), conseiller au bailliage et siège présidial de Coutances. — *D'azur, à une colombe d'argent éployée, becquée et membrée de gueules* .... 22 mai 1700

DE GOUY — (Antoine), sieur de Montgiron (maintenue de noblesse et anoblissement en tant que de besoin). — 24 mai. 1700

HUBERT — (Pierre).. 24 mai 1700

LE VAVASSEUR — (Antoine), sieur de Gerville. — *D'azur, à la fasce d'argent, accompagnée de trois besants du même.* 10 juin 1700

DE GUEUTEVILLE — (Daniel), conseiller auditeur en la chambre des comptes.................................. 12 juin...... 1700

PAILLARD — (Michel), sieur de Bourgueril. — *De sable, à cinq losanges d'or, mis en croix* 1700

DE BOULLEMER — (Antoine), sieur de Thiville, conseiller, lieutenant général au bailliage d'Alençon. — *D'or, à un chevron d'azur, accompagné de trois aiglettes de sable*.................................... 1700

DES PLANCHES — (Gabriel), sieur des Londes, conseiller en l'é- l...... Caen. — *D'azur, à trois planches d'argent, 2 et 1, posées en bande*.............................. 1700

ROUXELIN — (Guillaume), sieur de la Prairie, et son frère Pierre, sieur des Landes. — *D'azur, à une fasce d'or, accompagnée de trois fers de pique d'argent*.......... 15 juin...... 1700

LE ROUX — (Georges), sieur de Mont-du-Bos. — *D'azur, à la bande d'or, chargée d'un lion de gueules, au chef d'argent, chargé de trois têtes d'oiseaux d'azur*.......... 15 juin 1700

MAHEULT — (Nicolas), conseiller au bailliage et siège présidial de Caudebec. — *D'or, à la croix ancrée de gueules ; au chef d'azur, chargé de trois étoiles d'or*............ 19 juin 1700

LE BLANC — (Guillaume), officier de paneterie de la feue reine. — *De gueules, à un chevron, accompagné au chef de deux étoiles et en pointe d'une tête de léopard, le tout d'or*.. 19 juin 1700

DUVAL — (Léonor), sieur des Bassières. — *D'azur, à une fasce d'or, accompagnée en chef de deux croissants d'argent et en pointe d'une ancre d'or*...................... 19 juin..... 1700

DE JORES — (François). — *D'azur, à une épée d'argent, garnie d'or en pal, accostée de deux étoiles aussi d'argent*........ 19 juin 1700

LE CONTE — (Jacques), conseiller et procureur du roi en la vicomté de Thorigny. — *D'azur, au chevron d'argent, accompagné de trois étoiles du même*................. 19 juin..... 1700

14

LE FRÈRE — (Charles), sieur du Frettey. — *Fretté d'or et de gueules* .... 21 juillet ... 1700

LE PRESTRE D'ARGENCES — (Guillaume). — *D'azur, à un chevron d'or, accompagné de trois oiseaux du même* .... 21 juillet ... 1700

LE MAISTRE — (Alexis), conseiller du roi au bailliage et siège présidial du Cotentin. — *D'argent, à trois merlettes de sable* .... 29 juillet ... 1700

LE COQ — (Gilles), avocat au bailliage et siège présidial de Caen. — *De gueules, à un coq d'argent crété, becqué et membré de gueules* .... 30 juillet ... 1700

CHAGRIN — (Jacques), sieur des Nos, capitaine d'artillerie, dont le père avait été anobli en 1657 (confirmation de noblesse). — *D'or, à une tourterelle d'azur* ... 11 août 1700

INOR — (Pierre), sieur de Boisynor, conseiller et avocat du roi au bailliage et siège présidial de Coutances. — *D'or, au chevron d'azur, accompagné de trois merlettes de sable* .... 23 novembre 1700

LE CHÉRON — (Nicolas), conseiller du roi, élu en l'élection de Pont-de-l'Arche. — *D'or, à un chêne de sinople; au chef d'azur, chargé de trois étoiles d'or* .... 29 novembre 1700

GALOPIN — (Thomas), seigneur de Saonnet, sieur de Montlagny (confirmation de noblesse). — *D'argent, à la bordure de gueules, chargée de six fermaux d'argent en orle* .... 29 novembre 1700

LE BRETON — (Jean-Baptiste), conseiller au bailliage de Coutances. — *D'argent, au chevron de sable, accompagné de trois mouchetures de même* 1700

LE PETIT — (François), Lieutenant en l'élection des Andelys. — *D'azur, à la fasce d'argent, chargée de trois croisettes de gueules, accompagnée en chef de cinq étoiles d'argent 3 et 2, et en pointe de deux oiseaux d'or, becqués et membrés de gueules* 1700

DE LA BUNODERIE — (Guillaume) 1700

PATTIER — (Jacques) 1700

LANGLOIS — (Louis), sieur de Jainville 1700

MALLET — (Jean-Baptiste-Adrien), lieutenant général de police à Neufchâtel (confirmation de noblesse). — *De gueules, au chevron d'or, accompagné de trois fermaux du même* .... 12 janvier.. 1701

DU PREY — (François), sieur du Bosc. — *D'azur, au sautoir d'or, cantonné de quatre trèfles de même* .... 18 janvier.. 1701

HOUEL — (Charles), juge garde de la monnaie de Caen (confirmation et anoblissement en tant que de besoin). — *D'argent, à un lion de sable, tenant dans sa patte un bâton de gueules* .... 10 février... 1701

FLOXEL-CANTEL — sieur de Vaugréard. — *De gueules, à trois croisettes d'argent; au chef du même, chargé de trois hermines de sable*..................... 24 avril.... 1701

LE BIGLE — (Denis), sieur des Mares, conseiller garde scel au bailliage et siége présidial de Coutances (confirmation de noblesse)...................... 7 juin...... 1701

QUILLET — (Mathieu), conseiller honoraire au bailliage et siége présidial d'Evreux. — *D'azur, à une croix d'or, cantonnée à dextre d'une quintefeuille de même*.......... 28 juin..... 1701

MAHEUST — (Mathurin), sieur de Hautemare. — *D'argent, au chevron d'azur, accompagné de trois roses de gueules et surmonté d'un croissant du même*................... 4 août...... 1701

LE FERON — (Hiérosme), conseiller du roi, receveur-payeur des gages du parlement (confirmation de noblesse)..... 16 décembre 1701

ROZE — (Charles), sieur de Champignolles, l'un des 200 chevau-légers de la garde du roi. — *D'azur, au chevron d'or, accompagné de trois roses d'argent*.... 27 décembre 1701

LE PIGEON — (Antoine), sieur de la Fertière. — *D'or, au chevron d'azur, accompagné de trois pigeons du même, becqués et membrés de gueules*.......................... 8 mars..... 1702

LANGLOIS — (Nicolas), conseiller du roi, lieutenant civil et criminel de Pont-de-l'Arche. — *D'argent, au lion de gueules; au chef d'azur, chargé de trois molettes d'or*.. 8 mars..... 1702

LE CHEVALIER — (Guillaume), conseiller auditeur en la chambre des comptes de Normandie............. 27 juin..... 1702

DE BRUSLEY — (François)................................ 2 août...... 1702

HERVÉ DES PLANQUES — (François et Pierre)............... 14 août..... 1702

POTIER — (Jean).. 7 septembre 1702

MARTIN — (Charles), sieur des Cotils. — *De gueules, au lion d'argent, armé, lampassé et couronné d'or*.......... 16 septembre 1702

FRONDIÈRE — (François-Pierre), sieur du Bocage............. 29 novembre 1702

BAYEUX — (Samuel), avocat au bailliage de Caen. — *De gueules, à trois épées d'argent, garnies d'or*......... 16 décembre 1702

LE PELLERIN — (Pierre), sieur de Morsone. — *D'or, au chevron échiqueté de gueules et d'argent de deux traits, au chef de sable, chargé de trois coquilles d'or*............... 25 décembre 1702

DE BEAUVALLET — (Nicolas). — *De sable, à un chevron d'argent, accompagné en chef de deux étoiles et en pointe d'un croissant, le tout d'or, et surmonté d'un brochet d'argent*.................................... 11 mars.... 1703

RENARD — (Pierre), sieur de Saint-Martin. — *D'azur, à un lion d'or passant, surmonté d'un renard du même*..... 8 mai....... 1703

LE FAUCONNIER — (Marin). — *D'azur, à un dextrochère d'argent, soutenant un faucon au naturel, longé et grilleté d'argent* .... 10 juin..... 1703

LE NOIR — (Thomas), sieur des Vaux, second capitaine au régiment de Lessé............................... 11 août..... 1703

HEUSEY — (Antoine), sieur de Trigny. — *D'azur, à un agneau pascal d'argent, accompagné de trois étoiles du même 2 et 1*.. 10 novembre 1703

FRASLIN — (Thomas), sieur du Moncel, maire et ancien échevin de Granville. — *De gueules, à un chevron d'argent, accompagné de trois coquilles de même*..... 18 janvier... 1704

MARTIN — (Pierre), sieur de Bures. — *D'argent, à trois merles de sable* .... 13 mars 1704

EUDES — (Jean-Louis), sieur de la Jumellerie, contrôleur des montres et revues de la maréchaussée de la basse Normandie. — *D'azur, à une fasce d'or, accompagnée en chef de deux croissants et en pointe de deux cœurs accolés, le tout d'or*........................... 26 mai...... 1704

CAULLIER — (Jean). — *D'argent, au chevron de gueules, chargé en chef d'un croissant aussi d'argent et accompagné de trois couronnes de laurier au naturel*.................... 17 juin..... 1704

BROHIER — (Antoine et Laurent) [frères], sieurs de Longueval et du Fro, conseiller en l'élection de Neufchâtel. — *D'azur, à un chevron d'or, accompagné en chef de deux licornes passantes d'argent et en pointe d'un drapeau du même*.................................. 20 décembre 1704

CAPELLE — (Archange et Jean-Auguste), sieurs de Castillon. — *D'argent, à une croix d'azur, chargée de cinq étoiles d'or et cantonnée aux 1 et 4, d'une aigle à deux têtes de sinople, aux 2 et 3, d'un lion de gueules*............ 29 décembre 1704

ONFRAY — (Jean). — *D'argent, à une fasce d'azur, surmontée de trois étoiles du même*............................ 1705

ROMET — (Pierre), ancien receveur des tailles de Mortagne (confirmation de noblesse)...................... 11 septembre 1707

DE PIERRELÉE — (Gabriel-Louis). — *D'argent, à la fasce de gueules, surmontée de trois trèfles de sinople*.......... 1707

RECOUF — (Laurent), procureur du grenier à sel de Caen. — *D'azur, à un chevron d'or, accompagné de trois vannets d'argent*.. 1707

TESSON — (Pierre), sieur d'Ancreville. — *D'argent, à deux fasces de sinople, accompagnées de huit mouchetures d'hermine, 4, 3 et 1*............................ 1707

DANDASNE — (Eustache), sieur de Quévreville, confirmation de noblesse et autres lettres, obtenues par Marguerite Le Peigné, tutrice de ses enfants................ 17 février... 1708

DU SIGNET DE BEAUMONT — (Charles), sieur du Plessis, capitaine des chevau-légers. — *De sable, à trois cygnes d'argent*...................................... 15 août..... 1708

DE THIEULIN — (François), sieur des Iles, aide-major de brigade de la compagnie des chevau-légers de la garde ordinaire du roi........................... 28 février... 1709

LE MÉTAIS — (Simon), conseiller maître en la chambre des comptes (dispense d'un degré de service pour acquérir la noblesse et la transmettre à sa veuve et à ses enfants, nés et à naître).................... 25 juin..... 1709

DE BOAESNE—(Guillaume), sieur de Camfort, lieutenant d'artillerie et chevalier de Saint-Louis. — *D'azur, à deux épées d'argent garnies d'or, passées en sautoir et couronnées d'or, accompagnées en chef d'une aigle d'argent, et en pointe d'un lion d'or*.......................... 2 août..... 1709

LAIGNEL — (Guy), conseiller maître (dispense d'un degré de service pour acquérir la noblesse)................... 27 août..... 1709

DE LA VALAISERIE — (Charles-Adrien-Simon), conseiller et premier avocat du roi au bailliage d'Orbec...... 13 décembre 1709

COUSTURE DE CHAMACOURT — (Antoine), trésorier de France (dispense d'un degré pour acquérir la noblesse).. 15 décembre 1709

DAUSSY — (Thomas), greffier en chef au bureau des finances de Rouen.. 1709

PROUVÈRE — (Jean-Pierre), sieur de la Cressonnière, chevau-léger de la garde ordinaire du roi. — *D'argent, à trois têtes de lion de sable; au chef d'azur, chargé de trois étoiles d'or*.................................... 1709

LE VILLAIN — (Jacques), sieur de Beaumesnil, gendarme de la garde ordinaire du roi........................... 11 avril..... 1710

PEDRIEL — (Robert), sieur de Bellemare, chevau-léger de la garde du roi.................................... 15 janvier.. 1711

HURARD — (Robert), sieur de Castillon, l'un des chevau-légers de la garde ordinaire du roi. — *D'argent, à une hure de sanglier de sable, allumée et languée de gueules.* 20 mai...... 1711

DE BONNEL—(Etienne), sieur de Cantebrun (confirmation de noblesse). — *De sable, à trois bonnets d'argent, 2 et 1.* 16 mars ... 1712

VARNIER — (Pierre), sieur de la Londe, brigadier de la compagnie des 200 chevau-légers de la garde ordinaire du Roi.. 30 juillet.... 1712

LAMBERT — (Jacques), sieur de Vengron. — *De gueules, au chevron d'argent, accompagné en chef de deux étoiles et en pointe d'un croissant, le tout d'or*.................. 10 août.... 1712

D'AUBERVILLE (Nicolas), sieur et patron d'Étalandes et de Mancheville, bailli du comté d'Eu.................... 9 septembre 1712

LE VASSEUR — (Jean), sieur de Ribeuf et d'Autiville......... 17 décembre 1712

GOT — (Jean), sieur de la Gonnerie (confirmation de noblesse). — *D'azur, à l'aigle à deux têtes éployée d'or, becquée, membrée et couronnée de gueules*............ 10 février... 1713

LE ROYER — (Julien), sieur de Chambour, lieutenant en la maîtrise des eaux et forêts de Domfront............. 31 juillet ... 1713

COLOMBEL — (Guillaume), avocat du roi. — *D'azur, à la fasce d'or, accompagnée en chef de deux colombes d'argent affrontées, et en pointe d'un serpent de même*........ 1713

FOURNIER — (Michel), trésorier de France au bureau des finances de Rouen............................ 1713

FROSLAND — (confirmation de noblesse)..................... 27 janvier.. 1714

LE BLOND — (Pierre), sieur du Vallot (anobli en février 1703). 22 novembre 1714

ANCELIN — (les enfants du feu sieur)..................... 24 mars..... 1716

DE MAUDUIT — (André et Nicolas) [confirmation de noblesse].: 28 mars..... 1716

LE VAVASSEUR (Jean, Charles et Louis) [confirmation de noblesse].. 16 mai...... 1716

TIREL DE BOISNEVAL —(Jean) et TIREL DE SEGLAS (Jean-Charles) [confirmation de noblesse].............. 20 mai...... 1716

CABEUIL — (Bernardin-Jean, Louis-Joseph et Pierre) [confirmation de noblesse]............................ 28 mai...... 1716

BARBOU — (Jacques), sieur de Plemarest (confirmation de noblesse)............................... 29 mai..... 1716

DE BREMOY — (François), chevau-léger de la garde............ 4 août...... 1716

GOUIN — (Charles), sieur de Montgottier (confirmation de noblesse)..:............................ 8 août...... 1716

LE SAGE — (Charles), sieur d'Haudrimare (confirmation de noblesse)............................ 27 octobre.. 1716

HUE DE LA BARBOTIÈRE — (Pierre) [confirmation de noblesse]. 3 novembre. 1716

MAHEULT — (Nicolas), sieur de Sainte-Croix (confirmation de noblesse)............................ 21 novembre 1716

HAROU — (les enfants de Gabriel) — (confirmation de noblesse)............................ 14 décembre 1716

MARC — (Jean-Baptiste et Henri), frères (confirmation de noblesse)............................ 21 janvier.. 1717

LE MENANT DE GRANDVAL — (Pierre), ex-maréchal des logis des gendarmes de la garde ordinaire du roi...... 26 avril..... 1717

POULLAIN — (René-François, Jean-François et Thomas) [confirmation de noblesse]........................ 10 mai...... 1717

LERNAULT — (Jean), conseiller auditeur en la cour............ 12 juin...... 1717

NÉEL — (Jean-Pierre), écuyer, avocat au parlement (confirmation de noblesse)........................... 27 juillet.... 1717

TROTEREL — (Louis et François), sieur de Tilly et sieur de Bosville (confirmation de noblesse).................. 16 septembre 1717

LAMBERT — (Jacques) [confirmation de noblesse].............. 16 septembre 1717

CAVELIER — (Jean-Baptiste), sieur de la Salle (confirmation de noblesse)................................... 28 septembre 1717

DE CHIEUX — (Gabriel et Jean), de Dieppe.................... 12 novembre 1717

PAILLARD — (Michel), sieur de Bourgueuil................... 28 avril..... 1718

DE GRUSLEY (François), écuyer, sieur de Jouy (confirmation de noblesse)................................... 27 juillet... 1718

DE LEPINAY—(maintenue de noblesse)...................... 16 septembre 1718

DE GOUVILLE — (André, sieur du Ménil-Patry et de Touteville, procureur du roi au bailliage et siége présidial de Caen, et François, sieur de Pont-Roger, son frère.................................... 1er octobre.. 1718

PLANTOU — Référendaire à la chancellerie.................. 19 novembre 1718

DE BAUQUEMARE — (Jacques), conseiller auditeur en cette cour, et autre Jacques, un des 200 chevau-légers de la garde (maintenue de noblesse)............. 28 novembre 1718

LALLIER — (Adrien-Jules), sous-brigadier dans la compagnie des chevau-légers de la garde du roi; et Gabriel, ancien capitaine d'infanterie...................... 29 novembre 1718

DE LEPINEY — (Robert et Jean)........................... 22 décembre 1718

PLANTEROSE — (François et Thomas)...................... 1er février.. 1719

MORIN DE TOURVILLE — (François). — *D'or, à la croix engrelée de sable*................................... 1er février... 1719

MORIN — (Joseph)................................. 1er février.. 1719

MARTEL — (Robert), garde du corps du roi dans la compagnie d'Harcourt. — *D'or, à trois marteaux de gueules*..... 16 mars..... 1719

DE CRÉVECOEUR — (Charles-Jean), conseiller au bailliage et siége présidial de Caen (confirmation de noblesse).. 15 mai...... 1719

LE CHOISNE DE TORCY. — Gendarme de la garde de Sa Majesté. 6 juillet..... 1719

ROUSAIN-VARIN. — Conseiller auditeur à la cour........... 28 octobre.. 1719

BARTHELEMY — (Guillaume-Jacques)...................... 7 décembre . 1719

DU VAUCEL DU VAUCARDET — (Michel et Antoine). — *D'azur, au rencontre de cerf d'or*........................... 11 décembre 1719

CHAUVEL — (Pierre), major du régiment royal de cuirassiers, cavalerie................................... 26 janvier... 1720

DU BOULEY— (Charlemagne), conseiller en la cour........... 2 mars..... 1720

CLOUET — (André), sieur du Ramier, exempt des gardes du
corps de M. le duc d'Orléans. — *D'argent, à un
sautoir de gueules, accompagné de quatre fers de pique
de même* .... 22 avril 1720

DOUCET DE VAUBENARD — (la veuve et le fils de feu), lieutenant-colonel du régiment royal des vaisseaux
(confirmation de noblesse) .... 7 mai 1720

DE GUESFE — (Jacques), sieur de Gatines, l'un des gardes du
corps du roi .... 24 mai 1720

BOISTARD DE PRÉMAGNY — (Guillaume-François), conseiller
correcteur (lettre de confirmation) .... 11 juillet ... 1720

LE DAIN — conseiller maître en la cour. — *De gueules, à un
chevron d'or, accompagné de trois besants du même* .... 17 janvier .. 1721

GODEHEU — (Georges), négociant et membre du conseil du
commerce .... 11 février... 1721

BOURDON — trésorier de France à Rouen .... 3 avril 1721

DES MORLIÈRES — (Jean) .... 28 juillet... 1721

DESLANDES — (Michel et Jean) .... 15 novembre 1721

SAUNET — (Thomas), sieur de Montlagny (confirmation de
noblesse) .... 10 avril 1722

LE BACHELIER DES VIGNERIES — (Jean-Baptiste). — *D'azur,
au cygne d'argent, au chef d'or chargé de trois coquilles
de gueules* .... 27 avril 1722

CHAMBON — (Jacques), sieur de Mousseaux, gendarme de la
garde du roi .... 30 avril..... 1722

DUPUIS — (Robert) [maintenue de noblesse] .... 10 juillet ... 1722

DE LOUCHARD — (Gabriel), sieur de Lavardière, brigadier des
chevau-légers .... 27 juillet ... 1722

GUÉRIN — (Michel), sieur de Digneville, lieutenant de dragons au régiment de la Reine (confirmation de
noblesse) .... 13 août 1722

BOUTREN — (Claude), conseiller honoraire. — *D'argent, à une
pique de gueules* .... 4 septembre. 1722

DE GOUY — (Marc-Antoine-André), lieutenant au régiment de
Touraine, et Charles-Antoine, son frère (confirma-
tion de noblesse .... 17 novembre 1722

GUEROUT DE LA CONTERIE — (Antoine) .... 15 avril..... 1723

GUEROUT DE SAINT-AUBIN — (François). — *De gueules, à la
fasce d'or, accompagnée de trois fermaux du même* .... 15 avril 1723

GUEROUT DU VERDERET — (Guillaume) [mêmes armes] ...... 15 avril..... 1723

GUEROUT DU MESNIL — (Antoine) [mêmes armes] .... 15 avril..... 1723

DOMMEY — (Jacques), gendarme de la garde du roi et chevalier de Saint-Louis. — *D'azur, à trois bandes d'argent et deux épées de gueules passées en sautoir brochant sur le tout*.. 24 avril..... 1723

AUBERT — (Urbain), président en la cour................... 30 mai...... 1723

FARIN — sieur de la Perelle, lieutenant d'artillerie, premier major et premier capitaine des cinq bataillons, etc. — *D'argent, à trois bombes de sable, allumées de gueules.* 10 juin...... 1723

BARROUX — (Renault), sieur de la Bretonnière, aide-major de la compagnie des chevau-légers de la garde du roi... 14 août..... 1723

BARROUX DE LA CHARBOTTIÈRE (Pierre-Alexandre), un des deux cents chevau-légers....................... 25 septembre 1723

MARTIN — (Pierre), conseiller maître..................... 6 avril 1724

DESMOLIÈRES DE L'AUMONDIÈRE.................... 8 mai 1724

EUSTACHE — (François), conseiller en la cour. .... 14 avril..... 1725

MARTONNE — conseiller maître. .... 5 juin...... 1725

ROSÉE — conseiller auditeur. .... 28 juillet ... 1725

LE JAULNE — (Georges), secrétaire du roi en la chancellerie du parlement................................... 10 août..... 1725

DE LA CROIX — (Charles), conseiller maître................. 15 novembre 1725

LE CHAPELAIN — procureur général au parlement de Rouen... 1er juin..... 1726

VENIARD DE BOURGMONT — chevalier de Saint-Louis. — *D'azur, à un sauvage au naturel, couché sur une montagne d'argent*................................ 1er juillet ... 1726

ANDRÉ DE LA FRESNAYE — (Noël), procureur du roi au siége de police et de maréchaussée de la ville de Falaise. — *D'azur, à un cygne d'argent, nageant sur une rivière de sinople ; au chef d'or, chargé d'une quintefeuille de gueules, accostée de deux étoiles d'azur*..... 25 septembre 1726

DE REALDE DE LA HAYE — (Marin)..................... 17 octobre.. 1726

DE REALDE DE BOISGAULTIER — (Jérôme et Bonaventure). 17 octobre .. 1726

DE PERRIER — (Estienne)................................. 28 novembre 1726

LE CHAPELAIN — (Jean-Baptiste), avocat général au parlement. 1726

LE BAS — (Gabriel), conseiller et avocat du roi au bailliage d'Orbec. — *De gueules, à la croix ancrée d'argent, cantonnée de quatre croissants du même*............. 31 janvier.. 1727

VARIN — conseiller maître............................... 11 août..... 1727

MORLET — (Jacques), conseiller auditeur................. 26 août..... 1727

DE LAMARRE — (Charles), premier huissier en la cour du parlement.................................. 10 août..... 1728

DE GUILLY — (Jean-Baptiste), conseiller correcteur............ 16 août..... 1728

ROBILLARD — secrétaire du roi................................ 30 juin..... 1729

DU FAGUET DU MONTBERT — (Jean-Baptiste). — De gueules, à trois flèches d'argent, 2 en sautoir et 1 en pal........ 1729

ROBERT — (Adrien et Antoine) [confirmation de noblesse].... 21 novembre 1729

DE VERSAINVILLE — conseiller président en la cour.......... 23 juin..... 1731

LE BAS — conseiller maître................................ 18 février... 1732

LE SUEUR DE COLLEVILLE — (Guillaume) [maintenue de noblesse]. — .... 28 mai..... 1732

CAUF — (Jean-René), écuyer, sieur de Premesnil (confirmation de noblesse)................................ 31 juillet... 1732

DELISLE — (Nicolas), mousquetaire, et Pierre-François, son frère, aussi mousquetaire (confirmation de noblesse).. 23 février... 1733

ASSELIN — (Jean-Baptiste), sous-brigadier de la compagnie des gendarmes de la garde du roi, et François, son frère... 17 mars.... 1733

D'HOUDEMARE — (Jean-Jacques), écuyer, sieur de Vaudrimare, conseiller en la cour................................ 16 juillet... 1733

LE FAUCONNIER — (Jacques et Henri-Jacques), écuyer, sieurs de Bernaville et de la Bonneville, mousquetaires de Sa Majesté (confirmation de noblesse)........ 14 décembre 1733

LAIGNEL. — (Antoine), écuyer, sieur de la Jublinière, conseiller maître................................ 17 février... 1734

LE NOUVEL — (Michel), conseiller auditeur.................. 11 mai...... 1734

THOMAS — conseiller:................................ 7 février.... 1735

DES PLANQUES — (Guillaume), mousquetaire du roi de la 2e compagnie (exception de révocation de noblesse). 18 mai..... 1735

LALLEMAND DE BRAUVILLE — (Richard), conseiller correcteur.. 20 juin..... 1735

DE BERTENGLES — (Jacques), sieur de Vauroux, brigadier de la garde ordinaire du roi, et Michel, sieur de Boisjou, son frère; le plus ancien des deux cents chevau-légers.................................... 18 janvier.. 1736

POTTIER — (Jacques-Philippe), écuyer, sieur des Mailles.... 7 février.... 1736

DAROT — (Gabriel-Charles-Pascal), sieur de Vaugoubert, gendarme de la garde du roi (exception de révocation de noblesse).......................... 22 décembre 1736

LE VAVASSEUR — (Pierre-Guillaume), sieur de Gerville, l'un des gendarmes du roi (exception de révocation de noblesse)................................ 1er février... 1737

LE MIERRE — conseiller maître (exception de révocation de noblesse). — D'argent, à deux lions de gueules, affrontés; au chef d'azur, chargé d'un croissant d'or........ 18 février... 1737

REGNOUARD — (Richard) [exception de révocation de noblesse]. 27 mars ... 1737

DES GUESTIÈRES — (Laurent-Richard), sieur de Marchandières, et Benoist, sieur de Clérauville, un des gardes du corps de Sa Majesté (exception de révocation de noblesse).......................... 20 mars..... 1737

DES HOMMETS — sieur de Guichainville, conseiller maitre. — *D'argent, à trois fleurs de lis, de gueules*............ 29 avril..... 1737

LE BRUN — (Jacques-François-Pomponne), sieur de Breuilly, brigadier de la 2ᵉ compagnie des mousquetaires du roi. — *Parti d'hermines et d'azur, au lion parti de l'un en l'autre, couronné d'or, et tenant de ses deux pattes une lance de gueules posée en pal*............ 30 juillet.... 1737

COURTIN — (Pierre-Godefroy), sieur de Torsay, brigadier de la compagnie des chevau-légers. — *De gueules, à trois roses d'or, tigées et feuillées d'argent, posées 2 et 1*... 14 novembre 1737

PELLERIN — conseiller maitre. — *D'or, au chevron échiqueté de gueules et d'argent de trois tires ; au chef de sable, chargé de trois coquilles d'argent*.................. 10 mars...; 1738

NEVEU — (Nicolas), conseiller auditeur.................. 23 février... 1739

DUBOIS — conseiller correcteur.......................... 8 mai....... 1739

BOUTHAN — secrétaire du roi.......................... 26 mai..... 1739

HÉRAMBOURG — conseiller maitre...................... 23 septembre 1739

LE VIGUER — (Antoine-Jean-Baptiste), conseiller correcteur..... 14 novembre 1739

LE FESSIER — (Gilles), sieur du Fay, exempt des gardes du Corps de Sa Majesté. — *De gueules, à une aigle d'or, le vol abaissé et tenant de sa patte droite une épée d'argent, la pointe en haut, la garde d'or.* .... 24 juillet.... 1740

FONTAINE — conseiller auditeur. — *D'azur, à la croix ancrée d'argent*................................. 5 juillet 1741

LE FLÉCHIER — (Gilles), exempt des gardes du corps du roi... 4 mai....... 1742

DE HAUTECLOQUE — (Marc-Antoine), sieur d'Abancourt (lettres de confirmation de noblesse)................ 27 juillet.... 1742

POTRIN DE LA MORINIÈRE — (Léonard) [lettres de relief de dérogeance].................................. 8 mars...... 1743

LE MARCHAND — (Nicolas-Bernard), sieur du Cassel, maréchal des logis de la compagnie des gendarmes du roi... 29 juillet.... 1743

DE LA LONDE — (Nicolas), conseiller auditeur en la cour. — *D'argent, à deux fasces de gueules*.................. 15 novembre 1743

JOURDAIN — (Guillaume-Charles), conseiller auditeur en la cour. — *D'azur, à la massue posée en bande d'or, chargée d'une aigle de même*........................ 15 novembre 1743

LAFFILLARD — (François-Maurice), conseiller correcteur....... 3 décembre. 1743

PICQUET DE BAIGNOPUIS — conseiller auditeur............ 5 décembre. 1743

DUPERRÉ — conseiller maître en la cour..................... 9 janvier ... 1744

BAZIN DE CAMBENARD — (Jean-Baptiste-Jacques)............ 31 juillet ... 1744

DU MOULIN DE LA BRETESCHE (les deux frères.) — *Palé en onde de six pièces d'or et de gueules.*............... 25 septembre 1744

LE COMTE DE SÈVRE — (François), trésorier de France à Alençon... 18 décembre 1744

BAUDOIN — (Antoine), conseiller auditeur en la cour...... ... 31 juillet ... 1745

DOISNEL DE VALHÉBERT , conseiller maître (confirmation de noblesse)... 13 janvier .. 1746

PICQUENOT — (Thomas-Hyacinthe), gendarme de la garde de Sa Majesté... 28 mars 1746

LE ROYER DE CHAMBON — (Julien), gendarme de la garde du roi. .,................................ 21 avril..... 1746

E BAILLEUL — (Louis-François), procureur du roi en la maison de ville de Rouen. .... 13 août..... 1746

LOUVEL DE REPAINVILLE — (Pierre-Louis), conseiller en la cour du parlement de Paris. — *D'azur, au chevron d'argent, accompagné en chef de deux coquilles d'or, et en pointe d'un griffon du même.*............... 15 décembre 1746

GRUEL — (Jean-Baptiste-Olivier, François, Alexandre et Adrien, frères) [confirmation de noblesse]........ 13 juin 1747

LE FRÈRE — (Pierre), sieur du Frettoy, sous-brigadier des gendarmes de la garde ordinaire du roi............ 26 septembre 1747

JOUAN — (Adrien), sieur de Boisanval, et François-Guillaume, sieur de Ponville, chevau-légers de la garde du roi................................ 21 février... 1748

DE FRANVAL — (Louis-Adrien-Simon), maréchal des logis des chevau-légers de la garde du roi................ 21 février ... 1748

MORDANT DE HÉRICOURT, conseiller maître.............. 21 mars 1748

LE VAVASSEUR — (Jean-Nicolas-David)..................... 30 mai...... 1748

AUBIN — (François), sieur de Mesulière, reçu en qualité de chevalier d'honneur au bureau des finances d'Alençon... 10 février.... 1749

BATAILLER — (Jean-Baptiste), sieur d'Omonville, conseiller auditeur... 1er juillet... 1749

DE VIMONT — (François), conseiller auditeur.................. 14 août..... 1749

FAUCONNET — conseiller maître............................ 25 septembre 1749

FRESCHON — (Nicolas)..................................... 23 décembre 1749

MULOT — (Jacques-Philippe), procureur du roi à Rouen.... 5 février.... 1750

CABEUIL — (Louis-Nicolas), ancien échevin à Rouen........ 5 février.... 1750

DESCHAMPS — (Alexandre-Charles), premier échevin de Rouen. 5 février.... 1750

PLANQUET — (Louis-Adrien), lieutenant général civil et criminel en l'amirauté du Havre................... 7 février.... 1750

FOUQUET — (Guillaume-François-Richard), échevin de la ville du Havre........................... 7 février.... 1750

DUMOUTIER DE CANCHY — (exception de révocation de lettres de noblesse)........................... 30 avril..... 1750

DUPONT — (Jacques) .... 26 mai 1750

DU BOSCGUÉRARD (Pierre-Charles-Antoine), lieutenant général au bailliage d'Evreux........................ 29 mai...... 1750

LESTORÉ — (Jacques), maire du Havre.................... 19 juin 1750

POLLIN DE VALMESNIL — (Gratien).................... 20 juin 1750

DE SAINT-OUEN — garde des livres. .... 31 juillet.... 1750

LE VAVASSEUR — (Gabriel), sieur de Ronfrebosc, conseiller auditeur. .... 18 janvier.. 1751

DU ROZEY — (Alexis-Gabriel), conseiller maître............... 28 janvier.. 1751

DU PONT D'AIZY — (Jacques), gendarme de la garde.......... 11 février... 1751

DU BUSC — (Marin), conseiller auditeur.................... 25 septembre 1751

CABEUIL — (Romain), conseiller auditeur.................... 19 février... 1752

LE MIERRE — conseiller à la cour......................... 3 août...... 1752

HÉCAMP — (Louis), conseiller maître.................... 25 septembre 1753

CHOUET — (Jacques-Sébastien), chevalier d'honneur au bureau des finances de la généralité de Caen (présentation des lettres de provision)................... 8 janvier ... 1754

DU LAURENT DE MONBRUN — (arrêt du conseil et lettres patentes portant exception de révocation de noblesse)........................... 10 janvier... 1754

DU BOCAGE — (Joseph). — *D'azur, à trois arbres, arrachés d'argent.* 23 mars..... 1754

VARIN DE MALTOT — (François), conseiller en la cour....... 9 août...... 1754

PLANTEROSE — (Louis).................... 30 septembre 1754

GOMBERT DE LIVOIS — (Gilles) et François, son frère, garde du corps du roi (maintenue de noblesse).......... 2 décembre. 1754

DE L'ÉTOILE — (André), conseiller en la cour.... .... 11 novembre 1755

PAIN DE MALMAIN (Jacques), conseiller auditeur............. 23 décembre 1755

HUGER — (Louis-Simon), conseiller maître............... 30 juin...... 1756

GUILLEBON — (Claude et Jean), [confirmation de noblesse]...... 15 juillet ... 1756

LE DUC — (Pierre), conseiller auditeur. — *D'argent, à trois cœurs de gueules.*.................... 15 novembre 1756

DE MANNEVILLE — (Jacques-François), conseiller correcteur en la cour. — *De sable, à l'aigle éployée d'argent, becquée et membrée de gueules.*.................... 17 novembre 1757

DE MALASSIS — (Charles-Joseph), trésorier de France à Alençon. 17 novembre 1757

LAMBERT DE BEAULIEU — (Martin) et ses enfants........... 15 mars 1758

LE CHÉRON — (Jean-Nicolas), sieur d'Éproville, conseiller maître. 11 août..... 1758

TANQUERAY — (Louis-Antoine), sieur de la Monbrière et d'Hieuville, conseiller au présidial de Coutances. — *De gueules, à trois massues d'or en p d, 2 et 1* ..... 26 septembre 1759

DE BOULLEMER — (Louis), lieutenant général au bailliage d'Alençon; et Jean-François, trésorier de France à Alençon (rétablissement de noblesse). — *D'or, au chevron d'azur, accompagné de trois aiglettes de sable* .. 15 novembre 1759

LEMOINE — (Nicolas), vicomte et maire de Vernon........... 28 novembre 1759

DE MORDANT DE MASSIAC et D'HÉRICOURT (confirmation de noblesse). — .... 19 avril..... 1760

LE PELLETIER — (Jean), conseiller auditeur. — *D'argent, à la fasce d'azur, chargée de trois besants d'or*........... 23 février .. 1761

DE LA ROCHE — (Jean-Joseph), écuyer, sieur de Porteville ; et François-Michel, son frère, Ecuyer, cornette au régiment de Toustain. .... 18 juin...... 1761

OUTREQUIN — (Pierre), directeur général des plans et embellissements de Paris. — *D'argent, à cinq loutres de sable posées 3 et 2.* 1761

LUCAS — (Pierre-Robert), prêtre-chanoine; et Nicolas-Jean, seigneur de Droisy............................ 19 février... 1762

LE CAT — (Claude-Nicolas), docteur en médecine, chirurgien en chef de l'Hôtel-Dieu de Rouen.............. 11 mars 1762

GRAVELLE DE FONTAINE — (Jacques), notaire-secrétaire en la cour. .... 31 mars 1762

THIBOULT DE BÉRIGNY — (Louis-François)................. 26 février... 1763

HERSENT DE BOISMOREL (Jean)....................... 13 août..... 1763

HERSENT DE BOISSALLE — (Charles-François).............. 13 août..... 1763

HERSENT DE BOIS-ROBERT — (Louis-François-Charles)...... 13 août..... 1763

HAMARE DE LA BORDE — (Jean-Julien), greffier en la cour des aides.................................... 9 septembre 1763

DE THOURY — (Jean-Jacques-Pierre); Jean-Julien, sieur de la Corderie; Jacques-Louis, sieur de la Duverie (confirmation et maintenue de noblesse, et, en tant que de besoin, d'anoblissement)................. 5 avril...... 1764

MASSIF — (Thomas), conseiller auditeur en la cour. — *D'azur, à la muraille crénelée de quatre pièces, d'argent, maçonnée sable*.................................... 5 juillet..... 1764

BEAUCHEF DE VALJOUAS — conseiller correcteur........... 28 juillet... 1764

CORDOUEN — (Georges-François), conseiller auditeur. —........ 26 avril..... 1766

PAVIOT DE SAINT-AUBIN — président.................... 5 mai....... 1766

HURARD DE BEQUIGNY — (Jacques-Philippe-Pierre), conseiller maître .... 14 mai...... 1766

RIOULT — (Isaye-Louis), sieur de Villaunay ; et Pierre-Paul-Philippe, sieur de Boishébert. (Confirmation)..... 24 juillet ... 1766

D'APRES DE BLANGY DE MANNEVILLETTE — (Jean-Baptiste-Nicolas-Denis) .... 31 juillet ... 1766

DUVAL — (Laurent-Robert), sieur de Langrune, trésorier de France à Rouen............................. 31 juillet ... 1766

LE CARPENTIER DU MESNIL — (Jérémie-Michel), conseiller correcteur .... 8 août...... 1766

PICQUET — (Henri-Philippe), élu de Gisors................. 6 septembre 1766

GIRAULT — (André), conseiller auditeur................... 26 septembre 1766

BRUNET DE MANNETOT — (Jean-Baptiste-Rémi), porte-drapeau des mousquetaires. — *D'azur, à trois croissants d'argent, adossés, mal ordonnés, et celui du milieu entrelacé, accostés de deux étoiles d'or, et surmontés d'un soleil du même*.................................. 20 novembre 1766

RICOEUR DE BAMONT — (Jean), ancien capitaine d'infanterie. 7 juillet.... 1767

LANGLOIS — (Charles-François), lieutenant général du bailliage de Gisors............................... 23 janvier... 1768

CARRIÉ DU GRAVIER — (Robert-Hector-Joseph), mestre de camp.. 27 février ... 1768

GRENIER D'ERNEMONT — (François-Guillaume-Auguste). — *De gueules, à trois épis de blé d'or, posés en pal, l'un à côté de l'autre ; et un chef aussi d'or, chargé de trois étoiles d'azur*................................. 12 mars.... 1768

LE MYRE — (Jean-Jacques), conseiller maître en la cour...... 26 septembre 1768

DE LA MARTINIÈRE — (Jean-Baptiste-Alexandre), conseiller correcteur en la cour........................... 27 septembre 1768

CABOT — (Pierre-Alexis-Madeleine), sieur de Cailletot, conseiller en la cour................................ 29 septembre 1768

DES HAIES DE LA RADIÈRE — (Louis-Jean), mestre de camp. — *De gueules, à un lion d'or, rampant et armé d'une épée d'argent*................................. 15 janvier.. 1796

AUGIER D'ANGERVILLE — conseiller auditeur en la cour.... 24 février... 1769

D'ESPAIGNE— (Philippe-Louis-Hervé), sieur de Bostenay, conseiller maître en la cour........................ 31 mai...... 1769

BEAUCHEF — (François-Pierre-Jean-Baptiste), conseiller maître en la cour.............................. 22 juillet.... 1769

FILLEUL — (Jean-Jacques-Michel), trésorier de France au bureau des finances de Caen...................... 28 juillet.... 1769

FOUET DE LONGPRÉ — conseiller maître................. 13 janvier... 1770

DE LA HOUSSAYE DE SAINT-VICTOR — (Louis-Alexandre-André), lieutenant général de l'Amirauté de France au siège de Dieppe. — *D'argent, à un houx de sinople arraché, et accompagné de trois molettes de sable, posées en chef* .... 28 mars 1770

GIBERT — notaire secrétaire de la cour .... 18 août 1770

DU BOIS DE FREVENT — (Alexandre-Jacques), brigadier des chevau-légers. .... 21 janvier .. 1771

AUVRAY DU MANOIR — conseiller auditeur .... 7 février 1771

GAVRAY — (Christophe-Robert et Antoine), originaires d'Irlande, demeurant à Rouen (reconnaissance de noblesse accordée par le Roi) .... 26 février ... 1771

PECQUET — conseiller auditeur .... 8 mai 1771

TRIPIER DE LA FRENAYE — conseiller auditeur .... 12 juin 1771

HOLKER — (Jean) [d'origine anglaise] .... 14 août 1775

LE VAVASSEUR — (Pierre-Jacques-Amable), premier échevin de Rouen. — *D'azur, au chevron d'argent, accompagné de trois étoiles du même* .... 8 juillet.... 1776

MOREL — (Charles-François-Adrien) [reconnaissance de noblesse] .... 20 juillet.... 1776

LE BOURGUIGNON — (Constantin) .... 16 novembre 1776

DE LA MORINIÈRE (Pierre-Christy) .... 20 janvier... 1777

DUPERRÉ DE LISLE — avocat du roi au présidial de Caen.... 23 janvier... 1777

BILLARD — (Romain-André), porte-étendard des gardes du corps du roi. — *D'azur, au chevron d'argent, accompagné de trois molettes du même, 2 et 1* .... 19 mars..... 1777

DE BELLE-ÉTOILE DU MOTET — (Gilles), chevalier de Saint-Louis, sous-brigadier des gardes du corps........ 17 juin..... 1777

FERGEANT — conseiller auditeur en la cour................. 21 mars..... 1778

BIGNON DE MONCEAUX — (Jacques-Claude), lieutenant-colonel de cavalerie................................. 23 mars..... 1778

ESMONT — (Jean-François), mestre de camp de cavalerie.... 27 mars 1778

DRUDES DE CAMPAGNOLLES — (confirmation de noblesse)... 13 mars 1779

LE SUEUR DE LA BRETONNIÈRE — (Jean). — *D'azur, au chevron d'argent, accompagné en chef de deux croissants de même, et en pointe d'une rose aussi d'argent*........ 15 mars..... 1779

COURAYE DU PARC — (François-Léonor), vicomte de Granville. 14 mai 1779

LE MÉTAIS — (Catherine-Thérèse) [maintenue de noblesse]...... 20 septembre 1779

DE LA COUR — procureur du roi au bureau des finances de Rouen. — .... 20 décembre 1779

BIGNON DU FRESNE — (René-Barbe) .... 14 février... 1780

COURADIN (Pierre-Laurent-Séraphin), Chevalier de Saint-Louis. 7 mars..... 1780

DE LA HAYE D'ANGLEMONT — (Jean-Baptiste-Henri). — *D'argent, au sautoir d'azur, accompagné de quatre lions naissants de gueules* .... 14 août 1780

DE NEUFBOURG — (François-Crespin), trésorier de France à Caen. — *D'argent, à dix annelets de gueules, 4, 3, 2, 1* .... 19 décembre 1780

QUILLET — (Louis), sieur de Fontaine et de Launay ; et Jean-François, sieur de la Martinière, son neveu ...... 5 février 1781

DU FRESNE — (Jean-Gabriel-Marc), trésorier de France à Caen. 14 février ... 1781

COLLIBEAUX — (Jean-André), sieur de Beaulieu (confirmation de noblesse) .... 16 juillet ... 1781

DE CHAMBON — (Alexandre), garde du corps du Roi .... 12 avril 1782

LE BRUN — (Gilles-Jean-Marie), sieur de la Franquerie ...... 26 septembre 1782

DE GOUVILLE DE BRETTEVILLE — (Thomas-Louis-Anne-Alexandre), gendarme du Roi .... 19 février ... 1783

CHARLES — (Jérôme-François-Marin), bailli et subdélégué en la ville d'Eu .... 9 juillet 1783

DESLANDES — (Nicolas), avocat au Parlement, armateur au port de Granville .... 6 août 1783

BRISSET — (Eustache-Gérard-François) .... 2 avril 1784

BOTTEREAU — (Jacques-Philippe-Louis, et Jean-Alexandre) ..... 9 août 1784

DE PIEDOUE — (confirmation de noblesse pour plusieurs membres de la famille) .... 7 mars 1785

BRINON — frères (lettres de relief de dérogeance) .... 19 avril 1785

LE CHERON D'ÉPREVILLE — (lettres d'honneur de conseiller maître) .... 26 septembre 1785

LE CONTEREY — (Richard-Lallemand) [lettres d'honneur de Trésorier de France] .... 28 septembre 1785

JUHEL DE LA NORLIÈRE — (Charles-Claude) [lettres d'honneur de Trésorier de France] .... 28 septembre 1785

LE PECQ DE LA CLOTURE .... 11 janvier .. 1786

DE VADIÇOURT — (Philippe-Louis-Maximilien-François) .... 24 juillet 1786

DE BROSSARD — (Charles-Édouard et Amédée-Hippolyte) [maintenue de noblesse] .... 11 août 1787

HUILLARD D'AIGNEAUX .... 12 août 1787

BERNAGE — (Jean-Frédéric), commis depuis trente ans au département des affaires étrangères et garde des Archives du Conseil de la Reine .... 13 août 1787

LAMANDÉ — (François-Laurent), ingénieur en chef des Ports et Ponts et Chaussées .... 18 décembre 1787

VIEL DE LA GRAVERIE — gendarme de la Garde ordinaire du Roi .... 17 janvier .. 1788

BOURDON DU POMMERET — gendarme de la Garde ordinaire du Roi. — *D'argent, à trois bourdons de pèlerin de gueules* .... 17 janvier .. 1788

BERTHELOT DE MEZERAY — (Charles-François-Henri) .... 15 février ... 1788

LEFEBVRE — (Élie et Charles-Antoine)anciens échevins de Rouen 20 janvier .. 1789

DES PLANQUES DE LA RAMÉE. — *D'azur, à une croix d'or, cantonnée de quatre pigeons du même* 1789

OURSEL — (Jean-Baptiste-Georges), sieur des Marettes ...... 26 avril 1790

FAURE — (du Havre) ex-membre du corps législatif .... 26 août 1814

FOURNIER DE LA POMMERAYE .... 6 septembre. 1814

HARDY DE LA LARGÈRE, et ses trois fils .... 9 novembre.. 1814

HURTREL D'ARBOVAL .... 6 décembre.. 1814

LE DANOIS DE LA SOISIÈRE — député de l'Eure 1814

LE HUREY — sous-préfet d'Avranches .... 22 janvier .. 1815

LE MENGNONNET — maire de Granville .... 22 janvier .. 1815

LE ROND — président du tribunal de commerce de Granville. 22 janvier .. 1815

GILBERT DE GOURVILLE .... 7 mars 1815

DE LA CROIX — garde du corps .... 7 mars 1815

FRÉMIN DU MESNIL 1815

L'ÉPRON DE LA HORIE ET DE LA FOSSARDIÈRE 1815

HUGON 1815

BACHELIER DE MONCEAUX — ex-garde du corps 1816

CARUEL DE SAINT-MARTIN — maire de Chesnay 1816

DAVOIS — officier de la garde nationale à Rouen 1816

DU BISSON — adjoint au maire de Caen 1816

LANON DE LA RENAUDIÈRE — président à Vire 1816

LE TESSIER DE COULONGES 1816

RIOULT DE VILLESAUDRAIN 1816

VAUDICHON 1816

THOMAS DES CHESNES — porte-manteau du Roi 1817

MARTIN DE LA PORTE 1817

LE BARROIS (Samuel) — juge à Dieppe 1817

DE VIEFVILLE DES ESSARTS 1818

DOBICHE DE LOMONT — maire d'Onville 1818

DE JANZÉ — ancien avocat. — [Créé Comte depuis] 1818

FRIGOULT DE LIESVILLE — maire d'Houesville .... 6 juin 1819

DE MAINVILLE 1819

FOUBERT DE BIZY — officier de la garde nationale 1819

BAROIS D'ORGEVAL — gentilhomme servant 1819

BOUILLON — ancien maire de Mortain.......................... 1819
DE LA LANDE — maire d'Yvetot..... 1820
DE LA LONDE — adjoint au maire de Caen.................... 1821
BOSCARY DE ROMAINE et DE VILLEPLAINE............... 1821
ADAM — président du tribunal de Rouen...................... 1824
LE NOIR DE CHANTELOU... 1825
DE QUILLEBEUF — juge au tribunal civil de Rouen............ 1824
LAIGRE DE GRAINVILLE — anobli et son fils créé Baron...... 1827
DU QUESNE — [maintenu dans le titre de Comte.]............... 1830

LISTE

DES

GENTILSHOMMES NORMANDS

QUI ONT PRIS PART AUX CROISADES

1096 — 1290

ALBON (André d').
ANFERNET (Jourdain d').
ANGLE (Raoul de l').
ANTHENAISE (Geoffroy d').
AUMONT (Jean d').
AUNOY (Guillaume d').
ANGERVILLE (d').
ARDRES (baron Arnoul d').
ARGOUGES (Guillaume d').
AVENEL (Robert).

BARRES (Guillaume des).
BEAUVAIS (Renaud de).
BEC-CRESPIN (Guillaume du).
BELESME (Rotrou de).
BUAT (Payen et Hugues du).
BURES (Guillaume de).
BRIQUEVILLE (Guillaume de).
BRUCOURT (Jean de).
BELLEVILLE (J. de).
BAILLEUL (Garin, Jean et Enguerrand, de).

CARBONNEL (Guillaume, Richard, Huc et Jean de).
CHASTENAY (Jean et Gauthier de).
CHAUMONT-QUITRY (Hugues de).
CHOISEUL (Roger de).
COURCY (Robert de).

DAMPIERRE (Archambaud de).
DREUX (Robert de).

ESCOTAIS (Thibault des).
ESPINAY (Colin d').
ESTOUTEVILLE (Osmond d').
EU (Henri, Comte d').

FAUTEREAU (Thibault de).
FONTAINES (Pierre de).

GUITON (Robert de).
GOURNAY (Gérard, seigneur de).
GROUCHY (Henry de).
GUERNON (Roger de).
GRÉSILLE (Nicolas de).

HARCOURT (Richard d').
HOUDETOT (Jean et Colard de).
JUPILLES (Raoul de).
JUPILLES (Gauthier de), et son fils.
LORGERIL (Alain de).
MALART (Robert).
MALET (Jean), Sire de Graville.
MALEVILLE (Hugues de).
MALORTIE (Guillaume et Guichard de).
MARGARIT ou MARGUERYE (de).
MATHAN (Jean de).
MERLE (Foulques du).
MESNIL-ADELÉE (du).
MONTAGU (Guérin de).
MONTAIGU (Pierre de).
MONTFORT-SUR-RILLE (Robert de).
MONTGOMMERY (Philippe de).
MONTREDON (Eléazar de).
MOULINS (Roger des).
NOS (Roland des).
ORGLANDE (Foulques d').
OSMOND (Jean d').
PAYEN (Thibault).
RONQUEROLLES (Eudes de).
ROTROU (Comte du Perche, cadet des Comtes d'Alençon).
ROTOURS (Guillaume des).
SAINTE-MARIE (Colard de).
SAINT-VALERY (Gauthier de).
SESMAISONS (Henri de).
SOURDEVAL (Robert de).
SENS (N..... Le).
TAILLEPIED (Thomas de).
TILLY (Raoul de).
TORCY (Ithier de).
TOURNEBU (Gui de).
TRIE (Guillaume de).
VICONTE (Macé Le).
VIEUX-PONT (Robert de).
VILLERS (Hugues de).

LISTE

GENTILSHOMMES NORMANDS

QUI ONT FAIT LEURS PREUVES DE COUR

POUR MONTER DANS LES CARROSSES DU ROI

ACRES DE L'AIGLE (le comte et le vicomte des).

AGOULT (le vicomte et la comtesse d').

AGOULT (le baron et le chevalier Vincent d').

ALBON (le marquis et le comte d').

ALLONVILLE (le comte et le baron d').

AMPHERNET DE PONT-BELLANGER (le marquis et le comte).

ANGERVILLE (le comte d').

ANNEVILLE DE CHIFFREVAST (le vicomte d').

ARDOUVILLE (le marquis d').

ARCY (le marquis Gouy d').

ARGENTRÉ (d').

ARGOUGES (le chevalier d').

AUVET ou DAUVET (le marquis, le comte et le vicomte d').

BALIVIÈRE (le marquis Le Cornu de).

BALLEROY (le marquis La Cour de).

BARRIN DE LA GALISSONNIÈRE (le comte).

BEAUNE (Montagut de).

BELLOY (le comte de).

BÉON (le comte La Palu de).

BÉRENGER (de).

BEUZEVILLE (la comtesse de la Luzerne de).

BEUZEVILLE (de).

BLANGY (le comte de).

BOIS-D'AIZY (le baron du).

BOISDENEMETZ (le marquis et le comte de).

BOISGELIN (le comte de).

BOUZOLS (le marquis Montagu de).

BRAQUE (mademoiselle de).

BRIFFE (le comte de la).

BRIQUEVILLE (le vicomte de la Luzerne de).

BROGLIE (le duc de), et plusieurs de ses parents).

BROSSARD (le marquis de).

BOIS-BAUDRY (le comte du).

BEAUREPAIRE (le comte de).

BLOSSEVILLE (le marquis Poret de).

CANISY (le comte Carbonnel de).

CARBONNIÈRES (le vicomte de).

CHAMBRAY (le vicomte de).

CHARLEVAL (Faulcon de Rys de).

CLINCHAMP (le marquis de).

COIGNY (le duc Franquetot de).

COIGNY DE ROISEY (le comte et la comtesse de).

COLBERT DE MAULEVRIER (le comte et le chevalier).

COLBERT DE CROISY (le comte).

COURTOMER-SAINT-SIMON (de).

CROISMARE (le comte de).

COULLIBEUF DE BLOCQUEVILLE.

CHAUMONT-QUITRY (le marquis de).

DREUX-BRÉZÉ (le marquis de).

ESCORCHES DE SAINTE-CROIX (le comte d').

ESPINAY SAINT-LUC (le marquis de).

ESTAMPES (le comte d').

FERRIÈRE (le chevalier de la).

FITZ-JAMES (le duc et le marquis de).

FOLLEVILLE (de).

FONTETTE DE SOMMERY (le comte de).

GAUVILLE (le comte et le chevalier de).

GEOFFREVILLE (Le Danois de).

GRANT DE VAUX (le vicomte).

GROUCHY (le marquis de).

GUERPEL (le comte de).

HALLAY (le comte du).
HARAMBURE (le baron de).
HARCOURT (le duc et le marquis de).
HARENC DE GAUVILLE (le baron).
HAUTEFEUILLE (le vicomte Texier d').
HOUDETOT (le marquis et le vicomte d').
HERBOUVILLE (le comte d').
HAUSSAY (du).
HAYE (de la).

JOYEUSE (le marquis et le comte de).

LANDREVILLE (le comte de).
LIGNEVILLE (la comtesse de).
LINIÈRES (le marquis et le comte des Essars de).
LUZERNE (le vicomte et le chevalier de la).

MAILLEBOIS (le comte Desmarets de).
MARBŒUF (le marquis Aché de).
MARGUERIE (le comte et le chevalier de).
MÉRINVILLE (le comte des Moutiers de).
MERLE (le comte et le baron du).
MESNIL (le marquis du).
MOGES (le comte et le vicomte de).
MONTAIGU (le marquis de).
MONTAULT (le comte de).
MONTCHENU (le chevalier de).
MONTÉCOT (le comte de).
MORANT (le marquis de).
MOUSTIER (le marquis et le chevalier de).
MALHERBE (le vicomte de).
MARES DE GRINVILLE (des).
MOISSON DE PRÉCORBIN.
MOY (le vicomte de).

NÉEL (le comte de).
NONANT (le comte de), marquis de Pierrecourt.

O (le comte d').
OILLIAMSON (le comte d').
OSMOND (le marquis et le comte d').

PARC DE BARVILLE (le comte du).
PARDIEU (le marquis et le comte de).
PIERREPONT (le comte de).
PLESSIS D'ARGENTRÉ (le marquis du).
PONTAVICE (le marquis de).
PELLELIN DE GAUVILLE (le).
PELLEVÉ (le marquis de).
PUYSAIE (de).
PORET (de).
PONTÉCOULANT (le comte Le Doulcet de).

RAFFETOT (de).
RONCHEROLLES (le comte de).
ROUILLÉ (le chevalier de).
RUPIERRE (le chevalier de).
RIVIÈRE-PRÉDAUGE (le comte de la).
RIVIÈRE (le marquis de la).

SAINTE-CROIX (le comte de).
SAINT-GERMAIN (le marquis de).
SAINTE-MARIE (la marquise de).
SESMAISONS (le comte de).
SUZE (le marquis Chamillart de la).

TAILLEFER (le comte de).
TILLIÈRES (le marquis Le Veneur de).
TILLY-BLARU (le marquis et le comte de).
TOUSTAIN DE LIMEZY (le comte de).
TOUSTAIN DE RICHEBOURG (le vicomte).

VASSY (de).
VIEUVILLE (le marquis de la).
VAUBOREL (le marquis de).
VIEILMAISONS (de).

ADDITIONS ET CORRECTIONS

POUR LES DEUX VOLUMES
DU NOBILIAIRE DE NORMANDIE

TOME PREMIER.

PREMIÈRE PARTIE.

Page 2, *au lieu de* : Adreci, *lisez* : Arcy (d').

Page 3, *au lieu de* : Bec (du) Geoffroi et Toussaint, *lisez* : Toustain.

Page 4, *au lieu de* : Géroud, *lisez* : Guéroult.

Page 4, ligne 24, *ajoutez* : Guiton (Raoul.)

Page 7, ligne 18, *au lieu de* : le sieur d'Aussay, *lisez* : d'Auxy.

Page 10, *au lieu de* : Achard, sieur de Hautenoe, *lisez* : sieur des Hautes-Noës; puis, d'après un manuscrit de la bibliothèque de l'Arsenal, portant le n° 743, *ajoutez* : ACHARD DE BONVOULOIR, et ACHARD, sieur du PAS DE LA VENTE, maintenus en 1666.

Page 10, *au lieu de* : Adam, sieur d'Arville, *lisez* : d'Orville.

Page 10, *au lieu de* : Agies, *lisez* : Agis.

Page 10, *au lieu de* : Aligard, *lisez* : Adigard.

Page 12, Art. Aufray, *au lieu de* : sieur du Mesnil, *lisez* : sieur du Mesnil-Germain.

Page 13, *au lieu de* : d'Archais, *lisez* : d'Arclais.

Page 15, *au lieu de* : d'Auvray, *lisez* : d'Auray.

Page 22, Art. Bernard, *au lieu de* : sieur de Masigny, *lisez* : Marigny.

Page 27, Art. Bonnet, *au lieu de* : sieur de Néausche, *lisez* : Néauphle.

Page 28, Art. Bordeaux, *au lieu de* : De gueules, au lion d'argent, *lisez* : au griffon d'or.

Page 32, après l'Art. Brecey, *ajoutez* :

> BRÉCOURT (Lenez de Cotty de) Ecuyer, Seigneur du Buisson, du Mesnil Péan, du Bosc-Bérenger, Généralité de Rouen, maintenu en 1701 : *D'azur, au lion d'argent armé et lampassé de gueules; au chef cousu de gueules, chargé de trois étoiles d'or.*

Page 34, Art. Brosses (des), *au lieu de* : Baron du Boulet, Banteleu, etc.., *lisez* : du Goulet, Bastigny, etc...

Page 37, Art. Cairon, *au lieu de* : sieur de Garande, *lisez* : de la Varende.

Page 43, Art. Chartier (le), sieur du Mesnil, etc..., *ajoutez* : maintenu en 1666.

Page 46, Art. Clermont-Tonnerre, *au lieu de* : d'azur, à deux clefs, etc., *lisez* : de gueules.

Page 47, Art. Colas, *au lieu de* : à la givre issante, *lisez* : halissante.

Page 49, Art. Cornu, *au lieu de* : sieur de la Bressière, *lisez* : de la Boissière.

Page 50, Art. Coucspel, *au lieu de* : sieur des Bruers, *lisez* : sieur des Brières.

Page 50, Ars. Coullibouf, *au lieu de* : Marteaux, *lisez* : Morteaux.

Page 50, Art. Cour (de la), *au lieu de ce qu'il y a*, *lisez* : Court (le), Ecuyer, sieur de Froidebise : *D'azur, à une aigle à deux têtes, d'or.*

Page 51, ligne 10, Art. Cour (la), *au lieu de* : sieur de Saint-Mallat, *lisez* : de Maltôt.

Page 51, Art. Cousin, *au lieu de* : sieur de la Ruvère, *lisez* : de la Rivière; au lieu de : d'azur, à trois molettes, *lisez* : d'azur, à un chevron d'argent, accompagné de trois molettes.

Page 54, Art. Daniel, sieur de Moult, de Grangues, etc..., *voyez* les armes page 667 de la deuxième partie.

Page 55, *au lieu de* : Derneville, *lisez* : d'Erneville.

Page 56, *au lieu de* : Dieuvavant, *lisez* : Dieuavant.

Page 56, *au lieu de* : Dorvant, *lisez* : Dornant.

Page 56, *au lieu de* : Dozouville, *lisez* : d'Ozouville,

Page 58, *remplacez* les deux articles Erard-le-Gris par ceux-ci :

ERARD LE-GRIS — Ecuyer, Sieur d'Eschauffou , Baron de Montreuil-l'Argillé, Seigneur d'Erarville et du Jardin, Généralité d'Alençon, maintenu le 9 janvier 1666 : *Parti au 1er, d'azur, à trois pieds de griffon d'or, perchés sur un tronc d'argent*, qui est d'ERARD ; *au 2e, de gueules, à une fasce d'or*, qui est de LE GRIS.

ERARD — Baron et Seigneur de Ray, de Chamboy, d'Hellenvillers, des Ventes, de Bretel, du Mesnil-Guyon, etc..., *D'azur, à trois pieds de griffon d'or, perchés chacun sur un tronc d'argent*.

Page 58, Art. Escorches de Sainte-Croix, la bande d'azur, des armoiries, est chargée de trois besants d'or.

Page 60, Art. Eudes, *au lieu de* : Sieur de Soqueville, *lisez* : de Sotteville.

Page 63, Art. Ferrières (des), *lisez* : de Ferrières.

Page 65, Art. Forestier (le), *au lieu de* : Sieur de Milley, *lisez* : de Milly.

Page 67, Art. Four (du), Sieur de Courgeron, de la Thuiserie, *lisez* : de la Thuillerie.

Page 68, Art. Fribois, à la dernière ligne, *au lieu de* : la troisième d'or, *lisez* : la troisième d'une.

Page 69, *au lieu de* : Gaillard le Bois, *lisez* : Gaillardbois.

Page 70, Art. Gardeur (le), *au lieu de* : Sieur d'Amblée, *lisez* : d'Amblie.

Page 71, Art. Gaultier, sieur de Chiffreville, de Basille, etc., *lisez* : de Saint-Basile.

Page 71, après l'article Gigault, *ajoutez* :

GILLEBERT — Ecuyer, Sieur de la Jaminière, Election de Domfront, maintenu en 1666 : *D'azur, à une croix d'argent engrêlée et cantonnée de quatre croissants d'or*

Page 76, Art. Grésilles (de), *ajoutez* les armes : *D'argent, au chevron d'azur, accompagné de deux étoiles de gueules en chef et d'une rose de même en pointe*.

Page 80, Art. Hais (des), Sieur de la Cauvinière, *ajoutez* : de Forval.

Page 82, Art. Haussaye, *lisez* : Haussay (de).

Page 83, ligne 6, Hays (des), *lisez* : Hays (du) ; *au lieu de* : trois lances, *lisez* : trois épieux.

Page 83, Art. Hémery, armes : De sable, etc..., *au lieu de* : cinq croissants, *lisez* : cinq étoiles.

Page 84, Art. Héron (de), maintenu le 8 juillet, *ajoutez* : 1667.

Page 87, Art. Huet, *au lieu de* : Sieur de Montbrun, *lisez* : d'Ambrun.

Page 90, Art. Lambert, Sieur de Fresne, les armes doivent être ainsi blasonnées : *De gueules, au chevron d'or, accompagné en chef de deux croissants d'argent et en pointe d'un chêne arraché d'or*.

Page 99, Art. Mangon, Sieur de Houquet, *lisez* : du Houquet ; *au lieu de* : d'argent, au chevron, etc..., *lisez* : d'or.

Page 101, Art. Mareschal, ligne 20, *au lieu de* : trois roses de même, *lisez* : trois roses d'argent.

Page 102, Art. Mariouse (de la), les armes doivent être ainsi rectifiées : *D'azur, à la fasce ondée d'argent, accostée de trois losanges d'or*.

Page 108, Art. de Moges, *au lieu de* : Sieur de Carmerie, *lisez* : de la Cormeraye.

Page 112, *au lieu de* : des Moustis : *lisez* Moutis.

Page 114, Art. Nollet, *au lieu de* : Sieur de Malnoue, *lisez* : de Maivoue.

Page 115, Oilliamson, *lisez* : Oilliamson.

Page 117, Art. Payen, *au lieu de* : Sieur de Galanerie, *lisez* : de la Garanderie.

Page 118, *au lieu de* : Porier, Sieur du Buisson, *lisez* : des Perriers.

Page 122, *au lieu de* : Poigneur (le), *lisez* : Pongueur (le).

Page 129, Art. Robillard, Sieur de Saint-Ouen, de Beaurepaire, etc., *supprimez* : de Beaurepaire.

Page 130, Art. La Roque, Sieur du Menilbert, *lisez* : du Mœnillet.

Page 130, Art. Rouault, *lisez* : Ruault.

Page 143, Art. Toustain, Sieur de Fallot, *lisez* : de Fultot.

Page 144, Val (du), Sieur de Manneville, *ajoutez* : de Coupeauville, des Brières, etc...

Page 150, ligne 21, *au lieu de* : d'Abot, *lisez* : d'Arot.

Page 161, ligne 18, *au lieu de* : des Ganteries, *lisez* : des Gauteries.

Page 164, ligne 19, *au lieu* : de Rouville, *lisez* : d'Erouville.

Page 170, col. 1, ligne 12, *au lieu de* : de Blangny, *lisez* : de Blangy.

Page 170, col. 2, ligne 33, *au lieu de* : de Banville, *lisez* : de Barville.

Page 173, col. 2, ligne 27, *au lieu de* : de Canivel, *lisez* : de Canivet.

Page 174, col. 1, ligne 5, *au lieu de* : de Grimont, *lisez* : de Grimoult.

Page 175, ligne 1, même correction.

Page 175, col. 1, ligne 46, *au lieu de* : Seran de la Cour, *lisez* : de la Tour.

Page 178, col. 2, ligne 3, *au lieu de* : des Hays, *lisez* : du Hays; ligne 17, *au lieu* : des Moutis, *lisez* : des Moutis; ligne 18, *au lieu de* : Hiver, *lisez* : Yver.

Page 179, col. 1, ligne 7, *au lieu de* : Morel de Cursis, *lisez* : de Courcy.

Page 181, col. 1, ligne 19, *au lieu de* : Gilbert, *lisez* : Gillebert; col. 2, ligne 31, *au lieu de* : le Tessior, *lisez* : le Fessier.

Page 182, col. 1, ligne 38, *au lieu de* : Saint-Aignan d'Anquaize, *lisez* : d'Augaize.

Page 184, col. 1, ligne 9, *au lieu de* : Planterote, *lisez* : Planterose; ligne 27, *au lieu de* : Guyot d'Etatteville, *lisez* : d'Etalleville.

Page 184, col. 1, ligne 27, *au lieu de* : d'Arnouville, *lisez* : d'Amonville.

Page 185, col. 2, ligne 1, *au lieu de* : des Clavelles, *lisez* : d'Esclavelles.

Page 189, col. 1, ligne 40, *au lieu de* : de Manville, *lisez* : d'Emianville.

Page 191, col. 1, ligne 3, *au lieu de* : Choiseul, *lisez* : Choisnes; ligne 15, *au lieu de* : de Cacron, *lisez* : de Catron.

Page 192, col. 1, ligne 16, *au lieu de* : Quenet, *lisez* : Guenet.

Page 193, col. 1, ligne 45, *au lieu de* : Chemard, *lisez* : Chesnard; col. 2, ligne 1, *au lieu de* : d'Aumey, *lisez* : d'Aubry.

Page 194, col. 2, ligne 22, *au lieu de* : de Russay, *lisez* : Ruffay.

Page 195, col. 1, ligne 36, *au lieu de* : d'Ostranville, *lisez* : d'Offranville.

Page 196, col. 1, ligne 23, *au lieu de* : Rogefroy, *lisez* : Bosegeffroy; col. 2, ligne 25, *au lieu de* : Croustel, *lisez* : Croutelles.

DEUXIÈME PARTIE.

DE BREBISSON. — Page 17, ligne 21, *ajoutez* : Eugénie, au nom de Marie.

DE SAINTE-MARIE. — Page 37, à la notice que nous avons publiée, *ajoutez* : ligne 29, que son nom figure dans une des salles des Croisades du musée de Versailles et sur la liste des compagnons de Guillaume le Conquérant, qui a été placée l'année dernière dans l'église de Dives.

DE GUITON. — Page 161, ligne 34, *au lieu de* : IX*, *lisez* : VIII*.

Page 165, ligne 10, *au lieu de* : Il eut pour fils, *lisez* : frère.

Page 166, ligne 34, *au lieu de* : 14 juin, *lisez* : 14 janvier.

DE CAHOUET. — Page 218, ligne 11; Claude-Gaspard, n'est pas le fils de Marc-Louis, mais bien son jeune frère; ils étaient fils de noble homme Pierre, habitant Saumur, ainsi que le constate un acte de partage du 25 juin 1787.

Le chef actuel de la famille, de son mariage avec mademoiselle de BOURGNEUF, a les trois enfants ci-après : 1° Ernestine, née le 23 janvier 1848; 2° Léon, né en 1850; et 3° Ernest, né le 12 janvier 1860.

LE CHARTIER. — Page 260, ligne 4, après Alain CHARTIER, *lisez* : vivant au XI° siècle; il avait épousé Tiphaine, fille d'Eudes de Châlo, et s'offrit pour accomplir le vœu que le roi Philippe I°, avait fait d'aller armé de pied en cap en pèlerinage à la Terre sainte. Cet Alain Chartier, fut exempté de tous subsides et sa postérité a joui de ce privilége jusqu'au règne d'Henri IV.

GAULTIER. — Page 301, ligne 18, mademoiselle GAULTIER DE CARVILLE, mariée en 1851 à Alfred Achard de Vacognes, n'est pas fille de Jacques-Charles, mais bien de Ange-Maurice, chef de la famille.

TARDIF. — Page 308, ligne 29, *au lieu de* : Boucelo, *lisez* : Boucelo; — page 312, ligne 12, *au lieu de* : 29 décembre 1666, *lisez* : 15 décembre 1670;—page 315, ligne 10, *au lieu de* : Frédéricque-Louis, *lisez* : Louise; — ligne 25, *au lieu de* : 1832, *lisez* : 1828; — au XII° degré, art. du chef de la famille, *ajoutez* après Capitaine d'artillerie : Officier de la Légion d'honneur, Mandarin de 2° classe, Général en chef dans les armées chinoises, commandant l'armée du Tché-Kiang, tué le 19 février 1863 au siége de Shao-Shing-Fou (Chine).

TOME SECOND.

DE TAILLEPIED. — Page 382, ligne 4, *au lieu de* : 4 septembre 1767, *lisez* : 15 février.

MANGON. — Page 394, au XI° degré, ligne 22, *ajoutez* : de ce mariage est issu : Alphonse-Louis-Guy MANGON DE LA LANDE, né à Roanne, le 14 novembre 1863.

DUVAL DE LESCAUDE. — Page 499, après le titre, *ajoutez* : Armes : *de gueules, à la bande d'argent.*

GRANDIN. — Page 552, nous avons dit à tort que la branche de Mansigny était éteinte; un représentant de cette branche habite encore aujourd'hui Avranches; il est fâcheux qu'il ne nous ait communiqué aucun document.

DE CROISMARE. — Page 563, *au lieu de* : d'un lion passant, cette famille porte pour cimier : une tête de léopard.

LE PRÉVOST. — Page 583, ligne 24, par inattention, l'ouvrier typographe a mis l'S du mot Seigneur au mot précédent.

TROISIÈME PARTIE.

DE BRÉAUTÉ. — Page 32, le représentant que nous avons désigné comme demeurant à Longueville, arrondissement de Dieppe, n'est pas de cette famille; son nom patronymique est SUSANNE (Voyez sa notice, page 189).

DE CAIRON. — A la courte notice que nous avons donnée page 43, *ajoutez* : En 1774, Alexandre-Anne-Augustin Gabriel, Chevalier de CAIRON, de Vaux-la-Campagne, diocèse de Seez, épousa demoiselle Marie-Madeleine-Louise-Gabrielle d'ESMALLEVILLE, fille du marquis de Panneville. — Le frère de M° d'Esmalleville étant décédé sans postérité, M°° DE CAIRON, comme fille aînée, hérita du marquisat de Panneville, créé par lettres patentes du mois de février 1725, en faveur des hoirs mâles et femelles de Robert-Vincent d'Esmalleville.

Le marquis DE CAIRON, chef de la maison, a plusieurs enfants de son mariage avec M¹¹ᵉ CAIGNART DE SAULCY. — La branche qui réside en basse Normandie, habite le château d'Amblie, auprès de Caen ; M. DE CAIRON D'AMBLIE a épousé une des filles du comte DAUGER.

DE CHAMPIGNY. — Page 48, ajoutez : Cette maison dont le nom patronymique est BOCHART, est originaire de Bourgogne et porte pour armes : *D'azur, à un croissant d'or abaissé sous une étoile du même.* Elle a fourni des Magistrats distingués et plusieurs de ses membres ont fait partie de la Maison des rois de France ; Guillaume Bochart, Ecuyer, seigneur de Noroi, était Gentilhomme servant du roi Charles VII. — Etienne BOCHART, seigneur de Saron, Conseiller au parlement de Paris, a épousé Jeanne-Philiberte CAMUS DE PONTCARRÉ, dont il eut : Jean-Baptiste, reçu Conseiller au parlement de Paris à la première chambre des enquêtes le 16 avril 1723, et Président à la même chambre le 20 janvier 1734 ; son fils, Jean-Baptiste-Gaspard, Chevalier, seigneur de Sarvy, était Président à mortier en 1755, et a épousé une demoiselle D'AGUESSEAU, de la famille du célèbre Chancelier de France ; de ce mariage est issu : N.... BOCHART, Marquis DE CHAMPIGNY, qui a comparu à l'assemblée de la noblesse du bailliage d'Evreux, en 1789. — Son petit-fils, Jean BOCHART, Marquis DE CHAMPIGNY, chef actuel de la famille, a épousé le 5 juin 1843, mademoiselle Louise-Victorine-Laure DE JAHAM DE COURCILLY, dont il a : Marie-Boniface-Michel-Victor Thibault-Conrad, né le 6 juin 1846.

DE CORNEILLE. — La notice que nous avons donnée page 62, de la 3ᵉ partie, doit être ainsi rectifiée par suite des documents que nous avons retrouvés.

ARMES : *D'azur, à la fasce d'argent, chargée de trois têtes de lion de gueules, accompagnée de trois molettes d'or.* — Supports : *deux Lévriers.* — Cimier : *un Casque orné de ses lambrequins.*

Cette famille, dont le nom est à la fois historique et national, a été anoblie par différentes charges et par lettres patentes accordées par Louis XIII, au mois de janvier 1637, à Pierre CORNEILLE, maître des eaux et forêts de la vicomté de Rouen et avocat du roi à la table de marbre ; il a épousé Marthe LE PESANT DE BOIS-GUILBERT, dont il eut plusieurs enfants, entre autres :

Pierre CORNEILLE (notre poëte immortel), né à Rouen, le 6 juin 1606. — L'auteur du *Cid* eut quatre fils et deux filles. L'aîné, Pierre, viendra plus loin ; le second était lieutenant de cavalerie et fut tué au siège de Grave ; le troisième, Charles CORNEILLE, mourut à l'âge de quinze ans, et le quatrième embrassa l'état ecclésiastique.

Pierre CORNEILLE (l'aîné), fut capitaine de cavalerie, et plus tard gentilhomme ordinaire du Roi, par quartier ; il est mort en 1698, laissant pour fils : Pierre-Alexis, né à Paris le 29 mars 1694, et marié en 1717 à demoiselle Bénigne LARMANNAT, issue d'une honorable famille du Nivernais. De ce mariage il eut plusieurs filles, dont une seule, Marie-Anne, a survécu, et deux fils : Pierre, mort en bas âge, et Claude-Etienne CORNEILLE, lequel entra comme cadet dans un régiment. S'il faut en croire une tradition de famille, un duel malheureux le contraignit à s'expatrier, et il se

rendit dans le Comtat-Venaissin, où il se maria avec Marie-Rose BÉREN-
GER, dont il eut : 1° Louis-Ambroise, né le 9 décembre 1756, qui, pendant
de longues années, a été receveur des contributions à Saint-Gilles (Gard) ;
2° Jeanne-Marie CORNEILLE, née le 21 juillet 1765 ; et 3° Jean-Baptiste-
Antoine, né le 17 janvier 1776.

Pierre-Alexis DE CORNEILLE, fils aîné de Louis-Ambroise, né à Carpen-
tras, le 23 janvier 1792, chef de nom et d'armes de cette famille, est actuellement Député au Corps législatif, chevalier de la Légion d'honneur,
membre de plusieurs sociétés savantes, etc. — M. de Corneille, après avoir
fait de solides études au Lycée de Marseille, fut nommé, en 1810, professeur de mathématiques au collège de Lorgues (Var), entra à l'École nor-
male supérieure de Paris en 1813, et devint successivement professeur
d'histoire au collège de Rouen, inspecteur de l'Académie de Poitiers en 1830,
et enfin inspecteur de l'Académie de Rouen depuis 1834 jusqu'en 1848,
époque à laquelle il demanda sa retraite. Il est député de la Seine-Inférieure
pour la troisième fois et habite sa terre de Maucomble, dans l'arrondissement de Neufchâtel. De son mariage avec mademoiselle Clarisse-Adèle
REMY-TAILLEFESSE (dont le père a été pendant plus de vingt cinq ans
Adjoint de la ville de Rouen), il a trois enfants :

1° Émilie Clarisse, née en 1822, mariée à M. Eugène RIOUT ;

2° Pierre-Remy, né en 1823, marié à mademoiselle Célina MOINET, dont il a
une fille ;

3° Auguste-Pierre, né en 1831, marié à mademoiselle Céline COUILLARD, dont il
a une fille, Jeanne-Marie, et un fils, Pierre-Eugène DE CORNEILLE.

GUILLARD. — Page 130, *au lieu de* : l'Epichellerie, *lisez* : l'Epichellière ; puis *ajoutez* :
Cette maison dont le nom s'est écrit indistinctement GUILLARD ou GUIL-
LART, a produit des Conseillers d'État, des Magistrats éminents, un Président au Parlement de Paris, un Premier Président au Parlement de Rennes, envoyé en ambassade à Rome, deux Évêques, des Officiers de divers
grades, etc. — Jean GUILLART, II° du nom, Écuyer, seigneur de l'Epichellière, de la Salle, etc..., reçut des lettres de confirmation de noblesse,
au mois de février 1404 ; de son mariage avec damoiselle Jeanne Laurens, il
eut deux fils : Charles, Chevalier, seigneur de l'Epichellière, de Vallon, de
Maigné, etc..., Conseiller au Parlement de Paris en 1482, auteur de la
branche des marquis d'Arcy, éteinte ; et Jean, auteur de la branche de Fresnay, qui a été Secrétaire du roi et auditeur des Comptes ; sa descendance a
produit plusieurs officiers distingués, entre autres : René GUILLART DE
FRESNAY, qui se trouva avec ses frères Philippe et Charles à la bataille de
Fontenoy ; elle habite le château de Montcorbeau, dans le Maine. Nous
avons donné les armes de cette famille, aux Maintenues de noblesse,
tome I°r. page 79.

DES HAYES. — Page 135, M. DES HAYES DE MARCÈRE (Émile-Louis Gustave),
ajoutez : a épousé le 4 janvier 1858, Mlle SIMONNOT DE SONGUIS, dont il
a un fils : Édouard-Louis-Yves, et une fille : Yvonne-Marie-Joséphine.

TABLE DES MATIÈRES

CONTENUES DANS LES DEUX VOLUMES

(Cet ouvrage est divisé en trois parties qui ont chacune une pagination distincte.)

TABLE

DES

NOTICES ET GÉNÉALOGIES

CONTENUES

DANS LES DEUX VOLUMES

DU NOBILIAIRE DE NORMANDIE

TABLE GÉNÉRALE

DES NOMS DE PERSONNES

CONTENUS

DANS LES DEUX VOLUMES

NOTA. — Notre ouvrage étant divisé en trois parties bien distinctes qui ont chacune une pagination spéciale, dans cette table :

a — indique la première partie,
b — indique la seconde,
c — indique la troisième.

Bois de Frevent (du), c, 224.

Bois d'Effre (le), a, 180.

Boisgervais (de), a, 178.

Boisgontier (de), b, 664.

Boishébert (de), a, 3 ; b, 45, 656 ; c, 181.

Boishébert de Raffetot (de), a, 194.

Bois-Joullain (du), b, 45.

Bois-Lamare (de), a, 193.

Bois-l'Evèque (de), a, 189.

Bois de Litry (du), a, 581, 173.

Bois-Maillard (du), a, 190.

Bois-Motté (du), c, 152.

Bois de Launay (du), a, 156.

Bois de Saint-Quentin (du), 237.

Bois-Tesselin (du), a, 174 ; b, 197.

Bois de Vaulaville (du), a, 172.

Boisdenemetz (de), a, 186 ; b, 677 ; c, 26, 229.

Boiscard (de), a, 193.

Boisguyon (de), a, 26.

Boislève de la Maurouzière, b, 599.

Boismillon (de), c, 23.

Boismillon-Montenay, a, 26.

Boismont (de), c, 89.

Boisnouvel (de), c, 122.

Boisroger (de), c, 59.

Boisroussel (de), b, 453.

Boissel, a, 3.

Boissel de Bréholles, c, 208.

Boisseret (de), b, 452.

Boissière (de la), b, 444.

Boistard de Prémagny, a, 186 ; c, 216.

Boistard de Glanville, b, 177, 226.

Boisville du Vernier (de), a, 183.

Boisvillette (de), c, 17.

Boisyvon (de), a, 26 ; b, 41, 69.

Bolhard (du), a, 196.

Bonardi (de), a, 184.

Bonchamps (de), a, 27, 175.

Bonde (de la), c, 206.

Bonenfant (de), a, 27, 170, 176.

Bonenfant de Magny (de), b, 640.

Bongars (de), a, 185 ; c, 45.

Bongars de Roquigny (de), c, 24.

Boniface (de), a, 27, 183.

Bonissent (de), a, 27 ; c, 55.

Bonissent de Bushy (de), b, 233.

Bonissent de Boisyvon (de), a, 186.

Bonnault (de), b, 378.

Bonnechose (de), c, 27, 186, 190, 193 ; b, 18 ; c, 25, 84, 86.

Bonnefonds (de), a, 170.

Bonnefoy (de), a, 27 ; c, 25.

Bonnegens des Ouches (de), b, 403 ; c, 107.

Bonnel (de), c, 213.

Bonnet (de), a, 187.

Bonnet de Mautry, a, 171, 174.

Bonnet de Monville, a, 171.

Bonnet de la Gravelle, a, 181.

Bonnet de Montgommery, b, 388.

Bonneval (de), b, 383, 657 ; c, 62.

Bonneville (de), a, 27, 191 ; c, 178.

Bonnières (de), a, 198.

Bonnieu (de), b, 282.

Bonvalet (de), a, 163.

Bonvouloir (de), a, 157 ; b, 173, 533.

Bonvoust (de), a, 27, 174, 178, 180 ; b, 182, 199, 282.

Boquencey (de), b, 519.

Bordes (de), a, 157, 160, 168 ; b, 351.

Bordes de Foligny (de), a, 159.

Bordes de Fontenay (de), a, 161.

Bordes de Beauchêne (des), a, 28.

Bordeaux (de), a, 28, 103 ; b, 63, 327, 411.

Borderie (de la), a, 176 ; c, 130.

Bordigny (de), a, 190.

Bordin (de), a, 179.

Bordinet (de), a, 180.

Borel (de), b, 505 ; c, 26.

Bormet de la Tour (de), a, 192.

Bos (du), a, 28 ; b, 550.

Bosc (du), a, 3, 28, 175 ; b, 260, 370, 646.

Bosc de Bourneuville (du), a, 186.

Bosc-Guérard (du), a, 183, 188 ; c, 221.

Bosc-Normand (du), a, 3.

Bosc de Radepont (du), a, 183 ; c, 45.

Bosc-Regnoult (du), c, 27.

Bosc de Vitermont (du), a, 184.

Boscary de Romaine, b, 668, c, 227.

Boscgeffroy (de), c, 126.

Bosctheroulde (de), c, 20.

Boucher (le), a, 152, 171.

Boucher-d'Hérouville (le), c, 28.

Boucher de la Boullaye (le), a, 171, 174.

Boucher d'Emiéville (le), a, 170.

Boucher de Folleville (du), c, 94.

Bouchet de Chaumont, c, 63.

Boudier de Codeville, a, 29, 156.

Boudier de la Valleinerie, a, 154 ; b, 528.

Boué de la Grange, c, 54.

Bouffay (de), a, 190.

Bougainville de Nerville (de), b, 379.

Bougis de Courteille, a, 178.

Bougy (le), a, 169, 189.

Boullainvilliers (de), c, 171.

Bouillon (du), c, 227.

Bouillonnay (du), a, 30, 180 ; b, 181, 666 ; c, 28.

Boullainvilliers (de), a, 30, 188.

Boullaye de Thevray et d'E- mianville (de la), a, 189, 193.

Boullaye du Bosc-Roger (de la), a, 193.

Boullemer (de), a, 30, 179 ; c, 209, 222.

Boullencourt, (de), a, 191.

Boullenger de Bosgouet (le), a, 185.

Boullenger de Belloy (le), a, 187.

Caqueray (de), *a*, 38, 108, 185, 186, 198; *b*, 320 ; *c*, 24, 50, 85.

Carité, *c*, 201.

Carbonnel de Canisy (de), *a*, 158, 170, 177; *c*, 228, 229.

Carbonnier (le), *a*, 38, 187.

Carbonnel de Marcey (de), *a*, 156.

Carneville (de), *a*, 163.

Caron des Ménils (du), *a*, 195; *b*, 540; *c*, 45.

Carpentier de Chailloué, *a*, 178.

Carpentier de Combou (le), *a*, 183.

Carpentier de Margat (le), *a*, 187.

Carpentier de Sainte-Honorine (le), *a*, 179.

Carrouges (de), *a*, 8.

Carrey de Bellemare, *a*, 39; *c*, 46.

Carrié du Gravier, *c*, 223.

Carruyer de Cretot (le), *a*, 39; *c*, 101.

Cartel de Franqueville (le), *c*, 208.

Cartier de Laval (le), *c*, 104.

Catteville-Fillières (de), *a*, 195.

Cauf de Premesnil, *c*, 218.

Caulincourt (de), *a*, 180, 187.

Caullières (de), *a*, 40.

Caumont (de), *a*, 40, 184, 196; *c*, 58, 212.

Cauvigny (de), *a*, 40, 170, 171, 175, 186.

Cauvigny de Boutonvilliers (de), *a*, 175.

Cauvigny du Ribay (de), *a*, 174.

Cauvigny de Fresne (de), *a*, 180.

Cauville (de), *a*, 195.

Cavelet d'Houquetot, *a*, 40; *c*, 135.

Cavelier de Mocomble, *a*, 183, 194.

Cavelier de Montgeon, *a*, 195.

Cavelier d'Esclavelles, *a*, 184, 196.

Cavelier de Saint-Jacques, *a*, 185.

Cavelier de Cuverville, *b*, 130.

Cécire de Saint-Martin, *a*, 40, 186.

Cerf (le), *a*, 40 ; *c*, 17.

Cernay (de), *a*, 188, 193.

Chabrol-Chaméane (de), *b*, 372.

Chagrin des Nos, *a*, 178; *c*, 187, 210.

Chailloué (de), *a*, 180, 184; *c*, 46.

Chalange (de), *a*, 41, 185, 188.

Chambert (de), *a*, 153; *c*, 176.

Chambon d'Arnouville (de). *c*, 48.

Chambon de Mousseaux, *c*, 216.

Chambray (de), *a*, 3, 41, 174, 180, 182,190; *c*, 22, 88.220.

Chambre de Vauborel (de la), *b*, 288, 483.

Chambron (de), *c*, 225.

Champagne (de la), *a*, 7, 41; *b*, 416.

Chamillart de la Suze (de), *c*, 48, 230.

Champigny (de), *a*, 176, 193.

Champion d'Aubigny (de), *a*, 177.

Champrepus, *a*, 41.

Champs (des), *a*, 41, 175 ; *b*, 664.

Chandebas du Moncel, *a*, 179.

Champs de Raffetot (des), *c*, 190.

Champs de Saint-Léger (de), *b*, 460.

Chandebois (de), *a*, 42, 178.

Chanoine du Manoir (le), *a*, 172; *c*, 49.

Chantepie, *a*, 42, 153, 154, 167.

Chanteloup (de), *a*, 42, 174, 175 ; *c*, 49.

Chapais de Marivaux, *a*, 183, 184; *c*, 49.

Chapelle de Pont-Chapelle (de), *a*, 174.

Chapelle de Courtilles, *a*, 180.

Chapelle (de la), *a*, 182, 191.

Chaplet des Essarts (du), *a*, 191; *c*, 50.

Chapuis de Montulé, *c*, 685.

Chardon de Fillières, *b*, 660.

Chardon de Mausny, *c*, 206.

Charlemagne de Bellonde (de), *a*, 187.

Charleval (de), *a*, 183.

Chartier (le), *a*, 42 ; *b*, 264.

Chartier de Cagny (le), *a*, 169.

Chartier de la Varinière (le), *a*, 176.

Chartier de Sedouy (le), *c*, 122.

Chartier du Mesnil (le), *a*, 176.

Chastellux (de), *a*, 186.

Château-Thierry (de), *a*, 178.

Châtel (du), *a*, 43, 153, 172.

Châtel de la Varinière (du), *a*, 177.

Châtel de la Morlière (du), *a*, 177.

Chastellier (du), *b*, 379, 504.

Chauffer de Barneville, et de Toulaville, *a*, 184, 186.

Chaulieu (de), *a*, 177.

Chaumont-Quitry (de), *a*, 192.

Chaumontel (de), *a*, 171, 175.

Chaussée de Favrolles (de la), *a*, 43, 193.

Chausson des Orgeries, *c*, 207.

Chauvel (de), *a*, 43; *c*, 213.

Chavannes (de), *a*, 190; *c*, 63.

Chavillé-d'Acquevilly (de), *c*, 39.

Chasot (de), *a*, 170, 181; *b*, 572; *c*, 50.

Chemin (du), *a*, 44, 154, 180; *b*, 616.

Chemin d'Avernes (du), *a*, 181.

Chennelon de Loinville (de), *a*, 189.

Chennevière (de), *a*, 175.

Chennevière de Saint-Denis (de), *a*, 175.

Cherbonnier (de), *b*, 371.

Chéron d'Epreville (le), *c*, 225.

Cherville (de), *a*, 44, 193.

Chesnard du Boussey, *a*, 44, 187; *b*, 442; *c*, 52.

Chesnelon (de), *a*, 191.

Cheux (de), *a*, 44, 171, 175, 186.

Cheux du Boullay (de), *a*, 170.

17

Marle (de), *a*, 102, 185 ; *b*, 56 ; *c*, 108.

Marre (de la), *a*, 7, 176.

Marre de Longueville (de la), *a*, 172.

Martainville (de), *a*, 102, 193 ; *c*, 46.

Martel (de), *a*, 5, 102, 178, 182, 197 ; *b*, 113, 231, 571 ; *c*, 22, 144, 163.

Martel de Hécourt, *a*, 188.

Martel de Janville (de), *b*, 11, 114.

Martel de la Vacherie (de), *a*, 189.

Martel d'Emalleville, *c*, 183.

Martellière (de la), *a*, 102 ; *b*, 281.

Martigny (de), *a*, 102, 192 ; *b*, 263, 351.

Martin, *a*, 102; *b*, 216; *c*, 190.

Martin du Bouillon, *a*, 157.

Martin des Cotils, *c*, 211.

Martin de Bures, *c*, 212.

Martin de Villers, *c*, 73.

Martin de Vauxmoret, *b*, 390.

Martin de Saint-Brice, *b*, 110.

Martinière (de la), *c*, 223.

Martinville (de), *a*, 103, 187; *b*, 134 ; *c*, 130.

Martonne, *c*, 217.

Martonne de Vergetot (de), *a*, 194.

Mary (de), *a*, 103, 153, 154, 162.

Mary de Pactot (de), *a*, 152.

Mary de Blosseville, *b*, 621; *c*, 160.

Mary de Longueville (de), *a*, 126, 152 ; *b*, 531.

Mary de Merval, *a*, 195 ; *c*, 160.

Marzelière (de la), *c*, 115.

Masquerel (de), *c*, 126.

Massieu (de), *a*, 172.

Massif, *c*, 222.

Masson (le), *a*, 103, 156, 193.

Mathan (de), *a*, 5, 103, 163, 166, 170, 195 ; *b*, 146, 179, 390 ; *c*, 228.

Matharel (de), *a*, 174 ; *b*, 496.

Matis du Buisson, *a*, 189.

Maubuisson (de), *a*, 193.

Mauconveuant (de), *a*, 103, 166 ; *b*, 120; *c*, 14.

Mauconvenant de Sainte-Suzanne (de), *a*, 159, 162, 166.

Maudeville (de), *c*, 69.

Mauduit (de), *a*, 5, 103 ; *c*, 207, 214.

Mauduit de la Rosière, *a*, 184.

Mauduit de Semerville, *a*, 193.

Maufilastre (de), *b*, 405.

Mauger (de), *a*, 104, 152 ; *b*, 303.

Maulevrier (de), *a*, 185, 194, 196.

Mauloré (de), *a*, 178.

Maupeou (de), *a*, 174, 195.

Maupeou d'Ableiges (de), *c*, 161.

Maurey (de), *a*, 104, 180 ; *b*, 128, 142.

Mauroy (de), *b*, 103 ; *c*, 52, 114.

Mautailly (de), *a*, 104.

Mauviel (de), *a*, 104, 185 ; *c*, 207.

Mauville de Belloy (de), *a*, 188.

Mauvoisin (de), *a*, 5, 104.

Mazères (de), *a*, 191.

Mazis (des), *a*, 104, 193 ; *b*, 114.

Mazurier du Redan (le), *b*, 371.

Mazurier de Ranville, *a*, 170.

Mecflet (de), *a*, 104, 170.

Mecflet de la Ruelle, *a*, 171.

Médine (de), *a*, 104, 195.

Megniart de Besnières, *c*, 98.

Mêhérent de la Conseillère, *a*, 173.

Melleville (de), *c*, 77.

Melmont (de), *a*, 189.

Ménard de la Menardière, *a*, 103, 184; *b*, 682.

Mendiant de Granval (le), *a*, 105, 184; *b*, 682.

Ménilgiaise (de), *a*, 189 ; *c*, 78.

Ménilval (de), *a*, 181 ; *c*, 111.

Menou (de), *a*, 193.

Menneville (de), *a*, 105.

Mennicier de Martigny (le), *b*, 432.

Mercier (le), *a*, 105, 185, 191.

Merle (du), *a*, 5, 7, 105, 170, 190, 193 ; *b*, 32, 157 ; *c*, 104.

Merle-Blancbuisson (du), *c*, 117.

Merle de Beauvoir (du), *a*, 191 ; *b*, 262.

Merle du Plessis (du), *a*, 191.

Merlemont (de), *a*, 195.

Merval (de), *a*, 184 ; *b*, 363.

Mésange (de), *a*, 105, 174, 179.

Mesley (du), *a*, 188.

Meslière (de la), *a*, 105.

Meslin de Boutigny (du), *a*, 105, 189 ; *c*, 208.

Mesnage (de), *a*, 105 ; *b*, 422, 505 ; *c*, 184.

Mesnage de Cagny, *a*, 169, 171 ; *b*, 442.

Mesniel (du), *a*, 105, 195.

Mesniel de Sommery (du), *a*, 183, 196 ; *c*, 345.

Mesnil (du), *a*, 106, 154, 170, 179 ; *b*, 66, 264, 468 ; *c*, 22, 46, 182.

Mesnil-Adelée (du), *a*, 106, 153, 154, 158 ; *b*, 427 ; *c*, 162, 228.

Mesnil-Augrain (du), *a*, 170.

Mesnil-Aumont (du), *a*, 153.

Mesnil-Bérard (du), *a*, 106.

Mesnil du Buisson (du), *c*, 159.

Mesnil-Durand (de), *a*, 186.

Mesnil-Froger (du), *c*, 28.

Mesnil-Jourdain (du), *a*, 106.

Mesnil-Morin, *a*, 175.

Mesnil-Saint-André (du), *a*, 155.

Mesnil de Saint-Denis (du), *a*, 178.

Mesnil de Saint-Vallery (du), *a*, 106 ; *c*, 162.

Mesnil-Simon (du), *a*, 106.

Mesnil-Vicomte (du), *a*, 192.

Mesnil-Urry (du), *a*, 158 ; *b*, 299.

Mesnildot (du), *a*, 158, 163, 166; *b*, 9, 118, 248, 263 ; *c*, 80, 119.

Mesnilreine (de), *a*, 165.

Mesniville (de), *a*, 165.

Meurdrac (de), *a*, 106; *b*, 527.

Mezange de Martel, *a*, 179; *c*, 162.

Michel, *a*, 107, 197.

13

FIN

Typographie ARCHOUCHE & Cie, quai Voltaire, 13.

www.ingramcontent.com/pod-product-compliance
Lightning Source LLC
Chambersburg PA
CBHW071139270326
41929CB00012B/1803